航天科工出版基金资助出版

航天质量管理技术手册

（下 册）

《航天质量管理技术手册》编写组　编著

中国宇航出版社
·北京·

目　录

第1篇　组织篇

第2篇　项目篇

第3篇　方法篇

第 9 章　外协外购质量控制

9.1　概述

外协外购质量控制就是对分布在整个外协外购范围内的产品研制生产的质量形成和实现过程进行管理，从而实现外协外购产品质量管控与质量保证。下面就外协外购主要过程的质量控制要求进行介绍。

9.2　供应商管理

9.2.1　供应商资质管理

供应商应通过国家有关质量管理体系认证，为订购方配套的产品应在其装备承制单位资格或质量体系认证范围内，对于承制具有独立功能的整机、分机类产品的供应商，应具备装备承制单位资格和相应的保密资质，对于承担软件研制任务的供应商，应从具有 GJB 5000B—2021《军用软件能力成熟度模型》资质的单位中选取。

9.2.2　合格供方名录管理

订购方应建立合格供方名录，名录应包括供应商提供的产品和服务的范围，并按规定进行使用和管理，每年实施动态评定，更新合格供方名录，评价结果应通知供应商；合格供方实行分级管理，一般分为优选、可选、慎选和试用，在新增和调整外包任务安排时，应优先选用"优选"供应商，新研型号原则上禁止选用"慎选"供应商；对新增和问题多发的"慎选"供应商，按照研制能力差、制造能力差、管理能力差等进行分级、分类管理，并通知供应商采取措施提升，对连续三年均为"慎选"的供应商自动从名录中剔除。

新增供应商的评定应采用现场考察的方式进行，同时辅以函调、首件鉴定、业绩调查等形式。新增供应商第一年的等级为试用，试用期内的供应商存在低层次、重复性、人为质量问题频发以及重大质量隐患隐瞒不报的情况，应从合格供方名录中剔除。

9.2.3　分工定点管理

型号分工定点方案范围应包括 QJ 3121—2000《航天产品项目工作分解结构》规定的四级（设备级）及以上外包产品，重要预研项目及处于立项论证阶段的新研型号，应在规定时间内完成《型号分工定点策划报告》编制及院级审查；型号完成方案设计、转入初样产品研制前，应编制《型号分工定点方案报告》，经二级单位审查批准后实施；四级（设备级）以下外包产品，由订购方按照四级（设备级）及以上外包产品管理模式，编制《产品分工定点策划报告》，经本单位主要领导批准后实施。

9.2.4 次级供方管理

订购方及供应商均应开展全级次供应商管理。供应商应将订购方质量管理要求及时传递至次级供应商并对落实情况进行监督检查。对影响产品重要性能和指标的次级供应商，供应商应通知订购方共同开展监督检查。

9.3 采购文件管理

9.3.1 合同质量保证要求管理

1）外包合同中应明确航天产品质量管理的相关要求，外协任务提出单位应与供应商签订正式外协合同，需经同级质量管理部门会签，在合同中明确对外协产品的质量要求，对供应商应执行的质量保证系列文件和产品技术标准（国际标准、国家/军用标准，行业标准或企业标准）做出规定，对供应商的过程质量控制环节提出监管要求。

2）对具备独立功能的外协产品，应在合同中明确要求供应商依据产品实现策划，编制外协产品实现策划和质量保证大纲，并反馈有关单位审查；应要求供应商严格落实总体单位的技术状态管理的有关要求。

3）外协合同中应明确对外协产品的工艺要求，一般包括工艺接口的保证措施要求、关键件和重要件的工艺质量控制措施要求、对特殊过程提出的过程确认要求、工艺评审的要求以及委托方应参加的工艺评审项目（如：新工艺、新材料的工艺评审，关键工序的评审，工艺总方案的评审等）、航天产品禁（限）用工艺控制要求等。

4）合同中质量保证金应根据外包产品的重要度、复杂度进行分级、差异化管理，一般不低于合同总额的10％，订购方应结合供应商和外包产品的实际情况，在合同中明确质量保证金的额度、交纳方式、考核条件等内容。

9.3.2 文件管理

1）订购方应提供技术文件，包括研制任务书、技术要求、协议、图纸等，技术文件应经供应商会签确认，对于具有独立功能的重要产品，首次外包应组织对技术方案或要求进行预审及评审确认。技术文件应明确产品技术指标、评审要求、验证与确认项目要求、质量保证要求、国产化要求、产品验收要求、数据包要求等。提供的电子文件（如三维模型文件、印制板文件等）应版本受控、现行有效。对于技术文件中需要监控的设计过程、生产工艺过程、试验过程以及元器件、软件等质量控制点，应做到项目清单完整、质量要求清晰、工作节点明确。

2）供应商形成的技术文件应完整、有效并满足订购方的技术文件要求，供应商应依据订购方提供的技术文件编制制造验收技术条件（或产品技术规范）等文件，经订购方会签或评审后方可实施或使用。

3）试验外协方应在试验结束后提供正式盖章和签署完整的试验总结报告或试验数据报告。

9.4　过程绩效监视

9.4.1　设计过程管理

1）供应商应在各工程研制阶段实施设计工艺协同，组织设计工艺人员内部技术交底，开展设计工艺性审查，识别禁（限）用工艺、手工工序、易错漏装项目，提出工艺可行性意见。

2）供应商应开展产品特性分析，形成关键件、重要件清单，并在技术文件中标识。

3）订购方和供应商应结合产品研制阶段制定并实施设计评审计划。设计评审主要包括研制任务书或技术要求评审、方案设计评审、技术设计评审、转阶段评审及专项评审（如元器件选用评审及软件相关评审）等。供应商组织的设计评审应邀请订购方参加，必要时应邀请顾客代表参加。

4）订购方更改研制任务书、技术要求、协议、图纸等文件时，应重新进行审签，并将变化内容以书面形式通知供应商，对更改涉及的已制品和在制品应提出处理意见，经供应商确认后实施。

5）供应商应针对不同研制阶段，在阶段开始前编制技术状态项及技术状态基线文件清单、当前阶段技术状态说明报告，并经订购方会签确认。供应商应按照订购方要求进行产品技术状态标识，确定技术状态基线。技术状态不允许随意更改，确需更改时，在实施之前书面通报订购方，必要时组织有订购方、最终用户代表参加的评审，按照“充分论证、各方认可、试验验证、审批完备、落实到位”的原则实施更改。

6）订购方应根据产品特点，在研制任务书或技术要求、协议中，提出产品可靠性、安全性、维修性、测试性、保障性、环境适应性、电磁兼容性和工艺要求，主要包括：设计规范、设计准则，定性、定量要求，试验验证方法，参加设计评审和试验的规定，工作项目、工作实施监督和检查的安排，供应商应提供的产品规范、图样、工程数据资料和其他技术文件等要求。

7）对于外协试验任务，订购方在试验前要确认承担试验外协任务的供应商的试验资质情况、试验能力、试验设备能力等情况，邀请其参与到试验方案确定阶段，以确认试验的可实施性。订购方应编制任务书，规定试验的目的、性质、内容、条件、试验产品的技术条件和技术状态、测试系统的技术状态、质量保证要求等。承担试验外协任务的供应商应该根据试验任务书编制试验细则，对于如何开展试验做出详细具体安排，用于指导现场试验的实施，并对数据采集的可靠性、安全性及现场应急问题处理做出安排。

9.4.2　工艺管理

1）供应商应根据订购方要求，编制产品工艺总方案，作为开展工艺工作的依据。

2）供应商应有完整、齐套、现行有效的工艺文件指导研制或生产。

3）订购方应向供应商及时传递型号禁（限）用工艺要求，供应商应严格落实，订购方应对供应商禁（限）用工艺落实情况进行检查。

4）订购方与供应商应协调明确工艺评审项目和时机，并列入型号研制生产计划；供应商组织工艺评审应邀请订购方参加；对确有保密要求的工艺内容应在合同或技术协议中明确。

5）供应商工艺更改需履行验证和审批手续，保留更改记录。产品进入试样研制阶段以后的重要工艺更改在实施之前应书面通报订购方，必要时组织有订购方参加的评审。供应商应在每批产品交付前进行工艺技术状态清理，形成工艺技术状态清理报告或工艺技术状态更改清理汇总表，报订购方。

6）每一研制阶段或生产批次结束后，供应商应对工艺文件及执行情况进行全面清理、总结，形成阶段工艺清理总结报告，报订购方。工艺清理、总结可与阶段性工艺评审相结合。

9.4.3　生产过程管理

9.4.3.1　首件鉴定管理

在新产品试制、产品首次批产、产品停产重新恢复生产前（一般间歇 2 年以上），供应商应进行生产准备状态检查，并形成检查报告，订购方负责监督检查。生产准备状态检查内容主要包括设计文件检查，工艺文件检查，检测设备检查，原材料、元器件等物资准备情况检查，生产设备、环境、人员准备情况检查及其他检查等。

供应商应形成首件鉴定目录，订购方需参与的首件鉴定项目由双方协调确定，供应商应通知订购方参加首件鉴定，必要时邀请顾客代表参加。首件鉴定的范围应包括：

1）试制的零（部或组）件的首件。

2）在生产（工艺）定型前试生产中首次生产的零（组）件。

3）在批生产中，产品或生产过程发生了重大变更之后首次加工的零（组）件，包括：产品设计图样中有关关键和重要特性以及影响产品的配合、形状和功能的重大更改；生产过程（工艺）方法、数控加工软件、工装或材料方面的重大更改。

4）产品转厂生产；合同中要求进行首件鉴定的项目。

5）非连续批次生产制造的首件。

9.4.3.2　批次管理

供应商应进行批次管理，做到：产品批次清、质量状况清、原始记录清、数量清、批（炉）号清；分批投料、分批加工、分批转工、分批入库、分批装配、分批出厂；明确产品批次号，确保生产过程可追溯：产品的责任厂家、产品出厂（或生产）日期、组成该产品各零件批次号、同批产品所涉及的范围等信息；产品标识清晰、唯一。产品编号应按顺序进行连续编号，不应重复；产品批次和编号标志必须清晰可见，牢靠持久。

9.4.3.3　关键过程管理

供应商应对关键过程进行识别、确认，编制关键过程明细表并制定控制措施。必要时，供应商应提供关键过程明细表。关键过程主要控制内容包括：对关键过程进行标识；设置控制点，对过程参数和产品关键或重要特性进行监视和控制；对首件产品进行自检和专检，并作实测记录；对关键或重要特性实施百分之百检验，由于产品特点和批量不能实施百分之百检验时，可采用抽样方案或用其他方法验证；留存过程控制质量记录，保持可追溯性；关键过程的人员、设备、材料、工艺方法、环境、测试方法等因素发生变化，再次进行生产前，供应商应以书面形式通报订购方，经验证后方可实施正式生产。

9.4.3.4　特殊过程管理

供应商应对特殊过程进行控制，主要包括：对特殊过程进行识别、确认，形成文件，并接受订购方监督检查；特殊过程必须经过确认后才能用于生产，特殊过程的工序应相对固定；特殊过程中使用的制造设备、监视和测量装置必须满足使用精度和状态要求，操作人员必须持证上岗，特殊过程中使用的设备、方法和接收准则发生变更时，应按原程序重新进行确认；特殊过程应按工艺操作规程做好相应记录，其过程记录应作为产品验收内容之一，订购方有要求时，过程记录需随产品一并提供；通常情况下，当特殊过程的停工时间超过 1 年时或特殊过程的连续生产超过 5 年时，应按原程序进行再确认。

9.4.3.5　代料管理

除规格代料外，供应商办理的代料应经过订购方确认。关键件、重要件代料应经充分验证，严格审批。

9.4.3.6　不合格品审理管理

供应商应建立不合格品审理组织机构和审理制度，记录并保存不合格品审理结果及实施过程，订购方有要求时应汇总并提供；对于影响产品最终性能或接口关系的不合格品，应提交订购方进行审理，关键特性不允许让步接收。

9.4.3.7　质量记录管理

供应商生产过程中的质量记录应清晰、完整、有效、可追溯。关重件、关键工序应按要求记录实测数据。供应商应及时对质量记录进行整理归档，质量记录保存期不应低于设计文件规定的产品使用寿命，质量记录的销毁应征得订购方同意。订购方对质量记录有特殊要求时，应以技术文件、合同等形式明确。

9.4.3.8　多媒体记录管理

供应商承制的关键、重要设备的装配和试验过程应进行多媒体记录，记录项目包括对性能偏差影响较大的装配过程、不可检测的装配环节及产品表面状态等，多媒体记录项目及要求应纳入产品工艺文件，并明确检验要求；产品验收评审时，应对多媒体记录进行审查确认。

9.4.3.9 开盖检查管理

订购方应与供应商（含次级供应商）共同明确开盖检查的产品、时机和项目，组织专家进行现场开盖检查确认。

9.4.4 试验管理

1）订购方应在技术文件中明确外包产品研制过程应进行的试验项目、试验时机、试验要求、试验结果确认等。订购方应监督供应商落实各项试验要求，并对试验的全面性、真实性、覆盖性进行确认。供应商应根据订购方要求，并结合本单位需开展的试验项目，开展试验策划，试验项目应落实到技术文件中，重要试验项目应通知订购方参加。

2）阶段性研制试验一般应在转阶段之前完成，验收试验及例行试验应在每批产品正式交付验收前完成。

3）供应商应在试验前编制试验大纲、实施细则等技术文件，并以会议评审或会签形式经订购方确认。参试设备和测量仪器应检定合格，并在检定周期内；试验操作人员应持证上岗。试验过程中应做好数据记录，试验记录包括原始试验数据、声像资料和人工记录的数据及文字资料（试验时间、试验工况、试验状态、参试人员、异常现象等），试验记录应归档保存；试验后，供应商应对试验结果进行分析与评价，编写试验总结报告。

4）供应商应在重要试验项目完成后，按试验大纲要求对产品残骸100%进行分解检测，编制试验总结报告，组织试验总结评审，并通知订购方参加。

5）对于外协试验任务，试验外协单位应按照本单位试验管理程序要求进行现场试验实施，并对试验质量进行管控。试验外协单位对需求方提出的重要试验节点数据应请需求方确认后，才能开展下一阶段的试验项目。应邀请订购方参加试验过程，严格按照试验任务书、试验操作规程开展试验，严格控制试验技术状态。试验过程中任何异常情况均应及时通报、查明原因、落实措施或开展技术归零。试验结束后，试验外协单位要按照试验任务书要求，提供正式的试验总结报告或者试验数据并经订购方确认。

9.4.5 元器件管理

1）供应商应严格执行集团公司二级单位制定的型号用元器件质量管理体系文件等规定，规范元器件选用及评审、采购、贮存、流转、下厂监制验收、复验筛选、破坏性物理分析（DPA，Destructive Physical Analysis）、失效分析、质量问题归零、质量信息通报等管理和技术活动。

2）在设计评审前，订购方应将供应商的产品元器件选用报告提交集团认可的元器件可靠性中心审查，由供应商组织召开元器件选用评审，通知订购方参加。供应商元器件选用报告格式按照集团型号用元器件选用及评审管理办法要求执行。

3）外包产品严格控制进口半导体分立器件和集成电路的选用。在选用进口元器件的同时，应制定国产化替代方案及计划。

4）外包产品用元器件不允许市面采购，国产元器件原则上应与元器件生产厂家直接订购，进口元器件应通过国外生产商或合格供应商引进，进口元器件的选用应按军方要求执行。

5）元器件的复验筛选和 DPA 工作原则上由集团公司内元器件可靠性中心负责，确有需要时也可外包至集团公司认可的元器件可靠性机构进行，无集团公司认可的元器件可靠性机构开具的合格证或《不能筛选检测证明》，不得装机使用（免筛元器件除外）。

6）供应商应在每季度最后一个月的 25 日前将本单位元器件失效分析信息报告订购方，并对信息的完整性、正确性负责。

7）供应商向订购方交付产品时，应填写外包产品元器件装机清单，与产品一同交付，装机清单应包括复验筛选、DPA、《不能筛选检测证明》报告编号等信息，并在产品质量报告中说明装机元器件的采购、复验筛选、DPA、故障失效分析及处理等情况。

9.4.6　软件产品管理

1）订购方应按照软件配套关系，明确外包产品配套软件（含现场可编程门阵列（FPGA，Field Programmable Gate Array）或独立软件产品的关键等级和控制要求，选择供应商时，应审查其是否具有承担军用软件产品研制开发的资质能力，必要时对供应商的软件工程化实施情况进行现场检查或审核，确保满足《关于进一步加强军用软件研制能力评价的有关要求》、型号软件工程化体系文件和型号可编程逻辑器件软件工程化体系文件等要求。

2）订购方应在外包产品技术要求中明确软件相关要求（适用于随设备交付的软件）；对于独立交付的软件，提出外包软件项目技术要求、外包方式（货架产品采购、外包开发等）和相关管理要求。外包产品技术要求（包含软件）应明确软件产品的功能、性能等技术指标，且指标具备可检验性和可测试性；在软件开发、文档管理、阶段评审、配置管理、软件测试、病毒防护以及软件固化等方面明确具体的过程控制要求。

3）对于独立交付的软件产品和随设备交付的安全等级为 A、B 级的软件产品，供应商原则上应按“系统需求分析和设计、软件需求分析、软件设计、软件实现和单元测试、软件集成和测试、软件配置项测试、系统测试、内部验收与交付、运行维护”等九个阶段开展软件研制活动。对于随设备交付的安全等级为 C、D 级的软件产品或成熟度较高的 A、B 级软件产品，经型号两总系统决策批准后可对研制阶段进行适当裁剪或合并。订购方应对软件需求分析、设计实现、内部测试等关键过程实施有效控制，明确监督检查内容与计划。供应商应通过软件产品质量履历书、软件产品证明书详细记载软件开发过程中技术状态变化及质量问题。

4）订购方应组织供应商开展软件代码集中审查工作，重点审查软件源程序与设计文档的一致性、逻辑实现的合理性，以及系统之间的设计匹配性。供应商应逐项记录和落实软件代码审查意见，保证审查意见闭环。

5）供应商的软件（含 FPGA 软件）文档格式与内容应满足 GJB 438B—2009《军用软

件开发文档通用要求》，做到“文档齐全、符合标准、文文一致、文实相符”，对软件文档实施“校对、审核、批准”三级审签，关键软件产品文档应经订购方会签。

6）供应商在软件（含 FPGA 软件）研制各阶段结束后均应开展相应评审，其中软件任务书、需求规格说明、配置项测试报告、软件研制总结等必须正式评审，订购方必须参加。

7）供应商软件研制应执行“三库”配置管理制度，“三库”包括软件开发库、受控库、产品库。建立软件产品配置项标识和配置基线，履行软件出/入库审批手续，及时进行软件配置审核。应严格控制软件技术状态，保证软件研制过程可追溯。软件更改严格履行审批程序，必要时应经订购方会签确认。进入产品库的软件技术状态更改，应严格遵循“充分论证、各方认可、试验验证、审批完备、落实到位”原则，必要时组织由订购方参加的专题评审。

8）供应商的软件（含 FPGA 软件）产品参加大型试验前应通过内部测试和第三方评测。A、B 级软件必须经过第三方评测，第三方评测原则上由集团公司认可资质的评测中心实施，如需在其他评测机构进行，需经型号两总批准。

9）供应商应做好软件病毒防护工作，重点对软件研制、生产、交付、使用各阶段所需要的环境、介质、人员、操作或工艺采取防护措施，制定《软件病毒防护实施方案》。

10）对于嵌入式软件，供应商应编制软件灌装工艺文件，对影响整机产品质量的软件灌装工序应设为关键工序进行管理。软件固化工序质量记录应纳入产品证明书和履历书。

9.4.7　质量问题归零管理

1）外包产品在生产、试验、交付及使用阶段出现的质量问题应按 GB/T 29076—2012《航天产品质量问题归零实施要求》及订购方相关要求进行归零。技术问题归零要做到“定位准确、机理清楚、问题复现、措施有效、举一反三”；管理问题归零要做到“过程清楚、责任明确、措施落实、严肃处理、完善规章”。

2）外包产品在生产、试验中出现的质量问题由供应商组织归零，订购方对供应商归零工作进行监督。外包产品验收交付后及使用阶段出现的质量问题由订购方组织供应商进行归零。质量问题归零应接受最终用户代表全过程监督和把关。

3）当外包产品订货单位和技术要求提出单位分别为不同单位时，技术要求提出单位应对归零过程进行技术指导和把关。如问题属于技术要求不当，技术要求提出单位应进行归零。

4）在供应商进行质量问题归零的同时，如果订购方存在责任，应同步进行管理归零。

5）质量问题责任单位应按要求落实归零措施，订购方负责对归零措施的落实情况进行监督检查。

9.5　产品交付验收管理

1）订购方应编制外包产品验收技术文件，设计部门编制的验收要求须由质量部门会签，含工艺状态的验收要求同时须由工艺部门会签，工艺部门编制的验收要求须由设计部门和质量部门会签。供应商应对验收技术文件会签确认。

2）订购方编制的外包产品验收技术文件中产品验收要求是下厂验收和入所（厂）复验的工作依据。外协外购主管业务部门在合同签订时应与厂家明确验收内容和验收形式。当合同规定验收方式为下厂验收时，外协外购主管业务部门组织相关人员按产品验收要求实施验收，验收合格的产品入所时，进行简化的入所检验，由质量主管业务员部门负责检查产品质量证明文件、外观及验收记录。当合同规定验收形式为入所复验时，质量主管业务员部门按产品验收要求实施复验。最终用户有要求时，应按照最终用户要求进行相应验收。

3）生产过程中的不合格品审理和代料情况为必查项目，要求在产品验收时详细记录单据数量和审理、会签情况。外协外购产品的不合格品审理单和材料代料单需经订购方相关人员审理、会签。有需求时，还需最终用户代表会签认可。不合格品审理单和材料代料单必须随产品入所（厂）。

4）外包产品验收过程中，出现验收不合格、质量问题未完成归零以及质量证明文件不完整等情况，订购方应予以拒收。

9.6　交付后质量管理

1）供应商应提供产品全寿命周期的保障服务，为订购方提供交装产品的安装调试、维修维护、产品技术培训和技术咨询、物资和技术资料保障、技术服务和技术保障、产品退役的技术指导、返修。

2）供应商应针对大批量交付产品，制定售后服务大纲，主要内容包括：产品简介及功能介绍、技术培训及所需培训资料、维修维护流程、维修维护备品备件需求、服务程序及要求、服务人员要求。

3）供应商应负责收集产品质量问题，并传递质量问题信息。针对产品质量问题，应系统制定处理方案，并按照处理方案制定单项服务计划，若涉及产品质量问题归零，参照 GB/T 29076—2012《航天产品质量问题归零实施要求》完成质量问题归零工作；若涉及产品技术状态更改，按照“充分论证、各方认可、试验验证、审批完备、落实到位”的原则实施，在实施之前书面通报订购方、最终用户代表，并组织必要评审。

4）供应商提供现场售后服务必须依据产品的维修维护细则和有关技术文件进行，并详细填写表 9 1《售后服务记录单》。超出本次服务范围的要求或重大问题，必须及时向技术负责人反馈，重大问题的处理方案必须经过评审后方可实施。在现场服务过程中，售后服务人员必须对服务过程中涉及的产品质量问题、服务内容、处理结果等进行详细记录；在完成售后服务任务后，订购方代表填写订购方意见并签字确认。如需要在现场对产品进行更换，售后服务人员应在产品证明书上做相应的记录，并在《售后服务记录单》上对更换及被更换产品的名称、编号、批次等信息进行详细记录。进行技术培训、安装调试、重大任务技术保障工作也应填写《售后服务记录单》。供应商提供非现场服务包括顾客电话咨询及远程帮助顾客处理问题，要求对涉及的产品质量问题、服务内容、处理结果等进行详细记录，并反馈给使用方代表签字确认。

表 9－1　《售后服务记录单》

<table>
<tr><td>产品名称</td><td colspan="2"></td><td>代号</td><td></td></tr>
<tr><td>产品存放(使用)、服务地点</td><td colspan="4"></td></tr>
<tr><td>服务内容</td><td colspan="4">□技术培训　□安装调试　□维修维护　□重大保障　□其他</td></tr>
<tr><td rowspan="6">故障件信息
(若无故障可不填)</td><td>产品图号</td><td colspan="3"></td></tr>
<tr><td>产品名称</td><td colspan="3"></td></tr>
<tr><td>产品编号</td><td colspan="3"></td></tr>
<tr><td>出厂日期</td><td colspan="3"></td></tr>
<tr><td>使用基本情况检查
(对使用情况进行检查)</td><td colspan="3"></td></tr>
<tr><td colspan="4">故障现象：</td></tr>
<tr><td>服务内容
(填写技术培训、安装调试、维修维护、重大保障的具体内容)</td><td colspan="4"></td></tr>
<tr><td>服务结果
(填写技术培训、安装调试、维修维护、重大保障达到的结果)</td><td colspan="4"></td></tr>
<tr><td rowspan="4">服务过程记录
(填写参与人数、花费工时、更换备件等信息)</td><td>服务人数</td><td></td><td>服务周期</td><td></td></tr>
<tr><td>是否更换备件</td><td></td><td colspan="2">更换备件需有交接单或记录</td></tr>
<tr><td>需反馈到的部门</td><td colspan="3"></td></tr>
<tr><td>其他</td><td colspan="3"></td></tr>
<tr><td>客户意见</td><td colspan="4">签字　　(单位盖章)　　年　月　日</td></tr>
<tr><td>服务人员</td><td colspan="2">年　月　日</td><td>订购方确认</td><td>年　月　日</td></tr>
</table>

5）对于需要定期返厂/所维护的产品或在现场不能修复的故障产品，在与订购方协商的基础上，将产品返所进行维护维修。供应商负责组织协调维护维修产品的运输、接收以及维护维修实施与交付。在接到订购方的维护维修产品时，应与顾客办理交接手续，见表9-2《返厂/所产品交接单》，交接双方核对无误后签字确认，《返厂/所产品交接单》双方各留一份存档。产品证明文件按要求应随产品返回。完成产品的维护维修工作后，将产品及产品证明文件返回给顾客，并与订购方办理交接手续。

表 9-2　《返厂/所产品交接单》

产品：　　　　　　　　　　　　　　　地点：

返厂所原因：

<table>
<tr><th>序号</th><th>产品名称</th><th>产品代号</th><th>数量</th><th>单位</th><th>编号</th><th>备注</th></tr>
<tr><td></td><td></td><td></td><td></td><td></td><td></td><td></td></tr>
<tr><td></td><td></td><td></td><td></td><td></td><td></td><td></td></tr>
<tr><td></td><td></td><td></td><td></td><td></td><td></td><td></td></tr>
<tr><td colspan="2">质量证明文件是否返厂/所</td><td></td><td colspan="2">返修文件名称及数量</td><td colspan="2"></td></tr>
<tr><td colspan="2">产品外观检查结果</td><td colspan="5">（是否有磕碰伤、划伤；表面是否有污物；各连接处是否牢固；保护盖、保护帽是否齐全等）</td></tr>
<tr><td>特殊情况说明</td><td colspan="6">（如：要求产品返回时间等）</td></tr>
<tr><td colspan="2">交货方</td><td colspan="2"></td><td colspan="2">签字（章）</td><td>年　月　日</td></tr>
<tr><td colspan="2">接收方</td><td colspan="2"></td><td colspan="2">签字（章）</td><td>年　月　日</td></tr>
<tr><td colspan="7">注：本交接单一式两份，双方各执一份</td></tr>
</table>

9.7　信息管理

1）订购方应制定外包产品信息收集、通报管理规定，并落实在合同中。

2）供应商应按照订购方要求及时通报质量信息，主要涉及：对产品质量有影响的质量体系变化的信息，对不满足合同规定内容的信息，次级供应商发生改变的信息，有关产品技术状态更改的信息，产品代料情况的信息，关键件、重要件和关键工序质量控制情况，批次性的关键件、重要件和关键工序不合格的信息，质量问题的信息，其他型号产品质量问题举一反三的信息，软件产品的评测及问题等。具体见表9-3《质量信息管理实施表》。

3）订购方应将外包产品交付后发生的质量问题信息及时反馈供应商。

4）订购方应在合同、验收技术文件等文件中明确产品数据包内容及交付验收要求，供应商应在产品交付前按照数据包清单项目和内容逐级检查确认，对自查出不符合要求的问题应完成整改。

表 9-3　《质量信息管理实施表》

序号	信息内容	适用范围			通报形式			通报时机			备注
		供应商负责设计、生产和试验的产品	订购方进行产品设计,由供应商负责全部加工生产的产品	订购方进行产品设计,由供应商负责部分工序加工的产品(含锻铸件)	信息通报卡	报告	汇总表	实时	随产品	定期	
1	供应商对产品质量有影响的质量体系、组织、主管部门及职责变化的信息	√	√	○	√	—	—	—	—	√	
2	对不满足合同规定内容的信息	√	√	√	√	—	—	√	—	—	
3	次级供应商发生改变的信息	√	√	—	√	—	—	—	—	√	
4	有关产品技术状态更改的信息	√	√	—	—	√	√	√	—	—	
5	产品代料情况的信息	√	√	√	—	√	√	—	√	—	
6	关键件、重要件和关键工序质量控制情况	√	√	—	—	√	—	—	—	√	
7	产品的关键特性和重要特性的控制情况	√	√	√	—	√	—	—	—	√	
8	生产过程中出现的批次性的关键件、重要件和关键工序不合格内容的分析、纠正措施及其效果	√	√	√	√	—	√	—	√	—	
9	产品在采购、生产、试验等过程中出现的影响产品结构、性能、环境、检测、贮存等的不合格指标的分析、纠正措施及其处理情况	√	√	√	√	—	√	—	√	—	
10	在产品研制、生产、试验、验收和交付过程中发生的质量问题、纠正措施及落实情况	√	√	√	√	√	—	√	—	—	

续表

序号	信息内容	适用范围			通报形式			通报时机			备注
		供应商负责设计、生产和试验的产品	订购方进行产品设计，由供应商负责全部加工生产的产品	订购方进行产品设计，由供应商负责部分工序加工的产品（含锻铸件）	信息通报卡	报告	汇总表	实时	随产品	定期	
11	对与产品同类型、同方案、同材料、同原理的其他型号产品出现的质量问题的举一反三分析、采取措施及其效果	√	√	√	√	√	—	√	—	—	
12	在审核、评审、定型等工作中遗留的及生产、使用中发生的主要问题、纠正措施及其落实情况	√	√	√	—	√	—	—	—	√	
13	软件产品的评测及问题分析、采取措施及其落实情况	√	√	—	√	√	—	√	—	—	

“√”必须，“○”可选，“—”不要求。

9.8 质量诚信

1）供应商将质量诚信相关要求体现在质量方针及质量目标中。组织在年度质量策划和质量目标中落实质量诚信相关要求，确保合同履约过程满足对顾客的质量承诺，产品和服务质量满足顾客需求。

2）供应商应建立并实施员工质量诚信管理制度。组织建立由主要业务管理部门组成的员工质量信用等级评定小组，明确各部门职责和员工质量信用等级的划分，明确质量信用等级评定的具体程序和要求。

3）供应商应将员工质量信用评定结果作为员工绩效考核、人员晋升、评优评先等员工评价的必要前提，质量信用等级低于基本守信等级的员工在年度内人员晋升、评优评先中实施质量一票否决。

4）供应商应在质量领域保持诚实守信行为，取得订购方对其质量信任，在遵守质量相关法律法规、执行标准以及兑现质量承诺（或履行质量约定）的基础上，提供产品在全寿命周期内满足顾客的需求或期望。

5）供应商如未秉承质量诚信原则，提供的产品过程活动、数据、信息存在欺诈、隐瞒、疏漏和错误等行为或结果，并导致订购方出现损失的，供应商应予以赔偿，订购方可将其从合格供方名录中剔除并扣除质量保证金。

9.9 外协供方监督审核

1）订购方应每年制定对供应商的质量监督检查和审核计划，按计划开展对供应商、外包产品的质量监督检查及审核工作。实施年度质量监督检查和审核计划过程中，应视情邀请最终用户代表参加。针对供应商管理体系发生重大变更、组织结构发生重大调整、发生重大顾客投诉、发生重大质量问题、质量状况波动大等情况，应及时开展质量监督检查及审核。

2）外协供方监督审核由审核组长主持召开首次、末次会议，审核组成员及被审核单位部门主管领导参加。首次会上审核组长介绍审核计划、程序、日程安排及有关事项。末次会上审核组长对审核活动进行全面总结，宣布审核结果及整改要求。

3）质量监督检查及审核工作完成后，订购方应形成监督检查及审核报告，及时将结果通报供应商，并作为对供应商进行评价的依据。

4）外协供方监督审核中发现问题，受审核单位应在审核末次会议正式下发审核不符合项后30个工作日内对不符合原因进行分析，制定纠正措施和实施计划，填写《不符合项报告》，提交见证材料。如有特殊原因不能在30个工作日内提交《不符合项报告》和见证材料，应提前向审核业务主管部门说明，延长整改时间。

5）外协供方监督审核中发现问题，审核业务主管部门负责对纠正措施实施效果进行验证，若验证发现纠正措施无效或效果不明显，则应要求受审核单位继续分析原因，采取新的纠正措施，直到合格为止。

9.10 厂际质量保证体系

1）订购方应按 GJB/Z 2 要求建立厂际质量保证体系，制定厂际质量保证体系的有关管理要求，形成文件发送供应商，保证体系有效运行。订购方应定期编制厂际质量保证体系工作简报并发送所有体系成员单位，内容一般包括厂际质量保证体系信息沟通情况、典型质量问题案例、统计分析成员单位质量状况、提出相应工作要求等，示例见表 9-4《厂际质量保证体系质量信息卡》。

2）厂际质保体系各成员单位按厂际质量保证体系的有关管理要求进行质量信息反馈、处理，建立有效的质量信息网，一般质量信息采取月/季报形式，重大质量、进度问题及时通报，保证信息畅通有效，实施闭环管理。

表 9-4 《厂际质量保证体系质量信息卡》

发往单位				
产品承制单位				
产品代号及名称				
产品质量信息				
体系活动及其他相关信息				
建议和要求				
发出单位	填写人		单位负责人	
	填写单位(盖章) 年 月 日			

3）订购方对配套产品在验收、装配、试验和使用中发现的质量问题应准确、及时地向有关成员单位反馈质量信息，示例见表 9-5《质量信息反馈卡》。有关成员单位接到质量信息后要及时处理，认真分析原因，采取有效改进措施，并及时回复处理结果。

表 9-5 《质量信息反馈卡》

发往单位					
产品名称		产品代号(图号)	批次	数量	发生时间
质量信息内容					
建议和要求					
发出	填写人			负责人	
单位	填写单位(盖章) 年 月 日			返回日期	

4）订购方应适时召开厂际质量保证体系工作会议，总结上一阶段厂际体系运行情况、取得的成绩和存在的不足，进行优秀成员单位、优秀联络员、产品质量奖等奖项评选，对下一阶段工作进行部署，提出下一阶段工作目标。通过开展厂际质保体系活动，提高质量管理的时效性、有效性，确保产品及其配套产品的研制、生产、试验、交付和售后服务等全过程质量受控，提供高质量的产品和服务，实现顾客满意。

第 10 章　试验质量控制

航天系统产品复杂，涉及的因素和环节非常多。根据航天产品试验标准体系，需从方案设计开始直至系统设计定型的整个研制阶段，进行一系列的试验，目的是检验和评定方案是否合理，设计思想和设计方法是否正确，并最终验证产品是否达到原先预定的技术指标，也为改进、完善设计生产质量提供客观依据。

如果航天试验得不到有效的质量管控，不仅会影响试验顺利进行，达不到预期结果，而且可能会发生重大安全事故，造成巨大的经济损失，拖延型号研制进度，甚至可能造成政治上的不良影响。因此，对航天型号产品试验必须实施严格的质量管控，并且某些航天特色相关试验只能由航天专业支撑机构开展实施。

10.1　试验策划

在航天产品研制早期，根据产品研制阶段划分，对产品全寿命周期的试验进行系统策划，确保试验项目能够充分验证设计方案正确性、设计参数合理性和准确性、产品通用质量特性以及鉴定产品技术指标。

试验策划统筹考虑了试验分类、质量管控要点和质量管理内容等方面，是保证试验顺利有效开展的先决条件，是保证试验圆满完成的基础。

10.1.1　试验分类

航天产品研制过程中的试验是多层次的，呈金字塔状，从单项的元器件、原材料、仪器设备的试验，到各系统、分系统试验，全系统地面试验直至飞行试验。从试验的数量来看，是由多到少，而试验的范围，则由小到大、由局部到整体。

以航天产品为例，根据其工作的特点，可以分为地面试验和飞行试验两大类，如图 10－1 所示。

地面试验是飞行试验的先导，是检验设计和工艺质量的重要手段，通过模拟飞行中可能遇到的各种环境情况，进行充分的试验，使问题及早暴露并解决在飞行试验之前，使设计方案不断完善，工艺质量不断改进，质量与可靠性不断提高，这对保证飞行试验成功是一项十分重要的措施。地面试验可根据不同试验性质进行分类。

(1) 原理性试验

其目的是进行原理性探索和验证。

(2) 方案性试验

其目的是考核设计方案是否合理、可行。

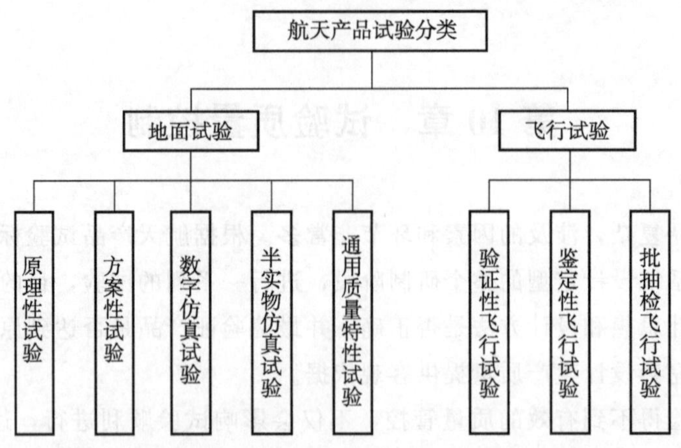

图 10－1　航天产品试验典型分类示意图

（3）数字仿真试验

其目的是考核产品性能参数指标。

（4）半实物仿真试验

其目的是考核产品性能参数指标以及各系统之间是否匹配、协调。

（5）通用质量特性试验

其目的是考核产品通用质量特性（包括可靠性、维修性、保障性、测试性、安全性、环境适应性）是否满足要求。

飞行试验是地面试验的继续，为了真实地、全面地检验航天产品性能、可靠性是否满足研制任务书或合同的要求，研制的航天产品不经过多次飞行试验考核，是不允许列装定型、交付使用的。飞行试验可根据不同试验目的进行分类。

（1）验证性飞行试验

其目的是检验设计方案的正确性，产品质量的可靠性，各系统间的协调性。

（2）鉴定性飞行试验

其目的是考核各项战术技术指标，诸如：射程、精度、可靠性等是否达到任务书或合同的要求；也考核各参试系统间的协调性以及操作使用性能等。

（3）批抽检飞行试验

其目的是按航天产品验收技术条件，检验批生产的质量。

此外，航天产品的试验根据不同情况，还有其他的分类方法，如根据产品的级别、试验的规模等，不再一一赘述。

航天产品在研制的各个阶段进行着各种试验，检查验证设计质量、工艺质量，以提高产品质量与可靠性。根据航天产品的研制工作特点，各个研制阶段主要有以下主要试验。

（1）方案研制阶段

原理性试验、对比性试验等。

（2）工程研制阶段

产品交付验收试验、环境试验、模态试验、静力试验、性能试验、（分）系统综合试验、系统匹配试验、动力系统试验、全系统振动试验、可靠性增长试验、电磁兼容试验、靶场合练、验证性飞行试验等。

（3）状态鉴定阶段

单机、分系统性能鉴定试验，运输试验，发射流程试验，可靠性鉴定试验，安全性鉴定试验，电磁兼容鉴定试验，工作寿命鉴定试验，环境适应性鉴定试验，鉴定性飞行试验等。

（4）列装定型阶段

作战试验等。

（5）生产部署和使用维护阶段

批抽检飞行试验、在役考核等。

10.1.2　试验策划质量管控要点

航天型号试验是一个过程，必须有计划、有步骤地进行，明确先做哪些工作，后做哪些工作，以实现全过程的管理、分阶段的控制。其质量管控要点为：

1）试验承担单位能力。

2）试验组织机构及职责。

3）试验技术文件。

4）策划文件评审。

5）试验项目。

6）试验产品技术状态。

7）试验准备状态检查。

8）试验场地设备设施等资源保障。

9）试验质量专项检查。

10）“双想”评审。

11）试验数据及故障分析。

10.1.3　试验技术文件质量管理内容

试验技术文件是组织试验工作的依据，直接影响试验的成败，主要包括试验任务书、试验方案、试验大纲、测试检查细则、操作规程、故障处置与应急预案等。这些文件试验前必须经过会签或评审，才能付诸实施。

10.1.3.1　试验任务书

试验任务书是型号试验工作的基本输入，是试验工作的依据，主要用于明确试验目的、试验条件、受试产品技术状态、接口关系、分工、数据处理要求等。因此试验任务书内容要准确、完整、可行，并经过充分的协调和审查确认，必要时应组织试验任务提出单位、试验任务承担单位、产品用户单位三方进行评审。

试验任务书，一般应包括以下内容：

1）试验名称、试验性质与试验目的。

2）试验内容与条件。

3）试验产品的技术条件。

4）试验产品的技术状态。

5）测试系统的技术状态。

6）质量保证要求。

7）试验任务分工和技术保障内容。

8）试验进度要求和组织措施。

9）保密要求等。

10.1.3.2 试验方案

试验方案是编制试验大纲的基础和依据，首先要满足试验任务书的要求，其次试验方案要合理、可行，具备可操作性，以保证试验有效开展。试验方案应经过充分协调以及评审确认。

试验方案，一般应包括以下内容：

1）任务来源、试验时间、地点。

2）试验名称、试验性质与目的。

3）试验产品技术状态。

4）测试系统技术状态。

5）试验项目及方法。

6）试验参加单位及分工要求。

7）安全分析与措施。

8）质量要求与措施。

9）试验风险分析。

10）试验结果评定准则。

11）其他要求等。

10.1.3.3 试验大纲

试验大纲根据试验任务书、试验方案编制，用于指导试验的准备工作以及判定试验的成功或失败。试验大纲必须按规定程序逐级审批，大型试验一般由试验任务提出单位或试验承担单位组织评审。经审批或评审过的试验大纲也是试验组织管理的依据，各参试单位均应严格执行，不得因本单位的局部问题影响试验大纲的执行。如果执行中试验大纲的内容确要更改，应经过充分论证并事先经试验参试各方认可。

试验大纲，一般包括以下内容：

1）任务来源、试验时间、地点。

2）试验名称、试验性质与目的。

3）试验内容、条件、方式、方法。

4）试验产品技术状态。

5）测试系统技术状态。

6）测试项目、测试设备、测量要求。

7）试验程序。

8）试验参加单位及分工要求。

9）试验项目重大问题的预案与处置原则。

10）安全分析与措施。

11）质量要求与措施。

12）技术难点及关键试验项目的技术保障措施。

13）试验风险分析。

14）试验结果评定准则。

15）试验使用技术文件清单。

16）其他要求等。

10.1.3.4　测试检查细则

测试检查细则是试验任务提出单位对参试产品技术状态进行现场测试检查的内容、方法、要求所做的规定。通过测试检查判别参试产品的技术状态是否符合技术文件要求。

测试检查细则一般依据设计技术文件、图纸等资料编制而成；通过测试检查保证产品不带隐患参加试验。测试检查细则还应包括设备之间、系统之间，弹（箭）上与地面设备之间的协调，接口衔接处的检查等。测试检查细则，要经过严格的三级审签。重要的问题要有总设计师主持协调或审批，以保证文件的编制质量。

承担试验任务的单位，要根据任务提出单位提出的测试检查细则编制操作规程。操作规程规定了各个参试人员在试验中的操作内容、操作时机、测试参数合格判据及注意事项等。操作规程要完全符合测试检查细则所规定的内容，并便于操作人员使用。

操作规程除经试验单位严格的三级审签外，还要请任务提出单位的主管人员会签，以保证其编制质量。对于航天产品飞行试验可根据其特点，编制操作规程。试验过程中操作人员应严格按照操作规程进行操作，不准随意改动操作规程。

航天产品的大型试验十分复杂，影响成败的因素有很多，如产品质量问题、操作不当，以及周围环境或气候条件等。另外，航天产品通常带有高能、易燃、易爆等物质，试验过程中存在着诸多安全隐患，容易发生安全事故。因此大型试验前应组织参试单位广泛开展事故预想，根据可能出现的各种故障、意外事件等编制故障处置与应急预案。应重点考虑在最紧急的情况下，如发动机即将点火、产品即将起飞时出现危及试验成败的问题时的紧急措施，以尽可能挽救失败或降低可能造成的损失。

故障处置与应急预案，必须组织产品设计人员、试验操作人员等进行充分讨论、确定。一旦出现类似问题，试验指挥员可以马上按照预案进行紧急处置。

10.2 受试产品技术状态控制

10.2.1 目标及主要内容

受试产品的质量控制目标是保证被试产品技术状态在试验前能够满足试验要求，预防和避免因为受试产品问题给试验带来的不利影响。主要控制内容是受试产品状态与技术文件要求的一致性，随机配套的备件、附件、软件的齐套性。

10.2.2 控制依据

受试产品质量控制的依据是试验大纲或试验任务书、试验管理规定、试验程序文件等，并且保证文件是现行有效的。

10.2.3 受试产品齐套、验收及确认

受试产品齐套过程中确保技术文件齐全和有效，受试产品实物、数量、软件版本等符合产品配套要求。

受试产品需要按照试验大纲或试验任务书要求完成验收工作，通常由试验组织实施部门提出，由质量部门按照各型产品的评审及评价程序组织开展，应按照试验大纲或试验任务书要求逐一确认产品的技术符合性，并在参试产品的质量证明文件上签署是否同意参加试验的意见。

10.2.4 技术状态文件

承制单位应策划各技术状态项在项目各阶段所需编制的技术状态文件种类，形成技术状态文件成套性要求并纳入技术状态管理计划；按产品的寿命周期阶段递进、技术工作深化而逐步完备具体的技术状态文件；应确定并执行技术状态文件的发放范围和程序。

10.2.5 技术状态记实

承制单位应在涉及技术状态的相关信息产生起开展记录，并保持或保留成文信息；应统计分析技术状态相关信息，评价技术状态管理的绩效；在合同协议、任务书、技术状态管理计划中确定与技术状态相关的报告类别和文件资料发送要求。

10.3 试验资源保证

试验资源保障贯穿试验全过程，试验资源保障是根据试验任务书要求和试验工作流程保障试验实施的各项措施。航天型号试验资源保障包括人员保障、设备保障、环境保障、技术文件保障、陪试产品保障等方面的要求。通过试验资源保障，使之快速有效地实现试验过程，完成试验任务。

10.3.1　人员保障要求

确定试验保障所需人员的数量和专业技术水平，完成试验岗位分配，确定岗位工作任务与岗位职责，做好人员培训工作，确保参试人员能够顺利完成试验实施工作，关键试验岗位应实行双岗制。

10.3.2　设备保障要求

试验设备分为通用、专用设备，是保障试验进行的重要基础，试验设备主要包括测试设备、工具等，在试验前对相关设备、工具进行清理齐套，组织大型试验或重要试验时形成设备保障清单。试验前对有计量要求的设备进行检查，确保在计量有效使用期内。试验前对所有试验设备功能进行检查，确保功能状态满足试验实施要求。对于专用设备，需开展相应的质量要求评估，满足要求后才能用于试验。

10.3.3　环境保障要求

符合要求的试验环境是试验工作开展的基础条件，试验前需要明确试验场地和相关设施要求，如用电、用水、用气、照明、通风、空调、除湿等基础设施与固定设备要求，还需明确试验场所气象条件、交通条件等方面的要求。对含有火工品的试验或其他具有危险性的试验，应明确相应的环境安全保障要求。

10.3.4　技术文件要求

技术文件是保证试验顺利开展的基础和依据，首先要确定技术文件清单，并形成试验使用文件汇总表，其次是试验操作相关硬件和软件的技术手册和技术资料。试验前对试验技术文件进行检查或审查，确保文件资料齐全、文件内容规范，能够指导试验顺利实施。

10.3.5　陪试产品要求

根据试验任务要求，规划陪试产品需求，形成陪试产品清单，并在试验大纲或试验任务书等文件中明确陪试产品试验实施方案。试验前对陪试产品技术状态进行检查，确保功能状态完好。

10.4　试验设备和测量装置控制

试验设备和测量装置是航天系统各类试验必备的物质条件。从试验设备和测量装置获得数据的质量决定了各类试验结果的可信度。因此，从质量控制角度需要对试验设备和测量装置实施控制管理工作。

10.4.1　试验前控制要求

1）根据产品的试验大纲或试验任务书中检测项目、参数及技术指标，合理选用、配备试验设备和测量装置。所选用、配备的试验设备的测试能力，包括功能、量程、准确度、分辨率、稳定性等应满足被测参数的预期使用要求。

2）选定的试验设备和测量装置，应经过计量确认合格，并在有效期内。

3）试验前应对试验设备和测量装置按照测试要求进行调试，必要且条件允许的情况下，应对试验设备和测量装置同被试品进行预试验。如发现有不满足测试要求的试验设备和测量装置，应进行检查和修复，并重新计量确认合格后（或者更换其他计量确认合格的试验设备和测量装置），再次进行调试直到满足测试要求。

4）当计算机软件用于试验和测量时，使用前需确认其具有满足预期用途的能力，必要时需同试验设备和测量设备一起校准/检定确认。

5）当试验设备和测量装置包含与被试品进行数据通信的计算机主机，需对计算机主机进行密级确认和杀毒处理，满足被试品的保密要求和防护要求。

6）根据试验设备和测量装置的运输、贮存、防护和安装要求，配备相应辅助材料。有特殊要求的，还需设计和加工专门的工装。

10.4.2　试验中控制要求

1）试验设备和测量装置的使用环境必须满足其技术说明书的要求。

2）试验设备和测量装置需由经技术培训并考核合格的人员进行操作。

3）按照测试要求，进行试验设备和测量装置与被试品的安装和固定，布置测量线缆等试验辅助设施，完成测量系统的现场调试和状态确认，状态确认合格后方能进行试验。

4）试验过程中，及时关注试验设备和测量装置的工作状态，确保工作正常。试验间歇期间，对试验设备和测量装置进行检查和维护保养。

5）若发现试验设备和测量装置出现工作异常和故障时，应立即报告试验组织单位，并对测量结果有效性进行评价。该试验设备和测量装置需要检查和修复，并重新计量确认合格后方能再使用，或者更换其他计量确认合格的试验设备和测量装置进行试验。

6）试验设备和测量装置在长周期试验期间到达校准/检定的周期，需重新计量确认合格后才能使用，或者更换其他计量确认合格的试验设备和测量装置进行试验。

10.4.3　试验后管理

1）试验设备和测量装置拆卸后，按照清单进行清点，按照维护保养要求进行现场清理，按照存储和运输要求进行包装和转运。

2）试验设备和测量装置入库前，检查设备及附件是否齐全、功能是否正常。

10.5　试验过程控制

航天型号的试验过程控制是指采取一系列的管理手段来保证试验按照试验大纲要求顺利开展的管理活动。试验过程控制主要包括技术活动和组织管理活动，其中：技术活动是根据试验任务书要求制定试验大纲、制定试验程序和操作规程，研制或选择试验设备和测试装置，校正测试装置，数据收集和处理，编制试验报告等；组织管理活动则是综合上述技术活动并进行及时保障和监督管理，使之快速有效地实现试验目的的活动过程。

10.5.1　试验准备

试验准备阶段一般针对具体的试验开展，主要工作为：确定试验方法、试验程序、参试产品技术状态、质量保证要求和技术安全等。此时的工作项目是试验大纲、受试产品状态、试验资源保障的检查和确认。

10.5.1.1　试验大纲的确认

试验大纲是型号试验工作的基本输入，是保证试验顺利开展的依据，主要用于明确试验目的、试验条件、参试产品技术状态、试验方法、数据处理及合格判据、试验保障措施等内容。因此，试验大纲内容要准确、完整、合理、可行，并经过充分的协调和审查确认，以保证试验的有效开展。

试验大纲需要确认以下方面：

1）试验文件是否齐全并经过参试各方会签且现行有效。

2）试验大纲是否按有关要求通过评审，评审意见是否已落实。

3）必要时试验大纲是否经过顾客会签。

4）系统试验一般需要编制测试细则，其内容是否满足试验大纲的要求。

5）涉及发动机、战斗部、火工品、高压设备等危险作业的试验，是否单独编制安全性分析报告。

10.5.1.2　受试产品状态的确认

受试产品是试验工作开展的主体对象，通过试验对其指标满足情况和系统匹配性进行考核，发现设计薄弱环节并进行改进，确保使用的可靠性。因此，受试产品技术状态的正确与否直接影响到试验的有效性，试验前需要对其进行全面、细致的确认，以确保“文实一致、文文相符”。

受试产品状态需要确认以下方面：

1）试验全系统状态确认情况，是否满足“结构模装到位、软件调试到位、总装测试到位”的要求。

2）受试产品技术状态与产品图样、试验大纲是否相符。

3）受试产品是否符合产品配套表要求，是否齐套。

4）受试产品质量证明文件是否齐全，并与实物相符。

5）受试产品是否通过了质量评审。

10.5.1.3　试验资源保障的确认

试验资源保障是试验正常开展的基础，是以试验任务为牵引，全面、准确、及时地提供保障试验顺利开展所需的人员、设备、使用文件、环境条件等支撑要素，并能根据试验的需求变化进行调整。

试验资源保障需要确认以下方面：

1）参试设备使用期限和校准期限是否满足试验要求。

2）各岗位职责是否明确，特殊岗位人员资格是否符合要求。

3）是否制定了故障处置与应急预案，预案是否合理、有效。

4）试验使用文件资料是否齐全、协调、有效。

5）试验当天现场自然环境条件、保障条件是否满足试验要求。

6）技术保障、安全及保密措施情况。

10.5.2 试验实施

试验实施阶段是试验按照试验大纲规定的既定程序开展试验的过程，应做到试验过程可控、试验状态变更受控、异常情况处理得当、撤场工作有序。此时的工作项目包括：试验过程控制、试验状态更改、异常情况处置及撤场工作。

10.5.2.1 过程控制

试验准备阶段工作完成后，试验应严格按试验大纲、试验程序、实施细则和操作规程实施。当试验涉及系统较多、操作流程较为复杂时，应设置试验现场指挥、明确岗位及人员、编制试验口令表并按照口令操作；预先进行试验合练、冷操作或降额试验，确保试验流程、试验口令正确无误且参试人员可熟练掌握后，方可转入正式试验，必要时由试验组织部门组织召开试验前状态审查会议。

试验过程控制应遵循以下原则：

1）试验前应进行充分的技术状态交底，做到各方状态明确、要求清楚、理解一致。

2）各试验人员应按照“五定”上岗（定人员、定岗位、定职责、定协同关系、定仪器设备），关键岗位应实行操作人员、监护人员的“双岗”或“三岗”制。

3）受试产品及其专用工具、测试设备严格按照试验大纲要求进行布置，并经过质量监督现场确认。

4）试验时对关键试验产品、关键环节应设置工作状态监视，相关记录需填写完整，并签字留名。

5）准确采集试验数据，做好原始记录，保证数据的完整性和真实性。

6）有重复性或系列试验组成的试验，在前项试验结束后，应及时组织结果分析，发现问题及时处理，不应带着没有结论的问题转入下一项试验。

7）每项试验完毕后，必须对现场试验残骸进行收集和检查，并做好记录。

8）试验人员应严格遵守试验现场的管理以及质量、安全、保密等方面的规定。

10.5.2.2 试验状态更改控制

试验状态更改控制是指在实施过程中需要变更试验产品技术状态、试验项目或改变试验内容时，而下发试验状态偏离单的过程。试验状态偏离单应履行审批手续，对顾客关注的试验需征得顾客同意后，试验可按调整后的项目和内容进行。待试验完成后，试验状态偏离单随试验报告归档，并及时对试验大纲进行更改，完成闭环。

试验状态更改应遵循以下原则：

1）更改原因充分。

2）更改影响域分析全面、正确。

3）更改已履行审批，并经过相关方会签确认，符合技术状态更改相关文件要求。

10.5.2.3　异常情况处置

试验中出现异常现象和故障，应按故障预案的规定及时中止试验，保护现场，并立即报告试验负责人和质量监督人员。现场试验负责人组织故障分析工作，按照航天质量问题“归零五条标准”进行归零，即“定位准确、机理清楚、同题复现、措施有效、举一反三”，在找出原因、查清责任、落实纠正措施并报上级领导批准之后，方可继续进行试验。

10.5.2.4　撤场工作

按照试验大纲完成试验内容或因故不能继续进行试验时，由试验组织部门组织撤场工作。

试验撤场工作需要确认以下方面：

1）核查是否明确了专人确认试验数据的完整性，并办理交接。

2）核查试验期间产生的文件是否齐全完整。

3）核查试验残骸是否明确处理意见。

4）核查试验所带产品品种、数量是否齐套，安全装车。

5）核查未使用或重复使用的产品的质量证明文件是否齐全完整。

10.5.3　试验总结

试验总结阶段是对照试验大纲的要求，对试验过程的实施情况进行全面分析，对试验取得的效果进行评价和总结的过程。此时的工作项目包括：试验结果分析与确认、遗留问题跟踪落实、工作总结。

10.5.3.1　试验结果分析与确认

试验结果分析是对试验效果的评价，以最终对产品质量做出正确判断，因此要确保试验数据的准确性、完整性和处理、分析的准确性。

试验结果分析需要确认以下方面：

1）试验是否达到试验大纲要求。

2）试验数据是否真实、有效、完整。

3）试验结果处理及处理方法是否正确、合理。

4）对试验过程中异常情况造成的影响所采取的措施是否闭环。

5）依据试验数据对设计、工艺、材料等提出的改进措施是否有效。

6）顾客关注的试验，是否向顾客通报试验结果。

10.5.3.2　遗留问题跟踪落实

对试验过程中出现的问题进行跟踪管理，重点跟踪采取的措施是否闭环落实，并提供了相关证实材料。

10.5.3.3 工作总结

试验结束后，及时编制试验总结报告，内容包括：试验依据、目标、条件、内容、要求；试验过程控制情况；试验结果分析与评价；故障分析及处理意见；试验结论；存在的问题及改进意见。顾客关注的试验，需要提交顾客进行会签认可，必要时，还需组织会议对总结报告进行评审。

10.6 试验数据控制

在产品研制过程中需要开展大量的高性能计算、仿真试验、虚拟试验以及真实试验等工作，伴随这些工作，将产生大量的试验数据。无论是仿真试验、虚拟试验，还是真实试验产生的数据，都能够客观地、真实地反映产品在各种环境下的技术指标与综合性能，是产品研制过程中的重要依据。因此有效管理和利用这些数据将具有极其重要的意义。

试验的输出是数据，应保证试验数据的准确性和完整性，以对产品质量做出正确判断并做出决策。在实际中，往往存在着对试验取得的数据处理不当，而造成数据的不可信。因此应对试验数据的采集、预处理、分析及管理等多个方面进行控制。

10.6.1 试验数据处理依据

试验数据处理主要依据以下文件：

1）试验大纲及实施方案。

2）试验数据处理要求与方法。

3）试验数据评价要求。

4）其他相关标准及要求。

10.6.2 试验数据采集与质量检查

试验数据采集是整个试验过程中的重要环节。通常情况下，应该在试验大纲或实施方案中明确试验数据采集要求；对于大型系统级试验，还需要制定详细的试验数据采集方案，确保能够获取完整、有效的试验数据。试验数据采集要求一般包括以下几个方面：

1）明确试验数据采集目的。

2）明确试验数据采集手段，如“光学测量”“无线电测量”“站测”“设备专测”等。

3）明确数据采集过程信息，规范数据采集记录表和记录方法，包括采集设备、采集软件、采集接口、数据类型、数据格式等。

4）明确试验数据采集责任人。

试验数据正式采集前需进行预采集，确保采集系统正常工作。实际采集过程中应对测量数据进行各项检查，如果发现异常现象及时采取措施进行处理，才能保证后续数据采集的有效性。同时，试验数据采集结束后，还需对数据质量进行检查，具体内容包括：

1）试验数据记录是否完整、规范。

2）试验数据的时间信息是否完整。

3）试验数据记录的有效起、止时间是否符合要求。

4）试验数据记录是否有丢失、乱散等异常现象。

10.6.3　试验数据预处理

试验数据的预处理就是把测量数据处理成所需要的形式之前，对原始信号进行的某些检验和加工。通过各种检验将信号正确地加以分类，以确定数据处理的内容和所需的设备。通过预加工，为数据处理提供真实的和品质好的原始数据，以保证数据处理结果的正确性。

10.6.3.1　试验数据检验

试验过程产生的数据种类繁多，不同类型的数据又有不同的表征方法，所以对于它们的检查内容和处理也不尽相同。一般来说，常规的数据可以根据经验通过目视判断确定，主要检查内容包括：

1）试验数据是否存在削波。

2）仪器噪声是否过大，有效信号幅值是否太小（信噪比过低）。

3）测量系统是否存在间歇性噪声，干扰信号幅值。

4）测量数据中是否存在电源干扰。

5）测量数据中是否存在虚假趋势。

6）是否存在个别数据丢失等现象。

对于一些复杂的数据类型，就必须经过随机性、平稳性和正态性等检验，同时检验结论与参数的选择（如置信度、概率水平等）有密切关系，带有一定的人为因素，或者说检验的结论并不是完全确定的。因此只能把这些检验作为了解信号性质的辅助手段，以便对数据处理结果的误差范围做出合理的估计。

10.6.3.2　试验数据整理

试验数据不同于数学中的数字，它不仅要反映测试结果的大小，而且还要反映其精确程度。因此，规范测量和正确记录试验数据是确保分析结果准确性的重要前提。

为了合理地取值和科学地计算，一方面要求试验数据记录、分析人员熟悉测量数据数值的准确度和精确度；另一方面要求试验数据整理过程严格按照规定的数据运算法则和数值修约规则要求进行。科学试验中取得的各种数据数值，除另有规定外，修约时均应按照 GB/T 8170—2008《数值修约规则与极限数值的表示和判定》及其他相关标准进行。

10.6.3.3　异常数据判断

判定某个数据异常值（或称离群值）是一件非常慎重的事情。应该剔除而未剔除时，会使测量不确定度增加。反过来，本来客观地反映了测量随机性波动特性的数据，人为地为求得表面上精密度更高而加以剔除，所得到的精密度也只能是虚假的，经不起以后实践的考验。出现异常值属于小概率事件，所以检验异常值的基本思想是，根据被检验的样本数据属于同一正态总体随机取得的这个假设，凡偏差超过某合理选择的小概率界限，就可以认为是异常的。

判断异常值可以有多种方法，如拉依达准则（3σ 准则）、罗曼洛夫斯基准则、格罗布斯准则以及狄克松准则等。

3σ 准则适用测量次数较多的测量列，一般情况的测量次数皆较少，因而这种判别准则的可靠性不高，但它使用简便，不需要查表，故在要求不高时经常应用。对测量次数较少且要求较高的测量列，应采用罗曼洛夫斯基准则、格罗布斯准则及狄克松准则等；其中以格罗布斯准则的可靠性最高，通常测量次数为 20～100 时，其判别效果较好。当测量次数很少时，可采用罗曼洛夫斯基准则。若需要从测量列中迅速判别异常数据，则可采用狄克松准则。

10.6.3.4 异常数据处理

在试验中有时在一个样本数据中，出现少量过大或者过小的数据，此为异常数据。有充分根据认为所谓过失原因（如外界干扰、测量条件意外改变，测量者疏忽大意等）引起的异常数据才舍弃。

对原因不明的异常数据则应根据统计学准则决定取舍，如正态总体异常值的判断和处理可参照 GB/T 4883—2008《数据的统计处理和解释 正态样本离群值的判断和处理》；指数分布异常值的判断和取舍可参照 GB/T 8056—2008《数据的统计处理和解释 指数分布样本离群值的判断和处理》；I 型极值分布异常值的判断和处理可参照 GB/T 6380—2019《数据的统计处理和解释 I 型极值分布样本离群值的判断和处理》。

10.6.3.5 测量不确定度评定

测量不确定度是表征被测量之值的分散性的一个参数指标，是与测量结果相联系的参数，是对测量结果给出的被测量估计值的可能误差的度量，是对表征被测量的真值所处范围的评定。

对测量结果的不确定度进行估计。测量结果的可信性虽可用测量的准确度来说明，但最终以所含测量误差的大小来估计。然而，由于被测量的真值通常是未知的，因此，从理论上讲，测量误差也是未知的。但是，在一定的测定方法条件下，可以通过试验或者由其他数据，估计出测量结果对真值可能偏离的一个区间，而被测量的真值则以给定的置信概率位于这个区间之内。该区间充分地反映了在此测量方法条件下，测量结果自身的不确定性。测量不确定度就是用于表征测量过程中，由各项误差综合作用所引起的测量结果对其真值可能偏离的一个区间。具有给定置信概率的置信限即为测量不确定度的表征值，实质上也是测量误差限。因此，测量不确定度是一个描述尚未确定误差特征的指标。

测量不确定度评定方法可以分为 A 类评定和 B 类评定。A 类评定方法是采用统计分析的方法评定标准不确定度，它用统计学的实验标准差或样本标准差表示；适用于对静态量进行多次测量后对所测量的数据进行不确定度评估。B 类评定方法不依赖于对样本数据的统计，利用与被测量有关的其他先验信息来进行估计。测量不确定度的评定参照 GB/T

27418—2017《测量不确定度评定和表示》和 GJB 3756A—2015《测量不确定度的表示及评定》等相关标准。

10.6.4　试验数据分析

试验过程产生的数据种类繁多，不同类型的数据又有不同的表征方法，所以对于它们的处理方式和分析方法也不相同。通常情况下，试验数据分析包括常规分析和数据挖掘两方面工作。

常规分析主要依据试验大纲等文件规定的数据处理方法或者相关标准要求进行，对产品指标满足情况进行评定。其中数据包络分析是常规分析中的一项重要内容，即将待分析产品数据与对应的数据包络范围进行比对，判定分析产品数据是否在包络范围内（包括产品性能数据包络分析、产品工艺数据包络分析，以及同批次产品或同一产品各阶段的实际测试性能指标和关键过程测得的可量化参数一致性分析等），得到待分析产品数据包络情况，评估产品是否具备满足指标或顾客要求的能力；同时还可结合包络分析情况对产品指标要求或工艺参数等进行完善。

数据挖掘则是从数据集合中提取出隐藏在数据中的有用信息（可以是规则、概念、规律及模式等），可以帮助决策者分析历史数据及当前数据，并从中发现隐藏的关系或模式，进而预测未来可能发生的行为。数据挖掘是统计学、计算机科学、工程数学等学科交叉的综合应用，需要根据具体对象选择相应的分析模型和算法，常用的模型和算法有统计方法（包括贝叶斯推理、回归分析、方差分析等）、关联规则法、聚类分析法、决策树方法和神经网络算法等多种方法。

此外，针对试验火工品还需开展残骸分析。在开展试验火工品残骸分析前需确认火工品工作状态：通过控制端测试判断电火工品发火元件是否工作；通过光测、电测等设备判断火工品是否完成预定功能。试验后火工品残骸应集中回收，由专门部门处理；若需分解残骸开展检查与分析，则应先拍照存档，编制分解大纲及安全预案并组织审查，通过审查后方可对试验火工品残骸进行分解处理。

10.6.5　试验数据管理

试验数据管理是指利用计算机、信息和网络等技术对试验数据进行收集、存储、加工处理和共享应用的过程。试验数据是通过仿真试验、虚拟试验或者真实试验得到的宝贵资源，尤其是真实试验数据，成本高、周期长，具有客观、真实的特点。这些试验数据既可以用于产品的性能评估，又可以用于产品新技术和新方法的探索与研究，还可以用于产品设计、制造或者改进与改型之中，是高价值的产品。

当前大量的试验数据都以各类电子文档的方式进行保存及共享。各数据采集系统产生的原始数据文件格式缺乏一致性，难以完成数据标准化处理；多年积累的原始数据缺乏有效管理，导致数据检索、分析不便；数据的分散存放导致数据资源难以共享，数据利用率低。因此迫切需要加强对试验数据的管理，主要管理要求包括：

10.6.5.1 试验数据管理标准化

试验数据具有数据量大、种类繁多，以及非结构化特征，传统的数据管理模式已不再适用。因此需要结合单位试验数据需求，分级分类制定完备使用的试验数据标准，确保试验数据规范性，便于检索应用和追根溯源。

10.6.5.2 试验数据管理全周期

试验数据管理贯穿试验数据的整个寿命周期过程，通常包括各类试验原始数据的获取、集聚、保存、加工、发布共享和应用等，确保试验原始数据和过程管理全程可追溯，数据分析过程受控，分析结果科学可信。

10.6.5.3 试验数据管理多维度

试验数据管理主要包括产品信息管理、试验状态信息管理和试验测试数据管理。产品信息管理包含产品批次、编号、出厂日期、故障记录、维修记录、出厂测试数据等信息；试验状态信息管理是对系统中所有与试验状态相关的信息数据进行统一管理，如试验环境、产品试验状态、试验现场照片等；试验测试数据管理包括试验过程中产品直接或间接产生的数据信息，如试验原始数据、视频数据、笔录数据、故障信息等。

10.7 大型试验质量控制

10.7.1 概述

具有航天特色的大型试验主要有飞行试验和大型地面试验两大类。其中飞行试验主要包括预研项目的背景项目飞行试验、演示验证飞行试验；方案飞行试验、竞标飞行试验；工程研制型号的遥测弹飞行试验、状态鉴定飞行试验等；批生产型号的批抽检飞行试验；售后服务性试验，为部队训练发射任务保驾；军贸型号的对外演示性飞行试验、鉴定飞行试验和验收性飞行试验等；发文明确的等同于飞行试验管理的外场大型地面试验。大型地面试验主要包括武器系统联调试验、武器系统公路运输试验、靶场合练；武器系统大型鉴定（定型）地面试验；批生产型号首次检测交付验收试验、售后服务性试验、重大预研试验、军贸型号的对外验收交付等；两个及以上分系统同时参加的试验；发文明确的等同于大型地面试验管理的试验。

全体参试人员牢固树立“质量第一”的思想，严格控制试验全过程的质量，确保试验结果达到试验大纲的要求。对试验全过程要实施有效的质量控制，做好试验前状态准备检查，落实岗位质量责任制；坚持预防为主，认真开展质量复查和“双想”（回想和预想）活动；做到一切操作、测试等都应以文字规定为依据，严格按试验大纲、测试细则、操作规程以及质量控制程序办事；同时做好试验结果分析和试验总结工作。

10.7.2 质量复查和“双想”工作要求

在产品试验的全过程中，试验队要组织参试人员，进行质量复查和“双想”活动，做到预防为主，防患于未然，充分、及时地暴露问题、发现问题、解决问题，保证参试产品不带问题转场，不带隐患上天，确保试验“一次成功”。

在质量工作计划中明确质量复查工作，复查的主要内容和要求：

1）复查使用文件和操作规程，各专业组对操作规程复查后，对复查发现的问题督促操作规程编写单位修改完善，然后在操作规程上会签，在正式测试操作前交质量管理组。

2）复查参试产品出厂时有无遗留问题，复查出厂评审意见和专家组审查意见的落实情况，对专家组提出的问题和建议，有关专业技术组应写出书面的分析处理报告或答复意见。

3）复查参试的各种软、硬件的齐套性、正确性。

4）复查下发的通知单、偏离单的落实情况。

5）复查单元、分系统、测试记录，判读结果经型号副总师及以上人员审核情况。

6）复查产品在装配及测试过程中的状态确认情况。

7）复查风险分析情况。

8）复查“一次成功”技术保障分析情况。

9）复查“五量”分析情况。

10）复查“安全发射、无误发射”和“基线质量管控”确认情况。

对直接影响下一阶段任务完成，特别是直接影响试验成败的关键项目、薄弱环节、接口、质量控制重点可能会出现的风险进行预想，并提出预防方案。各专业技术组按照试验流程和安全性工作计划对试验环境、各项准备工作开展情况、岗位设置情况、操作规程和口令的校核情况、工作要求的执行情况、测试状态检查留名表等进行检查，并经责任人确认，形成检查记录表格。

10.7.3　试验准备要求

试验前应编制试验大纲，试验大纲应包括试验目的、内容、条件、方法、程序、职责、受试产品技术状态、试验使用文件、质量要求、结果评定准则等。针对顾客关注的试验，试验大纲应经顾客同意；飞行试验试验大纲应组织会议评审后方可实施；大型地面试验试验大纲应完成参试专业会签，必要时组织会议评审后实施。

试验承办方按照试验大纲要求，组建试验队，组织产品、设备的齐套，如有例外放行情况，按照航天型号飞行试验通用放行准则及管理要求，以及进场前评审要求等开展相应工作。按照计划、经费要求合理安排试验，组织各单位对试验过程实施控制，确保试验结果的有效性。应组织试验产品、设备的技术状态检查工作（含软件状态确认）。涉及发动机、战斗部、火工品、高压设备等危险作业的试验，需编制安全性分析报告；危险作业试验，由试验组织部门组织安全预案编制、评审并办理危险作业安全审批表；由外单位负责实施的危险作业试验，由试验组织部门负责通知外单位组织开展安全预案评审。

10.7.4　软件控制要求

对需要在试验现场进行交付或安装的软件，需在试验队质量人员的监督下解封，填写交接或安装记录，采取按逐个字节进行比较等技术方法进行检查，确认无误，并经各有关方签字后方可使用。

严格控制试验现场软件更改。应事先明确进场后的软件预计性更改需求，进场后禁止其他非纠错性更改；改变操作流程或应用剖面发生变化时，应详细分析对软件状态的影响；对软件进行更改时，软件更改申请单应由型号（项目）总师批准，更改方案评审通过后，由试验组织部门指定人员执行更改；更改后的A、B级软件应进行第三方回归测试；所有工作完成后应召开专题评审会议，评审通过后方可按照现场安装要求使用。

10.7.5　试验状态和过程要求

试验组织部门依据试验大纲要求，牵头组织参试各单位（岗位）检查供电、配电、气源、油源、道路、起吊设备等是否符合试验要求，检查防火、防爆、防静电、防辐射、防雷击等安全性措施是否落实，检查环境条件是否满足试验要求。

依据试验大纲要求，应将试验产品与设备状态（含软件状态）检查工作记录在案，涉及的主要试验状态包括：技术文件、质量证明文件齐套性，参试产品、设备的状态和自检情况，联试情况，试验环境条件等。

试验组织部门应严格依据试验大纲要求的试验步骤、试验方法、测试细则、测量规定等开展试验；当试验涉及系统较多、操作流程较为复杂时，应设置试验现场指挥、明确岗位及人员、编制试验口令表并按照口令操作；预先进行试验合练、冷操作或降额试验，确保试验流程、试验口令正确无误且参试人员可熟练掌握后，方可转入正式试验，必要时由试验组织部门组织召开试验前状态审查会议。当试验技术状态需要变更时，大纲编制单位应按照规定编制临时变更审批表并履行审批手续，顾客关注的试验应征得顾客同意。

在研制阶段关键控制点（包括转场发射、射前阶段等），应对质量信息系统型号质量问题归零情况进行清理和检查，确保前期出现的质量问题已归零或得到闭环处理，并按要求严格开展评审相关工作。检查的具体内容包括：使用文件和操作规程，出厂评审意见和专家组审查意见的落实情况，参试的各种软、硬件的齐套性、正确性，下发的通知单、偏离单的落实情况，装配及测试过程中的状态确认情况等。

参试各系统/专业按照规定的格式收集、整理试验数据和原始信息，开展试验数据分析并评价试验结果，保证试验数据的完整性和准确性。

10.7.6　试验故障、缺陷处理要求

试验承办方要对参试人员进行教育，确保在出现紧急情况时坚决服从命令、听从指挥、处理险情迅速果断；应急处置现场必须组织指挥有序，不能盲目操作，确保安全第一；所使用的防护器材、消防器材、救生设备和备份仪器设备按照指定位置存放好，不得随意变换存放位置；紧急情况下，所有阵地参试和执勤人员按安全线路撤离故障产品区域，警卫人员封锁阵地路口，严禁所有车辆、人员进入。后续积极组织相关人员定位故障，并按照归零要求开展相应工作。

10.7.7　试验后工作要求

试验结束后对产品进行清点、确认，应执行交接验收制度。按清单向各单位交付产品，经双方检查符合要求后，办理交接手续。试验牵头方应在条件允许的情况下开展飞行试验残骸收集、检查、分析确认（地面试验如有条件，必须要检查），并在试验结束后一个月内完成试验总结报告（含技术状态检查表、型号试验记录、试验数据归档），负责将试验数据录入到试验数据管理系统或在数据管理相关部门归档留存，并关联至试验总结报告。质量部门应对报告进行会签，对试验总结报告中提出的遗留问题或建议下发闭环单，并督促落实。对形成的资料按责任单位对设计文件、质量问题归零报告、质量复查报告、试验总结报告等进行归档，报告应明确所参加的试验任务名称和代号。

10.8　试验评审与风险控制

10.8.1　试验评审

为有效管控试验全过程的质量，需严格按照规定做好试验各阶段的评审工作。坚持预防为主，做到一切操作、测试、动作等都以评审后的文字规定为依据，严格按程序办事。试验评审主要包括如下几个方面：试验策划评审、试验技术文件评审、试验任务书评审、试验方案评审、试验大纲评审、受试产品验收评审、安全预案评审（危险作业相关试验）、试验现场软件更改方案评审（如有软件更改）、试验总结评审（视情开展）等。评审后需指定专人跟踪闭环评审意见落实情况，确保评审工作达到预期的效果。

10.8.2　风险控制

对于直接影响下一阶段任务完成，特别是直接影响试验成败的关键项、薄弱环节、接口、质量控制重点可能会出现的试验风险进行预想，并逐条提出风险控制措施，要保证相关措施易执行、风险低、效率高。

第 11 章　全寿命综合保障工程

航天装备综合保障是指在装备寿命周期内，为满足系统战备完好性要求，降低寿命周期费用，综合考虑装备的保障问题，确定保障性要求，进行保障性设计与分析，规划并研制保障资源，及时提供装备所需保障的一系列技术与管理活动。

为了提高武器系统的战备完好性和任务成功性，降低保障规模和费用（两高两低），最终实现装备“好用、耐用、管用、实用”目标，需要在全寿命过程各阶段与主战装备同步开展综合保障工程工作，包括：系统性地开展综合保障要求论证、分析、设计、研制、试验等工作，实现装备功能性能与保障特性的有机融合，保证产品本身具有良好的保障特性，即实现“好保障”；研制作战与保障需求相适应的保障资源，配合装备使用方建立军地协同、经济有效的保障系统，提供快速敏捷的售后服务保障，保证导弹武器系统交付后快速形成与战斗力相匹配的保障能力，即实现“保障好”，为了实现“好保障”和“保障好”的总体目标，需要加强这两个方面工程的“综合、集成”，这是综合保障工程的精髓。

综合保障工程是复杂系统工程思想在装备保障工作领域的综合体现，是一个反复迭代的全寿命工程过程。航天装备在型号工作中全面践行“论、设、研、试、保”为一体的综合保障精品工程，建立面向装备实战化应用的服务保障体系，进行全寿命综合保障管理，经过几十年的发展，形成了一套具有航天特色的综合保障工程方法，面向战保一体的“好保障”特性和快速响应的“保障好”能力得到大幅提升，服务保障体系基本健全，服务保障质量得到有效保证，装备任务成功率和质量稳定性逐年提高，使用方的顾客满意度不断提升。

11.1　概述

11.1.1　综合保障工作要求与目标

11.1.1.1　综合保障工作要求

航天装备综合保障工程应面向未来战争综合考虑装备全寿命周期的保障问题，统筹开展装备保障设计与分析，协同开展保障试验与评价，建立和运行保障系统，并持续改进装备及其保障系统设计。全寿命周期型号综合保障工作主要包括：基于作战需求统筹确定武器装备功能性能、通用质量特性和综合保障要求，在研制阶段开展综合保障论证、策划、设计分析、保障资源研发、试验验证等，在使用阶段开展各类使用维修保障、训练保障、重大任务保障、走访巡检、改造升级、延寿、退役处置、信息管理等工作。

11.1.1.2　综合保障工作目标

航天装备综合保障工作应聚焦“能打仗、打胜仗”，以实现装备“好用、管用、耐用、实用”及提升新型作战力量和保障力量为目标，加强军事力量运用，通过规范化的工程与管理途径，确保型号装备达到规定的综合保障要求，提升装备及其保障系统的信息化、网络化、智能化水平，以最低的寿命周期费用实现装备的战备完好性要求。

具体目标包含两个方面：

1）通过开展综合保障工作对装备设计施加影响，使装备设计得便于保障，即通过“优生”实现“好保障”的目的。

2）在获得装备的同时，提供经济有效的保障资源和建立相应的保障系统，使所部署的装备能够得到保障，提高装备战备完好性和任务成功性，即通过“优育”实现“保障好”的目的。

11.1.2　综合保障系统工程过程

系统工程是满足各相关方需要或要求的产品综合研发和实现的结构化流程。为实现该目标，系统工程过程应开展以下工作：

1）策划和组织项目的技术因素。

2）考虑整个产品包括相应的保障和内外部运行环境。

3）分析相关方需求：

a）确定各个相关方的问题并将其需求和期望转化为有效的要求和措施。

b）在必要的范围内制定技术要求以确保可行的和经济的设计解决方案。

4）评估可满足这些需求和期望的替代方案，为各产品组成和整体产品选择一平衡的解决方案。

5）设计和执行所选择的解决方案。

6）确保该方案满足各相关方的需求。

为寻找到最经济有效的解决方案，综合保障工作应融入系统工程过程中，以提供经济有效的保障系统并使装备系统符合预期功能性能要求。表 11－1 描述了系统工程过程和综合保障工作（示例内容）之间的顶层映射关系，这些关系应作为一种参考，不应被理解为是针对装备需求而制定的综合保障工作选项。

表 11－1　系统工程过程和综合保障工作之间的接口

系统工程过程	综合保障工作/产品
项目计划过程	系统工程管理计划、综合保障计划、综合保障工作计划
相关方需求定义过程	初始使用保障方案、初始维修保障方案、初步退役报废处置方案、使用场景分析
需求分析过程	可行性研究、使用场景和假设分析、综合保障要求、使用和保障安全要求
方案设计过程	行业研究、敏感性分析、风险分析、装备方案及保障方案、技术性能指标、寿命周期费用分析、使用和保障安全初步分析

续表

系统工程过程	综合保障工作/产品
技术实现过程	保障资源的规划设计，如包装、培训、技术资料，供应保障程序和外协外购管理，保障分析，经济有效分析，寿命周期费用分析，使用和保障危险因素，人为因素
集成过程	固有可用度评估，保障资源的开发集成，如包装、培训、技术资料，供应保障程序和外协外购管理，保障分析，经济有效分析，寿命周期费用分析，使用和保障危险因素，培训需求分析，人为因素
验证过程	按照标准规范对综合保障要求和保障资源进行验证
交付过程	完成保障资源研制并交付使用
确认过程	可用性评估，根据相关方的问题对综合保障要求和保障资源进行评估
使用过程	使用可用性、持续的技术保障服务、使用保障、持续的健康和安全措施
维护过程	产品维护、维修保障、技术保障、持续的健康和安全措施
处置过程	退役报废处置方案，危险、剩余有害物质处置

（1）项目计划过程

项目计划过程决定了项目管理和活动的范围，确定过程输出、项目任务和可交付成果，建立项目计划表，包括评估标准和完成项目任务所需资源。在这个过程中，应至少实施以下 2 个相关联的计划活动：

1）在系统工程管理计划中明确综合保障工作之间的接口。

2）综合保障计划、综合保障工作计划中明确与系统工程的接口，包括可靠性、维修性和测试性等活动。

（2）相关方需求定义过程

相关方需求定义过程为产品研发提供了基线，尤其是在产品层面定义了产品边界的接口。在其预设环境中进行产品需求分析，以确保相关方的潜在需求、期望和限制条件，并在产品整个寿命周期中予以考虑。之后，需要确定未被相关方正式明确的需求（例如，期望的培训或安全防护设备）。在本过程中还应制定使用保障方案、维修保障方案和退役处置方案。

（3）需求分析过程

在需求分析过程中，各相关方的需求被转化为对整体产品功能性的和非功能性的要求，包括综合保障要求。提供完整、切实可行且精确的需求，需要各领域密切合作。综合保障需求应在最初阶段分析确定以确保得以实现和满足。

（4）方案设计过程

方案设计是一个创造性的过程，尤其是对复杂产品而言，没有满足用户要求的唯一解决方案。如果产品的可用性、使用操作、经济有效性、保障功能或过程受需求影响，综合保障设计师需进行研究与分析，主要涉及如下：

1）为每个综合保障工作项目建立设计准则。

2）决定与使用者有关的产品需求，考虑人的能力局限性，以及人的表现、健康和安全。

3）备选方案设计，对方案进行建模分析并详细到适当的层级，通过相互之间的比较，确保在设计中考虑约束条件，并进行有效评估、权衡和风险分析，以确定最佳的设计方案。

（5）技术实现过程

根据产品设计方案的详细描述，设计和研制产品组成，包括确定保障资源，如培训与训练保障、技术资料、计算机资源保障、供应保障程序和外协外购管控。技术实现过程从执行综合保障数据需求定义开始，包括故障检测与隔离、产品使用和维护、安全与人为因素等数据分析。在此基础上，开始设计初步的综合保障能力和产品。最后，技术实现过程应证明设计方案在产品组成层面能够满足要求，且符合法规制度和标准规范要求。在这个过程中，保障分析工作在产品组成各层级进行。

（6）集成过程

将产品各要素组装成整个产品，并证明整个产品能实现所需的预期功能，包括产品和保障资源按照在需求分析过程中建立的综合保障试验评价标准进行验证。内外接口应有效验证，以便在整个产品层面能够实现正确的信息流。集成活动应进行分析、记录和报告，任何不符合项应有记录和报告并有纠正和改进建议。

（7）验证过程

验证过程和其他寿命周期过程的试验评价有密切联系，其关键成果是建立了产品及其要素评估方式的确定程序和流程，基本的验证活动有核查、分析、试验和评价。

（8）交付过程

产品及其保障资源与服务从一个组织转移另一个组织，完成交付过程通常标志着产品使用阶段的开始。产品部署在预定的使用环境中并满足要求，且所有保障产品和服务需要保证产品的可用。

（9）确认过程

保证相关方的要求得到满足，并针对用户提出的问题为整个产品包括相关保障服务提供完善的解决方案。

（10）使用过程

使用过程是指为产品的使用分配人力和人员，进行产品操作、性能监控和使用保障。使用阶段的费用占产品整个寿命周期费用的大部分，因此应进行性能指示和测量监控，指标在可接受范围外时，需采取纠正措施。

（11）维护过程

维护过程是指保持产品的性能，主要考虑产品的可用性，负责产品的维修、维护和培训等，并完善产品维修策略和预防性维修计划，过程中需要不断地进行故障报告、纠正和改进，记录影响未来产品需求的维护约束条件并收集故障、寿命和性能数据。

（12）处置过程

处置过程代表从在役使用状态撤回产品到分解或销毁产品的时间间隔。一个产品运行服务功能的终结将影响到提供给用户的使用和维修保障功能，正因如此，退役报废处置方案应重新审查和升级完善，确定处置策略时还应考虑到危险材料的停用和分解等。

11.1.3 综合保障工程工作流程

11.1.3.1 综合保障工程流程

立足作战任务需求，按照“需求生成—研制开发—生产交付—保障运用与改进”的保障能力生成与迭代提升方式，与装备性能、通用质量特性论证、设计、研制、鉴定、交付等相同步，系统开展综合保障能力设计开发，同步构建与装备系统相匹配相协调的保障系统，推动综合保障工程落地。装备全寿命周期综合保障工程总体流程，如图 11-1 所示。

1）在立项论证阶段，依据装备的作战使用要求和实现的可能性，配合用户论证部门开展综合保障论证工作，确定装备综合保障能力要求，明确拟采用的保障体制和保障策略及保障约束条件与相关要求，拟定装备初始保障方案。

2）在方案阶段，根据装备初始保障方案，结合装备的使用要求、使用方案和设计方案，确定装备在预期的使用环境中所必须具备的使用、维修与保障功能及其必须进行的使用与维修工作，明确保障约束及保障体制策略与职能流程，初步确定保障资源需求，开展综合保障初步方案设计。

3）在工程研制阶段，为确保装备满足规定的综合保障要求，与装备设计相融合，开展装备使用保障方案、维修保障方案和保障资源配置方案设计，确定使用和维修保障项目及其程序、方法，研制所需的保障资源，并结合装备研制进展，不断迭代优化综合保障方案。

4）在设计定型阶段，开展综合保障鉴定评价工作，根据评价结果对保障设计特性、保障系统及保障资源进行改进，细化完善装备综合保障方案，形成综合保障建议书。

5）在在役使用阶段，统筹开展装备培训、供应保障、装备修理、巡检巡修、重大任务保障、导弹延寿、地面装备改造升级、退役处置等使用与维修保障任务，进一步完善和改进保障系统，使航天装备综合保障水平得以保持和提高。

11.1.3.2 综合保障工作流程

综合保障工作流程描述了设计、开发、管理和优化武器装备保障工作的程序，如图 11-2 所示，主要包含以下工作：

1）保障管理。

2）保障设计与分析。

3）保障研发。

4）提供保障。

5）保障反馈。

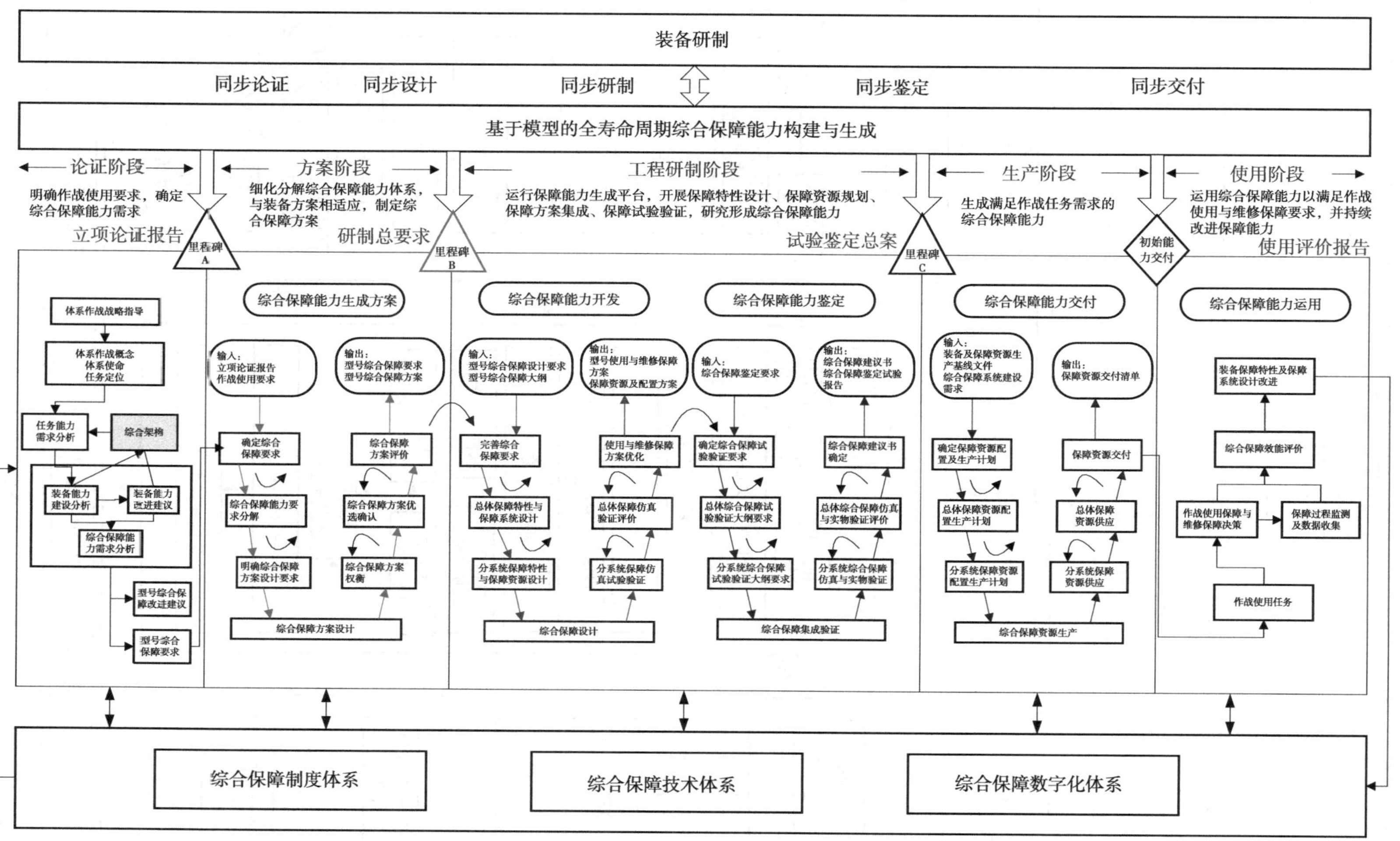

图 11－1　装备全寿命周期综合保障工程流程

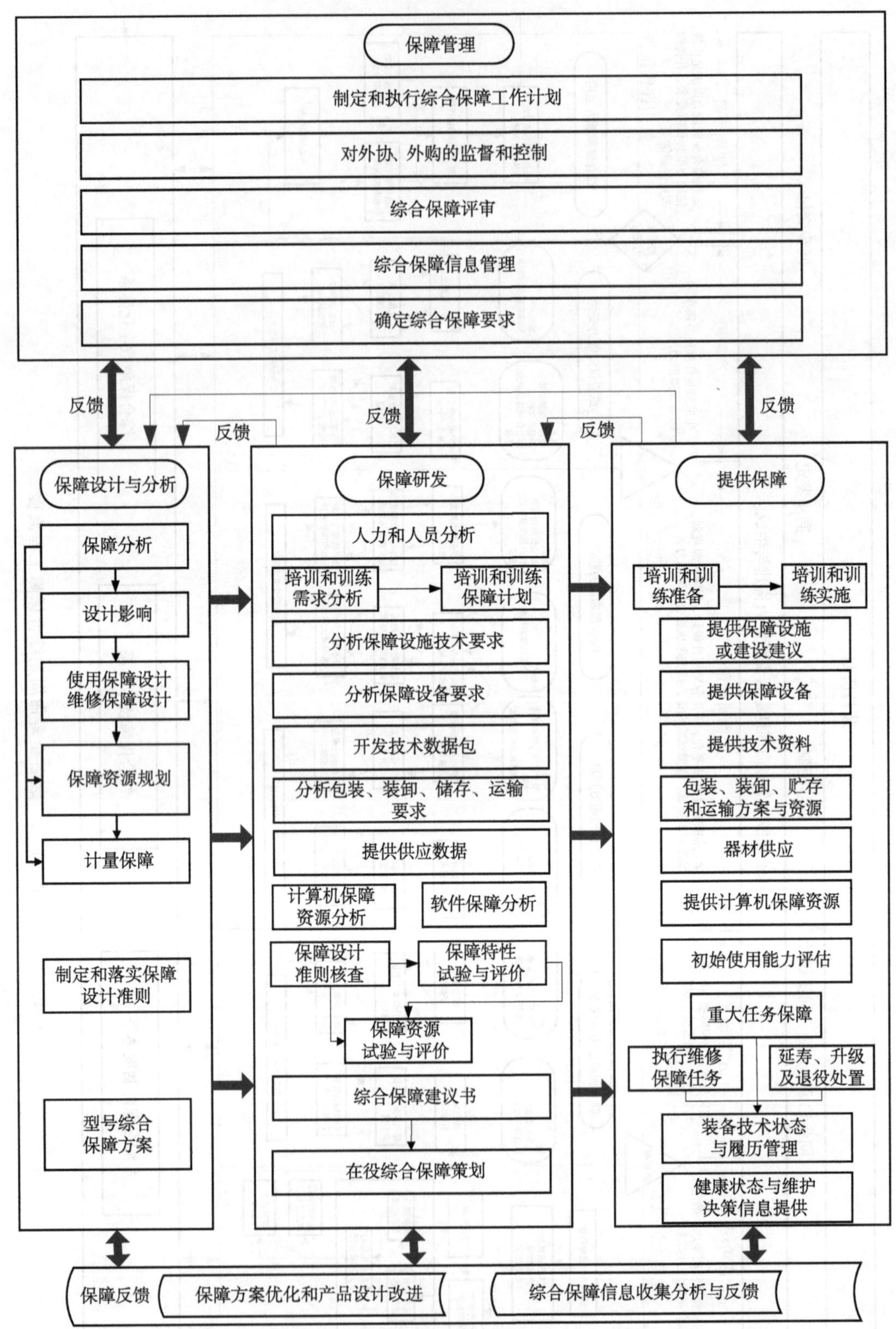

图 11-2 综合保障主要工作项目及流程

11.1.3.3　综合保障业务流程

按照定义保障、研制保障、实施保障的全寿命系统工程思路，航天装备在型号工作中开展了综合保障要求分析与确认、综合保障分析与设计、保障资源研制与交付、综合保障试验与评价、服务保障实施与改进等工作，并通过综合保障工程的全寿命、全系统管理，提高面向装备实战应用的服务保障能力，其主要工作框架及业务流程如图 11－3 所示。

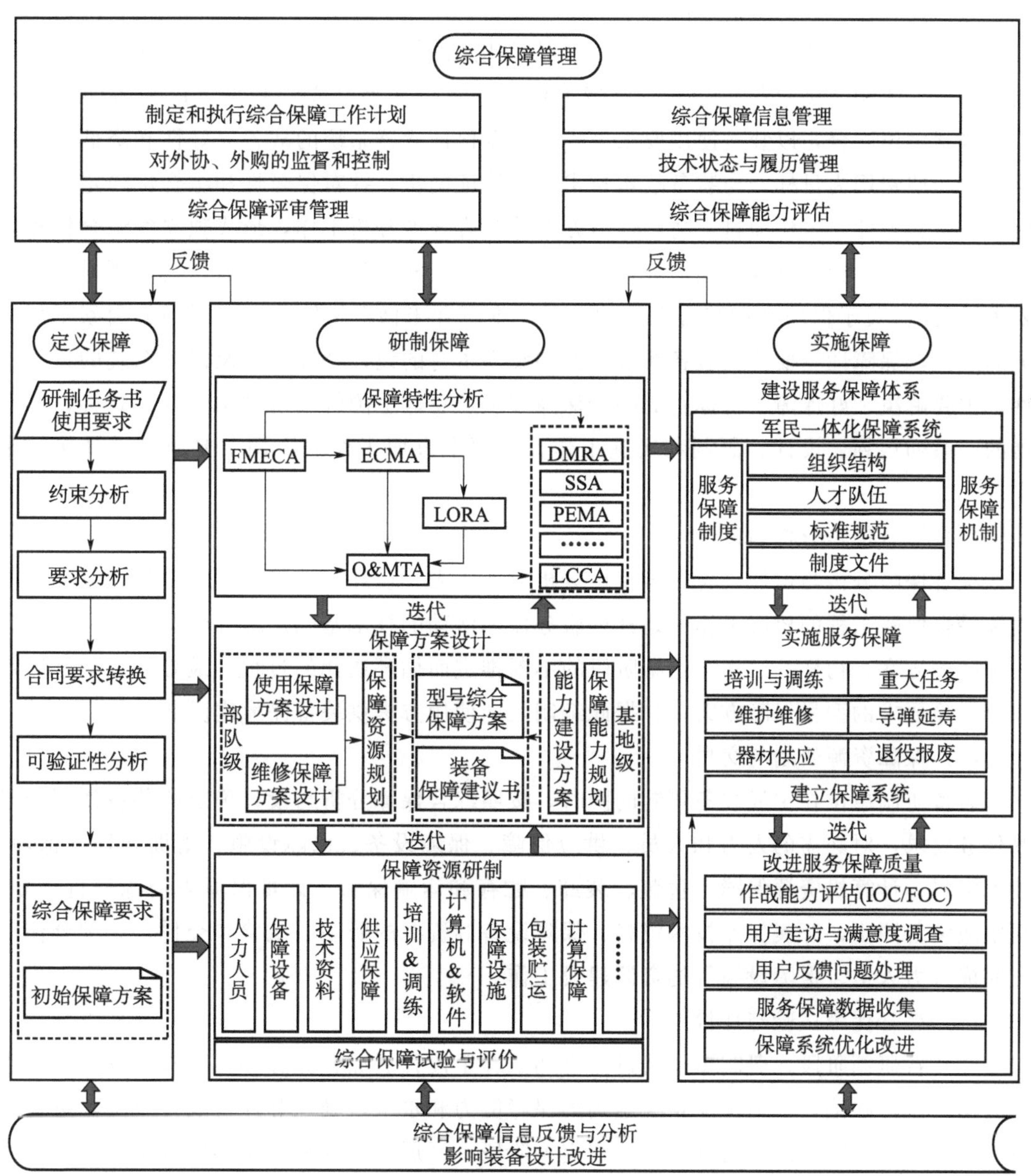

图 11－3　全寿命综合保障工程工作框架及业务流程

本章主要围绕综合保障工作主线进行工程过程论述，其中综合保障分析与设计、试验与评价部分涉及保障特性设计接口部分内容，详细内容参见 5.3“产品保证要素”和 7.4“通用质量特性设计”。在实际工程中，由于各行业各单位的组织机构设置有所不同，具体到与综合保障工程相关业务的责任分工也有所差异，不管采用何种组织架构，应当加强装备产品设计人员与综合保障规划、设计和实施人员之间的沟通协调，以保证实现“好保障”和“保障好”的总体目标。

(1) 综合保障要求分析与确认

综合保障要求从顶层规定了装备综合保障达到的能力目标，是后续进行保障性和综合保障设计、研制、试验和开展服务保障工作的输入。在型号立项初期，由装备使用方牵头，研制单位配合，以装备使用要求为输入，以保证武器系统的战备完好性和降低武器系统寿命周期费用为目标，与装备战术技术指标论证同步，针对保障性和综合保障定性定量要求、可验证性、工作项目、初始保障方案等内容开展分析工作，形成独立的综合保障要求论证报告或者纳入综合立项论证报告，经装备作战和保障部门认可后，纳入型号研制总要求。(注：关于保障性和综合保障的关系，本章并未做严格区分，按照相关国家军用标准的定义，保障性主要涉及装备系统层面和装备本身的设计特性，以及保障系统的资源特性，主要解决“好保障”目标；而综合保障涉及从总体上围绕实现“保障好”目标，所开展的一系列规划、设计、研制和实施工作，这两个方面工作的协调主要通过设计接口来实现。)

(2) 综合保障分析与设计

综合保障分析与设计（含保障特性分析与保障方案设计）是装备研制单位在设计阶段实施综合保障工程的核心工作，是开展服务保障活动的技术基础。综合保障分析与设计是一个随着方案、初样、试样、定型阶段的不断推进而循环迭代的过程，最终形成能够满足综合保障要求的型号保障方案，并据此编制及向使用方提供装备保障建议书。

(3) 保障资源研制与交付

装备研制单位在主战装备研制的同时，按照综合保障分析与设计确定的装备使用与维修任务要求，对必需的人力和人员、供应保障、保障设备、保障设施、培训和训练保障、技术资料、计算机资源保障、包装、装卸、贮存和运输保障、计量保障等资源进行规划；与主战装备同步，开展保障技术资料、保障设备等资源的研制、试验和交付，并配合使用方完成人力人员、保障设施等的资源建设工作。

(4) 综合保障试验与评价

在装备研制阶段，研制单位通过仿真和试验手段开展综合保障评价工作，发现装备保障方面的设计缺陷，评估保障系统达到的保障能力和水平，确定和评价设计风险，进行装备保障特性和保障系统的设计改进；在定型阶段，开展综合保障试验鉴定考核，保证交付的保障系统能够满足系统提出的综合保障定性和定量要求。

(5) 在役保障实施与改进

在装备进入在役阶段后，研制单位建立服务保障体系，并配合使用方和大修厂建立军民一体化装备保障系统，实施重大任务保障、器材供应保障、装备维修保障、培训与训练保障、导弹延寿保障和退役报废保障等一系列在役保障项目；持续开展在役保障数据收集、使用方走访与满意度调查、使用方反馈问题处理、作战能力评估和保障系统优化改进工作，不断改进和提升在役保障质量。

（6）全寿命综合保障工程管理

装备保障能力是设计制造出来的，也是使用和管理出来的。综合保障是全寿命的系统工程过程，需要针对工作计划、外协外购、评审验收、技术状态、履历信息、能力评估等各个方面进行全寿命综合管理，建立完善的服务保障体系和军民一体化保障系统，形成保障质量不断提升改进的闭环管理体系。

11.1.4　综合保障工程工作项目

航天装备综合保障工程工作涉及装备全寿命周期各阶段（论证阶段、方案阶段、初样阶段、试样阶段、定型（鉴定）阶段、生产与交付阶段、在役使用阶段）和装备各层次（武器系统、分系统、设备），包括综合保障要求确定、设计与分析、试验与评价以及在役阶段维修保障等各项综合保障活动，确保在系统工程过程中将综合保障要求融入装备研制、生产与保障中。为确保装备达到规定的综合保障要求，并以合理的全寿命周期费用实现系统的战备完好性要求，综合保障工程将综合考虑全寿命周期系统工程相关工作项目，系统梳理相关业务活动，见表 11－2，共涉及 13 类工作项目，细分为 58 项业务活动。

表 11－2　综合保障业务工作

序号	工作类	工作项目	业务活动
1	保障管理	综合保障管理	制定和执行综合保障工作计划
2			对外协、外购产品的监督与控制
3			综合保障评审
4			综合保障信息管理与信息化应用
5		确定综合保障要求	型号综合保障要求分析论证
6			制定型号综合保障大纲
7			确定综合保障技术要求
8	保障设计与分析	型号综合保障方案	拟定装备初始保障方案
9			确定综合保障初步方案
10			制定综合保障建议书

续表

序号	工作类	工作项目	业务活动
11	保障设计与分析	保障分析	故障模式、影响及危害性分析
12			损坏模式及影响分析
13			预防性维修工作分析
14			使用与维修工作分析
15			修理级别分析
16			使用和保障危险分析
17			软件保障分析
18			故障预测与健康管理设计分析
19			寿命周期费用分析
20			人为因素分析
21			产品退废(停产)分析
22			退役处置保障分析
23			设计影响
24			在役保障分析
25		保障设计	使用保障设计
26			维修保障设计
27			制定和贯彻保障设计准则
28			保障设计准则核查
29	保障研发	保障资源规划与研制	人力和人员
30			备件和消耗品
31			保障设备
32			培训和训练保障
33			技术资料
34			计算机资源保障
35			保障设施
36			包装、装卸、贮存和运输保障
37		计量保障	计量保障需求分析
38			计量保障规划
39		综合保障试验	保障试验与评价
40			保障鉴定试验
41			初始使用能力评估
42		在役综合保障策划	基地级维修能力建设方案论证
43			制定在役综合保障策划

续表

序号	工作类	工作项目	业务活动
44	提供保障	供应保障	保障资源提供
45			备件供应
46			供应保障
47		培训和训练实施	跟研培训
48			跟产与接装培训
49			岗位与深化训练
50		在役综合保障	产业融合保障(含合同商保障)
51			在役装备维修保障
52			重大任务保障
53			装备延寿升级
54			装备退役报废处置
55			在役装备技术状态与履历管理
56			在役装备 PHM 应用
57	保障反馈	在役综合保障信息反馈	在役信息反馈及闭环管理
58			保障方案优化及产品设计改进反馈

11.1.4.1　综合保障管理业务活动

综合保障管理是从系统工程的观点出发，对装备全寿命周期中各项综合保障活动进行规划、组织、协调与监督，以全面贯彻综合保障工作的基本原则，实现既定的综合保障工作目标。综合保障管理主要业务活动及输入输出信息见表 11 - 3。

表 11 - 3　综合保障管理主要业务活动

输入	业务活动	输出	责任主体	备注
a)型号综合保障要求 b)型号研制策划 c)综合保障计划 d)型号通用质量特性计划	制定和执行综合保障工作计划	综合保障总体工作计划	综合保障设计师	产品设计师、项目管理人员支撑
		阶段综合保障工作计划		
		年度综合保障工作计划		
a)型号综合保障大纲 b)研制任务书 c)综合保障工作计划 d)在役综合保障策划	对外协、外购产品的监督与控制	综合保障数据包	产品设计师	综合保障设计师、项目管理人员支撑
		检查、评审、验收记录		
a)综合保障工作计划 b)型号研制总要求 c)型号综合保障要求 d)型号综合保障大纲	综合保障评审	综合保障评审计划	综合保障设计师	产品设计师、项目管理人员支撑
		评审实施	项目管理人员	
		评审记录	项目管理人员	

续表

输入	业务活动	输出	责任主体	备注
a)综合保障工作计划 b)型号综合保障要求 c)型号综合保障大纲	综合保障信息管理与信息化应用	型号综合保障数据收集、分析和改进系统	项目管理人员、综合保障设计师	产品设计师支撑
		综合保障信息化应用要求	项目管理人员、综合保障设计师	产品设计师支撑
		综合保障数据库	项目管理人员、综合保障设计师	产品设计师支撑

注:1)综合保障设计师,泛指武器系统总体综合保障设计师、分系统综合保障设计师、设备级综合保障设计师。

2)综合保障数据包主要包含:保障设计与分析报告、保障资源规划报告、保障试验与评价报告及相关数据等。

3)综合保障数据库,主要收集以下信息:

a)保障分析数据;

b)相似产品使用信息;

c)相似产品使用问题解决措施;

d)对用户的调研报告;

e)用户对装备的试用信息;

f)各级产品保障方案、保障资源清单;

g)保障特性试验、保障资源试验报告;

h)用户反馈信息、装备使用维护信息。

11.1.4.2 论证阶段业务活动

配合用户论证部门拟定装备初始保障方案,开展型号综合保障要求的分析论证,纳入型号立项论证报告和研制总要求。其中,初始保障方案主要基于作战需求和使用场景拟定。

论证阶段主要业务活动包括:

1) 拟定装备初始保障方案。

2) 装备综合保障能力需求获取与论证。

3) 型号综合保障要求分析论证。

论证阶段主要业务活动及输入输出信息见表 11-4。

表 11-4 论证阶段主要业务活动

输入	业务活动	输出	责任主体	备注
a)型号立项论证报告 b)装备作战使用要求 c)基准比较系统综合保障方案	拟定装备初始保障方案	初始保障方案	用户	综合保障设计师、产品设计师支撑
a)型号立项论证报告 b)装备作战使用要求 c)型号通用质量特性要求	型号综合保障要求分析论证	型号综合保障要求	用户	综合保障设计师、产品设计师支撑
		综合保障研制经费概算		

11.1.4.3　方案阶段业务活动

根据型号综合保障要求，规划型号综合保障工作项目，制定型号综合保障大纲，提出综合保障技术要求，制定和贯彻保障设计准则，与装备设计同步开展综合保障方案设计和寿命周期费用分析。

综合保障初步方案主要基于作战需求和使用场景定义了未来装备全寿命周期的保障策略与需求，可以包含不同的备选保障方案，内容可以覆盖寿命周期费用、可用度、可靠性、维修性、测试性、保障性等因素，但备选保障方案应经过所需资源、成本和相关风险方面的评估。

方案阶段主要业务活动包括：

1）制定型号综合保障大纲。

2）确定综合保障技术要求。

3）制定和贯彻保障设计准则。

4）确定综合保障初步方案。

5）寿命周期费用分析。

6）制定综合保障工作计划。

7）对外协、外购产品的监督与控制。

8）综合保障评审。

9）建立综合保障数据库。

方案阶段主要业务活动及输入输出信息见表 11－5。

表 11－5　方案阶段主要业务活动

<table>
<tr><th>输入</th><th>业务活动</th><th>输出</th><th>责任主体</th><th>备注</th></tr>
<tr><td rowspan="2">a)型号研制总要求
b)型号综合保障要求
c)武器系统总体方案
d)初始保障方案</td><td rowspan="2">制定型号综合保障大纲</td><td>型号综合保障大纲</td><td rowspan="2">综合保障设计师</td><td rowspan="2"></td></tr>
<tr><td>型号综合保障实施细则</td></tr>
<tr><td rowspan="2">a)型号综合保障要求
b)武器系统总体方案
c)产品设计方案
d)产品研制任务书</td><td rowspan="2">确定综合保障技术要求</td><td>武器系统综合保障技术要求</td><td rowspan="2">综合保障设计师</td><td rowspan="2"></td></tr>
<tr><td>分系统、设备综合保障技术要求</td></tr>
<tr><td rowspan="3">a)型号综合保障要求
b)武器系统总体方案
c)产品保障通用设计准则
d)可靠性设计准则
e)安全性设计准则
f)环境适应性设计准则
g)维修性设计准则
h)测试性设计准则</td><td rowspan="3">制定和贯彻保障设计准则</td><td>保障设计准则及核查表单</td><td>综合保障设计师、产品设计师</td><td>武器系统、分系统：综合保障设计师；
设备：产品设计师</td></tr>
<tr><td>保障设计准则符合性分析要求</td><td>综合保障设计师</td><td></td></tr>
<tr><td>保障设计准则符合性检查报告</td><td>产品设计师</td><td></td></tr>
</table>

续表

输入	业务活动	输出	责任主体	备注
a)初始保障方案 b)型号综合保障要求 c)武器系统总体方案 d)产品使用方案 e)产品设计方案 f)通用质量特性报告 g)基准比较系统综合保障方案	确定综合保障初步方案	保障设计与分析要求	综合保障设计师	
		保障资源规划要求	综合保障设计师	
		型号综合保障初步方案	综合保障设计师	产品设计师支撑
a)型号综合保障要求 b)武器系统总体方案 c)型号综合保障方案 d)产品使用方案 e)产品设计方案 f)通用质量特性相关数据 g)综合保障数据 h)市场分析数据	寿命周期费用分析	寿命周期费用分析报告	综合保障设计师	项目管理人员、产品设计师支撑

注:通用质量特性报告,泛指通用质量特性相关设计、分析、试验与评价报告。

11.1.4.4 初样阶段业务活动

通过初步的保障分析工作，设计装备使用保障和维修保障工作项目、作业步骤及所需的保障资源，确定使用保障方案、维修保障方案、保障资源需求及计量保障方案，对可用度、可靠性、维修性和测试性等通用质量特性指标分配和预计，并在初样阶段后期开展保障设计准则符合性检查和保障试验与评价。

初样阶段主要业务活动包括：

1）保障分析。

2）使用保障设计。

3）维修保障设计。

4）保障资源规划。

5）计量保障需求分析。

6）保障设计准则核查。

7）保障试验与评价。

8）对外协、外购产品的监督与控制。

9）综合保障评审。

10）综合保障信息收集、分析与反馈设计。

初样阶段主要业务活动及输入输出信息见表 11－6。

表 11-6　初样阶段主要业务活动

输入	业务活动	输出	责任主体	备注
a)型号综合保障要求 b)产品研制任务书 c)产品设计方案 d)通用质量特性报告	保障分析	保障设计与分析要求	综合保障设计师	
		保障分析报告	综合保障设计师、产品设计师	武器系统、分系统：综合保障设计师； 设备：产品设计师
		综合保障数据库	综合保障设计师、产品设计师	
		保障设计改进建议	综合保障设计师、产品设计师	
a)型号研制总要求 b)型号综合保障要求 c)产品研制任务书 d)产品设计方案 e)保障分析报告 f)保障设计改进建议	使用保障设计	保障设计与分析要求	综合保障设计师	
		使用保障方案	综合保障设计师	产品设计师支撑
a)型号研制总要求 b)型号综合保障要求 c)产品研制任务书 d)产品设计方案 e)通用质量特性报告 f)保障分析报告 g)保障设计改进建议	维修保障设计	保障设计与分析要求	综合保障设计师	
		维修保障方案	综合保障设计师	产品设计师支撑
a)型号综合保障要求 b)产品研制任务书 c)使用保障方案 d)维修保障方案 e)保障分析报告 f)通用质量特性报告 g)产品设计方案 h)产品设计和生产数据资料 i)产品使用和维修数据资料	保障资源规划	保障资源规划要求	综合保障设计师	
		保障资源需求分析报告	综合保障设计师、产品设计师	
a)型号综合保障要求 b)产品研制任务书 c)产品设计方案	计量保障需求分析	计量保障方案	产品设计师	

续表

输入	业务活动	输出	责任主体	备注
a)保障设计准则 b)产品设计方案 c)使用保障方案 d)维修保障方案 e)保障资源需求分析报告	保障设计准则核查	保障设计准则及核查表单	综合保障设计师、产品设计师	武器系统、分系统:综合保障设计师; 设备:产品设计师
		保障设计准则符合性分析要求	综合保障设计师	
		保障设计准则符合性检查报告	产品设计师	综合保障设计师审核
		保障设计改进建议	产品设计师	综合保障设计师支撑
a)型号研制总要求 b)型号综合保障要求 c)产品研制任务书 d)产品设计方案 e)通用质量特性报告 f)型号综合保障方案	保障试验与评价	保障试验与评价要求	综合保障设计师	
		保障试验与评价大纲	产品设计师	
		保障试验与评价报告	产品设计师	综合保障设计师审核
		保障设计改进建议	产品设计师	综合保障设计师审核

注:1)保障分析报告,包含以下内容:

a)FMECA 报告、产品修复性维修项目清单;

b)DMEA 报告、产品战场抢修项目清单;

c)预防性维修分析报告、产品预防性维修项目清单;

d)O&MTA 报告;

e)LORA 报告;

f)O&SHA 报告;

g)软件保障分析报告、软件保障方案;

h)PHM 设计报告、PHM 应用信息系统需求分析报告;

i)LCCA 报告;

j)人为因素分析报告;

k)产品退废(停产)分析报告;

l)退役处置保障分析报告;

m)设计影响分析报告。

2)保障资源需求分析报告,包含以下内容:

a)人力和人员需求清单;

b)初始备件和消耗品清单;

c)保障设备需求清单及研制计划,包括在役综合保障信息系统(含 PHM 应用信息系统),分为用户级、基地级应用端;

d)培训和训练保障方案、培训教材编制建议和计划、训练器材研制建议及计划、跟研培训和培训保障计划

e)技术资料配套目录、技术资料编制计划;

f)计算机资源保障需求、计算机资源保障计划;

g)保障设施建议;

h)包装、装卸、贮存和运输方案。

3)计量保障方案,主要包含《装备检测需求明细表》《检测设备推荐表》《校准设备推荐表》或《校准系统推荐表》以及《装备检测和校准需求汇总表》。

11.1.4.5　试样阶段业务活动

根据产品设计的逐步细化，迭代完善保障分析、使用保障设计与维修保障设计相关设计分析结果，优化使用保障方案、维修保障方案、计量保障方案及保障资源配套方案。提前参与用户基地级维修能力建设，开展基地级维修能力建设方案论证，并在试样阶段后期开展保障设计准则符合性检查和保障试验与评价。

试样阶段主要业务活动包括：

1）保障分析。

2）使用保障设计。

3）维修保障设计。

4）保障资源规划与研制。

5）计量保障规划。

6）基地级维修能力建设方案论证。

7）保障设计准则核查。

8）保障试验与评价。

9）对外协、外购产品的监督与控制。

10）综合保障评审。

11）综合保障信息收集、分析与反馈设计。

试样阶段主要业务活动及输入输出信息见表 11－7。

表 11－7　试样阶段主要业务活动

输入	业务活动	输出	责任主体	备注
a)型号综合保障要求 b)产品研制任务书 c)产品设计方案 d)通用质量特性报告 e)产品设计更改信息 f)保障设计准则符合性检查报告 g)保障试验与评价报告 h)产品设计和生产数据资料 i)产品使用和维修数据资料	保障分析	保障设计与分析要求	综合保障设计师	
		保障分析报告	综合保障设计师、产品设计师	武器系统、分系统：综合保障设计师； 设备：产品设计师
		综合保障数据库	综合保障设计师、产品设计师	武器系统、分系统：综合保障设计师； 设备：产品设计师
		保障设计改进建议	综合保障设计师、产品设计师	武器系统、分系统：综合保障设计师； 设备：产品设计师

续表

输入	业务活动	输出	责任主体	备注
a)型号研制总要求 b)型号综合保障要求 c)产品研制任务书 d)产品设计方案 e)产品设计更改信息 f)保障分析报告 g)保障设计准则符合性检查报告 h)保障试验与评价报告 i)保障设计改进建议	使用保障设计	保障设计与分析要求	综合保障设计师	
		使用保障方案	综合保障设计师	产品设计师支撑
		使用手册	综合保障设计师、产品设计师	
a)型号研制总要求 b)型号综合保障要求 c)产品研制任务书 d)产品设计方案 e)产品设计更改信息 f)通用质量特性报告 g)保障分析报告 h)保障设计准则符合性分析报告 i)保障试验与评价报告 j)保障设计改进建议	维修保障设计	保障设计与分析要求	综合保障设计师	
		维修保障方案	综合保障设计师	产品设计师支撑
		维修手册	综合保障设计师、产品设计师	
a)型号综合保障要求 b)产品研制任务书 c)使用保障方案 d)维修保障方案 e)通用质量特性报告 f)保障分析报告 g)产品设计方案 h)产品设计和生产数据资料 i)产品使用和维修数据资料 j)产品设计更改信息 k)保障设计准则符合性分析报告 l)保障试验与评价报告	保障资源规划与研制	保障资源规划要求	综合保障设计师	
		保障资源配置方案	综合保障设计师、产品设计师	
		保障设备	综合保障设计师、产品设计师	
		培训教材		
		训练器材		
		跟研培训实施		
		技术资料		
		交互式电子手册		
		计算机保障资源		
		包装、装卸、贮存和运输资源		
a)型号综合保障要求 b)产品研制任务书 c)产品设计方案 d)产品设计更改信息	计量保障规划	检测和校准设备配套方案	产品设计师、综合保障设计师	
		计量规程		
		校准设备		

续表

输入	业务活动	输出	责任主体	备注
a)型号综合保障要求 b)型号综合保障方案 c)用户要求	基地级维修能力建设方案论证	基地级维修能力建设方案	综合保障设计师	项目管理人员、用户使用方、用户修理厂配合
a)保障设计准则 b)产品设计方案 c)使用保障方案 d)维修保障方案 e)保障资源配置方案	保障设计准则核查	保障设计准则及核查表单	综合保障设计师、产品设计师	武器系统、分系统：综合保障设计师； 设备：产品设计师
		保障设计准则符合性分析要求	综合保障设计师	
		保障设计准则符合性检查报告	产品设计师	综合保障设计师审核
		保障设计改进建议	产品设计师	综合保障设计师支撑
a)型号研制总要求 b)型号综合保障要求 c)产品研制任务书 d)产品设计方案 e)通用质量特性报告 f)型号综合保障方案	保障试验与评价	保障试验与评价要求	综合保障设计师	
		保障试验与评价大纲	产品设计师	
		保障试验与评价报告	产品设计师	综合保障设计师审核
		保障设计改进建议	产品设计师	综合保障设计师审核

注：1)产品设计更改信息，包含通用质量特性相关设计更改文件。

2)保障资源配置方案，包含以下内容：

a)人力和人员配置建议；

b)初始备件和消耗品清单、停产备件和消耗品清单、战时备件清单；

c)保障设备配套清单，包括在役综合保障信息系统(含 PHM 应用信息系统)，分为用户级、基地级应用端；

d)培训和训练保障方案、跟研培训和培训保障计划、跟产与接装培训和培训保障计划；

e)技术资料配套目录；

f)计算机资源保障计划；

g)保障设施建议(含具体技术要求)；

h)包装、装卸、贮存和运输方案及保障资源配套目录。

11.1.4.6　定型（鉴定）阶段业务活动

对装备综合保障工作进行全面考核，确认其是否满足定型要求，并着手研究制定综合保障建议书、在役综合保障策划。

定型（鉴定）阶段主要业务活动包括：

1）保障鉴定试验。

2）制定综合保障建议书。

3）制定在役综合保障策划。

4）综合保障评审。

5）综合保障信息收集、分析与反馈设计。

定型（鉴定）阶段主要业务活动及输入输出信息见表 11－8。

表 11－8 定型（鉴定）阶段主要业务活动

输入	业务活动	输出	责任主体	备注
a)型号研制总要求 b)型号综合保障要求 c)产品研制任务书	保障鉴定试验	保障鉴定试验要求	用户	综合保障设计师、产品设计师支撑
		保障鉴定试验大纲	用户	综合保障设计师、产品设计师支撑
		保障鉴定试验报告	用户	综合保障设计师、产品设计师支撑
a)保障试验与评价报告 b)型号综合保障方案	制定综合保障建议书	型号综合保障建议书	综合保障设计师	
a)型号研制总要求 b)型号综合保障方案 c)合同	制定在役综合保障策划	在役综合保障策划	综合保障设计师	项目管理人员、用户支撑

11.1.4.7 生产与交付阶段业务活动

参与装备部署保障工作，及时组织保障资源（主要是技术资料、备件和保障设备）的生产与交付，支撑用户开展保障设施建设，组织实施跟产与接装培训（主要是装备操作和维护维修的初级培训）。

生产与交付阶段主要业务活动包括：

1）保障资源提供。

2）备件供应。

3）跟产与接装培训。

4）对外协、外购产品的监督与控制。

5）综合保障信息收集、分析与反馈设计。

生产与交付阶段主要业务活动及输入输出信息见表 11－9。

表 11－9 生产与交付阶段主要业务活动

输入	业务活动	输出	责任主体	备注
a)在役综合保障策划 b)型号综合保障方案 c)装备部署保障计划	保障资源提供	保障资源订购合同	项目管理人员	
		保障资源供应计划	项目管理人员	
		保障资源及配套清单	综合保障设计师	产品设计师支撑

续表

输入	业务活动	输出	责任主体	备注
a)在役综合保障策划 b)型号综合保障方案 c)装备部署保障计划	备件供应	维修器材目录、初始消耗标准	综合保障设计师	产品设计师支撑
		随机初始备件清单、寿命件清单、易损易耗件清单和消耗品清单	综合保障设计师	产品设计师支撑
a)跟产与接装培训和培训保障计划 b)培训和训练保障方案	跟产与接装培训	跟产与接装培训保障方案及大纲	产品设计师	综合保障设计师支撑
		跟产与接装培训	产品设计师	
		岗位与深化训练和训练保障计划	用户	综合保障设计师、产品设计师支撑

11.1.4.8　在役使用阶段业务活动

按计划完成保障资源的生产交付，协助用户开展初始使用能力评估、岗位与深化训练，做好在役装备维修保障、重大任务保障及技术状态与履历管理工作，并为用户的装备延寿、升级及退役处置提供技术支持、培训服务、备件及设备供应保障。同时，及时收集和闭环处理使用反馈信息，持续实现装备设计与保障系统的迭代完善，确保保障系统能够适应改进升级后的装备。

在役使用阶段应收集装备使用和维修保障数据，以及各种反馈数据，支撑以下工作：

1）安全分析。

2）趋势分析。

3）权衡优化分析。

4）事故/事件调查。

5）故障/事件报告和纠正。

在役使用阶段提供的保障服务包括：

1）合同商保障。

2）技术资料升级。

3）岗位与深化培训。

4）技术保障服务。

5）维修保障和维护服务。

6）产品升级改进，包括软件。

7）退役报废保障。

8）保障设施管理。

在役使用阶段提供的硬件产品包括：

1）备件。

2）消耗品。

3）技术资料。

4）保障设备。

5）测试设备。

6）培训与训练设备。

当决定对产品进行退役报废处置时，应考虑以下任务：

1）硬件组件应从库存中取消。

2）应对产品进行适当处理或回收。

3）保障设备和设施应退役处置。

应保证产品退役淘汰和报废处置及其相关流程所需的资源，以便于开展产品的回收和处置，并且报废处置过程应考虑适用的规定。

在役使用阶段主要业务活动包括：

1）初始使用能力评估。

2）岗位与深化训练。

3）供应保障。

4）在役装备维修保障。

5）重大任务保障。

6）在役装备技术状态与履历管理。

7）产业融合保障（含合同商保障）。

8）在役装备 PHM 应用。

9）装备延寿升级。

10）装备退役报废处置。

11）使用信息反馈及闭环管理。

12）在役保障分析。

13）保障方案优化及产品设计改进反馈。

14）对外协、外购产品的监督与控制。

在役使用阶段主要业务活动及输入输出信息见表 11－10。

表 11－10　在役使用阶段主要业务活动

输入	业务活动	输出	责任主体	备注
a)型号研制总要求 b)型号综合保障要求	初始使用能力评估	初始使用能力评估计划	用户	综合保障设计师、产品设计师支撑
		初始使用能力评估报告		
		技术资料升级	综合保障设计师	项目管理人员、产品设计师支撑

续表

输入	业务活动	输出	责任主体	备注
岗位与深化训练和训练保障计划	岗位与深化训练	岗位与深化训练大纲	综合保障设计师	项目管理人员、产品设计师支撑
		岗位与深化训练	用户	项目管理人员、综合保障设计师、产品设计师支撑
a)在役综合保障策划 b)合同	供应保障	供应保障方案	综合保障设计师	项目管理人员、产品设计师支撑
		停产和战时供应保障计划	综合保障设计师	项目管理人员、产品设计师支撑
		后续备件方案		
		备件和消耗品供应		
a)型号综合保障方案 b)在役综合保障策划 c)基地级维修能力建设方案 d)问题反馈单 e)合同	在役维修保障	在役维修保障工作计划	项目管理人员、产品设计师、综合保障设计师	
		基地级维修能力建设工作总结		
		质保期内外故障处理与维护方案、过程数据、工作总结		
		定期走访交流和装备巡检制度、工作策划、过程数据、工作总结		
		国防动员及保障力量配备方案		
a)任务反馈单 b)合同	重大任务保障	现场技术服务计划	项目管理人员、产品设计师、综合保障设计师	
		重大任务保障方案、综合保障数据信息、工作总结		
a)技术状态更改信息 b)产品配置信息	在役装备技术状态与履历管理	装备技术状态记实报告	项目管理人员	产品设计师、综合保障设计师支撑
		装备履历信息台账		
a)型号综合保障方案 b)在役综合保障策划	产业融合保障(含合同商保障)	保障合同	项目管理人员	综合保障设计师、产品设计师支撑
		合同履约计划(含数据采集计划、质量保证监督计划)	项目管理人员、综合保障设计师	产品设计师支撑
		合同履约总结报告	项目管理人员	综合保障设计师支撑

续表

输入	业务活动	输出	责任主体	备注
a)PHM应用信息系统运行要求 b)PHM应用信息系统运行说明	在役装备PHM应用	装备健康状态及维修计划	综合保障设计师	产品设计师支撑
		在役装备PHM数据项目采集报告	项目管理人员、用户	产品设计师、综合保障设计师支撑
a)合同 b)型号综合保障方案 c)在役综合保障策划 d)产品设计方案	装备延寿升级	延寿升级方案	综合保障设计师	产品设计师支撑
		延寿升级工作建议	综合保障设计师	产品设计师支撑
		延寿升级实施	产品设计师	用户、综合保障设计师支撑
		延寿升级工作总结	综合保障设计师	产品设计师支撑
a)合同 b)型号综合保障方案 c)在役综合保障策划 d)产品设计方案	装备退役报废处置	退役报废处置方案	综合保障设计师	产品设计师支撑
		退役报废处置保障工作建议	综合保障设计师	产品设计师支撑
		退役报废处置实施	产品设计师	用户、综合保障设计师支撑
		退役报废处置工作总结	综合保障设计师	产品设计师支撑
a)型号综合保障要求 b)产品研制任务书 c)综合保障工作计划 d)综合保障信息收集要求	使用信息反馈及闭环管理	在役装备使用和维修保障信息记录	用户	项目管理人员支撑
		综合保障数据库	综合保障设计师	项目管理人员支撑
a)产品设计和生产数据资料 b)产品使用和维修数据资料 c)型号综合保障方案 d)保障资源配置方案	在役保障分析	保障分析报告更新版	产品设计师、综合保障设计师	
		综合保障数据库	产品设计师、综合保障设计师	项目管理人员支撑
		保障设计改进建议	产品设计师、综合保障设计师	
a)型号综合保障管理办法 b)综合保障工作计划 c)装备保障能力评估办法 d)在役综合保障策划 e)型号综合保障要求	保障方案优化及产品设计改进反馈	装备保障工作总结	项目管理人员	
		装备保障能力评估报告	综合保障设计师	
		综合保障方案改进	综合保障设计师	项目管理人员、产品设计师支撑
		装备设计改进	产品设计师	项目管理人员、综合保障设计师支撑

11.1.5　综合保障技术状态管控

11.1.5.1　综合保障技术状态基线

武器系统、分系统应根据研制、生产阶段的特点，形成各阶段的技术状态文件，给出技术状态文件清单，建立各阶段各类的技术状态基线，即：功能基线、分配基线、产品基线和在役基线。武器系统综合保障工程技术状态基线见表 11－11，分系统、设备级产品技术状态基线可参考使用。生产交付阶段，应根据产品的监测测试结果形成产品在役基线，并随着在役使用过程中的技术状态更改活动进行在役技术状态记实，及时维护更新产品在役基线。

在研制过程中，综合保障技术状态基线是个逐步演变、逐步完善的动态过程，在方案阶段结束转入初样阶段时应形成综合保障工程功能基线和分配基线；在初样产品试制投产前形成初始的综合保障工程产品基线；在初样阶段结束转入试样阶段时形成全系统综合保障工程的第一条完整的技术状态基线，作为全系统综合保障工程技术状态管理的初始参照基准。随着研制过程不断完善，直至型号完成定型（鉴定），经正式批准最终确定功能基线、分配基线、产品基线。

表 11－11　武器系统级综合保障工程技术状态基线

序号	研制阶段	基线文件名称	基线类型
1	论证阶段	初始保障方案	功能基线
2		型号综合保障要求	功能基线
3		综合保障研制经费概算	功能基线
4	方案阶段	型号综合保障大纲	功能基线
5		型号(武器系统、分系统)综合保障技术要求	功能基线 分配基线
6		保障设计与分析要求	分配基线
7		保障资源规划要求	分配基线
8		保障设计准则及核查表单	功能基线
9		保障设计准则符合性分析要求	分配基线
10		保障设计准则符合性检查报告	产品基线
11		型号综合保障方案	产品基线
12		寿命周期费用分析报告	产品基线
13	初样阶段	保障设计与分析要求	分配基线
14		保障资源规划要求	分配基线
15		保障设计准则符合性分析要求	分配基线
16		保障设计准则及核查表单	功能基线

续表

序号	研制阶段	基线文件名称		基线类型
17		保障设计准则符合性检查报告		产品基线
18			FMECA 报告,含产品修复性维修项目清单	功能基线
19			DMEA 报告,含产品战场抢修项目清单	功能基线
20			预防性维修分析报告,含产品预防性维修项目清单	功能基线
21			O&MTA 报告	功能基线
22			LORA 报告	功能基线
23			O&SHA 报告	功能基线
24		保障分析报告	软件保障分析报告、软件保障方案	功能基线
25			PHM 设计报告、PHM 应用信息系统需求分析报告	功能基线
26			LCCA 报告	功能基线
27			人为因素分析报告	功能基线
28			产品退废(停产)分析报告	功能基线
29			退役处置保障分析报告	功能基线
30			设计影响分析报告	功能基线
31		综合保障数据库		产品基线
32		使用保障方案		产品基线
33		使用手册		产品基线
34	初样阶段	维修保障方案		产品基线
35		维修手册		产品基线
36		型号综合保障方案		产品基线
37			人力和人员需求清单	功能基线
38			初始备件和消耗品清单	功能基线
39			保障设备需求清单及研制计划,包括在役综合保障信息系统(含 PHM 应用信息系统),分为用户级、基地级应用端	功能基线
40		保障资源需求分析报告	培训和训练保障方案、培训教材编制建议和计划、训练器材研制建议及计划、跟研培训和培训保障计划	功能基线
41			技术资料配套目录、技术资料编制计划	功能基线
42			计算机资源保障需求、计算机资源保障计划	功能基线
43			保障设施建议	功能基线
44			包装、装卸、贮存和运输方案	功能基线
45		计量保障方案		产品基线
46		保障试验与评价要求(武器系统、分系统)		功能基线 分配基线
47		保障试验与评价报告		产品基线

续表

序号	研制阶段	基线文件名称		基线类型
48	试样阶段	保障设计与分析要求		分配基线
49		保障资源规划要求		分配基线
50		保障设计准则符合性分析要求		分配基线
51		保障设计准则及核查表单		功能基线
52		保障设计准则符合性检查报告		产品基线
53		保障分析报告	FMECA 报告,含产品修复性维修项目清单	功能基线
54			DMEA 报告,含产品战场抢修项目清单	功能基线
55			RCMA 报告,含产品预防性维修项目清单	功能基线
56			O&MTA 报告	功能基线
57			LORA 报告	功能基线
58			O&SHA 报告	功能基线
59			软件保障分析报告、软件保障方案	功能基线
60			PHM 设计报告、PHM 应用信息系统需求分析报告	功能基线
61			LCCA 报告	功能基线
62			人为因素分析报告	功能基线
63			产品退废(停产)分析报告	功能基线
64			退役处置保障分析报告	功能基线
65			设计影响分析报告	功能基线
66		综合保障数据库		产品基线
67		使用保障方案		产品基线
68		使用手册		产品基线
69		维修保障方案		产品基线
70		维修手册		产品基线
71		型号综合保障方案		产品基线
72		保障资源配置方案	人力和人员配置建议	产品基线
73			初始备件和消耗品清单、停产备件和消耗品清单、战时备件清单	产品基线
74			保障设备配套清单,包括在役综合保障信息系统(含PHM 应用信息系统),分为用户级、基地级应用端	产品基线
75			培训和训练保障方案、跟研培训和培训保障计划、跟产与按装培训和培训保障计划	产品基线
76			技术资料配套目录	产品基线
77			计算机资源保障计划	产品基线
78			保障设施建议(含具体技术要求)	产品基线
79			包装、装卸、贮存和运输方案及保障资源配套目录	产品基线

续表

序号	研制阶段	基线文件名称		基线类型
80		检测和校准设备配套方案		产品基线
81		基地级维修能力建设方案		产品基线
82	试样阶段	保障试验与评价要求		功能基线 分配基线
83		保障试验与评价报告		产品基线
84	定型(鉴定)阶段	保障鉴定试验要求		功能基线
85		保障试验与评价要求(武器系统、分系统)		产品基线
86		保障鉴定试验报告		产品基线
87		型号综合保障方案		产品基线
88		型号综合保障建议书		产品基线
89		在役综合保障策划		产品基线
90		保障资源配置方案		产品基线
91		保障资源配置	备件和消耗品	产品基线
92			保障设备,包括在役综合保障信息系统(含 PHM 应用信息系统),分为用户级、基地级应用端	产品基线
93			培训教材	产品基线
94			训练器材	产品基线
95			交互式电子手册	产品基线
96			计算机保障资源	产品基线
97			PHM 应用信息系统	产品基线
98			包装、装卸、贮存和运输资源	产品基线
99		检测和校准设备配套方案		产品基线
100		检测和校准设备配置	计量规程	产品基线
101			校准设备	产品基线
102		综合保障数据库		产品基线
103	生产与交付阶段	产品证明书		在役基线
104		产品验收测试数据		在役基线
105	在役使用阶段	产品标校数据		在役基线
106		产品维修测试数据		在役基线

11.1.5.2　综合保障技术状态管理

综合保障应在开始参与技术状态管理时决策和建立技术状态管理规则。其中，保障分析作为综合保障工程的一部分，应从型号开始即参与技术状态管理全过程。

在技术状态标识规则中明确产品设计与保障分析标识的关系，以保证产品设计技术状态和保障分析技术状态之间的关联性和可追溯性。技术状态控制必须考虑任何技术状态更改对其基线影响的情况，包括保障影响、成本、进度、性能和接口。根据既定规则，保障分析应建立能够维护多种产品技术状态的产品分解结构（PBS），该 PBS 的建立应作为所有综合保障领域的基础。产品分解的类型包括：功能性分解、物理性分解、混合功能性和物理性分解、并行功能性和物理性分解。

确定技术状态项的编码规则，构建技术状态项目库，技术状态项分为三类：一个是构成型号产品所必需的技术状态项，即必选项；一个是非构成型号产品所必需的技术状态项，用户可以选配的，即可选构型项；还有一个是特殊用户提出的定制化项，即定制技术状态项。技术状态项编码至少应考虑以下因素：

1）产品代号。

2）厂家编号。

3）不同用户差别。

4）研制阶段差别。

5）产品层次差别。

6）产品安装位置差别。

7）状态或版本的变化。

对可能进入保障分析的更改活动的影响进行正确评价，更改活动能够对技术状态项、文档和保障系统产生影响，为了控制对产品使用和保障引起的影响，需要考虑以下内容：

1）对于综合保障领域的更改影响。

2）对于保障要素（备件、保障设备、技术资料）更改的后续影响。

3）产品更改前后的兼容性和互换性。

4）如果更改具有适用性，应记录在更改文档中。

技术状态更改可能是内部的（保障分析的改进），也可能是外部的（设计更改、供应商更改），技术状态更改的潜在驱动包括：

1）来自用户的需求。

2）来自设计部门的更改。

3）偏离设计的让步。

4）供应商更改。

5）用户指令性更改（在役升级）

当确定更改建议对综合保障产生影响，并成为一种准则时，应确保以下要求：

1）准确识别对保障分析的影响。

2）识别用于完成必要更改的不同工作，及时制定保障分析工作计划，识别完成更改所需的必要资源。

3）明确保障分析所执行的工作的状态。

4）任何被认为对保障分析无影响的更改建议需要附有正当理由的记录，确保更改建议被充分分析。

通过保障分析更改实施的基本方法是识别对使用和保障系统中任何物品更改的影响，潜在影响的类型包括：添加新物项、删除物项、修改物项。

11.1.6 综合保障工程发展与应用

11.1.6.1 综合保障标准体系发展与应用

关联对应航天装备综合保障工作体系、技术体系与管理体系，细化分析综合保障业务活动和设计流程，借鉴吸收国际先进综合保障标准规范（欧空局 ASD S 系列综合保障标准体系），涵盖"顶层、总体、核心、支撑"四个层次，集团公司研究构建导弹装备综合保障标准体系，如图 11－4 所示，为全方位指导装备综合保障总体工作的科学、全面、有效实施落地提供支撑。

综合保障工程的推进落实取决于合理计划、正确管理和准确提供保障，以实现和保持整个装备寿命周期所需的性能水平。应合理应用图 11－4 规定的综合保障标准体系相关标准和规范以满足用户需求，确定综合保障工作项目、业务活动及其方法流程，规范与其他寿命周期领域的接口和关系。

11.1.6.2 综合保障信息化体系发展与应用

综合分析用户综合保障需求，结合综合保障技术发展趋势，明确装备综合保障信息化要求，提出装备综合保障设计、分析与试验验证等信息化工作要求，信息化保障资源研发要求，以及信息化保障管理与服务平台建设运行要求。

一方面，涵盖综合保障需求论证、保障分析、保障设计、保障方案生成、综合保障仿真试验验证与评估优化等工作，建设与装备设计相融合的综合保障设计分析与试验验证平台，并且考虑综合保障新技术的应用研究，设计开发以数字化、信息化、智能化为特征的保障资源，如开发故障预测与健康管理系统、IETM、虚拟训练维修设备。另一方面，覆盖在役综合保障工作项目，建立在役综合保障信息化管理平台，快速响应落实用户需求，统筹高效管理在役综合保障任务计划，全面收集并及时反馈装备综合保障问题。此外，建立装备全寿命周期综合保障数据系统，实现装备设计数据、使用数据、退役数据等数据的信息化采集、分析和反馈，为装备的改进升级、保障方案的生成完善、作战决策以及后续型号的论证研制提供数据支撑。从而，统筹推进装备全寿命周期综合保障信息化应用工作，实现综合保障信息化设计分析与试验评价、信息化保障资源研发和信息化保障管理与服务，全面提升装备综合保障信息化水平，提高装备综合保障能力。航天装备综合保障信息化体系发展框架如图 11－5 所示。

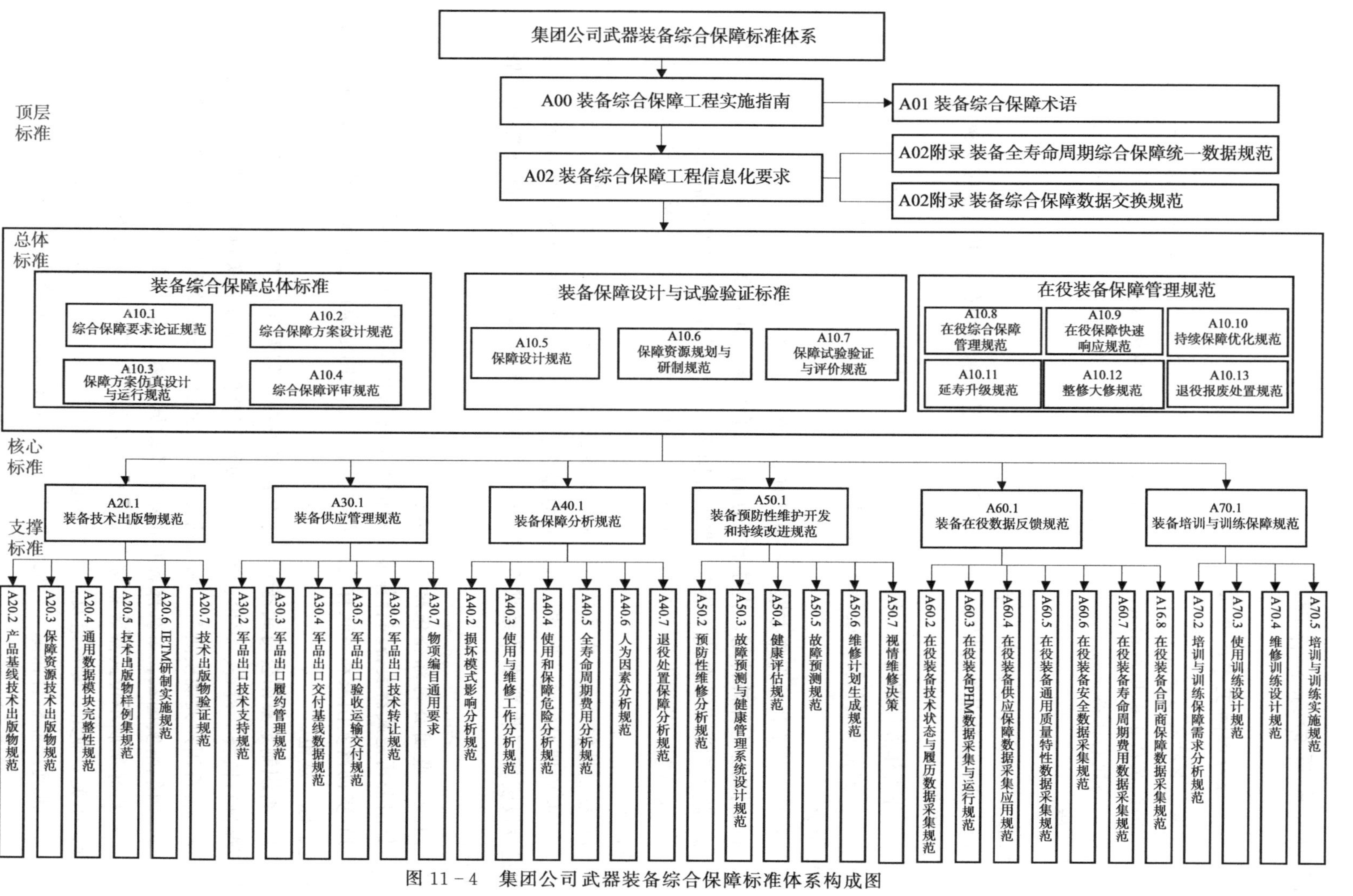

图 11－4 集团公司武器装备综合保障标准体系构成图

11.2 全寿命综合保障管理

11.2.1 综合保障工作管理体制

武器装备综合保障工作承接用户要求，实行集团公司、总承制单位和承制单位三级管理。总承制单位主要指承担武器装备研制生产任务的总体研究院等二级单位；承制单位主要指承担武器装备分系统、整机等配套任务的相关二级单位及总体部、研究所、总装厂等三级单位。

11.2.1.1 用户综合保障工作接口

用户是武器装备综合保障工作的需求提出和使用验证单位，承制方应支撑配合用户开展以下工作：

1）分析作战使用场景和作战保障需求，并转化为综合保障要求及初始保障方案。

2）在装备研制总要求或研制合同中，提出综合保障要求和验证方法，明确综合保障工作经费。

3）拟定装备初始保障方案，明确已有资源能力及约束条件。

4）明确综合保障计划，指导承制方制定综合保障工作计划。

5）收集和记录装备使用信息，根据合同要求向承制方提供必要的信息。

6）对承制方的综合保障工作实施监督和控制，明确参加承制方的综合保障评审层级、类型和项目。

7）提出性能试验、作战试验和在役考核三类试验考核的综合保障试验验证要求。

8）明确器材供应、训练、维修能力建设、质保期外维修、重大任务保障、延寿升级与退役报废等工作要求及经费开支，推行合同商保障模式，牵引承制方配合开展相关工作。

11.2.1.2 集团公司综合保障工作职责

集团公司是武器装备综合保障工作的顶层规划和管理单位。主要负责：

1）贯彻落实国家和军队有关政策和规定，组织制定集团公司武器装备综合保障规章制度、标准规范。

2）组织制定集团公司武器装备综合保障发展规划及年度工作计划，对规划和计划执行情况进行监督、检查、评价、考核，对重要综合保障活动及关键环节进行监督把控。

3）负责用户大规模演习、阅兵活动等重大武器装备保障任务的统一组织管理。

4）组织落实国家、军队部署的武器装备动员保障工作。

5）指导所属单位武器装备综合保障能力建设，包括：相关研发、试验、维修等条件建设，相关专业组、专家组及技术中心建设，单位和型号综合保障能力评估等。

6）推动产业融合保障（合同商保障）工作，以及与上级机关、军兵种、部队、用户等有关方面的沟通协调。

11.2.1.3　总承制单位综合保障工作职责

总承制单位是武器装备综合保障工作的主体单位。主要负责：

1）贯彻落实国家、军队和集团公司有关政策和规定，执行集团公司规划和年度计划。

2）制定本单位武器装备综合保障发展规划及年度工作计划，对所属承制单位和外协承制单位执行情况进行监督、检查、评价、考核。

3）负责所承担武器装备的综合保障设计分析、试验评价、在役使用与维修保障、延寿升级、退役报废处置等抓总管理和组织实施工作。

4）负责本单位在研型号和在役装备综合保障队伍的建设与管理。

5）组织本单位及所属承制单位武器装备综合保障能力建设，评估并督导外协承制单位的武器装备综合保障能力建设。

6）负责建设并运行综合保障信息化平台。

7）组织本单位及各承制单位的武器装备动员保障力量建设，完成动员保障任务。

8）负责所承担武器装备综合保障工作项目的成本核算、经费使用与合同管理。

9）组织实施产业融合保障（合同商保障）工作，建立并运行与军兵种、部队、院校、修理单位、用户等合作机制。

10）组织客户关系管理和在役装备状态管理。

11.2.1.4　承制单位综合保障工作职责

各总体部（所）是武器装备全寿命周期综合保障的技术总体单位，负责武器装备综合保障的全面策划、总体设计、技术抓总和协调等，负责综合保障总体技术指标的实现，负责综合保障专业技术的发展，负责综合保障技术机构和队伍的建设与管理。

各研究所、总装厂是武器装备分系统或具体产品综合保障的实体单位，负责完成所承担产品的综合保障任务，负责推进相关综合保障专业技术的发展。

11.2.2　型号综合保障工作系统

为了保证型号综合保障工作的顺利开展及其质量，航天型号在型号立项初期就按照综合保障工程要求，组建型号综合保障工作系统。工作系统由型号总指挥与总设计师、批生产总指挥与总技术工程师（型号两总）、综合保障设计师队伍、产品设计师队伍和项目管理人员组成，工作系统及其职责如图 11－6 所示。在方案阶段初期型号两总应指定一名副总设计师具体负责综合保障工作，并在型号的武器系统、分系统、设备各层级设置主任、副主任或主管综合保障设计师岗位，其中，武器系统级至少要有一名专职综合保障主任设计师。

1）型号两总：对型号武器装备全寿命周期综合保障负责。其中，型号总指挥和批生产总指挥对型号综合保障工作负全责，总设计师、总技术工程师对型号及所属系统综合保障技术工作负全责。

2）综合保障设计师队伍：由分管综合保障工作的型号副总设计师和负责具体设计工作的综合保障设计师组成。其中，综合保障副总设计师负责武器系统综合保障总体工作，

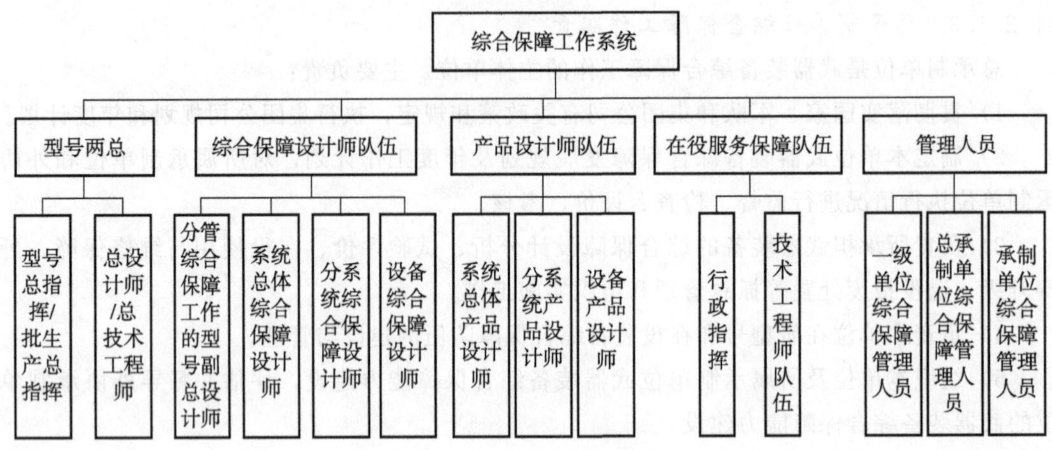

图 11－6　综合保障工作系统及职责

主要包括与用户的对接、协调和确认相关要求；开展顶层技术策划；制定和实施工作计划；组织策划并协调指导综合保障需求分析以及把关保障设计与分析、保障资源规划与研制、保障试验与评价等工作；组织编制综合保障方案以及“鉴定定型试验总案”；统筹指导在役使用阶段综合保障工作等。综合保障设计师按武器系统结构层级分为武器系统总体综合保障设计师（至少有一名专职主任设计师）、分系统综合保障设计师和设备综合保障设计师，分别负责武器系统综合保障总体设计、分系统综合保障设计及设备综合保障设计工作。

3）产品设计师队伍：包括分系统产品设计师和设备产品设计师，主要负责分系统和设备级产品的通用质量特性设计并落实其工作策划、制定和贯彻产品的通用质量特性设计准则；制定产品的寿命剖面与任务剖面，开展保障相关工作，提供综合保障相关数据；负责分析产品使用、预防性、修复性与战损维修工作项目，提供综合保障相关数据；负责产品的综合保障信息化应用与信息管理；负责产品综合保障数据的收集、分析与反馈等闭环处理工作；支撑落实在役使用阶段综合保障工作等。

4）在役服务保障队伍：由行政指挥和技术工程师队伍组成。主要负责本型号系列培训授课并对用户提供技术支持；负责维修保障、重大任务保障、走访巡检、改造升级、延寿、退役处置、信息管理等工作的落实；负责产品故障信息收集与处理；负责对本型号系列装备在役保障人、财、物等资源的协调、调度和管理；组织与战区及各军兵种对接，梳理在役装备升级改造、延寿、退役处理等需求。

5）管理人员：武器装备综合保障工作实行一级单位、总承制单位和承制单位三级管理，各级项目管理人员的职责有：制定综合保障管理工作计划，将综合保障工作纳入型号工作计划并组织实施；负责保证型号综合保障工作所需的资源；组织产品综合保障评审及对外协、外购产品的监督与控制；负责组织综合保障技术状态管理；维修培训等条件建设；装备在役综合保障队伍建设；负责装备保障能力评估管理与组织工作；组织同上级机关与对口军兵种部门沟通、协调；组织制定装备保障服务年度策划和工作计划；组织实施技术培训、安装调试、维修维护、走访巡检、信息收集、维修器材筹措、产品整修、延寿升级、退役报废等；组织客户关系和在役装备状态管理；实施产业融合装备保障；组织组建专职与兼职相结合的装备在役保障技术工程师队伍；负责装备在役保障服务工作的具体实施。

11.2.3 综合保障工作计划管理

综合保障工作计划是研制单位根据使用方综合保障要求而制定并经使用方认可用来规划并指导研制单位综合保障工作的规划文件。为了有效落实综合保障工作，以满足规定的综合保障要求，在导弹武器系统全寿命周期内，制定并实施综合保障工作计划，明确为实现综合保障目标应完成的工作项目，每项工作的进度安排、责任单位或部门以及实施的方法与要求。

研制单位应根据用户制定的综合保障计划或有关合同文件、研制总要求，全面规划承制方的综合保障工作，以实现合同中规定的综合保障要求以及全寿命周期综合保障工作目标，综合保障工作计划制定方法与程序参照 GJB 6388—2008。综合保障总体工作计划的重点是研制阶段配合承制方应开展的有关工作和在生产与交付、在役使用阶段需要配合用户的工作安排，综合保障总体工作计划主要内容有：

1）装备说明和保障定量定性要求。

2）综合保障工作要求（含目标、途径、信息管理与信息化要求）。

3）对外协、外购产品的监督与控制。

4）综合保障评审计划。

5）综合保障工作机构及其职责。

6）综合保障工作的经费概算。

7）综合保障信息化工作安排。

8）综合保障技术状态管理计划。

9）保障设计与分析工作计划。

10）保障资源规划与研制工作计划。

11）保障试验与评价计划。

12）生产与交付保障工作的安排。

13）参与在役保障工作的安排。

14）参与停产后保障工作的安排。

15）提出退役报废处理保障工作建议。

16）综合保障与其他专业工程的协调。

17）工作进度安排。

在方案阶段完成武器系统全寿命周期的综合保障总体工作计划，在工程研制阶段、定型（鉴定）阶段、生产与交付阶段、在役使用阶段应根据工作进展情况以及用户的有关要求对综合保障总体工作计划进行补充和调整。在各个研制阶段，应根据型号特点、研制进度和产品研制策划，结合武器系统综合保障总体工作计划，分解形成阶段和年度综合保障工作策划和计划。分系统、设备承制单位及外协承制单位应根据产品特点、武器系统或上级产品的综合保障要求、综合保障工作策划和计划分解，制定各自的阶段和年度综合保障工作策划和计划。

随着用户要求调整、型号研制和综合保障工作的进展，应及时对综合保障工作进度和所需资源进行调整。对综合保障工作风险进行识别和控制，并制定专项综合保障工作策划和计划。综合保障工作计划模板如图 11－7 所示。

1　概述

说明主要内容、适用范围和应用目的等内容。

2　引用文件

列出与综合保障工作计划中规定的内容和要求有关的标准、规范、条令、规则和上级颁发的有关文件，必要时还应说明对适用文件的例外执行办法。

3　装备说明

简要说明装备作战任务使命与主要功能，装备的组成，研制的主要配套设备、设施及用户提供或推荐的设备与设施等。

4　综合保障工作要求

4.1　开展综合保障工作的目标

简要说明用户订购方对承制方规定的综合保障的目标和任务要求，说明承制方开展综合保障工作的目标。

4.2　开展综合保障工作的基本途径

说明开展综合保障工作的基本途径，列出必须执行的标准、规范和条令等强制性文件。

4.3　综合保障信息管理与信息化应用要求

主要包括：对综合保障数据信息进行收集、整理、分析的工作安排。综合保障信息与其他信息系统之间的接口。及时获取和传递综合保障信息及更新的措施。综合保障信息化设计与试验评价、信息化保障资源研发和信息化保障与服务等信息化应用工作要求。

4.4　综合保障与其他专业工程的协调

说明综合保障工作项目与其他专业工程（如功能性能、可靠性等五性、质量保证）工作项目在进度、输入输出及其他方面的协调关系。

4.5　对外协、外购单位综合保障工作的监督与控制

明确对外协承制单位或外购供应方参与的综合保障相关内容的工作要求，并明确它们的监督与控制的方式和方法。

5　综合保障工作机构及其职责

5.1　综合保障管理组

明确总承制单位、承制单位及相关外协承制单位、外购供应方参加的综合保障管理组的任务、职责及分工等。

5.2　研制单位综合保障工作机构

主要包括承制方综合保障工作机构的任务、职责及分工，以及其对外协承制单位及外购供应方的监督与控制要求、主要工作方式、开展活动的计划、与其他工作机构之间的工作关系等。

6　保障设计与分析

主要包括承制方在各阶段开展的保障设计与分析工作项目以及相关工作中应完成和提交的报告或资料。具体见 GJB 1371。

7　保障资源研制与提供

主要包括工程研制阶段进行保障资源的研制；装备部署时，根据用户订购方要求提供保障资源，完成人员培训等。

8　综合保障评审

主要包括：装备寿命周期内，承制方与用户订购方主持的评审应制定评审计划，在该计划中明确对外协承制单位或外购供应方评审的要求和安排。用户订购方主持的评审，应明确承制方如何进行评审准备及如何配合开展有关评审工作。综合保障评审与其他相关专业评审结合进行。

图 11－7　综合保障工作计划模板

9　保障试验与评价

主要包括：装备寿命周期内，承制方根据用户订购方保障试验与评价要求，制定保障试验与评价计划。明确承制方保障试验与评价的实施结构及其职责、试验项目要求、试验方法、进度要求和评价准则，以及解决综合保障问题应采取的措施。

10　综合保障工作的经费概算

主要包括：承制方应制定综合保障工作经费概算，并说明经费概算采用的费用分解结构模型。在装备研制、生产和使用中控制经费的要求、原则和方法。各项综合保障工作的经费预算、经费来源、拨款情况等。

11　部署保障工作的安排

主要包括：承制方部署保障工作结构的组成、职责和工作方式。承制方配合用户订购方进行的工作项目，并说明其目的、内容、方法、负责单位、起始时间等。部署中出现问题的协商程序和途径。明确初始保障期内承制方承担的维修保障任务，由承制方向订购方移交的工作要求。

12　在役保障工作的安排

主要包括：承制方承担的在役装备维修保障项目，如维修能力建设、故障处理与维护、走访与巡检巡修等。总承制单位、承制单位与用户方关于装备技术状态与履历管理的职责范围。总承制单位、承制单位与外协承制单位的职责和工作方式。

13　参与停产后保障工作的安排

主要包括：承制方对停产后保障工作的建议。停产时承制方需配合用户使用方完成的工作要求。

14　提出退役报废处置保障工作建议

主要包括：装备质量分级、退役报废处置的技术条件。进行退役报废处置的工作程序、方法以及需要的资源等。

15　综合保障工作进度安排

主要包括：说明装备寿命周期各阶段总承制单位主管部门、承制单位及外协承制单位完成综合保障主要工作及其进度。

16　附件

图 11－7　综合保障工作计划模板（续）

11.2.4　综合保障评审管理

研制单位根据综合保障工作计划制定综合保障评审计划，明确评审项目、目的、内容、要点判据、参加人员、评审时机，明确对外协研制单位、外购供应方的评审要求以及使用方参加的综合保障评审项目。在装备研制、生产和交付部署过程中，应与 GJB 3273 规定的研制阶段技术审查以及通用质量特性评审工作相结合，充分开展装备综合保障评审，可根据需要，对装备综合保障要求、保障分析、综合保障方案以及保障资源等评审项目进行专题评审。导弹武器系统的全寿命周期各阶段综合保障评审要求见表 11－12。

按照综合保障评审计划以及所确定的检查单进行评审，评审程序、要求及检查单制定按照 Q/QJB 357.4—2020 执行，对检查单中所提问题，应说明相应的依据、理由或提出相应的改进建议，评审结论应作为转阶段决策的重要依据。项目管理人员应对评审中提出的问题、解决措施进行跟踪，检查和监督其实施进程与结果，并及时向有关部门反馈信息，作为下一次评审的输入信息并进行跟踪落实。

表 11－12　全寿命周期综合保障评审要求

研制阶段	评审目的	评审项目	评审对象	评审方	评审内容	评审时机
论证阶段	审查初始保障方案、综合保障要求，确定工作的过程和结果的正确性、合理性、协调性和可行性	初始保障方案	武器系统	由用户组织评审，用户订购方、用户使用方、用户代表、承制方参加评审	初步使用保障方案、维修保障方案的确定	一般在论证阶段后期进行评审
		型号综合保障要求	武器系统	由用户组织评审，用户订购方、用户使用方、用户代表、承制方参加评审	武器系统综合保障工作要求、综合保障技术要求的分析论证，确定武器系统综合保障工作项目，保障定量和定性要求	一般在论证阶段后期进行评审
方案阶段	审查综合保障工作计划、综合保障大纲、保障设计准则及符合性分析报告的完整性、合理性、协调性和可行性；所确定的综合保障技术要求的正确性、合理性、可行性	型号综合保障工作计划	武器系统	由承制方组织评审，用户代表、分承制方参加评审	综合保障工作项目、工作要求及时间节点	一般在方案阶段早期进行评审，其中综合保障计划执行情况应在方案阶段后期进行评审
		型号综合保障大纲	武器系统	由承制方组织评审，用户订购方、用户代表参加评审	确定各研制阶段的综合保障工作项目及方法，规定生产交付与在役保障等方面的工作要求	一般在方案阶段早期进行评审
		型号综合保障技术要求	武器系统、分系统、设备	由承制方组织评审，用户订购方、用户代表、分承制方参加评审	战备完好性、设计特性、保障定量要求和保障定性要求	一般在方案阶段早期进行评审
		保障设计与分析要求	武器系统	由承制方组织评审，用户代表、分承制方参加评审	使用保障设计、维修保障设计、FMECA、DMEA、RCMA、O&MTA、LORA、使用和保障安全性分析等设计分析工作要求及方法	一般在方案阶段早期进行评审
		保障资源规划要求	武器系统	由承制方组织评审，用户代表、分承制方参加评审	保障资源需求分析及规划配置要求	一般在方案阶段早期进行评审

续表

研制阶段	评审目的	评审项目	评审对象	评审方	评审内容	评审时机
方案阶段	审查综合保障工作计划、综合保障大纲、保障设计准则及符合性分析报告的完整性、合理性、协调性和可行性；所确定的综合保障技术要求的正确性、合理性、可行性	型号综合保障方案	武器系统	由承制方组织评审，用户订购方、用户代表参加评审	使用保障方案、维修保障方案的初步制定，确定维修体制，明确维修任务分工，预防性维修规划、修复性维修规划	一般在方案阶段后期进行评审
		保障设计准则	武器系统、分系统、设备	由承制方组织评审，用户代表、分承制方参加评审	保障设计准则、保障系统及资源设计准则的制定	一般在方案阶段早期进行评审
		保障设计准则符合性检查报告	武器系统、分系统、设备	由承制方组织评审，用户代表、分承制方参加评审	保障设计准则的贯彻落实和符合性检查分析情况	一般在方案阶段后期进行评审
研制阶段	审查装备保障设计分析与试验、保障资源规划与研制、保障设计准则贯彻、基地级维修能力建设方案论证工作的实现程度及其过程与结果的正确性、合理性和协调性	保障资源需求分析报告	武器系统	由承制方组织评审，用户代表、分承制方参加评审	人力和人员需求清单、初始备件和消耗品清单、保障设备需求清单及研制计划、培训和训练保障方案、培训教材编制建议和计划、训练器材研制建议及计划、技术资料配套目录、技术资料编制计划、计算机资源保障需求、计算机资源保障计划、保障设施建议、包装、装卸、贮存和运输方案	应在初样阶段适时多次安排内部评审和专题评审
			分系统、设备	由分承制方组织评审，用户代表、承制方参加评审		
		计量保障方案	武器系统	由承制方组织评审，用户代表、分承制方参加评审	明确装备所需检测和校准的项目或参数及其技术指标，制定《装备检测需求明细表》《检测设备推荐表》《校准设备推荐表》或《校准系统推荐表》以及《装备检测和校准需求汇总表》	应在初样阶段适时多次安排内部评审和专题评审
			分系统、设备	由分承制方组织评审，用户代表、承制方参加评审		

续表

研制阶段	评审目的	评审项目	评审对象	评审方	评审内容	评审时机
研制阶段	审查装备保障设计分析与试验、保障资源规划与研制、保障设计准则贯彻、基地级维修能力建设方案论证工作的实现程度及其过程与结果的正确性、合理性和协调性	保障资源配置方案	武器系统	由承制方组织评审，用户代表、分承制方参加评审	人力和人员配置建议、初始备件和消耗品清单、停产备件和消耗品清单、战时备件清单、保障设备配套清单、培训和训练保障方案、跟研培训和培训保障计划、跟产与接装培训和培训保障计划、技术资料配套目录、计算机资源保障计划、保障设施建议、包装、装卸、贮存和运输方案及资源配套目录	应在初样和试样阶段适时多次安排内部评审和专题评审
			分系统、设备	由分承制方组织评审，用户代表、承制方参加评审		
		检测和校准设备配套方案、计量规程	武器系统	由承制方组织评审，用户代表、分承制方参加评审	明确《检测设备推荐表》《校准设备推荐表》或《校准系统推荐表》，以及《装备检测和校准需求汇总表》，制定明确的计量规程	
			分系统、设备	由分承制方组织评审，用户代表、承制方参加评审		
		保障分析报告	武器系统	由承制方组织评审，用户代表、分承制方参加评审	FMECA报告、产品修复性维修项目清单、DMEA报告、产品战场抢修项目清单、预防性维修分析报告、产品预防性维修项目清单、O&MTA报告、LORA报告、O&SHA报告、软件保障分析报告、软件保障方案、PHM设计报告、PHM应用信息系统需求分析报告、LCCA报告、人为因素分析报告、产品退废(停产)分析报告、退役处置保障分析报告、设计影响分析报告	
			分系统、设备	由分承制方组织评审，用户代表、承制方参加评审		
		保障设计准则符合性检查报告	武器系统、分系统、设备	由承制方组织评审，用户代表、分承制方参加评审	保障设计准则的贯彻落实和符合性检查分析情况	
		型号综合保障方案	武器系统	由承制方组织评审，用户代表、分承制方参加评审	使用保障方案、维修保障方案的细化完善，明确维修任务分工，预防性维修规划、修复性维修规划	一般在初样、试样阶段后期进行评审
			分系统、设备	由分承制方组织评审，用户代表、承制方参加评审		

续表

研制阶段	评审目的	评审项目	评审对象	评审方	评审内容	评审时机
研制阶段	审查装备保障设计分析与试验、保障资源规划与研制、保障设计准则贯彻、基地级维修能力建设方案论证工作的实现程度及其过程与结果的正确性、合理性和协调性	型号综合保障方案	武器系统	由承制方组织评审，用户代表、分承制方参加评审	使用保障方案、维修保障方案的细化完善，明确维修任务分工，预防性维修规划、修复性维修规划	
			分系统、设备	由分承制方组织评审，用户代表、承制方参加评审		
		基地级维修能力建设方案	武器系统	由承制方组织评审，用户订购方、用户代表、用户保障部门、分承制方参加评审	基地级维修要求、维修流程、基地级维修任务和职责划分、基地级维修项目、基地级维修培训计划等基地级维修方案确定及基本级维修资源规划	一般在试样阶段后期进行评审
		保障试验与评价要求	武器系统、分系统	由承制方组织评审，用户代表、分承制方参加评审	试验项目、试验对象、试验方法、数据分析方法及责任分工	一般在初样、试样阶段后期进行评审
		保障试验与评价大纲	武器系统、分系统	由承制方组织评审，用户代表、分承制方参加评审	试验剖面、试验条件、试验对象、故障判据、试验方案、试验方法流程等	
		保障试验与评价报告	武器系统、分系统	由承制方组织评审，用户代表、分承制方参加评审	试验剖面、试验条件、试验对象、故障判据、试验方案，以及试验与评价结果、问题与改进建议	
定型（鉴定）阶段	审查保障特性与保障资源及有关要求满足合同规定要求的程度；装备综合保障建议与策划的可行性、完整性、有效性和经济性	保障鉴定试验大纲	武器系统、分系统	由用户组织评审，论证方、用户代表、承制方参加评审	试验剖面、试验条件、试验对象、故障判据、试验方案、试验方法流程等	一般在定型（鉴定）阶段早期进行评审
		保障鉴定试验报告	武器系统、分系统	由用户组织评审，论证方、用户代表、承制方参加评审	试验剖面、试验条件、试验对象、故障判据、试验方案等，以及指标达标情况、试验与评价结果	一般在定型（鉴定）阶段后期进行评审
		综合保障建议书	武器系统	由用户组织评审，用户使用方、用户订购方、用户代表、承制方参加评审	完善综合保障方案，对于使用保障与维修保障任务，明确详细具体的工作项目、作业步骤与流程、所需保障资源、注意事项，提出保障资源配套方案	保障试验准备工作评审应在试验之前进行；其他评审在相应的定型（鉴定）阶段后期进行
		在役综合保障策划	武器系统	由用户组织评审，用户使用方、用户订购方、用户代表、承制方参加评审	交装和初始保障期内装备保障工作策划，质保期内外维修保障、停产保障、退役报废等工作安排，以及综合保障信息收集计划	

续表

研制阶段	评审目的	评审项目	评审对象	评审方	评审内容	评审时机
生产与交付和在役使用阶段	审查保障资源供应和相关培训工作的准备情况及实施效果;初始使用能力是否满足使用要求;在役综合保障工作计划及实施效果	保障资源供应计划	武器系统	由承制方组织评审,用户代表、用户使用方、分承制方参加评审	根据合同要求,确定与主战装备同步交付的保障资源相关生产和配套供应工作安排	一般在装备生产交付之前进行评审
		保障资源及配套清单	武器系统	由承制方组织评审,用户代表、用户使用方、分承制方参加评审	根据保障资源供应计划及合同要求,审查维修器材目录、初始消耗标准、随机初始备件清单、寿命件清单、易损易耗件清单和消耗品清单	一般在装备部署之前进行评审
		后续备件方案	武器系统	由承制方组织评审,用户代表、用户使用方、分承制方参加评审	根据初始保障期内备件的消耗情况,结合装备使用需求,确定后续备件清单,制定后续备件方案	一般在装备部署使用初期进行评审
		供应保障计划	武器系统	由承制方组织评审,用户代表、用户使用方、分承制方参加评审	在役使用阶段,制定备件生产储备和供应保障管理办法,确定备件生产储备、战备生产、停产保障等方案	一般在装备在役使用阶段适时多次安排内部评审和专题评审
		跟产与接装培训保障大纲	武器系统	由承制方组织评审,用户代表、用户使用方、分承制方参加评审	培训训练对象及其目标、培训训练的主要科目、施训的条件、考核的内容、合格标准和组织方式	一般在装备部署使用之前进行评审
		岗位与深化训练大纲	武器系统	由用户订购方组织评审,用户代表、用户使用方、承制方参加评审	岗位与深化训练大纲没有评审内容	一般在装备交付使用初期进行评审
		初始使用能力评估计划	武器系统	由承制方组织评审,用户代表、用户订购方、用户使用方、分承制方参加评审	评估目的、评估参数、数据收集和处理方法、评价准则、数据收集的时间长度和样本量、评估时机、所需的资源等	一般在装备交付使用初期进行评审
		初始使用能力评估报告			评估参数、数据收集和处理过程、评价准则、评估结果	一般在装备交付使用初期进行评审

续表

研制阶段	评审目的	评审项目	评审对象	评审方	评审内容	评审时机
生产与交付和在役使用阶段	审查保障资源供应和相关培训工作的准备情况及实施效果；初始使用能力是否满足使用要求；在役综合保障工作计划及实施效果	在役综合保障工作策划及方案	武器系统	由承制方组织评审，用户代表、用户订购方、用户使用方、分承制方参加评审	质保期内外故障维修保障方案、定期走访交流和装备巡检工作策划、国防动员及保障力量配备方案、重大任务保障方案、现场技术服务计划、保障合同、合同履约计划（含数据采集计划、质量保证监督计划）、延寿、改造升级及退役处置方案及保障工作建议、综合保障方案及装备设计改进	装备在役使用阶段适时多次安排内部评审和专题评审
		在役综合保障工作总结	武器系统	由承制方组织评审，用户代表、用户订购方、用户使用方、分承制方参加评审	基地级维修能力建设工作总结、质保期内外故障维修保障工作总结、定期走访交流和装备巡检工作总结、重大任务保障工作总结、装备技术状态记实报告、合同履约总结报告、PHM 应用信息系统运行报告、在役装备 PHM 数据项目采集报告、延寿、升级及退役处置工作总结、装备保障工作总结、装备保障能力评估报告	在装备在役使用阶段适时多次安排内部评审和专题评审

注：用户代表，对于国内军品任务，指军事代表；对于国际经营与军贸任务，指军贸代表。

11.2.5　对外协、外购产品的监督与控制管理

在综合保障工程实施过程中，对外协、外购产品的综合保障工作进行监督和控制，确保外协、外购产品满足规定的综合保障要求。

应明确外协单位参与的综合保障相关内容，如综合保障工作机构及职责、保障方案制定、综合保障评审计划、保障试验与评价计划、生产与交付保障工作的安排、在役保障工作的安排、停产后保障工作的安排、退役报废处理保障工作等，明确监督与控制的方式和方法。对外协产品研制提出综合保障要求，并纳入研制任务书或技术要求中，一般包括：

1）综合保障技术要求（含定性要求和定量要求）。

2）综合保障工作项目要求。

3）综合保障工作实施监督和检查的安排。

4）保障设计、分析和试验信息及报告的要求。

5）产品的综合保障鉴定、评审要求。

6）在役保障要求。

任务提出单位应重点对外协产品的保障分析、保障方案设计、综合保障信息收集进行监督和控制，参加外协单位的综合保障评审、保障试验。对外协产品的监督和控制的内容主要包括：

1）综合保障工作计划．

2）保障设计措施。

3）保障分析结果。

4）保障试验项目和方法。

5）综合保障信息的收集与传递。

6）对下级供方的监督控制措施。

对外购产品的选用、验收复验和采购应提出综合保障要求，如保障方案制定、生产与交付保障工作的安排、在役保障工作的安排、停产后保障工作的安排、退役报废处理保障工作的建议等。并明确监督与控制的方式和方法，如产品合格证及其随机资料、保障试验项目和方法、综合保障信息的收集与传递等。

11.2.6　综合保障信息管理

在武器装备全寿命周期内，应推进全寿命周期综合保障信息化应用工作，强化综合保障数据信息的收集分析与闭环管理，提升综合保障工程信息化水平。

研制单位根据综合保障工作计划制定综合保障信息化要求，包括综合保障设计分析信息化应用要求，综合保障仿真试验验证要求，数字化、信息化保障资源研发要求以及售后保障管理与服务信息化平台建设运行要求。

在综合保障信息管理工作中，应推进以数据为基础，以模型为核心，实践落实基于模型的综合保障工程，建设和应用综合保障信息化设计、开发与管理平台，实现综合保障工

程全过程的数字化研发与管理服务，不断提升装备的信息化综合保障管理能力。

全寿命周期综合保障需要收集的综合保障数据信息主要包括：保障设计与分析信息、保障试验信息、通用质量特性信息、在役保障信息等。研制阶段通过综合保障及相关通用质量特性的设计、分析及试验实施过程实时记录收集综合保障数据信息，主要包括：保障分析报告、通用质量特性设计文件（武器系统、分系统和设备的方案报告、技术设计报告、通用质量特性报告、保障方案）等。在役使用阶段通过售后保障人员的现场服务、用户调研、产品返修、保障资源的采购供应、技术培训、任务保障形成的记录文件、调研报告、总结、合同，或从用户的电子履历、自动采集装备或其他信息系统中提取所需的综合保障数据信息。需要收集的综合保障数据信息主要包括：

1）保障设计与分析信息：保障分析信息、保障设计信息、保障资源信息。

2）保障试验信息：保障特性试验、保障资源试验信息。

3）通用质量特性信息：通用质量特性相关设计、分析、试验与评价信息。

4）在役保障信息：装备部署和状态信息，装备使用操作信息，故障信息，维修和返修信息，保障资源使用信息，保障资源供应、储备和消耗信息，装备和保障资源升级改造信息。

以用户需求和技术发展为牵引，推动综合保障新技术的应用研究，设计开发和提供集成化、通用化、智能化保障设备，交互式电子技术手册（IETM），基于虚拟现实及增强现实的沉浸式、分布式训练系统，基于 3D/4D 打印技术的综合保障供应链系统，以及以故障预测与健康管理系统为支撑的态势感知与智能决策系统等具有数字化、信息化、智能化特征的保障资源。建立用户需求快速响应机制和平台，构建装备保障态势感知、保障指挥决策和保障响应支援能力，提供装备状态感知、全资可视、保障任务决策与远程支援保障等在役保障服务。

总承制单位、承制单位（含外协承制单位）定期组织装备综合保障信息的统计分析，形成分析报告，提出措施建议。涉及装备设计改进的信息应向负责设计和生产的单位、部门及有关型号两总系统反馈，涉及完善服务保障内容的应向负责技术保障和售后服务的部门及售后两总系统反馈。全寿命周期综合保障数据信息收集反馈方法与具体要求详见 Q/QJB 362.1—2020、Q/QJB 362.2—2020、Q/QJB 362.3—2020、Q/QJB 362.4—2021、Q/QJB 362.5—2020、Q/QJB 362.6—2020、Q/QJB 362.7—2021、Q/QJB 362.8—2021。

11.2.7　综合保障能力评估

11.2.7.1　评估目的

通过开展武器装备保障能力评估工作，能够科学、准确地反映各研制单位武器装备保障能力现状，查找存在的问题与不足，有针对性地提出解决措施，指导各单位型号综合保障工程的实施与军民一体化装备保障建设，逐步形成一套完整的监督、评价和激励机制，促进各单位武器装备保障工作的持续改进，提升武器装备保障整体水平。

11.2.7.2　评估对象、范围和时机

综合保障能力评估对象为各型号总承单位及其所属的主要研制单位；评估范围包括装备保障管理体系、型号综合保障工程、装备保障效果等三方面；评估时机分为周期评估和阶段评估，周期评估原则上每两年组织一次武器装备保障能力评估，评估装备保障管理体系、型号综合保障工程和装备保障效果，形成评估报告；阶段评估是对于有代表性的型号，原则上在论证、方案设计、工程研制及生产交付等主要阶段，按照型号综合保障工程评估内容，对型号综合保障工作进行评估。

11.2.7.3　评估内容

武器装备保障能力评估包括装备保障管理体系、型号综合保障工程、装备保障效果等。评估体系框架如图 11-8 所示。

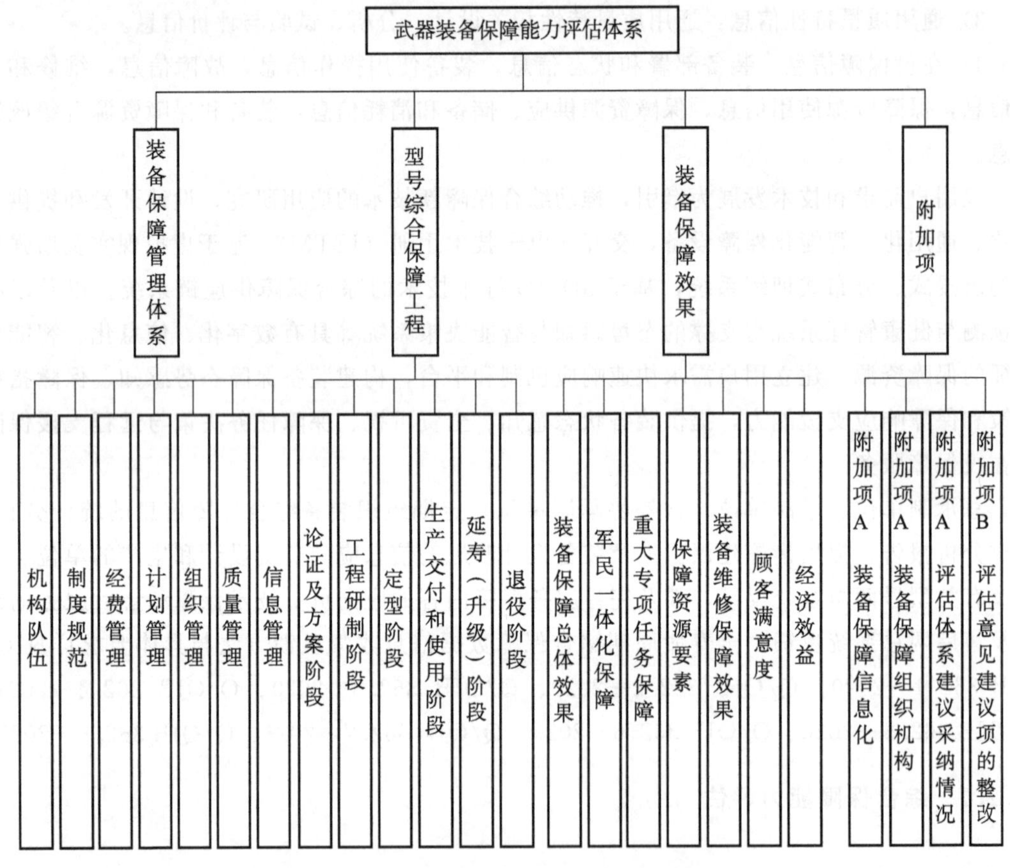

图 11-8　武器装备保障能力评估体系框架

(1) 装备保障管理体系成熟度

装备保障管理体系成熟度评估内容有机构队伍、制度管理等七部分内容，各部分评估内容分别为：

1）装备保障日常管理机构设置、装备保障专业技术机构设置、研制阶段两总系统、交付使用阶段两总系统、装备保障各级及同级机构、岗位之间的协调性。

2）装备保障相关规章制度的传达和宣贯，装备保障规章制度体系的完整性、有效性及装备保障规章制度的落实情况。

3）技术保障和售后服务经费台账、合同商保障合同、协议或会议纪要等。

4）计划、策划的制定及符合性，计划的落实情况及计划的总结与上报情况。

5）现场保障、远程技术支持的组织管理、重大任务保障策划和组织实施、备件供应保障的组织管理、技术培训的组织实施、定期走访和装备巡检的组织实施和产品返修管理。

6）质量体系文件对装备保障的质量控制和持续改进要求、技术状态更改管理及质量问题处理。

7）装备保障信息反馈渠道及反馈处理机制，装备保障信息采集，装备保障信息的统计、分析、利用。

（2）型号综合保障工程能力

型号综合保障工程能力评估包括型号论证及方案阶段、工程研制阶段、定型阶段、生产交付和使用阶段、延寿升级阶段、退役阶段的装备保障工作。各阶段的评估内容依次为：

1）保障系统需求的沟通与调研，装备综合保障要求的论证，装备通用质量特性论证纳入立项论证报告，规划保障，型号产品保证大纲，保障性定性要求，保障性定量要求，保障资源需求分析，初始保障方案，综合保障数据基础的建立。

2）装备综合保障信息化平台的应用，保障性分析工作，安全性设计、分析，保障方案设计，保障资源设计、研制，保障性分析完善及结果数据的综合应用，保障性分析结果，保障资源要素规划与研制，计量保障，平时保障资源研制，战时保障规划与保障资源研制，完善保障方案，综合保障方案的使用方确认，保障性试验与评价。

3）保障性定型（鉴定）试验设计，保障性试验验证与评价，保障方案完善与保障资源的优化、改进。

4）保障资源生产、配套，交装和初始保障工作规划，装备保障技术支持，装备保障数据采集、跟踪、评价、反馈和改进。

5）延寿、升级规划，延寿、升级工作实施，延寿、升级试验验证，延寿、升级工作总结。

6）报废或再利用规划，制定报废或再利用技术方案，制定操作规范，报废（再利用）工作总结。

（3）装备保障效果评估

装备保障效果评估包括装备保障总体效果、军民一体化保障、重大专项任务保障、保障资源要素、装备维修保障效果、顾客满意度、经济效益。各部分评估内容依次为：

1）装备保障性设计特性参数评估，与研制任务书或研制总要求等相关设计输入规定的保障性设计特性参数相比较，检查符合性。

2）装备综合保障使用参数的评估，使用方装备战备完好性满足装备保障方案要求的程度，例如装备完好率、使用可用度、出动准备和收回持续时间、保障停机时间等。

3）军民一体化保障效果评估，涉及军民一体化保障工作论证，军民一体化装备维修保障实施结果，保障资源各要素要求落实到位，使用方装备维修能力得到提升，装备维修保障工作项目内容覆盖军方提出的装备核心保障能力建设规划要求。

4）武器装备“安全发射、无误发射”实施效果，装备执行任务成功率，军事演习、作战及执行重大任务完成效果，协助使用方完成军事演习、战训演练、作战等重大专项任务，保障单位无直接责任问题，技术支援等保障工作无严重投诉问题，重大任务表彰。

5）供应与培训保障效果，备件利用率评估，调查、分析与改进保障设备与装备的匹配性、技术培训效果、受训人员满意度。

6）装备故障处理完成率，现场服务与技术支持，返修产品完成率。

7）进行顾客满意度调查，统计顾客满意度。

8）装备保障经营业绩，装备保障经济贡献率。

11.3 综合保障要求分析与确认

11.3.1 综合保障要求分析与确认过程

综合保障要求论证是以保证武器系统的战备完好性和降低武器系统寿命周期费用为目标，综合保障研制单位配合使用方论证部门在论证阶段开展的工作。综合保障要求作为装备作战使用要求的重要组成部分，与型号论证中的战术技术指标论证同步进行，通过分析确定综合保障要求，从而规划各阶段综合保障主要工作项目，明确综合保障工作项目及其与通用质量特性相关工作之间的关系。综合保障要求规定了装备产品本身具有的保障特性，也规定了保障系统与主战装备所要求保障能力的匹配程度，是后续对装备实施有效高质量服务保障的约束。

综合保障要求的分析与确认过程如图 11－9 所示。从对我国的军事威胁与潜在作战对象的作战使用需求出发，对武器装备的任务使命、功能要求和环境条件等综合保障要求约束进行分析，形成武器系统使用方案和初步保障方案。根据使用研究及参照基准比较系统，对于初始使用保障，主要论证能源补充（油/电/气/液加注、贮存和运输）、弹药装挂（装填和加注）、贮存、运输、导弹准备和补充、车辆自救与拖救、使用人员的训练、计算机资源及软件保障等初步方案；对于初始维修保障，主要论证维修类型、维修级别及任务、维修策略/原则、诊断方案、器材筹措等。在拟定装备初始保障方案之前，应与用户确定以下问题：

1）武器系统组成情况，包括关键特征、关键要求和基本技术数据需求在内的装备简要说明。

2）是否需要承制方提供维修保障，在哪一维修级别。

3）装备预期的使用和维修环境：

a）装备将在哪种使用环境下使用和维修（从固定/工业化/良好的环境到机动/艰苦/敌对的环境）。

b）环境是否会影响装备的特性，如可靠性、维修性、测试性。

c）环境是否会显著地改变产品必须采用的修理方式。

4）装备预期的使用寿命/贮存寿命。

5）装备维修级别。

6）每一维修级别的特点和任务范围。

7）适合新装备维修保障的现有维修能力。

8）相似产品现有维修能力的可用情况。

9）预防性或计划性维修活动的限制，例如关于人员或设施的特殊前提条件。

10）需要用户完成的软件或数据加载或卸载。

11）由于技术变化导致的装备替换或升级的预期要求。

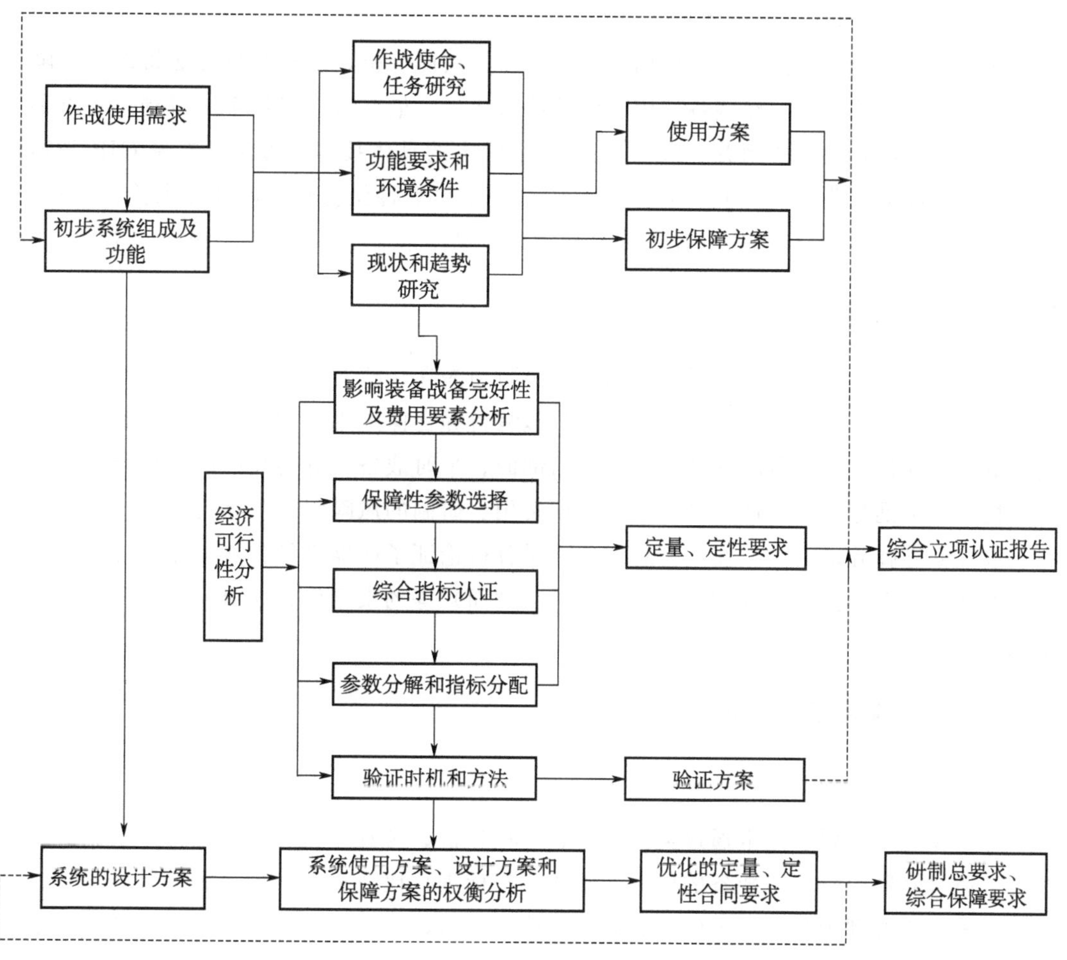

图 11－9　综合保障要求的分析与确认过程

根据综合保障要求约束分析的内容，对武器系统的综合保障要求进行分析，包括定性要求和定量要求分析，主要为影响武器系统战备完好性和费用要素分析，保障参数的选择、指标的论证和分配等，指标参数的验证方法、经济可行性分析，最终通过综合保障要求分析形成武器系统综合保障定性和定量要求，以及指标参数验证方案。在武器系统综合保障要求（含保障定量要求和保障定性要求）及其试验验证方法及时机分析论证和确认时应综合考虑以下因素：

1）装备预期的功能特点和任务使命。

2）装备可能面临的威胁环境和使用环境。

3）装备使用强度、持续时间和机动性要求。

4）使用人员数量和技术水平。

5）部署数量、服役期限。

6）现有类似装备的综合保障水平和存在的不足。

7）已有保障系统可利用的情况。

8）现有维修体制、保障体制的约束。

在明确综合保障定性和定量使用要求后，通过权衡分析，统计分析方法将综合保障使用指标转换成合同指标，经装备使用和保障部门认可，最终形成武器系统研制总要求和综合保障要求（或者纳入研制总要求）。关于要求确定的具体技术和方法可参见 GJB 1371—1992《装备保障性分析》、GJB 1909A—2009《装备可靠性维修性保障性要求论证》和 Q/QJB 357.1—2020《装备综合保障工程总体规范　第 1 部分：综合保障要求论证规范》。

11.3.2　综合保障要求约束分析

综合保障要求约束分析从对我国的军事威胁与潜在作战对象出发，通过分析国外同类装备综合保障现状和发展趋势、我军现役相似装备综合保障水平和差距，明确装备应完成的作战使命和任务、装备的任务剖面和寿命剖面、平时战备训练与作战的环境条件、装备保障接口、标准化和互用性、装备寿命周期费用、研制的风险和进度等内容。

以某型导弹装备为例，在进行总体论证时分析论证了武器系统作战使命和任务，确定了武器系统寿命剖面、任务剖面，环境条件（剖面）等约束条件，如图 11－10～图 11－12 所示。

11.3.3　综合保障要求分析

11.3.3.1　*定量要求*

综合保障定量要求通常通过类比分析、计算分析、仿真分析等方法进行分析。类别分析方法通过对国内外相似装备的保障性参数和指标进行比较分析，确定新研装备参数；计算分析方法主要利用相似装备的基础数据，建立模型，通过计算和图表的统计分析分别确定指标；仿真分析方法是根据装备系统作战使用需求，建立仿真模型，按照作战使用时序进行仿真试验，通过不断权衡优化，确定新研装备参数指标。

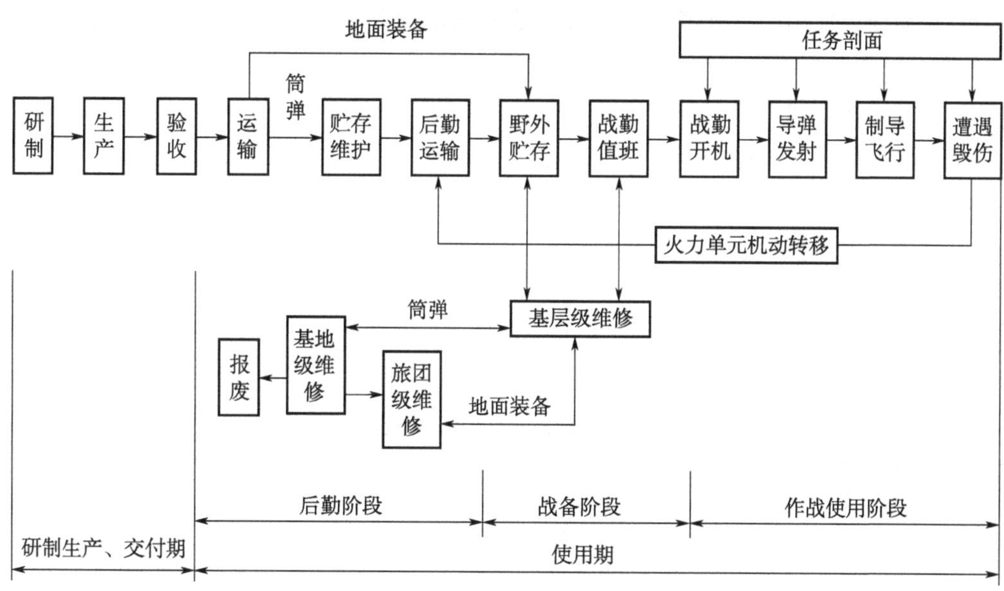

图 11－10　导弹武器系统寿命剖面简图

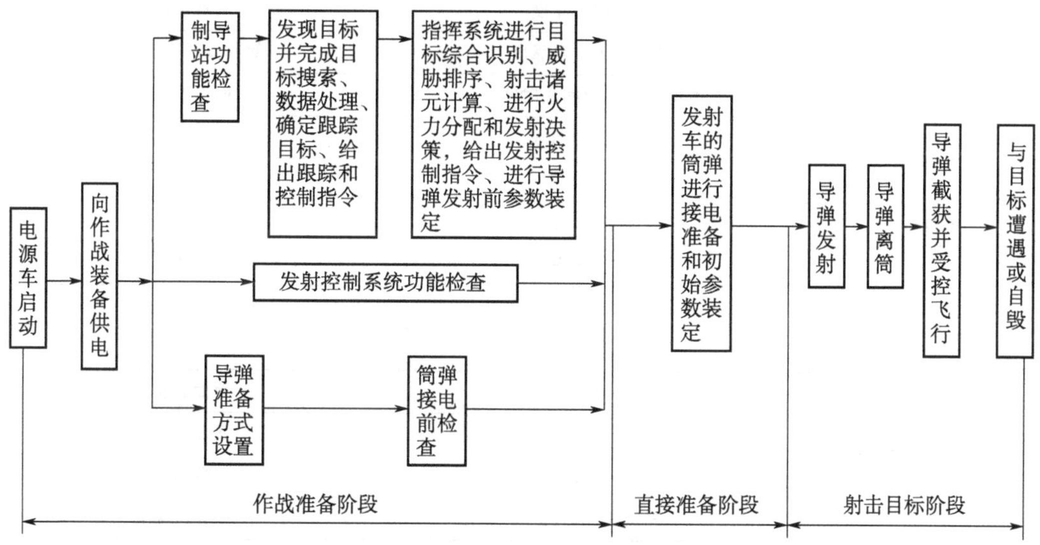

图 11－11　导弹武器系统典型任务剖面图

综合保障定量参数通常由综合参数、可靠性参数、维修性参数、测试性参数和保障系统及其资源参数构成。综合参数主要有战备完好性、任务成功性、持续性、部署性等参数，可靠性参数主要有基本可靠性、任务可靠性、耐久性等参数，维修性参数主要有维修时间、任务维修性等参数，测试性参数主要有故障检测率、故障隔离率、虚警率等参数，保障性参数主要有与保障系统、保障资源有关的等参数。综合保障参数构成的选择主要考虑以下因素：

1）长期连续使用的可修产品主要参数有使用可用度、平均故障间隔时间等。

2）长期连续使用的不可修产品主要参数有使用寿命等；反复或间断使用的可修产品主要参数有使用可用度、平均故障间隔时间等。

3）反复或间断使用的不可修产品主要参数有使用寿命等。

4）一次性使用的可修产品主要参数有平均预防性维修间隔时间、贮存寿命等，一次性使用的不可修产品，主要参数有贮存寿命等。

5）复杂产品或装备（系统）级的参数有综合参数，简单产品有单一可靠性、维修性参数。

某型导弹装备通过类别分析，计算分析，最终反复权衡确定了其综合保障参数，见表11－13。

表 11－13　导弹武器系统典型综合保障参数（示例）

参数类别	参数名称	适用范围
战备完好性	使用可用度	武器系统
	检测合格率	筒弹
基本可靠性	平均故障间隔时间	地面装备
	平均无故障行驶里程	地面装备
任务可靠性	战斗工作可靠度	武器系统
	导弹发射飞行可靠度	筒弹及弹上设备
	平均严重故障间隔时间	地面作战装备
耐久性	贮存(使用)期限	筒弹
	首次翻修期限	地面装备
维修性	平均修复时间	地面装备
测试性	故障检测率	地面作战装备
	故障隔离率	地面作战装备
	虚警率	地面作战装备
保障系统及其资源参数	备件满足率	地面装备
	战斗准备时间	武器系统
	展开撤收时间	武器系统
	连续工作时间	地面作战装备

11.3.3.2　定性要求

综合保障定性要求分析包括可靠性、维修性、测试性、保障性、安全性、环境适应性定性要求等分析内容。对于导弹武器系统而言，可靠性、维修性、测试性、保障性要求等综合保障定性要求分析内容还需针对其在运输、贮存、展开、撤收、战勤值班、训练、战斗等不同应用场景开展分析。可靠性定性要求分析通常包括使用操作、功能冗余、降额设计、保护或预防性措施等分析内容。维修性定性要求分析通常包括清洗、更换、维修空间、可达性、互换性等分析内容。测试性定性要求分析通常包括对机内和外部测试设备的功能要求，可更换单元划分要求，自动和外部检测设备要求，测试接口要求，软件测试性等分析内容。保障性定性要求分析通常包括装备自身便于保障的设计要求，保障资源定性要求等分析内容。保障资源定性要求分析又可细分为人力和人员，训练和训练保障，保障设备和保障设施，备件和消耗品，技术资料，包装、装卸、贮存和运输，计算机资源保障等分析内容。安全性定性要求分析通常包括人员、装备使用操作安全等分析内容。环境适应性定性要求分析通常包括装备对风、雪、雷电等分析内容。

综合保障定性要求分析是一个不断细化、权衡的过程。早期通过查阅资料和调查收集战时和平时有关的使用数据进行分析，缺乏有效数据时，通过专家调查法、仿真和作战对抗模拟法进行分析，从而确定相关的定性要求内容。还可对现役装备保障设施、设备等被采用或对其进行改造后采用的可能性进行分析，针对基准比较系统存在的不足与缺陷问题分析，从而明确有关综合保障定性要求，具体内容和要求参见 Q/QJB 357.5—2021《装备综合保障工程总体规范　第 5 部分：保障设计规范》。导弹装备典型的综合保障定性要求主要包括以下三个方面：

1）武器系统的定性要求，主要指标准化、通用化、系列化、模块化、继承性、机动性要求。

2）装备保障特性的定性要求，主要指可靠性、维修性、测试性、安全性、运输性、生存性等定性设计要求等。

3）保障系统及保障资源的定性要求，主要指维修体制、保障资源设计约束条件等。

11.3.4　合同要求转换与可验证性分析

在明确综合保障定性和定量使用要求后，须尽早细化或转换为合同要求，形成装备综合保障要求的规定值和最低可接受值。转换以数据为基础，分析影响使用指标和合同指标的因素后，明确使用指标和合同指标的定义和统计计算方法，收集基准比较系统的使用和设计数据，利用统计分析方法建立转换模型或统计出转换系数，将综合保障使用指标转换成合同指标。这里的指标转换主要是考虑到指标所涉及的装备状态和考核所处的条件，在目前要求落实实战化的情况下，需要考虑在实战化条件下指标考核问题，但有可能在合同中未加以明确，特别是甲乙双方的装备保障责任问题未做出明确规定的情形，因为有些使用保障因素（实战化要求）承制单位是难以控制的，当然对最终实现的使用指标不同负相应的责任。

在明确综合保障要求后，对其进行可验证性分析是必要的。可验证性分析是确定提出的各项综合保障要求能否得到验证的过程，通常从以下五个方面分析综合保障参数的可验证性：

1）验证参数的定义和内涵，包括试验时应记录的数据、如何利用数据计算参数量值的方法。

2）装备的故障判断准则，包括关联和非关联（责任和非责任）故障判断准则、任务成功的准则和严重故障（任务故障）判断准则等。有耐久性要求的装备，明确极限状态（耐久性损坏）的判断准则。明确故障计数准则、时间确定的准则。

3）验证实验方案明确指标的统计含义，说明所提指标是用置信下限（或上限）还是均值来度量。

4）对不能或不适宜用统计试验方案验证的参数评估验证，有的指标可采用仿真验证的方法进行验证，有的指标可利用不同层次的数据通过建模仿真或其他综合的方法进行评估。

5）装备综合保障使用要求的验证通常在装备实际使用时通过使用试验来验证，但在不具备使用验证条件的情况下，可以利用定型试验期间收集的数据和装备设计过程中的数据，利用仿真等技术进行分析评估。

某导弹武器系统合同参数示例见表 11-14。

表 11-14　某导弹武器系统合同参数示例表

<table>
<tr><th rowspan="2">序号</th><th rowspan="2">类别</th><th colspan="2" rowspan="2">参数名称</th><th rowspan="2">适用范围</th><th colspan="2">参数类型</th><th rowspan="2">验证时机</th></tr>
<tr><th>使用参数</th><th>合同参数</th></tr>
<tr><td rowspan="2">1</td><td rowspan="2">系统级综合参数</td><td rowspan="2">战备完好性</td><td>战斗工作可靠度</td><td>武器系统</td><td>√</td><td>√</td><td>性能考核</td></tr>
<tr><td>检测合格率</td><td>筒弹</td><td>√</td><td>√</td><td>在役考核</td></tr>
<tr><td rowspan="9">2</td><td rowspan="9">装备级参数</td><td rowspan="6">可靠性参数</td><td>发射飞行可靠度</td><td>筒弹</td><td>√</td><td>√</td><td>性能考核</td></tr>
<tr><td>贮存可靠度</td><td>筒弹</td><td>√</td><td>√</td><td>在役考核</td></tr>
<tr><td>平均故障间隔时间</td><td>地面装备</td><td>√</td><td>√</td><td>性能考核</td></tr>
<tr><td>平均严重故障间隔时间</td><td>地面装备</td><td>√</td><td>√</td><td>性能考核</td></tr>
<tr><td>平均无故障行驶里程</td><td>车辆</td><td>√</td><td>√</td><td>性能考核</td></tr>
<tr><td>使用期限</td><td>武器系统</td><td>√</td><td>√</td><td>在役考核</td></tr>
<tr><td rowspan="3">测试性参数</td><td>故障检测率</td><td>地面装备</td><td>√</td><td>√</td><td>性能考核</td></tr>
<tr><td>故障隔离率</td><td>地面装备</td><td>√</td><td>√</td><td>性能考核</td></tr>
<tr><td>虚警率</td><td>地面装备</td><td>√</td><td>√</td><td>性能考核</td></tr>
<tr><td rowspan="7">3</td><td rowspan="7">保障系统参数</td><td>综合参数</td><td>备件满足率</td><td>武器系统</td><td>√</td><td>√</td><td>在役考核</td></tr>
<tr><td rowspan="6">使用保障参数</td><td>展开时间</td><td>武器系统</td><td>√</td><td>√</td><td>性能考核</td></tr>
<tr><td>撤收时间</td><td>武器系统</td><td>√</td><td>√</td><td>性能考核</td></tr>
<tr><td>战斗准备时间</td><td>地面装备</td><td>√</td><td>√</td><td>性能考核</td></tr>
<tr><td>连续工作时间</td><td>地面装备</td><td>√</td><td>√</td><td>性能考核</td></tr>
<tr><td>筒弹装填时间</td><td>武器系统</td><td>√</td><td>√</td><td>性能考核</td></tr>
<tr><td>运输里程</td><td>武器系统</td><td>√</td><td>√</td><td>性能考核</td></tr>
</table>

11.4　综合保障分析与设计

11.4.1　装备保障分析

装备保障分析是综合保障的核心工作，是联系综合保障各项工作、各专业工程工作、设计工程工作的纽带，保障分析是一个反复迭代进行的系统分析过程。通过开展保障分析将保障定量、定性要求转化、分解为对产品方案设计和技术设计的具体要求并进行保障特性设计、保障方案设计及保障资源规划与研制，为形成装备综合保障方案、制定维修策略、配置所需的保障资源提供依据。型号研制中保障分析与产品设计、保障系统设计的关系如图 11－13 所示。保障分析需要有关的产品设计和性能数据/信息，包括但不限于：

1）选择关于保障分析的相关数据和信息的判据，涉及源自合同文件、产品使用数据、产品设计和性能规范以及有关产品鉴定和验证文件的保障分析数据和信息的选择。

2）总体保障分析策略和保障分析数据选择原则的影响。

3）数据验证的接受规则。

4）数值验证的标准和程序方面。

5）用户评审检查要求。

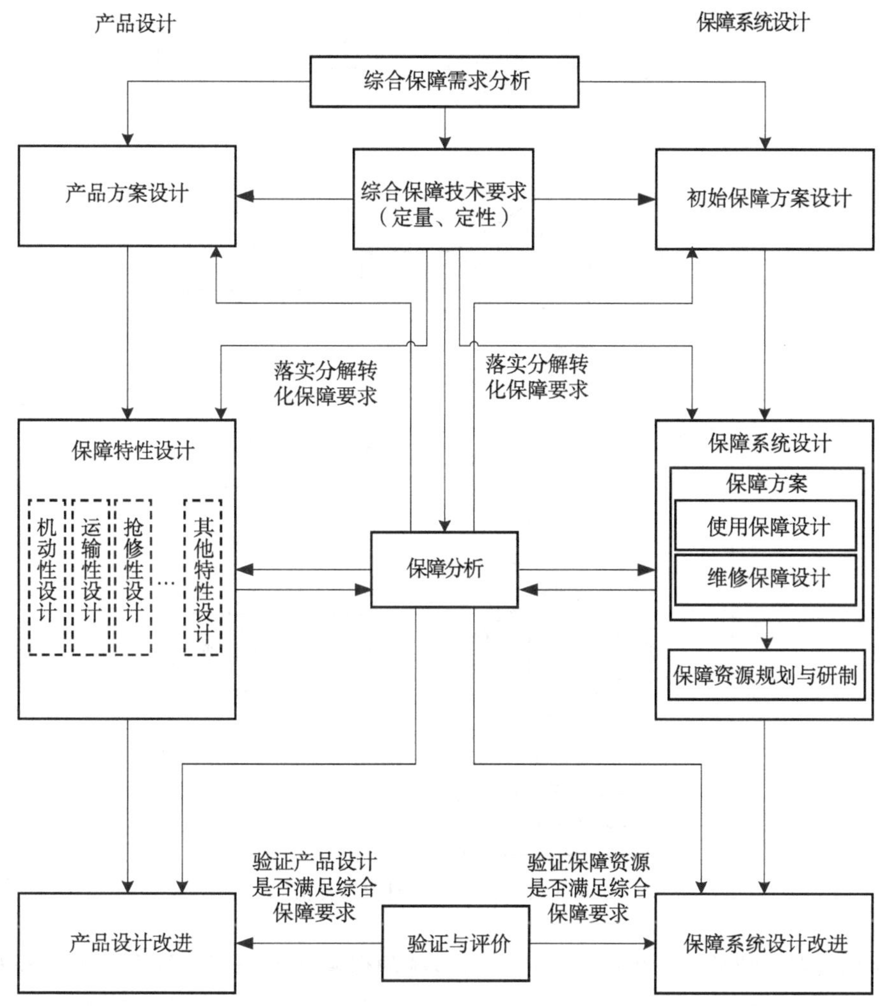

图 11－13　型号研制阶段保障分析与产品设计、保障系统设计的关系

应参照 ASDS 3000L，选择和标识保障分析备选项，确定完全备选项、局部备选项、备选项组、标准流程备选项，保障分析对象选择流程如图 11－14 所示。应参照 ASDS

3000L，确定保障分析项目的选择原则，明确推荐的保障分析项目清单，制定型号保障分析工作要求，并结合产品设计方案及研制情况应用信息化工具开展相关保障分析工作项目，保障分析过程和结果应进行专题评审并要求用户参加。

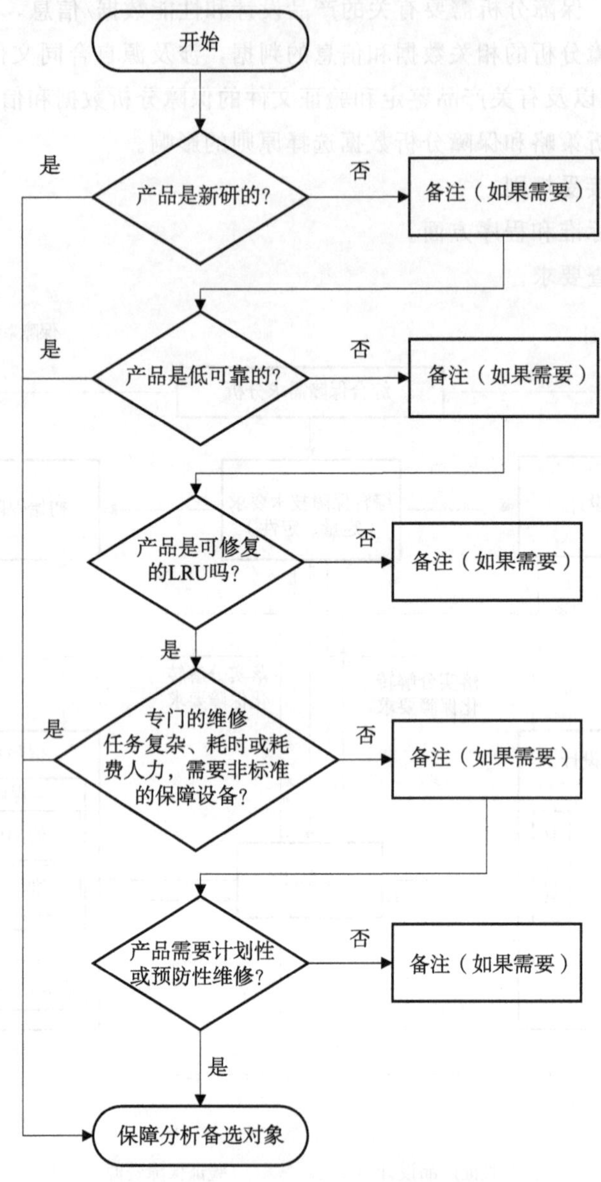

图 11-14 保障分析对象选择流程

在导弹武器系统的研制生产过程中，将传统的保障特性分析与综合保障工作相结合，逐步形成了以故障模式分析为核心、保障任务分析为基础、保障工作项目分析为扩展的综合保障分析过程（“1+3+N”），主要分析内容包括：

1）故障模式影响及危害性分析（FMECA，保障性）。

2）保障任务分析，包括以可靠性为中心的维修分析（RCMA）、使用与维修工作分析

(O&MTA)、修理级别分析（LORA）。

3）保障工作项目分析，包括损坏模式及影响分析（DMEA）、使用和保障危险分析（O&SHA）、软件保障分析（SSA）、预测与健康管理分析（PHMA）、寿命周期费用分析（LCCA）、运输性分析（TA）等。

保障分析方法流程见 Q/QJB 360.1—2020、QJB 360.2—2021、QJB 360.3—2021、Q/QJB 360.4—2020、QJB 360.5—2021、QJB 360.6—2021、QJB 360.7—2021。

11.4.2　装备保障方案设计

为了提高装备的部队作战和自主保障能力，导弹武器系统普遍采用部队级、基地级两级维修体制。其中，导弹本身采取免维修设计，在部队只进行简单的日常维护保养，发生故障直接送基地级进行修理；地面装备采取换件维修设计，在部队发生故障直接通过随车备件更换现场可更换单元，换下的故障件送基地级进行修理。具体设计方法流程参加 QJB 357.2 — 2020《装备综合保障工程总体规范　第 2 部分：综合保障方案设计规范》。

11.4.2.1　部队级保障方案设计

部队级综合保障方案设计以保障特性分析形成的数据为输入，开展部队使用保障方案设计、维修保障方案设计和保障资源的规划，为后续保障资源的研制和保障系统的建立提供输入。

（1）使用保障方案设计

对装备使用前后及使用过程中的使用保障工作项目、操作步骤、作业流程、注意事项进行设计，包括使用功能分析、使用保障项目设计、使用保障项目作业及流程设计、与保障特性的协调设计、使用保障资源规划等。

（2）维修保障方案设计

对装备维修类型、维修体制、维修原则及策略、维修内容、维修工作项目进行设计，包括维修策略设计、维修保障项目设计、维修保障作业及流程设计、与保障特性的协调设计、维修保障资源规划等。装备维修工作规划设计方法参见 QJB 361.1—2020、QJB 361.2—2021、QJB 361.6—2020。

11.4.2.2　基地级保障方案规划

导弹武器系统的基地级维修任务一般由部队机关组织，装备修理工厂和研制单位共同实施，主要包括装备大修、中修、导弹延寿、巡检巡修、计量检定，以及抢救抢修、支援保障等工作。在装备的论证、研制、定型阶段，研制单位应按照两级维修体制开展基地级保障能力规划，提出基地级保障能力建设建议。

论证阶段，明确使用方与装备研制单位基地级维修的职责和维修界面，初步确定导弹、地面装备的贮存期限、返厂大修期限等指标。方案阶段，将基地级维修能力需求及约束条件转换为装备维修性和维修保障设计要求，通过任务书或技术条件等形式分配至各级产品；研制阶段，明确基地故障导弹维修、返厂大修以及出厂联调和交付流程；确定基地级维修项目，开展维修项目分析；对使用方基地级维修能力所需的维修场地、厂房、设施、设备、工装、技术资料、人力人员、培训计划等资源进行规划，提出基地级维修能力建设方案。在研制阶段结束之前应完成基地级维修能力建设方案评审，评审专家应包括订购方、使用方代表、使用方保障部门、分研制单位相关人员；定型阶段，研制单位根据基地级维修能力需求及基地级维修能力建设方案，合理规划基地级维修能力建设的进度，确保及时形成基地级保障能力，支撑基地级维修工作的开展。

11.5　保障资源研制与交付

11.5.1　保障资源的规划与研制

航天装备保障资源的研制需以综合保障分析与设计确定的保障资源需求为输入，与主战装备设计方案及使用方案相协调，实现保障资源与主战装备的同步规划、同步研制、同步试验，并按照部队级、基地级两级维修体制进行配置。保障资源主要包括：人力和人员，备件和消耗品，保障设备，培训和训练保障，技术资料，计算机资源保障，保障设施，包装、装卸、贮存和运输所需的保障资源等。保障资源规划与研制方法流程参见 QJB 357.6—2021《装备综合保障工程总体规范　第 6 部分：保障资源规划与研制规范》。

以导弹武器系统为例，按照导弹武器系统任务剖面，保障装备需求按照类型可划分为运输装填、测试维护、装备修理、供给保障、操作训练、生存防护等保障装备，见表 11-15。

表 11-15　导弹武器系统保障装备

序号	类型	功能模块	功用
一	贮存	加注模块	技术阵地导弹燃料抽出、加注
		监测模块	筒(箱)弹温度、湿度、压力、安全监测
		保调温模块	筒(箱)弹特殊贮存需求，对筒内温度调节
		翻转模块	筒(箱)弹周期翻转
		导弹停放模块	供导弹停放
		应急处理设备	有毒物质泄漏处理
二	运输吊装	运输模块	为筒(箱)弹和其他不具备公路机动转移的装(设)备等提供运输平台
		转载模块	用于导弹出入库、技术阵地转移等
		吊装模块	为导弹装填/卸载、产品吊装提供手段
		动力牵引模块	辅助完成超出大型运输机吊机最大重量的筒弹空运装卸
三	测试计量	导弹综合测试模块	为库房导弹提供测试功能
		导弹单元测试模块	为非全备弹提供单元测试功能
		计量模块	为专用测量设备等周期计量
		雷达标校模块	模拟多型雷达目标回波信号，配合雷达功检

续表

序号	类型	功能模块	功用
四	维修	机械修理模块	为装备机械修理提供设备工具等
		空调修理模块	为空调(保调温设备等)修理提供设备工具等
		液压修理模块	为装备液压修理提供设备工具等
		电气修理模块	为装备电气产品修理提供设备工具等
		电子修理模块	为装备电子产品修理提供设备工具等
		牵引救援模块	装备底盘发生故障或深陷泥潭等,需要救援或牵引
五	训练	战场环境构建模块	为装备训练提供环境模拟
		目标模拟模块	靶机、靶弹
		装填训练模块	为岗位操作人员提供训练手段
		测试训练模块	为岗位操作人员提供训练手段
		战斗操作训练模块	为岗位操作人员提供训练手段
		维修训练模块	为维修操作人员提供维修模拟训练(实物、半实物形态)
六	供应	器材存储	为维修器材提供模块化存储和携运行能力
		伴随供应模块	为作战装备提供伴随式、机动式备件器材供应能力
		供气模块	为导弹维护保养、轮胎充气等提供所需气源
七	信息化	装备保障信息系统	保障业务与数据的信息化管理平台,实现线上保障业务全流程操作及监控
		健康管理系统	提供装备状态监测、故障诊断、健康评估、故障预测和维修决策能力
		保障筹划决策系统	提供装备保障仿真预示能力,以及基于保障仿真的备件器材需求预测能力和基于健康状态的保障决策能力
		保障资源管理系统	实现保障资源可用状态的在线监测与库存管理,为保障筹划决策和管理人员提供保障资源可用状态信息
		虚拟训练系统	提供数字化的虚拟维修和操作训练环境,具备分布式协同训练、评估与考核能力
		远程支援保障系统	实现保障层级、上级保障机构对下级保障机构的线上技术支援、远程故障诊断与维修指导等
		电子履历	详细记录装备初始信息(交付基线)、各类使用信息(作战、训练、转移、重大任务、退役、报废等)、维修(含维护、抢修、返厂修理)信息、环境信息等,作为装备技术状态管理、各类模型完善、装备延寿等数据应用的支撑
		交互式电子技术手册	实现装备技术信息的电子化,使用、维修操作的交互式指引,提高装备使用维修工作效率和部队自主保障能力

11.5.2　保障资源的交付形式与时机

保障资源为使用与维修装备所需的硬件、软件与人员等的统称，主要包括人力和人员、供应保障、保障设备、保障设施、培训和训练保障、技术资料、计算机资源保障、包装、装卸、贮存和运输保障、计量保障等要素。保障资源应与主战装备同步规划、同步研制、同步交付，提高装备自身的易保障性、保障资源之间的协调性以及装备与保障系统之间的匹配性。导弹武器系统的保障资源的交付形式、交付时机和建设主体见表 11－16。

表 11－16　保障资源交付形式、交付时机和建设主体（示例）

序号	保障资源类别	交付形式	交付时机	建设主体
1	人力和人员	综合保障建议书	与装备同步交付	使用方
2	供应保障	备品备件、消耗品	与装备同步交付	研制单位
3	保障设备	保障设备实物	与装备同步交付	研制单位
4	保障设施	综合保障建议书	接装前交付	使用方
5	培训和训练保障	培训服务 训练设备	接装前及服役期提供培训服务 与装备同步交付训练设备	研制单位
6	技术资料	随机资料 IETM	与装备同步交付	研制单位
7	计算机资源保障	保障服务，软硬件升级	与装备同步交付或服役期	研制单位
8	包装、装卸、贮存和运输保障	包装、装卸、贮存和运输保障设备或综合保障建议书	与装备同步交付	研制单位
9	计量保障	计量设备或计量服务	与装备同步交付	研制单位

11.5.3　航天典型保障资源产品

航天导弹武器装备根据使用方的实战化要求，逐步形成了具有特色的保障装备系列产品，覆盖装备贮存、运输、测试、维修、训练、供应等不同需求，同时适应装备保障发展趋势，研制了交互式电子技术手册（IETM）、预测与健康管理系统（PHM）、基于数字样机的保障仿真系统、战勤操作仿真系统、虚拟现实驾驶系统等信息化、数字化保障产品。

（1）运输装填车

运输装填车由载车、筒（箱）弹装载设备、运输固定设备、操作控制设备等组成，用于筒（箱）弹运输、装填保障。运输装填车是武器系统的重要保障设备，主要用于在各种公路条件下装载筒（箱）弹进行公路运输，并能够向导弹发射设备装卸筒（箱）弹。主要应用于战时和平时的筒（箱）弹运输、装填保障。

（2）电子、机械维修车

电子、机械维修车由载车、方舱、电子修理设备、液压修理设备和机械修理设备组成，用于装备的修理。

电子、机械维修车包括机械修理设备和电子修理设备。机械修理设备包括机械修理工具、切割设备、焊接设备、液压清洗设备以及维修综合管理系统等。电子修理设备包括测试单元、诊断单元和修理单元。主要应用于装备电子、机电、液压、机械设备的修理、液压设备清洗和零部件制备。

(3) 备件车

备件车由载车、方舱、备件存储柜、备件管理系统等组成，用于装备备件、工具、消耗品等维修器材的供应。

备件车主要功能是存放装备的营级维修所需的液压备件、机械备件和电子备件，以及工具、消耗品等，并可利用备件管理系统实现备件的建库、查询、统计管理。主要应用于备件、工具、消耗品的存储、运输和供应保障。

(4) 电源供电车

电源供电车由载车、方舱、发电机组、供电设备组成，可按功率等级组合形成系列化电源供电车，用于装备的用电保障。

电源供电车具有发电、供电功能，发电机组具有远程遥控开关机、状态监控及并网发电、不间断切换功能，具备过压、欠压、超压、过频、欠频、短路、过流、超速和柴油机异常状态等保护能力。主要应用于武器系统需要用电装备战时和平时的供电保障。

(5) 制氮充氮车

制氮充氮车由制气设备、储气装置、充气装置、方舱和载车等组成，主要用于为筒（箱）弹等提供气源和充配装置。

制氮充氮车能制造氮气/氧气，并从筒（箱）弹内抽取空气或混合气体，以及向筒（箱）弹内充入高纯度氮气；可制备高纯度氧气，以备救援之需。主要应用于筒（箱）弹战时和平时的制氮充氮保障和应急情况下的供氧保障。

(6) 导弹测试车

导弹测试车由载车、方舱、筒（箱）弹测试设备组成，用于筒（箱）弹测试。

导弹测试设备由软件平台、硬件测试资源、测试适配器、测试程序集组成，可根据被测筒（箱）弹、导弹状态选择相应适配器连接，运行对应测试程序集，完成导弹、筒（箱）测试。主要应用于筒（箱）弹战时和平时的测试保障。

(7) 测试训练弹

测试训练弹主要提供使用方箱弹测试训练用，使使用方熟悉和掌握箱弹的测试流程及方法。主要功能是配合箱弹测试设备完成箱弹测试训练，模拟箱弹典型故障模式测试操作，或配合战车完成功能电路正常检查、接电准备和解除接电准备检查。

为了使使用方能熟悉和掌握筒弹测试项目和测试流程，以及便于产品运输、吊挂、贮存等，测试训练弹设计原则是保证测试训练筒弹测试项目与实际测试项目保持一致，测试训练弹外形、接口及其质量质心与实际导弹保持一致，并能模拟典型故障模式。

(8) 交互式电子技术手册（IETM）

交互式电子技术手册（IETM）综合应用了计算机多媒体、数据库和网络等技术的优势，按照相关标准，将内容繁杂的操作手册、维修手册等信息，有机地组织管理起来。以最优化的方式将文字、表格、图像、工程图形、声音、视频、动画等多种信息形式展示出来，并以交互的方式进行查阅，使维修技术人员或系统操作人员能够快速精确地获得所需的信息，加速了装备使用和保障活动的实施。技术出版物研制要求与方法参见 QJB 358.1—2020、QJB 358.2—2021～QJB 358.7—2021。

IETM 主要应用于用户对装备的操作训练、维护维修、典型故障排查等适用环节，旨在为装备操作人员或维修人员提供装备基本原理、操作使用、故障排查和维修维护等内容的技术出版物。制作完成的 IETM 可以存储在光盘上，也可以存放在网络服务器上，通过台式计算机或便携式计算机查询使用。先进的 IETM 还综合了专家系统、人工智能、自动诊断、故障隔离以及培训等其他处理过程，并可嵌入便携式维修辅助装置和自动测试设备中。导弹装备的 IETM 如图 11-15 所示。

图 11-15 导弹装备的 IETM

(9) 预测与健康管理系统（PHM）

预测与健康管理是对传感器数据监测、故障检测与隔离、趋势预测、健康评估、维修决策等技术的综合应用，其目的不仅仅是为了消除故障，更是为了了解和预报故障何时可能发生，使得系统在尚未完全发生故障之前人们就能依据系统的当前健康状况决定何时维修，从而实现装备自主式保障并降低使用和保障费用的目标。PHM 系统一般由传感器阵列、数据采集设备、显控计算机等硬件设备和数据采集与判读、故障诊断与预测、健康评估与控制、维修决策与任务规划等软件模块组成。

某型导弹武器地面装备的 PHM 系统如图 11-16 所示，具备了数据采集、健康状态管理、故障诊断、维修辅助决策等能力，包括：

1) 武器装备各组成分系统的工作状态信息和 BIT 信息集中显示。

2）发电机组和发射装置工作时振动数据采集，基于振动数据的故障诊断。

3）武器装备工作状态数据的采集及存储。

4）武器装备健康状态的集中管理，显示告警和预警信息。

5）武器装备健康状态数据管理、数据存储、数据导出。

6）向上级发送防御战车的维修保障信息。

7）辅助装备维修。

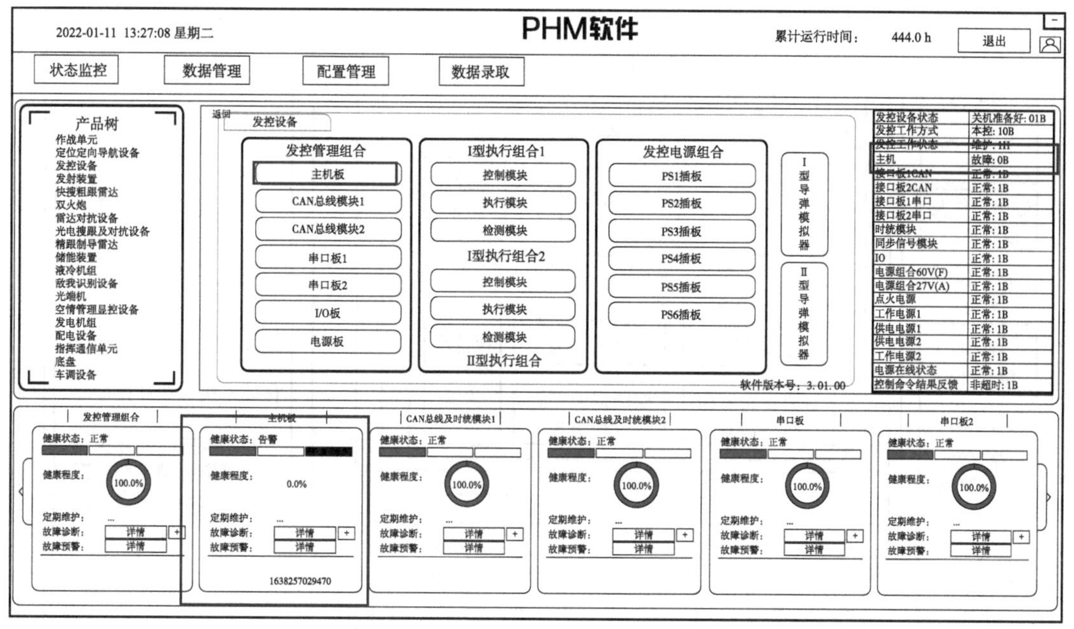

图 11－16　某型导弹武器预测与健康管理系统

（10）基于数字样机的视情维修保障仿真系统

针对装备健康状态评估和视情维修保障决策需求，基于数字样机的视情维修保障仿真系统在传统计划和事后维修仿真能力基础上，以装备数字样机模型为输入，建立从设备到系统的健康评估模型，根据作战任务对装备健康度的最低可接受边界，通过功能-任务健康度影响进行维修任务“最低代价”“视情”决策。视情维修保障仿真过程是通过每个设备的监测数据进行驱动的，利用健康评估和维修决策模型进行设备、分系统、装备逐级评估和维修任务决策，而传统基于故障的维修保障仿真过程是通过故障抽样进行驱动的，只需要装备本身的故障率、故障分布函数等统计数据，考虑的是装备整体的故障特性，其总体框架如图 11－17 所示。

（11）战勤操作仿真系统

战勤操作仿真系统主要用于模拟实装兵器的战勤操作训练，如战斗操作训练、接电控制、功能检查等。能够生成虚拟战场环境，完成复杂空情背景下的射击指挥训练，进行典型故障设置与分析训练，进行营综合战术训练，并对射击指挥训练的过程进行记录、重演和评判，以及多媒体教学。

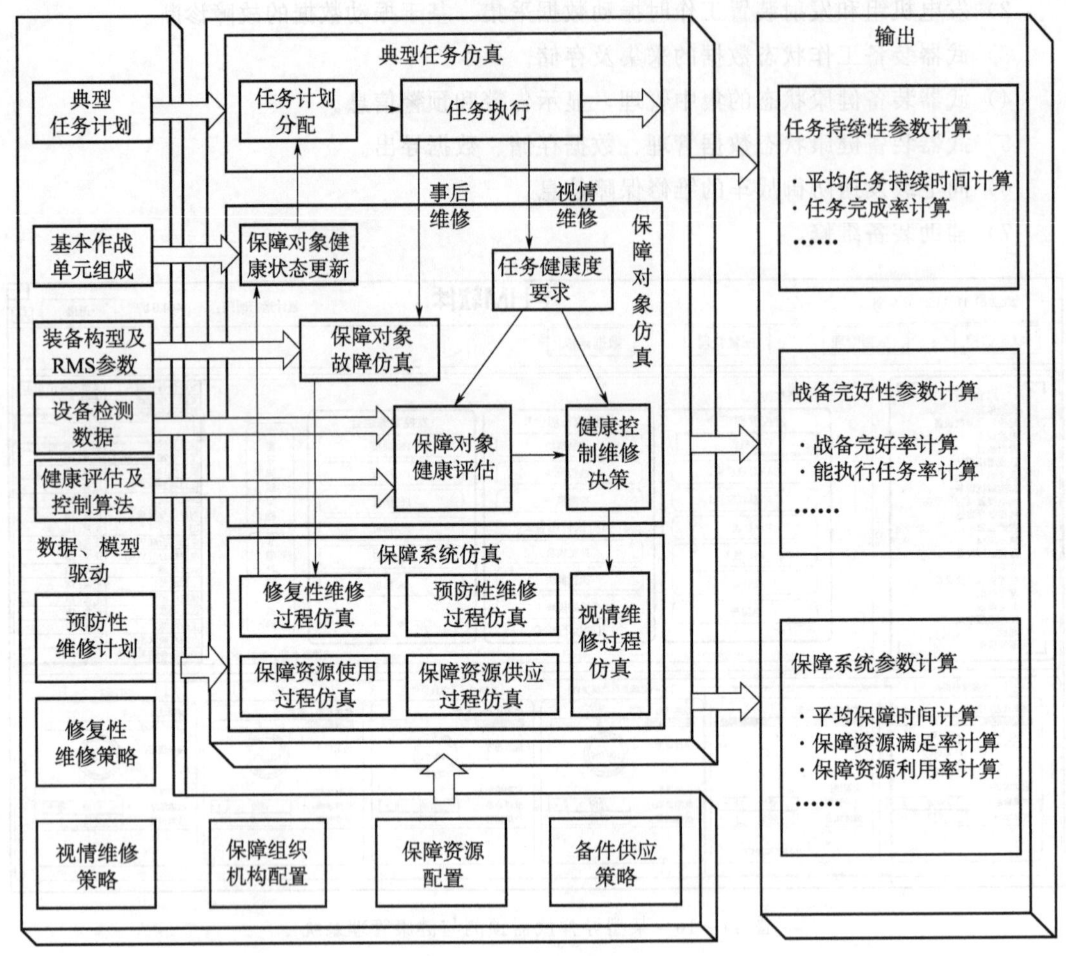

图 11－17　基于数字样机的视情维修保障仿真系统总体框架

战勤操作仿真装备适用于武器系统列装部队、院校、训练基地开展射击指挥与战勤操作训练，主要功能包括：

1）模拟实装兵器进行射击指挥训练和战勤操作训练。

2）完成虚拟战场环境下的训练想定制作。

3）对仿真推演过程进行管理，包括进程管理、数据记录、过程重演等。

4）对训练结果进行评估。

5）显示模拟战场态势。

（12）特种车辆虚拟现实驾驶系统

深度集成驾驶模拟技术与虚拟现实技术，实现特种车辆沉浸式驾驶体验。建立特种车辆驾驶技能训练与考试虚拟环境，实现自助式智能化驾驶训练与考试，提高培训效率，降低特种车辆驾驶技能培训成本。

（13）在役装备数字孪生保障决策支持系统

为了适应未来数字装备建设要求，航天装备以建立基于数字孪生的数字装备模型，实现虚实结合的装备运用和保障为目的，开展在役装备数字孪生保障决策支持系统的论证与研究工作，主要功能包括：

1）以交付模型 3.0 为基础，进行从设计 EBOM、生产 PBOM 到使用 SBOM 的装备构型转换，实现装备构型数字化管理。

2）增加装备数字履历要素，通过接口采集物理装备在使用过程中产生的贮存、训练、作战、维修、退役、报废等履历事件信息，实现数字与物理装备履历的同步管理。

3）增加装备技术状态要素，通过接口采集物理装备在使用过程中产生的载荷与环境、测试诊断、性能参数等实时数据，实现数字和物理装备技术状态的同步孪生。

4）增加装备活动要素，通过接口采集物理装备在使用过程中产生的运输、训练、演习、维修、供应等活动数据，实现数字和物理装备活动行为的同步孪生。

5）利用数字装备模型采集的物理装备履历、技术状态、活动行为数据，结合从设计到交付模型中产生的载荷与环境应力模型、系统响应与退化模型、保障能力评估模型等，进行装备状态的预测评估，为物理装备提供基于状态的维修保障活动决策能力。

6）通过物理装备的真实状态评价，对数字装备模型进行更新和细化，实现数字样机模型与物理装备的孪生迭代。

11.6　综合保障试验与评价

在装备的方案、研制、鉴定和在役使用阶段，需要针对武器系统的战备完好性、保障特性、保障系统及资源有效性进行试验评价与评估工作，以验证为装备设计和建立的保障系统是否满足装备保障性目标和使用要求，试验内容主要包括保障特性试验与评价、保障系统及资源试验与评价、战备完好性评估等。为了确认所研制的装备是否真正满足使用方的作战使用需求，试验必须尽可能在实际使用环境或最接近使用环境的条件下进行。具体试验方法参见 QJB 357.7—2021《装备综合保障工程总体规范　第 7 部分：保障试验验证与评价规范》。

11.6.1　综合保障仿真试验与评价

在装备方案以及研制阶段早期，通过建立武器装备和保障系统的仿真模型，以装备使用与保障典型任务作为驱动，通过仿真数据的收集与分析，实现对保障特性参数以及保障系统有效性的分析与评价，并在装备定型和使用阶段利用装备实物样机的试验与评价数据进行模型的迭代完善，从而形成基于模型的仿真验证与基于样机的试验验证相结合的综合评价机制，支撑装备综合保障设计的迭代优化。

11.6.2　综合保障研制试验与评价

综合保障试验与评价在研制阶段初期的重点在于及早发现装备保障特性设计的缺陷，

同时兼顾考虑对保障资源的评价，优化装备设计和保障资源规划；在研制阶段后期的重点则是对保障系统与资源、装备保障特性的合理性、匹配性和协调性进行摸底评价，支撑做出更改或优化装备和保障系统设计的决策。

综合保障研制试验可分为“保障特性试验与评价”和“保障资源试验与评价”两大类。保障特性试验与评价主要包括环境应力筛选、可靠性研制/增长试验、可靠性强化试验、维修性研制试验、测试性研制试验、环境适应性研制试验、通用质量特性定性设计核查等；保障资源试验与评价主要包括人力和人员、供应保障、保障设备、训练和训练保障、技术资料、保障设施、计算机资源保障、包装装卸贮存运输保障、计量保障等资源。

11.6.3　综合保障鉴定试验与评价

综合保障鉴定试验与评价的目的在于验证装备的保障特性是否达到合同要求，评价各项保障资源的适用性和充分性，并判断所确定的综合保障方案及配套的保障资源是否能够满足使用要求，为定型（鉴定）提供依据。同时支撑使用方按照实战化考核要求组织开展保障鉴定试验，加强边界、极限条件和复杂环境条件下的设计和考核。

综合保障鉴定试验与评价的内容主要包括对可靠性、维修性、测试性、环境适应性、安全性、保障性定量指标要求的试验评估，如产品 MTBCF、MTTR、展开撤收时间、筒弹换装时间等；对保障特性定性要求的核查与评价，如产品安全防护、三防设计、保障资源设计等内容的核查与评价。

11.6.4　初始使用能力评估

装备鉴定试验体制改革要求开展作战试验和在役考核，给装备综合保障试验与评价工作带来了新的要求：一是要求综合保障试验与评价工作按照性能试验-状态鉴定、作战试验-列装定型、在役考核-改进升级三大环路形成闭环验证机制，更加注重作战试验和在役考核的实战化检验，确保装备综合保障试验验证充分；二是要求不仅要在研制阶段对综合性指标（如使用可用度）进行分析评估，更要在小批量生产为条件的作战试验以及装备交付后的在役考核中，利用装备保障实战数据开展装备保障指标的试验评估，为装备鉴定验收和在役改进提供依据；三是要求提升全寿命综合保障数据的收集、分析和利用能力，实现基于数据的综合保障指标试验评价方法创新，提升对保障系统的可信评估。

使用能力评估的目的是结合使用方战备演训任务，验证武器系统及其装备的作战效能，评估装备适用性、适编性和适配性，提出装备改进升级意见建议，是支撑作战试验和在役考核的重要手段。一般情况下，使用能力评估分为初始使用能力评估（IOC）和最终使用能力评估（FOC），初始使用能力评估一般结合作战试验开展，一般应在装备部署一个基本作战单元，使用与维修人员经过了规定的初始训练，保障资源按要求配备到位后，在规定的评估时间内，通过收集使用、维修和供应等数据，按规定的程序和方法进行评估；最终使用能力评估一般结合在役考核开展。主要评估内容包括四个方面：

1）装备系统的战备完好性要求。

2）装备的使用可靠性和维修性水平以及故障诊断与健康管理能力等。

3）保障资源的满足和利用程度、保障系统的保障能力等。

4）寿命周期费用。

在初始部署后的一段时间内，应进行系统战备完好性的初始评估，一般应在装备部署一个基本作战单元，使用与维修人员经过了规定的初始训练，保障资源按要求配备到位后，在规定的评估时间内（一般 2 年左右），通过收集使用、维修和供应等数据，按规定的程序和方法进行评估。应充分利用用户方面的使用与维修人员、设备、设施、备件及技术资料，由正式的现场数据收集系统提供所需的各种资料与数据。

当使用要求未达到门限值时，应进行分析并提出改进建议，应尽早发现、纠正可靠性和维修性缺陷，并根据评估获得的系统战备完好性和使用可靠性及维修性值对规划的保障资源续期进行修正。评价备件的库存基数利用率、维修策略的适用性以及保障设备、技术资料等保障资源的完备性和适用性，针对缺陷与不足，提出改进调整建议，承制单位应负责完成技术资料、IETM 的更新完善。经过多次使用能力评估与设计改进的迭代改进升级，使装备使用保障能力获得提升，满足最终使用能力指标要求。

11.7　在役保障实施与改进

11.7.1　建设服务保障体系

11.7.1.1　服务保障工作范围

服务保障是装备交付后，为实现装备战备完好性要求而开展的一系列保障活动，是全寿命周期综合保障工程的重要组成部分。在实施服务保障过程中，除为用户和装备提供各类服务保障外，同时也将服务保障实施结果、装备数据向设计反馈，为装备改进设计提供依据。

装备交付初期，为保证交付后快速形成保障能力，需在装备生产和交付过程中同步开展跟产与接装培训、协助用户制定训练计划、策划初始备件供应、策划交付后服务保障活动、参与装备部署保障等工作，帮助使用单位熟悉装备使用和初步保障工作，促进形成初始作战能力。

装备在役使用阶段，根据用户需求和合同约定，开展培训、维修、备件供应、技术支持等服务保障活动。主要包括以下工作内容：

1）开展在役装备维修保障，包括故障处理与维护、计量检定等。

2）开展用户走访交流、装备巡检巡修等。

3）提供重大任务保障。

4）提供备件供应保障。

5）开展岗位与深化培训。

6）开展装备质量信息收集和闭环管理。

7）开展装备技术状态与履历管理。

8）与用户协同开展装备维修能力建设，包括装备营级修理、基地级大修等。

9）为用户开展装备延寿升级、退役处置提供技术支持。

10）开展在役保障分析，提出装备设计改进建议及保障方案、保障资源优化建议。

11）与用户共建服务保障基地、服务保障快速响应及远程支援平台、装备大修产线等。

12）协助开展装备初始使用性能评估。

13）开展产业融合保障。

11.7.1.2　服务保障体系架构

完善的服务保障体系是服务保障实施过程质量保证的关键。为确保型号或项目服务保障工作全面、规范开展，航天企业建立了完善、适宜的服务保障体系，包括服务保障组织机构、服务保障队伍、服务保障标准、服务保障制度及文件、规范化的服务保障管理等。服务保障体系如图 11－18 所示。

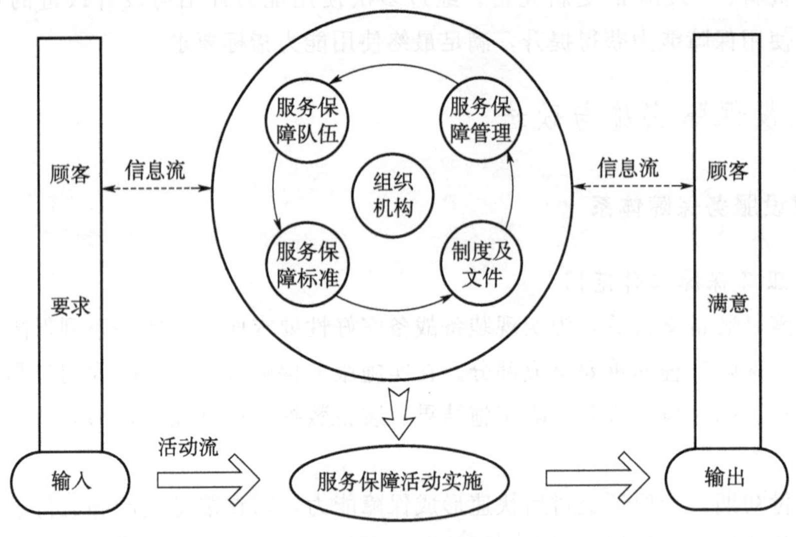

图 11－18　服务保障体系

服务保障体系各部分相互关联和支撑，形成有机的工作体系。组织机构是服务保障体系的核心，是型号服务保障工作开展的关键，为服务保障工作实施提供组织保障；服务保障队伍是服务保障工作的具体组织和实施者，支撑服务保障组织机构正常运行；服务保障标准为服务保障工作开展提供顶层指导，确保各组织、型号或项目在服务保障实施过程中标准、流程一致；服务保障制度及文件是开展服务保障工作的直接依据，规定了工作程序、内容、方法等，规范服务保障工作有序开展；服务保障管理是服务保障体系有效运行的最终体现，包括服务保障计划的管理及考核、组织服务保障活动实施以及服务保障质量/经费/信息管理等。

服务保障体系相互间支撑关系如图 11－19 所示。

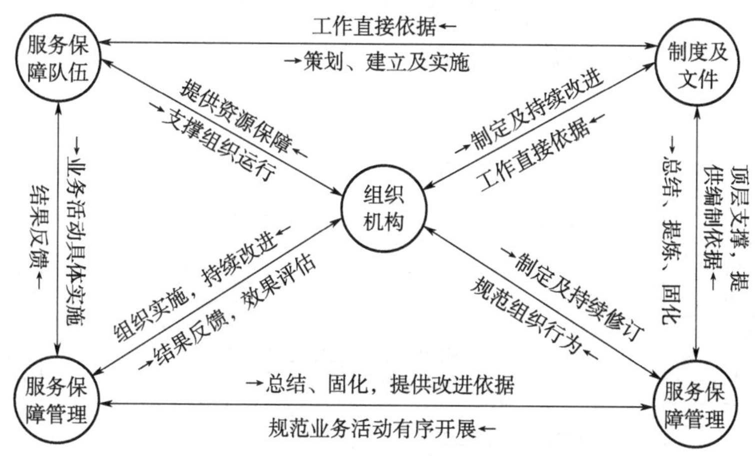

图 11－19　服务保障体系相互间支撑关系

11.7.1.3　服务保障组织机构

(1) 服务保障组织机构建设

建立起机构完整、职责清晰的服务保障组织机构，为服务保障工作实施提供强有力的组织保障，确保服务保障工作能够更好地科学化管理，让服务保障工作达到理想的成效。

根据航天型号研制生产特点，服务保障组织机构可按管理线、型号线以及服务保障专业支撑线进行组建。自上而下建立起服务保障职能管理机构、型号两总系统、专业支撑机构、专业组和专家组、服务保障实施队伍（一般指厂所级）的服务保障组织机构。

管理线主要指服务保障职能管理机构，是服务保障工作的组织实施及业务归口管理部门，是服务保障工作开展的核心枢纽，负责服务保障工作的综合管理、监督及考核。服务保障职能管理机构可独立成立部门，也可在科研生产或产品质量保证部门下设立独立处室。根据管理层级及隶属关系自上而下建立，如建立起集团公司、型号研制生产总承制单位、分系统承制单位的三级服务保障职能管理机构。各级机构行政上由所在单位负责管理，业务上接受上级单位的监督、考核，同时也指导、检查下属单位服务保障工作开展。

型号线依托各型号研制生产时成立的型号两总系统建立，组建起在役型号服务保障两总系统。对其主管型号武器装备的服务保障工作负总责，牵引服务保障职能管理机构开展型号在役阶段服务保障工作的策划与执行。

服务保障专业支撑线主要由服务保障专业支撑机构（如武器装备综合保障中心）、专家组及专业组组成，为非法人机构。按服务保障任务需求和现有资源依托各单位分级组建。专业支撑机构为职能管理机构提供技术支撑，可根据需求成立 1 个中心机构和若干个分中心机构。服务保障专家组及专业组为职能管理机构的智囊团，为服务保障工作实施及专业发展提供决策、咨询，通常由集团或型号研制生产总承制单位负责组建。

服务保障实施队伍一般建立在厂所级，由各型号专业设计师或工艺师、综合保障设计师、技能人员、服务保障管理人员等专（兼）职组成，是服务保障任务的具体实施者，在服务保障管理机构的组织管理下负责型号服务保障任务的具体实施。

为更好地开展型号装备维修、大修等工作，装备使用管理机构也建立了装备大修厂、维修基地等，积极推动装备维修能力建设。

服务保障组织机构如图 11-20 所示。

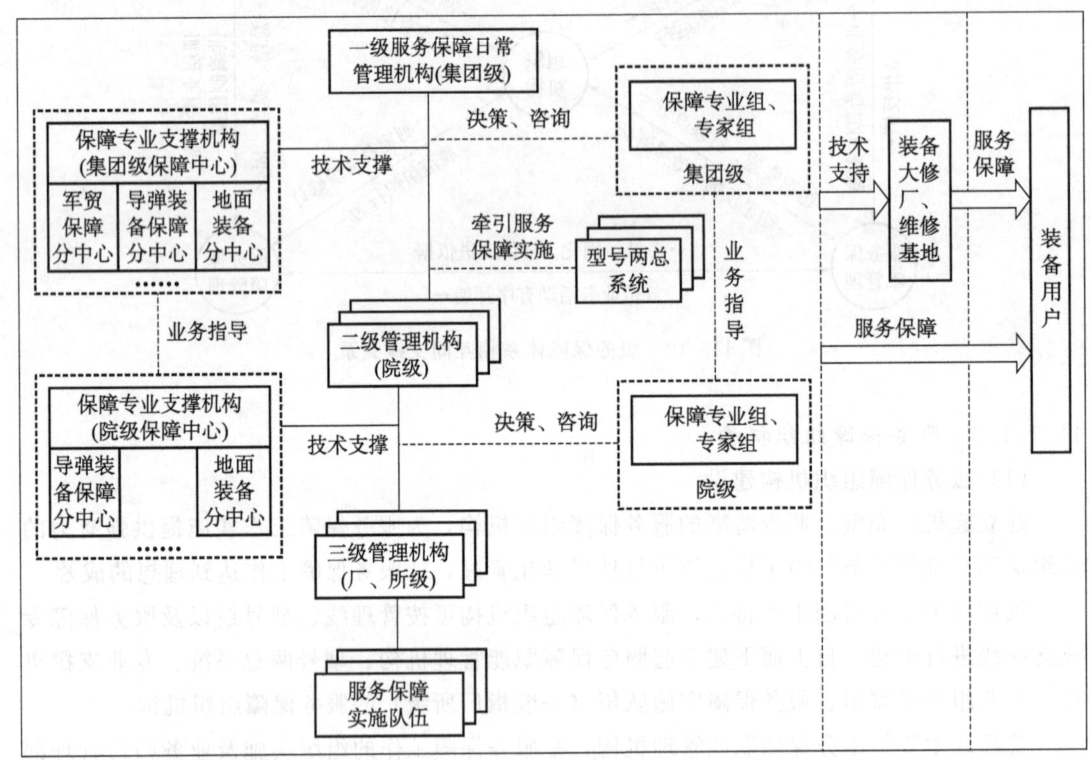

图 11-20 服务保障组织机构

(2) 服务保障各组织机构职责

组织机构职责清晰、分工明确，是服务保障有序开展的基础。服务保障组织机构建立完成后，给其赋予清晰、确定的职责权限，确保各组织机构在服务保障工作推进实施过程中做到小分工、大合作。确保服务保障组织体系运行科学、高效。

1) 服务保障职能管理机构职责：

a) 贯彻落实国家和军队有关政策和规定，组织制定服务保障规章制度、标准规范。

b) 组织制定服务保障发展规划及年度工作计划，对规划和计划执行情况进行监督、检查、评价、考核。

c) 负责服务保障队伍的建设与管理。负责组建服务保障专业支撑机构、专业组、专家组等，且在服务保障专业支撑机构、专业组、专家组的技术支撑下，牵引服务保障专业发展。

d) 在两总系统牵引下，负责统筹开展演训保障、技术培训、维修保障、延寿升级、退役报废处置等具体服务保障工作实施，负责大规模演习、阅兵活动等重大武器装备保障任务的统一组织管理，对重要保障活动及关键环节进行监督把控。

e）组织本单位及所属承制单位武器装备服务保障能力建设，评估并督导外协承制单位的武器装备服务保障能力建设。

f）组织本单位及各承制单位的武器装备动员保障力量建设，完成动员保障任务。

g）负责服务保障经费使用与合同管理。

h）负责组织实施产业融合保障（合同商保障）工作，建立并运行与军兵种、部队、院校、修理单位等用户的合作机制。

i）组织用户关系的维护与管理。

j）二级以上职能管理机构还负责对下属单位服务保障工作开展情况进行监督、检查、评价及考核。

2）服务保障两总系统职责：

a）对型号使用阶段服务保障工作负全责，组织做好型号使用阶段服务保障工作的布置与执行。

b）负责做好型号服务保障工作的技术顶层策划，对军方机关和用户服务保障需求进行协调确认，组织型号服务保障总体方案编制，开展综合保障资源设备的研制、试验和评价把关。

c）负责组织演训保障、技术培训、维修保障、装备质量问题处理、延寿升级、退役报废处置等服务保障工作实施。

d）组织对各类装备信息进行收集、整理，做好总结分析，组织各责任单位或部门及时完成装备信息的闭环处理，并持续跟踪和评价处理结果。

3）服务保障专业支撑机构职责：

a）负责开展服务保障发展规划、武器装备动员保障（含支前保障）规划等研究。

b）跟踪国外综合保障领域发展动态、军方装备综合保障方针政策，对接战区、各军兵种装备保障需求，研究新形势下装备作战、使用维护、支援保障等需求，为管理决策提供支撑。

c）负责服务保障技术论证、研究，引领服务保障专业技术发展，为服务保障能力提升提供技术支撑。

d）负责开展武器装备保障资源设备论证研究，拓展用户训练仿真、作战推演仿真、联合指挥系统等领域的保障资源设备。

e）技术支撑服务保障任务实施，对装备在战训演习中的实战情况及待改进提升开展研究分析并提供改进建议。

f）开展服务保障信息化技术研究，包括数字化技术出版物、虚拟维修训练、远程技术支援、服务保障数据分析及使用等研究，牵引服务保障信息化水平提升。

g）开展武器装备综合保障标准规范研究及制定，开展武器装备综合保障相关资质认证体系研究，支撑装备修理线、综合保障验证等能力的资质认证。

h）牵头组织开展武器装备保障领域对内（外）的技术交流和培训。

4）服务保障专家组、专业组职责：

a）协助制定装备保障发展规划、标准规范等。

b）协助制定产业融合发展方案，为产业融合装备保障发展提供决策咨询。

c）受委托开展装备保障能力评估相关工作，指导各单位开展能力评估及改进提升。

d）为武器装备保障发展提供决策咨询和技术支持，为各级领导决策提供咨询意见。

e）承担武器装备保障工作理论和课题研究。

5）服务保障组职责：

a）根据服务保障任务输入，开展技术培训、巡检巡修、重大任务保障、装备改制升级等服务保障任务实施。

b）做好服务保障各类装备信息收集、整理，及时反馈型号两总系统和服务保障专业支撑机构。

（3）与用户工作接口关系

服务保障的好坏最终体现于用户满意度、武器装备完好率以及战斗力持续提升。在武器装备交付用户起，便开始源源不断地为用户及装备提供各类服务保障活动，通过服务保障活动实施，服务保障组织也获得各类信息，如装备使用和维修数据、保障资源使用及消耗数据、可靠性数据、靶试射击数据等，为装备设计改进和服务保障能力持续提升提供数据支撑。装备承制方应主动沟通协调，维护好与用户的关系，建立用户信息台账，并动态更新。

11.7.1.4 服务保障人才队伍建设

（1）服务保障队伍体系设置

专业化的服务保障队伍是全面实施服务保障工作的关键。为支撑服务保障职能管理机构正常运行，根据服务保障组织机构建立起相对应的服务保障队伍。包括服务保障职能管理人员、型号两总系统、专（兼）职服务保障实施队伍、服务保障专业技术支撑人员、服务保障专业组和专家组等。

服务保障日常管理人员隶属于服务保障职能管理机构，其主要职责是组织、管理，不负责服务保障业务活动具体实施或服务保障专业技术。各层级服务保障日常管理人员配置应合理、足额，能满足本单位各型号服务保障工作管理所需。

按型号武器装备全寿命周期综合保障管理要求，需组建服务保障两总系统，负责组织其主管型号服务保障工作的实施。服务保障两总系统原则上由研制或批生产阶段型号两总担任，若转入在役阶段后型号两总发生变化，应重新组织任命。

组建专（兼）职的服务保障实施队伍，负责型号服务保障业务活动具体实施，其工作由服务保障职能管理机构负责管理及考核。服务保障实施队伍由型号管理人员、专业设计师或工艺师、综合保障设计师、技能人员等共同组成，可按型号组建，也可按专业组建。

组建服务保障专业支撑技术人员队伍，隶属于服务保障各专业支撑机构。由各层级、各单位武器装备综合保障设计、型号产品设计、型号工艺设计等具备一定专业技术能力的人员组成，可由专职和兼职人员共同组成，但专职人员配置应合理、足额，能满足机构正常运转所需。

组建服务保障专业组、专家组，为服务保障组织提供决策、咨询，通常由各层级、各单位装备保障专家以及型号两总系统等组成。由集团和型号研制生产总承制单位分级组建，由其对应层级的职能管理机构负责组织管理。

（2）服务保障队伍管理及培养

建立起各级、各类服务保障队伍的基本任职要求。服务保障日常管理人员应具有一定型号研制管理经验或服务保障组织实施经验，善于组织管理和沟通协调；服务保障两总系统原则上由对应型号研制阶段或批产阶段的两总系统担任；服务保障实施队伍须具备一定工作年限且具有相应型号的设计、生产及管理经验；专家组、专业组成员一般应有担任过型号总（副总）指挥、总（副总）设计师、分管综合保障的副总师的经历或具备丰富的综合保障设计经验；专业支撑机构成员须具备较丰富的武器装备综合保障设计或型号产品设计经验。

服务保障队伍的业务工作由对应层级的服务保障职能管理机构负责管理，兼职人员接受职能管理机构和其所在业务部门双重管理。

各单位人力资源部门应按照基本任职资格要求，在服务保障职能管理机构的配合下，从有一定经验的型号队伍中选拔服务保障队伍，并开展系统的专业知识和业务培训，培训并考核合格后上岗。上岗后还需参加岗位培训，包括开展服务保障新知识、标准规范、管理制度等培训，使其能持续不断获得知识、增长个人能力和业务水平。人力资源部门协同服务保障职能管理机构对服务保障人员的工作业绩和能力进行考核和评价。

11.7.1.5　服务保障标准规范建设

服务保障标准在任务实施过程中起到重要的规范与保证作用，指导、约束着各层级、各单位在服务保障实施过程中做到标准、流程一致。层次清晰、结构科学、覆盖全面的服务保障标准体系能起到很好的协同作用，保证服务保障实施过程中每一个工作项目或要素均有对应的工作依据来源。

航天企业历来高度重视武器装备综合保障工作，不断推动装备保障新要求、新模式的贯彻落实，推进装备保障工程规范化、信息化，建立面向装备全寿命周期的武器装备综合保障标准体系，以规范、指导武器装备综合保障工作实施，取得了显著的成绩。同时也组织对美国和欧洲的装备综合保障标准体系进行了大量研究，形成了丰富的研究成果。服务保障作为武器装备全寿命周期综合保障的重要组成部分，也形成了规范、全面的标准体系。

武器装备综合保障标准体系中与服务保障相关的标准体系如图 11－21 所示。

11.7.1.6　服务保障制度文件建设

（1）服务保障管理制度

为规范和约束服务保障工作实施，各级服务保障实施单位依据国军标及上级装备保障有关规定、结合本单位实际需要，自上而下建立了武器装备综合保障管理办法、军贸型号装备保障管理办法、装备保障能力评估办法以及其他日常保障管理规范等装备保障管理制

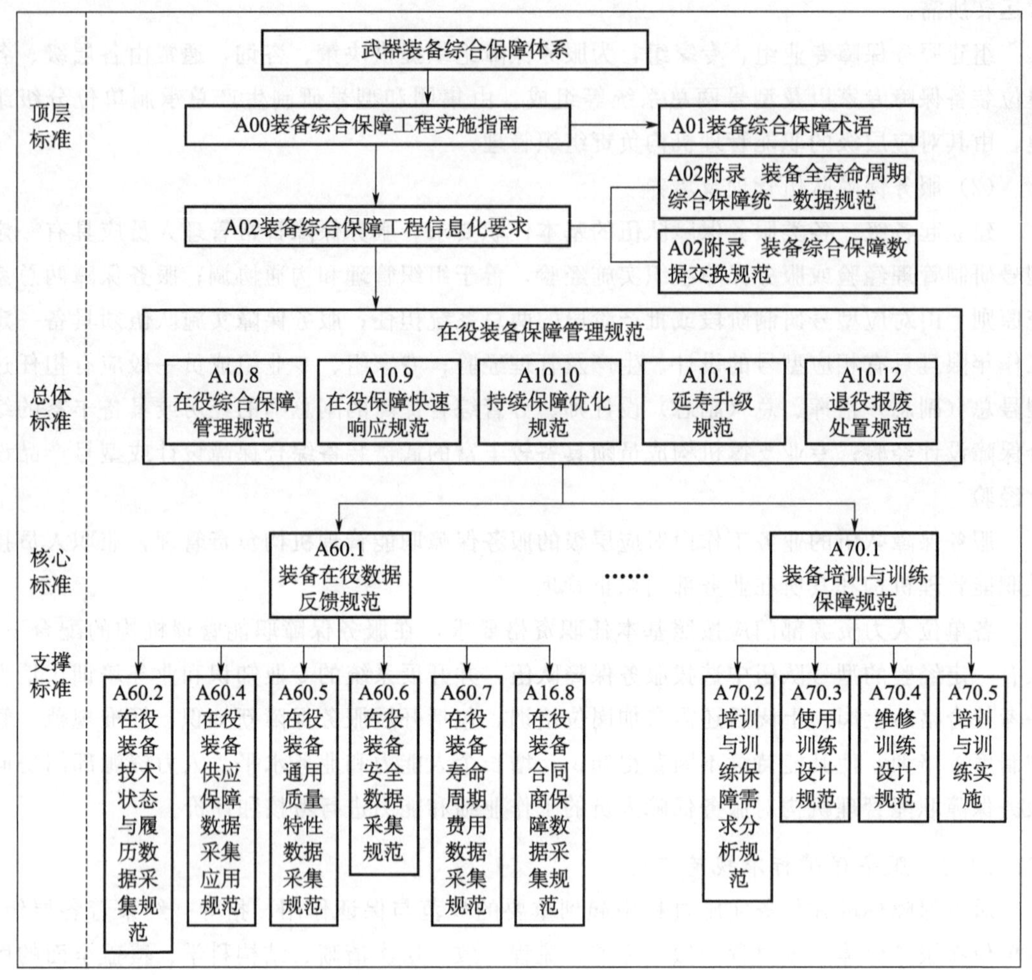

图 11-21　武器装备综合保障体系（与服务保障体系相关部分）

度文件，覆盖装备维修、现场技术服务、重大任务保障、技术培训、备件供应、巡检巡修、用户走访等使用阶段服务保障工作。

(2) 服务保障文件

为确保服务保障工作顺利实施和长期发展，各级服务保障实施单位结合本单位实际以及服务保障任务周期制定中长期服务保障规划、年度（阶段）工作计划、年度（阶段）工作总结等文件；每月（季）度编制服务保障工作简报及时汇报服务保障工作进展情况。

服务保障业务活动实施过程中需要包括任务输入、过程策划及实施、实施后总结等文件支撑。服务保障任务输入包括用户需求函或来电记录、用户机关下达的指令性任务、技术状态更改通报、质量信息反馈单、综合保障方案、装备订购合同或服务保障合同等文件信息；根据服务保障任务输入，开展服务保障实施策划文件编制，包括工作策划报告、实施方案或细则、工艺规程等；服务保障实施过程中形成各类服务保障表单（如现场技术服务工作单、器材交接单、质量问题处理单）、过程记录表等文件，此表单可作为服务保障实施工作证据以及服务保障经费核算依据；服务保障实施完成后，对服务保障实施过程进行总结，形成总结报告文件。

服务保障实施过程产生的各类文档应建账管理，确保服务保障过程数据完整、正确和可追溯性。

11.7.1.7　服务保障工作机制建设

为确保服务保障工作高效运转，应建立起有效的服务保障工作机制，包括快速响应机制、远程支援保障机制、全寿命周期保障机制、装备实战化推演及评估机制、定期走访和装备巡检机制、信息沟通机制等。具体如下：

1）建立服务保障快速响应机制。建设服务保障快速响应信息化服务平台，建立快速响应保障队伍，提供人工/电话/网络等多通道保障任务快速受理入口，实现服务保障任务三级联动（集团、院、厂所）响应，装备保障任务响应时间不超过 48 小时，具备保障任务全程跟踪能力。

2）建立远程支援保障机制。探索组建区域支持保障服务站点，向全国辐射，形成能够为部队提供快速服务的技术支持保障服务网络。建设远程支援保障信息化系统、现场数据采集和状态检测系统等，扩宽装备技术支持保障范围，实现远程支援保障。推动军贸装备远程信息化服务保障，依托军贸平台公司开展信息化服务保障平台建设，实现军贸装备保障信息化共享和远程服务保障，提高军贸装备境外快速保障响应能力。

3）建立全寿命周期保障机制。武器装备研制过程中规划全寿命周期综合保障工作，从通用质量特性设计、保障资源规划、综合保障设计、在役综合保障策划等方面开展全寿命周期综合保障规划与设计。建设覆盖武器系统全寿命周期保障数据库，实现装备综合保障设计数据、使用及维修数据、实战性能参数等信息的收集及监控。推动全寿命周期装备保障数据分析及利用，为装备研制和设计改进提供输入，为装备使用提供故障预警、能力评估和战训决策，使保障能力从“经验型”向“数据型”转变。创新军贸装备“产品＋服务”全寿命周期合同商保障模式，提升军贸装备保障水平和用户满意度。

4）建立装备实战化推演及评估机制，实现面向用户提供装备作战推演服务能力。建设装备保障实战化推演系统，面向实战化需求，实现战场复杂环境和饱和攻击任务模拟条件下的保障仿真推演，实现作战-保障联合仿真推演；结合装备现场数据，实现对装备战备完好性及任务执行能力评估，为部队战训演习任务提供决策支持。

5）建立定期走访和装备巡检机制。制定定期走访交流和装备巡检巡修制度，定期（至少保证每年 1 次）组织到用户驻地、试验场区开展走访交流、装备巡检巡修等。可根据走访实际需求和目的分级开展，一是（集团、院级）交流装备保障专业发展、促进军地双方对装备保障方面相互理解及支持，二是（型号两总）了解武器系统实际使用过程中在安全性、环境适应性、作战使用等方面存在的主要问题和改进建议；三是（厂所级）了解装备故障、备件需求、装备维护维修需求、培训需求等信息以及装备数据收集等。

6）建立起装备保障信息沟通机制。在制度规范、体系文件中予以明确，确保装备保障信息反馈处理机制健全、渠道畅通、程序闭环、及时高效。建立各项信息台账，并动态更新完善，确保信息有效、准确。

11.7.1.8 军民一体化保障系统建设

保障系统是指为满足装备作战与维修需求，由彼此相互联系的保障资源以及相关的保障管理活动构成的有机整体，其主体既包括装备使用方，又包括装备的研制单位、修理厂等工业部门。在装备服役阶段，研制单位按照保障合同要求建立服务保障体系，交付保障资源，贯彻落实产业融合保障要求，配合使用方建立军民一体化保障系统，全面实施综合保障实施与改进工作。

11.7.2 实施在役保障活动

11.7.2.1 培训保障

培训保障是指研制单位为了保证使用方快速掌握装备工作原理、战术技术性能、操作运用流程和维护维修技能而开展的一系列培训活动。根据培训时机不同，分为跟产培训、接装培训、深化培训和专项培训。在培训开始之前，与使用方沟通培训需求，详细规划形成培训计划，明确需求开展培训，并对培训内容质量进行严格把关，保证培训保障工作质量。跟产培训、接装培训、深化培训和专项培训的主要培训内容如下：

1）跟产培训。在使用方派遣技术人员到承制厂进行跟产后，承制厂根据跟产状态研制生产计划，制定跟产培训方案，依托装置研制生产现场，综合组织装备设计人员、生产人员、调试人员、试验人员为跟产人员进行综合培训，并结合实装开展相关的实操培训。具体培训内容有产品功能性能、组成结构、用途讲解、生产工艺介绍、电气调试培训、总装调试培训等。

2）接装培训。在使用方首次接装武器装备时进行，主要讲解装备功能性能、组成和基本操作，接装培训一般包括武器系统理论培训（武器系统总体、指挥控制系统总体、引战配合总体、综合保障总体等）、装备使用培训（操作培训和维护维修培训）。

3）深化培训。使用方在接装使用一段时间后进行再培训，重点在于原理培训和维修培训。

4）专项培训。根据使用方需求，进行的某一方面的培训，主要根据使用方需求制定深化培训内容，如使用方靶试前培训；装备使用中出现问题或装备改进后进行的培训；某装备使用方在靶试前需要对武器系统抗干扰进行深入了解，为此制定武器系统抗干扰深化培训教材，对使用方重点开展典型干扰环境、武器系统抗干扰设计以及战场环境抗干扰措施和应对策略等方面培训。

航天装备培训与训练保障设计与实施参见 QJB 363.1—2021～QJB 363.5—2021。

11.7.2.2 训练保障

装备部署后，总承制单位应协助用户制定和完善岗位与深化训练和训练保障计划，充分利用军地资源准备训练资源和条件，确定考核和培训效果评估办法。在装备交付使用初期，对在岗使用和维修人员进行岗位训练，使得各岗位人员正确熟练使用和操作装备。在装备使用一段时间后对使用和维修人员进行深化训练，深入学习装备技术原理、功能性能、工艺方法和使用操作事项，从而对系统具有更为深入的了解。

根据训练保障需求，研发必要的武器系统训练保障设备。在装备交付后，根据使用方需求，对训练保障设备进行改进升级，并提供必要的训练服务保障。训练保障设备可设置在装备上，也可设置在装备外。一般情况下，导弹训练保障主要利用装填训练弹和相关作战和保障装备完成导弹装填训练，利用测试训练弹和相关测试装（设）备完成导弹测试训练；武器系统使用战勤操作仿真装备、实装完成对武器系统作战过程的熟悉和装备作战操作训练。

（1）导弹训练保障

导弹重点进行测试训练、装填训练、维护训练三种，测试训练需要搭建测试环境、测试工棚，并在防爆墙设施下开始训练，采用导弹测试车对导弹开展测试，训练中严格控制接地、释放静电等要求，测试后进行数据评估，评估出弹上设备状态；装填训练则采用测试训练弹在装填车和发射车之间来回装弹、卸弹训练；维护训练则采用导弹随机工具箱对导弹进行日、周、月、年维护项目实操训练。

（2）武器系统训练

武器系统重点进行主战装备作战训练、单装备使用训练、装备维护三种，其中，主战装备作战训练进行展开训练、撤收训练、预警搜索训练、战斗状态转级准备训练、雷达探测跟踪目标训练、指挥控制车指挥导弹发射作战训练等；单装备则根据各自功能进行训练，雷达进行目标探测跟踪训练、指挥控制车进行作战指挥训练、发射车进行装弹与发控对接训练、导弹进行测试训练、电源车进行接电训练；装备维护则按照装备使用维护说明书、技术说明书进行维护训练。

11.7.2.3　重大任务保障

重大任务保障是指军事演习、战训演练、阅兵、军事竞赛、护航、动员等重大任务的现场技术保障工作。总承制单位接到重大保障任务后，应组织型号两总队伍进行重大任务保障方案编制，并向任务提出方反馈协调。总承制单位按照最小化原则组建现场技术保障队伍，对保障人员进行任务布置和相关培训，制定《现场技术服务计划》，内容包括时间节点、人员设置、保障资源筹措、安全保卫、保密等要求。对于实弹发射任务，总承制单位应参与演习靶试技术方案编制，制定保障方案并组织实施，在任务实施前，组织确认“安全发射、无误发射”的落实情况，完整填报“安全发射、无误发射”工作检查项目表。

经过多年重大任务的现场技术保障工作，总结形成一套完整的重大任务保障质量控制方法，保证重大任务保障质量：根据使用方提出的保障需求制定重大任务保障工作策划和重大任务保障方案，工作策划和保障方案应经多方评审确认，确保工作策划合理，方案可实施；分析靶试科目仿真及历史数据，对本次重大任务实施提供经验指导；确认装备技术状态，确保装备功能性能、装备兼容与课题难度相匹配；开展现场技术保障实施；对实弹射击数据进行分析，评估实弹射击效果，总结成功经验，找异常现象，为武器系统技术状态改进提升寻找方向；对重大任务情况进行总结，进行失利科目原因分析并提出装备改进建议和重大任务保障工作改进建议，促进装备改进升级和重大任务保障工作质量的提升。重大任务保障具体内容如下：

1）演训保障工作策划和演训保障方案制定。根据机关年度型号演训计划安排，在演习任务开始前制定演训保障工作策划和演训保障方案，分析参演兵力及技术状态、演习课题分析及建议、装备检查及靶试注意事项、对数据收集提出要求、统计技术支持及主要联络人信息。

2）靶试科目仿真及历史数据分析。依据获得的少量目标靶机、运动方式、干扰样式、拦截要求等信息，对各种可能出现的极限课题情况开展科目仿真分析，得到后续极限课题出现的拦截能力边界，并给出高度、速度、航路捷径等多维度指标体系中导弹拦截目标的制导误差、落入概率、射击时机，从半实物仿真角度预判兵器拦截目标可能存在的风险，根据仿真效果进行实装模拟射击训练，并基于型号研制及列装以来的实战情况分析拦截相同或相似目标成功率、技术要点和拦截困难，并根据实战中出现的问题情况充分提示意外情况的处理程序和方法，最终在科目仿真结果和实战经验分析支撑下，形成全方位、稳成功的抗击战法战术准备。

3）装备技术状态确认。通过分析各装备出厂情况、服役情况、检修情况、历次靶试表现和最近使用履历等，确认装备的技术状态，同时对装备间可能存在的问题提出预防措施和处理预案，确保装备状态正常、稳定。特别对于型号装备经过升级后原型和升级型并存情况、多型号兼容使用情况，必须清晰认识各装备能力差异和技术状态差别，在实战中确保装备功能性能、装备兼容与课题难度相匹配。

4）现场技术保障。现场技术保障的主要难度在于战场形势瞬息万变，拦截科目变化大，综合防空演训中更是会出现预先研究的科目临战时一天三变情况，此时敌变我变、敌快我快，需武器系统总体、导弹、雷达、发射车等技术人员快速响应，围绕如何击落目标这一核心目的，依据最新信息重新开展靶试科目仿真、历史数据分析、装备技术状态确认、射击方案制定、意外情况处理等工作，开展全方位的现场技术保障工作。

5）实弹射击数据分析。实弹射击后，可获取到制导站记录的站测数据、遥测设备记录的遥测数据、发射控制系统数据以及GPS数据、光测数据等，对数据进行综合对比分析，掌握实弹射击过程中各分系统工作情况，总结成功经验，查找异常现象和技术解决途径，编制靶试失利分析报告。

6）演训任务总结。演训任务结束后，对各营套装备所有实战成绩和不足进行总结。主要开展各科目拦截情况总结、靶试数据收集整理、科目拦截亮点成绩、失利科目原因分析、装备改进建议等。

11.7.2.4 巡检巡修

巡检巡修是指由武器系统总承制方组织装备研制、生产部门，到使用方驻地进行装备的检查、维护和修理，保障装备处于良好技术状态的活动。巡检巡修可以由工业部门根据工作计划和策划周期进行，也可以根据使用方实际需求，针对专项任务，进行针对性的巡检巡修。巡检巡修一般在使用方驻地期间进行，一方面可以抽空进行，对使用方影响小；另一方面具有较好的修理条件，能够保证维修效果。

巡检巡修按照“装备现状研判、检修需求沟通评估、方案制定、部队级检修实施、基地级检修实施、巡检总结”的思路开展，在长期巡检巡修工作中形成一套普遍适用的系统性工程方法，能够有效控制巡检巡修工作质量；通过巡检巡修，获取装备实际使用情况，形成装备后续改进建议和质量提升关键部位，实现交付装备质量的稳步提升。巡检巡修主要工作项目如下：

1）装备状态与巡检巡修需求调研。通过赴使用方驻地与远程沟通两种方式开展装备状态与巡检巡修需求调研，与使用方沟通巡检巡修总体需求与专项需求。

2）巡检巡修方案制定。制定巡修巡修方案，对装备巡检巡修范围、巡检巡修预期目标、巡检巡修技术方法、实施细则、器材筹措等进行规划。

3）部队级与基地级巡检巡修实施。由武器系统总体单位牵头，组织维修队伍到使用方驻地开展巡检巡修工作，详细开展装备工作项目功能性能全面检查、装备功能性能历史数据对比分析、装备装定参数全面检查，研判装备总体状态及各分系统状态，某典型导弹武器系统地面装备巡检巡修形成的“三张表”见表 11－17～表 11－19。

4）巡检巡修总结。对装备巡检巡修情况进行总结，主要包括修复故障、备件消耗、使用情况交流、装备后续改进等。

表 11－17　某装备工作项目检查表

装备编号：

序号	检查项目	检查内容及要求	检查方法	检查结果	检查人(时间)	备注
	底盘检查	车辆是否能正常启动，是否有漏油、漏气等损伤情况	目视及行驶检查			
	闭锁器	操作灵活，开、闭锁可靠	手动检查			
	电分离器	操作灵活，开、闭锁可靠	手动检查			
	车厢板	连接可靠，转动灵活	手动检查			
	紧固情况检查	高低行军固定器座与方位行军固定器座螺栓、电气组合面板螺钉、其他螺栓是否紧固、无松动	目视及手动检查			
	液压管路	无泄漏现象	目视检查			
	液压油箱	液压油是否充足	观察油标刻度			
	车内电缆	按电缆连接检查表对车内电缆连接情况进行检查，应连接可靠	目视检查及用手触摸是否松动			

表 11－18　某装备参数历史数据对比表

某装备编号：

序号	检查项目		指　标	历史数据					检查结果	对比结果
	自动调平及撤收试验	调平动作								
		调平精度								
		调平时间								
		自动撤收								
	随动系统检查	高低调转时间								
		方位调转时间								
	…	…								

检查人/检查时间：

注：历史数据可根据具体情况进行增加。

表 11－19　某装备装定参数检查表

某装备编号：

序号	装定项目	装定内容	装定结果	备注
1	海拔高度			
2	禁区装定			

检查人/检查时间：

11.7.2.5　阵地维修

阵地维修原指在装备使用现场，由使用方本级维修人员和操作人员配合完成，利用机内或配属的测试设备对装备进行较为全面的参数检测、难度较大的参数调整和故障诊断定位，并进行现场换件修理。随着装备标准化程度的提高，阵地维修被赋予了另一种含义，即在以使用方维修人员维修为主的前提下，由工业部门到使用方驻地进行现场维修支持或采取远程在线技术支持的方式支撑使用方的阵地维修。阵地维修内容介于巡检巡修和返厂大修之间，是一种维修范围较宽、维修深度较大的维修方式，接近于中继级维修。阵地维修主要包括现场勘验、修理方案制定、修理实施和检验验收总结等工作，通过开展上述工作，可以准确掌握装备故障情况，确保修理措施有效可行，保证阵地维修工作质量。阵地维修主要工作项目如下：

1）现场勘验。由承修单位与使用单位共同组织勘验，全面掌握待修装备的技术状态。勘验工作主要包括装备使用情况统计、功能检查、性能测试、故障诊断、专项检查，现场检查结束后，根据勘验结果进行分析评估，初步确定后续修理方式。

2）修理方案制定。由武器系统总体单位牵头，编制修理方案与修理检验验收细则，筹措维修器材，制定修理方案、修理实施细则和修理检验验收细则。对装备巡检巡修范围、巡检巡修预期目标、巡检巡修技术方法、实施细则、器材筹措等进行规划。

3）修理实施。装备修理实施工作，可解决装备日常使用中出现的各类基层级故障，可大致解决部分简单的基层级维修，对于技术实施难度大的另一部分基地级维修项目，则通过返厂维修解决。依据阵地修理实施细则、使用维护说明书开展修理实施，依据检验调试大纲或细则进行联调联试，依据检验验收细则进行验收和总结。修理实施方式主要包括更换、检修、维护、校修和翻新等，统筹兼顾装备改进性修理。

4）检验验收与总结。制定修理检验验收细则，对装备修理情况进行总结，主要包括修理情况、使用维护方法、注意事项、器材消耗等。

11.7.2.6　返厂维修

返厂维修是指装备或装备部组件出现故障或损坏后，在使用方现场无法修复，需返回研制单位，通过采用经济可行的技术手段，使其恢复原有功能的一系列活动。返厂维修包含以下两种类型：导弹返厂维修和地面装备返厂维修。在返厂维修过程中必须对导弹和地面装备开展全面检测，制定维修方案，严格按照工艺文件和维修方案要求开展维修和维修后的检测工作，确保修理后装备恢复正常状态，保证返厂维修工作质量。

（1）导弹返厂维修

导弹一般分为故障维修和首次翻修期后返厂大修两种。首次翻修期后返厂大修为导弹使用达到预定的首次翻修期后，总体性能下降，需要返回大修厂或承制厂进行全面检测，按照大修项目、工艺文件等要求进行更换或修复，经各项严格检验合格后出厂；导弹故障维修为训练、测试中出现故障，如导弹在训练中损伤、在测试中发现故障，则需要专业厂家人员根据导弹测试数据排除故障原因，视情况决定是否返厂维修，返厂维修按照故障位置制定维修方案，按照相关工艺文件严格控制，经严格检验合格后出厂。

（2）地面装备返厂维修

地面装备一般分为故障维修和首次翻修期后返厂大修两种，首次翻修期后返厂大修为地面装备使用达到预定的首次翻修期后，总体性能下降，需要返回大修厂或承制厂进行全面检测，按照大修项目、工艺文件等要求进行更换或修复，经各项严格检验合格后出厂；地面装备故障维修为使用、维护中出现故障，如装备在长途行军中损伤、在使用中发现故障，使用单位即可采取换件或修复方式解决，对于机械结构件、液压系统等严重损伤，则返厂维修，返厂后按照故障位置制定维修方案，按照相关工艺文件严格控制，经严格检验合格后出厂。

11.7.2.7　器材供应

器材指装备开展日常维护和使用方级维修所需备件和消耗品，器材供应是已交付装备保持战备完好性和良好性能的重要保证。总承制单位应根据规划的初始备件和消耗品清单、后续备件和消耗品清单、战时备件和消耗品清单、停产备件清单，制定备件生产储备和供应保障管理办法，组织承制单位制定备件生产储备、战备生产、停产保障等方案，定期修订备件和消耗品清单，适量生产储备特殊备件，保证能及时提供急需备件。对于有毒、易燃、易爆、贵重、需专门订货或超长供应时间以及有保质期要求的备件、消耗品应制定专门的供应保障方案，以确保安全、经济、高效、准确向用户提供供应保障。器材供应保障方法要求参见 Q/QJB 359.1—2020、Q/QJB 359.7—2020。

承制单位应将备件的生产和贮存纳入日常管理中，每年年底对备件的消耗规律进行统计，并依据统计结果调整备件生产。根据初始备件消耗规律统计分析，结合当前产品技术更新升级情况以及用户提出的装备战时使用要求，完善停产后供应保障计划和战时供应保障计划。承制方因意外原因无法继续供货时应尽早通知用户，并提出停产后的供应保障建议。在装备的后续备件供应中，应满足用户对装备的使用需求，后续备件方案规划方法参见 GJB 4355。

(1) 初始器材供应清单

在装备研制阶段，根据产品保障分析结果并参照 GJB 4355—2002《备件供应规划要求》提供的方法，确定装备初始保障期内所需备件和消耗品种类、数量和配置级别等内容，形成初始备件清单和消耗品清单，见表 11-20，以保证装备完好率达到规定指标。定期组织对初始备件和消耗品的消耗规律进行统计分析，及时调整初始备件和消耗品的种类和数量。

表 11-20　初始备件清单和消耗品清单

序号	编码	名称	型(图)号	产品标识	所属装备	计量单位	装机部位
失效率	单装机用数	生产厂家	尺寸	单重	随机配备标准	营初始配备标准	旅(团)初始配备标准

(2) 质保期器材生产与供应

武器装备交付使用方后，总承制方根据使用方需求，与之签订备件和消耗品订购合同，进行备件和消耗品的筹措、储备和交付，保证在役装备质保期内维修排故周转急用。研制单位要在产品质保期内预存一定的备件或保留备件生产能力，及时满足质保期内因备件配备数量与备件消耗数量不匹配而产生的备件供应需求。

(3) 质保期后器材规划与供应

从满足使用方对装备的使用需求出发，开展质保期后装备器材供应规划，根据现场初始备件和消耗品的消耗统计分析结果，向使用方推荐补充供应备件和消耗品清单，清单中应包括已消耗的备件和消耗品、预计在订货期间可能消耗的备件和消耗品；对即将停产的备件制定可行的替代方案。研制单位因意外原因无法继续供货时，需要提前通知订购方，并提出停产后的供应保障建议。质保期后备件和消耗品消耗标准清单见表 11-21。

表 11-21　质保期后备件和消耗品消耗标准清单

序号	编码	名称	型(图)号	产品标识	所属装备	储存寿命(月)	供货单位
筹措分工	是否可修	承修单位	修理参考单价	是否需要回收	报废处理单位	单装消耗标准	单装消耗金额

（4）停产备件规划与供应

应根据用户提供的装备数量、使用频度、部署变动情况等信息，通过停产后保障分析，预测可能发生停产的备件和消耗品，提出停产后备件和消耗品供应保障建议；可通过以下方法进行停产保障措施的选择：提前研制替代件；转让生产技术；对高可靠耐用产品采用寿命周期内一次性采购；更改设计，淘汰该备件或用可互换的件代替；提前追加订货；追加投资维持生产能力。

（5）战时备件规划与供应

根据用户装备战时使用方案计算战时维修所需备件，在平时消耗备件的基础上，考虑战时强化使用计算战时备件数量；进行 DMEA，分析易损部位和损坏程度，确定战损备件品种和战损率，根据战损率计算战损备件数量；将分析得出的战时强化使用维修消耗的备件和因战斗损坏需要补充的备件，形成战时备件清单。

11.7.2.8　导弹延寿

导弹延寿是指在规定的保障条件下，着眼保持和提升导弹的战术技术性能，围绕恢复状态、延长寿命、改进性能和退役处理，以可靠性、维修性理论为指导，挖掘导弹的技术潜力。通过对产品贮存寿命进行分析和试验，评估产品贮存寿命，针对影响贮存寿命的薄弱环节，采取相应的技术、管理等措施，延长导弹贮存寿命。导弹延寿工作主要包括贮存使用维护信息收集和分析、贮存延寿可行性论证、贮存延寿方案设计、延寿样本选取和初始状态检测、加速贮存寿命试验、贮存延寿试修，并通过延寿验证试验与结果评定及延寿工作总结环节，对延寿修理质量进行评定，根据试验和评定结果提出后续导弹延寿工作改进意见，迭代提高导弹延寿工作质量，弹上电子设备贮存延寿工作流程和内容如图 11－22 所示。

（1）贮存使用维护信息收集和分析

收集导弹库房、技术阵地、修理厂等以及自然贮存试验中产生的使用维护信息和检测数据，如产品履历、定期测试信息、故障信息、维修信息、库房贮存环境信息、战备值班信息、靶试飞行信息等，对弹上产品贮存可靠性和贮存寿命进行初步分析及评估。

（2）贮存延寿可行性论证

对弹上产品贮存延寿的必要性、技术可行性和费效比进行综合分析和论证。论证的依据是延寿目标、研究经费、研究周期等。

（3）贮存延寿方案设计

制定导弹贮存延寿总体技术方案：参照自然贮存试验以及类似产品贮存失效数据，根据产品特点和贮存环境条件，分析产品长期贮存过程中可能发生的失效模式、影响以及失效机理，初步确定可能的贮存寿命薄弱环节和贮存失效规律；初步确定材料、元器件、部组件、设备需要开展的全部延寿试验项目，包括功能性能试验、加速贮存寿命试验和鉴定试验等，明确需要的全部试验样本种类、数量和批次状态；根据型号延寿需求，从贮存时间较长的产品中选取延寿研究子样，并应考虑不同批次状态、不同贮存环境的差异，明确延寿研究子样返厂检查要求；根据型号延寿需求，选取典型材料、元器件、部组件和设备等产品开展加速贮存寿命试验，明确需要开展加速贮存寿命试验的产品种类，初步制定加

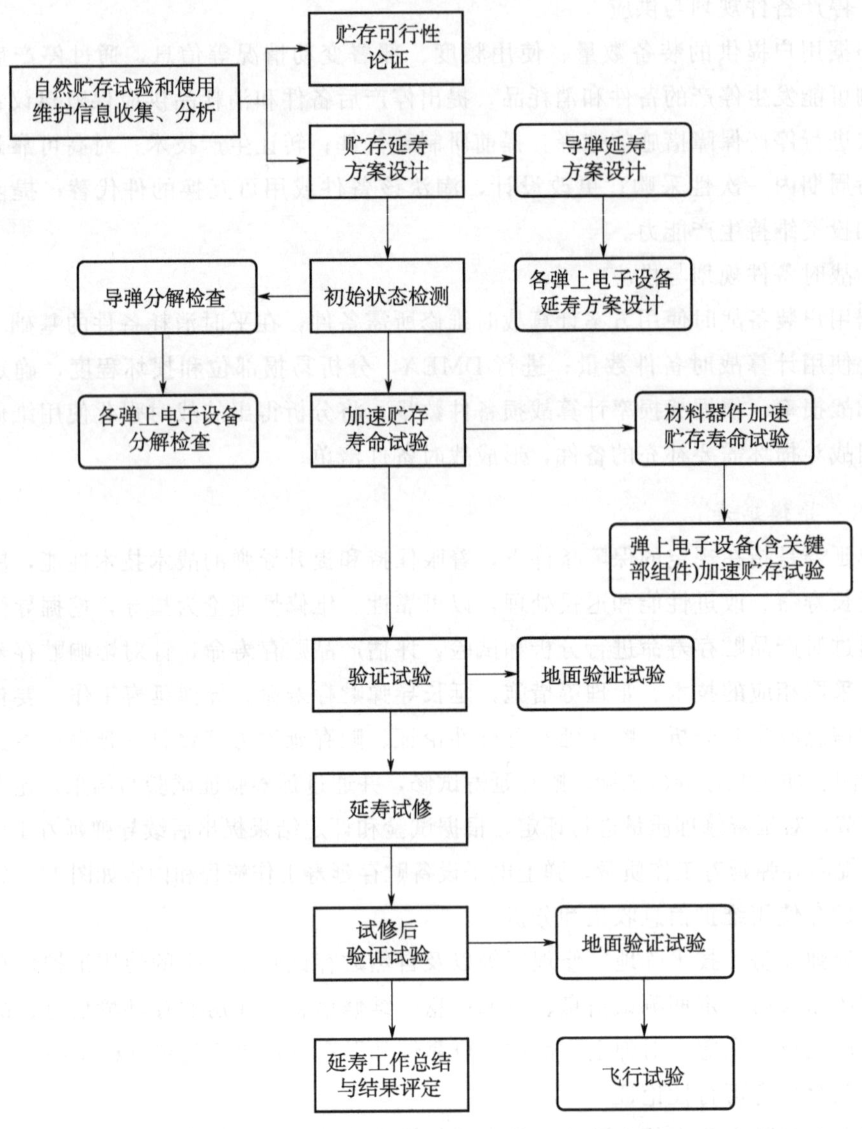

图 11－22　弹上电子设备贮存延寿工作流程

速贮存寿命试验和评估方案；初步确定加速贮存寿命试验结束后的验证试验方案；对贮存延寿研究过程中可能会遇到的风险进行分析，并提出解决措施和保障条件；制定延寿研究工作计划。

(4) 延寿样本选取和初始状态检测

对延寿研究用导弹和各电子设备样本随弹资料进行分析，详细了解产品的贮存使用环境、使用维修情况等；编写延寿研究用导弹和各电子设备样本分解检查工艺文件，详细规定导弹分解检查项目，确保分解检查时不破坏产品原状态；对延寿研究用导弹和各设备样本进行初始状态检查，包括外观检查、功能性能测试，选取部分延寿研究用弹上电子设备样本进行分解检查，详细记录检测结果、配套情况。对检查中发现的问题进行分析，将检查中发现的问题详细记录在产品履历书中，并对产品关键位置进行照相，存档；选取部分设备样本进行环境摸底试验。

（5）加速贮存寿命试验

材料器件：加速贮存寿命试验工作内容包括筹备试验样品，按照加速贮存寿命试验大纲规定，开展加速老化试验，定期测试并记录老化性能参数；根据试验结果对非金属材料、元器件贮存寿命进行分析评估；非金属材料类型产品加速老化试验方法可以参考 GB/T 3512—2014《硫化橡胶或热塑性橡胶热空气加速老化和耐热试验》；元器件类型产品加速老化试验方法可以参考 QJ 2407—1992《电子元器件寿命和加速寿命试验数据处理方法》。

各弹上电子设备（含关键部组件）加速贮存寿命试验：通过预试验确定产品的破坏极限和工作极限，作为确定加速应力条件的依据；按照各弹上电子设备延寿试验大纲开展试验，对大纲中规定的检测项目进行检测，详细记录试验中发生的故障，并按照大纲要求采取相应的故障处理措施。按照试验大纲要求，在规定的试验时间节点对受试样品进行外观检查和功能性能测试，选取部分受试样品进行分解检查，对结构材料的完整性和密封、减振等性能进行深入检查和分析；按照试验大纲要求，在规定的试验时间节点选取检测合格的部分受试样品开展地面验证试验。地面验证试验一般根据产品设计定型鉴定试验进行剪裁，通常包括高温工作试验、低温工作试验、振动功能试验、振动耐久试验和冲击试验等；参考自然贮存试验结果以及用户使用维护统计信息，根据加速贮存试验结果，选择合适的模型对产品贮存寿命进行分析评估。

（6）贮存延寿试修

依据贮存延寿试验和评估结果，包括功能性能和环境试验、材料器件加速贮存寿命试验、设备加速贮存寿命试验和评估结果开展贮存延寿试修工作。工作内容有制定贮存延寿措施，贮存延寿措施通常包括更换、修复、升级替代等。应当根据使用需求、技术可行性、费用、进度等因素综合权衡分析确定拟采取的贮存延寿措施；按照延寿修理措施，编制延寿修理工艺文件，开展延寿试修；试修后的弹上产品按照产品要求完成交付试验，交付总装厂；总装厂完成导弹总装测试。

（7）导弹验证试验

对试修后的导弹开展验证试验，一般包括地面验证试验或飞行试验。试验条件和故障判据参照产品设计定型鉴定试验确定，如果需要降低试验条件或放宽故障判据，需要经过各方评审认可。

（8）结果评定与延寿工作总结

对延寿研究各项工作进行全面总结，对试验结果进行分析评估，给出延寿结论。完善延寿修理措施，针对延寿修理后导弹重新评估关键备件的需求，给出使用维护方面的建议。

11.7.2.9　退役处置

装备退役是指随着装备服役年限达到或超过装备使用寿命，装备功能性能下降达不到服役所需战术技术指标要求或因装备技术落后等其他原因不宜继续服役而出现的退出现役的情况。总承制单位应支撑用户装备管理部门对待退役装备进行技术评定，根据用户装备管理部门提出的退役报废处置产品清单和再使用要求，考虑其保障问题，支撑制定退役报废处置总体技术方案，明确技术要求、安全保密控制点辨识及相应控制措施、工作计划、程序、负责单位及其职责，经用户和承制单位共同评审认可后组织实施。一般情况下，武器装备退役报废处置流程如图 11-23 所示，退役报废处置方案应综合考虑封存、拆分、科研、教学、训练、展览、资源回收、报废处理等方面的处置方案。

承制单位应提出退役报废处置保障工作建议，规划退役报废处置保障工作的程序、方法及所需的保障资源，根据退役报废处置方案，支撑用户建设一定的产品报废处理能力，并通过合同商保障模式约定应承担的退役报废处置任务。

退役报废处置方案应明确对火工品（战斗部、引信、火药等）、密品、危险品、化学品等的处置方法，对有可能造成人身伤害及引起事故的危险源进行辨识，对有可能造成重大环境污染的化学品处置提出处置建议。并且，应重视对软件和数据的处理，敏感数据必须从报废硬件上擦除，为了存档必须对报废硬件中的已有数据加以保护。若现有数据需要在新系统中使用，应分析数据移植的可能性，并确定数据移植的方案。

退役报废处置操作规范中应明确规定报废或再利用的项目、操作步骤、技术要求、安全注意事项等内容，火工品（战斗部、引信、火药等）、密品、危险品、化学品等的报废处置方法应符合国家安全、保密法规和集团公司有关要求。根据合同要求，按照装备退役报废处置方案，为用户的退役处置提供技术支持、培训服务。对于直接承担整装或部分装备产品的退役报废处置任务，按照时间节点完成合同验收。实施退役报废处置的单位应根据进展如实记录产品降密和销毁情况，及时完成“再利用产品清单”“产品降密清单”“产品销毁清单”“密件密品销毁清单”，编制退役报废处置工作总结并完成评审。

具体分析实施方法参见 QJB 360.7—2021《装备保障分析规范　第 7 部分：退役处置保障分析规范》。

11.7.3　在役保障数据收集与分析

总承制方、研制单位建立完善的在役装备保障信息反馈渠道和反馈信息处理的闭环管理机制，充分利用信息化手段，及时对装备保障数据进行收集，包括：装备技术状态信息、装备售后保障信息及客户信息等。装备保障数据主要从使用方反馈、走访交流和装备巡检、装备档案、客户调查等渠道获知。总承制方、研制单位通过建立信息化管理系统，实现装备保障数据资源交流共享，深化在役保障数据信息收集、分析与应用研究，为装备能力提升与服务保障质量提升提供数据支撑。

1）装备技术状态信息包括产品配置信息（如实际交付装备配置信息、升级配置信息、操作配置信息、使用方修改的配置信息）和技术状态更改（如软件版本升级、质量问题归零处理、改装软硬件设备等更改）信息。

2）售后保障信息包括装备修理、故障件返修、技术资料、技术培训、维修器材供应、重大任务保障、使用方走访、装备延寿、报废处置信息项目，具体见表 11-22。

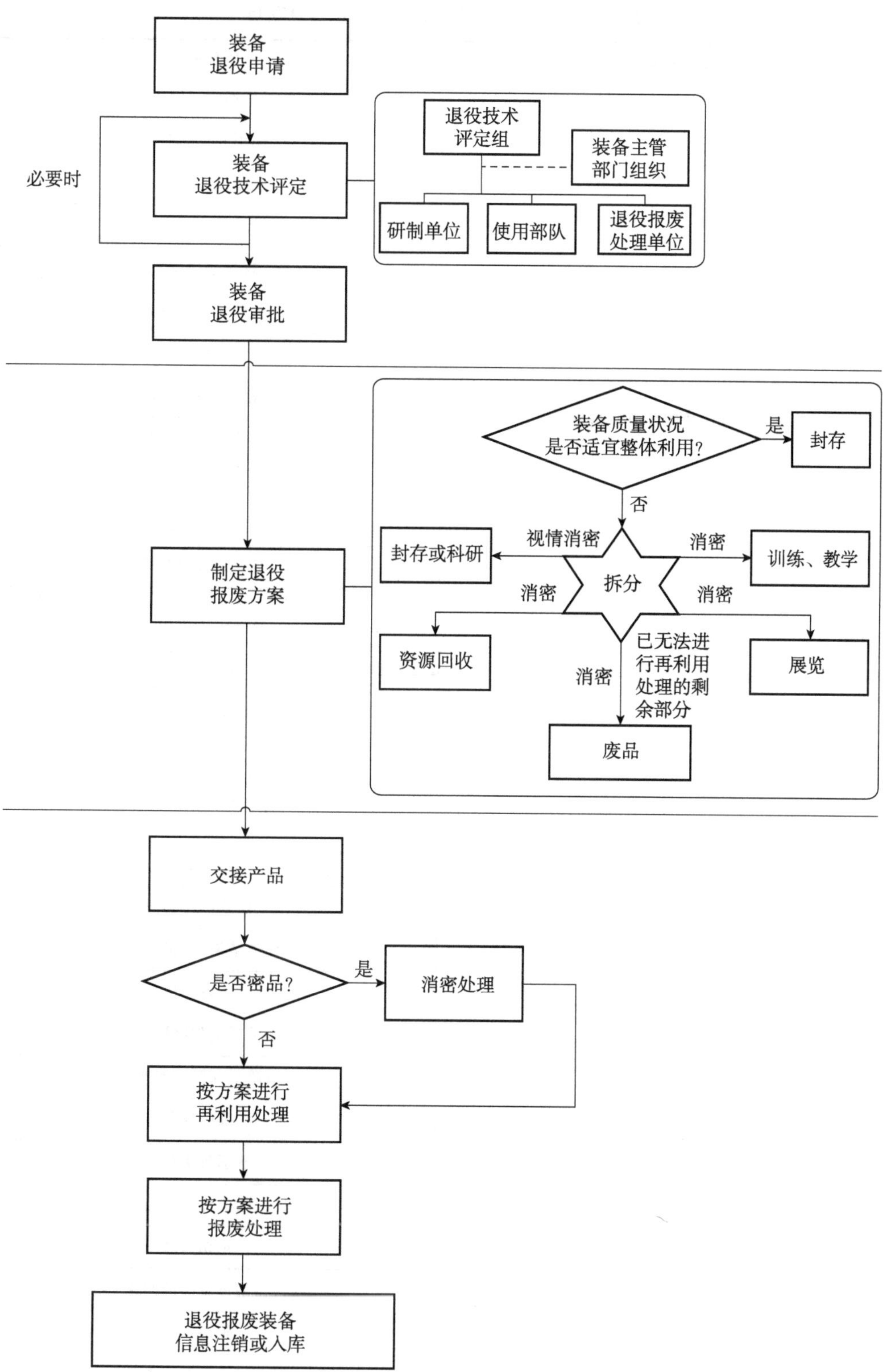

图 11－23　装备退役报废处置流程

表 11－22　售后保障（服务）工作信息项目

信息类型	信息项目
装备修理和故障件返修信息	使用方反馈函
	使用方反馈时间
	故障或问题描述
	问题或故障发生时间
	现场解决措施
	携带的保障资源
	消耗的保障资源
	故障产品名称
	返修故障件名称
	故障原因
	归零信息
	返修故障件型号
	中继级维修信息
	返修厂家
	返厂维修措施
	返修产品返厂方式
重大任务保障信息	重大任务名称
	任务时间
	任务地点
	任务参与装备
	任务结果(打靶)信息
	装备消耗
	消耗的保障资源
	故障或保障问题描述
	维修任务
	现场解决措施
	任务保障总结
使用方走访信息	走访国家
	使用方反映的问题
	解决措施
	走访总结报告

续表

信息类型	信息项目
技术资料	技术资料名称
	修订内容信息
	修订原因信息
	版本信息
	修订时间
维修器材供应信息	维修器材名称
	型号规格信息
	产品标识信息
	初始备件储备信息
	中转备件库存信息
	消耗信息
	采购信息
	供应方信息
	采购国信息
	采购合同信息
	停产替代信息
	升级信息
	停产原因信息
技术培训	技术培训时间
	技术培训使用方人员信息
	承包商教员信息
	培训类型信息
	培训方案信息
	培训分组信息
	培训器材信息
	培训教材信息
	使用方培训反馈意见
	考核信息

3）客户信息包括以军方各级机关、使用方为主的各类客户细分、客户需求及客户联系方式等信息。研制单位应牵头建立客户信息台账，并及时更新。

在役使用过程，及时收集在役装备维修保障信息，主要来源涉及用户、总承包商、分承包商等相关方。

1）用户主要提供的信息：

a）根据合同约定，提供产品的故障信息、缺货信息和其他保障问题信息。

b）装备中健康管理设备提供的装备状态信息。

c）装备维修管理系统提供的装备维修、保障信息及相关成本信息。

2）总承制单位主要提供的信息：

a）现场技术服务记录的信息。

b）装备技术状态信息。

c）保障资源供货信息。

d）维修保障成本信息。

e）在役装备综合保障分析信息。

3）承制单位主要提供的信息：

a）故障产品返修信息。

b）现场技术服务记录的信息。

c）产品技术状态信息。

d）维修保障成本信息。

11.7.3.1 使用方走访与满意度调查

使用方走访与满意度调查是装备总承制方充分了解装备使用情况，支撑装备功能性能改进升级的重要途径。总承制方要建立对装备使用方的定期走访交流制度，每年至少组织主要分系统研制单位根据使用方需求和本单位工作需要对装备使用方开展一次走访交流工作和满意度调查，见表 11－23。

表 11－23　满意度调查表

产品名称			评价时段	
调查内容	评价等级（在对应栏中打勾√或者填写分数）			
	很满意（90～100）	满意（80～89）	一般（60～79）	不满意（60 以下）
性能指标的协调性、合理性				
设计过程的控制情况				
设计过程中的协调、分析能力				
可靠性设计（含维修性、保障性、安全性）满足要求的程度				
质量问题的处理				
配套产品交付情况				
与使用方的信息沟通情况				
使用方意见或建议				
使用方代表签名（盖章）：				

型号两总组织开展走访工作策划，带队开展走访工作，通过对装备使用、训练、保障现场参观及召开座谈会，收集使用方对武器装备在使用、保障各环节的意见和建议，将这些信息汇总后发研制单位。研制单位组织相关技术人员对走访收集到的信息进行分析确认，并与提出单位进行沟通，判断问题的性质和种类，并采取有针对性的措施。对属于使用操作或是认识理解方面的问题，由相关单位编制相应的说明材料发给使用方加以说明。

在使用方满意度调查中，建立闭环反馈机制，尤其是针对质量问题处理、与使用方信息沟通情况等在役装备保障方面使用方满意度较低的部分，要主动查缺补漏，优化工作体制和机制，进一步提升服务保障质量。

11.7.3.2　使用方反馈问题处理

为快速响应装备使用方保障需求，提升服务保障工作质量，增强使用方满意度，需对装备使用方反馈问题进行收集和处理工作。使用方反馈问题主要来源包括：军方机关下发的年度使用方反馈问题，走访调研收集的使用方反馈问题，使用方临时反馈的问题以及研制单位日常巡检巡修现场收集的问题。通过对使用方反馈问题特点进行分析，可将使用方反馈问题按售后服务类、质量问题类、改进升级类（含在役、在研和后续装备改进）进行分类。

针对使用方反馈问题，由研制单位归口管理部门建议台账，并组织相关单位开展使用方反馈问题梳理，明确问题类别，分析问题原因，制定解决措施和处理计划，并依靠装备保障任务通知单和现场技术服务工作确认表，建议使用方反馈问题闭环处理机制，确保问题处理质量能够满足使用方要求。

根据问题类型，分别按照以下流程开展问题闭环处理：

1）售后服务类问题，由归口管理部门直接下发装备保障任务通知单，相关研制单位按照任务通知单要求，开展器材筹措、技术资料准备等工作，在规定时间范围内赴使用方驻地完成问题闭环处理，并填写现场技术服务工作确认表。

2）对质量类问题，由归口管理部门负责，按照不合格品审理程序进行处理，根据审理意见，对于设计装备技术状态更改的，按照改进升级类问题进行后续处理，对于不涉及装备技术状态更改的，按照售后服务类问题进行后续处理。

3）对改进升级类问题，由归口管理部门负责，组织相关研制单位完成改进升级方案制定、试验验证和技术通报上报，在军方机关同意技术通报申请后，向相关研制单位下发装备保障任务通知单，见表 11 - 24。相关研制单位接到任务通知单后，制定现场改制升级方案、编制工艺文件、开展器材筹措等，组织技术服务人员赴使用方驻地开展技术通报落实，在规定时间范围内完成问题闭环处理，同步填写现场技术服务工作确认表，见表 11 - 25；针对使用方反馈问题，建立反馈问题台账，见表 11 - 26，针对在役型号中保持现状，但在研型号和后续型号中贯彻落实的问题，纳入在研、后续型号中贯彻落实。

表 11－24 装备保障任务通知单

<table>
<tr><td colspan="7">装备保障任务通知单</td></tr>
<tr><td>型号名称</td><td colspan="4"></td><td>通知单编号</td><td></td></tr>
<tr><td>主送单位</td><td colspan="6"></td></tr>
<tr><td>抄送单位</td><td colspan="6"></td></tr>
<tr><td>主题内容</td><td colspan="4"></td><td>是否有偿服务</td><td>□是 □否</td></tr>
<tr><td>售后服务内容要求</td><td colspan="6"></td></tr>
<tr><td rowspan="4">装备保障工作记录要求</td><td></td><td>装备保障工作计划</td><td></td><td>技术服务工作统计表（现场技术服务）</td><td></td><td>现场技术服务工作统计表（检查修理）</td></tr>
<tr><td></td><td>现场技术服务工作统计表（计量检定）</td><td></td><td>现场技术服务工作统计表（技术培训）</td><td></td><td>现场技术服务人员信息</td></tr>
<tr><td></td><td>（部组件）送修通知单</td><td></td><td>（部组件）返厂修理登记表</td><td></td><td>器材调拨单</td></tr>
<tr><td></td><td>器材交接单</td><td></td><td>工作小结</td><td></td><td>出差报销凭证</td></tr>
<tr><td>要求服务单位</td><td colspan="6"></td></tr>
<tr><td>服务地点</td><td colspan="6"></td></tr>
<tr><td>使用方联系人</td><td colspan="4"></td><td>联系电话</td><td></td></tr>
<tr><td>研制单位联系人</td><td colspan="4"></td><td>联系电话</td><td></td></tr>
</table>

表 11－25　现场技术服务工作确认表

<table>
<tr><td colspan="8">现场技术服务工作确认表</td></tr>
<tr><td rowspan="20">检查修理</td><td rowspan="2">服务信息</td><td colspan="2">服务单号</td><td>使用方名称</td><td>装备型号</td><td>技术服务厂家</td><td>服务起止时间</td></tr>
<tr><td colspan="2"></td><td></td><td></td><td></td><td></td></tr>
<tr><td rowspan="4">检修项目</td><td>序号</td><td>装备名称</td><td>编号</td><td>故障部位及现象</td><td>故障原因</td><td>是否解决</td></tr>
<tr><td>1</td><td></td><td></td><td></td><td></td><td></td></tr>
<tr><td>2</td><td></td><td></td><td></td><td></td><td></td></tr>
<tr><td>3</td><td></td><td></td><td></td><td></td><td></td></tr>
<tr><td rowspan="5">厂家提供器材情况</td><td>序号</td><td>器材装机部位</td><td>器材编码</td><td>器材名称</td><td>型(图)号</td><td>消耗数量</td></tr>
<tr><td>1</td><td></td><td></td><td></td><td></td><td></td></tr>
<tr><td>2</td><td></td><td></td><td></td><td></td><td></td></tr>
<tr><td>3</td><td></td><td></td><td></td><td></td><td></td></tr>
<tr><td colspan="6">以上共计(大写)　　种、　件(套)</td></tr>
<tr><td rowspan="7">现场技术服务人员情况</td><td colspan="2">工厂现场服务人员数量(人)</td><td colspan="2">起止时间/技术服务天数</td><td>合计技术服务人＊天数</td><td>服务地点</td></tr>
<tr><td colspan="2">单位＋姓名、姓名…</td><td colspan="2">年．月．日—年．月．日/天数</td><td>人数＊天数</td><td></td></tr>
<tr><td colspan="2">例：＊＊单位
张三、李四…</td><td colspan="2">2021.4.8—2021.4.10/3 天</td><td>2＊3＝6 天</td><td></td></tr>
<tr><td colspan="2"></td><td colspan="2">提示：相同单位人员天数
不一致，请分开写</td><td></td><td></td></tr>
<tr><td colspan="2"></td><td colspan="2"></td><td></td><td></td></tr>
<tr><td colspan="6">以上本次工厂现场技术服务共计(大写)　　人　　天数</td></tr>
</table>

<table>
<tr><td>使用方(盖章)：

负责人：
年　月　日</td><td>承研/修单位(盖章)：

负责人：
年　月　日</td><td>驻厂军代室(盖章)：

负责人：
年　月　日</td></tr>
</table>

表 11－26　反馈问题台账

<table>
<tr><td>序号</td><td>使用方反馈问题描述</td><td>问题一级分类</td><td>问题二级分类</td><td>原因分析</td><td>解决措施及后续处理工作计划</td><td>解决情况</td><td>解决途径</td></tr>
<tr><td></td><td></td><td>1. 改进升级类
2. 质量故障类</td><td>1. 立行立改
2. 能力提升
3. 后续研究
4. 其他问题
5. 一般故障
6. 重复故障</td><td></td><td></td><td></td><td></td></tr>
<tr><td colspan="5">责任落实</td><td colspan="3">参考信息</td></tr>
<tr><td colspan="2">责任单位</td><td colspan="2">责任时限</td><td>责任人</td><td>问题来源</td><td>反映单位</td><td>反映时间</td></tr>
<tr><td colspan="2"></td><td colspan="2"></td><td></td><td></td><td></td><td></td></tr>
</table>

11.7.3.3 保障系统优化改进

针对初始作战能力评估中存在的缺陷与不足以及使用方反馈的使用维护类问题，以提升装备战备完好性以及装备的使用可靠性和维修性等水平为目标，开展保障系统的持续优化改进，重点对保障装（设）备、维修器材生产与供应、技术资料手册、培训训练系统等保障资源开展持续优化改进，对装备保障流程和运行机制进行调整优化。

保障系统优化改进涉及使用方级、基地级两方以及装备使用方、大修厂和研制单位三家单位，应建立上述使用方、基地级两方；装备使用方、大修厂和研制单位三家单位之间良好的保障系统优化改进问题反馈处理机制。在使用能力评估中及时收集保障系统使用和评估数据，获取保障系统优化改进需求，制定优化改进方案并上报使用方机关单位，对优化改进方案进行多方评审以确保改进质量，按照优化改进方案对保障系统实施改进并进行必要的试验验证，根据试验验证结果评价优化改进效果，并建立效果评价与优化改进的闭环反馈机制，保证保障系统优化改进质量。

11.7.4 在役保障分析与优化设计

11.7.4.1 在役保障分析

在装备进入在役使用阶段后，应收集相关的在役综合保障数据，并根据定义的综合保障需求进行分析处理，分析程序如图 11 - 24 所示，在役保障分析活动的积极影响包括但不限于：

1）提高装备可用性。

2）协调和改进所需保障资源以更好地保障装备。

3）通过合并更改以改进装备本身。

4）减少保障工作量。

5）降低保障成本。

在役使用阶段保障分析的目的是在必要时审查装备的保障资源，以确保符合用户的技术、保障和经济要求，审查可以被下列原因触发：

1）实际的结果与预测的结果不一致或相差较大。

2）用户所要求的产品改进，或需要遵守外部规则和法规。

3）使用和保障反馈相关的保障风险。

在装备改进或重新设计过程中应按照成本与效益的最优原则对保障分析活动进行剪裁，应考虑在保障分析更新过程中的技术状态标识、控制、审核。

应重新评估与更新故障模式影响及危害性分析结果、损坏模式及影响分析结果、修理级别分析结果、预防性维修工作分析结果、使用与维修工作分析结果、使用和保障危险分析结果、软件保障分析结果、故障预测与健康管理设计分析结果，寿命周期费用分析结果、产品退废（停产）分析结果、退役处置保障分析结果。

11.7.4.2 在役保障优化与设计反馈

装备承制单位应有效运行建立的综合保障数据收集、分析和改进系统，对装备状态及

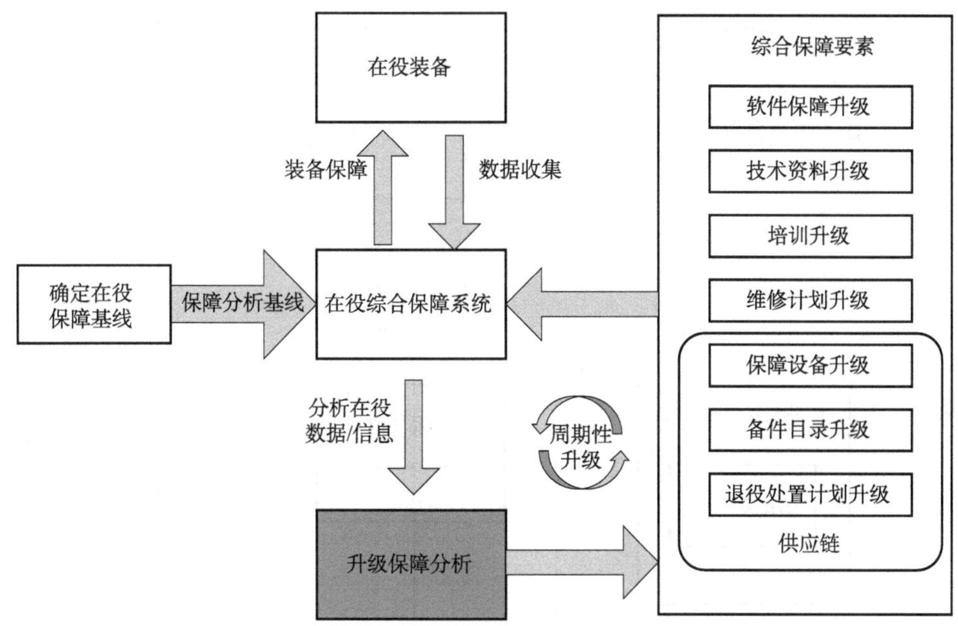

图 11-24　在役保障分析程序

保障情况进行持续的跟踪与评价，如图 11-25 所示，根据装备使用和维修数据、保障资源使用及消耗数据、可靠性数据等综合保障数据的反馈和处理分析，对保障资源配置存在的问题进行改进，并分析装备设计、工艺等技术状态更改活动及其对保障方案的影响，持续实现装备设计与保障系统的迭代同步完善。主要包括以下三方面工作：

1）利用使用、维修、费用等数据对系统战备完好性、使用可靠性、维修性、保障系统能力、使用与维修费用进行现场使用评估，根据评估结果进行装备和保障方案的改进和完善，将拟采用的改进内容形成文件。

2）应根据在役信息反馈结果，开展在役保障分析工作（如 FMECA、DMEA、预防性维修分析、O&MTA、LORA、SSA、寿命周期费用分析、产品退废（停产）分析、退役处置保障分析以及产品缺陷和担保分析），相关保障分析工作应考虑时间、经费限制进行剪裁，在此基础上进一步完善装备综合保障方案，提出装备设计改进建议。

3）对用户反馈意见建议进行归纳整理，研究确定采纳意见，并完善保障方案，提供后续保障资源。

11.7.5　在役技术状态与履历管理

对在役装备，研制单位应协同使用方建立装备技术状态与履历管理制度，编制升级改造、优化配置、延寿、退役报废等涉及装备在役状态更改的管理计划，以在役装备初始状态为基线，建立反映装备技术状态变化的产品履历台账，联合使用方及时收集整理装备日常贮存、测试、计量、维护、训练使用、靶试及参加重大任务等信息，以真实反映装备在役状态的变化历程。导弹武器系统制定了在役技术状态与履历管理需要维护的数据模块清

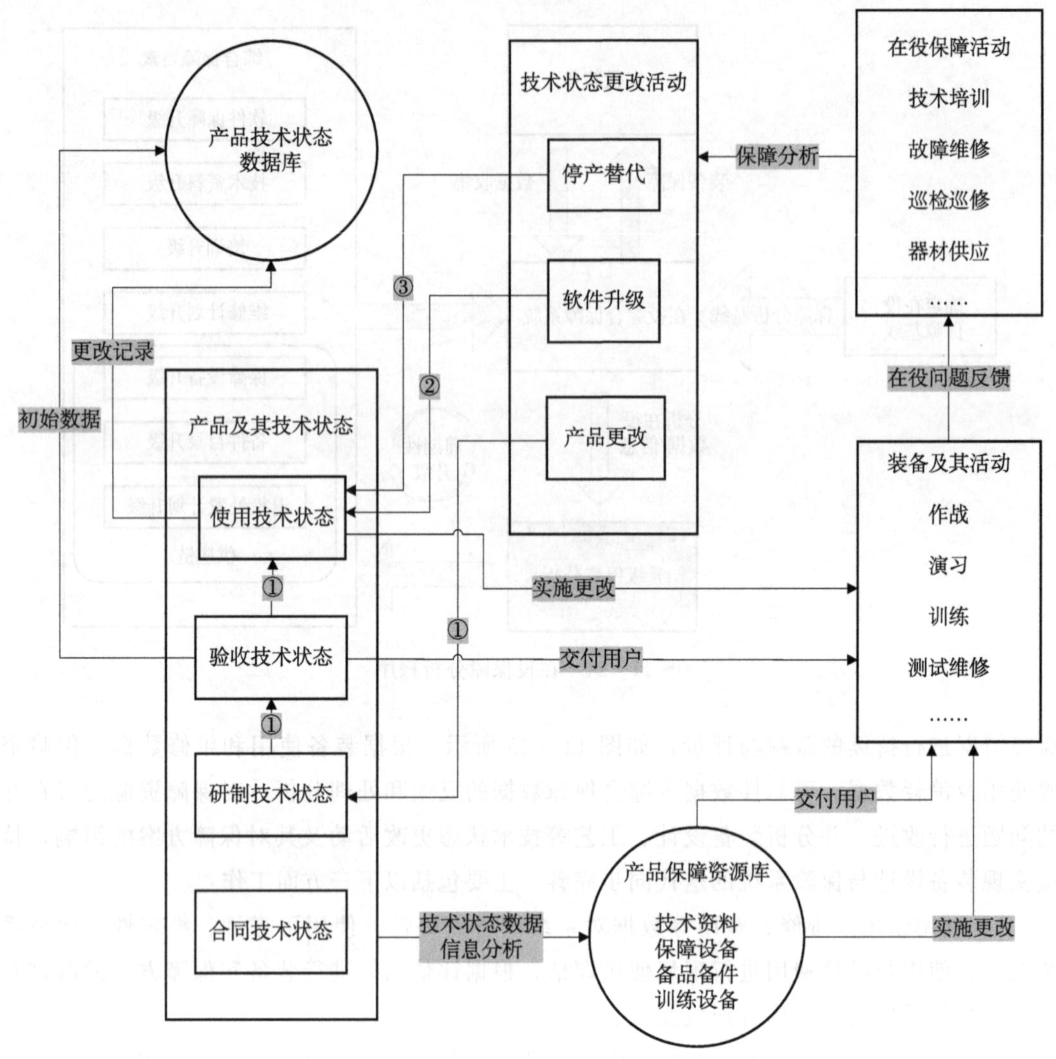

图 11－25　产品设计改进及保障方案优化流程

单，见表 11－27，由研制方定期向使用方收集相关信息，确保在役状态真实可信，为服务保障活动的开展提供依据。

总承制单位应根据需要编制或完善技术状态管理计划，包括装备非军事化、升级改造、优化配置、延寿、退役报废等的技术状态管理计划，以反映装备改进、综合保障方案改变等信息。在役阶段在装备正常使用过程中，技术状态变化一般可概括为产品更改、产品停产替代、软件升级三种情况，在役使用过程中应分析装备技术状态更改对保障资源（技术资料、维修装/设备、工具、用户备件、战储备件、工业部门备件等）、使用和维护维修活动（展开、撤收、贮存、维护、维修）以及装备通用质量特性（可靠性、维修性、测试性、保障性、安全性、环境适应性）的影响，全面落实更改项目，并应全面考虑在役保障分析更新过程的技术状态管理，包括功能和物理技术状态更改识别、技术状态控制和技术状态审核。

表 11-27　在役技术状态与履历管理需要维护的数据模块清单

序号	信息类别	数据模块
1	日常管理信息	装备基本信息数据模块
2		接装交付数据模块
3		动用情况数据模块
4		封存数据模块
5		启封数据模块
6		保管数据模块
7		保养数据模块
8		定级数据模块
9		登记数据模块
10		点验数据模块
11		改装数据模块
12		储存数据模块
13		退役报废数据模块
14		日常管理活动统计数据模块
15	使用信息	装备使用活动数据模块
16		装备使用技术状态数据模块
17		装备培训与训练数据模块
18		使用寿命数据模块
19	维修信息	装备维修规划计划数据模块
20		装备维修实力数据模块
21		装备维修改革数据模块
22		装备维修过程数据模块
23		装备备品备件数据模块
24		装备技术检查数据模块
25		装备大修数据模块

第 3 篇　方法篇

航天型号研制及工程任务的成功是建立在科学、有效的质量管理方法之上。航天质量管理在60多年的“实践—总结—创新—再实践”发展过程中不断迭代发展和提升，通过自主创新和引进吸收再创新等途径，在不断实践中创造了一系列极具航天特色的质量管理技术和方法。这些技术方法是中国航天事业发展经验教训的积累，也是航天质量工作知识和智慧的结晶，蕴含了极高的应用价值和推广潜力。在本篇中，按“系统质量管理模式和方法”“风险识别和分析方法”“设计分析与控制方法”“试验验证与检查确认方法”“产品保证方法”和“质量问题归零与质量改进方法”六类对这些方法进行了归类，总结提炼了30余个典型技术方法。基于“有用、实用、好用”的原则，在本篇中不过于强调理论知识，重点阐述了方法的实施步骤，每一个方法都给出了应用案例，一方面便于一线人员的学习和使用，另一方面也便于对外传播和推广，为形成中国特色的质量管理理论和方法贡献航天智慧。

第 12 章　系统质量管理模式和方法

12.1　一次成功矩阵式质量管理模式

航天科工集团第二研究院（以下简称“二院”）在 60 余年的发展过程中，传承和弘扬航天精神，制定了“系统管理、追求卓越、一次成功、顾客满意”的质量方针，创新实践了一系列质量管理方法，总结、提炼形成了一次成功矩阵式质量管理模式，荣获第二届中国质量奖。目前形成了国家标准 GB/T 38355—2019《一次成功矩阵式质量管理模式》，并向全国推广。

12.1.1　概念和适用范围

一次成功矩阵式质量管理模式：以追求一次成功为目标，以实现卓越绩效为目的，以组织的质量管理为横向，产品保证为纵向，项目（产品）为“连接点”和“落实点”的质量管理模式。

一次成功：狭义上指的是，在对各零部件、各分系统以至全系统精心设计、精心试制和充分验证的基础上，实现全系统总成及大型试验时，首次任务就取得成功；广义上指的是，在产品研制、生产、试验、交付、使用和保障等全寿命周期活动中，全员应遵循一次做对、做好的理念，以达到第一次就做成的目标。

矩阵式管理：组织常设的职能部门为横向，按项目任务设立的项目部门为纵向，两者相互配合，形成纵横交错的组织管理模式。

一次成功矩阵式质量管理模式适用于承担以航天产品为代表的创新性、新领域、多品种、多阶段、多供方、高复杂、高成本、高风险产品研制生产和服务保障，推行多层级矩阵式管理的组织。尤其适用于承担航天、航空、船舶、信息、电子以及装备或产业制造企业等，如研制具有自主知识产权的创新产品的组织，研制产品技术难度大、质量风险高的组织，研制产品技术状态复杂、利益相关方较多的组织，并行研制多种类型、多种阶段产品的组织。

12.1.2　基本原理

12.1.2.1　一次成功矩阵式质量管理模式的框架

一次成功矩阵式质量管理模式，秉承周总理“严肃认真、周到细致、稳妥可靠、万无一失”的十六字方针，运用钱学森提出的系统工程理论，贯彻“一次成功、系统管理、预防为主、实行法制”的主导思想，是对几十年航天成功实践总结提炼的结晶。

这一管理模式的核心是以提供优质的产品和服务、提升各相关方价值为宗旨，应用先进的技术方法和管理工具，通过组织质量管理体系的有效运行，针对产品实现过程进行一系列技术和管理活动。其主要内容是根植于内心"追求卓越、一次成功"的零缺陷理念筑牢，融文化建设、机制建设和质量管理体系要求、产品保证体系要求、标准体系要求于一体并追求卓越绩效的质量体系建设，符合要求、顾客满意、系统优化的产品实现。一次成功矩阵式质量管理模式示意图如图 12－1 所示。

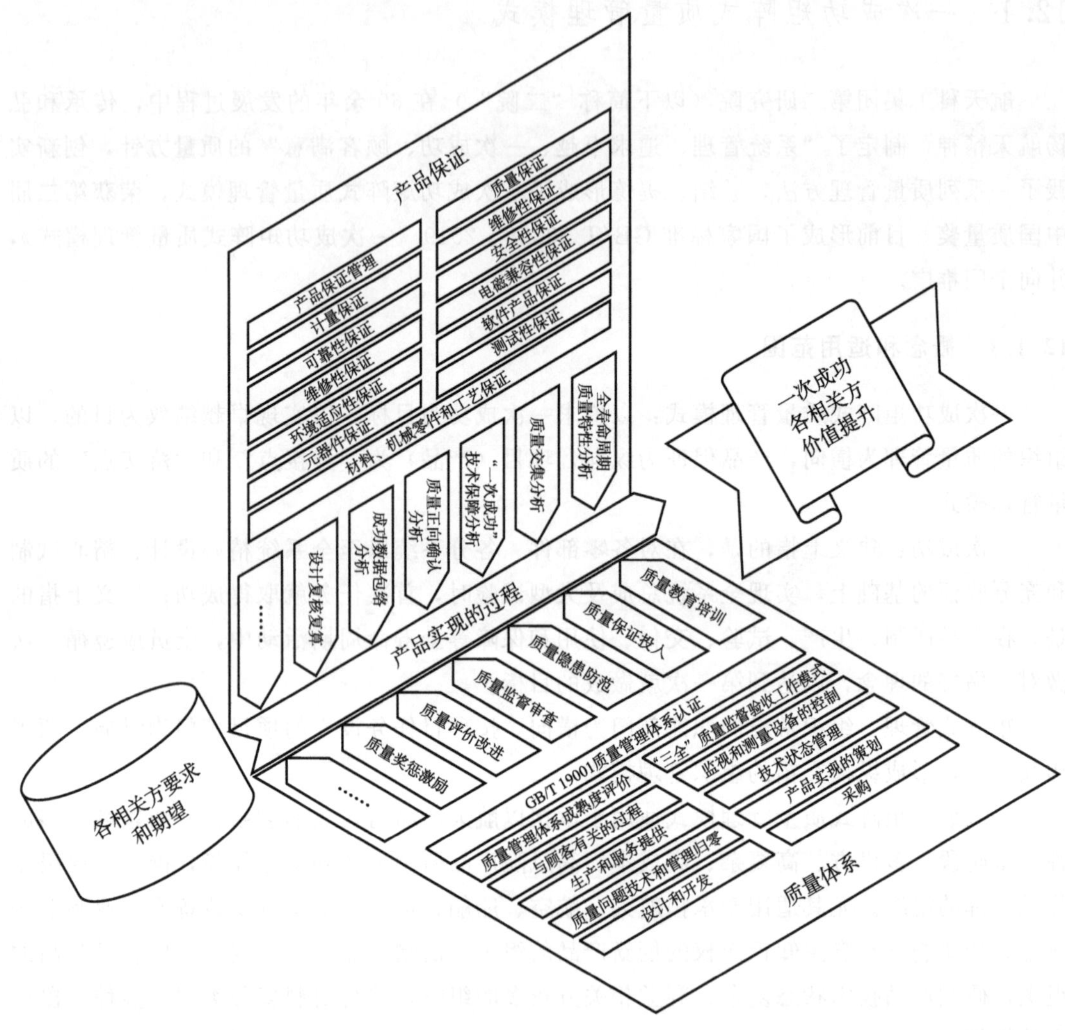

图 12－1 一次成功矩阵式质量管理模式示意图

(1) 横向为质量管理体系

质量管理体系由总承包单位和分承包单位两级质量管理体系构成，以保证高质量完成项目科研、生产任务为目标，按照项目特点和科研生产规律，将项目产品保证要求、装备通用质量特性要求等纳入各级质量管理体系。总承包单位建立以项目科研生产为主线，以决策、组织、计划、指挥、协调、控制等活动为主要管理要素的质量管理体系。各分承包单位建立以产品科研、生产为主线的质量管理体系。两级体系明确了总承包单位和分承包单位两级管理的职责、权限及界面接口关系，充分发挥两级的管理作用，通过实施产品保证策划、过程监督检查、审核评价和监控跟踪形成闭环管理，保证质量管理体系规定的管控规则和管理工作流程有效运行。

总承包单位和分承包单位依据 GB/T 19001—2016《质量管理体系 要求》或 GJB 9001C—2017《质量管理体系要求》建立质量管理体系，覆盖与顾客有关的过程、监视和测量设备的控制、产品实现策划、设计和开发、采购、生产和服务提供、技术状态管理、质量问题技术和管理归零、三全质量监督验收等过程，以质量教育培训、质量保证投入、质量隐患防范、质量监督审查、质量评价改进、质量奖惩激励等六大机制为主要抓手实施科学管理，通过质量管理体系成熟度评价等方法，不断识别改进的机会并持续改进提升。

(2) 纵向为项目产品保证

项目队伍遵循质量管理体系要求，在项目产品实现中，以项目管理的模式进行过程管控，重点强化设计过程中通用质量特性等指标的质量管控。以“系统策划、统筹协调、分类管理、过程监控”为原则，组织贯彻体系要求，实施型号产品保证。

项目产品保证和质量管理体系运行紧密结合，着力制定和落实产品保证管理、质量保证、标准化、计量、可靠性、维修性、保障性、安全性、环境适应性、电磁兼容性、元器件、软件以及材料、机械零件和工艺等 13 个专业保证大纲，以及相应的管理和技术规范，规定了项目产品特定的技术、管理要求和实施方法，将所有产品保证活动与项目科研生产目标、要求、接口管理及约束相协调，实现了项目通用质量特性与性能指标全寿命周期一体化管理。

项目产品实现过程中，科学、有效地开展全寿命周期质量特性分析、质量交集分析、“一次成功”技术保障分析、质量正向确认分析、成功数据包络分析、设计复核复算等控制活动。

12.1.2.2　一次成功矩阵式质量管理模式的输入和输出

一次成功矩阵式质量管理模式以各相关方要求和期望为主要输入。由于用户对产品供给保障能力和产品质量提出更高要求，竞争日益激烈，加之新一轮科技革命带来新的机遇和挑战，组织自身在实现高质量发展、适应用户更高要求的道路上，必须坚持质量第一。员工和合作伙伴对高效益、高质量的要求，需要组织全面系统实施质量管理，深化项目产品保证，加快提升产品体系化智能化水平。

一次成功矩阵式质量管理模式以高质量完成型号任务，取得项目的一次成功，实现用户满意和各相关方的价值提升为基本输出。通过实施一次成功矩阵式质量管理模式，打造一支责任心强、业务水平高、专业齐全的员工队伍，取得一批具有国内领先、国际先进水平的技术成果，自主创新能力、国内外市场竞争能力、社会影响力都大幅提升，经济效益稳步增长，并创造更大的社会效益。

12.1.3　实施步骤

组织可通过 7 个主要步骤，导入实施一次成功矩阵式质量管理模式，如图 12 - 2 所示。

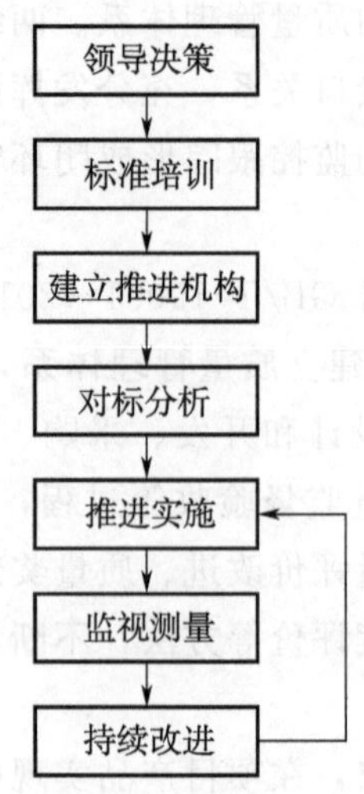

图 12-2　一次成功矩阵式质量管理模式实施步骤

12.1.3.1　领导决策

一次成功矩阵式质量管理模式是全面覆盖组织经营管理和项目管理的综合方法和管理框架，实施一次成功矩阵式质量管理模式是“一把手工程”。领导层应了解其意义和实施该模式的益处，承诺导入、亲自参与和大力支持，协调并保证资源投入，起到模范带头作用，并激励其他人员积极参与。领导层接触、了解一次成功矩阵式质量管理模式的途径主要有：通过政府机构、质量协会、质量杂志、媒体宣传等途径自行了解；通过听取分管领导、质量部门、质量专家等汇报。

12.1.3.2　标准培训

当领导层做出导入这一模式的决策后，应为高、中层领导和基层骨干人员安排 GB/T 38355—2019《一次成功矩阵式质量管理模式》标准培训，也可派出若干人员到推行一次成功矩阵式质量管理模式的组织进行现场调研和学习。通过标准培训使领导层、基层骨干人员对一次成功矩阵式质量管理模式的意义、框架、标准内容和管理工具有基本的、系统的认识，为模式的实施打下良好的基础。

12.1.3.3　建立推进机构

建立一次成功矩阵式质量管理模式推进领导小组和工作组，组建跨部门综合协调机构，主要包括组织机构管理部门、战略管理部门、市场管理部门、财务部门、质量部门、人力资源部门、项目管理部门等。

12.1.3.4　对标分析

对组织质量管理、项目管理的现状进行分析，按照 GB/T 38355—2019《一次成功矩阵式质量管理模式》，从横向质量管理和纵向产品保证管理两个维度进行对标，识别组织在资源、机构、策划、实施、改进等方面的现状和改进方向。

12.1.3.5 推进实施

(1) 保障运行资源

针对产品的研制，确定并提供所需的资源，包括人力资源和财务资源等；实施人员的上岗、在岗、转岗培训及定期质量培训；成立对产品保证提供技术支持和监督把关的产品保证专家队伍。

(2) 建立健全运行机构

通过建立健全相应职能部门和专业机构，赋予相应的职责和权限，支撑矩阵式质量管理模式的有效运行。主要包括：质量管理、标准化、不合格品审理等管理决策机构；质量、计量、标准化、审核、工艺等管理部门；通用质量特性专业部门；元器件、环境试验、材料理化分析、计量、软件等检测部门。

(3) 细化运行策划

根据产品特点，开展产品质量和产品保证等方面的策划，明确质量管理要求。主要包括：建立质量队伍，明确有关人员的能力水平要求和质量职责；明确项目质量目标、原则以及产品保证工作项目和要求；制定产品保证工作准则，选用质量管理和产品保证工具；编制产品保证工作计划（大纲），明确工作项目和要求并纳入研制过程。

(4) 筑牢质量体系基础

提倡大质量观，实施质量制胜战略，注重组织战略、绩效结果和社会责任，把卓越绩效作为质量管理体系建设更高层次的追求，显著提高质量管理体系的作用和成效。

(5) 推进项目产品保证

建立产品保证组织机构，统一产品研制技术和管理规范，配备试验、分析、校准、检测等手段，由可靠性、保障性、电磁兼容性、元器件、软件、计量、工艺、标准化、材料、质量管理体系等专业专家对型号研制过程提供专业的技术支持和权威的管理监督，对项目研制过程实施监督、控制和技术支持，实现项目产品的“全面达标”。

12.1.3.6 监视测量

实时或定期对质量管理体系和产品保证运行效果进行监视和测量，并进行分析和评价。主要包括：通过内部审核和管理评审检查质量管理体系情况；通过产品保证例会和专项审核检查产品保证实施情况；运用质量管理体系成熟度评价和质量审核评估质量管理体系运行情况；运用产品保证量化评价来评价产品保证工作效果。

12.1.3.7 持续改进

持续提高矩阵式质量管理模式运行的有效性，主要包括：充分利用信息化等手段，保证监视和测量获得的数据具有实时性、准确性和可追溯性；通过数据分析确立改进目标；建立改进的激励制度；及时将成熟的质量技术和管理方法制定标准，运用标准化方法推行先进的质量管理模式。

12.1.4 典型案例

二院推行一次成功矩阵式质量管理模式，从质量管理体系和项目产品保证体系两个维度构建项目产品质量的双保险，将“一次成功”的理念和“一次成功”的质量方法有机结合、构建系统性矩阵布局，来保证项目产品质量。不仅有效促进了项目产品质量稳步提高，而且持续提升组织的创新能力、品牌影响力、经济效益和社会效益。

12.1.4.1 组织的质量管理实践

建立院所两级质量管理体系以保证高质量完成项目产品研制、生产和使用保障任务为基本目标，按照项目和研制阶段的特点，将项目产品保证要求、通用质量特性要求等纳入各级质量管理体系。院本部建立了以项目系统研制生产为主线，以决策、指挥、组织管理活动为主要管理要素的质量管理体系。院属各单位建立了以航天产品研制生产为主线的质量管理体系。两级体系明确了院与所（厂）两级管理的职责、权限及接口关系，充分发挥两级的管理作用，通过实施产品保证体系策划、过程监督检查（审核）和跟踪，形成闭环管理，保证质量管理体系规定的相关控制原则和管理工作流程有效运行。

根据二院质量管理方面的成功经验，总结建立了横向的质量管理工具包。

（1）质量管理体系成熟度评价

借鉴卓越绩效评价模式，突出量化评价，按企业自评价和上级对下级的评价两种方式，制定下发了院本级质量管理体系成熟度评价实施细则和院属单位质量管理体系成熟度评价实施细则。以质量管理体系要求，国家、上级和本单位质量管理体系文件要求，项目管理要求为评价内容，突出项目科研生产特点，紧密结合产品保证工作，运用内容量化、数值分析等方法，实现对体系基础和产品实现过程定量评价。质量管理体系成熟度评价方法支撑了院本级、所（厂）开展质量管理体系成熟度的自我评价，深入认识质量管理体系运行的现状，同时也可以用于对所属单位质量管理体系的监督检查，查找薄弱环节，推进质量规章制度、标准规范等有关要求的贯彻落实，将各级质量管理体系建设同项目产品保证工作更加紧密结合，提升“矩阵式”质量管理模式的有效性。

（2）“三全”（全系统、全寿命、全特性）质量监督验收工作模式

实施一体化质量监督管理，坚持纵向与横向相结合、专业与单位相结合，实现承担国内项目和外贸项目任务三级单位质量监督的全覆盖，强化国内项目产品质量监督工作，优化外贸产品质量监督验收工作模式，推进二院质量监督、外贸验收工作迈向更高水平，有力支撑二院高质量保成功。

质量监督验收的具体做法：组建了专职化、独立化、权威性的质量监督验收队伍；构建了“全系统全过程全特性”的管理流程；明确了项目立项论证、工程研制、生产、交付使用及保障各阶段软硬件的研制过程和质量监督验收点；制定了架构清晰、层次分明、可操作性强的规章制度体系；以项目管理为主线，质量监督验收管理为方法，以产品分解结构、工作分解结构、组织分解结构深度融合的信息化软件为平台，实现对项目全系统、全过程、全特性的质量监督验收，实现规章制度落地、工作程序相对固化、工作方法有效查询、工作数据一次录入重复使用、工作结果自动统计、有效分析和利用。这些做法的有效实施，促进了企业质量管理体系的有效运行，进而提高了企业的市场竞争力，提升了企业核心竞争力。

(3) 质量审核

建立质量审核机制，形成组织审核的四种模式，即质量体系审核、产品保证审核、重要供方审核和项目关键人员审核。通过质量管理体系审核，发现基础管理的薄弱环节，提高质量管理体系运行质量；通过产品保证审核和重要供方审核，针对以往出现的问题进行审核，提高审核的针对性和时效性，便于整改和被审核组织接受；通过项目关键人员审核，既帮助组织找出存在的主要问题，又促进组织各级负责人主动增强质量意识和质量管理水平。

(4) 质量教育培训

建立并完善质量教育培训机制，从培训课程、培训对象以及考核制度几方面组织教育培训的实施，全面提升组织人员的整体质量素养，促进项目实现。坚持培训与岗位考试、资质获取相结合，与专题研讨、经验交流、借鉴学习相结合的原则。实施质量意识教育、质量知识培训、质量技能培训三方面教育培训。根据各级各类人员的需求，不断完善质量培训教材。

(5) 质量问题技术与管理双归零

对航天产品实现过程中发现的质量问题，从技术上、管理上分析问题产生的原因和机理，并采取纠正措施、预防措施，以解决问题，避免问题重复发生。通过质量问题“双归零”，促进研发队伍吃透技术、弥补质量体系缺陷、培养员工严慎细实的工作作风、提高组织技术水平和管理水平。

(6) 质量责任追究

二院建立了院、所（厂）两级的质量综合考核制度和量化考核指标体系，有效促进了质量责任的分解和传递，通过年度质量综合考核，从院属单位质量管理体系运行、产品质量和质量管控等方面，对质量职责落实情况进行评价。建立了产品质量考核机制，设置了产品故障率、质量问题数、成功率等硬考核指标。建立了产品质量问题责任追究机制，制定下发了院产品质量责任追究实施细则，实行质量责任追究终身责任制，在产品全寿命周期内，不受其现任岗位、从事行业、退休与否等限制，对应承担质量责任的有关人员实施质量责任追究。

(7) 精细化质量管理

强化产品实现过程的数据管控，做到：凡有操作，必须有检验和记录；凡有测试，必须有判读和比对；凡有验证，必须与实际环境一致；凡有检验、判读、验证，必须有量化标准和标志性结果。检验、测试、验证过程记录全部表格化，保证试验过程记录准确、完整和可追溯；注重产品数据的采集、分析、挖掘工作，对取得的每一个数据都要求认真分析，不错过任何一个有差异的数据；加强数据的判读、比对工作，加强产品指标稳定性的分析和对异常数据、数据变化趋势的分析工作，对处于临界或有明显变化趋势的数据要进行原因和后果分析，必要时进行再验证。

(8) 质量风险防范

全面开展风险分析和管控。严格执行质量隐患防范实施规范，按照“吃透技术、明晰状态、全面借鉴、充分验证、风险可控”的准则深入开展质量隐患技术防范，按照“严细管理、落实职责、照章办事、督查有效、保障到位”的准则深入开展质量隐患管理防范。通过可靠性、软件、元器件等设计专项技术评审，设计复查与质量复查，测试覆盖性与验证充分性分析，“一次成功”技术保障分析，成功数据包络分析及“安全发射、无误发射”等手段对项目系统的各层面、各过程进行系统梳理和审查，及时查找质量隐患；通过故障树分析法（FTA）、故障模式影响及危害性分析（FMECA）、建模和仿真等方法对质量隐患进行分析，采取针对性的措施和对策化解风险、消除隐患。

12.1.4.2 项目产品保证方面实践

以项目队伍为主体，在质量管理体系的基础上，按项目管理模式进行过程管控，重点强化设计过程中通用质量特性等质量管控。按照“系统策划、统筹协调、分类管理、过程监控”的原则，组织贯彻体系要求和实施项目产品保证。

（1）产品保证策划

在项目论证及立项初期，全面系统、定期地收集、整理、分析项目提出方需求，组建项目产品保证体系，制定覆盖项目全寿命周期的产品保证系列大纲作为产品保证的纲领性文件，结合任务剖面，确定环境条件和环境试验要求，通过一系列的技术和管理活动，对项目全寿命周期实施产品保证。按照院、所、外协单位三个层次建立项目产品保证工作团队，按年度编制项目产品保证要点和工作计划，指导全系统研制、生产、试验等各项工作。

（2）设计保证工作

严格执行规范和设计要求，按照项目阶段划分，每阶段开展技术设计、转阶段项目及要求策划。对研制任务书、产品保证和标准化系列要求、设计规范、设计准则等设计输入进行识别、确认，确保充分、适宜。设计评审前开展元器件、软件、可靠性等预评审工作。严格开展设计评审，规范评审组组成，设计评审重点对设计指标符合性、设计输出完整性、产品关键特性、测试覆盖性进行审查确认。

开展工艺与设计并行工作，开展产品设计文件工艺性审查，明确关键工序，执行关键工序质量控制标准，并严格开展航天产品禁（限）用工艺的管理与控制。

针对技术上尚不够成熟的关键技术指标、未经试验验证的关键技术或条件限制无法充分进行试验验证的关键技术，总体单位提出复核复算项目，并完成复核复算工作。

制定项目技术状态管理要求，推行基于PDM的技术状态管理工作，按产品配套层次关系，逐级开展技术状态控制，严格技术状态更改审批，确保技术状态受控。

按软件工程实施规范和GJB 5000B—2021《军用软件能力成熟度模型》要求设计开发软件，分级开展软件的产品保证活动，全面推进软件能力成熟度评价工作。严格开展软件配置管理和“三库”管理工作。在大型试验前，A、B级软件（包括FPGA软件）完成第三方评测。设立试验现场软件产品库，由专人管理，加强软件出入库的版本控制。

（3）生产过程控制

产品生产前，开展工艺策划，编制工艺总方案及相关的工艺文件。工艺文件内容正确，有效指导操作，签署完整。在项目各研制阶段，按产品单元编制材料清单、零件清单和工艺清单，明确其关键材料、关键零件和关键工艺项目，各阶段逐步完善，定型阶段形成完整文件。按照“人、机、料、法、环、测”六方面完成生产准备状态检查，并对发现的问题进行追踪整改。在产品试制过程中，按 GJB 908A—2008《首件鉴定》的要求组织首件鉴定，并邀请顾客（任务提出方）参加首件鉴定工作。

首件鉴定通过后，确定首件生产状态并将其冻结，确保后续生产状态与首件生产状态保持一致。生产过程中，对关键过程和特殊过程提出控制措施，建立关键工序控制点。对关键工序中需要重点控制的某些质量特性或因素，对其控制的项目、内容、方法、原始记录做出具体规定，并纳入工艺规程。

设置检验点，按相关标准要求开展进货检验、过程检验、最终检验、产品例行试验、复核检验、无损检验等，对关键检验点 100％检查，严格实施不合格品管理。

所有产品实行批次管理，在产品生产、安装和服务过程中，对产品状态进行标识，防止不合格品的非预期使用，确保产品质量可追溯性。依据产品保证大纲、标准化大纲等文件要求，开展生产过程中的产品保证检查、标准化审查等工作。

（4）试验过程控制

各项目开展验证充分性分析，策划研制各阶段的试验项目，并纳入科研生产计划进行统筹安排。大力推行数字仿真试验和半实物仿真试验的应用。

大型试验进场前，认真开展设计质量复查和产品质量复查，深入开展“一次成功”技术保障分析，认真开展“一个序号一个案”风险分析，落实“安全发射、无误发射”工作要求，组织召开试验进场评审会，对产品状态进行确认，对试验准备情况进行审查。

按试验大纲和程序组织实施试验，并落实试验岗位责任制，对关键岗位实行“双岗制”。大型试验进场设备展开后，组织对试验准备状态进行检查，对进场的测试计量设备进行核查。开展并落实试验前的质量复查和“双想”工作。

（5）外协质量控制

发布合格供方名录，加强供应商管理，优化供方数量，明确新增供方准入条件及审批流程。对合格供方进行绩效评价，并按最终评价结果，进行动态调整。

外协合同和任务书包含质量条款。合同履行过程中，确保将外协提出方及项目的有关规章制度和管理要求传递到外协单位，通过参加外协产品评审、验收、试验等活动，开展对外协的监督。注重与供方的沟通、交流与反馈，建立多层次的沟通渠道。

设计师系统严格按有关规定，编制外协产品技术文件和验收大纲，明确验收要求。验收时，供方提供产品质量证明文件和合同规定的配套技术资料。要求外协单位建立质量与可靠性数据包，并随实物产品交付。

（6）补强产品保证技术支撑能力

为适应项目产品保证需求，不断完善产品保证技术支撑机构。充分发挥专业基础研究所的作用，构建质量与可靠性技术、元器件复验筛选、环境与可靠性试验、材料与理化分析、破坏性物理分析、失效分析及无损检测、电磁兼容试验、专通用测量仪器检定校准等技术支撑机构。

在院本级设立产品保证部，全面负责研制项目的产品保证工作。组建覆盖可靠性、保障性、电磁兼容性、元器件、软件、工艺、标准化、计量、材料、质量管理体系等专业的产品保证专家组，为推行项目产品保证工作提供了技术咨询和技术指导，为项目两总系统、行政领导决策提供支持和建议。同时，高度注重将产品保证工作成功经验，总结并形成产品保证工具包，如成功数据包络分析、“一次成功”技术保障分析、质量交集分析、质量正向确认等方法。

（7）开展产品保证量化评价

贯彻“顾客满意、预防为主、系统全面、重点突出、引导改进、量化评价”的原则，制定下发项目产品保证量化评价实施细则，定期开展项目产品保证成熟度的检查和评价。覆盖了项目产品保证工作的13个大纲，从产品保证管理、实施和效果等3个方面提出了23个评价指标、93项评价内容。通过对项目产品保证成熟度的量化评价，科学客观地反映项目产品保证工作现状，查找出管理、技术、手段、应用等方面存在的问题与不足，有针对性地提出解决措施，将产品保证要求贯穿落实于项目研制全过程。适应产品质量建设新常态，夯实产品质量保证基础，促进项目产品保证工作向全系统全过程全要素的转变，最终提升项目产品整体质量与可靠性水平。

（8）项目质量问题归零

制定项目产品质量问题归零实施细则，对项目产品发现的所有质量问题100%按照“双五条”标准要求进行技术归零和管理归零。按要求及时报送，对院级质量问题归零进行实时监督，每月开展质量问题归零例会，对于未按规定时限和要求完成归零工作的情况，进行通报和考核。加强对纠正和举一反三措施落实情况的跟踪检查。通过开展质量问题归零和面向质量问题归零的统计分析，以及加强技术问题背后的管理改进，对提升产品质量与可靠性提供了坚实支撑，提升了项目质量管理水平。

某项目立项后，全面实行产品保证管理。在项目研制初期，进行全面、系统的产品保证工作策划。项目两总系统结合项目特点，制定下发项目产品保证系列大纲，作为指导项目开展产品保证工作的顶层文件，并在全项目范围内开展产品保证工作的培训。在研制期间，二院及研制厂、所每年结合项目研制任务特点制定“年度产品保证工作要点”，将产品保证专业大纲和纵向工具包中的可靠性、维修性和电磁兼容性等可靠性系统工程设计、“一次成功”技术保障分析、成功数据包络分析和质量正向确认等相关工作纳入研制计划，做到同布置、同检查、同考核，深入开展产品保证专家技术支持、产品保证例会和产品保证审核等活动。同时，依托两级质量管理体系，利用横向工具包，开展专业技术审查、技术状态管理、元器件质量控制、外协和外购产品质量控制、软件产品质量控制、技术文件控制、工艺质量控制、设计评审以及过程监测等质量活动把关等质量活动，确保在产品实现过程中，系统质量受控，在各次试验过程中质量稳定、可靠。

12.1.4.3 取得的成效

一次成功矩阵式质量管理模式在二院的应用实践，保证了航天产品质量达到国际先进水平，部分产品达到了国际领先水平，证实了理念、方法和模式的可用性和有效性，适宜中国文化和中国治理模式，具有中国特色的质量管理理念、方法和模式。该模式在创新性、先进性、可推广性、贡献性等方面都达到了国内领先的水平，具有极大的宣传和推广价值。

（1）创新能力大幅度提升，经济效益持续稳步增长

科研生产及其管理体系实现跨越式提升，形成了专业齐全、总体水平处于国际先进水平的庞大创新群体，取得了一大批国际先进水平的技术成果，持续对标一流、深化改革，经济保持快速健康发展，经济总量稳步增长，价值创造能力显著提升。

（2）品牌塑造取得丰硕成果，国际国内影响持续提升

采用以“航天科工”为母品牌、以“中国航天科工二院”为企业品牌，形成军品以“飞龙”“飞獴”“飞豹”“快狼”“野牛”等系列，民品以安保科技、气象雷达、应急通信、光机电微波类特色产品等为子品牌的“母子品牌”与“独立品牌”相互结合的混合式品牌策略。“飞龙”“飞獴”等系列军品和安保科技、气象雷达等民品已成为国内国际知名品牌。

（3）质量管理水平得到高度评价，质量荣誉硕果累累

2016 年，二院“追求一次成功的‘矩阵式’质量管理模式”荣获第二届“中国质量奖”。2018 年，二院创造的“追求卓越一次成功矩阵式质量保证模式”荣获中国管理科学奖。2019 年，二院荣获全面质量管理推进 40 周年杰出推进单位称号。

12.2　质量管理体系评估方法

为持续提升质量管理体系运行有效性，航天行业以产品科研生产质量保证为主线，以管理规章和技术标准为依据，借鉴国内外质量评价模式，采用自上而下的评估与自评相结合、定性和定量相结合的方法，通过集团公司对各研究院、研究院对下属单位、各单位自评估三级评估活动，发现薄弱环节，总结推广最佳实践，建立“以评促建”“以评促改”的质量管理体系持续提升机制。

12.2.1　概念和适用范围

质量管理体系评估是指：由集团组织建立评估机制，依据质量规章制度、标准规范、评估准则和工作程序，对所属单位的质量管理体系运行情况进行评定的过程。

本方法适用于集团对所属的从事航天科研生产的院（公司）的质量管理体系评估工作和院（公司）的自评估。

12.2.2　基本原理

12.2.2.1　评估模型

质量管理体系评估模型如图 12 - 3 所示，主要包括过程评估和结果评估两个方面。其

中，过程评估包括“综合质量管理”“型号产品质量控制”“质量基础保障”三个评估模块，涵盖了航天产品研制生产质量管理三方面的重点工作，结果评估包括“质量管理体系运行结果”一个模块。

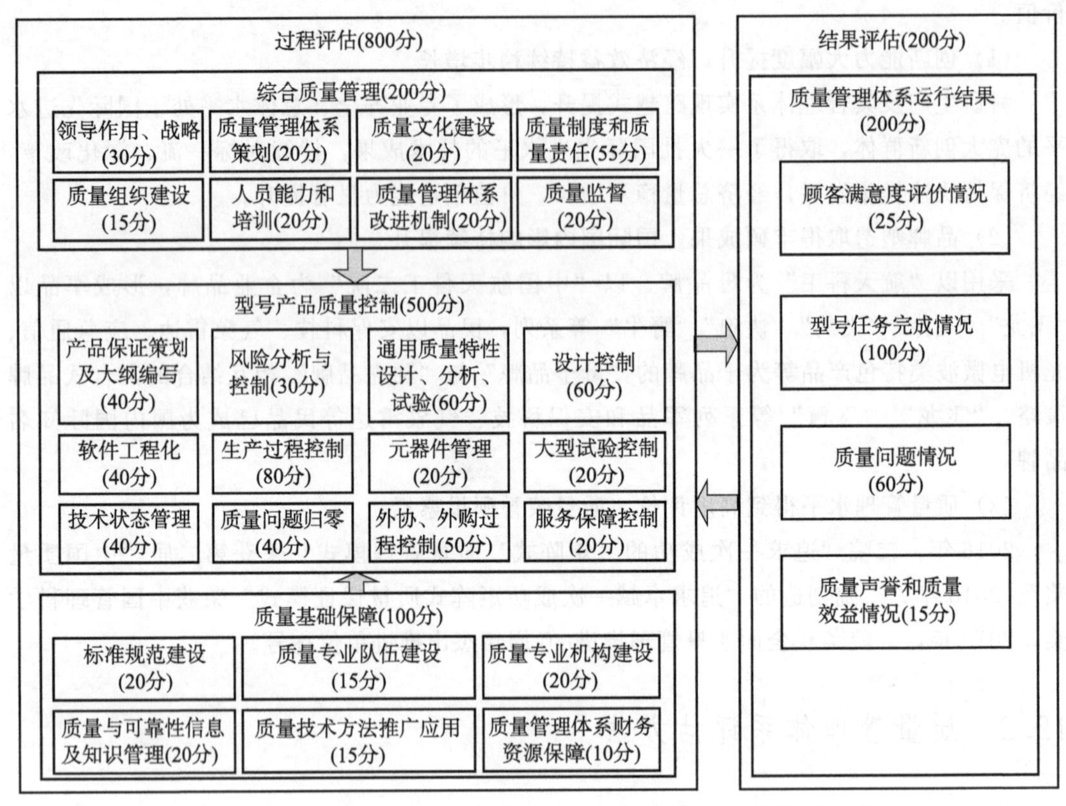

图 12-3　质量管理体系评估模型

质量管理体系评估内容分为两类，总分为 1 000 分。

一类是针对过程评估要素编制的评估内容，称为“过程评估内容”，总分值为 800 分。“过程评估内容”主要有“综合质量管理”“型号产品质量控制”“质量基础保障”三个模块。

“综合质量管理”包括领导作用、战略，质量管理体系策划，质量文化建设，质量制度和质量责任，质量组织建设，人员能力和培训，质量管理体系改进机制，质量监督八个方面的评估要素，分值为 200 分。

“型号产品质量控制”包括产品保证策划及大纲，风险分析与控制，通用质量特性设计、分析、试验，设计质量控制，软件工程化，元器件管理，生产过程控制，大型试验控制，技术状态管理，质量问题归零，外协、外购过程控制，服务保障控制十二个方面的评估要素，分值为 500 分。

“质量基础保障”包括标准规范建设，质量专业队伍建设，质量专业机构建设，质量与可靠性信息及知识管理，质量技术方法推广应用，质量管理体系财务资源保障六个方面的评估要素，分值为 100 分。

另一类是针对结果评估要素的评估内容，称为“结果评估内容”，总分值为 200 分，包括：顾客满意度评价情况，即顾客对产品质量和服务保障情况的满意度和单位改进情况；型号任务完成情况，即反映型号产品实物质量水平的相关指标完成情况；质量问题情况，即发生重复性问题、低层次问题、人为责任问题及重大质量事故情况；质量声誉和质量效益情况，即产品和服务质量所带来的质量声誉、企业荣誉及在降低不良品损失等方面带来的直接经济效益情况。

12.2.2.2　评估方法

(1) 过程评估要素评估方法

针对各个过程评估要素，采用量化打分的方法，按照“要求—落实—改进”的评定方式评估要素等级，确定评估要点（见表 12－1），通过评估其工作绩效的实现程度确定其系数。在质量管理体系评估量化打分时，质量管理体系评估等级系数越高，表明该项工作的绩效越好。当等级系数为 0.3 或 0.4 时，给予该评估要素黄牌警告；当等级系数为 0 或 0.2 时，给予该评估要素红牌警告。

表 12－1　评估要素等级和系数确定指南

过程评估要素等级	过程评估要素系数	含义	评估要点
等级 1	0,0.2	表示该项工作没有开展或基本没有开展,没有实际效果	要求:针对该要素没有明确的要求和相应方法; 落实:要求和方法未在相应的过程和部门得到展开、落实
等级 2	0.3,0.4	表示该项工作在一定程度上开展了,但不能满足质量管理相关文件和标准的基本要求	要求:针对该要素主要方面的要求不明确,方法不适用; 落实:要求和方法在相应的主要过程和部门得到展开、落实的不全面
等级 3	0.5,0.6	表示该项工作满足质量管理相关文件和标准的基本要求	要求:针对该项目的主要方面,具有正式、明确的要求和基本有效的方法; 落实:要求和方法在各主要过程和部门基本得到展开、落实; 改进:有针对问题的基本数据收集分析和改进过程,但举一反三不到位
等级 4	0.7,0.8	表示该项工作得到全面实施,能更加有效地满足质量管理相关文件和标准的要求,甚至某些方面超出达标水平	要求:针对该要素的全部方面,具有的具体、有效的要求和可操作、可检查的方法; 落实:要求和方法在所有相应的过程和部门都得到较为全面的展开、落实; 改进:具有系统的测量分析和评价方法,对关键过程实施有效的分析和改进
等级 5	0.9,1	表示该项工作在集团公司范围达到相当完美的程度,成为全集团的标杆	要求:针对该要素的全部方面,具有系统、规范、详细的要求和比较先进、高效的方法; 落实:要求和方法在所有相应的过程和部门都得到全面、系统、彻底、有效的展开、落实; 改进:基于全面、系统、详细、及时的分析、评价和深入、彻底的改进的方法,形成持续改进的机制

按照表 12－1 所列评估要素的评估等级和系数确定指南，过程评估要素等级和系数的确定方法如下：

1）等级 1 的确定方法：如果没有要求和相应方法，评估系数就判定为 0，有基本要求和方法但落实没有实际效果的，系数就判定为 0.2，给予等级 1 的评估要素红牌警告；

2）等级 2 的确定方法：如果只符合评估要点中的“要求”这一项，等级系数就判定为 0.3，如果符合评估要点中的“要求”和“落实”两项，等级系数就判定为 0.4，两项均不满足，则降到下一个等级，给予等级 2 的评估要素黄牌警告；

3）等级 3 至等级 5 的确定方法：如果评估要点中“要求”和“落实”有一项不满足，则降到下一个等级；如果评估要点“要求”和“落实”都满足，但第三个评估要点“改进”没有满足，则系数评定为该等级的下限值，即 0.5、0.7、0.9；如果三个评估要点“要求”“落实”“改进”都满足，则系数评定为该等级的上限值，即 0.6、0.8、1。

每个过程评估要素的实际得分为该评估要素分值乘以其评估要素系数。

过程要素的总得分为各个过程评估要素的得分之和。

（2）结果评估要素评估方法

首先，确定结果评估要素系数。按照相关评估细则中结果评估要素的评估内容，每个要素的评估内容都被划分为 A、B、C、D 四个等级，其等级的系数分别为：A 级系数为 1，B 级系数为 0.8，C 级系数为 0.6，D 级系数为 0.4。实施评估时，需根据评估内容确定每个评估要素的系数。特别注意，对于评估要素“质量声誉和质量效益情况”，采取累加计分的方式得出该评估要素的得分。

然后，计算每个结果评估要素的实际得分，为该评估要素的满分分值乘以相应等级系数。

最后，计算结果评估要素的总得分，为各个结果评估要素的得分之和。

（3）评估结果的确定

一般来说，过程要素和结果要素总得分之和为质量管理体系评估总得分。但考虑因科研、生产任务性质，存在某些单位不涉及部分评估要素的情况，该部分评估要素分数应从总分中扣除，因此，质量管理体系评估总得分采用归一化处理后的如下计算公式

$$T=\frac{1\ 000}{1\ 000-B}\cdot(T_p+T_r) \tag{12-1}$$

式中　T——质量管理体系评估总得分；

T_p——过程要素总得分；

T_r——结果要素总得分；

B——删减的评估要素总分值。

根据上述公式计算出的质量管理体系评估总得分，按照分值分布将评估结果分为五个等级，其中，具体分值与等级对应标准见表 12－2。

表 12－2　质量管理体系评估总体等级表

等级	总体评估	特征	对应分值
初始级 等级 1(L1)	无章可循、 过程失控	表现为以下一个或几个方面： 1)质量管理的上级文件、标准、合同的要求没有得到贯彻执行，缺乏规范的管理； 2)资源保障不到位； 3)过程基本失控，产品和服务质量没有保证，质量问题不能得到及时、有效的纠正； 4)质量损失较大且未能得到有效控制； 5)顾客非常不满意甚至存在顾客投诉现象； 6)在若干关键过程评估要素有红牌警告	<400 分
不达标级 等级 2(L2)	管理薄弱、 事后把关	表现为以下一个或几个方面： 1)未建立能够满足 GJB 9001C 的质量管理体系文件，多数上级文件、标准、合同的要求只是初步得到贯彻执行； 2)质量保障资源不能及时到位或保障力度不足； 3)最终产品和服务质量基本有保证，产品实现过程在部分环节、部门处于失控状态，质量控制主要依靠事后评审、评测和检验等； 4)质量问题归零不彻底，往往是就事论事； 5)质量损失较大且未能得到十分有效的控制； 6)顾客明确表示不满意； 7)质量管理体系在主要部门、重点要素仍存在重大缺陷，在过程评估模块中有黄牌警告，关键的过程评估要素有红牌警告	400～599 分
达标级 等级 3(L3)	有章可循、 基本受控	表现为以下一个或几个方面： 1)基本达到上级文件、标准、合同的要求，建立了质量管理文件体系； 2)建立并基本落实质量责任制，建立质量组织机构，并能够发挥作用，明确了各部门、人员的质量职责和权限； 3)质量保证资源保障基本到位； 4)过程基本受控，产品和服务质量基本达到相关标准、合同等要求； 5)能够针对质量管理体系的薄弱环节和产品质量问题实施改进； 6)质量损失基本得到控制或有明显下降趋势； 7)顾客基本满意； 8)部分评估要素、部分部门存在落实不到位等情况，在若干一般性过程评估要素上有黄牌警告	600～749 分
良好级 等级 4(L4)	体系健全、 质量稳定	表现为以下一个或几个方面： 1)达到上级文件、标准、合同等要求，质量管理文件体系健全； 2)产品和服务实现全过程受控； 3)产品和服务质量满足上级文件、标准和合同等要求； 4)能够针对质量管理体系薄弱环节持续改进和对产品质量问题彻底归零； 5)质量损失得到十分有效的控制； 6)赢得顾客完全满意； 7)只在个别一般性过程评估要素上有黄牌警告	750～899 分

续表

等级	总体评估	特征	对应分值
优秀级 等级5(L5)	管理成熟、产品优质	表现为以下一个或几个方面： 1)建立了满足上级文件要求、GJB 9001C和本单位特殊要求的系统、有效的质量管理体系文件,并具有先进、成熟甚至独特的可操作和可检查的方法及相应的条件； 2)摸索并有效实施了先进、独特的质量管理方法,质量管理要求和方法采用科学方法和数字化先进手段得到展开和有效、高效的落实； 3)形成系统的、有效的评估和改进机制,质量问题得到举一反三和持续改进,对经验不断的总结和固化成为主要的管理方式； 4)具备稳定地提供优质产品和服务的能力,产品性能、产品与服务质量超出合同等规定的要求并达到国内先进水平； 5)在所有过程评估要素上没有警告； 6)质量投入产出得到较为准确的定量化测量、分析、监控和评估,取得良好的直接和间接的质量经济效益； 7)赢得顾客赞美和顾客忠诚	900～1000分

12.2.2.3 评估原则

质量管理体系评估一般遵循如下五个原则：

1）突出质量工作重点。评估工作的实施突出集团质量工作的重点要求，突出型号科研生产的特点和要求。

2）采用定性和定量相结合的方式。定性评估，根据对各单位科研生产过程文件资料的审查和分析，结合自评估和现场评估，按照评估要点“要求—落实—改进”的评定方式做出对各单位质量管理体系“过程评估内容”结果的判定；定量评估，根据各单位年度任务完成情况、质量效益情况，按照有关评估细则做出对各单位质量管理体系“结果评估内容”结果的判定。

3）坚持目的导向。评估工作以查找、分析质量管理体系运行过程中的问题和薄弱环节为主要任务，总结和推广优秀实践经验、先进工具方法，达到以评促建的目的。

4）坚持问题导向。以科研生产过程中发生的问题为导向，特别是共性问题、多发性问题、深层次问题等，以评促改提升质量管理体系的有效性。

5）确保评估方法科学有效。不断促进评估准则和评估方法的优化，加强信息化手段在评估中的推广应用，保证评估工作科学、高效开展。

12.2.2.4 输入与输出

质量管理体系评估的输入，一方面为主要依据的文件：《中共中央国务院关于开展质量提升行动的指导意见》《中共中央国务院关于印发＜质量强国建设纲要＞的通知》《中华人民共和国产品质量法》《武器装备质量管理条例》等顶层质量文件要求，质量制胜战略、质量管理规定、年度质量工作要点、质量专项管理办法等集团质量管理规章制度要求，以及GJB 1406B—2021《产品质量保证大纲要求》、GJB 3206B—2021《技术状态管理》、GJB 1452A—2004《大型试验质量管理要求》、QJ 2098A—2005《航天型号软件评审与审查》、QJ 3065.1—1998《元器件选用管理要求》、Q/QJB 343—2020《航天工艺纪律检查规范》、Q/QJB 210.1B—2021《质量数据管理要求　第 1 部分：总则》等国家、行业、集团标准要求；另一方面为评估要素的见证材料，包括管理文件和技术资料等科研生产过程的原始资料。

质量管理体系评估的输出分布在六个阶段，在评估工作策划阶段，形成《集团年度质量管理体系评估工作策划》；在评估工作准备阶段，形成《集团年度质量管理体系评估准则》《关于开展集团年度质量管理体系评估工作的通知》《院（公司）质量管理体系自评估报告》和《现场评估工作安排》；在现场评估阶段，形成《现场评估记录表》《院（公司）现场评估结论》和《院（公司）评估问题、最佳实践汇总表》；在结果评估阶段，形成《结果评估得分表》；在评估工作总结阶段，形成《院（公司）质量管理体系现场评估问题整改工作计划》《集团年度问题、工作亮点汇总表》和《集团年度质量管理体系评估工作总结报告》；在改进提高阶段，形成《集团最佳实践案例集》。

12.2.3　实施步骤

12.2.3.1　集团对院（公司）的质量管理体系评估

集团对院（公司）的评估工作分为七个阶段：年度评估工作策划阶段、评估工作准备阶段、现场评估阶段、结果评估阶段、评估工作总结阶段、改进提高阶段和资料归档阶段，各阶段评估工作的主要流程如图 12－4 所示。

（1）制定年度评估工作策划

每年一季度，集团质量主管部门对年度质量管理体系评估工作进行系统策划，形成《集团年度质量管理体系评估工作策划》，明确年度评估工作思路、评估依据、评估范围、评估对象、评估关键要素、重点工作内容及计划安排。

（2）评估工作准备

① 制定年度评估准则

集团质量技术支撑机构在《质量管理体系评估细则》的基础上，落实年度质量工作要点，持续优化评估准则，形成《集团年度质量管理体系评估准则》，经集团质量主管部门审批后正式发布。

② 制定年度评估工作通知

每年 6 月前，集团质量技术支撑机构拟定年度评估工作通知，形成《关于开展集团年度质量管理体系评估工作的通知》，明确年度评估工作计划安排、具体要求、评估过程文件模板等，经集团质量主管部门审批后，由集团质量主管部门正式发布，年度评估工作正式启动。

③ 开展评估专题培训

集团质量技术支撑机构策划质量管理体系评估专题培训，对于培训内容、培训时间、培训对象、授课人进行策划安排。围绕《集团年度质量管理体系评估准则》，组织专家对评估工作组、各院（公司）及所属单位质量主管部门领导、评估实施人员进行培训交流，促进对评估准则及评估工作基础知识的深入理解，为评估工作的有效开展做好准备。

④ 组建评估工作组

集团质量技术支撑机构负责建立、维护评估专家库，由各院（公司）推荐评估专家人选，被推荐的专家应为从事军品专业技术工作10年以上、取得高级技术职称以上的人员，经集团质量主管部门审定后，纳入评估专家库统一动态管理。

每年，集团质量技术支撑机构组建评估工作组，组长由集团指定具有丰富经验的专家担任，集团质量技术支撑机构有关人员担任评估工作组秘书。

⑤ 制定现场评估工作安排

集团质量技术支撑机构协助评估工作组组长制定现场评估工作安排，明确评估工作的范围、评估重点及要求、日程安排、评估工作组成员及分工等，经集团质量主管部门审批后，于现场评估前一周下达被评估院（公司）。

⑥ 现场评估资料及评估现场准备

被评估院（公司）在现场评估前一周，按照《集团年度质量管理体系评估准则》，将各个条款的见证材料按三级条款编号进行打包及准备，并按条款编号做好文件目录，便于文件查找，提高现场评估工作效率。其中，见证材料包括管理制度、计划、会议纪要、工作总结记录等管理文件，标准规范、技术报告、记录等技术资料；资料评估现场应安排在单位内部会议室，并为每位专家配备符合要求的计算机，便于记录评估发现。并按照评估要素安排熟悉业务情况的现场陪同人员，以便评估过程中的询问、答疑、见证资料调阅补充、现场观察引导及理解记录专家的意见和建议。

（3）现场评估阶段

① 召开评估工作首次会议

评估工作首次会议由集团公司质量主管部门主持或委托集团质量技术支撑机构主持，评估工作组、集团质量技术支撑机构人员和被评估院（公司）相关领导、被评估型号的两总系统、相关部门以及研究所、工厂的负责人及其他相关人员参加。会议期间，评估工作组组长宣布评估的目的、范围、要求、评估工作组成员以及日程安排，说明保密要求等相关事项；被评估院（公司）汇报本单位质量管理体系建设情况，包括质量管理体系自评估情况、被评估型号的基本情况、上一年度评估问题的整改闭环情况。

② 开展现场评估

现场评估只对“过程评估内容”进行评估，通过查阅相关资料、研制生产现场观察和相关人员召开小型座谈会等方式查找、梳理科研生产一线存在的待改进项，挖掘最佳实践。主要包括以下环节：

1）查阅相关资料。评估工作组按照计划安排和任务分工，首先查阅被评估院（公司）的自评报告及院（公司）本级及抽查的研究所、生产工厂和型号项目的相关资料。查阅资料时，自评报告主要是导读，需要被评估方陪同人员在场，以便接受询问、答疑和提供资料补充等，对于资料描述不清晰或证实不明确的内容，评估工作组应提出需要现场核实的内容，与被评估单位沟通需要补充的相关证实材料。

2）科研生产现场观察。对部分评估要素，在必要时，评估工作组带着问题和资料中提到的最佳实践，到研究室、实验室、车间、库房、信息中心等科研生产现场深入了解情况，针对重点问题的原始记录和各级上报的文件，了解上级的要求如何展开落实的、如何采取有针对性的措施、效果如何等。

3）召开小型座谈会。在评估过程中，评估工作组根据现场评估情况实时召开小型座谈会，确保评估工作规范、有序开展。必要时，根据现场评估情况，提出调整现场评估计划安排的建议。

4）现场评估结果记录。评估工作组对每个评估要素填写现场评估记录表，评估记录表中所记录的问题须经被评估单位和评估工作组签字确认。

5）形成现场评估结论。评估工作组组长组织评估工作组成员进行内部讨论，结合现场评估记录表，对各要素评估情况、评估分值、发现的问题和亮点工作等评估结果进行讨论，尤其对评估分值在 0.4 以下（含 0.4）及 0.9 以上（含 0.9）的评估要素进行重点讨论，对院（公司）各评估要素最终得分进行确认，并确定院（公司）现场得分，形成现场评估结论。

③ 召开末次会议

末次会议由集团公司质量主管部门主持或委托集团质量技术支撑机构主持，参会人员与首次会议到会人员基本一致。会议期间，评估工作组组长向被评估院（公司）通报本次现场评估结论，包括发现的问题项、建议项及最佳实践工作，宣布被评估院（公司）质量管理体系评估现场得分，并就有关事项进行交流确认；被评估院（公司）的主管领导或主管部门负责人表态，说明针对问题项的改进和总结提炼最佳实践的初步考虑，并对集团公司质量管理体系评估工作提出改进建议。

（4）结果评估阶段

年底，集团质量主管部门组织评估工作组、各单位代表等对照相关评估准则，根据被评估单位型号任务完成情况及质量信息、用户满意度情况和被评估单位提交的结果类评估要素的相关见证材料等对“结果评估内容”进行评估打分，并结合各院（公司）的过程评估结果确定其总体得分和等级。

（5）集团评估工作总结阶段

集团质量技术支撑机构汇总各院（公司）及所属单位现场评估识别的问题项和工作亮点，对各院（公司）的总体评估结果、问题数、最佳实践、各评估要素的得分情况、问题分布等进行统计、分析，梳理、分析质量管理体系运行过程中存在的共性问题、突出问题及值得推广的最佳实践，总结评估工作在策划、实施过程中的经验教训，形成集团年度评估工作总结报送集团公司。

集团质量主管部门组织评估工作组、被评估院（公司）召开年度质量管理体系评估总结会，通报质量管理体系年度评估情况，评述发现的工作亮点，表彰质量管理工作（含评估工作）中表现突出的个人和单位。各个被评估院（公司）汇报年度评估工作总结及问题整改情况，现场交流评估工作经验和改进建议。

(6) 改进提高阶段

① 实施整改

各院（公司）组织相关所属单位按照整改计划，实施具体的改进措施，并跟踪落实情况。本年度的整改工作情况将被纳入下一年度重点评估内容，经验证整改不到位或问题重复发生的条款，评分时降级处理。

② 总结最佳实践

各院（公司）对评估过程中发现的亮点工作进行深入、系统地总结和提炼，形成最佳实践案例报告报送集团，经集团质量主管部门审批后统一发布。

集团质量技术支撑机构组织开展最佳实践案例交流活动。

(7) 资料归档阶段

评估工作结束后，集团质量技术支撑机构将年度评估过程中产生的成果文件和记录进行统一归档。

12.2.3.2 院（公司）质量管理体系评估

(1) 年度评估工作策划

院（公司）依据《集团年度质量管理体系评估工作策划》及院（公司）的相关文件、标准，策划院（公司）年度质量管理体系评估工作，明确院（公司）质量管理体系评估的范围，明确、落实评估工作的主管部门及职责，明确评估的方式和要求，形成《院（公司）年度质量管理体系评估工作策划》下发院（公司）有关所属单位。

(2) 开展院（公司）自评估和对所属单位的评估

院（公司）按照《关于开展集团年度质量管理体系评估工作的通知》开展院（公司）的自评估和对所属单位的评估，其中，自评范围应覆盖院本部及所有下属军品单位和主要型号，自评内容应覆盖《集团年度质量管理体系评估准则》中的所有条款和全部内容（不适用条款应在自评报告中给出具体说明），院（公司）在完成自评估及对所属单位的评估后编制《质量管理体系自评报告》，并经质量主管领导审批后报送集团，具体要求同第12.2.3.1节相关内容。

(3) 接受集团现场评估

按照集团现场评估工作有关要求，接受集团现场评估，准备与评估有关的见证材料，按业务配备熟悉情况的技术人员或管理人员协助评估工作组开展现场评估，具体要求同第12.2.3.1节相关内容。

(4) 评估总结和改进提高

集团对院（公司）现场评估后，院（公司）根据自评估和现场评估情况，对评估工作实施情况进行总结，梳理问题项和最佳实践，对存在的问题进行深入分析并制定整改措施，对不能及时整改的问题，要制定详细的推进实施计划，于现场评估后1个月内完成《质量管理体系评估问题整改工作情况汇总表》报送集团。具体要求同第12.2.3.1节第(5)、(6)部分内容。

(5) 资料归档

现场评估工作结束后，院（公司）将年度评估过程中产生的成果文件和记录进行统一归档。

12.2.4　典型案例

下面以航天某研究院为例，详细说明质量管理体系自评估的实施过程。

根据《关于开展集团年度质量管理体系评估工作的通知》，航天某研究院拟制质量管理体系评估工作策划方案，成立自评组织机构。其中，领导小组负责质量管理体系评估总体策划，提供现场评估所需资源，负责评估过程中重大事项的协调及重大问题的解决；工作小组负责质量管理体系评估具体策划、组织及实施，负责本部门、本单位自评估并形成自评报告，负责集团质量管理体系现场评估会务组织，负责集团质量管理体系现场评估发现的问题整改及闭环；专家组由集团派驻质量监督代表、专家组相关成员组成，负责对研究院本部及所属三级单位质量管理体系进行现场评估。

在此基础上，明确工作任务及节点，对检查要素进行逐条分解，落实到具体责任部门、责任人。9 月上旬，该研究院本部各有关部门以及所属某厂完成质量管理体系自评工作，形成记录，编写自评估报告。10 月下旬，院本部质量部门组织专家组对本部及所属某厂开展院级评估工作。针对自评估情况，编制评估问题整改计划，并按整改计划开展后续整改工作。

该研究院在本次自评估中，在质量文化建设、人员能力和培训、风险分析与控制、大型试验控制、标准规范建设、质量专业队伍建设等多个要素部分存在扣分问题，例如：质量文化建设部分，尚未组织开展"中国质量奖""全国质量奖""中国航天质量奖""装备质量综合激励"等奖项申报活动，主要是因为基础管理水平难以快速提升，距离申报高级别质量奖还存在一定差距；大型试验控制部分，尚未开展数字仿真试验、半实物仿真试验，主要是因为处于技术验证阶段，尚不具备开展数字仿真试验、半实物仿真试验的条件及能力；质量专业队伍建设部分，暂未建立与科研生产和产业发展相适应的标准化队伍，标准化人员业务能力难以满足型号研制需要，主要是因为两级单位标准化人员配备不足，两级标准化管理人员不够稳定、专业能力不强。

同时也发布了质量管理体系强化建设方案、质量文化手册，建立质量问题周通报、质量管理月点评机制，全面部署应用质量管理系统等 10 余项亮点工作。

集团上一年度组织的质量管理体系评估活动中发现的几十项问题，均已按照节点完成整改，并针对本次自评估发现的问题及不足，制定了"自评估问题整改计划"。

依据集团相关评估细则，该研究院形成了本部和所属三级单位自评估结论，经评估和计算，本部综合质量管理、型号产品质量控制、质量基础保障三个评估模块合计适用分 557 分，不适用条款 243 分，合计得分 425.6 分，按照归一法计算，过程评估要素得分 611.3 分（总分 800 分）；同理，所属三级单位合计适用分 780 分，不适用条款 20 分，合计得分 587.1 分，按照归一法计算，过程评估要素得分 602.2 分（总分 800 分）。

12.3 质量“五自主”管理模式

质量“五自主”管理是借鉴德鲁克“自我管理理论”，结合航天研制生产单位的实践而提出的。这一方法在航天科研生产工作中，结合质量技术方法的运用、群众性质量管理活动的开展、质量先进评选等工作而不断完善，实际应用取得显著效果，具有推广价值。

12.3.1 概念和适用范围

质量“五自主”管理主要包括：自主学习技能、自主落实要求、自主暴露问题、自主照章办事、自主改进提升。这“五自主”既各自独立，又互为关联，它们之间的关系如图12-5所示。

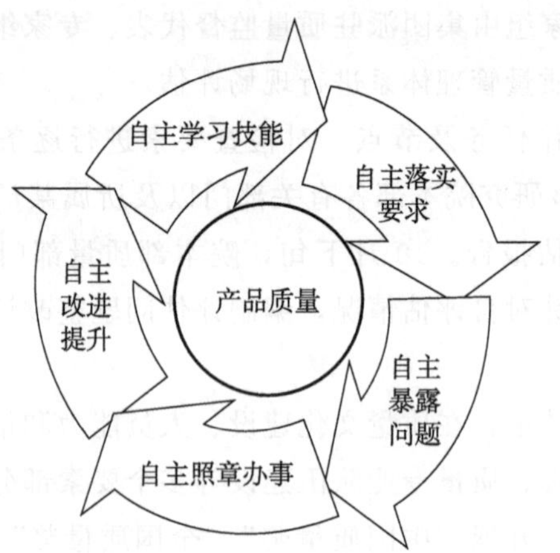

图12-5 质量“五自主”原理图

自主学习技能是产品质量得到保障的基本前提。倡导职工结合自身岗位的业务特点及岗位要求，针对自身存在的不足或薄弱环节，量身定制自己的学习或培训计划，自主自发地学习岗位所需的知识技能。通过持之以恒的自主学习，不断提升自身岗位技能。

自主落实要求是产品质量的有效保证。倡导职工在日常工作中主动关注本岗位应该落实的各项技术、管理、操作要求，对要求做到了然于心、主动响应、落实到位。

自主暴露问题是实现事前预防的有效方法。引导职工在实际工作中主动思考，强化质量预防意识，提前发现工作中存在的问题或疑问，并及时反馈到相关人员，在产品开工前或交付下道工序前使疑问或问题得到确认或处理，将问题消灭在萌芽状态，避免问题的发生或扩展。

自主照章办事是正确处理问题必须遵循的原则。倡导职工要养成照章办事的良好习惯，严格按照规章制度、标准规范、程序文件开展设计、操作和管理工作，因循成习。坚决杜绝出现问题后私自处理、超越程序处理、越权处理、隐瞒不报，引导职工养成严格执行程序的良好习惯。

自主改进提升是美好愿景。倡导职工在日常工作中不断总结经验，吸取教训，主动分析自身存在的不足，不断改进工作方法，学习运用新思维、新方法、新工具解决问题，持续改进工作质量，不断提升自身工作能力，促使质量管理持续改进，真正地实现由被动管理到主动管理。

质量“五自主”管理适用于各类研制生产型组织及其科研生产活动。

12.3.2　基本原理

质量“五自主”管理变传统的“自上而下”管理方式为“自下而上”的预防型质量管理，主要通过员工的自我约束、自我控制、自我发现问题、自我解决问题，以变被动管理为主动管理，变“要我干”为“我要干”，进而实现员工自我提高、自我创新、自我超越，推动企业质量管理水平不断改进提升。即通过建立学习型组织，改进员工的心智模式，运用系统思考的方法，并通过员工按照计划自主实施、检查和处置的方法，持续改进，从根本上形成“系统预防，追求卓越”的内在动力，进而改善公司质量绩效。

研制生产型组织的内部部门一般有管理部门、技术部门和操作部门等三类。这三类部门通过开展质量“五自主”管理，实现组织质量管理水平的自适应提升。由于这三类部门的工作特点和工作侧重面各不相同，落实质量“五自主”管理要求也不尽相同。

管理部门开展质量“五自主”管理的重点：一是提升管理技能；二是落实管理要求；三是发现制度、程序上存在的管理不足；四是按照管理制度、程序行使管理职责；五是改进管理方法、管理手段，提升管理的效率和效果。

技术部门开展质量“五自主”管理的重点：一是提升技术能力、攻关能力；二是将设计、工艺等标准吃透，并落实到“技术产品”中；三是发现产品设计方案、工艺方法上存在的不足；四是发生质量问题时，严格按照程序进行审核处理；五是对技术难关开展研究攻关，改进自身设计、工艺水平。

操作部门开展质量“五自主”管理的重点：一是组织学习操作技能，提升职工的技艺；二是落实各类要求，主要是工艺文件要求及各类实物控制要求等；三是自觉发现产品实现过程中存在的隐患或问题，并及时反馈；四是出现问题后及时通报，保护现场；五是对产品质量开展统计分析，制定改进措施，从操作上提高产品质量以及合格率。

通过自下而上和自上而下相结合促进“五自主”管理落地生根。部门推动的重点在于组织、引导，班组推动的重点在于基层管理，个人推动的重点在于结合自身岗位落实、执行。

综上所述，以管理部门、技术部门、操作部门为经线，个人层面、班组层面、部门层面为纬线，以“五自主”为要素，将其内在逻辑关系与现有的“质量星级职工”“免检岗”“质量信得过班组”等进行关联，形成了经纬式的质量“五自主”管理，如图 12 - 6 所示。

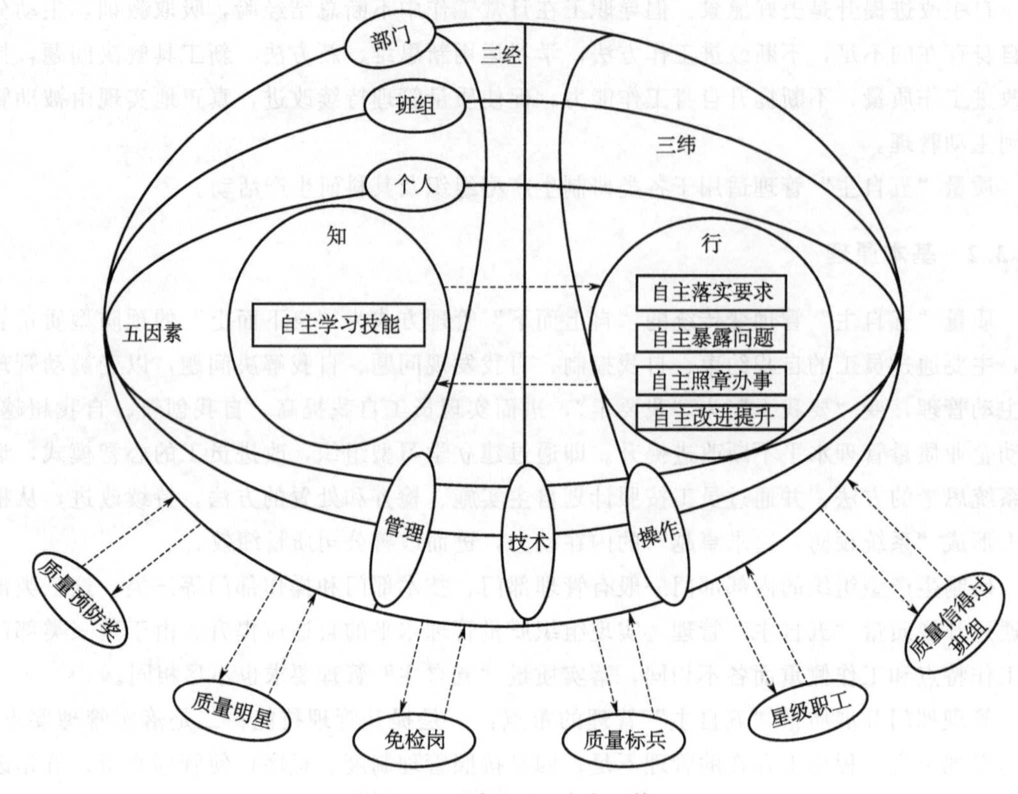

图 12-6　质量“五自主”管理

12.3.3　实施步骤

质量“五自主”管理模式的实施包括开展“五自主”活动和建立实施评价考核制度两方面。

12.3.3.1　开展质量“五自主”管理活动

（1）自主学习技能

部门建立自主学习技能的长效机制，倡导员工自主学习技能。以成立学习小组等方式，安排学习时间，有组织地开展学习和技能分享，对做得好的职工进行奖励和表彰，并推荐为各类质量先进，形成浓厚的学习型组织的氛围。

职工通过学习知识、技能、方法、要点、经验，掌握并熟练运用本岗位业务技能，提升从事本岗位的工作质量。一是以解决实际问题为出发点，针对本岗位工作中的重点、难点、盲点，主动学习，积极响应，拓宽本岗位业务技能的深度与广度；二是做好学习笔记，养成良好的学习习惯，善于总结；三是力行善行，转换为工作技能，成为改进和提高质量绩效的动力之源，主动学习并坚持始终，倡导终身学习理念，不断改造心智模式。

（2）自主落实要求

管理人员、技术人员、操作人员分别学习掌握涉及自身工作的各类管理要求、技术文件要求、会议纪要要求、闭环工作要求，知悉这些要求中的内容、时间、节点以及关键点，研究其难点、重点，围绕要求中的内容，策划完成方式、过程所需资源、困难和潜在问题；要积极主动响应要求的提出方，充分沟通落实要求中的难点、重点，及时反馈各项要求完成的进展情况，逐一解决。

质量部门每年策划组织开展周监督检查工作，每月对各部门和职工有关自主落实要求情况与周监督检查情况进行点评，并结合闭环管理情况进行评价，与质量信得过班组、质量标兵等评选工作结合，增加评价“落实要求内容和要素”，对自主落实要求的个人和班组、部门，作为重要考虑对象，对于严重违反要求的取消评先资格。

(3) 自主暴露问题

各部门和职工通过自查自纠主动发现并报告科研生产中的各类问题，避免问题的发生或扩展，杜绝私自处理质量问题。部门领导负责问题审核，质量部门负责问题督办闭环、协商、验证与确认，并对各类问题处理情况进行统计评价、公布。

对主动暴露自己的问题并实施改进的部门和职工，可免于或减轻处罚；对积极主动暴露问题并实施改进效果突出的部门和个人，予以表彰和奖励；并将暴露问题后的预防效果作为各种质量先进评优的条件之一。

(4) 自主照章办事

管理人员严格执行各类程序文件、规章制度、标准规范，认真履行岗位职责，不违章指挥，杜绝管理过程中的盲点、断点，做到环环相扣。对于异常情况，按正常流程进行申报、处理。专业技术人员严格执行各类技术文件要求、设计工艺标准规范，进行质量问题归零，认真履行“三级审签”手续和技术状态更改“五条原则”等，保证产品研制开发工作的专业化、规范化。生产操作人员认真执行程序文件、工艺文件、操作规范等，杜绝低层次质量问题的发生。

各部门和职工以如何不折不扣执行程序文件、规章制度、标准规范为出发点，面对问题时，积极寻找解决问题的途径和方法；将自主照章办事落实情况体现到质量信得过班组、质量标兵等评价中。

(5) 自主改进提升

在做好四个方面的自主管理的基础上，各部门和职工强化相关信息的收集、传递、统计、分析，为自主改进提供输入，灵活运用多种质量技术方法解决实际问题，分析薄弱环节或寻找改进机会，制定改进措施并实施改进，进而对改进成果确认和推广。

12.3.3.2　建立考核评价方法

(1) 部门级质量自主管理考核评价方法

各部门每季度进行自查，并将自主管理内容纳入管理评审报告。各部门每年 6 月份和 12 月份分别按质量“五自主”管理申报、评价表要求进行自主管理先进部门申报，质量部门组织评定，对表现突出的部门，作为典范，予以推广，并按公司质量管理奖惩有关规定进行奖励。部门质量“五自主”管理考核评价见表 12 - 3。

表 12-3 部门质量“五自主”管理考核评价表

序号	评价项目	部门质量“五自主”评价内容
1	自主学习技能	结合业务特点及岗位要求，针对自身存在的不足或薄弱环节开展学习的情况，包括开展学习的组织方式、参学人员、组织次数、年度培训计划的完成情况、组织技术交底活动的次数；部门的学习效果，主要表现为：竞赛获奖名次情况、突出业绩、内部培训情况
2	自主落实要求	组织落实完成技术文件要求、管理要求、纪要要求、闭环要求的次数及完成情况，主要表现为：首先，通过自主落实要求，取得了哪些成绩，因此获得奖励和表扬多少项（次），或介绍典型事例；其次，在各项监督检查时有无落实、反馈、执行不到位情况，需要闭环时，有无闭环不到位的情况，在落实各项要求的过程中，各项要求提出方有无投诉现象
3	自主暴露问题	发现并报告自己存在的问题数量、他人或组织的问题数量、潜在问题或模糊的认识的数量，主要表现为：改进落实效果情况，有无预防批次性质量问题或重大质量事故；有无存在隐瞒问题情况；申报质量预防奖的数量及获奖情况
4	自主照章办事	严格按照程序文件、规章制度、标准规范进行管理、设计、操作，主要表现为：通过自主照章办事，取得了哪些成绩，因此获得奖励和表扬多少项（次）。或者，介绍典型事例。其次，部门内部有无违反程序文件、规章制度、标准规范的案例
5	自主改进提升	结合年度质量工作计划组织开展自主改进提升活动，主要表现为：自查自纠次数及改进效果、内部管理评审取得的效果、质量改进课题的数量及获奖情况、质量技术方法的应用情况及效果、部门获得星级职工的次数

(2) 班组级质量“五自主”管理考核评价方法

班组级质量“五自主”管理检查随班组建设达标检查一并进行，对表现突出的部门，在质量信得过班组评选中优先考虑，对未开展班组级质量“五自主”管理活动的班组，在班组达标评比以及各种评优工作中一票否决。

(3) 员工级质量“五自主”管理考核评价方法

质量“五自主”管理先进个人每半年评定一次，经个人申报、部门推荐，质量部门组织联合评定，按质量管理奖惩有关规定进行奖励。其中在质量标兵评比申报过程中必须有相关的员工质量“五自主”管理内容，对于未参与这一活动的个人实行一票否决制度。员工质量“五自主”管理考核评价见表 12-4。

表 12-4 员工质量“五自主”管理考核评价表

序号	评价项目	员工质量“五自主”评价内容
1	自主学习技能	职工结合业务特点及岗位要求，制定多少项学习计划，参加组织上的学习和技术交底的次数，提升哪些技能，改善哪些工作，体现在何处，如获奖、论文、课题等
2	自主落实要求	职工落实完成技术文件要求、管理要求、纪要要求、闭环要求的项数及完成效果；主要的表现形式；个人通过自主落实要求，取得哪些成绩，获得奖励和表扬多少项（次），或介绍典型事例。其次，在各项监督检查时是否存在个人落实、反馈、执行不到位的情况，是否存在闭环不到位的情况，要求提出方有无投诉情况
3	自主暴露问题	职工发现并报告自己存在的问题项数、他人或组织的问题的项数、潜在问题或模糊的认识的项数。主要表现为：个人改进落实效果情况，有无预防批次性质量问题或重大质量事故；是否存在隐瞒问题情况；申报质量预防奖的数量及获奖情况
4	自主照章办事	职工结合各自岗位严格执行相关的规章制度、标准规范、程序文件，主要表现为：通过自主照章办事，取得了哪些成绩，因此获得奖励和表扬多少项（次）。或者，介绍典型事例。其次，个人有无违反程序文件、规章制度、标准规范的案例

续表

序号	评价项目	员工质量“五自主”评价内容
5	自主改进提升	职工在做好自主学习技能、自主落实要求、自主照章办事、自主暴露问题四个方面自主管理的基础上，自身开展自主改进提升活动，主要表现为：运用质量技术方法的情况及效果、改进课题及获奖情况、自查自纠情况、获得星级职工的次数等

12.3.4　典型案例

某航天企业全面推行质量“五自主”管理，主要做法如下：一是在公司、部门及班组层面搭建学习平台，如设立“19 点课堂”、青年干部论坛、政策研究小组等，引导部门、班组、员工三个层面，自动自发地通过学习，不断提升技能。二是在公司、部门及班组层面设立自主暴露问题的奖励机制，通过广大干部职工主动落实要求，达到善于发现问题、敢于暴露问题，进而建立自下而上的诉求机制；三是在公司、部门及班组层面制定质量行为规范准则，营造照章办事的氛围，培养职工的规范行为和诚信意识；四是通过建立有效的持续改进的方法和渠道，如在实际工作中灵活运用多种质量技术方法解决实际问题，不断营造主动向上的预防型质量文化。

质量“五自主”管理实施以来，在任务量同比增加 20%以上的情况下，企业质量问题总数保持稳步下降态势，操作类质量问题同比下降 22.3%，质量预防效果明显。在此基础上，总结形成了《质量自主管理办法》，获得“全国质量标杆”荣誉称号，并在研究院范围推广应用。

12.4　“三全”质量监督管理模式

航天军贸产品创新性强、高复杂、高成本、高敏感、高风险，质量要求高，特别是多品种、小批量特点突出，交付任务紧且多阶段并行交叉，配套层级多、供应链长，需要跨境提供服务保障，为此需要构建更加系统全面、敏捷高效、适应性的质量监督管理方法。经过二十余年军贸产品质量监督管理工作实践，创新性地提出了“三全”（全系统、全特性、全过程）质量监督管理模式。该模式有利于提高军贸型号全寿命周期的产品质量，促进项目顺利履约，大大减少了交付后因质量问题跨境保障造成的高额的成本、对国家信誉和两国外交关系的不良影响。

12.4.1　概念和适用范围

“三全”质量监督管理模式是从满足用户作战和使用需求着眼，从型号（项目）具体产品入手，系统策划质量监督验收工作，对型号研制生产的全过程进行质量监督，对型号产品质量特性形成的关键过程进行监督把关，对交付用户的产品实施独立验收而创建的一种质量监督管理方法。

全系统质量：各种质量特性所依附的对象，一般包括从元器件/零部件/软件到系统产品、从主产品到保障产品、从单一产品到全体系产品的各个层次、各个方面的质量。

全特性质量：专用特性和通用特性满足要求的程度。专用特性是反映不同产品类别和自身特点的个性特征，技术先进性和性能稳定性是专用特性的集中表现；通用特性是反映不同产品均应具有的共性特征，可靠性、耐久性、维修性、测试性、保障性、安全性等构成了通用特性。

全过程质量：在产品全寿命周期内质量特性形成、固化、体现等阶段和过程的各种质量表现。全寿命周期一般包括论证、研制、生产和使用与保障等过程。

该模式主要适用于军贸产品质量监督验收工作，也适用于航天复杂系统或重大装备的质量监督工作。

12.4.2　基本原理

“三全”质量监督管理模式贯彻航天系统工程理念方法，全维度构建了覆盖全系统质量、全特性质量、全过程质量的监督管理体系，是现代质量管理思想、理论和技术的综合应用。如图 12－7 所示，其核心原理体现在如下三个方面。

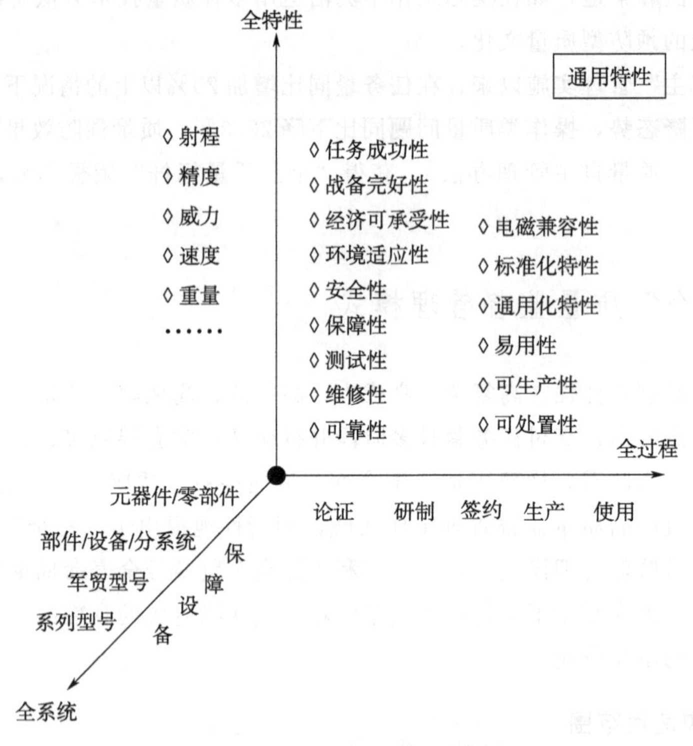

图 12－7　“三全”原理示意图

一是全系统质量监督。全系统质量监督要从装备整体上对质量监督的对象进行宏观的把握，不仅要关注元器件、零部件的质量，更要关注装备整体的质量、硬件的质量、软件的质量、保障系统的质量，不仅要关注单一装备的质量，更要关注装备体系的质量。

二是全特性质量监督。全特性质量监督不仅要关注装备功能性能等关系作战能力的专用特性，还要关注装备的可靠性、维修性、保障性、测试性、安全性和环境适应性，更要关注装备系统、装备体系的经济可承受性、战备完好性和任务持续性，长远考虑还应关注装备的易用性、可生产性和可处置性等通用特性，这些通用特性是专用特性充分发挥的基础和保障。

三是全过程质量监督。全过程质量监督不仅要关注装备生产、研制过程，更要关注装备论证过程，特别是使用过程的质量。

本方法的主要输入是围绕“三全”质量监督所需要的产品层次、工作分解结构、各产品层次质量特性要求及各阶段质量监督计划、技术和方法等信息；主要输出是质量监督计划、质量责任体系和质量监督评价报告。

12.4.3　实施步骤

本方法基本遵循 PDCA 的质量流程，通过开展质量监督策划，明确质量监督对象和范围，构建质量监督责任体系，制定并实施质量监督工作计划，定期开展检查和改进，不断提高质量监督管理的科学化、专业和精细化水平。

12.4.3.1　针对军贸型号（项目）任务特点，开展针对性的策划

军贸产品质量监督验收工作应与军贸项目研制、军贸合同谈判、军贸产品制造、军贸产品履约等过程紧密结合，做到同步策划，同步实施。依据 QJ 20904—2018《航天军贸产品质量监督验收要求》、QJ 20905—2018《航天军贸产品研制过程质量监督要求》、QJ 20906—2018《航天军贸产品生产过程质量监督要求》，针对军贸产品的实际情况，任务抓总单位军贸代表室组织开展军贸型号质量监督验收工作策划，制定型号质量监督验收大纲（或要求），确定质量监督验收的内容、形式和方法。各单位军贸代表室对质量监督验收大纲进行分解，制定具体的质量监督验收实施细则，经评审后发布。

12.4.3.2　编制产品分解结构，支撑全系统监督

任务抓总单位参照 GJB 431—1988《产品层次、产品互换性、样机及有关术语》对产品结构层次的分类，贯彻从顶至下的原则，把型号（项目）分为系统、分系统（弹、车）、装置（设备）、单元体（组合、机构），编制军贸型号（项目）产品分解结构，示例见表 12-5，构建各层级的产品结构树，作为质量监督和产品验收的对象，支撑全系统质量监督工作。

表 12-5　产品分解结构数据项列表

序号	数据项名称	数据类型(长度)	是否必填
1	顺序号	字符串(50)	是
2	所属系列	字符串(50)	是
3	所属型号	字符串(50)	是
4	所属项目	字符串(50)	是
5	产品名称	字符串(200)	是
6	产品代号	字符串(50)	是
7	产品等级	字符串(50)	是

续表

序号	数据项名称	数据类型(长度)	是否必填
8	父节点	字符串(50)	是
9	地面/弹上	字符串(50)	否
10	软件安装的硬件名称	字符串(200)	否
11	软件安装的硬件产品代号	字符串(50)	否

12.4.3.3　编制工作分解结构，支撑全过程全特性监督

按照型号（项目）质量监督验收大纲及实施细则的要求，将工作内容梳理形成工作分解结构，工作分解结构应覆盖项目全寿命周期（包括立项论证阶段、方案阶段、工程研制阶段、设计鉴定阶段、工艺鉴定阶段、批生产阶段、售后服务阶段）内对产品功能性能、通用质量特性的质量监督验收工作，形成质量监督验收项目清单，如图 12－8 所示。每个质量监督验收项目包含项目代码、硬件/软件、所属过程、所属阶段、阶段标记、所属状态、主要工作、型号研制生产工作项目、质量监督验收项目、质量要素、质量监督验收方式、质量监督验收对象、质量监督验收依据、质量监督验收要点、质量监督验收记录、会签文件、交付物类别等数据项。

	一…	二…	硬件/软件	所属过程	所属状态	型号研制生产工…	监督项目名称	监督对象	监督验收记录	会签文件	交付物类别
□	017	01	硬件	研制过程	MY	编制产品保证大纲	审查产品保证大纲	产品保证大纲	评审遗留问题落实表…	产品保证大纲（细则）或评审证书	△推荐做
□	018	01	硬件	研制过程	MY	编制质量监督验收…	审查质量监督验收大纲	型号质量监督验收大纲	军贸型号质量监督验…		▲必做
□	019	01	硬件	研制过程	MY	编制电磁兼容性保…	审查电磁兼容性保证大纲	电磁兼容性保证大纲	评审遗留问题落实表…	电磁兼容性保证大纲（细则）或评审证书	△推荐做
□	020	01	硬件	研制过程	MY	编制环境适应性大纲	审查环境适应性大纲	环境适应性大纲	评审遗留问题落实表…	环境适应性大纲（细则）或评审证书	△推荐做
□	021	01	硬件	研制过程	MY	编制材料、机械零件和工艺保…	审查材料、机械零件和工艺保证大纲	材料、机械零件和工艺保证大纲	评审遗留问题落实表…	材料、机械零件和工艺大纲（细则）或评审证书	△推荐做
□	022	01	硬件	研制过程	MY	编制元器件保证大纲	审查元器件保证大纲	元器件保证大纲	评审遗留问题落实表…	元器件保证大纲（细则）或评审证书	△推荐做
□	023	01	硬件	研制过程	MY	编制软件保证大纲	审查软件保证大纲	软件保证大纲	评审遗留问题落实表…	软件保证大纲（细则）或评审证书	△推荐做
□	024	01	硬件	研制过程	MY	编制计量保证大纲	审查计量保证大纲	计量保证大纲	评审遗留问题落实表…	计量保证大纲（细则）或评审证书	△推荐做
□	025	01	硬件	研制过程	MY	编制标准化大纲	审查标准化大纲	标准化大纲	评审遗留问题落实表…	标准化大纲（细则）或评审证书	△推荐做

图 12－8　质量监督验收工作项目清单（示例）

12.4.3.4　建立质量监督工作系统，构建质量责任人体系

以总代表室、各单位军贸代表室、驻外协单位质量监督验收机构为基础，建立项目牵动的质量监督验收工作系统，明确各级产品主管的代表室和责任人，制定工作章程，传递型号（项目）质量监督验收工作要求，做到产品完整覆盖、职责分工明确、责任落实到人。

12.4.3.5　制定下发工作计划并实施，定期开展检查和改进工作

基于质量监督责任人体系、型号（项目）工作分解结构和产品分解结构，分解制定工作计划，下发到责任单位、责任人，明确时间节点、完成形式、交付物种类。定期召开例会，检查计划完成情况，针对存在的问题进行协调，布置下一阶段工作。通过关键过程、专项检查、各类评审、产品验收等方式对计划完成质量、交付物质量进行审查，提前发现

存在的问题并予以改进。

12.4.3.6　注意事项

本方法实施过程中，应当注意如下问题：

1）要把质量特性要求识别清晰、全面，针对用户特殊需求，不仅要识别功能性能特性，而且要针对用户的语言文化、使用环境、保障条件充分识别可靠性、维修性、保障性、安全性、测试性、环境适应性等质量特性的特殊要求和短板风险。

2）运用好工作分解结构，在前期质量策划中就要依据工作分解结构，充分明确与产品研发相配套的质量管理、设计评审、试验评价、设计确认和综合保障等工作。

3）加强综合保障同步规划建设，保证在交付装备的同时，同步交付文件资料、保障设备、保障设施等保障资源，以满足不同语言不同文化、跨境的保障需求。

12.4.4　典型案例

航天某院坚持“善于发现问题、及时报告问题、绝不放过问题”的工作原则、“有声音、有影响、有权威”的工作要求，强化机构队伍建设、规章制度建设，完善工作机制，在某重点型号为代表的各军贸型号中推行“三全”质量监督管理模式，取得了显著成效。

12.4.4.1　健全覆盖完整、独立权威的机构和队伍

完成了院所两级军贸质量监督验收机构调整，构建院所两级相对独立、权威的军贸产品质量监督验收机构，优化了机构设置，军贸代表室覆盖了物资采购、元器件、原材料复验筛选至各产品研制生产、可靠性试验、总装总调、包装运输、译文翻译等各军贸任务承担单位。独立设置的军贸代表室大幅增加，独立性大大提高；建立了一支以专职化为主的军贸质量代表队伍。

为实现对军贸型号“全特性”的质量监督工作，建立了一支以设计、工艺和可靠性专业专家为主的兼职队伍，从型号设计师、工艺师队伍中聘任技术、工艺、可靠性等专业专家，覆盖了各单位主要技术专业，实施专用特性和通用特性的产品质量监督，对军贸研制型号从立项论证至设计鉴定、工艺鉴定的关键过程实施技术把关，从本质上提高军贸产品质量。

12.4.4.2　构建了层次清晰、架构完整的规章制度体系

如图 12－9 所示，修订完善了院所两级单位的《军贸产品质量监督验收管理办法》，制定发布了《××院军贸产品质量监督验收规范》系列业务标准，组织将军贸产品质量监督验收工作全面纳入各单位质量管理体系，修订了质量手册、相关程序文件和作业文件，实现了质量监督验收工作的体系化和程序化，构建了军贸产品质量监督验收管理办法、质量管理体系文件、军贸产品质量监督验收工作标准三个层次的规章制度体系，层次清晰、架构完整、易于执行。

12.4.4.3　建成了系统闭环、持续提升的工作机制

通过多年来的探索和实践，建立了院属单位总代表任免制度、月度例会制度、定期报告制度、业务检查制度、总代表年终述职考评制度、军贸验收费拨付制度、军贸质量代表

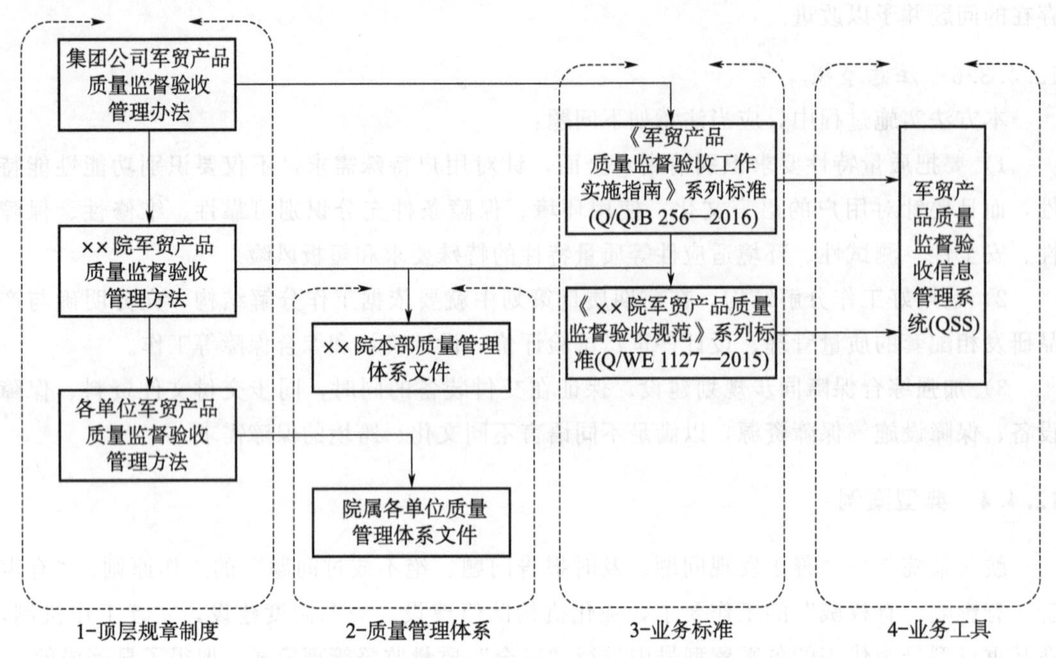

图 12-9 ××院质量监督验收工作体系图

教育培训制度、先进单位及个人表彰制度。年度有要点、月度有例会、季度有分析、半年有总结和业务检查、年终有总结和述职考核，将军贸验收费纳入院综合计划，根据军贸质量监督验收任务完成情况进行考核、下拨，把发现问题数量多少作为衡量军贸代表室工作成效的主要指标，每月进行评比、通报，并据此评选先进单位和先进个人，使“善于发现问题、及时报告问题、绝不放过问题”的工作要求逐渐成为全体军贸质量代表的工作习惯，推进了各项军贸质量监督验收任务按时保质完成。

12.4.4.4 开发了数字化、精细化管控的业务系统并有效运行

以“管理制度化，制度流程化，流程表单化，表单数字化，管控智慧化”为建设要求，以“数字化、网络化、智能化”为基本特征，成功构建了支撑“三全”质量监督管理模式落地的质量监督验收管理信息系统（QSS，Quality Supervision Management Information System），实现了精细化管控、自动统计分析和智能决策，标志着全新的数字化管控模式的形成，是系统提高军贸质量监督验收工作质量和工作效率的综合措施。这一信息系统获得国家知识版权局颁发的计算机软件著作权证书，并成功在兄弟单位进行了部署和上线运行。

QSS实现了以项目管理为主线、质量管理为方法，基于通用工作分解结构、产品分解结构、组织分解结构的全业务计划自动生成、完成情况自动确认；实现交付物的在线生成、在线提交、在线检索、在线复用；实现规章制度落地、工作程序相对固化、工作方法有效查询、工作数据一次录入重复使用、工作结果自动统计、有效分析和利用；实现产品质量偏离数据在线提交、在线积累、自动统计、实时分析、促进有效利用；通过QSS的有效运行，实现军贸产品质量监督验收工作效率和工作质量的大幅提高，为军贸产品质量

提升提供大数据基础保障。

12.4.4.5　全面推行型号（项目）质量监督验收工作系统的建立和运行，强化外协产品质量监督

在某型号（项目）履约过程中，以总代表室、院属各单位军贸代表室、驻外协单位质量监督验收机构为基础，建立型号（项目）质量监督验收工作系统，明确各级产品主管的代表室，制定工作章程，传递型号（项目）质量监督验收工作要求，做到产品完整覆盖、职责分工明确。充分借用航天科技集团、兵器工业集团、兵器装备集团等现有质量监督验收机构的力量，开展外协产品的质量监督工作，协调未设置质量监督验收机构的单位指定专人落实质量监督工作职责。

12.4.4.6　制定项目质量监督验收大纲及实施细则，实施全系统、全过程质量监督验收

针对某型号研制及项目履约工作，由总代表室牵头制定型号（项目）质量监督验收大纲，明确型号及项目全系统、全特性、全过程质量监督验收工作要求，由各单位代表室针对本单位承担的任务及特点分解制定质量监督验收实施细则，大纲及实施细则均经评审后正式下发，作为开展质量监督验收工作的依据。对产品研制生产的全过程进行质量监督，对产品质量特性形成的关键过程进行见证把关，通过对承制单位质量管理体系过程和产品的监视与测量，及时发现承制单位在质量管理体系运行中存在的问题，并督促承制单位完善改进，促进了承制单位质量管理体系的有效运行；同时通过强化产品研制生产过程质量监督、严格产品验收把关，确保了交付装备质量，促进了合同按时保质履约。

在七年多的实施过程中，共发现 5 万多个问题并督促 100%解决，督促百余项质量问题100%完成归零，督促用户反馈问题 100%及时处理并答复到位，高质量验收数十余万台（套）产品，保证近百批产品一次通过用户验收，飞行试验成功率始终高于 95%，用户组织的飞行试验和演习成功率保持 100%，助力多个新市场的开拓，为全球和平事业贡献了力量。

12.5　“一次成功”技术保障分析方法

飞行试验是导弹武器系统研制过程中的一个重要环节，是对阶段性研制工作状态的重要验证，用以判定型号研制工作能否进入下一阶段，需投入大量的人力、物力、时间等，各环节工作要“周到细致”，各层级产品要“稳妥可靠”，以确保飞行试验“万无一失”。由于地面试验条件所限，不可能全面、充分模拟导弹真实飞行条件下的环境和状况，因而很难完全将影响飞行试验成功的因素充分暴露出来。面对这个重大难题，为确保影响飞行试验每一个环节稳定、可靠，创造性地提出了“一次成功”技术保障分析方法。

12.5.1　概念和适用范围

“一次成功”技术保障分析是从确保导弹武器系统飞行试验一次成功角度出发，针对导弹发射流程及飞行过程中的系统设计、产品性能及匹配工作等方面全面梳理控制因素，

逐一制定技术保障措施，确保导弹飞行试验全过程正常、可靠工作。

本方法适用于设备、分系统、系统和导弹武器系统在研制、定型和使用阶段等全寿命周期内飞行试验分析工作。

12.5.2 基本原理

围绕如何确保飞行试验成功，参考"故障树"分析方法和技术思路，查找关键环节、梳理影响因素、制定控制措施。

总体思路如下：以导弹发射和飞行试验过程中关系飞行试验成败的工作流程项目为关键环节，分析、列出保证其正常工作的影响因素，对影响因素进行进一步分解，提出保证各影响因素正常可靠的控制因素，最后各责任单位从设计、生产、试验、测试等过程对每一控制因素进行深入细致的分析，对分析中发现的薄弱环节采取有针对性的措施，并有重点地进行试验验证，确保发射和飞行试验过程中所涉及的每一个分系统、每一个产品、每一个环节都工作可靠，确保一次成功，总体思路如图 12－10 所示。

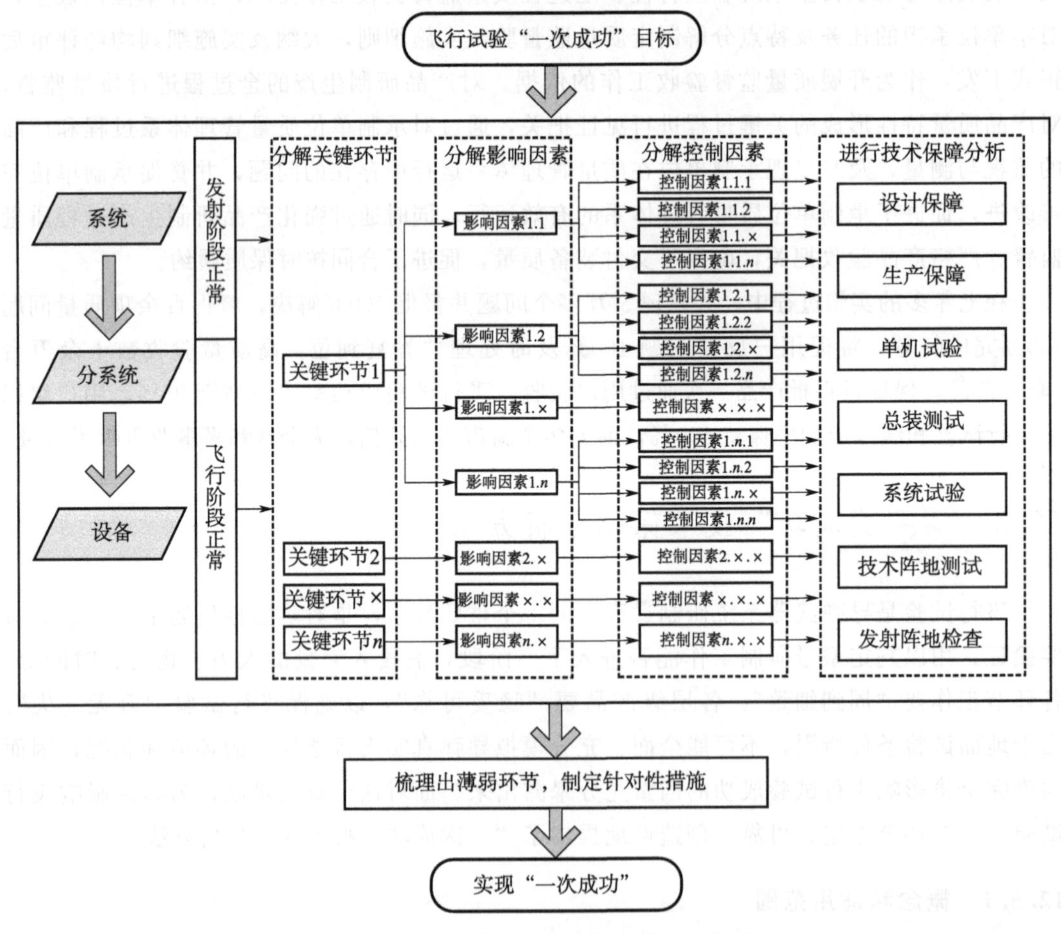

图 12－10 "一次成功"技术保障分析总体思路

12.5.3　实施步骤

12.5.3.1　实施流程

“一次成功”技术保障分析方法是以武器系统设计方案、各分系统技术设计报告、发射控制及飞行控制时序等顶层技术文件为输入，编制《××型号飞行试验“一次成功”技术保障分析要求》并下发各分系统及单机配套单位。以各分系统设备、成件责任单位编制的《飞行试验“一次成功”技术保障分析（设备、成件）》、型号总体单位编制的《飞行试验“一次成功”技术保障分析（发射阶段）》和《飞行试验“一次成功”技术保障分析（飞行阶段）》为输出，完成型号《××型号飞行试验“一次成功”技术保障分析工作总结》。

紧密结合武器系统研制进展，将“一次成功”技术保障分析各项工作融入研制计划中，随着研制工作深入不断完善补充。具体来说，在完成武器系统总体技术方案、技术设计等工作后，参加飞行试验产品的试样设计图纸下厂前，启动“一次成功”技术保障分析工作。“一次成功”技术保障分析工作流程如图 12 - 11 所示。

具体实施步骤如下：

步骤 1：型号总体按飞行试验要求和产品技术状态制定“一次成功”技术保障分析专项工作计划。

步骤 2：型号总体按发射、飞行两个阶段进行过程分解，提出飞行试验“一次成功”技术保障分析要求，规定本次“一次成功”技术保障分析工作的产品范围和飞行任务过程。按其流程分别找出飞行试验“一次成功”的关键环节，并对每个关键环节进行分析，找出其相关设备、成件级影响因素。编制关键坏节与影响因素分解表（见表 12 - 6），明确责任单位。

表 12 - 6　关键环节与影响因素分解表

序号	关键环节	编号	影响因素	责任单位
1	××	1.1	×××	
		1.2	×××	
2	××	2.1	×××	
3	…	…	…	

步骤 3：相关设备、成件承制单位对每个影响因素进行分解，找出其控制因素，编制控制因素分解表（见表 12 - 7），明确具体责任单位、责任人。

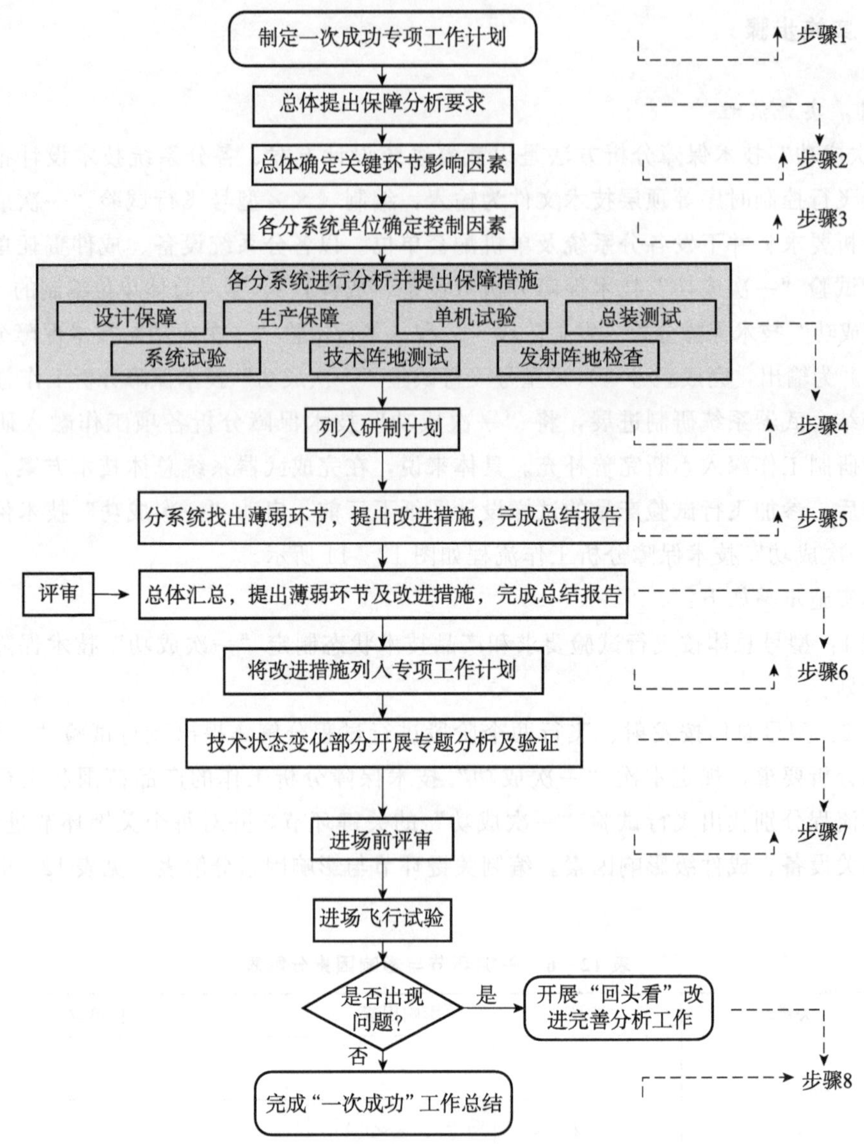

图 12－11　一次成功保障分析工作流程

表 12－7　控制因素分解表

序号	关键环节	编号	影响因素	分序编号	控制因素	责任人(责任单位)
1	××	2.2	×××	2.2.1	××××	
				2.2.2	××××	
2	…	…	…	…	…	…

步骤 4：相关设备、成件承制单位对每个控制因素从设计、生产、单机试验、导弹总装测试、全弹试验、技术阵地准备、发射飞行的全过程进行技术保障分析，编制控制因素过程技术保障分析表（见表 12－8），并将相关技术保障工作纳入研制计划。

表 12－8　控制因素过程技术保障分析表

<table>
<tr><td rowspan="3">FS2.2.2</td><td colspan="6">控制因素</td></tr>
<tr><td rowspan="2">隶属环节</td><td>2.2</td><td colspan="4">影响因素</td></tr>
<tr><td></td><td colspan="4"></td></tr>
<tr><td>隶属系统</td><td colspan="2">××系统</td><td>责任单位</td><td>××单位</td><td>责任人</td><td>×××</td></tr>
<tr><td colspan="3">设计保障措施：</td><td colspan="4">地面试验验证：</td></tr>
<tr><td colspan="3">生产质量控制：</td><td colspan="4">技术阵地检查：</td></tr>
<tr><td colspan="3">单机试验验证：</td><td colspan="4">发控流程检查：</td></tr>
<tr><td colspan="3">总装测试检查：</td><td colspan="4"></td></tr>
</table>

步骤 5：通过分析找出控制因素不能得到充分保证的薄弱环节，并提出解决措施，不能完全确保的薄弱环节，进行风险分析，提出相关预案，编制薄弱环节与技术措施分析表（见表 12－9），形成分系统级总结报告。

表 12－9　薄弱环节与技术措施分析表

<table>
<tr><td rowspan="5">填写控制因素序号</td><td colspan="6">填写具体的控制因素</td></tr>
<tr><td rowspan="4">隶属环节</td><td>填写编号</td><td colspan="4">填写具体的隶属环节</td></tr>
<tr><td>填写编号</td><td colspan="4">填写具体的隶属环节</td></tr>
<tr><td>填写编号</td><td colspan="4">填写具体的隶属环节</td></tr>
<tr><td>填写编号</td><td colspan="4">（可根据隶属环节的多少进行行数的调整）</td></tr>
<tr><td>隶属系统</td><td colspan="2"></td><td>责任单位</td><td></td><td>责任人</td><td></td></tr>
<tr><td colspan="3">薄弱环节：</td><td colspan="4">采取措施：</td></tr>
<tr><td colspan="3">风险分析：</td><td colspan="4">备注：</td></tr>
<tr><td colspan="3">编写单位：</td><td colspan="4">编写人：</td></tr>
</table>

步骤 6：整理相关分析报告，形成系统级分析总结报告，组织评审，并将针对薄弱环节提出的改进措施落实到专项工作计划中，确保飞行试验“一次成功”。

步骤 7：完成“一次成功”技术保障分析后，技术状态发生变化的产品，要对其更改部分进行补充分析及验证，进场前组织专题评审。

步骤 8：飞行试验出现问题后回头看，复查一次成功技术保障分析工作是否全面、准确到位，以改进完善分析工作。

12.5.3.2　注意事项

“一次成功”技术保障分析在实施过程中，需注意以下事项：

1）实践证明，在保证产品设计和可靠性工作的基础上，进行全员、全系统产品、全过程的质量保证，才能最终实现飞行试验的“一次成功”，过程中应配合进行“测试、试验真实性、覆盖性分析”等产品质量保证工作。

2）对于武器系统进行每一阶段飞行试验的产品，在技术设计工作基本完成后，即可进行“一次成功”技术保障分析工作。对于产品技术状态基本相同，参加不同批次飞行试验的分系统、设备，可仅对技术状态更改部分，补充进行相关技术保障分析。

3）分析范围就工作过程而言，应从进入发射流程开始，直到导弹命中目标或飞行终止的全过程。进行分析的产品应包括导弹武器系统参与发射、飞行全过程的所有系统、设备，包括软件。

4）“一次成功”技术保障分析应重点审查规定的工作项目、内容是否都已经全部完成，各项工作是否到位，并明确责任单位及责任人。对分析中发现的薄弱环节有重点地进行试验验证，从而确保每一个控制因素能够获得有效控制。

12.5.4 典型案例

“一次成功”技术保障分析，作为确保飞行试验成功的重要方法，已在多型导弹研制过程中得到了成功应用与验证。目前该方法已相对成熟，并在国防工业先进质量管理方法经验交流会上，同各大军工集团进行了充分交流，并成功推广应用到防空导弹、地地战术和战略导弹研制任务中，大大提高了飞行试验成功率。

某型号在研制阶段初期，首次飞行试验前为确保不带问题进场，不带隐患上天，系统性组织开展了“一次成功”技术保障分析工作，按发射、飞行两个阶段分析、统计出 46 个关键环节；针对关键环节分解出 427 个影响因素；进一步从设计、生产、试验、导弹总装测试、全弹试验、技术阵地准备、发射飞行的全过程等方面梳理出 1 028 项控制因素，如图 12－12 所示。

以飞行阶段“尾翼展开锁定正常”关键环节为例，分解为 9 项影响因素，见表 12－10。

表 12－10　关键环节与影响因素分解表（飞行阶段）

序号	关键环节	编号	影响因素	责任单位
5	尾翼展开锁定正常	FX5.1	压紧开关松开，信号正常发出	××
		FX5.2	电气控制装置收到压紧开关松开信号后，正确发出“尾翼展开指令”	××
		FX5.3	尾翼烟火作动筒工作正常	××
		FX5.4	尾翼舵面叉耳加工精度满足指标要求	××
		FX5.5	舵机轴槽口加工精度满足指标要求	××
		FX5.6	尾翼舵面叉耳机械零位满足指标要求	××
		FX5.7	舵机轴零位满足要求	××
		FX5.8	尾翼展开、锁定机构组件正常	××
		FX5.9	相关设备间的电缆完好、电连接器连接可靠	××

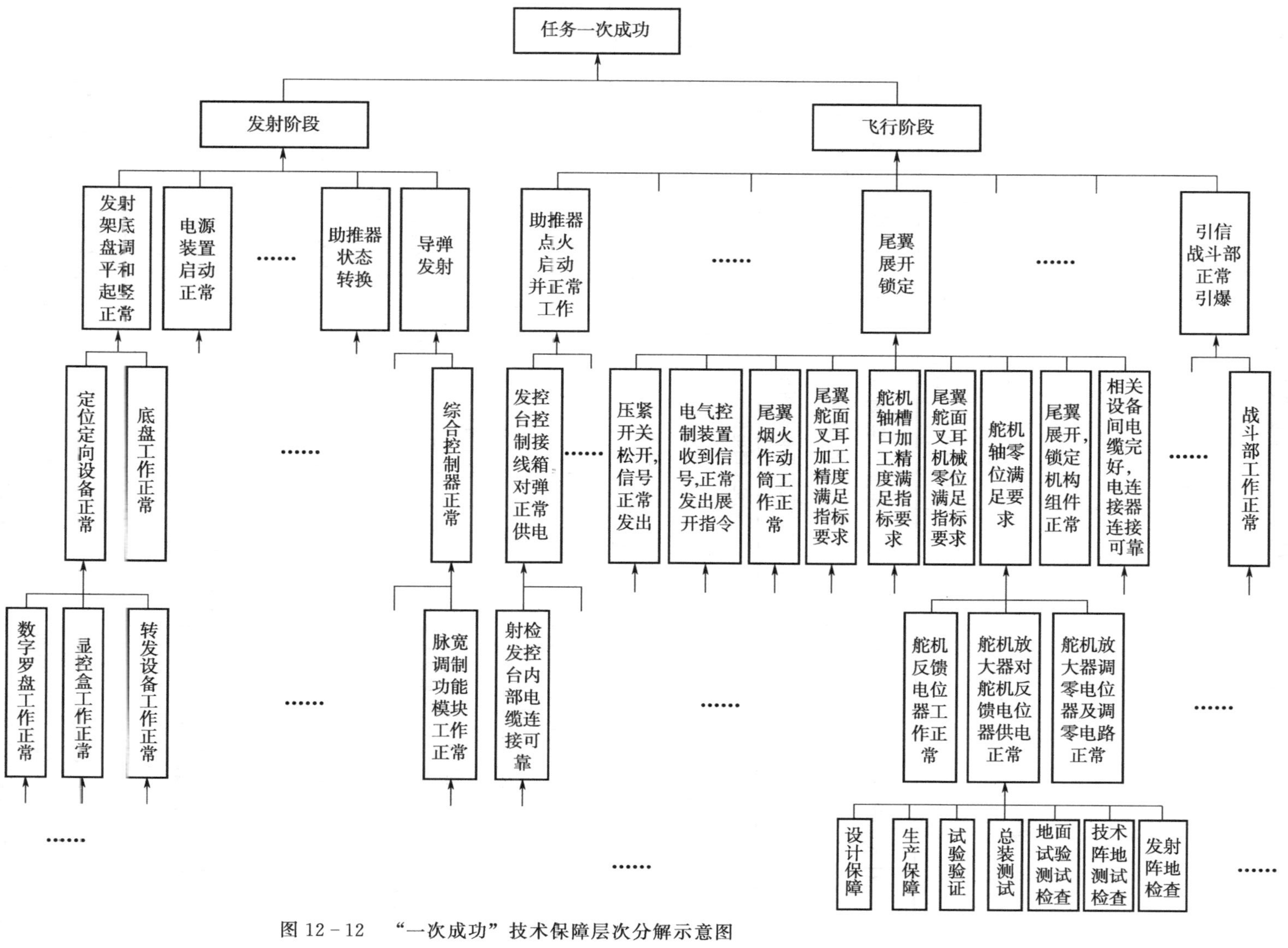

图 12－12 “一次成功”技术保障层次分解示意图

该设备承制单位对其中的“舵机轴零位满足要求”，进一步分解为3项控制因素，见表12－11。

表12－11　影响因素继续分解表（飞行阶段）

序号	关键环节	编号	影响因素	分序编号	控制因素	责任人（责任单位）
5	尾翼展开锁定正常	FX5.7	舵机轴零位满足要求	FX5.7.1	舵机反馈电位器工作正常	××
				FX5.7.2	舵机放大器对舵机反馈电位器供电正常	××
				FX5.7.3	舵机放大器调零电位器与调零电路工作正常	××

对各控制因素从设计、生产、试验、导弹总装测试、全弹试验、技术阵地准备、发射飞行全过程等方面进行逐项分析，制定了七个方面的技术保障措施，示例见表12－12。

表12－12　工作项目保障分析表（示例）

<table>
<tr><td rowspan="3">FX5.7.1</td><td colspan="5">舵机反馈电位器工作正常</td></tr>
<tr><td rowspan="2">隶属环节</td><td>FX5.7</td><td colspan="3">舵机轴零位满足要求</td></tr>
<tr><td></td><td colspan="3"></td></tr>
<tr><td>隶属系统</td><td colspan="2">××系统</td><td>责任单位</td><td>××单位</td><td>责任人</td><td>×××</td></tr>
<tr><td colspan="3">设计保障措施：
采用精密合成膜电位器，精度高、线性度好，输出连续</td><td colspan="4">地面试验验证：
1. 每次试验后给舵机系统加零位控制信号，让舵机输出轴回零
2. 每次试验后检查尾翼是否在零位</td></tr>
<tr><td colspan="3">生产质量控制：
1. 装调时用工装保证零位
2. 交检、筛选、装调前均采取放大镜检测外观，防止损伤</td><td colspan="4">技术阵地检查：
1. 进行尾翼折叠展开试验，保证尾翼折叠展开正常
2. 尾翼折叠后用专用工装检查零位</td></tr>
<tr><td colspan="3">单机试验验证：
1. 交检合格后进行筛选
2. 参与舵机、舵系统的所有试验</td><td colspan="4">发控流程检查：
通UI后检查舵机反馈电压信号，保证发射前舵机输出轴在零位</td></tr>
<tr><td colspan="3">总装测试检查：
1. 装上尾翼后，进行调零，保证综合零位符合要求
2. 舵机装入尾翼后，进行多次尾翼折叠展开试验，保证尾翼折叠展开正常</td><td colspan="4"></td></tr>
</table>

该型号“一次成功”技术保障分析工作，共形成3份总结报告和25份分系统设备、成件分析报告。发射阶段梳理出18个关键环节、118个影响因素、317个控制因素，飞行阶段梳理出28个关键环节、309个影响因素、711个控制因素，并从设计、生产、试验及靶场技术阵地、发射阵地准备等研制过程进行了技术保障分析，找出了薄弱环节，并采取了相应措施，最终实现了飞行试验“一次成功”。

12.6　基于模型的系统工程方法

质量需求不能全面有效识别和快速迭代验证是装备发生质量问题的一个重要原因。基于模型的系统工程（MBSE，Model Based Systems Engineering）方法通过完整的需求捕捉、功能分析、设计综合、评估验证等多个技术过程，为装备质量工作提供了一套规范化的框架，对于打通从“用户需求”向设计、制造和检验过程中“质量控制项目及要求”的有效传递，实现质量可设计、可控制、可检验，最终从根源上提升装备质量具有重要意义。

12.6.1　概念和适用范围

12.6.1.1　概念

MBSE 是对系统工程活动中建模方法正式化、规范化的应用，以使建模方法支持系统要求、设计、分析、验证和确认等活动，这些活动从概念性设计阶段开始，持续贯穿到设计开发及后续的所有寿命周期阶段。

MBSE 方法学是在系统工程领域发展出的一种基于模型的表示方法，旨在通过一种形式化的建模手段来实现产品的研制过程，重点强调建模方法的应用问题，将模型作为思考问题的基本方法和设计工作的思维基础。不同于传统系统工程，MBSE 用系统建模语言构建系统架构模型，实现从“以文档为主、模型为辅”向“以模型为主、文档为辅”的转变。

如图 12－13 所示，MBSE 有广义和狭义之分，广义的 MBSE 覆盖产品设计、生产、装配、测试、试验、维护、报废等全寿命周期阶段，而狭义的 MBSE 仅针对产品的方案论证和方案设计阶段构建系统模型（需求和架构），并使用系统模型指导和驱动寿命周期各阶段的工作活动。本章所述内容主要是针对狭义 MBSE 概念。

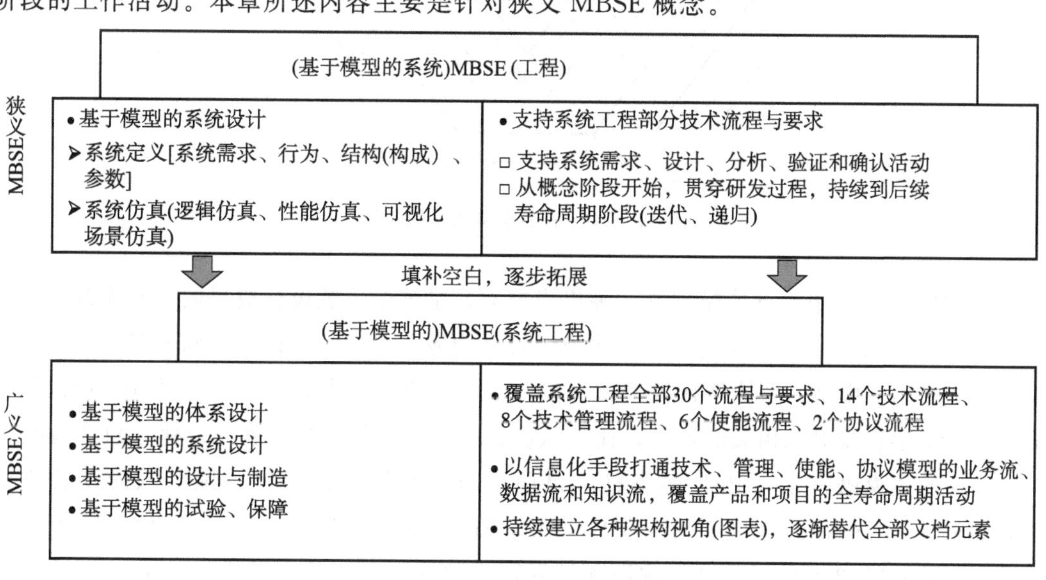

图 12－13　广义 MBSE 与狭义 MBSE

12.6.1.2　适用范围

本节所述的 MBSE 方法主要适用于方案论证和系统设计阶段，同时可以利用构建的系统模型指导和驱动产品寿命周期其他阶段的工作活动。

12.6.2　基本原理

MBSE 是系统工程为了适应复杂装备研制需求逐步发展而来的，其层层分解、综合集成的思路并没有变化。如图 12－14 所示，MBSE 的核心变革就是采用形式化、图形化和关联化的建模语言及建模工具改造传统系统工程的技术过程（即"V"模型的左半边），使用模型来代替自然语言描述的文档，以逻辑连贯一致的多视角通用系统模型为桥梁和框架，实现跨领域模型的可追踪、可验证和全寿命周期内的动态关联，进而驱动寿命周期各阶段的系统工程过程和活动。

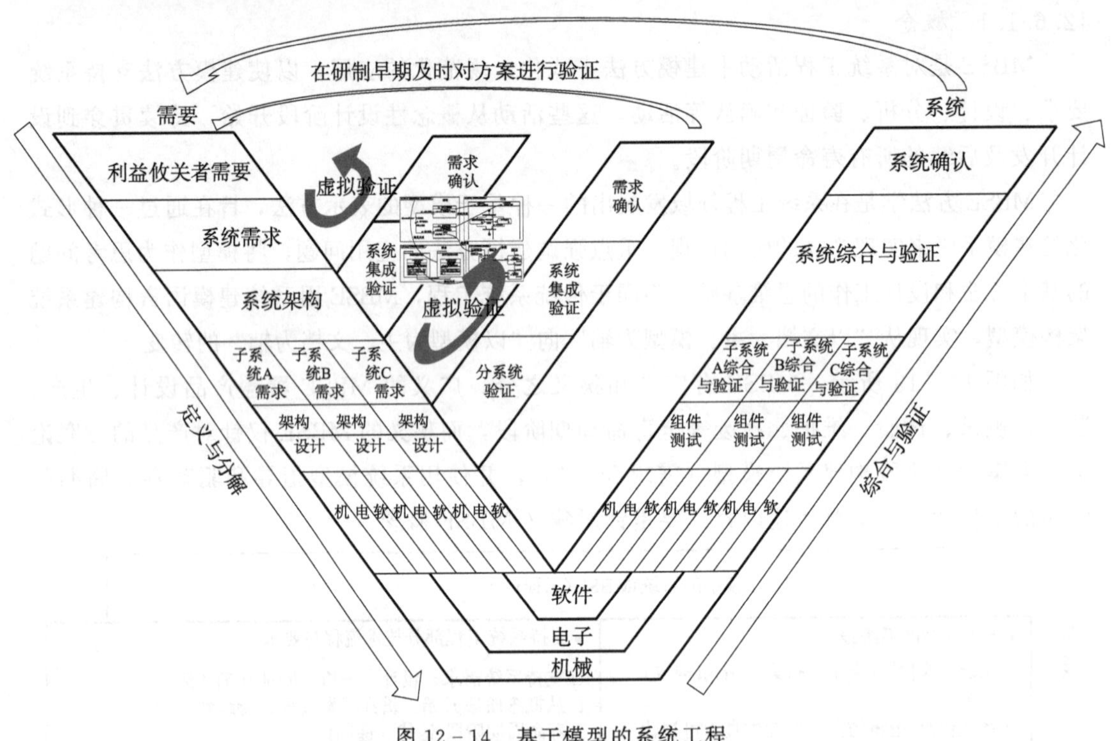

图 12－14　基于模型的系统工程

在 MBSE 概念中，系统模型是一种集成框架，是整个系统设计成果的生态系统，如图 12－15 所示，MBSE 要求应用统一的建模语言来沟通各专业学科模型，而不是抛弃掉各专业原来所使用的模型，系统架构模型就像接入互联网的"集线器"一样，设计师可以从系统架构模型中直接提取相关的参数，比如从参数图中提取相关参数就可以建立数学模型。

统一的建模语言是 MBSE 的支柱，目前主流的系统建模语言是国际系统工程学会（INCOSE，International Council on Systems Engineering Website）联合对象管理组织（OMG）对 UML2.0 的子集进行重用和扩展形成的统一系统建模语言 SysML，其实质便

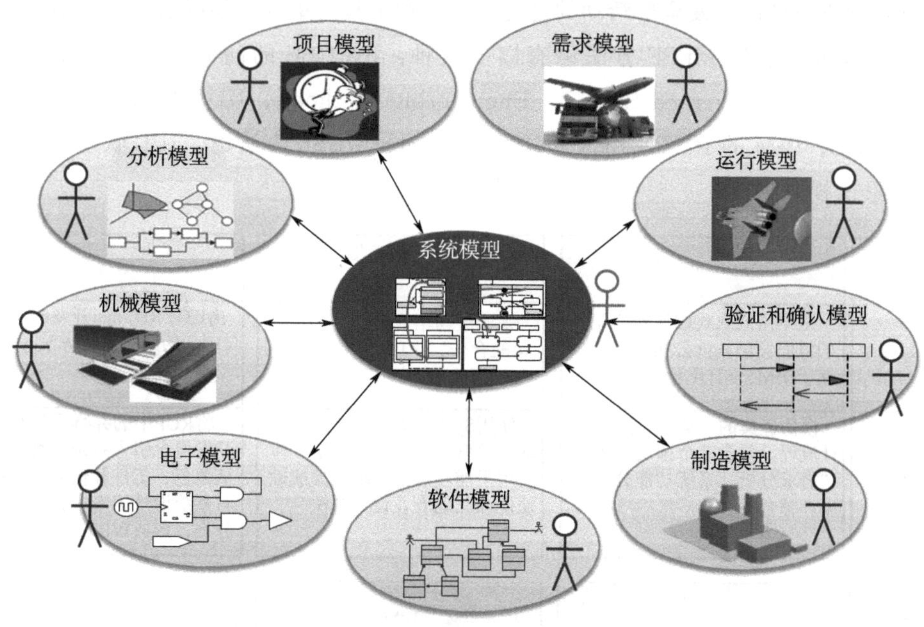

图 12-15　以系统模型为中心的系统设计

是面向系统工程领域的 UML 扩展语言，目前已经成为 MBSE 的标准建模语言。SysML 具有面向对象、图形化、平台无关的特点，能够对覆盖软件、硬件等多方面信息的复杂系统进行描述、分析、设计与验证，为系统需求、行为、结构和参数建模提供可视化的语义表达，保证基于模型的研发可以贯穿系统设计到实施的各个阶段。如图 12-16 所示，SysML 在 UML 图的基础上进行了改进，通过九种图对系统的四类设计信息（需求、行为、结构、参数）进行模型化表示，其中，需求和参数模型是 SysML 新增的图类型。

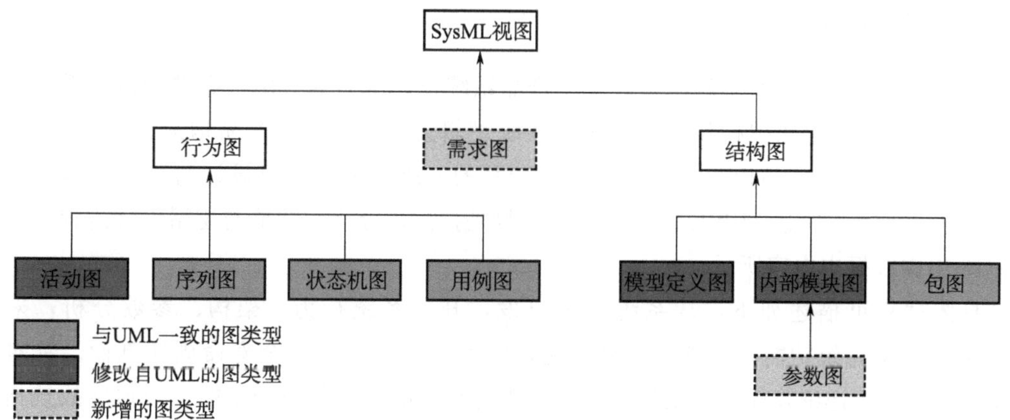

图 12-16　SysML 图类型

MBSE 对缩短研发周期、降低成本的突出贡献不仅依赖描述能力强大的系统建模语言，还需要科学的方法论支持。从广义的概念角度讲，MBSE 的方法论是在“模型化”发展趋势下包含支持产品研发全部活动的过程、语言和工具的集合。如图 12 - 17 所示，目前商业界被广泛认可的主流 MBSE 方法论有以下 6 种：INCOSE 的面向对象的系统工程方法（OOSEM，Object - Oriented Systems Engineering Method）、IBM 的 Rational Telelogic Harmony - SE、IBM 的 RUP 系统工程方法、Vitech MBSE 方法论、JPL 状态分析方法和 Dori 的对象过程方法。

方法论	Harmony-SE	OOSEM	RUP SE
开发公司	最早由嵌入式领域建模工具的供应商I-Logic公司(现在隶属于IBM公司)开发	来源于与洛克希德·马丁公司的合作，由INCOSE开发	由IBM Rational开发的、衍生自RUP的系统工程方法
方法特点	模仿经典的“V”型系统设计流程，包含三个顶层流程“需求分析、系统功能分析和设计综合”	使用SysML语言的自顶向下、基于模型的系统工程方法，主要用于捕获系统需求、集成软硬件和其他专业设计方法	将RUP中的并行设计和迭代开发概念引入系统工程领域，从角色、工件和任务的角度对系统设计工作进行分解和分类，形成WBS

方法论	Vitech	OPM	ARCADIA
开发公司	Vitech公司提出的基于模型的系统工程方法	由Dori定义的一种系统开发、全生命周期支持和系统演进的形式化范式	由THALES开发，在THALES内部有着广泛的应用
方法特点	核心是四个基本的通过公共系统设计库关联和维护在一起的并行SE活动，其应用了一种增量式的SE流程，来完成系统解决方案的开发	将形式化的可视化模型OPD和受严格限定的自研语法OPL结合在一起，表达系统的功能、结构和行为	使用可视化建模语言DSML，对复杂系统进行运行分析、系统分析、逻辑架构设计、物理架构设计和产品构建策略设计

图 12 - 17　MBSE 方法论

12.6.3　实施步骤

按照基于模型的系统工程思想，复杂产品系统设计遵循 R（用户需求分析、系统需求分析）— F（系统功能架构设计）— L（系统逻辑设计）— P（产品构造设计）的过程，如图 12 - 18 所示。产品构造设计主要是指产品的三维构造、样机设计与制造过程，在此不再赘述，而本书所述 MBSE 的重点实施步骤是指需求分析、功能与逻辑设计过程，如图 12 - 18 中虚线框中内容所示。

总体过程可描述如下：从系统需求出发，开展系统行为、架构、参数分析，采用 SysML 语言对系统功能架构进行完整描述，覆盖全系统组成和全寿命周期剖面。针对核心功能架构进行详细建模，从指标需求上覆盖各级产品涉及的通用指标、与顶层战技指标相关的核心指标分解，形成战技指标要求和系统、分系统、单机等技术要求的映射链路。通过模型静态校验、行为图动态仿真运行对系统功能架构进行验证。同时，对需求分析和架构设计过程中衍生出的系统、分系统、设备需求进行逐层细化、结构化、条目化存储与关联管理。

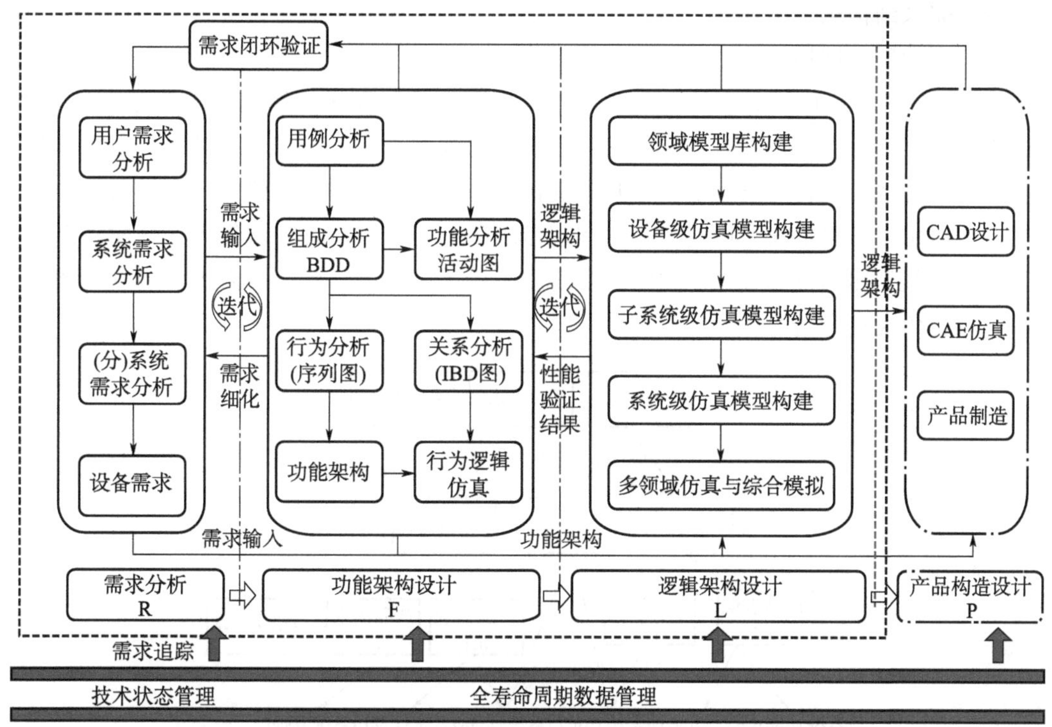

图 12-18　基于模型的系统工程实施过程示意图（“R—F—L—P”）

获得系统的功能架构后，基于统一的建模接口规范，按照系统级、子系统级、设备级三个层次建立产品多领域模型，通过测试后形成多专业模型库，主要包括质量质心、动力学/运动学、气动、制导控制系统、动力系统等模型，以实现对产品特征的描述。承接需求分析与架构设计得到的系统架构、设计约束等信息，从专业模型库中选取相应的分系统/设备模型，集成到系统架构中进行联调，实现闭环仿真与性能指标验证，完成系统逻辑架构的设计。

12.6.3.1　需求分析

（1）基本原则

1）必要性：只将必要的需求写入需求文档，不增加额外的设计、维护、验证的成本；

2）独立于实现：需求应描述对于系统的要求，不应限定系统要求的实现方式；

3）无歧义性：需求描述应清晰、简明、准确，有且只有一种解释方式；

4）单一性：每个需求应只描述对于系统的一项要求，不应是需求的组合或一个以上的功能或约束；

5）可实现性：需求在约束内必须是技术上可实现的，且需要在可接受的风险内取得技术进展；

6）可验证性：每个需求必须可以由一种标准验证方法在某一层级上进行验证。

(2) 需求结构化定义

①需求的层次结构划分

如图 12－19 所示，按照用户需求、产品需求、系统需求、系统需求、分系统需求、设备需求逐层细化需求，并采用结构化需求清单的方式逐条管理需求，对每一条需求附加分类和状态属性，进行元素级的技术状态管控。单个需求语句不依赖上下文推断，语句描述进一步通用化、规范化。同时，需要实现需求的全局编目，将需求集成并分配到系统各个层级，按数据库的过滤方式从层级、学科、阶段、相关方、状态、需求类型（功能、性能等）等各角度进行透视。

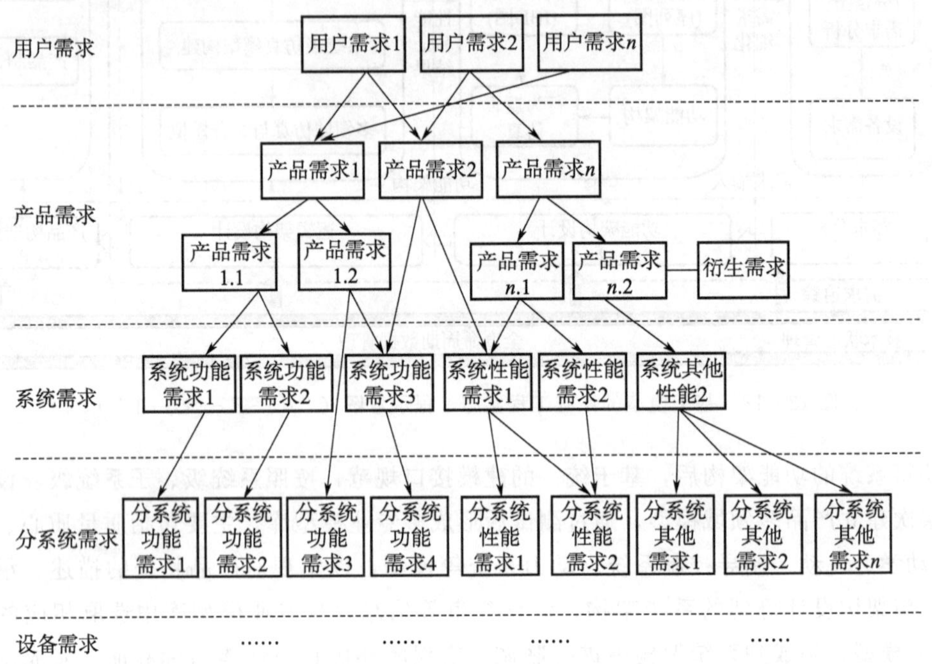

图 12－19 系统需求层次结构

②需求的分组

需求的分组可按产品要求、运行场景、工作要求、技术能力约束（详细设计阶段引入）进行组织。其中产品要求自顶向下组织，将行为要求和对应的性能要求打包组织，包括任务（效能测量指标）、能力（性能测量指标）、组成（组成部分的功能、性能、技术性能测量、物理参数）、接口（功能、组成、参数）等。对行为类要求，按行为的典型时间或逻辑先后顺序排列，以保证全面性。

③需求的语法

基于汉语特点，规定需求描述语句允许使用现代句法结构中的有限几种：

1）当使用单句时，从用途分类角度，均使用祈使句，而不使用陈述句、疑问句、感叹句；从句法结构分类角度，均使用主谓句、无主句，而不使用省略句、独语句。

2）当使用复句时，仅使用条件复句（建议使用条件属性表示）、假设复句（建议用状态模式属性表示），而不使用并列复句、因果复句、目的复句、转折复句、递进复句、选择复句、承接复句（建议用理由、说明、源头、追溯性等属性表示）。可增加其他句法类型的语句作为注释和说明，填写到需求的属性中。

④规则和属性剪裁

考虑到需求表述规则与属性项存在相关性，且需要通过检查单进行检查，因此和属性项一定程度上可以合并，因此可通过统一属性项进行规则检查和属性记录。根据汉语和武器装备领域特点及应用需求对相关属性进行剪裁、细化和分类。部分属性检查可通过工具实现或辅助。根据汉语和装备的特点，需求语句的语法可被限定为有限的几种，通过有限的格式选项，将语句拆分为模型变量的组合，可以在一定程度上实现需求自动转化为架构。

（3）需求跟踪管理

需求跟踪管理是对系统需求条目建立追溯关系和基线，并进行管理和跟踪，保证系统需求向上与使命任务需求和作战使用需求保持一致，向下与各层级需求保持一致。需求管理一般结合需求描述规范和需求管理软件实现。

建立并维护追溯关系：对于定义的需求条目，应建立其与上下层级系统需求间的追溯关系，记录具体需求是如何反映和满足武器装备的使命任务需求，以及具体需求是如何被下层级需求满足的。追溯关系建立后，应在武器装备全寿命周期中对其进行维护，保证追溯关系实时有效。条目化的需求描述和基于模型的方法有助于信息间追溯关系的建立。需求管理工具有助于全寿命周期的追随关系管理，并应能够展示各类信息间的追溯关系。

建立并维护基线：某层级需求定义完成后，需要对其建立基线。基线应包括需求、需求理由、约束、假设等。基线建立后，应在武器装备全寿命周期中对其进行维护，记录基线的变更历史和变更原因。可以利用基于模型的方法和基线管理软件辅助实施复杂项目基线的维护。

12.6.3.2　功能架构设计

开展功能分析与架构设计，从产品行为（用例/任务、活动/流程、时序、状态）和产品结构（组成、接口、参数）两条主线，沿产品层级自顶向下逐步细化，形成描述系统、分系统、设备方案属性和工作原理的功能架构模型，建立技术指标要求与系统方案实现的关联关系，逐层分类回答指标要求的满足情况和符合程度。系统设计过程中的需求、系统结构、系统行为和系统参数，四者的关系如图 12 - 20 所示。

（1）功能分析与架构建模

如图 12 - 21 所示，在系统功能分析与架构建模阶段，按照相关方法论（Harmony/SE 方法、OOSEM、MagicGrid 等），引入系统需求，建立需求图，对需求组合后形成不同的用例，组合成用例图，每个用例对应一个活动图，活动图主要围绕用例建立不同活动之间的工作流，活动图又有不同的分支，针对不同的分支可以建立活动的运行时序图，将不同的时序图和活动图中分析出来的操作、消息、接口及与外部之间的关系进行整合，构建该活动的内部模块图；针对每个用例，一般有多种状态，通过触发器（操作事件）、判断条件、内部执行操作事件来定义状态之间的转换关系，在此基础上，整合不同内部模块图的接口、操作、消息、方法等定义内容，分配系统模块和子系统模块，完成系统功能架构模型的建立。

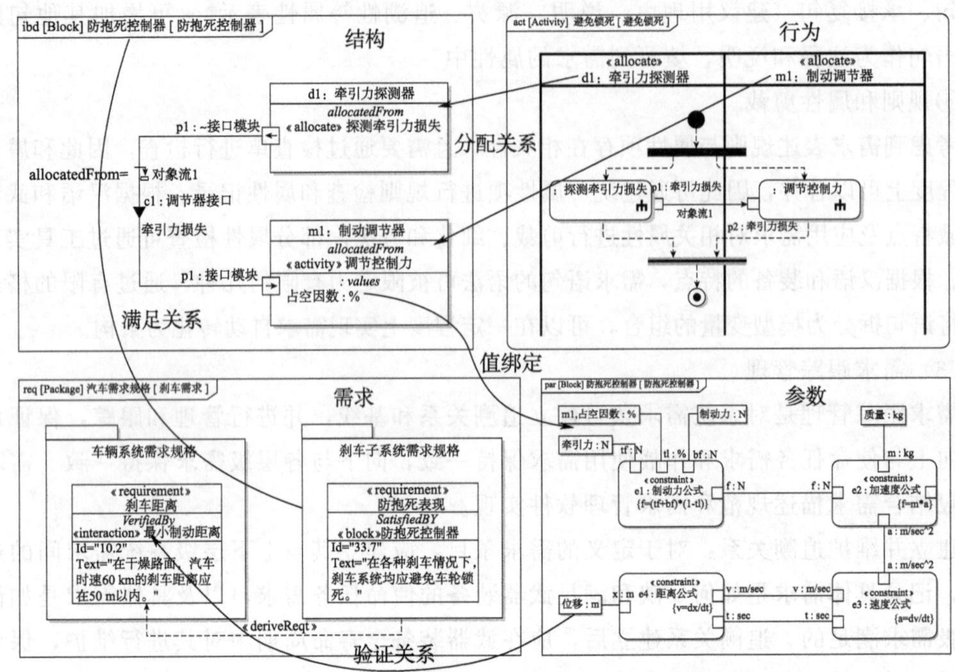

图 12-20　需求、结构、行为和参数之间的关系

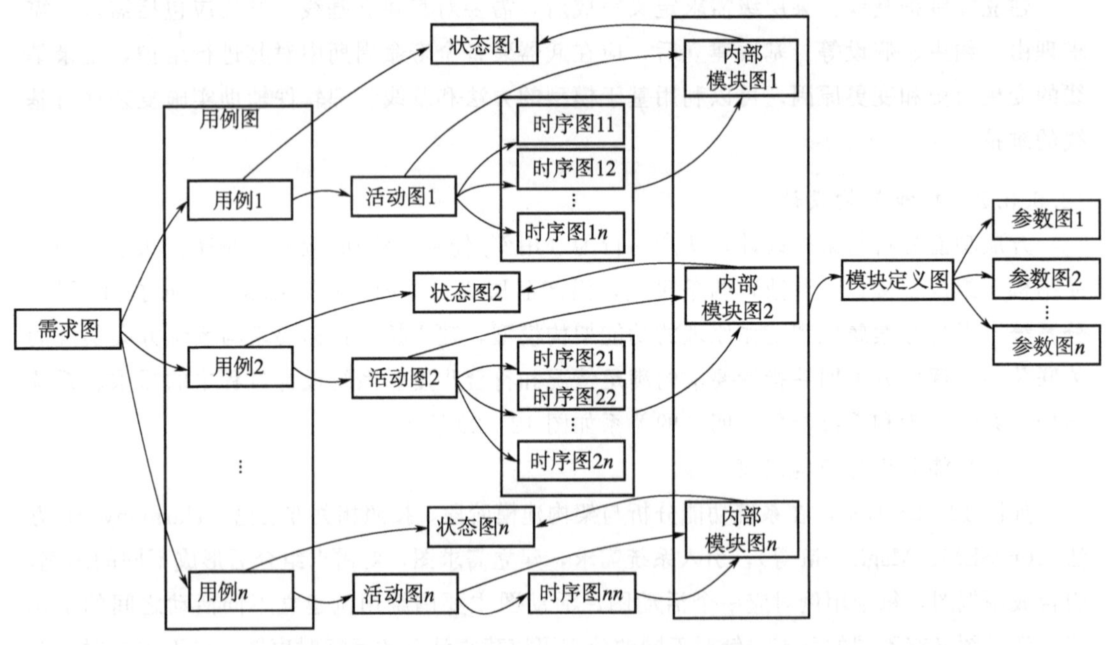

图 12-21　功能架构模型中各部分之间的关系

功能分析与架构建模主要步骤如下：

1）导入系统需求。将需求建模与管理过程中完成的指标分解模型导入功能架构模型中，待后续关联分解。

2）建立系统用例图（系统顶层行为）。用例图将系统作为整体进行描述。对内，列出系统需要执行的全部任务（如待机值班、对陆任务、对海任务、对空任务、维修保障等），每个任务为一个用例，用于后续对系统行为进一步分解。对外，将系统需求（即研制总要求）导入，分解至与用例相关联；建立外部参与者（与本系统功能实现相关的外部系统产品，例如导航卫星、目标等），与用例相关联。

3）建立系统模块定义图（系统顶层结构）。完成需求组合、映射和衍生需求分析，将功能需求分解到不同子系统中。

4）针对每个用例建立一系列活动图。采用较粗颗粒度将系统工作主流程完整建立为活动图，定义系统的操作、属性和时间。针对用例进行进一步细化，建立细化活动图，在细化活动图中将系统分解为分系统，以“泳道”形式表达，分配系统的操作、属性和时间，体现不同子系统之间的工作流程。

5）生成序列图、细化序列图。针对活动图、细化活动图的不同流程分支，生成对应的序列图，确定子系统之间的时序、消息传递关系。

6）建立内部块图。基于模块定义图进一步细化系统分解结构，通过添加各子系统和设备的参数、操作、消息、接口，建立系统内部块图。

7）按照系统运行状态，整合各用例中子系统的状态转换关系、转换条件等，建立各子系统的状态图。

8）在建模过程中基于模块定义图、内部块图和状态图构建系统参数图，定义系统之间值属性和约束参数之间的绑定关系和计算公式。

（2）行为仿真与需求验证

1）基于建立的行为图，运行活动或状态机仿真，验证系统架构模型的协调性。

2）基于参数图，针对典型设计算例（如快速响应能力分解，用电匹配，质量及操稳特性计算，飞行力学计算，可靠性、维修性分配等）进行参数求解和参数验证，验证战技指标符合性及分配基线协调性，求解衍生需求参数。

12.6.3.3　逻辑架构设计

在系统逻辑设计与综合模拟阶段主要采用统一仿真建模语言（Modelica）进行建模及联合仿真，其总体框架如图 12－22 所示。根据系统功能分析形成的系统功能架构组成，将复杂系统自顶向下拆解为若干层级，并定义好各层级、各模型之间的接口关系。建模时，按照统一建模接口规范，自底向上逐步构建系统模型，直至完成整体系统模型的构建与综合验证。

（1）系统层次结构划分

系统分析首先需要将系统分解为若干分系统，并且明确分系统间的信息通信与数据交互关系。通过两种方式将系统分解到模型层次：基于领域划分和基于子系统物理拓扑结构划分。其中基于领域划分的方式即将系统划分为机械、液压、控制、电子等领域进行分解；而基于子系统物理拓扑结构划分则以各子系统为对象进行分解，具体划分方式按照行业规范及甲方需求决定。

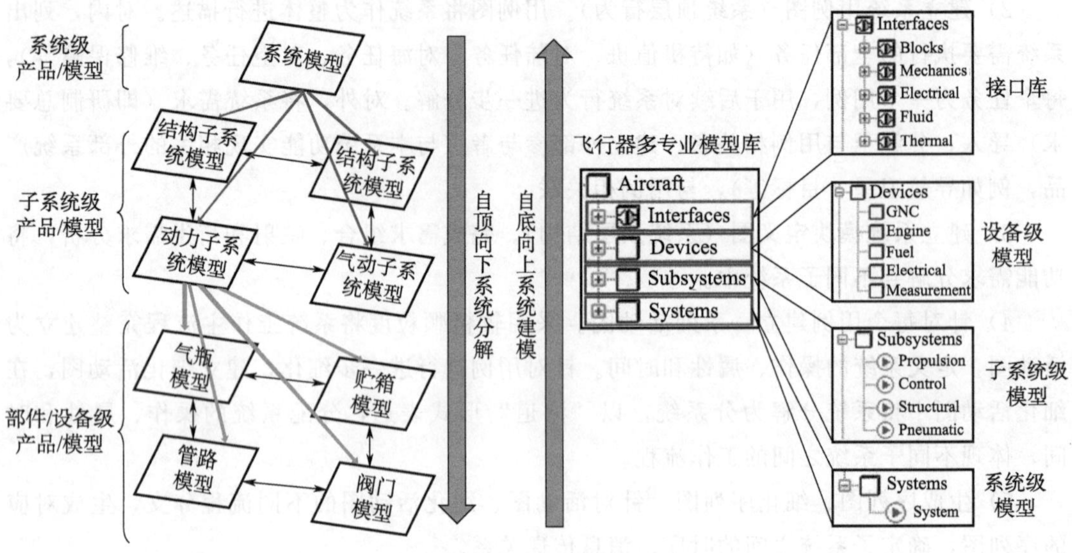

图 12-22　复杂系统建模思路

以飞控系统为例，基于领域划分如图 12-23 所示，飞控系统可依次分解为机械系统，包括舵面机构、杆机构等机械部件；液压系统，包括伺服阀、作动筒等液压部件；控制系统，包括速度增益、模型切换等控制环节。

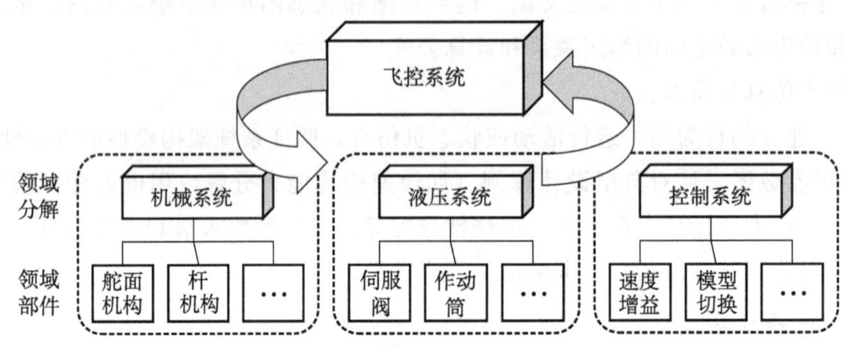

图 12-23　基于领域划分的系统分解

基于子系统物理拓扑结构划分如图 12-24 所示，飞控系统主要包含升降舵作动系统、副翼作动系统、方向舵作动系统、多功能扰流板作动系统、地面扰流板作动系统等子系统，每个作动系统又由主作动器电子控制装置 ACE 与作动器动力控制装置 PCU 构成。

(2) 多领域层次化仿真模型构建

①设备级建模方法

根据飞行器各领域设备相关的理论知识，结合项目的技术要求，运用多领域统一建模软件平台，基于 Modelica 语言中非因果、多领域、面向对象、连续离散等建模特点，对组件进行开发，模型开发方法如图 12-25 所示，其内容主要包括以下几点：

1) 组件理论知识的确定。

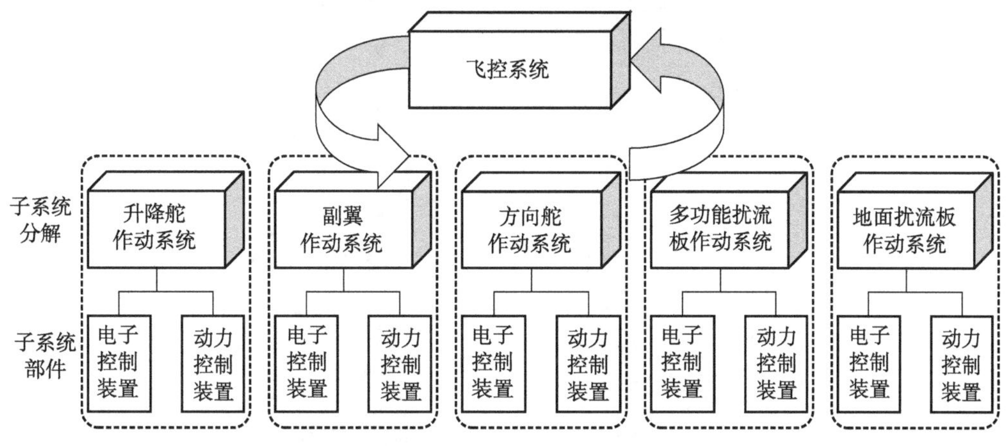

图 12-24　基于子系统物理拓扑结构的系统分解

2）组件参数输入窗口的规划。

3）组件的编程。

4）组件的验证。

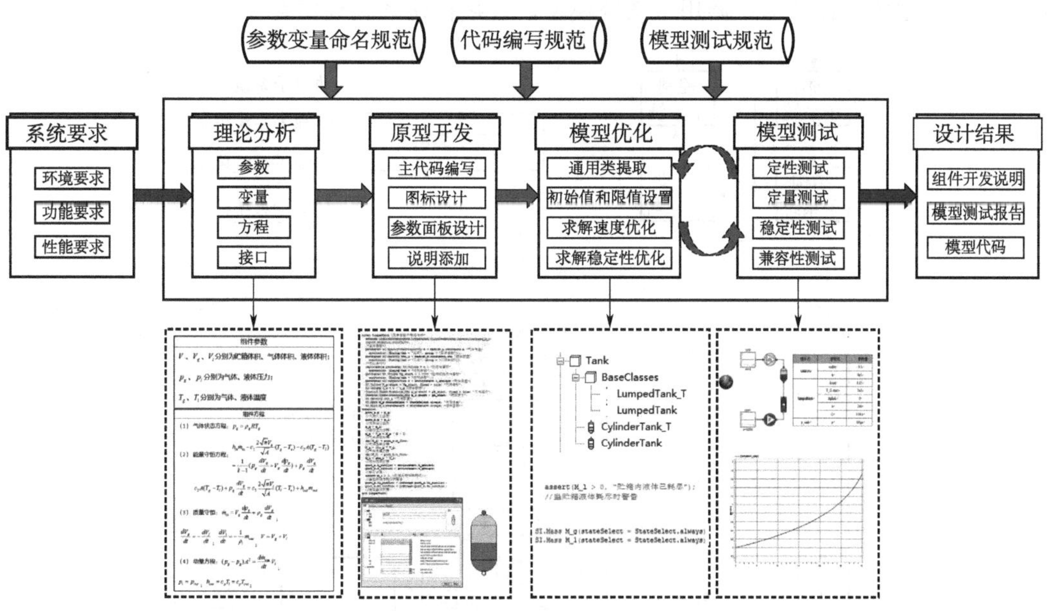

图 12-25　设备级模型开发方法

②子系统级建模方法

子系统级建模方法如图 12-26 所示，主要步骤是根据子系统的原理图，确定子系统的拓扑连接关系；调用设备级模型，连接构建子系统级模型。

③系统级建模与总成

系统总成是由各个子系统搭建而成，各子系统之间主要是一种数据传输的关系，各子系统读取其需要的数据进行仿真，同时输出其他系统需要的数据，按照仿真模型分解层次

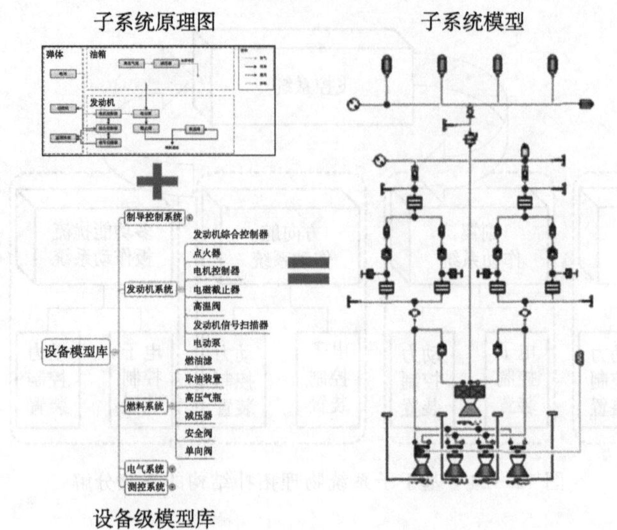

图 12-26　子系统级建模方法

管理。系统级建模方法如图 12-27 所示，其主要过程包括：根据子系统之间的连接关系，确定系统模型的拓扑结构；调用子系统模型，连接构建系统级模型。

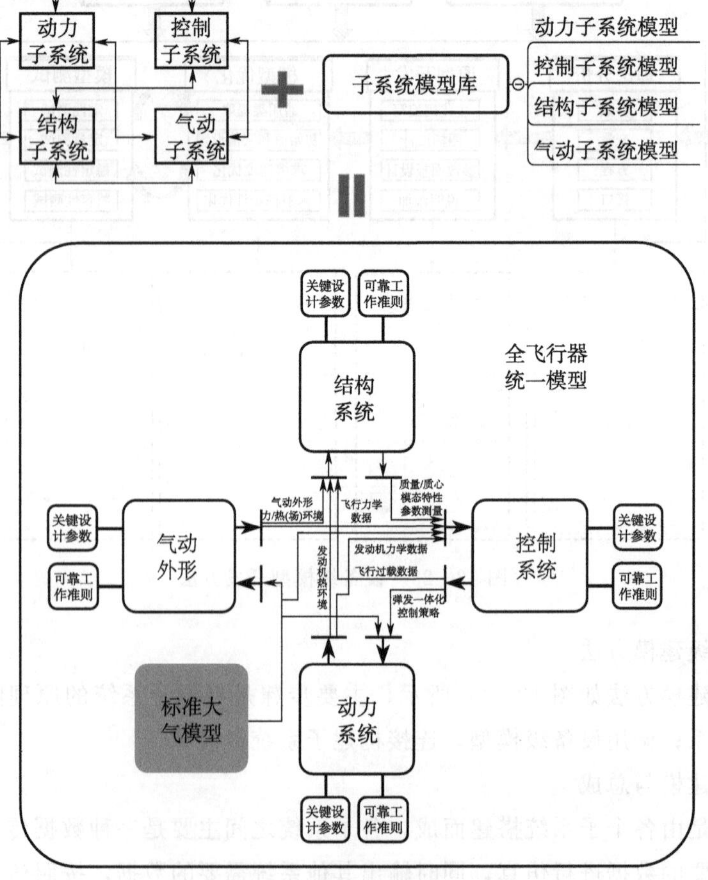

图 12-27　系统级建模方法

（3）多层级仿真分析

基于构建的各层级领域仿真模型，针对质量质心模型、动力系统模型与气动模型等分系统对关键性能参数进行仿真验证。同时根据前期梳理的各分系统或专业模型的接口关系与型号实际系统的物理拓扑结构进行模型接口连接，实现各分系统模型的数据流与信息流通信，完成整个系统级样机仿真系统联调和构建，对系统级的推力特性、飞行特性进行仿真验证。

12.6.4　典型案例

针对虚拟的某型飞行器，采用 MBSE 方法进行需求分析、功能架构建模、逻辑仿真验证等内容。通过需求分析建立该飞行器的用户和系统需求池，针对该飞行器的飞行过程，形成用例，面向用例建立活动图、时序图、状态图、内部模块图、模块图、参数图模型，并对状态图进行仿真，与原建立的时序图进行一致性分析，增补新的需求，并在确定系统功能组成的情况下，进一步对子系统进行功能分解，重复上面的过程，直至完成飞行器系统的功能分解。

12.6.4.1　需求定义与跟踪

针对该飞行器梳理了需求，形成了需求文档，并在 SysDeSim. Req 软件中从技术需求和系统需求两个方面定义了需求模型，如图 12－28 所示。从功能要求和系统组成要求两个方面提取武器系统的用户需求模型；从性能、标准化、信息化、软件工程化、质量保证、寿命、产品使用、试验项目等方面形成了系统需求模型。

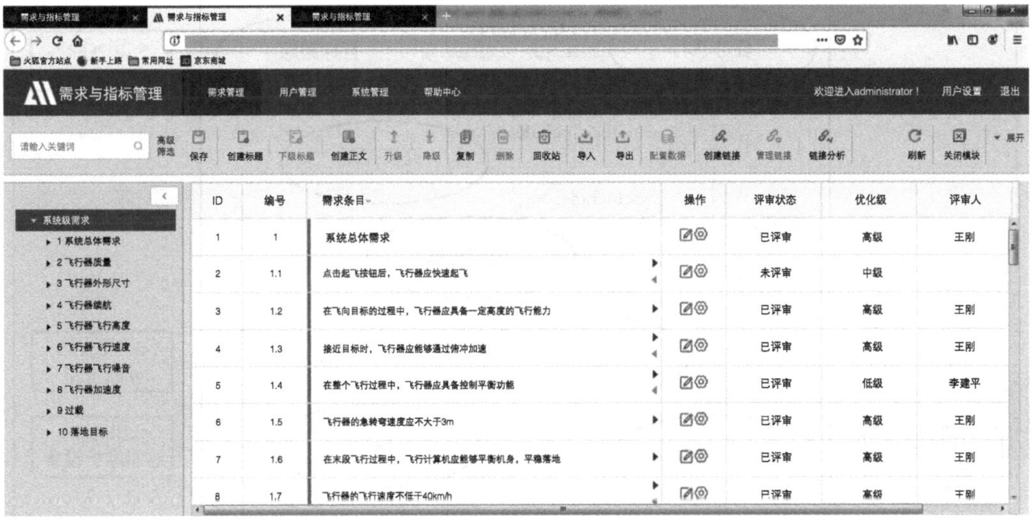

ID	编号	需求条目	操作	评审状态	优化级	评审人
1	1	系统总体需求		已评审	高级	王刚
2	1.1	点击起飞按钮后，飞行器应快速起飞		未评审	中级	
3	1.2	在飞向目标的过程中，飞行器应具备一定高度的飞行能力		已评审	高级	王刚
4	1.3	接近目标时，飞行器应能够通过俯冲加速		已评审	高级	王刚
5	1.4	在整个飞行过程中，飞行器应具备控制平衡功能		已评审	低级	李建平
6	1.5	飞行器的急转弯速度应不大于3m		已评审	高级	王刚
7	1.6	在末段飞行过程中，飞行计算机应能够平衡机身，平稳落地		已评审	高级	王刚
8	1.7	飞行器的飞行速度不低于40km/h		已评审	高级	王刚

图 12－28　系统级需求模型示例

通过分析技术需求与系统功能需求之间的对应关系，将用户需求分解为武器系统的系统需求，并在 SysDeSim. Req 软件中建立系统需求跟踪关系，如图 12－29 所示。

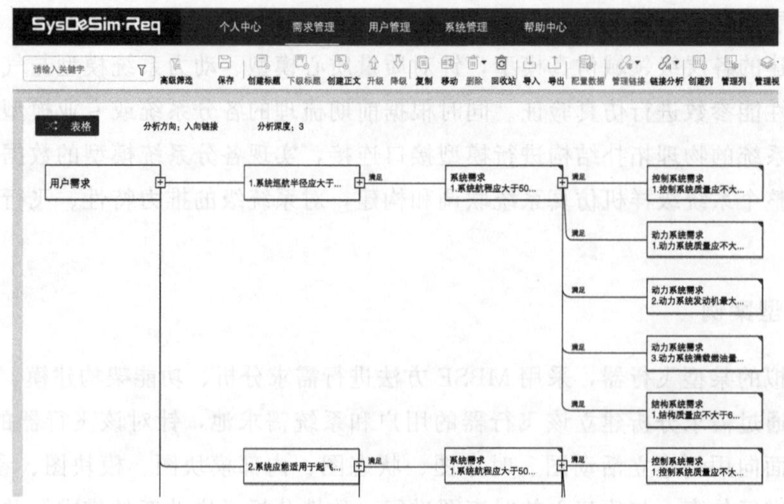

图 12-29　需求跟踪关系构建

12.6.4.2　架构设计与分析

通过导入定义的需求条目，基于 SysDeSim. Arch 软件对该型飞行器进行了功能分析和架构设计，首先分析了利益相关者，构建了发射用例、初段飞行用例、中段飞行用例、攻击段飞行用例等多个用例，进一步明确需求，用例图示意如图 12-30 所示。

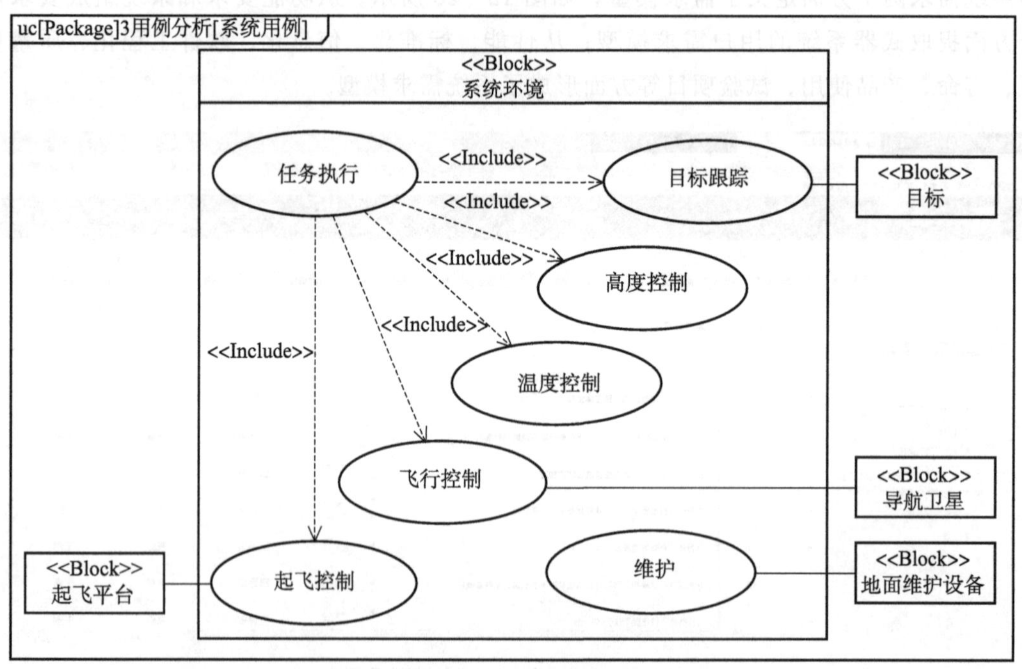

图 12-30　用例图示意

进一步细化用例，建立了细化活动图，如图 12-31 所示，在细化活动图中将系统分解为分系统，构建了发射黑盒、初段飞行黑盒、中段飞行黑盒、打击段飞行黑盒、发射白盒、初段飞行白盒、中段飞行白盒、打击段飞行白盒等不同阶段活动图；定义了发射器状态、导航卫星状态、目标状态等状态图，如图 12 - 32 所示；生成了主成功场景时序、初段飞行主成功场景时序、末制导例外场景时序等不同场景的时序图。并通过行为图运行活动或状态机仿真，验证了系统架构模型的协调性。

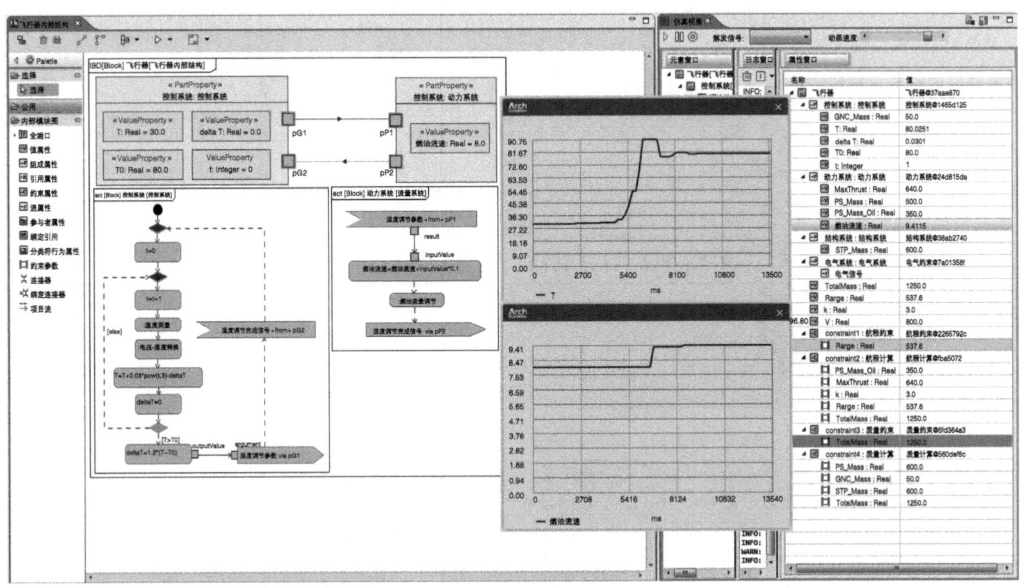

图 12 - 31　活动图示意及活动联合仿真示意

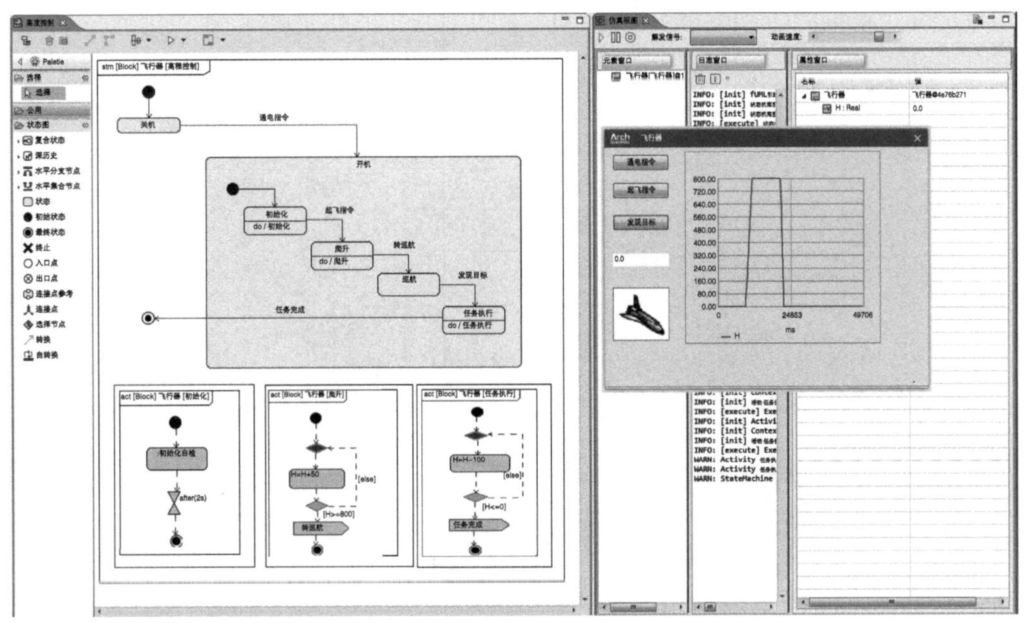

图 12 - 32　状态机图及联合仿真示意

对快速响应能力分解、用电匹配、质量及操稳特性计算、飞行力学计算、可靠度维修度分配等算例进行参数求解，如图 12 - 33 所示，验证了战技指标符合性及分配基线协调性。

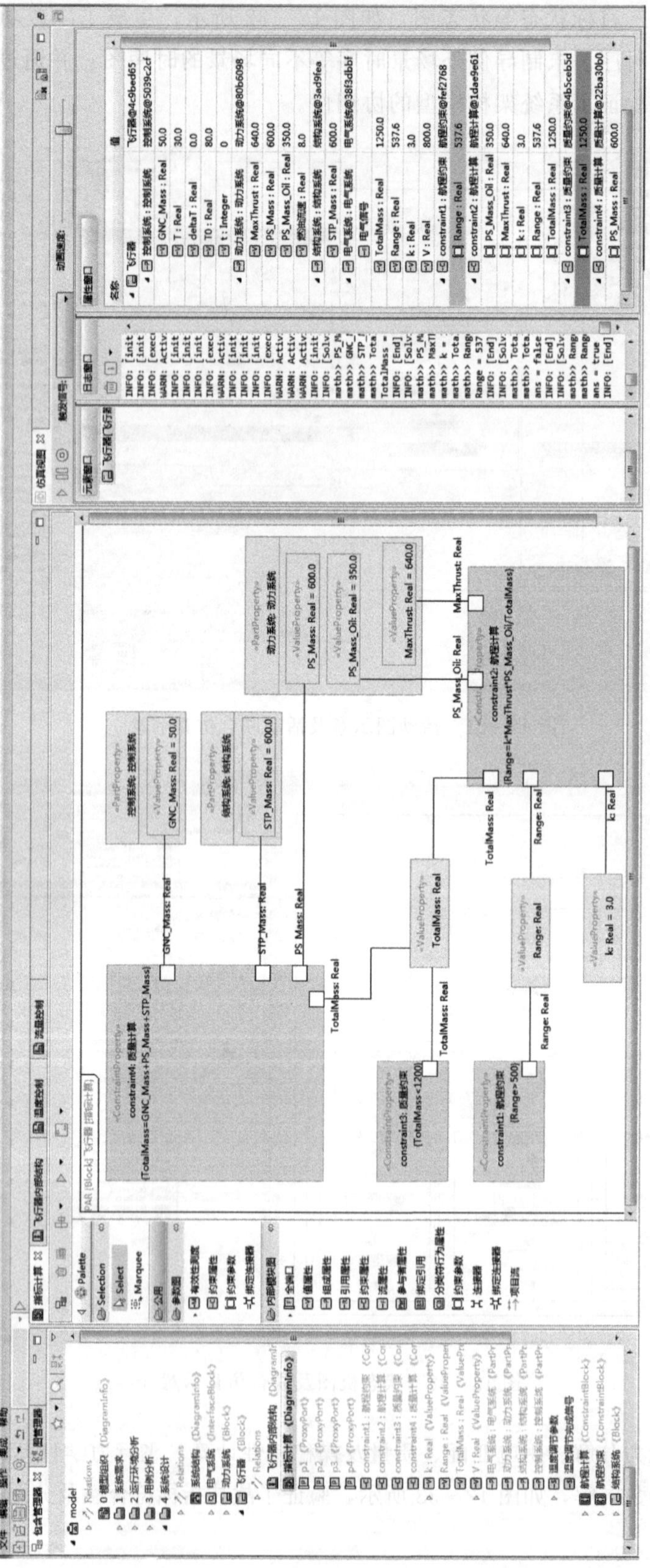

图 12－33 参数求解示意

12.6.4.3　逻辑设计与仿真

基于 Modelica 语言，采用 SysDeSim. Sim 建模仿真工具，针对该飞行器建立了动力学与运动学模型、质量质心模型、气动模型、动力系统模型、制导控制系统模型共 6 个分系统及专业模型，如图 12－34 所示，实现了闭环仿真验证，以检验系统工作协调性和功能实现程度。

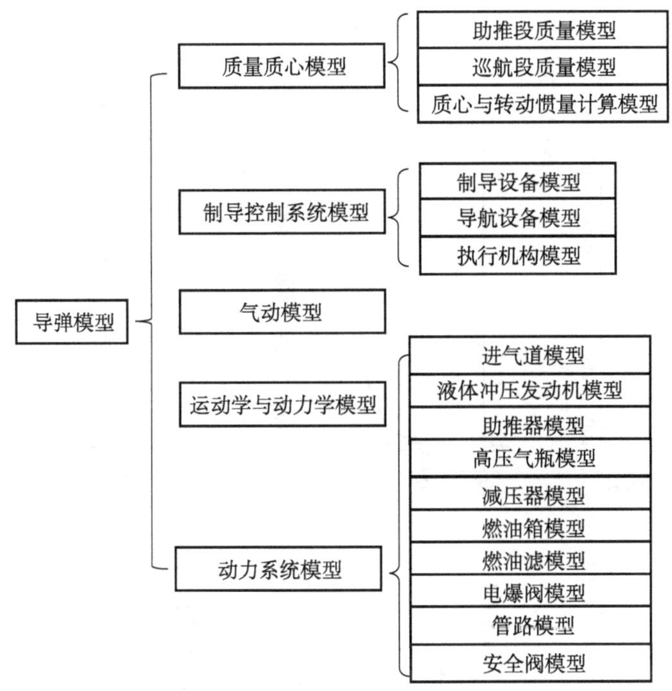

图 12－34　典型飞行器系统模型组成

建模过程中采用自顶向下的建模机制。首先根据实际系统的物理拓扑结构建立顶层模型，各分系统用“空部件”代替；定义各分系统之间的接口，可以是具体的变量，也可以是接口要求，该接口在后续子部件的设计过程中将逐步完善；各分系统进一步分解，直至可以采用数学模型直接描述的底层组件进行内部机理建模；所有底层设计完成后，顶层自动更新，再建立连接，得到系统层模型进行综合仿真验证。

基于构建的该飞行器多领域逻辑模型，利用搭建的飞行器系统级仿真模型进行了全弹道飞行仿真。得到俯仰角、马赫数、飞行高度、俯仰/滚转/航向三个方向的综合舵偏角变化曲线，如图 12－35 所示，计算结果与传统半实物仿真得到的曲线基本一致。

12.6.4.4　案例应用效果

1）通过需求的结构化定义和跟踪管理，梳理了用户需求结构化条目 602 项，完成需求分层、分类，需求关系构建，改进语句结构 500 余项，规范语法表述 200 余项，识别需求定义不清晰、不完善条款 107 项，识别指标体系不协调问题 18 项。显著提高了需求管理和军地协同效率。

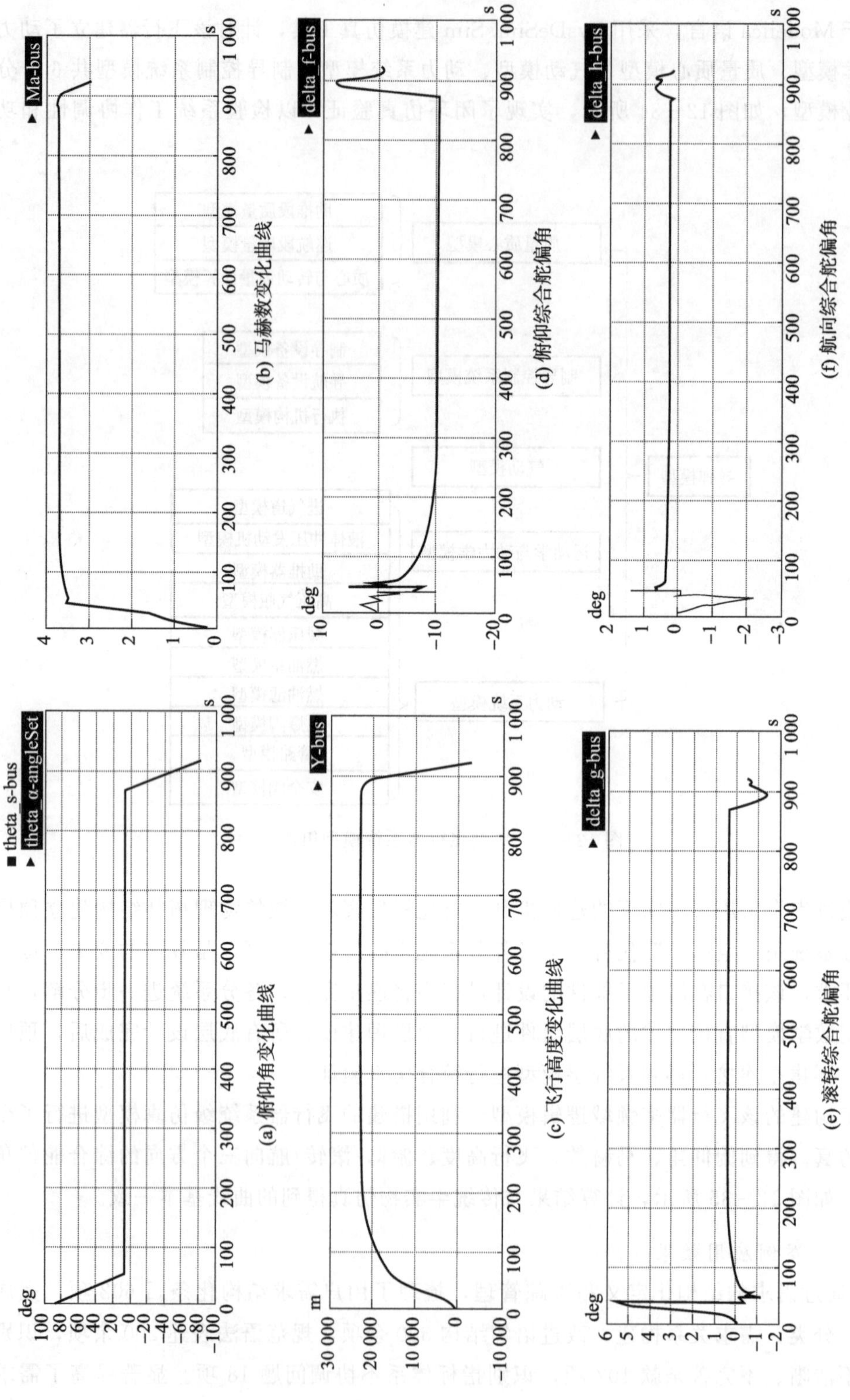

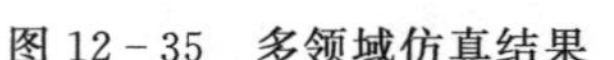

(a) 俯仰角变化曲线

(b) 马赫数变化曲线

(c) 飞行高度变化曲线

(d) 俯仰综合舵偏角

(e) 滚转综合舵偏角

(f) 航向综合舵偏角

图 12 - 35　多领域仿真结果

2）基于统一的系统建模语言（SysML）构建了功能和逻辑架构模型，部分代替了传统的设计文档，在系统的指标体系管理、接口管理、全寿命周期寿命、任务与环境剖面设计、系统工作指令流程时序设计、指标满足性闭环管理、重用技术标准和知识模型等方面，相比文档具有显著的优势。

3）通过对构建的系统模型进行行为仿真和多领域逻辑仿真，实现了在设计早期对系统方案进行验证，对错误的工作时序、运行状态以及关键性能参数进行了验证和纠正更改，避免了错误后移造成的问题扩大，提高了产品研制的质量。

4）建立全程的追溯关系，形成了产品唯一真相源，有利于设计人员对系统静态结构和动态行为达成一致理解，建立了系统需求与设计元素间的全局追溯关系，有效提升了装备系统架构设计与管控能力。

12.7　型号质量定制管理

型号质量定制管理是针对不同型号领域，不同顾客要求，尤其是顾客对产品性能好、质量优、价格低和进度快的综合需求，在保持型号质量管理基本原则的基础上，采取与产品多方面综合要求相适应的质量管理新模式，如同穿衣服“量身定制”一样，以解决原有的型号质量管理针对性不强，质量问题频发，研制周期一拖再拖，成本长期居高不下，产品性能得不到充分体现等问题。

12.7.1　概念和适用范围

型号质量定制管理是以质量管理体系为“基线”，融入数字化、网络化、智能化（“三化”）要求，针对不同型号、不同顾客，分析“风险”，增加特殊应对措施，分析“机遇”对“基线”适当“剪裁”（或“偏离”），以“基线＋特殊要求＋状态剪裁”方式形成针对特定型号的质量定制管理模式。从设计、工艺、生产、质量四个方面量身定制，以体现“质量精、成本控、重点突、机制活、节奏快”的质量经营特点。

型号质量定制管理主要适用于军贸产品和参与竞标比测的研制型号。

12.7.2　基本原理

型号质量定制管理以 GJB 9001C—2017《质量管理体系要求》标准为基础，结合型号特点推行三维设计、三维工艺，促进数字仿真、半实物仿真的深度运用，推行产品数据（EBOM/PBOM/MBOM）和其他基础管理数据信息网络共享，追求质量“三效”（质量管控效果、质量保障效率、质量经营效益），达到产品“四优”（质量优、性能优、价格优、进度优）目的。其原理如图 12－36 所示。

12.7.3　实施步骤

型号质量定制管理从设计、工艺、生产、质量四方面定制“管理策划”，牵引实施适用型号的质量定制管理工作。

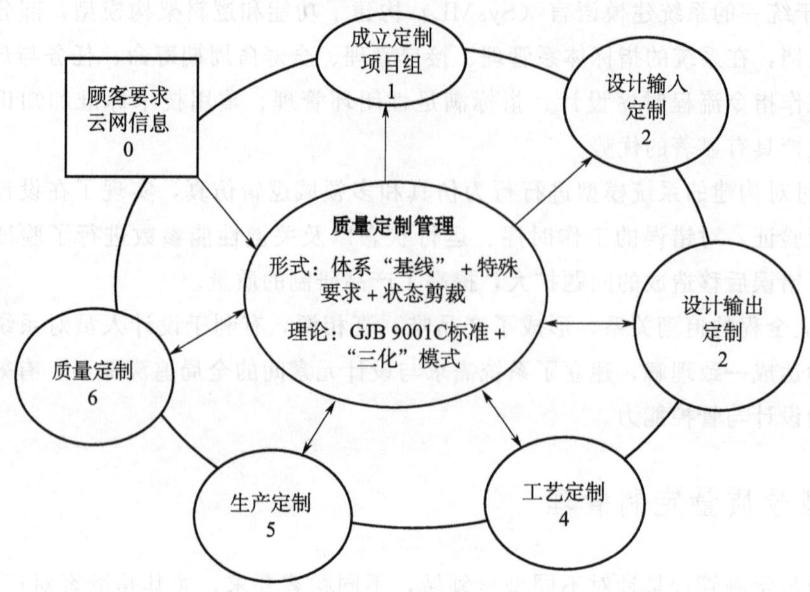

图 12-36　型号质量定制管理运行图

12.7.3.1　设计定制

（1）成立定制专家组

根据型号技术特点、专业属性成立专业评审专家组，并对专家实施“定制”培训，使其掌握“三化”做法，能够结合“数字化”提出相应的设计、工艺方案思路和建议，结合“网络化”提出技术管理建议，结合“基线”提出定制管控措施。

（2）设计输入定制

在研制阶段，由于认识的局限性，“技术要求”和“技术方案”是一个反复沟通、迭代的过程，仅满足设计任务书中技术要求，还不能赢得顾客满意。将技术要求以外的、顾客潜在的要求，纳入设计输入，将原本的技术指标加严，形成自我约束项。“技术要求＋自我约束项”构成设计输入定制，如图 12-37 所示。

（3）设计输出定制

设计输出定制除满足技术要求外，增加了对自我约束项的落实，特别考虑数字化方法运用，如：考虑仿真置信度对设计“一次做对”的影响。具体如图 12-38 所示。

在基线管理基础上，简化开发流程、精干团队，即做“减法”；落实自我约束项，明确数字化要求，即做“加法”。

12.7.3.2　工艺定制

通过工艺策划，明确定制内容，促进工艺对设计迭代，如图 12-39 所示。具体做法有：

1）实施设计与调试工艺一体化建设，加强设计工艺协同，工艺人员对产品设计进一步技术渗透。

2）在工艺策划阶段，针对行业属性和生产能力冲突，对关键技术建立择优机制，以确保加工进度和质量。

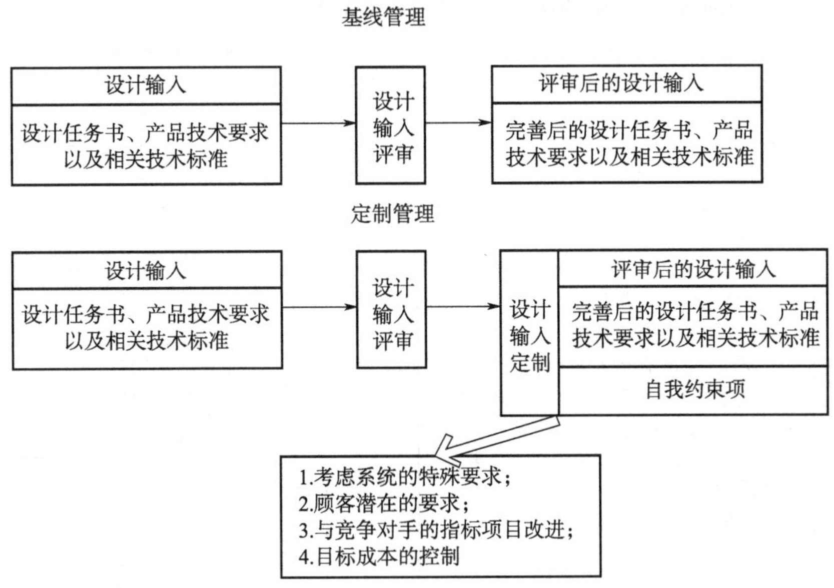

图 12－37　设计输入定制管理示意图

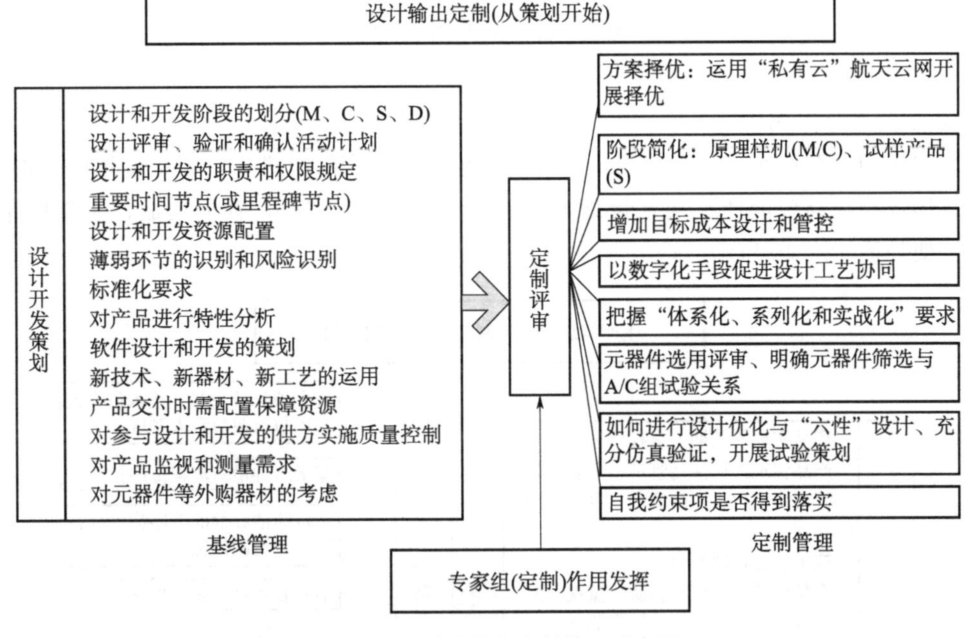

图 12－38　设计输出定制管理示意图

3）突出工艺柔性化，以确保生产制造灵活机动，降低研制成本。批产工艺逐步考虑工艺细化、量化，可根据生产当量均衡配置专用设备工装。

4）对检验点、检验抽样方案进行优化设置，优化质量成本，提升质量管理效率和质量效益。

5）把产品外观质量的控制和防护措施作为重要的定制内容。

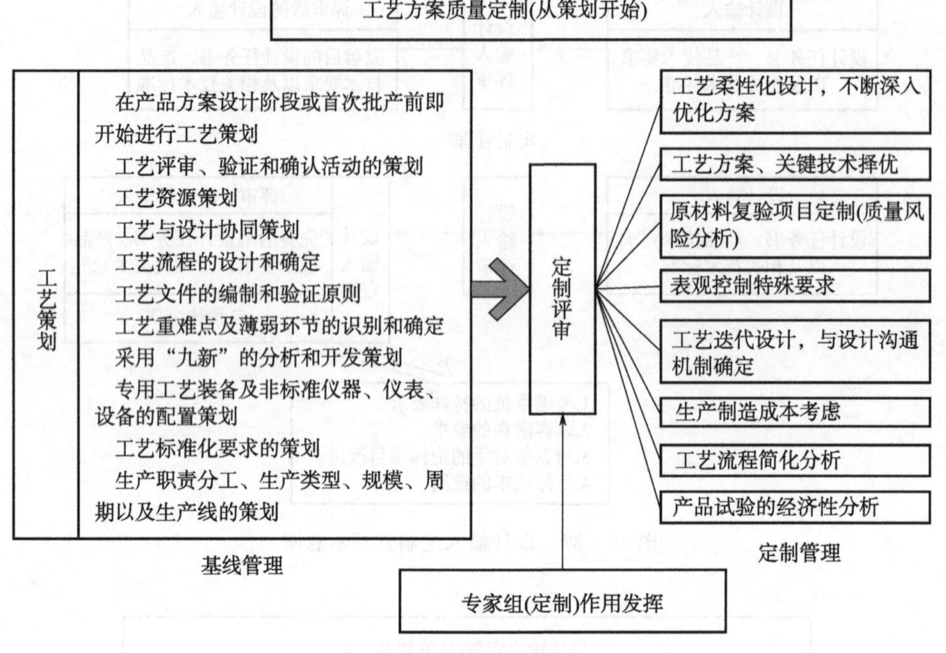

图 12-39　工艺定制示意图

12.7.3.3　生产定制

以“动用资源最小化”为原则，明确最小单元的生产组织机构，制定最短链路的生产流程，形成简洁高效的产品实现策划方案，与 PDM/ERP/MES 数据集成，实现网络化。总体框架如图 12-40 所示。

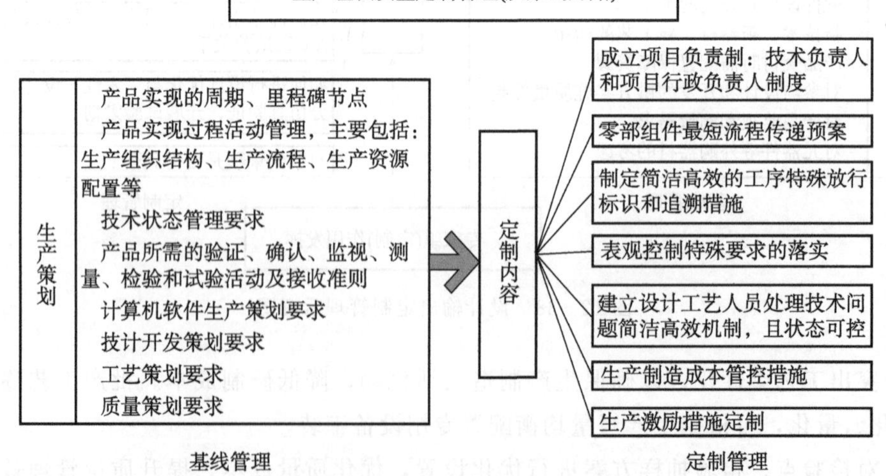

图 12-40　生产定制管理示意图

具体做法：

1）按项目确定行政负责人和技术负责人，组成科研、生产项目最小化团队，分工明确。

2）制定零件制造最短流程，设计部件、组件装调、试验最简洁高效的生产形式。

3）对生产“长线”、生产“瓶颈”制定预案，预判需要特殊放行的工序，在确保追溯的前提下，制定简洁高效的放行办法。

4）落实表观防护。

5）建立“管理状态偏离”机制，当实际情况与制度基线有冲突时，可以通过下发《管理状态偏离指示单》的形式执行，以降低制度临时“剪裁”风险，并确保制度执行的严肃性。

12.7.3.4　质量定制

针对具体型号、具体顾客要求对质量风险管控水平实施定制管理。质量定制的主要内容是根据质量风险转移更改质量停控点，定制质量管控资源和质量记录，深入开展质量成本管理，制定专项质量经营绩效激励措施。质量定制的总体框架如图 12－41 所示。

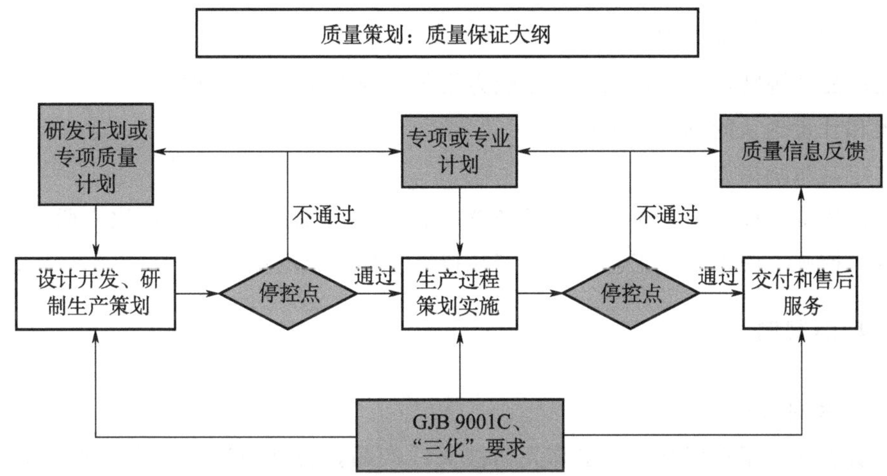

图 12－41　质量定制管理示意图

注：“停控点”一般指型号研制转阶段时间点，此时间点研制工作临时性暂停，审查前阶段工作质量对后续过程的质量影响，针对质量影响因素采取闭环控制措施

具体做法如下：

(1) 根据风险转移实施质量停控点

清理上一阶段问题闭环情况，判定其是否影响下一阶段，对后一阶段质量保证准备情况进行审查，以防控质量风险。质量停控点主要有：技术状态质量停控点、生产前质量保证停控点、装配转调试质量停控点、特殊工序前质量停控点。

(2) 结合产品特点定制“质量记录树”

在研制阶段，侧重设计问题统计分析，以确保问题得到闭环为底线，简化流程。在批产阶段侧重质量复查追溯，优化检验点设置。不同型号定制不同的“质量记录树”，如图 12－42 所示。

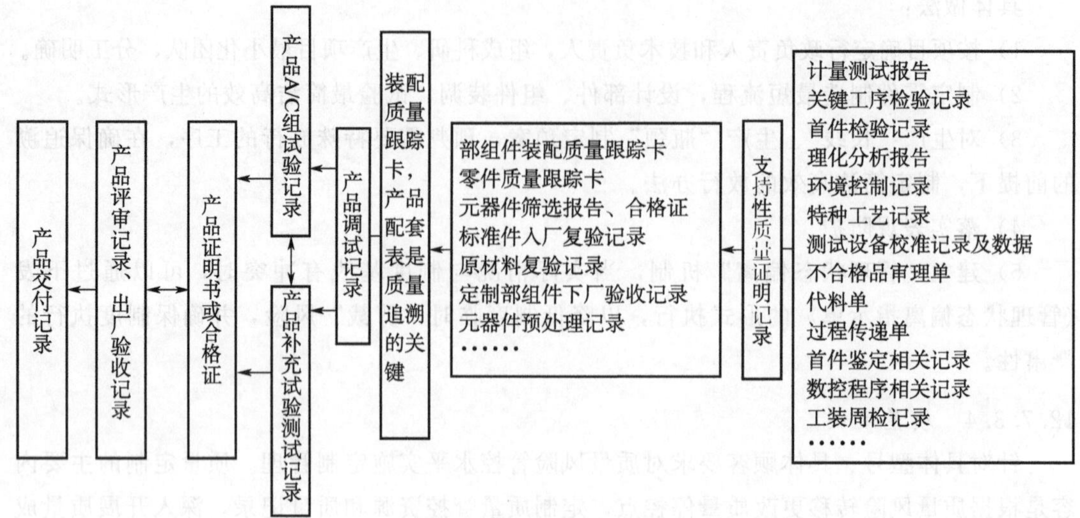

图 12-42 质量记录树状图

(3) 定制计量保证大纲

关注产品关键特性，合理确定测量能力指数。根据使用时间和频次，动态制定计量确认时间表和计量确认间隔，降本提效。

(4) 定制激励措施

将目标成本、设计工艺质量与产品经济效益挂钩，实施技术项目占比入股，通过利润技术分成等措施，激发设计工艺人员对产品持续迭代优化的主动性。

12.7.4 典型案例

12.7.4.1 应用案例

某新研制的用于军贸竞争的多阵元微波天线产品，在立项伊始实施了质量定制管理。公司首先组建了天线设计、数字化仿真、质量管理等专家团队，从分析设计输入要求入手，提出竞争择优方案，确定在增益、方向图、隔离度等指标附加了自我约束项。根据定制管理模型中的“数字化”要求，将提升仿真置信度纳入设计定制管理课题，确定竞争择优方案，通过“开展多学科多系统建模及仿真”“充分开展功能性仿真试验”“充分开展半实物仿真试验”，使微波天线仿真置信水平显著提升，解决了多阵元天线设计反复问题。采取仿真置信度提升措施以后，置信度水平由0.5～0.6提高到0.8～0.85，天线阵元装配完成后，驻波位于谐振位置，天线可以直接进入暗室测试，驻波合格率达到95%。天线生产跳过烦琐的调试过程，印制板报废减少，研制环节缩短，质量损失降低。

在生产研制阶段，推行设计工艺一体化，工艺一次到位。生产过程推行EBOM-PBOM-MBOM数据共享网络控制，从ERP中选择既满足设计要求、符合质量标准，又节省备料周期的原材料和元器件。针对定位准确、解决方案明确的质量问题，因特殊原因不能及时执行审批流程时，采用“管理状态偏离单”的形式，管控风险走捷径，避免了质量与进度矛盾，保持管理高效。

质量策划时以该产品 MBOM 为基准，编制了产品质量记录“树状模型”，建立了产品数据包，实施计量策划，对影响产品性能的关键测量设备提前校准，最大限度减少影响质量和进度的管理因素。研制试验完成，即达到评审条件。

通过型号质量定制管理模型的实施，该新研天线产品从设计开发到生产交付一次到位，实现了管理“零”失误，设计验证试错“零”成本，践行了“零缺陷”管理理念。为此，企业编写了《设计开发策划实施程序》《工艺策划实施要求》《产品实现策划实施办法》《型号质量策划实施办法》《原理样机质量控制办法》，完成了设计工艺深入优化、仿真及可靠性验证等课题近千项。

质量定制方法实施以来，其他研制产品同样显著减少了设计反复，实现了研制周期缩短、研制成本降低、用户体验增强和质量经营增效，较好地适应了竞争性采购机制。

12.7.4.2　*应用成效*

（1）市场竞争能力提升

设计输入输出定制实施以来，市场竞争力大幅提升。2018 年以来，公司某工程雷达成功入围，某工程干扰系统成功中标，某高度表表现优异，载人航天工程质量测量仪顺利完成研制、生产交付，某新型项目第一轮试验产品迅速完成研制并参与海上试验，某底盘检测系统超越顾客要求，故障返修为零。

（2）研制效率提升

实施工艺定制管理以来，建立了设计工艺协同机制，促进工艺优化 233 项，研制生产效率提升，原材料复验周期、现场技术问题处理周期、技术准备时间，与以往相比缩短 30％左右。

（3）交付进度得到保证

生产定制管理实施以来，提高了生产策划水平，通过策划不断迭代，规范了管理临时偏离，消除“内耗”，服务进度“优”得到体现，备料周期、自制件齐套周期、总装周期、生产准备时间明显缩短。

（4）质量更优、成本有效控制

实施质量定制管理以来，实现了研制生产质量更优和成本有效控制。2019 年与 2017 年相比，质量问题报告单和不合格品审理单总数减少 41％，不合格品数量减少 33％。针对交付目的不同，备料质量等级不同，2018 年为公司节约备料成本 120 余万元；数字化手段实施节约研发成本 230 余万元；定制检验点节约鉴定成本 60 余万元，节约质量预防成本 10 余万元。

第 13 章　风险识别和分析方法

13.1　飞行时序动作分析与确认

航天型号研制过程中，为解决系统间不协调问题，消除和降低潜在的技术风险，确保任务“一次成功”，将型号飞行过程按时序分解为各级产品的飞行时序动作，分析各飞行时序动作的风险因素及相互影响，并从设计、生产和试验等环节检查确认风险控制措施的有效性及落实情况，从而为型号研制提供必要的决策支持。这种方法是 1999 年某重大任务首飞成功后提炼推广的一项风险控制手段，在航天两个集团得到广泛应用。

13.1.1　概念和适用范围

飞行时序动作分析与确认本质上是一套基于系统工程理念的层级化综合分析技术，按照“时段—事件—时序—动作”的层级，自顶向下开展要求分解与设计、自底向上开展要求验证与闭合。该方法以飞行时序动作为牵引，对影响成败的每个动作的输入条件、输出结果、设计指标及满足情况、设计余量、可靠性措施、环境及相关影响、试验验证或仿真、计算等工程分析情况进行系统梳理，查找需要进一步分析和确认的问题，从而消除或降低可能存在的技术风险和隐患，最终得出从设计要求、设计结果到飞行实现能够完整闭合的推演分析结论。

在此，“时序”是指研究对象的所有动作按时间先后顺序的执行序列；“动作”是指研究对象执行的物理、化学或者逻辑等行为；“事件”是指同一时刻发生的若干个具有内在联系的时序动作的集合；“时段”是指某两个标志性事件之间的一段时间区间；“时域”是指描述数学函数或物理信号对时间的关系；“空域”是指根据飞行需要而划定的一定范围的空间。

这一方法提供了一种以时序动作为逻辑顺序，细化识别飞行过程中潜在技术风险的系统性方法。以本方法为主线，结合其他风险控制方法，可以提供基于时序的工程系统的六类最常见的技术风险分析线索：时域风险、空域风险、技术状态差异风险、影响域风险、环境适应性风险、设计裕度风险。

这种风险分析方法，原则上适用于任何基于时序的工程系统，但仅当系统结构、功能和技术状态比较复杂，时序动作多、技术状态快速变化而导致时域、空域配合上的风险因素比较突出时，才能显示出其独特的优势。

13.1.2　基本原理

13.1.2.1　基本思路

时序动作分析和确认方法通过运行使用时间线定义每个阶段的系统技术状态、运行使用活动以及相关单元，对每个运行使用阶段的使命任务目标达成情况进行分析。这一方法是通常的技术风险管理方法与“时间线”理论的有机结合。它遵循传统技术风险管理识别、分析、应对、监控的循环迭代过程，有效结合故障模式与影响分析（FMEA）、故障树分析（FTA）、潜在通路分析、测试覆盖性分析、试验充分性分析等技术，并在此基础上与“时间线”理论融合，通过对任务剖面的精确再现，将“散点式”的技术风险方法与“线条式”的时间线结合，最终实现预防或减少增量风险、消除或控制存量风险。

13.1.2.2　输入和输出

飞行时序动作分析和确认的输入包括待分析时序动作相关的全层级产品的全过程技术资料，如：研制任务书、研制与采购合同、技术要求、标准规范、全过程（设计、工艺、检测、试验）技术资料及数据等，具体的输入与裁剪选用的工作项目有关。

飞行时序动作分析与确认的输出是一套全系统时序动作的确认结果，包括风险清单、验证和控制措施以及确认报告等。

13.1.2.3　主要内容

通常采用表格作为明确具体工作内容及输入和输出的载体，详见表 13 - 1，实际应用时，可根据风险控制方法裁剪选用情况对表格内容进行调整。

13.1.2.4　应用原则

该方法应用时，在影响域、产品域和工作域三个维度需要注意的原则如下：

（1）影响域维度相关原则

1）时域风险原则：时序设计协调匹配；时序动作指令正确发出，重要时序有备保；多项环节（条件）串行指令，各环节匹配。

2）空域风险原则：全面考虑动作的空间行为产生的影响；动作产生多余物（活动物）的可能性分析及对周边产品的影响。

（2）产品维度相关原则

1）差异性风险原则：产品飞行状态、环境与地面试验状态、环境的差异性分析与确认；技术状态与经飞行试验考核状态的差异性分析与确认。

2）环境适应性风险原则：不满足环境要求的项目辨识与分析；对实际飞行环境未完全认知的项目辨识与分析；各时序动作可能因周围环境产生变化的项目辨识与分析；考虑真实环境，对动作地面试验天地一致性分析全面。

3）裕度风险原则：各类设计指标处于边缘状态的项目辨识与分析；地面试验不能完全模拟飞行环境的项目辨识与分析。

表 13-1　飞行时序动作分析与确认表

序号	飞行时段	飞行动作或关键环节项目	输入条件和工作环境确认	输出或响应结果	设计指标	指标实现情况（含设计余量）	可靠性设计保证措施	产生的环境及其相关影响分析	试验验证或仿真、计算分析结果	确认人	责任单位	审核确认
编号	填写本时序隶属的飞行时段名称	填写本时序涉及的关键动作或关键环节的项目名称	填写实现本时序需要输入的操作、流程和硬件逻辑条件	填写本时序完成后应该输出的软、硬件的动作或状态变化等	填写本时序的具体功能、性能、接口及流程要求等	对照本时序的技术指标设计要求，对其具体实现情况、设计余量、是否满足要求等情况进行准确描述	对本时序实现过程中的软、硬件可靠性措施以及是否满足可靠性要求的情况进行说明	对本时序实现过程及实现后的环境条件变化及所涉及的软、硬件系统状态对其他系统的影响进行分析说明	对本时序在型号研制过程中的所有的仿真、计算分析以及试验验证考核的情况进行说明			

(3) 工作维度相关原则

即四个闭合原则：在功能设计实现、设计裕度保障、可靠性措施及验证环节落实四个方面确认相关工作的闭合情况。

13.1.3　实施步骤

飞行时序动作的分析和确认工作的实施程序一般包括以下八个步骤：策划；时段划分与时序动作梳理；动作输入与输出分析；设计指标与实现情况分析；时序动作潜在风险分析与确认；综合分析确认；迭代改进；总结。在应用该方法时，可根据分析对象实际情况对上述步骤的工作项目进行裁剪或增补，对应的工作流程如图 13－1 所示。

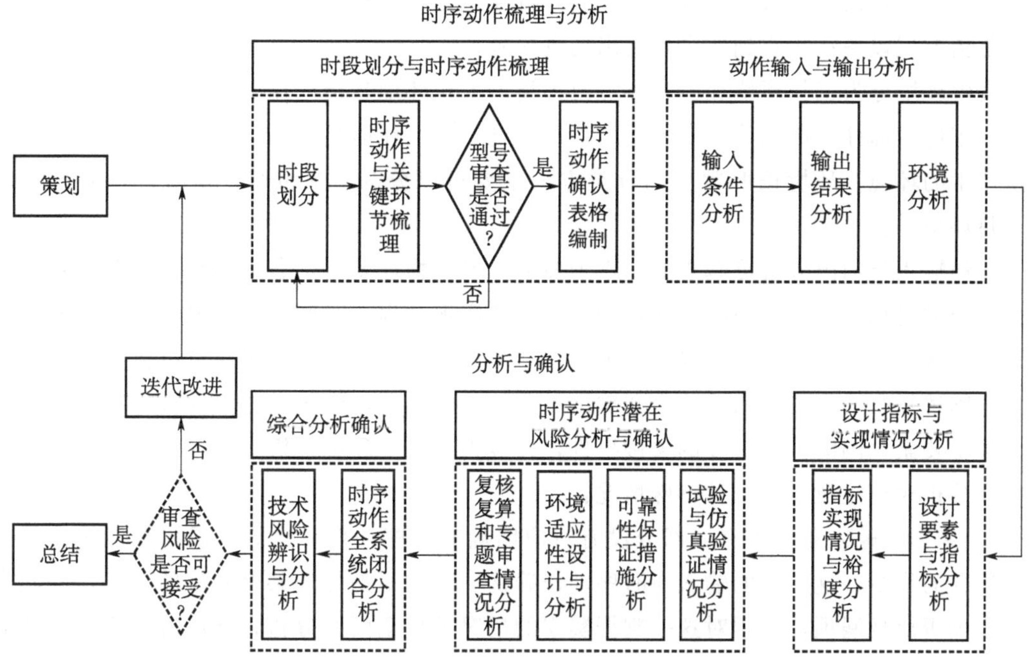

图 13－1　飞行时序动作分析与确认工作流程

注：图中加粗字体实线框表示实施的关键步骤，虚线框内的实线框表示该步骤下的关键环节

13.1.3.1　策划

本项工作的策划是项目研制与开发的整体策划中的重要组成部分。在项目研制的不同阶段，本项工作具有不同的重点和不同的颗粒度，整体是一个不断细化、不断迭代的过程。

13.1.3.2　时段划分与时序动作梳理

时段划分与时序动作梳理是时序动作分析和确认的前提和基础。型号总体根据确定的飞行时序，系统梳理每一个飞行时序动作，初步给出飞行时段和飞行时序，识别飞行时序动作所涉及的分系统与单机产品。各分系统按照总体给出的飞行时段和飞行时序，组织各产品对飞行时序进行补充完善，并分解为相应的飞行时序动作。型号两总组织型号队伍讨论，确定飞行时段、飞行时序和飞行时序动作选取的合理性。

13.1.3.3　动作输入与输出分析

动作输入与输出分析是对影响动作成败的要素进行全面分析，包括输入条件、输出结果和发生环境三类要素。

输入条件一般可以分为判据类和接口类两大部分。判据类主要是指动作执行所需要到达的逻辑判断依据，常见的有时间判据、控制系统测量信息判据、组合判据等。接口类主要是指通过正确匹配的机械与电气接口使得相关信息能够准确无误地被动作执行主体所接收，常见的接口类输入包括通信协议、接插件等。

输出结果一般分为机械、火工动作和电气指令两大类。机械、火工动作主要是指机构装置、火工品在接收到指令后按照设计固有特性执行的运动、火药燃烧等动作；电气指令主要是指电气设备在接收到指令后发出的电信号。

发生环境分为工作环境和产生环境两大类。工作环境是指动作执行期间，执行动作的主体（零件、部件、单机等）所承受的外部环境。产生环境是指动作执行期间，由执行动作所产生的环境。环境按照常用的分类方法主要可以分为自然环境、电磁环境、力学环境、热环境等。

动作输入与输出分析可基于如下六个要素开展：物理要素，各分系统、各单机要陈述具体动作的物理意义，即该动作在物理上的具体实现过程；时间要素，要考虑时序的精度对动作实现过程的影响；信息要素，围绕信息传递开展矩阵分析，量化信息流方向；动作要素，阐述每个动作的输入、响应和输出过程；硬件要素，阐述动作实现过程所涉及的硬件；环境要素，围绕各个时段的关键事件，开展力、热等环境分析。

在分析时应注意以下几种特殊情况：

1）判据类输入条件中有一部分没有对应明确的时序动作，比如以惯性器件的行程积分为判据的指令，这一类的输入在时序动作确认中往往不是另外某个时序的输出，因此为了避免分析出现漏项，必须对这一判据实现的情况进行全面的分析，确保时序判据设计的合理性与正确性。

2）联动动作是输入条件中一类比较特殊的情况，在联动动作中，一个输入往往会对应若干仪器设备的一连串的输出响应，而这一连串的动作有的有使能关系，有的没有必然的使能关系，应该遵照全面性以及关联性原则，将有关联的动作作为一组进行分析，同时确保所有动作都能分析到。

3）接口类输入条件中有一种不是一个简单的物理或者电气的接口，而是一种特性的匹配接口，例如通信协议就是一种适配关系输入条件，不仅需要电缆接插件、节点匹配，还需要电气信号的逻辑匹配，针对这一类输入条件，要遵照全面性原则对接口的所有环节进行匹配性分析。

4）运动边界与间隙是一类特殊的机械接口，是保证机械运动类动作在执行过程中不会发生非预期的碰撞、剐蹭、阻滞等影响动作顺利执行的边界接口。这种接口需要遵循全面性、准确性、关联性原则，在分析运动物体轨迹轮廓的基础上，考虑各种外部环境和影响因素，对运动边界和间隙进行全面辨识与确认。

5）动作执行机构的工作环境大部分是由产品中其他零部组件工作所带来的，例如发动机点火工作产生的振动与热环境、火工品起爆产生的冲击环境等。但也有部分环境并不是由其他零部组件工作直接带来的，例如火箭飞行中的最大动压时刻、跨声障时刻等。这些非时序动作直接产生的工作环境需要遵循全面性原则，通过对时段内产品工作特性的分析，在时序动作确认项目中充分全面辨识，并对相关载荷、环境的适应性进行全系统的分析与确认。

13.1.3.4　设计指标与实现情况分析

设计指标与实现情况分析的核心是对要分析的时序动作进行基于设计指标体系结构的设计闭环推演。需要明确：动作执行的输入条件包含哪些定性和定量的指标；动作执行时的工作环境包含哪些定性和定量的指标；动作执行的输出（设计意图）包含哪些定性和定量的指标；动作产生的环境包含哪些定性和定量的指标；在把设计指标梳理明确后，需要针对设计指标来回答相关指标是如何在设计方案中实现的。

13.1.3.5　时序动作潜在风险分析与确认

在对飞行时序动作进行识别分析展开后，可采用各种风险控制方法对关键动作的潜在风险进行分析与确认，典型的方法包括如下几种：

1）试验与仿真验证情况分析。试验与仿真验证情况可以分为飞行试验、地面试验和仿真分析几类，主要回答对设计指标的验证充分性、系统工作协调性和环境的适应性，需要重点关注试验真实性、试验覆盖性和天地一致性等方面。

2）可靠性保证措施分析。主要是分析可靠性管理措施、设计裕度、可靠性保障措施的有效性、关键重要特性的控制方法等。

3）环境适应性措施分析。重点是分析明确产品其他系统对该时序动作产生环境的适应性，包括环境主要影响的系统及产品，相关产品的环境适应性设计、试验验证情况等。

4）复核复算和专题审查情况分析。通过复核复算和专题审查，确保关键环节和关键参数设计的正确性和合理性，有效化解主管设计人员单点环节带来的技术风险。

13.1.3.6　综合分析确认

完成上述分析与确认工作后，由型号总体形成综合确认报告，型号两总组织全系统对每一个动作进行讨论和确认，通过确认查找可能存在的上下游理解不一致、考虑疏漏、验证不到位等风险点，并针对风险点进行分析。对于可以通过完善改进而规避掉的风险提出完善改进方向。对于无法通过完善改进而规避的风险进行风险发生概率及影响分析，为后续研制决策提供支撑。

13.1.3.7　迭代改进

基于时序动作确认的风险识别与控制工作是一个不断迭代、螺旋收敛的过程。在明确改进完善方向后，需要根据改进完善的具体情况，补充进行或者重新进行时序动作确认分析，直到最终实现全系统的闭环和风险可接受。

13.1.3.8 总结

一轮时序动作确认工作结束后，要对时序动作确认进行全面总结。总结首先要明确本轮分析对象产品的技术状态，明确分析的重点和目的，总结工作过程，总结发现的问题与解决途径，并提出下一轮时序动作分析工作的建议。

13.1.3.9 实施要点

经分析确定的关键环节应明确涉及产品、责任单位和责任人。由型号两总系统负责审查确认关键环节，各关键环节负责人对所属的关键环节进行分析和检查确认，查找存在风险的薄弱环节，采取必要的规避措施，形成分析报告，对存在风险和需要重点关注的问题进行总结，并针对风险从风险描述、风险分析、应对措施和分析结论等角度进行阐述。在飞行试验进场前以评审形式进行把关确认。

（1）应用时机及要求

时序动作分析和确认工作需要贯穿产品研制、出厂、运输、使用全过程。研制阶段和出厂前，运用该方法，对设计的闭合情况进行全过程分析，逐一分析确认，确保设计正确、协调。

工作策划确定后，应形成编制要求，由全系统共同确认。在方案论证阶段，根据用户提出的使用需求，提出型号总体方案及时序设想。在工程研制的初期（初样阶段及之前），时序动作分析和确认的侧重点是设计指标分析和关键技术验证方面；在工程研制的后期（试样阶段及之后），时序动作确认的侧重点是完成整个产品设计—生产—考核全要素闭合，需要针对产品全寿命周期各环节全面细化开展分析与确认工作。在飞行试验（使用）工作期间，进一步补充单机和系统检查测试数据，对这一系统级产品的设计和实现情况开展进一步的分析和确认工作，确保最终试验（使用）全过程正确、匹配、协调；在定型批产阶段，更多地侧重技术状态变化、工艺稳定性、产品实现及装配等环节。

（2）组织与管理要点

要建立以时序动作流程为牵引、以技术为核心、以组织为保障、以基础为支撑的总体、分系统、单机组织体系以及跨建制的行政和技术双线指挥的管理模式。在组织过程中要注重系统策划，将相关工作纳入工程研制计划，并对实施情况进行监控和审查。另外，实施过程中要以平台化的基础保障为支撑。一方面需要对以往工程研制成功经验和失败教训进行系统总结提炼并形成知识积累，建立完善的知识管理平台，利用标准规范和相关数据库对工程技术风险管理提供知识保障；另一方面还要充分发挥专业支撑机构和专家团队的技术优势，为工程技术风险管理提供技术支撑；此外综合运用信息化手段，建立基于流程、面向岗位的信息化平台和应用系统，提高工程技术风险管理能力。

13.1.4 典型案例

以某型号导弹出水后尾罩分离这一关键事件的时序动作分析与确认为例，介绍飞行时序动作分析与确认方法在工程上的实践应用。

13.1.4.1　工程背景

该导弹整个飞行过程可以分为弹射点火、发射筒中运动、水下和出水运动、出水后弹射、一级飞行、二级飞行、三级飞行、末修级飞行、末修舱级飞行、弹头自由飞行和再入共计 10 个时段。在此仅节选导弹“出水后弹射”时段中“尾罩分离”事件进行介绍。

13.1.4.2　实施过程

1）策划。策划时，需要将时序动作分析和确认工作与飞行试验其他质量检查确认活动整体策划。本次工作的侧重点主要是通过分解关键时序过程中影响成败的关键事件的关键动作，识别相关设备、产品的影响因素，进一步转化、分解为可量化的产品功能、性能指标，并分析和确认各指标的符合性、覆盖性等。

2）时序动作梳理。本案例主发动机点火事件属于弹射出筒时段。当弹尾出水高度达到设计要求后，从控制系统发出尾罩分离指令、尾段推力装置的点火等，直至尾罩和弹体分离，对时序动作进行梳理，在此基础上，对关键环节设计要素进行分析，如图 13－2 所示。

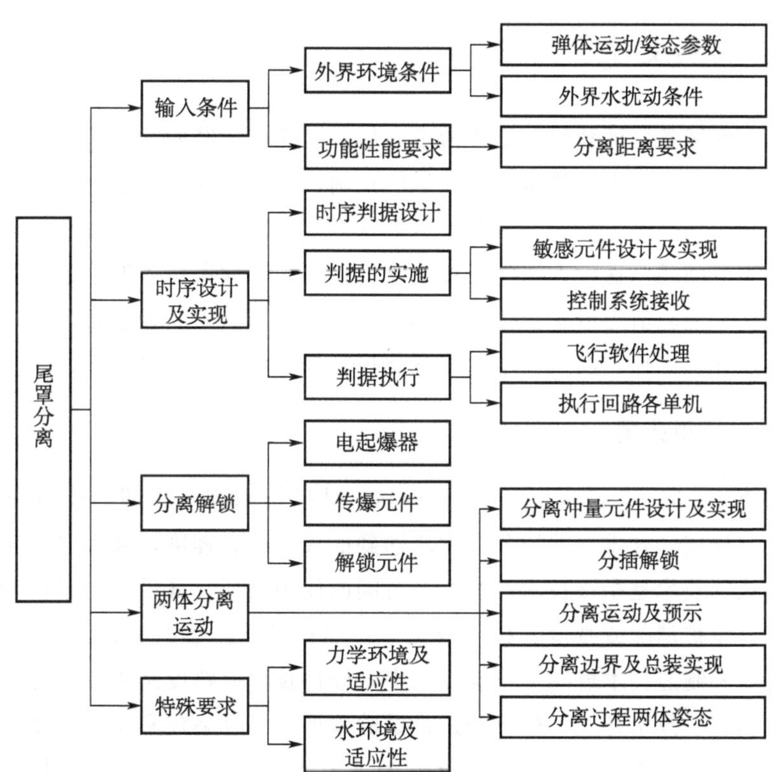

图 13－2　尾罩分离时序和动作关键环节设计要素

3）动作输入与输出分析。首先对尾罩与弹体分离事件的输入输出进行分析，然后对每个时序动作的输入输出进行分析，明确每一个动作涉及的部件及其要求、输入输出情况。

4）设计指标与实现情况分析。对尾罩与弹体分离事件总体设计指标、尾罩分离时序配电输出动作的设计指标等进行分析。

5）时序动作潜在风险分析与确认。进行试验验证情况分析、可靠性保证措施分析、动作产生的环境及相关设备适应性分析、复核复算与专题审查情况等。

6）综合分析确认。完成对尾罩分离事件的时序动作进行分析和确认后，要详细填写时序动作分析和确认表格，并在整个设计师系统内部进行讨论和交流，对全过程进行确认，查漏补缺，识别技术风险，确认完毕后由相关主管设计师在表格上签字。

7）迭代改进。对尾罩分离时序动作分析和确认无改进设计项目。但在其他环节的分析与确认中，发现了若干适应性、匹配性问题，均开展了设计改进及改进后的再确认工作，避免了一些设计隐患，降低了飞行期间的风险。

8）总结。针对某型导弹飞行试验的时序动作分析和确认工作共确认了弹上全部 33 个火工品时序动作和 21 个软指令动作，确认项目共计 596 项，最终得出了参加该次飞行试验的导弹总体及分系统设计方案正确，接口协调匹配，可以参加飞行试验的结论。

13.2　技术成熟度评价方法

针对中国航天装备论证和研制工作需求，借鉴国外成功经验，采用技术成熟度评价这种定量化的评价方法，以支持技术创新成果的正确性和可用性的评估，规范化地实施新技术、新工艺的选用和控制工作，并避免技术上认识不到位、技术吃不透造成研制进度拖期和研制经费超支等问题。这种方法已经在美欧航天工程、武器装备的论证和研制中得到有效应用，其做法和经验值得借鉴。技术成熟度评价方法可以为航天装备研制过程中应用和推广技术成熟度评价工作、实现技术风险量化控制提供理论和实践指导。

13.2.1　概念和适用范围

技术成熟度（TR，Technology Readiness）是指技术满足预期的装备应用目标的程度，即技术经过研究、开发、验证和应用所达到的成熟状态程度，或为研制生产形成的准备程度。所谓成熟技术是指该技术经过一段时间的使用验证，其最初的错误和固有问题已经通过进一步开发被消除或减少。技术成熟度按照技术载体形态可分为硬件技术成熟度、软件技术成熟度和制造技术成熟度三类。其中，硬件技术成熟度是指以硬件产品为载体的技术经过理论研究、技术开发、样机制造、试验验证、系统集成和实际使用等所达到的成熟状态的程度；软件技术成熟度是指以软件产品为载体的技术经过理论研究、构建模型、技术开发、演示验证和测试、系统集成和实际使用等所达到的成熟状态的程度；制造技术成熟度是指以制造过程方法和手段为载体的技术，包括工艺技术、检验技术、测试技术、计量技术、试验技术等，经过技术开发、设施配置或开发、波动控制、成本控制、试制验证、实际应用等所达到的成熟状态的程度。

技术成熟度等级（TRL，Technology Readiness Level）是指用来衡量技术成熟程度的尺度。技术成熟度等级是一个系统性的度量/衡量体系，是对一项技术的成熟度水平的标准度量，用来支持对某一特定技术成熟度进行评价以及不同类型技术成熟度之间的比较。

技术成熟度评价（TRA，Technology Readiness Assessment）是一种定量评价的有效方法，该方法先设定技术成熟度等级，然后据此对研制系统所采用的关键技术（包括硬件类、软件类和制造类），从原理、可行性、验证、应用等，按照一定的衡量标准进行系统评价，以便准确把握技术状态、控制技术风险，确保只有技术成熟度才能应用于系统开发，为技术管理决策提供支持。

技术成熟度评价工作适用于装备产品预研、论证、工程研制和使用等阶段。

13.2.2　基本原理

13.2.2.1　技术成熟度等级划分及定义

技术成熟度等级用于描述一项技术如何从发现基本科学原理逐步成熟直至工程实际应用的规范过程。按照国际上通常的做法，参考 GJB 7688—2012《装备技术成熟度等级划分及定义》有关规定，航天装备技术成熟度按照理论研究、应用研究、工程研究、工程应用验证等过程依次可划分为 9 个等级，用温度计表示如图 13-3 所示。

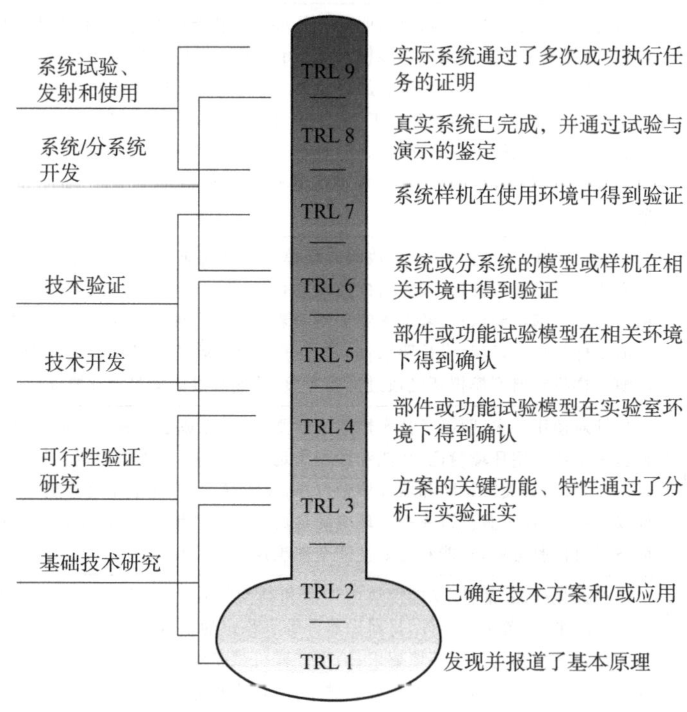

图 13-3　用温度计表示的技术成熟度等级

13.2.2.2　技术成熟度等级评价细则

开展技术成熟度评价工作，需将技术成熟度等级定义细化为更具体的评价细则，即对技术成熟度等级定义中技术活动和技术成果要求进行详细解释。在参考 GJB 7688—2012

《装备技术成熟度等级划分及定义》有关规定的基础上，依据硬件技术、软件技术、制造技术的特点，按技术成熟度等级定义中的关键要素在不同的成熟状态下的要求，分别制定更具操作性的技术成熟度等级评价细则，见表13－2。

表13－2　技术成熟度等级评价细则

等级	标志	评价细则
1	发现并报道了基本原理	1)发现或获得了基本原理;2)基本原理分析描述清晰;3)通过理论研究,证明基本原理是有效的
2	已确定技术方案和/或应用设想	1)基于基本原理,提出明确的技术方案和应用设想;2)通过理论分析、建模与仿真,验证了基本原理的有效性;3)提出了预期产品的基本结构/软件架构和功能特性;4)预测预期产品的技术能力
3	方案的关键功能、特性通过了分析与实验证实	1)通过分析研究、模拟仿真和实验室实验,验证了技术能力预测的有效性;2)明确了预期产品的应用背景、使用环境、关键结构和功能特性;3)完成了关键结构与功能特性的建模仿真分析;4)研制出实验室样品、部件或模块,主要功能单元得到了实验室验证;5)通过实验室实验,验证了技术应用的可行性,提出了技术转化途径
4	部件或功能试验模型在实验室环境下得到确认	1)针对应用背景,明确了预期产品的研制目标和总体要求;2)提出了实现预期产品的技术方案和途径;3)完成实验室样品/部件/功能模块设计,主要指标满足总体要求;4)实验室样品/部件/功能模块集成到原理样机中,验证了技术应用的功能特性;5)通过原理样机测试,验证了技术方案和途径的可行性;6)提出了演示样机的总体设计要求
5	部件或功能试验模型在相关环境下得到确认	1)完成了演示样机总体设计,明确样品/部件/功能模块等功能、性能指标和内外接口要求;2)完成了样品/部件/功能模块等设计,设计指标满足总体要求;3)已经完成了制造工艺研究,完成了工艺装备和加工设备实验室演示,初步确定了关键生产工艺;4)完成了样品/部件/功能模块等加工,满足设计要求;5)初步确定了关键材料和器件,满足样品/部件/功能模块等验证要求;6)样品/部件/功能模块等试验验证环境满足典型模拟环境要求;7)样品/部件/功能模块等通过典型模拟环境验证,功能和性能满足设计要求
6	系统或分系统的模型或样机在相关环境中(地面或空间)得到验证	1)完成了样品/部件/功能模块等典型模拟环境验证,功能和主要性能满足总体要求;2)完成了演示样机设计,设计指标满足总体要求;3)基本确定关键生产工艺规范,工艺稳定性基本满足要求;4)基本确定关键材料和器件,通过工程应用可行性分析;5)完成了演示样机加工,满足设计要求;6)演示样机的试验验证环境满足典型模拟环境要求;7)演示样机在典型模拟环境通过试验考核,功能和性能满足设计要求
7	系统样机在使用环境中得到验证	1)针对使用要求,明确了技术性能指标要求;2)完成了工程化样品/部件/功能模块等典型模拟或使用环境验证,功能和性能满足使用要求;3)工艺稳定、工艺文件完整,具备试生产条件;4)关键材料和器件质量可靠,保障稳定;5)完成工程样机加工制造,满足设计要求;6)工程试验机试验验证环境满足典型使用环境要求;7)工程样机在典型使用环境下通过试验考核,功能和主要性能全部满足典型使用要求
8	真实系统已完成,并通过试验与演示的鉴定	1)产品化样品/部件/功能模块的功能和结构特性达到实际产品要求,生产工艺达到可生产水平,具备生产条件,材料和器件等有稳定的供货渠道;2)完成生产样机生产,功能和结构特性达到使用环境要求;3)生产样机试验验证环境满足使用环境要求;4)生产样机在使用环境下通过定型试验和试用,战技术指标全部满足实际使用要求
9	实际系统通过了多次成功执行任务(地面或空间)的证明	1)产品具备使用保障能力,完成用户培训,产品具备批量稳定性生产能力和质量保证能力;2)完成全产品演示;3)产品通过了实际使用环境和任务环境的考核验证,应用设想得到成功实施

13.2.2.3　技术成熟度评价时机

技术成熟度等级与航天装备全寿命各阶段及评审点的对应关系如图 13－4 所示，具体包括：

1）3 级相当于可行性论证阶段转方案评审阶段评审时的技术应达到的成熟程度。

2）4 级相当于方案阶段转初样阶段评审时的技术应达到的成熟程度。

3）5 级相当于初样阶段转试（正）样阶段评审时的技术应达到的成熟程度。

4）6 级相当于试（正）样阶段完成评审时的技术应达到的成熟程度。

5）7 级相当于发射和在轨测试、飞行试验（在轨测试）阶段成功完成时技术应达到的成熟程度。

TRL	TRL 1～2	TRL 3	TRL 4	TRL 5	TRL 6	TRL 7	TRL 8	TRL 9
卫星	0阶段 可行性论证		A阶段 方案	B阶段 初样	C阶段 正样	D阶段 发射和在轨测试	E阶段 交付使用	
火箭	0阶段 可行性论证		A阶段 方案	B阶段 初样	C阶段 试样	D阶段 应用发射		
						飞行试验	应用发射	多次应用发射
导弹	0阶段 可行性论证		A阶段 方案	B阶段 初样	C阶段 试样	D阶段 飞行试验	E阶段 定型	F阶段 批产
评价点		1	2	3	4	5	6	7

图 13－4　航天装备技术成熟度评价时机与全寿命各阶段的对应关系

13.2.2.4　技术成熟度评价的作用和意义

技术成熟度评价被认为可以应用到科学研究项目或大型复杂工程项目的立项论证、转阶段评审、检查验收等一系列项目管理环节中，对准确把握技术的状态具有非常重要的作用，主要包括：

1）摸清技术成熟的程度和技术攻关的短板，以支持技术决策和技术管理。

2）识别和控制技术风险。

3）建立技术专家和管理者之间沟通的技术标准和共同语言。

在航天装备预研、论证和工程研制及使用过程中应用技术成熟度评价的意义主要有以下几方面：

1）科学评定预研项目。

2）客观评价立项论证中选用的新技术。

3）识别研制过程中的技术风险。

4）评价技术攻关成果和支持转阶段评审，提高技术评审的有效性。

5）支持质量问题技术归零。

13.2.3 实施步骤

13.2.3.1 技术成熟度评价程序

参照 GJB 7688—2012《装备技术成熟度等级划分及定义》有关规定，航天装备技术成熟度评价程序一般可分为评价准备、现场评价和评价后工作 3 个阶段，如图 13-5 所示，其中最主要的工作是：确定关键技术、判定关键技术的成熟度等级、评价结果的提交和使用。

13.2.3.2 技术成熟度评价的实施要点

开展技术成熟度评价有 8 项实施要点，这些实施要点是航天装备论证、研制、生产过程中实施技术成熟度评价的成功经验和注意事项，也是这项技术工作有别于其他已经开展的技术评审、质量检查等工作的主要特征，是保证其有效性和可操作性的关键。

（1）选择关键技术项目

开展技术成熟度评价，首先要选择评价的关键技术项目，不仅要从该技术在航天装备工程中的作用来考虑，也要从需要投入的人力、财力来考虑，还要从工程选用但在技术上没有把握、在领导和专家心目中认为可能还没有吃透规律的新技术方面考虑，既包括航天工程中的关键技术项目，也包括技术项目的关键技术（关键技术项目的子技术）。

（2）依靠同行专家

开展技术成熟度评价，需要掌握该技术的理论知识并深入了解其技术攻关和工程应用情况，包括技术原理、国内外的研究与应用情况及在航天装备工程中应用的工程技术背景和作用。因此，技术成熟度评价工作必须依靠同行专家。同行专家是具有该专业的理论知识和工程实践经验的人员，评价专家组组长应由具有相关专业理论知识较深造诣和丰富工程经验的专家担任。同时，应回避被评价技术的研究人员，但可以是被评价技术研究应用人员同单位，甚至同部门的专家。

（3）利用已有文件

开展技术成熟度评价，要利用已有的技术文件，包括学术论文、技术分析报告、设计图纸、试验报告等技术研究和工程研制文件，不需要为技术成熟度评价专门编写技术汇报资料。一方面，专门为技术成熟度评价编写技术资料，可能影响对该技术成熟度的正确评价；另一方面，为此专门编写技术资料会给技术研究与应用单位增加许多工作量，甚至造成被评价技术研究与应用单位的不配合。

（4）双方充分沟通

评价专家组应在评价前与被评价技术负责人沟通，使被评价方清楚评价的目的、标准、方法和程序，而评价专家组也了解被评价技术研究与应用的基本情况，尤其是被评价技术项目的关键子技术。在评价过程中，评价专家与被评价方的技术人员通过质疑、询问、讨论、回答，使评价专家深入了解该技术研究与应用的情况，以便客观地给出技术成

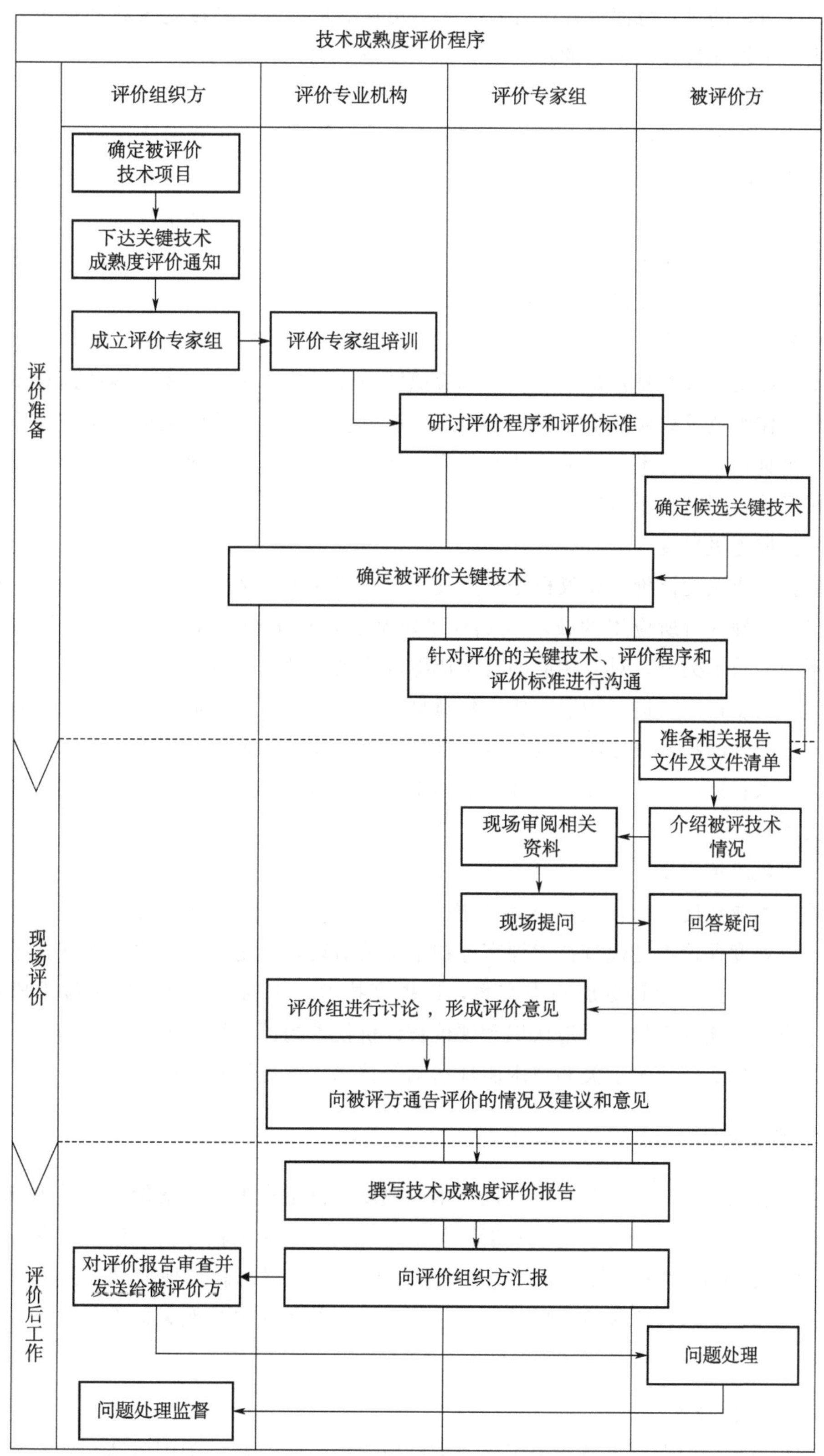

图 13－5　技术成熟度评价程序

熟度等级评价，同时，也使被评价方技术人员更加清楚技术成熟度的现状和薄弱之处，以便进一步确定被评价技术项目的选用及其下一步技术攻关活动。

（5）深入技术核心

技术成熟度评价不满足于对技术文件是否签署完整、技术工作是否完成、技术文件制定与否等条款的符合性检查，而是要深入技术核心，分析技术的原理是否真正掌握，技术瓶颈是否突破，工程分析和试验是否到位，技术工作的深入与进展情况是否与研制阶段的要求相符合等。这一实施要点与前面的几条，尤其是“依靠同行专家”这一条直接相关，即只有同行技术专家才能做到深入技术核心。

（6）分析技术风险

技术成熟度评价本身就是一种技术风险识别和分析的方法，主要内容就是对技术活动开展情况、作为技术载体的产品样机的制造、模拟使用环境的试验验证等实施评价，分析和评价是否真正吃透技术，即掌握技术原理，认识技术规律，以此来识别和分析应用该技术的潜在风险，判断是否可以放心地应用这一新技术。

（7）把握等级尺度

开展技术成熟度评价，建议根据有关技术成熟度等级定义的标准，结合被评价技术的具体情况，明确评价所应用的技术成熟等级定义及评价细则。评价专家组建议在评价之前，对不同的技术类型，对应相应的技术成熟度等级定义，就被评价项目的技术成熟度等级的理解和尺度把握，进行沟通形成一致意见，并与被评价方沟通。通过评价明确给出被评价技术已达到的技术成熟度等级，以此来判定该项技术是否可以选用，是否与所处的研制阶段的要求相适应，是否成为论证或研制工作的技术短板，以便更有针对性地确定关键技术攻关项目。

（8）提供决策支持

开展技术成熟度评价，是为选用新技术和判定新技术在研制中能够有效应用提供支持。技术成熟度评价不是代替技术评审等技术把关活动，而是使技术决策者在技术评审之前对所采用的新技术做到更加心中有数，以提高技术评审的有效性。通过技术成熟度评价，技术决策者能够更加正确地认识和评价被评价技术的可用性和成熟度，为是否采用被评价技术、如何实施技术攻关和技术验证活动等技术决策提供有力的支持。

13.2.4 典型案例

以中国载人航天工程交会对接关键技术成熟度评价工作为典型案例进行技术成熟度评价实践介绍。交会对接关键技术成熟度评价由中国载人航天工程办公室组织，明确被评价的10项关键技术和评价专家组组成，并明确某新型整流罩研制及地面试验技术作为试点开展评价工作，要求转阶段技术成熟度应达到6级，并依托中国航天标准化研究所成立评价办公室。

13.2.4.1 评价标准

评价办公室组织专业人员对美国国家航空航天局、欧空局、美国国防部的技术成熟度评价手册、技术成熟度定义进行分析和学习，结合中国航天型号的特点和要求，初步提出了适合中国航天工程的技术成熟度等级定义。评价办公室根据交会对接任务关键技术成熟度评价工作的要求，以及中国航天型号的研制特点和需求，针对交会对接任务关键技术成熟度评价工作提出了技术成熟度等级定义和关键技术成熟度评价提示单，以辅助评价专家理解和掌握技术成熟度等级。

13.2.4.2　评价程序

(1) 评价准备

①成立评价专家组

中国载人航天工程办公室发文成立了这一试点项目评价专家组。评价专家组由同行院士为组长的 7 名整流罩技术同行专家组成。

②关键技术确定

结合载人航天工程的实际研制情况，评价专家组讨论形成了针对各个具体项目技术成熟度的评价工作中的关键技术确定原则：

1) 是否直接影响飞行；

2) 是否影响系统转阶段；

3) 是否为国内新技术；

4) 是否在新环境中使用；

5) 是否造成接口变化。

最终评价专家组确定了 5 项关键技术为技术成熟度评价对象。

③召开评价准备会

参会人员包括评价专家组、被评价方技术负责人、主管技术人员、相关部门负责人、评价办公室工作人员等，会议主要内容包括：

1) 向被评价方介绍评价专家组成员，阐述评价的目的、原则、范围、要求等；

2) 介绍技术成熟度评价的方法；

3) 评价专家组内协商并与被评价方进行沟通；

4) 通过研讨使评价专家组和被评价方统一评价标准，对评价活动取得一致看法和意见；

5) 确定评价的内容、时间、程序及需要被评价方准备的技术文件等。

④准备备查文件

被评价方准备评价时备查的相关技术文件，提供被查的技术文件清单，做好现场评价准备工作。

(2) 现场评价

现场评价的主要内容如下：

1) 被评价方技术负责人首先介绍被评价技术在型号研制中的相关情况，明确开展的技术活动、形成的技术文件、评审给出的技术结论等。

2) 根据被评价方技术负责人介绍的情况，评价专家依据评价提示单从技术成熟度等级 1～6 逐级、逐项评价，对于存在疑问的条目，通过相关资料的审查、询问、讨论和回答等方式，使评价专家深入了解该技术研究与应用情况。

3）针对各关键技术项目，主审专家根据评价情况提出初步评价结论，经专家组讨论形成一致意见，形成单项技术的评价结论。

4）在各子项技术评价的基础上，召开评价专家组讨论会，形成评价专家的集体意见，评价结论明确清晰，并进行定量化描述。

5）向被评价方通告评价的情况，包括技术成熟度初步评价结论、下一步技术攻关与应用建议等。

（3）现场评价后工作

现场评价后的具体工作如下：

1）评价办公室协助评价专家组编写技术成熟度评价报告，内容包括技术攻关和技术应用情况、发现的技术问题、评价结论、达到的技术成熟度等级及下一步技术工作建议等。

2）向中国载人航天工程办公室汇报技术成熟度评价工作及评价结论。

3）技术成熟度评价报告经中国载人航天工程办公室审查后，发送至被评价方及其上级相关部门。

13.2.4.3 评价结论和成果

针对这一关键技术项目，评价专家组一致认为其 5 项关键子技术都达到了技术成熟度 6 级的要求，故这一关键技术项目达到了成熟度 6 级。同时，评价专家组针对每一项技术项目提出了提升技术成熟度方面的相关建议。

对这一系列关键技术项目的技术成熟度评价，有力地支持了交会对接任务从初样向正样的转阶段评审工作，使得载人航天工程决策层对于这些关键技术做到更加心里有底。通过评价，评价专家组还发现了工程研制存在的试验验证不够充分、技术文件不完备等问题，为完善工程研制过程、加强工程研制管理提出了建议。技术成熟度评价工作为保证交会对接任务的圆满完成发挥了重要作用。

13.3 型号独立评估

为加强武器装备及航天型号（含无人机、浮空器，以下统称型号）管理，控制型号技术风险，航天工业建立了规范、科学、高效的型号独立评估工作机制，印发了《中国航天科工集团有限公司武器装备及航天型号独立评估工作管理办法》，依照该办法实施型号独立评估工作。独立评估工作应遵循独立、专业、客观、深入的工作原则。独立评估工作结果是型号出厂/进场、首飞前评审或决策的重要参考依据。型号独立评估可有效利用评估专家的不同视角和专业经验，助力型号团队识别和控制试验风险，以保障试验获得圆满成功。

13.3.1　概念和适用范围

独立评估工作是由独立于型号的专家团队，在型号的特定研制阶段，对被评估型号的重大技术风险进行识别、分析与评价的活动。适用于航天系统组织的，针对国家专项工程、重点型号首飞或复飞任务以及技术风险较大的在研型号。独立评估工作一般在型号研制生产的初样、正（试）样阶段开展，应列入型号研制工作计划。

独立评估工作由集团公司组织实施。集团公司所属各院（公司）、部（厂、所）等研制单位组织的独立评估工作可在集团公司相关部门指导下参照《中国航天科工集团有限公司武器装备及航天型号独立评估工作管理办法》执行。

13.3.2　基本原理

集团公司科技与质量部是独立评估工作归口管理部门，负责策划组织实施评估工作，制定年度评估工作计划，组建评估委员会、评估办公室和评估组，协调评估有关工作事项。集团公司型号管理部门负责提出需开展独立评估的型号，研究提出评估重点内容，并配合开展独立评估工作。独立评估通过组建评估委员会、评估办公室和评估组，实施规范的评估活动，以保证评估效果。

评估委员会设主任 1 名，一般由集团公司科技委领导或资深专家担任。副主任和技术顾问视需要设定。评估委员会成员由评估委员会主任商集团公司总部有关部门及型号两总确定，成员为集团公司内外相关领域的专家。各评估组组长均为评估委员会成员。评估委员会职责如下：确定型号评估的重大风险项目，制定独立评估工作计划；组建评估组，明确评估组组长及成员，审议各评估组评估总结报告；开展评估工作总结，提出独立评估结论和建议，形成独立评估工作总结报告。

评估办公室设主任 1 名，由集团公司科技与质量部领导担任，副主任视需要设定，成员一般由集团公司质量管理部门、型号管理部门、科技委以及主要研制单位和质量技术支撑机构有关人员组成。评估办公室职责如下：协助评估委员会实施评估管理，协助制定评估工作计划，协助成立评估组，组织召开评估工作首次会和末次会；协助评估组开展评估实施工作，收集和整理评估过程技术资料；协助编写评估总结报告；负责完成评估委员会交办的事项。

各评估组设组长 1 名，由相关领域权威专家担任，副组长和技术顾问视需要设定。评估组人员组成应综合考虑被评估项目的专业覆盖范围等因素，可根据评估需求进行动态调整。评估组设技术秘书和综合秘书，技术秘书负责评估工作记录和评估组总结报告的编制工作，综合秘书协助评估组长组织协调评估工作。评估组职责如下：制定评估组工作计划，确定评估内容、工作方式、专业分工和进度安排等；对型号重大风险项目实施评估；开展评估组工作总结，提出评估结论和建议，编写评估组评估总结报告。

型号总体院、型号两总系统和有关产品承制单位应按照评估委员会和评估组要求，配合评估工作开展，包括：提出型号重大风险项目清单；负责支撑评估办公室日常工作，向评估组派出综合秘书，协助开展独立评估工作；向评估组派出技术秘书，协助承担技术支持工作；组织研制情况汇报，提供评估所需技术资料，答复评估组提出的问题；根据评估组意见，开展试验、计算、验证等工作；对评估组所提建议，给出是否采纳的意见并说明原因，负责遗留问题的处理，完成评估内容的闭环；提供必要的经费保障，明确专人负责沟通联络、活动安排、文件传递、后勤保障等。

型号独立评估组织关系如图 13-6 所示。

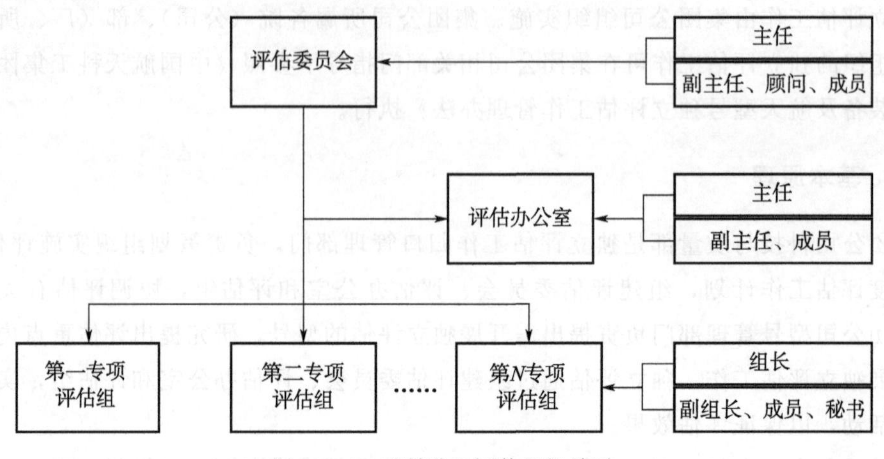

图 13-6　型号独立评估组织关系

评估工作可有针对性地重点关注以下部分或全部评估内容：

1）方案可行性、合理性和正确性。

2）技术指标满足任务要求情况。

3）关键技术成熟度情况。

4）新技术、新材料、新工艺等情况。

5）可靠性、安全性和环境适应性设计、分析、试验、评估的正确性及有效性。

6）系统接口的协调性和匹配性。

7）设计与工艺协调性。

8）试验验证、仿真分析的全面性、充分性以及测试覆盖性情况。

9）关键软件研制、关键元器件保证等情况。

10）技术状态控制、生产过程质量控制和质量问题归零等情况。

11）其他薄弱环节和潜在技术风险。

评估工作一般通过听取汇报、查阅资料、实物考证、交流质询、分析研究、复核复算、试验验证等方式开展：

1）听取汇报。评估组听取型号系统研制方案、风险管控、试验验证等专题汇报，并与型号系统深入交流技术问题。

2）查阅资料。评估组查阅型号系统提供的方案设计、产品研制、专项试验、归零报告等技术文件，也可根据评估工作提出需查看的其他相关文件资料。

3）实物考证。评估组从产品、专业、单位等角度开展实物考证工作，证实型号任务完成与技术方案实现情况。

4）交流质询。型号系统针对评估组提出的重点问题开展相关工作，将工作结果书面反馈给评估组，评估组就反馈情况与被评估型号系统进行沟通。

5）分析研究。评估组根据被评估型号提供的技术资料等客观证实文件，对重大风险项目进行分析与研究，综合考虑设计、试验和生产等方面的风险要素，梳理形成问题清单。

6）复核复算。评估组根据型号系统提供的数据，对重要技术指标组织开展复核复算工作。

7）试验验证。评估组可要求型号系统做进一步试验验证，必要时，评估组可安排第三方进行试验验证。

13.3.3　实施步骤

评估工作分为策划、实施、总结、闭环四个阶段。

评估流程如图 13－7 所示。

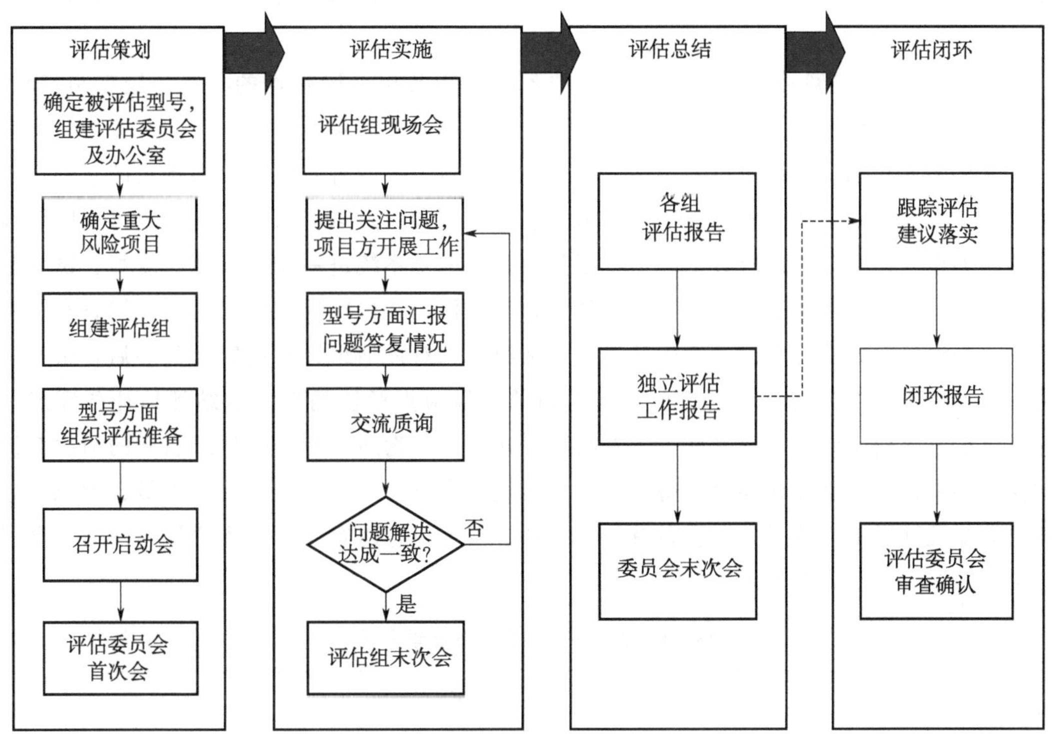

图 13－7　型号独立评估实施流程图

13.3.3.1　评估策划阶段

集团公司确定独立评估型号。集团公司有关部门与型号抓总单位及两总系统沟通，确定型号重大风险项目和评估内容，协调明确评估机构设置、专家人选、工作计划。集团公司发文组建评估委员会、评估组和评估办公室。

型号抓总单位及两总系统负责组织有关承研承制单位开展评估的各项准备工作。

召开独立评估启动会，宣布成立评估委员会和评估组，正式启动独立评估工作。启动会由集团公司领导或集团公司科技与质量部领导主持，评估委员会、办公室和各评估组成员、型号两总系统及研制单位有关人员参加。

13.3.3.2　评估实施阶段

1）独立评估启动会结束后，即可由评估委员会主任主持召开评估委员会首次会议。评估委员会听取型号两总关于型号飞行试验的情况汇报，确定独立评估工作具体的工作计划，明确评估内容、工作分工和进度安排。

2）各评估组召开现场会议，型号两总系统及研制单位有关人员参加，评估组长宣布评估目的、范围、要求、工作组成员以及评估计划。型号系统落实联系人与评估组综合秘书对接联络。

3）评估组深入了解型号研制情况，提出评估组问题清单，并反馈给被评估型号。型号系统组织开展相应工作后，答复评估组提出的问题，提供书面答复材料，并提供各项证实性材料。

4）评估组听取型号系统对问题清单中各项问题及相关风险点的答复，经查阅资料、实物考证、交流质询、分析研究后提出需要进一步核实的问题。

评估中要特别注重针对风险识别的充分性、风险管控的有效性和故障预案的正确性及可靠性三方面开展工作。不能仅听取型号系统对问题和风险点的口头汇报，要审查问题涉及的各类报告、图纸、试验数据，做到眼见为实。型号系统进一步开展复核复算、试验验证等工作，必要时可组织开展第三方复核复算等工作，并再次反馈情况。约一周召开一次会议，经评估双方充分交流、多轮迭代，评估组专家对评估组评估内容无疑问后，组长主持召开评估组末次会议，评估组梳理问题清单及风险点解决情况，总结评估任务完成情况，讨论形成初步评估结论与建议，并与型号两总进行沟通。专项评估组召开的历次会议均应由秘书负责编制和留存会议备忘录，如实记录会议时间、地点、参会人员、专家问题建议答复及开展工作情况，上会备查技术文档、现场检查内容清单、主要议程及当次会议结论等内容。主要内容见表 13-3。

表 13-3　专项评估组会议备忘录主要内容

专项评估组会议备忘录
一、会议时间 【××××年××月××日，××时】
二、会议地点 【××院××会议室】
三、会议主持人 【×××】

续表

专项评估组会议备忘录
四、会议主要工作内容 【本次会议主要议题】
五、参加人 【独立评估委员会成员××，评估组成员××，研制单位××，型号人员××。具体名单见附表 1】
六、专家问题建议答复及开展工作情况 【见附表 2】
七、上会备查技术文档/现场检查内容清单 【见附表 3】
八、会议结论 【会议形成的结论及待办事项】

附表 1　参会人员名单

序号	参会人员	部门	职务/职称	备注

附表 2　专家问题建议答复及开展工作情况

序号	专家姓名	问题及建议	问题类型	研制队伍答复	解答人	确认人

附表 3　上会备查技术文档/现场检查内容清单

序号	文件名称	提供单位

13.3.3.3　评估总结阶段

1）各评估组完成专项评估报告编写工作，组长签字后报评估委员会办公室。

2）评估委员会办公室汇总各专项评估报告，初步编写形成评估工作总结报告，相关情况报评估委员会主任。根据评估委员会主任指示，组织型号抓总单位及两总系统，对各组专项评估报告中提出的问题进行补充分析和验证。根据结果，在评估委员会主任指导下修改评估工作总结报告。

3）召开评估工作末次会，评估委员会审议各评估组评估报告和评估工作总结报告，形成评估结论。评估结论中可包含评估建议。评估结论由评估委员会主任签署。

4）各评估组评估报告、评估工作总结报告、评估结论由评估委员会办公室负责收集和整理归档。评估组专项评估报告主要内容见表 13 - 4。

表 13-4　评估组专项评估报告主要内容

评估组专项评估报告
一、概述 【简述本组专项评估概况、评估依据及要求、评估组组成、评估工作策划】
二、评估工作实施情况 【简述评估工作开展情况、评估组关注型号重点项目的评估情况、评估组评估意见及处理情况】
三、评估结论与建议 【专项评估组讨论形成初步评估结论与建议】
四、总结 【对专项评估工作进行总结】

附件 1　评估文件资料清单

序号	文件名称	提供单位

附件 2　专家问题建议答复及开展工作情况

序号	专家姓名	问题及建议	问题类型	研制队伍答复	解答人	确认人

型号独立评估工作总结报告主要内容见表 13-5。

表 13-5　型号独立评估工作总结报告主要内容

型号独立评估工作总结报告
一、概述 【简述本次评估工作概况和评估依据】
二、评估工作策划 【简述评估组织管理、评估目标、评估流程、重大风险项目的确定等内容】
三、评估工作实施情况 【简述评估工作总体及各分组实施情况】
四、对各评估组建议的综合评估 【评估委员会末次会讨论形成若干综合建议】
五、独立评估结论 【末次会讨论形成本次评估结论】
附件 1　独立评估委员会及办公室成员名单 【独立评估委员会包含主任、副主任、顾问、成员等；办公室成员包含主任、副主任、成员等】
附件 2　评估组成员名单 【各专项评估组组长、成员、技术秘书、综合秘书等】

续表

附件 3　各评估组审查材料清单

序号	文件名称	提供单位

附件 4　专家问题建议答复及开展工作情况

序号	专家姓名	问题及建议	问题类型	研制队伍答复	解答人	确认人

注:各专项评估组历次会议问题及答复汇总于此表。

13.3.3.4　评估闭环阶段

型号两总系统负责将评估建议的落实情况纳入型号转阶段/出厂报告，完成闭环。评估委员会办公室跟踪评估建议的落实情况并报评估委员会确认。

13.3.3.5　注意事项

1）型号总体院、有关产品承制单位要将评估工作经费纳入型号科研经费。评估工作经费主要用于独立评估前期策划，评估委员会、评估办公室会议及评估组单独组织活动的综合保障费用。经费开支严格按照国家及集团公司相关规定执行。评估过程提出需补充进行的复核复算、仿真分析和试验验证活动，所需经费列入型号科研费。

2）评估经费按以下原则分摊：专家咨询费、集团外专家差旅费由被评估型号总体院承担；集团内在职专家差旅费用由所在单位承担；其他评估工作保障费用由被评估型号的承研承制单位承担。

3）参与评估工作的所有专家需签订保密承诺书，严格遵守保密法律法规要求，履行保密义务，尊重和保护被评估型号承研承制单位的知识产权和商业秘密。

13.3.4　典型案例

某型号试验进场前，通过任务承担方上级单位组建的型号独立评估专家组团队，对该系统进行了型号独立评估。在策划阶段，围绕确保实现任务目标要求，经充分调研和讨论，共梳理出 3 项影响任务成败的重大技术风险和薄弱环节；对应组建了 3 个专项评估组分别开展专项评估工作，由于评估组成员具有外部性的特点，既保证了评估的专业性和实际效果，也规避了竞标不合规的风险。通过与分系统单位的深入技术交底与评估，评估组提出了 5 个方面 20 余条具体意见，并对后续的验证和预案设计工作提出了 5 条建议。型号队伍组织对意见与建议进行了充分的研究与补充验证，并在预案设计过程中将其纳入风险管控流程，最终在面对更加复杂的场景和更加恶劣的不利环境的情况下，依然圆满完成了试验任务。

13.4　成功数据包络分析

为确保飞行试验的“一次成功”，保证型号研制工作的顺利进行，需要对产品影响试验任务完成的质量特性进行分析和辨识，找出存在的风险。该方法已在航天系统得到广泛应用，并被制定成国家标准 GB/T 37708—2019《质量管理　产品成功数据包络分析指南》，在全国推广应用。

13.4.1　概念和适用范围

成功数据是指经过以往飞行试验验证成功的产品数据。

成功数据包络是指若干成功数据所构成的范围，各项数据的最大值与最小值作为包络范围的边界值。

成功数据包络分析是从大量工程实践中总结出来的识别、控制、分析产品质量风险的一种技术方法。该方法将产品关键参数与经过实际试验验证成功子样的对应数据所构成的数据范围（即包络范围）进行比对，判定待分析数据是否落在包络范围内，评估产品是否满足执行任务的能力，找出风险点，制定有效的控制措施，以确保研制任务的最终完成。

本方法不仅适用于航天产品研制生产和试验的风险分析和隐患的管控，也适用于航空、船舶、兵器、铁路、能源等高投入、高风险产品研制阶段的风险分析和隐患的管控，尤其适用于性能指标复杂、试验验证的充分性和指标的测试覆盖性要求高、研制成败影响极大的项目。

13.4.2　基本原理

针对成功数据包络分析的结果，对超出数据包络范围的数据，从能否保证产品性能指标满足设计输出要求及该指标参数的裕度两方面进行分析，对存在的风险制定应对措施。对偏离平均值到一定范围的指标参数，从满足设计输出要求和指标设计裕度两方面进行风险识别，制定应对措施。明确数据对产品质量的影响程度，分析产品的总体质量状态，综合评估产品质量与性能的关系，评价产品设计和过程质量控制水平。

成功数据包络分析是在对产品特性进行系统分析的基础上，以产品生产、测试和试验的相关数据为支撑，与产品研制生产过程有机结合，在关键质量控制点进行分析和辨识，从而找出存在的风险以进行管控，进而实施质量改进的新型工作方法。此方法将试验成功的风险辨识和控制从总体单位延伸到分系统、产品和关键器件的承制单位，从产品的验收环节延伸到了产品设计和生产过程，从系统的集成分析解耦至产品的各个独立的性能指标。将产品的最终质量特性回溯到产品设计裕度，将产品的不可测性分解至过程控制参数。最大限度地利用了试验数据，对确保有限试验子样的型号研制成功有着重大的意义。

13.4.2.1　*原理*

成功数据包络分析是根据以往经过实际试验验证成功子样的产品数据，与型号研制过程中的性能指标分析、工艺过程控制以及关重件、关键工序和特殊过程管理等工作相结合，针对规定产品的规定参数开展的分析和确认工作。在产品质量评审和飞行试验进场前，对产品各阶段（包括单元测试、厂所检验、验收测试、系统联调和总装测试等）上述参数的实测数据进行纵向和横向的一致性分析。找出参数的不包络、离散、偏差情况，进行专题分析，并充分利用以往成功子样以及其他旁证材料明确偏差量的多少和影响程度。

对产品数据的包络分析结果，根据“包络/合格”“包络/不合格”“不包络/合格”“不包络/不合格”的情况逐一分析，并采取应对措施。“包络/合格”：指标满足要求，且通过验证，可交付使用；“包络/不合格”：指标不满足要求，但通过验证，应对该指标验证的充分性和有效性进行分析，对产品该项指标满足要求的能力进行评估，开展风险分析，制定应对措施；“不包络/合格”：指标满足要求，但未通过验证，应对该设计指标的合理性进行分析，对产品该项指标满足要求的能力进行评估，开展风险分析，制定应对措施；“不包络/不合格”：指标不满足要求，需进行不合格品审理。成功数据包络评价如图 13-8 所示。

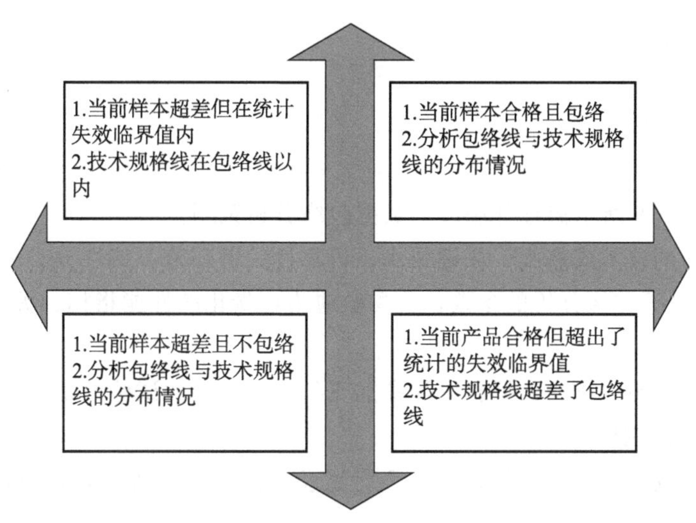

图 13-8　成功数据包络评价

本方法适用于大系统全特性的技术风险的分析和控制，分析产品设计和工艺上存在的薄弱环节和缺陷，识别产品自身特性、产品间的耦合特性、系统的关键特性，发现和解决复杂系统质量隐患，从而实现产品研制的改进和优化，减少质量损失。

13.4.2.2　原则

成功数据包络分析的原则：从源头抓起，控制重心前移，分阶段进行，全过程控制，与产品研制生产过程有序结合，保留证据，形成记录的原则。

13.4.2.3　输入和输出

开展成功数据包络分析的输入包括：

1）型号成功数据包络分析的产品范围、各产品的包络分析参数；

2）形成包络范围的相关验证试验；

3）需进行包络分析的参数包络范围；

4）产品各阶段采集的待分析参数的实测数据等。

开展成功数据包络分析的输出包括：

1）成功数据包络分析。将产品参数的实测数据与已经过实际试验验证参数包络范围进行比对分析，针对存在的不包络、离散、偏差情况逐一从参数设计指标的裕度及地面试验结果两方面进行风险分析。

2）专题分析。产品出厂前，对产品所有需进行包络分析的参数全面分析，重点针对存在测试数据不包络、超差以及临界和跳变的参数进行系统分析，将分析结果纳入质量评审的相关文件中。必要时编制专题分析报告，在产品质量评审时予以确认。

3）风险分析。在型号飞行试验进场前，将成功数据包络分析作为飞行试验风险分析的工作内容之一，对飞行试验是否存在风险进行分析和评估，制定针对性的风险管控措施，必要时需进行专题分析。

13.4.3 实施步骤

13.4.3.1 实施流程

（1）策划

1）按照图 13-9 所示流程开展成功数据包络分析策划。

2）结合产品的技术成熟度、关键技术、可靠性关键环节、特性分类分析等分析工作，确定需进行成功数据包络分析的参数，该参数应为可量化的性能指标、关键和特殊过程的控制参数等。

3）对该产品的历史成功数据暨以往参加飞行试验和地面试验的情况进行清理和分析，确认各参数的包络范围。

4）结合型号设计评审、质量评审、飞行试验的进场评审等工作，将成功数据包络分析工作纳入型号产品研制工作计划。

（2）采集

1）在产品开展技术设计时，进一步明确需进行包络分析的参数，以及该参数的采集方式，纳入相应的技术设计报告或工艺分析报告中，必要时通过技术设计评审予以确认。

2）在产品生产、测试和试验过程中，进行该参数的数据采集，采集的数据应为正式检验和测试的数据，数据应确保准确并有可追溯性。

（3）分析

1）将各参数采集的实测数值与包络范围进行比对分析。

2）当产品的成功子样不足时，可对相关参数开展一致性分析，综合考虑指标要求和其他旁证材料，明确偏差量对产品满足要求能力的影响程度。

3）在产品生产过程中技术状态发生变化导致性能指标或控制参数变化时，应综合分析技术状态变化和试验验证情况，针对产品该参数开展包络分析或一致性分析。

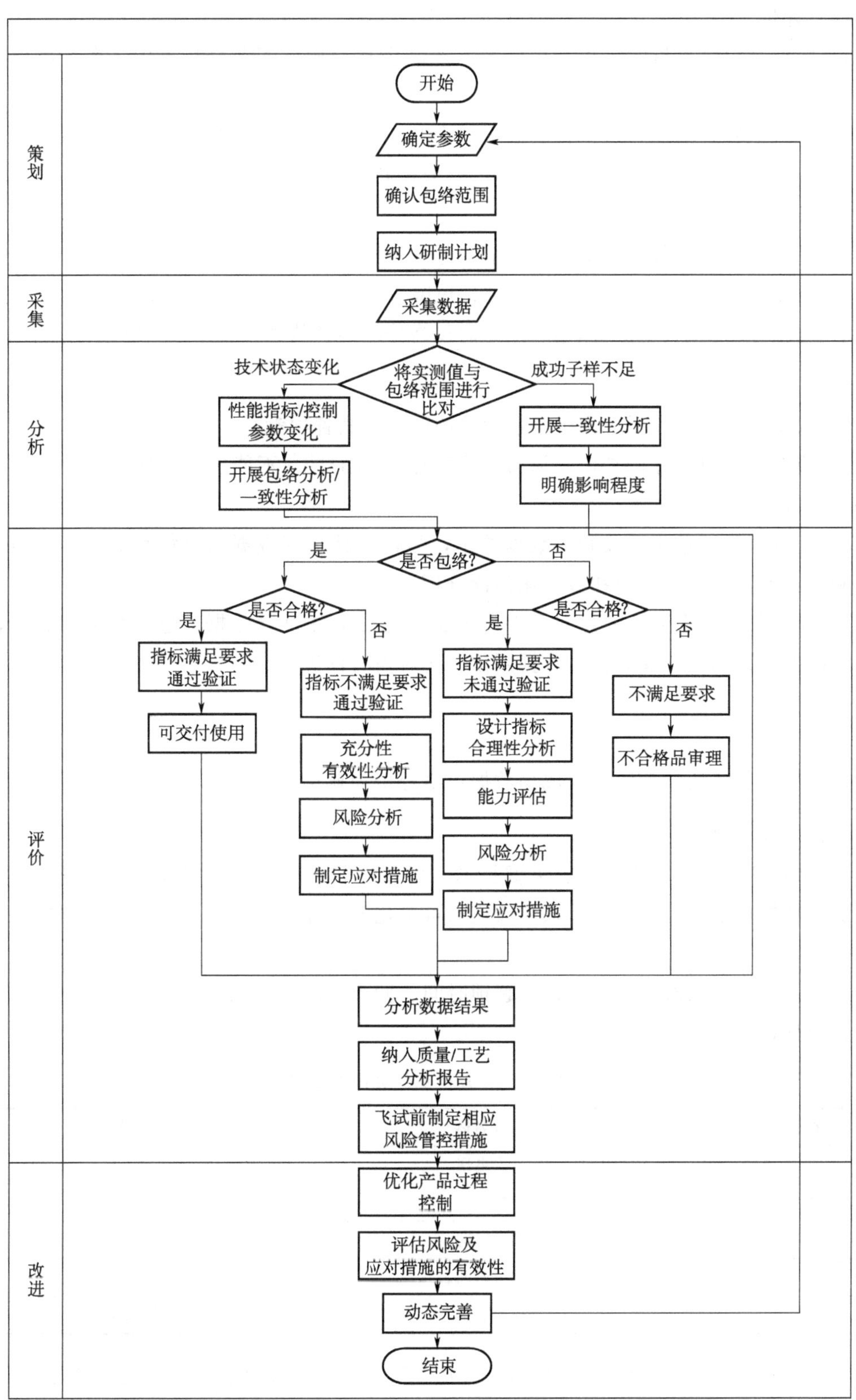

图 13-9　成功数据包络分析流程图

(4) 评价

1) 将产品包络分析的结果和措施纳入产品质量分析或工艺分析报告，在产品质量评审时予以评审确认。

2) 飞行试验进场前，作为进场前风险分析的工作之一，归纳汇总型号各参试产品包络分析情况，对飞行试验是否存在风险进行分析和评估，制定相应的风险管控措施。

(5) 改进

1) 结合成功数据包络分析，采取措施进一步优化产品过程控制。

2) 与型号飞行试验相适应，适时评估风险分析和应对措施的有效性。

3) 与型号研制和试验工作相匹配，需包络分析的参数和其包络范围应进行动态完善。

13.4.3.2 注意事项

1) 成功数据包络分析适用于全数检验的产品及其各项参数。

2) 成功数据包络分析是辨识风险，查找隐患的工具，不能作为对技术设计结果的评价和考核依据。

3) 充分利用信息化手段和大数据技术，强化产品过程数据的收集和清理，加强产品性能和工艺参数的在线测量和数字化判读分析。

4) 充分关注历次数据的比对及差异分析，充分关注奇异数据、边界数据的分析，充分关注数据的正确性、准确性，数据判读、比对需有标准。

13.4.4 典型案例

以某研制型号的电动舵机的成功数据包络分析为典型案例。

13.4.4.1 策划阶段

1) 结合产品的技术成熟度、关键技术、可靠性关键环节、特性分类分析等，确定需进行成功数据包络分析的参数，该参数应为可量化的性能指标、关键和特殊过程的控制参数等。

对电动舵机的二次电压、质量、解锁时间、调节时间、负向控制误差等关键参数进行了指标统计，见表 13-6。

表 13-6　电动舵机的关键参数信息

序号	参数名称	单位
1	二次电压	V
2	质量	kg
3	解锁时间	ms
4	调节时间	ms
5	负向控制误差	NOP

2) 对该产品的历史成功数据暨以往参加飞行试验和地面试验的情况进行清理和分析，确认各参数的包络范围。

对电动舵机的二次电压、质量、解锁时间、调节时间、负向控制误差等以往参加飞行试验和地面试验的数据进行了统计，给出了各参数的包络上、下限值，见表 13－7。

表 13－7　电动舵机的关键参数历史包络信息

序号	参数名称	单位	包络数据(下限)	包络数据(上限)
1	二次电压	V	0.43	0.65
2	质量	kg	5.59	5.65
3	解锁时间	ms	19.50	23.15
4	调节时间	ms	99	103
5	负向控制误差	NOP	－13.5	－8.5

3）结合产品的技术设计评审、质量评审、飞行试验的进场评审等工作，将成功数据包络分析工作纳入型号产品研制工作计划。

13.4.4.2　数据采集阶段

1）在开展电动舵机的技术设计时，对电动舵机的二次电压、质量、解锁时间、调节时间、负向控制误差等参数进行设计，给出了各参数的实现方式和采集方式（见表 13－8），纳入电动舵机的技术设计报告，通过了技术设计评审。

表 13－8　电动舵机关键参数的设计和采集方式信息

序号	参数名称	技术设计实现方式	采集方式
1	二次电压	转化成数字量输出	遥测数据采集
2	质量	设计保障	精度为不大于 0.05 kg 的电子秤称重
3	解锁时间	位移传感器检测	遥测数据自动采集
4	调节时间	采集舵反馈数据并输出	对采集的遥测数据进行分析，并计算调节时间
5	负向控制误差	控制系统结算后输出	遥测数据自动采集

2）在电动舵机的生产、测试和试验过程中，对二次电压、质量、解锁时间、调节时间、负向控制误差等参数进行数据采集（见表 13－9），测试数据结果文件以 txt 或者 Excel 格式给出。

表 13－9　电动舵机的关键参数数据信息

序号	参数名称	单位	标准解值(下限)	标准解值(上限)	实测值
1	二次电压	V	0	1	
2	质量	kg	5.5	6.7	
3	解锁时间	ms	19	25	
4	调节时间	ms	98	105	
5	负向控制误差	NOP	－12	－8	

注：1. 参数标准解没有具体数值的，用“0”和“1”，分别代表“否”和“是”或者“未达到”和“达到”等；

2. 没有上限或者下限的，用“NULL”表示；

3. 参数无单位时，用“NOP”表示；

4. 若文件是 txt 格式，各行的字符或数字需要用逗号或空格隔开。

13.4.4.3 数据分析阶段

对上述的 5 个数据的 279 条样本数据进行了包络分析和一致性分析，见表 13-10。

表 13-10 数据包络性和一致性分析结果

序号	参数名称	单位	成功包络线(下限)	成功包络线(上限)	样本包络线(下限)	样本包络线(上限)	合格/包络判断	一致性分析
1	二次电压	V	0.43	0.65	0.000 419	0.997 157	包络	一致
2	质量	kg	5.59	5.65	5.002 09	6.412 01	包络	一致
3	解锁时间	ms	19.50	23.15	20.019 8	21.397	包络	一致
4	调节时间	ms	99	103	100.016	102.234	包络	一致
5	负向控制误差	NOP	−13.5	−8.5	−10.816 1	−9.186 5	包络	一致

13.4.4.4 数据评价阶段

1）如图 13-10 所示，对选择的电动舵机的 5 个参数及其 279 个样本数据进行数据包络分析，其中包络项有 4 个，不包络项有 1 个。不包络项为“调节时间”，统计结果见表 13-11，经统计有 5 次测试超出包络范围。

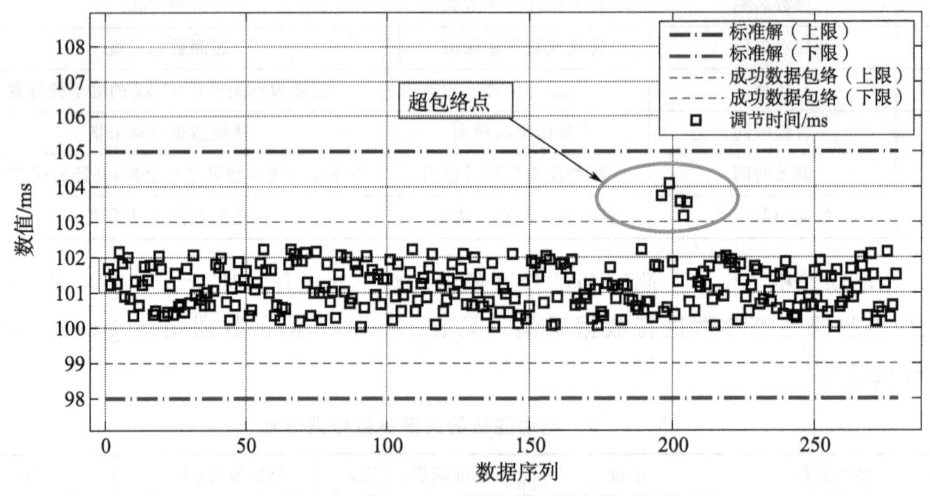

图 13-10 调节时间的数据包络分析图

2）针对“调节时间”参数的 5 次测试超包络数据进行复查，发现该误差产生的原因是测量条件发生改变，安装产品的工艺舱公差较大，造成测试出现误差，产品本身质量不存在问题，对飞行试验任务的完成无影响。最终该电动舵机的包络分析结果均满足要求。

表 13-11　数据合格包络情况统计

序号	参数名称	合格且包络统计数/总数	合格但不包络统计数/总数	不合格但包络统计数/总数	不合格也不包络统计数/总数
1	二次电压	279/279	0/279	0/279	0/279
2	质量	279/279	0/279	0/279	0/279
3	解锁时间	279/279	0/279	0/279	0/279
4	调节时间	274/279	5/279	0/279	0/279
5	负向控制误差	279/279	0/279	0/279	0/279

3）将成功数据包络分析结果纳入产品质量分析报告中，作为产品质量评审的会议文件，产品质量评审时与会专家通过对包括成功数据包络分析在内的相关内容进行评审，确认其设计和过程质量受控，满足任务需求，通过质量评审。

13.4.4.5　*产品改进*

针对“调节时间”参数的 5 次测试超包络数据情况，后续采取优化措施对测试仪器设备进行严格的质量和工艺控制，并进行定期检测。

13.5　质量交集分析

质量交集分析最先来自航天重大工程及重点型号的质量管理实践经验。推行“一次成功”系统工程管理，就要加强型号研制生产全过程质量管控，做到预防为主、关口前移。问题发现得越早，解决问题所付出的代价就越小。要实现预防为主，控制关口前移，实施全过程控制，质量管理就要逐步实现从“质量复查”向“质量确认”转变，通过质量交集的分析，确定质量确认的关键环节和关键项目。通过对型号产品研制过程中关键质量控制点，即关键环节和关键项目的控制和把关，逐级确保型号产品的质量。

13.5.1　概念和适用范围

质量交集分析以整机产品为分析对象，对“技术状态有变化、质量有前科、单点失效、测试不覆盖”等类型的问题或隐患的情况进行分析，把存在每一类情况的产品作为一个集合，对相交情况进行分析。应根据交集级别（相交数量）设置风险处理方法和监控级别，确保产品的最终质量。

1）技术状态有变化指以型号本阶段确定的初始技术状态为基础，产品发生过的所有工程更改、偏离情况。

2）质量有“前科”指在型号本阶段，产品发生过质量问题或者其他型号产品质量问题在本型号产品有举一反三情况。超差情况也属于质量有“前科”范畴。

3）单点失效指可能发生引起产品的故障且没有冗余或替代的工作程序作为补救的故

障模式。本方法特指严酷度为Ⅰ（灾难的）类和Ⅱ（致命的）类的故障模式。

4）测试不覆盖指对于任务书或技术条件明确规定的产品功能、性能指标，接口关系、工作模式以及工作环境等特性指标，在外场试验前的装配、调试和各项地面试验中无法进行测试（或检测）。可靠性、寿命等需分析评估或者具有概率统计性质的指标一般不纳入测试不覆盖范围。

质量交集分析贯穿于型号研制全过程，适用于型号及重大专项任务承制单位和各级分承制单位，主要针对型号某一阶段弹上整机或地面机柜级产品，其他型号也可以参照执行。

13.5.2　基本原理

13.5.2.1　集合有关概念

由所有既属于集合 A 又属于集合 B 的元素所组成的集合，称为 A 与 B 的交集，记作 $A \cap B$，如下

$$A \cap B = \{x \mid x \in A, \text{且 } x \in B\} \tag{13-1}$$

13.5.2.2　分析模型

质量交集分析运用数学中集合的原理，对“质量有前科、技术状态有变化、测试不覆盖、单点失效”等情况进行交集分析，根据产品各种状态相交的情况，明确可靠性分析和风险控制的重点。

假定某型号/产品项目所有的部（组）件为一全集 U，质量有前科的所有产品形成集合 A，技术状态有变化的产品形成集合 B，测试不覆盖的产品形成集合 C、单点失效的产品形成集合 D，则质量交集的形成情况如图 13－11 所示。

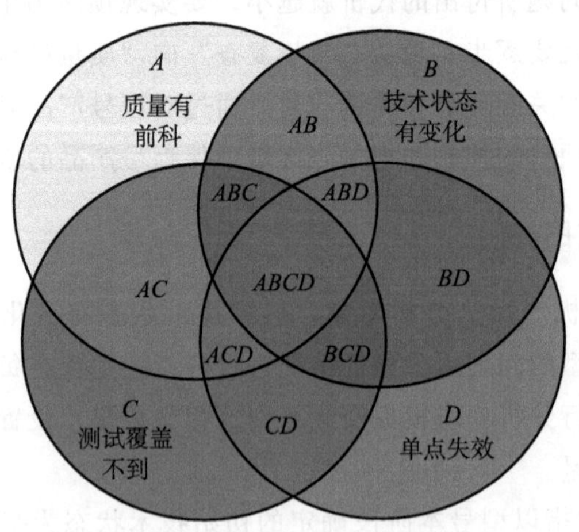

图 13－11　质量交集示意图

在型号设计中要尽量避免出现 2 交集的产品，即交集 AB、AC、BD、CD 等集合中的产品；要杜绝“多重交集”产品的情况出现，即 3 交集 ABC、ACD、ABD、BCD 和 4

交集 $ABCD$ 集合中的产品。此外，新设计的产品要避免或减少测试不覆盖的项目；对于影响成败的部（组）件、元器件，必须尽量采取冗余措施，避免单点失效。

13.5.2.3　输入输出

开展质量交集分析需要预先做好一些准备工作，作为该方法应用的输入，同时也要求以一些基本分析成果形式作为该方法应用的输出，必要的输入和输出见表 13－12。

质量交集分析工作的输入一般包括：

1）研制工作计划；

2）研制任务书或技术要求；

3）产品设计报告、测试覆盖性和验证充分性分析报告、FMECA 分析报告、技术状态报告、技术状态记实报告等相关研试文件、设计文件、工艺文件、试验文件；

4）更改单、超差单、代料单、偏离单、归零报告、验收总结报告等生产过程记录及报告；

5）相关评审结论。

质量交集分析工作的输出一般包括：

1）质量交集分析报告；

2）评审结论。

质量交集分析结果应进行审查确认。

表 13－12　质量交集分析输入输出表

	输入	输出
质量交集分析	1)研制工作计划 2)研制任务书或技术要求 3)产品设计报告、测试覆盖性和验证充分性分析报告、FMECA 分析报告、技术状态报告、技术状态记实报告 4)更改单、超差单、代料单、偏离单 5)归零报告、验收总结报告 6)相关评审结论	质量交集分析报告 评审结论

13.5.3　实施步骤

13.5.3.1　质量问题统计分析

在型号研制阶段，对产品发生过的所有质量问题进行汇总、统计和分析，填写表 13－13，形成产品问题库；并对其他型号产品质量问题在本产品进行的举一反三情况进行汇总、统计和分析，填写表 13－14，形成产品举一反三问题清单。此外，对产品在验收时的所有超差项也进行统计分析，填写表 13－15，形成超差项清单。

表 13-13 产品质量问题汇总表

序号	型号名称	产品名称	产品代号	所属分系统	故障日期	工作阶段	质量问题（故障）概述及定位	原因分析	原因分类 1	原因分类 2	批次性	纠正措施及举一反三情况	责任单位	归零情况	外协厂家

表 13-14 其他型号质量问题举一反三情况汇总表

序号	发生质量问题的产品名称	所属型号	质量问题概述	本型号采取的措施及验证情况	备注

表 13-15 产品超差汇总表

序号	产品名称	产品代号	所属分系统	处理单编号	超差内容	批准人	验证结果或接收原因	备注

13.5.3.2 技术状态变化统计分析

在型号研制阶段，对产品所有的状态变化、更改和落实情况进行统计、分析，填写表 13-16，形成产品技术状态更改项清单。此外，对本阶段产品在研制和验收时的所有偏离、代料项也进行统计分析，填写表 13-17，形成偏离、代料项清单。

表 13-16 技术状态更改汇总表

序号	产品名称	产品代号	所属分系统	更改单号	更改内容	更改原因和依据	批准人	验证结果	备注

表 13-17 产品偏离/代料汇总表

序号	产品名称	产品代号	所属分系统	偏离/代料单编号	偏离/代料内容	批准人	验证结果或接收原因	备注

13.5.3.3 测试覆盖性分析

在产品的技术设计中，对产品涉及的每一个功能性能指标进行测试覆盖性和验证充分性分析，在产品验收时进行检查。根据技术设计和产品验收检查结果填写表 13-18，形成测试不覆盖产品项目（指标）清单。

表 13-18 测试不覆盖产品项目（指标）汇总表

序号	产品名称	产品代号	所属分系统	不可测试项目	不可测试原因	保证措施	影响分析	备注

13.5.3.4　单点失效分析

应用 FMECA 对产品进行故障模式及影响分析，分析单点失效情况，重点关注单点失效将导致严酷度为Ⅰ（灾难的）类和Ⅱ（致命的）类的故障模式。根据 FMECA 分析的结果填写表 13－19，形成单点失效产品项目清单。

表 13－19　单点失效汇总表

序号	产品名称	组件或部件名称	故障现象	故障原因	故障影响	严酷度类别	设计改进措施	使用补偿措施	备注

13.5.3.5　研制各阶段质量交集分析

随着研制阶段的不同，质量交集分析关注点略有不同。初样研制阶段产品质量交集分析结果见表 13－20，试（正）样研制阶段质量交集分析结果见表 13－21，定型/批生产阶段质量交集分析结果见表 13－22。凡是具有两种或两种以上情况的产品，即为存在质量交集的产品。同时具有两种情况即为 2 交集，交集数为 2；同时具有三种情况则为 3 交集，以此类推。

表 13－20　初样研制阶段质量交集分析结果

质量交集数量	影响产品质量特性的因素					备注
	3 类技术状态变化	存在Ⅰ、Ⅱ类单点故障模式	发生过质量问题	存在新技术和关键技术	存在不可检测项目	
5	▲	▲	▲	▲	▲	
4	▲	▲	▲	▲	—	
	▲	▲	▲	—	▲	
	▲	▲	—	▲	▲	
	▲	—	▲	▲	▲	
	—	▲	▲	▲	▲	
3	▲	▲	▲	—	—	
	▲	▲	—	▲	—	
	▲	▲	—	—	▲	
	△	—	△	△	—	
	△	—	△	—	△	
	△	—	—	△	△	
	—	△	△	△	—	
	—	△	△	—	△	
	—	△	—	△	△	
	—	—	△	△	△	

续表

质量交集数量	影响产品质量特性的因素					备注
	3类技术状态变化	存在Ⅰ、Ⅱ类单点故障模式	发生过质量问题	存在新技术和关键技术	存在不可检测项目	
2	▲	▲	—	—	—	
	△	—	△	—	—	
	△	—	—	△	—	
	△	—	—	—	△	
	—	△	△	—	—	
	—	△	—	△	—	
	—	△	—	—	△	
	—	—	△	△	—	
	—	—	△	—	△	
	—	—	—	△	△	

表 13-21　试（正）样研制阶段质量交集分析结果

质量交集数量	影响产品质量特性的因素					备注
	技术状态变化		存在Ⅰ、Ⅱ类单点故障模式	发生过质量问题	存在不可检测项目	
	2类	3类				
4	▲		▲	▲	▲	
3	△	—	△	△	—	
	△	—	△	—	△	
	△	—	—	△	△	
	—	▲	▲	▲	—	
	—	▲	▲	—	▲	
	—	△	—	△	△	
	—	—	△	△	△	
2	△	—	△	—	—	
	△	—	—	△	—	
	△	—	—	—	△	
	—	▲	▲	—	—	
	—	△	—	△	—	
	—	△	—	—	△	
	—	—	△	△	—	
	—	—	△	—	△	
	—	—	—	△	△	

表 13-22　定型/批生产阶段质量交集分析结果

质量交集数量	影响产品质量特性的因素					备注
	2、3 类技术状态变化	存在Ⅰ、Ⅱ类单点故障模式	可靠性指标偏低	发生过质量问题	存在不可检测项目	
5	▲	▲	▲	▲	▲	
4	▲	▲	▲	▲	—	
	▲	▲	▲	—	▲	
	▲	▲	—	▲	▲	
	▲	—	▲	▲	▲	
	—	▲	▲	▲	▲	
3	▲	▲	▲	—	—	
	▲	▲	—	▲	—	
	▲	▲	—	—	▲	
	△	—	△	△	—	
	△	—	△	—	△	
	△	—	—	△	△	
	—	△	△	△	—	
	—	△	△	—	△	
	—	△	—	△	△	
	—	—	△	△	△	
2	▲	▲	—	—	—	
	△	—	△	—	—	
	△	—	—	△	—	
	△	—	—	—	△	
	—	△	△	—	—	
	—	△	—	△	—	
	—	△	—	—	△	
	—	—	△	△	—	
	—	—	△	—	△	
	—	—	—	△	△	

质量交集分析一般应形成质量交集分析报告，也可以将分析内容纳入设计质量复查报告等其他报告。质量交集分析报告内容一般包括：

1）概况：质量交集分析的目的和意义、分析依据。

2）分析对象：简述产品功能、性能，列出产品配套表（具体到结构件、电路板等部件级。

3）质量交集分析的内容及结果。

a）质量问题分析；

b）技术状态更改分析；

c）测试覆盖性分析；

d）单点失效分析；

e）对产品上述四个方面进行交集分析。

4）对质量交集采取的措施及验证情况：分析存在质量交集的产品采取的相应技术或管理措施及其有效性。

5）遗留问题及应对措施：分析存在的风险，并提出应对措施。

6）结论。

质量交集分析报告由各单位产品设计师编写，质量部门会签，主管副总师或技术负责人批准。

各单位应对质量交集分析报告进行评审，针对过程试验验证情况和应对措施进行重点检查和确认。2 交集的产品需组织所级审查，3 交集的产品需组织型号内审查，4 交集的产品需提请院级组织审查。审查的结论作为质量确认或者质量复查，以及后续工作风险决策的依据。

13.5.3.6 风险分析及应对措施

通过质量交集分析，若某产品发生两个或两个以上方面交集的，则质量风险很大。通过进一步对该产品的质量和技术风险进行分析，明确风险是否可控，并提出下一步风险控制预案。

通过质量交集分析出的问题，必须提出应对措施，以消除质量隐患和降低质量风险。对于无法解决的问题应进行风险评估。

13.5.3.7 注意事项

1）质量交集分析适用于型号及重大专项任务，是一个重要质量控制点，也是一种重要的风险分析方法。

2）质量交集分析工作一般在型号转阶段前或者出厂准备参加外场试验前进行。对产品薄弱环节采取的过程控制措施进行再次的分析、审查和确认，以确认各种薄弱点集中出现的产品的技术风险是否可控，是否需要采取新的可靠性设计措施和风险控制措施，消除质量隐患。以此分析结果作为是否可以转阶段或者是否可以出厂参加外场试验的风险决策依据并指导下一步工作。

13.5.4 典型案例

某预研型号产品在外场首飞试验进场前，组织对产品从“技术状态变化”“质量有前科”“单点失效”和“测试不覆盖”四个环节进行了质量交集分析。分析发现 4 个产品存在 2 交集，1 个产品存在 3 交集，可能存在风险，见表 13-23。

表 13－23　某型号产品质量交集分析表

序号	产品名称	技术状态有变化	质量有前科	单点失效	测试不覆盖	交集	备注
1	发动机		√	√	√	3	
2	捷联惯导		√	√		2	
3	导引头		√	√		2	
4	天线罩		√	√		2	
5	弹上机		√	√		2	

针对存在质量交集的 5 个产品，尤其是 3 交集产品，项目团队对这些产品的设计情况、质量问题归零情况和试验验证情况、过程管控情况进行了全面的复查，确认产品在设计条件、方案制定、环境适应性上均进行了裕度设计，做到了设计和工程分析覆盖，并通过了元器件筛选、各级环境应力筛选，环境试验、全弹模态试验等地面试验，过程管控记录齐全。经过慎重决策和集团专家评审，认为风险可控。进场后产品质量稳定，外场试验取得了成功。

某型飞船关键分系统产品交会对接雷达在交付前，某院组织项目团队进行了质量交集分析，对交会对接雷达“技术状态有变化、质量有前科、测试不覆盖、单点失效”四类情况进行了深入分析，查找质量交集，采取控制措施，确保对接雷达在后续飞行试验中工作正常。对接雷达包括雷达天线和雷达主机，其中雷达主机包含四个组合，分别为雷达频综、雷达信号处理机、雷达接收机及雷达二次电源。经认真分析发现 3 个组合产品存在 2 交集，2 个组合产品存在 3 交集，可能存在风险，见表 13－24。

表 13－24　交会对接雷达交集分析表

组合名称	技术状态有变化	质量有前科	单点失效	测试不覆盖	交集数
雷达二次电源	√		√		2
雷达信号处理机	√	√	√		3
雷达接收机	√		√		2
雷达频综	√	√	√		3
微波雷达天线	√		√		2

针对交会对接雷达存在质量交集的组合产品，通过全面质量复查证明，各组合经过了一次成功分析、数据包审查、技术状态控制、产品专项检查等方面的重点控制和审查，设计图纸、文件和工艺文件、原始测试记录完整、有效，多余物控制措施有效，元器件安装、焊点质量、电缆线束布局等合理，关键件及关键检验点数据包内容完整，状态更改和归零措施落实到位，交会对接雷达通过了各类地面试验验证，产品质量可控。为了确保上级系统任务的成功，对交会对接雷达进一步识别了可能存在的 8 种风险模式，并在上级系统提出了针对每一种风险模式的预案措施，在地面进行了充分验证。飞行器进场及飞行发射后，交会对接雷达表现完美，助力首次交会对接任务取得圆满成功。

13.6 “一个序号一个案”飞行试验风险管控方法

航天科工集团第二研究院基于飞行试验“一次成功”的目标，从飞行试验的技术风险、质量控制、责任分解三个维度，聚焦飞行试验关键技术风险识别与控制，围绕飞行试验的状态、数据、环境等内外部风险因素，系统性地提出了技术风险控制与质量管理相结合的控制要求，探索提炼了“一个序号一个案”飞行试验关键时序风险管理方法，使试验成功率显著提升，试验质量问题大幅减少，质量故障损失显著减少，研制进程得到有效保证。

13.6.1 概念和适用范围

“一个序号一个案”质量方法是对航天产品大型试验任务的某一特性任务场景（一个序号）形成的一套针对性风险预案（一个案）。

该方法基于“吃透变化、吃透环境、吃透成功”的“三个吃透”原则，依据飞行试验成功考核判据，逐级分析成功保障条件，以型号成功的飞行试验产品状态、测试数据、外部环境为参考基准，对本序号飞行试验进行对比分析，形成应对措施和处理预案，从技术和管理上控制飞行试验风险。

所谓“吃透变化”，是指以下从产品技术状态、主要供方、靶场测试数据三个方面对飞行试验内部影响因素进行风险分析：一是分析本序号参试产品技术状态与成功序号相比是否发生变化，技术状态变化是否经过充分验证。其中，对参试软件的更改影响域分析要做到充分全面。二是分析本序号参试产品重要供方是否发生变化，供方变化是否经过审批确认，变更手续是否符合要求。三是分析靶场测试数据与进场前测试数据以及以往成功序号数据对比是否有明显变化，变化趋势是否存在不合格隐患或系统性偏离。

所谓“吃透环境”，是指从飞行试验天地一致性、飞行弹道环境、气象电磁环境、靶标状态等方面对飞行试验外部影响因素进行风险分析。主要关注点：一是分析进场前已开展的地面验证工作是否存在天地一致性方面重大风险，地面试验无法模拟的真实环境应经过仿真和风险评估。本序号飞行弹道及相关参数是否会产生超出系统工作指标的环境条件(压力、温度、过载等)。二是分析飞行试验当日气象、电磁等环境是否有影响飞行试验成败的要素，相关要素是否采取了风险防控措施。三是分析地面装备、靶标等是否处于良好状态，测、发、控各系统间数据接口及传输是否正常，相关风险应采取风险防控措施并制定工作预案。

所谓“吃透成功”，是指靠以往成功飞行试验序号子样的内外部条件，对本序号飞行试验内外部风险因素进行包络分析，查找以往序号中未进行过验证的项目。主要关注点：一是分析本序号考核项目是否在以往成功的试验序号中考核过，针对未考核项目，分析风险控制措施是否完整、有效。二是分析以往成功的考核科目在本次飞行试验中是否有飞行状态和环境变化，如有，是否进行了风险分析并有具体应对措施。三是复查本型号出现的问题归零措施是否落实到位，其他型号出现的问题是否在本型号、本序号有关联性、相似性，是否进行了举一反三。

本方法适用于预研、研制、批生产型号/项目/产品飞行试验的风险控制，尤其适用于飞行类或与其风险性质相似的其他型号/项目/产品的风险管控。

13.6.2　基本原理

这一方法以试验成功为目标，逐级分析成功条件，按照“三个吃透”的工作要求，对当前试验序号进行对比分析，聚焦飞行试验的过程不确定性，着重分析飞行试验技术状态、重要供方、测试数据变化情况，对天地一致性、气象及电磁条件、目标状态等因素进行评估。以变化的内外部因素为切入点，针对每一序号、每一弹道开展风险分析，突出对飞行试验关键环节的风险识别与飞行试验预案的有效落实。

“一个序号一个案”飞行试验风险管控方法由“三个吃透”理念为基础发展而来，是航天科工集团第二研究院对“一次成功”目标的诠释和理解。该方法突出系统工作流程的关键时序和影响控制因素，践行风险管理思想，对飞行试验过程、参试产品、参试人员、内外部条件等影响因素开展系统分析，识别风险项目并采取相应的风险管控措施，消除、化解飞行试验风险。

该方法聚焦飞行试验过程最关键的环节，实现有效风险管控，是对“三个吃透”的具体实践，其运行原理如图 13－12 所示。

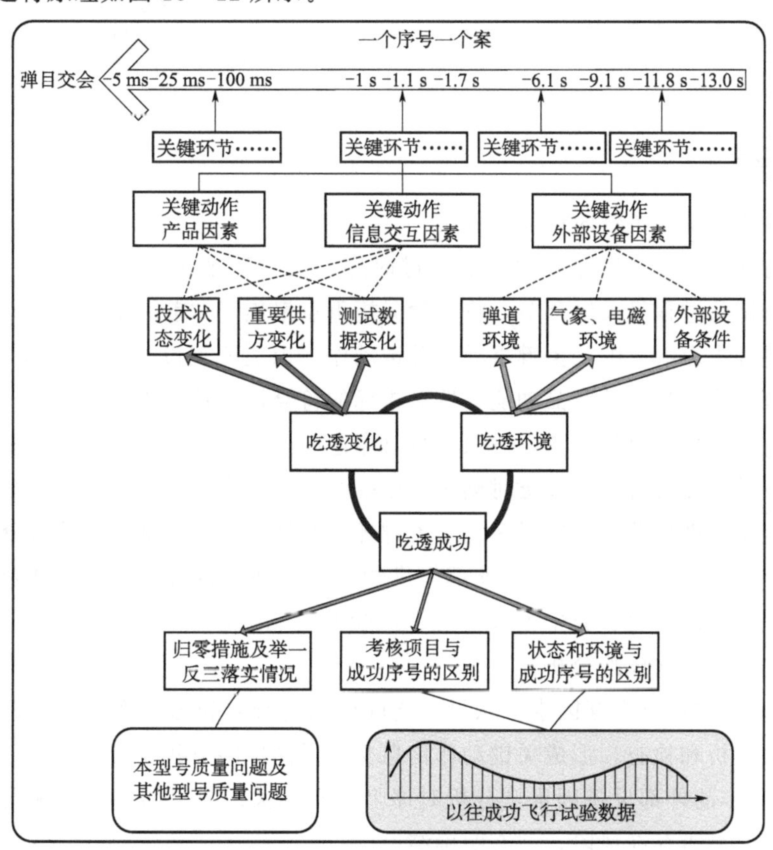

图 13－12　“一个序号一个案”飞行试验风险管控方法运行原理图

“一个序号一个案”的方法，以飞行试验大纲和产品技术状态为输入，根据不同研制阶段的特点和飞行试验各序号要求，从飞行试验成功为时间零点，按照飞行时序逆向风险分析、识别影响飞行试验成败的最后关键环节，选择具体飞行试验关键飞行时序的分析终点，并形成时序流程图。

在确定关键飞行时序流程后，分析识别影响飞行试验目的达成的关键环节，并经型号两总系统审查确认，形成飞行试验关键环节汇总表，针对每一项关键环节关键动作涉及的产品因素、信息交互因素、外部设备因素开展三个方面的风险分析和检查。同时按照“吃透变化、吃透环境、吃透成功”的工作要求，对数据、环境、目标等因素进行评估。

通过上述分析最终形成飞行试验风险清单。根据风险清单中列出的风险因素，结合序号自身和外部环境的特点，对每类风险因素的不确定性和潜在的危害进行分析，对风险等级、风险概率进行评估，按照风险分类和重要性进行排序，提出应对措施和处理预案，确保飞行试验内、外部影响因素均处于可控状态。

该方法必要的输入和输出文件，详见表 13－25。

表 13－25　输入与输出文件清单

输入文件	输出文件
飞行试验大纲 产品技术状态文件	1. 关键飞行时序流程图 2. 关键环节汇总表 3. 飞行试验风险清单 4. 飞行试验应急预案 5. 产品质量与可靠性数据包

13.6.3　实施步骤

（1）开展飞行试验关键时序风险分析

针对飞行试验每一个序号单独开展关键时序、关键环节风险分析，按照飞行试验时序，聚焦飞行试验过程最关键环节，将风险分析重点聚焦于“前 5 s”和“最后 10 s”，分解关键时序过程中影响成败的关键事项、关键动作，识别相关设备、产品的影响因素，进一步转化、分解为可量化的产品功能、性能指标的符合性、覆盖性。

以飞行试验成功为时间零点，按照飞行时序逆向分析、识别影响飞行试验成败的关键环节，确保各设备在飞行试验关键时刻做出正确的动作、完成规定的功能，确保飞行试验成功。在确定了关键环节后，针对每一项关键环节开展三个方面的逆向风险分析和检查：

1）关键动作涉及产品因素：从外部提供的输入条件、自身完成任务涉及动作的设计逻辑、地面试验验证情况、异常处理情况、风险及控制措施等方面逆向风险分析和检查，形成关键动作产品逆向风险分析检查表。

2）关键动作的信息交互因素：从设备之间的信息交互符合性和影响彼此运行的环节进行逆向风险分析和检查，形成关键动作信息交互逆向风险分析检查表。

3）关键动作的外部设备因素：分析时序上所有相关的外部设备是否满足要求，试验验证是否充分，是否存在风险，并有明确结论。

飞行试验关键环节逆向风险分析逻辑如图 13－13 所示。

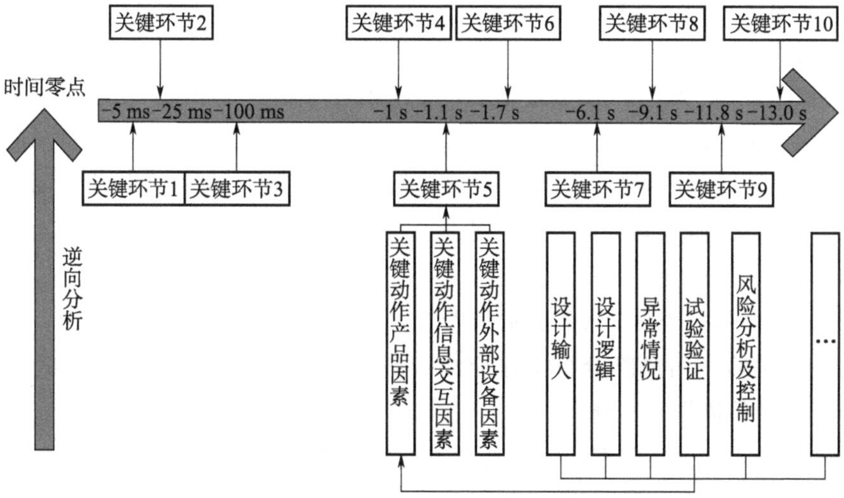

图 13－13　飞行试验关键环节逆向风险分析逻辑图

经分析确定的关键环节应明确涉及产品、责任单位和责任人。由型号两总系统负责审查确认关键环节，各关键环节负责人对所属的关键环节进行分析和检查确认，查找存在风险的薄弱环节，采取必要的规避措施，形成分析报告对存在风险和需要重点关注的问题进行总结，并针对风险从风险描述、风险分析、应对措施和分析结论等角度进行阐述。在飞行试验进场前以评审形式进行把关确认。

（2）开展飞行试验过程不确定性的风险控制

"三个吃透"以本型号成功的飞行试验状态、数据、环境为参考基准，对当前试验序号进行对比分析，聚焦飞行试验的过程不确定性，按照"吃透变化、吃透环境、吃透成功"的工作要求，着重分析飞行试验技术状态、重要供方、测试数据变化情况，对天地一致性、气象及电磁条件、目标状态等因素进行评估。以变化的内外部因素为切入点，开展飞行试验风险控制。

在以上"三个吃透"的基础上，形成飞行试验风险清单。根据风险清单中列出的风险因素，结合序号自身和外部环境的特点，对每类风险因素的不确定性和潜在的危害进行分析，对风险等级、风险概率进行评估，按照风险分类和重要性进行排序，提出应对措施和处理预案，确保飞行试验内、外部影响因素均处于可控状态。

（3）开展数据量化与复核确认控制

质量与可靠性数据包是产品在设计、生产、试验和交付等研制生产环节中形成的与产品质量与可靠性有关的各项要求及其实现过程和实现结果的客观记录集合，能为评价产品质量与可靠性提供客观证据。

通过产品质量与可靠性数据包的采集，根据以往经过飞行试验或地面试验验证成功子样的产品数据开展成功数据包络分析。重点对关键时序中的产品进行产品质量可靠性数据排查，实施横向、纵向一致性分析，找出实测参数的离散、偏差情况，对临界和跳变参数进行专题分析，并充分利用以往飞行成功子样以及其他数据明确偏差的多少和影响程度，确保参试产品质量可靠性符合要求。

(4) 开展质量风险与责任分解

在以上风险识别、管理控制的基础上，实施风险与责任的分解，由各产品承制单位按照主管设计师、主任设计师、副总师、副总指挥、单位负责人的顺序逐级对承制产品设计正确性、质量稳定性、研制生产过程受控情况做出质量承诺。通过质量承诺明晰单位负责人是本单位承制产品质量第一负责人，促进承制单位管理、技术链条各环节执行者分解落实质量责任，确保风险分析做实、见底。

应用"一个序号一个案"飞行试验风险管控方法必须注意下列事项：

1) 这一方法的应用风险分析工作应纳入研制计划，一般在型号飞行试验方案确定(通过评审)后开始策划并实施。

2) 按照型号飞行试验方案、大纲的要求，针对所有飞行试验序号应逐个确定影响飞行试验成败的关键环节，开展风险分析。

3) 各分系统单位可结合进场前质量复查工作开展这一分析工作。

4) 结合飞行试验风险分析工作一并开展，其阶段分析总结以单独章节纳入进场评审报告审查，并在进场前完成专项评审。

5) 型号队伍进场后，结合外部实际环境条件及全系统合练等工作情况，由总师(技术负责人)组织完成专项评审、确认并纳入飞行试验射前评审。

13.6.4 典型案例

以某项目"一个序号一个案"飞行试验风险分析为例，项目团队对该次飞行的 4 个序号分别进行了飞行试验关键时序风险分析，其中序号 1 的关键时序流程图如图 13-14 所示。通过对关键时序中的风险项目进行分析，识别出风险点 13 项，对相关设备的设计试验数据及质量数据进行了复查，确认风险可控。

地面系统根据"三个吃透"三方面九条要求逐项对标，在"吃透变化"方面，对系统中所有车辆发生的 12 项软硬件更改验证情况进行复查；在"吃透环境"方面，对试验一致性风险、超条件使用风险、试验环境风险、地面装备状态和接口风险四个方面进行评估；在"吃透成功"方面，对以往成功试验数据进行包络，查找本次试验产品出现的超包络情况并进行确认。通过以上风险分析，形成了风险清单共计 11 项并进行了风险排序，依据风险清单逐项制定了 21 项应对措施与风险预案，确保了飞行试验风险整体可控。

自"一个序号一个案"飞行试验风险管控方法实施以来，各项目积极实践，依据项目特点组织开展了试验风险分析，对每一个序号进行正向、逆向分析，识别关键环节风险，落实风险预案。航天科工集团第二研究院试验成功率显著提升，多个重点、难点项目试验均取得了一次成功。通过落实"一个序号一个案"等措施，在产品进场前提前分析产品异常数据，发现并处理产品质量隐患，真正做到了不留问题进试验场。单发产品平均质量问题数量同比减少 60.4%。

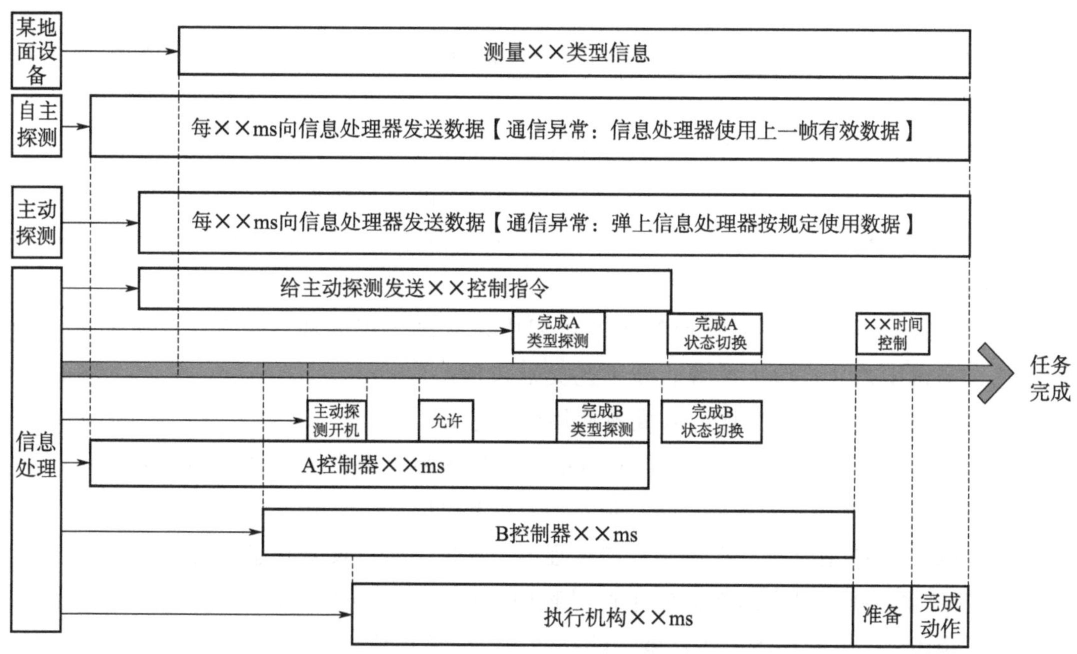

图 13-14　某项目序号 1 飞行试验关键时序流程图

13.7　“九新”风险分析方法

随着科学技术快速发展、不断创新，市场需求变化快速，为满足市场需求，新的技术和工艺不断被引入，人员流动及岗位变化频繁，协作单位多且水平参差不齐，造成技术、材料、工艺、状态、环境、设备、单位、岗位、人员的变化加剧，给型号、产品研制生产工作带来新的风险和挑战。为此，构建了新技术、新材料、新工艺、新状态、新环境、新设备、新单位、新岗位、新人员（简称“九新”）风险分析方法，以提高风险识别的全面性和精细化水平。

13.7.1　概念和适用范围

“九新”风险分析方法是指在产品研制生产过程中，对涉及的“九新”要素所带来的风险，深入细节，有针对性地进行风险识别、分析和控制的一种方法。

“九新”要素包括新技术、新材料、新工艺、新状态、新环境、新设备、新单位、新岗位、新人员，具体定义如下：

1）新技术是指航天型号产品的研制生产过程中，首次使用的设计方法、计算方法、测试技术等。新技术类别包括：

A 类：国内外各行业中均尚未成熟使用的技术；

B 类：其他行业已经成熟使用，但本单位型号产品上尚未成熟使用的技术；

C类：在其他型号产品上已经成熟使用，但本型号产品上首次使用的技术（新型号不涉及）。

2）新材料是指航天型号产品的研制生产过程中，首次使用的材料（含器件）。新材料类别包括：

A类：首次使用的新研材料（含器件）；

B类：其他行业上已经成熟使用，但航天型号产品上首次使用的材料（含器件）；

C类：在航天其他型号产品上已经成熟使用，但本型号上首次使用的材料（含器件）（新型号不涉及）。

3）新工艺是指型号产品在研制生产过程中，首次使用的加工工艺、装配工艺、调试工艺、测试工艺、检验工艺等。新工艺类别包括：

A类：国内外各行业中均尚未成熟使用的工艺；

B类：其他行业已经成熟使用，但本单位型号产品上尚未成熟使用的工艺；

C类：在其他单位已经成熟使用，但本型号承制单位首次使用的工艺（新单位不涉及）。

4）新状态是指型号产品在研制生产过程中，发生的所有技术状态更改。

5）新环境是指型号产品在研制生产过程中，首次面临的生产环境、装配环境、测试环境、试验环境、电磁环境、热环境、贮存环境、使用环境、运输环境、载荷环境、飞行环境等。环境仿真程度包括：

Ⅰ类：真实使用环境；

Ⅱ类：试验室环境；

Ⅲ类：半实物仿真环境；

Ⅳ类：计算机仿真环境。

新环境类别包括：

A类：所有型号产品首次面临的环境；

B类：相比其他型号，本型号首次面临的环境；

C类：相比本型号以前产品，本产品首次面临的环境（新型号不涉及）。

6）新设备是指型号产品在研制生产过程中，首次配套使用的设备，以及首次投入本单位型号、涉及重大工艺变化，导致最终产品测试状态变化的生产、装配、测试、试验、运输、加注、发射等设备。新设备类别包括：

A类：本单位所有型号上首次配套使用的设备；

B类：本单位其他型号上配套的设备，但首次配套本型号的设备。

7）新单位是指首次承担航天型号产品研制生产等任务的单位。新单位类别包括：

A类：未承担过航天型号产品任务的研制、生产、管理、运输等单位；

B类：承担过其他航天型号任务，但是首次承担本型号任务的研制、生产、管理、运输等单位（新型号不涉及）；

C类：承担本型号某种产品任务，但经调整后承担本型号其他产品任务的研制、生产、管理、运输任务等的单位（新型号不涉及）。

8）新岗位是指型号进入总装测试以后，型号队伍中新增加的设计、工艺、生产、检验、管理、运输、加注、发射等岗位。

9）新人员是指新变化的设计、工艺、生产、检验、管理、运输、加注、发射等人员。新人员类别包括：

A 类：首次参与本单位型号产品总装测试以后工作的人；

B 类：本型号队伍中发生岗位变化的人员（新型号不涉及）；

C 类：曾经参与本单位其他型号岗位工作，但是首次或经调整后新参与本型号工作的人员（新型号不涉及）。

“九新”分析方法适用于各级各类产品在方案设计、初样研制、正样研制、定型等全过程中进行“九新”风险的识别和分析。

13.7.2　基本原理

“九新”分析方法是在研制生产实践中总结出来的一种风险分析方法，针对九大关键风险要素，系统、分系统、单机等各级产品在方案设计、初样研制、正样研制等全过程中分别开展风险识别和分析，结果逐级上报至上一级产品，保证技术状态同步更新，确保风险全面识别，为风险管理提供思路和输入，使对任务目标的不利影响降低到最低程度。

“九新”分析的输入包括：研制（设计）任务书、相关设计/工艺/生产/试验等技术文件、“九新”的变化情况、上一阶段“九新”分析确认结论。

“九新”分析的输出包括：“九新”风险情况汇总表，见表 13－26。

表 13　26　“九新”风险情况汇总表

表 1　××型号新技术风险情况汇总表

新技术名称	应用于何种产品或系统	产品是否为关重件（关重特性、关重工序）	新技术类别	风险分析	采取的对策	验证项目	批准人	备注
			A 类/B 类/C 类					

表 2　××型号新材料风险情况汇总表

新材料名称	应用于何种产品或系统	产品是否为关重件（关重特性、关重工序）	新材料类别	风险分析	采取的对策	验证项目	批准人	备注
			A 类/B 类/C 类					

表 3 ××型号新工艺风险情况汇总表

新工艺名称	应用于何种产品	产品是否为关重件(关重特性、关重工序)	所属单位	新工艺类别	风险分析	采取的措施	验证情况及有效性	批准人	备注
				A类/B类/C类					

表 4 ××型号新状态风险情况汇总表

新状态名称	产品或系统名称	产品是否为关重件(关重特性、关重工序)	风险分析	采取的措施	验证情况及有效性	备注

表 5 ××型号新环境风险情况汇总表

新环境名称	应用于何种产品或系统	产品是否为关重件(关重特性、关重工序)	新环境类别	风险分析	采取的措施	验证情况及有效性	备注
			A类/B类/C类				

表 6 ××型号新设备风险情况汇总表

新设备名称	所属单位	以前采用的设备	增加新设备的原因	新设备类别	风险分析	采取的措施	验证情况及有效性	批准人	备注
				A类/B类					

表 7 ××型号新单位风险情况汇总表

新单位名称	产品名称	原生产厂家	增加新单位的原因	新单位类别	风险分析	采取的措施	验证情况及有效性	批准人	备注
				A类/B类/C类					

表 8 ××型号新岗位风险情况汇总表

新岗位名称	岗位职责	所属单位	增加新岗位的原因	风险分析	采取的措施	验证情况及有效性	备注

表 9　××型号新人员风险情况汇总表

新人员名称	所属单位	增加新人员的原因	新人员类别	风险分析	培训措施	验证情况及有效性	备注
			A 类/B 类/C 类				

13.7.3　实施步骤

“九新”分析方法是嵌入在技术风险管理中风险项目识别与分析的一种方法，伴随着型号整体风险识别与分析同步实施，主要包括风险识别、风险分析两大过程。

13.7.3.1　“九新”风险识别

风险识别是发现、承认和描述风险的过程，包括对风险源、风险事件、风险原因及其潜在后果的识别。型号两总系统根据航天型号任务要求，负责组织实施全系统、全过程的“九新”风险识别，对识别出的风险项目的全面性和准确性负责。

首先，各级产品承制单位需要对照“九新”定义对本单位、本型号涉及的“九新”变化情况进行梳理，即确定风险源；其次，根据风险产生条件，依照“九新”风险识别方法识别风险点、描述风险特征、确定有可能影响航天型号研制任务的风险事件。风险识别工作贯穿型号研制各阶段，在整个研制阶段内反复迭代进行，其输出为风险项目清单、“九新”风险情况汇总表。“九新”各要素风险识别方法具体如下。

（1）“新技术”风险识别方法

“新技术”风险识别应在型号研制的方案设计、初样研制、正样研制阶段开展。在方案设计阶段，重点从以下方面开展风险识别：

1）重点对未经过飞行试验验证的新技术进行梳理；

2）分析采用的新技术的原理是否可行；

3）分析实现总体技术方案可供选择的技术途径是否合理；

4）是否支持论证工作多方案选择和优化；

5）识别与评估新技术风险分析的充分性；

6）识别与评估新技术对预研项目工程的适用性；

7）分析新技术方案中的关键技术攻关完成情况，判定其成熟度水平、存在的技术风险；

8）识别与评估对可靠性设计的充分性。

在初样研制阶段，重点从以下方面开展风险识别：

1）依据工程项目研制试验结果，重点评估工程样机在模拟使用环境进行验证的情况；

2）分析新技术经过试验验证后的成熟程度，判定是否达到转阶段相应的技术成熟度等级，以及存在的技术风险。

在正样研制阶段，重点确认系统性能测试中的技术缺陷是否均已清除，技术参数是否满足任务书要求，并判定其存在的技术风险。

(2)“新材料”风险识别方法

“新材料”风险识别应在型号研制的方案设计、初样研制、正样研制、定型阶段开展。重点从以下方面开展风险识别：

1）对未经过飞行试验验证的新材料（含器件）进行梳理；

2）识别与评估新原材料选用合理性、验证充分性、使用正确性的技术风险；

3）识别与评估新机械零件选用合理性、验证充分性、使用正确性的技术风险；

4）识别与评估新元器件选用合理性、验证充分性、使用正确性的技术风险。

(3)“新工艺”风险识别方法

“新工艺”风险识别应在型号研制的方案设计、初样研制、正样研制、定型阶段开展。重点从以下方面开展风险识别：

1）对承制单位首次采用的新工艺进行梳理；

2）识别与评估新工艺设计合理性的技术风险；

3）识别与评估现有设备或条件达不到要求的工艺水平的技术风险；

4）识别与评估新工艺验证充分性的技术风险；

5）识别与评估新工艺文件完备性的技术风险；

6）识别与评估新工艺稳定性的技术风险。

(4)“新状态”风险识别方法

“新状态”风险识别应在型号研制的初样研制、正样研制阶段开展。重点从以下方面开展风险识别：

1）根据型号确定的技术状态基线，对出现的所有技术状态更改进行梳理；

2）严格按照技术状态更改的控制要求进行风险识别；

3）特别要对使用状态的变化进行识别、分析和验证。

(5)“新环境”风险识别方法

“新环境”风险识别应在型号研制的方案设计、初样研制、正样研制、定型阶段开展。重点从以下方面开展风险识别：

1）对在生产、装配、测试、试验、贮存、运输、飞行等环节中的新环境进行识别；

2）识别与评估新环境适应性设计是否达到规定的技术风险要求；

3）识别与评估试验的环境是否能充分代表产品使用时的真实环境（即验证充分性）。

(6)“新设备”风险识别方法

“新设备”风险识别应在型号研制的初样研制、正样研制、定型阶段开展。重点从以下方面开展风险识别：

1）对产品生产、装配、测试、试验、运输、加注、发射等过程中使用的新设备进行梳理；

2）识别与评估新设备是否能满足航天型号产品研制生产需要的风险；

3）识别与评估新设备是否按规定进行试运行，并经检定合格的风险；

4）识别与评估设备是否处于完好状态，能够满足产品质量要求的风险；

5）识别与评估新设备的质量可靠性、安全性。

（7）“新单位”风险识别方法

“新单位”风险识别应在型号研制的方案设计、初样研制、正样研制阶段开展。重点从以下方面开展风险识别：

1）对未承担过本单位型号产品任务的新单位进行梳理；

2）识别与评估新单位的基础设施、设备和工作环境等能否满足航天型号产品研制生产需要的风险；

3）识别与评估新单位的资质、质量管理体系运行情况的风险；

4）识别与评估新单位的质量管理体系是否完备，是否满足航天质量管理体系要求的风险；

5）识别与评估新单位的质量管理制度、法规和标准的建设不完善的风险；

6）识别与评估新单位的质量保证能力以及对关键过程、特殊过程质量控制情况的风险；

7）识别与评估新单位的进度保证能力不足的风险；

8）识别与评估新单位的任务承担能力不足的风险。

（8）“新岗位”风险识别方法

“新岗位”风险识别应在型号研制的方案设计、初样研制、正样研制、定型阶段开展。重点从以下方面开展风险识别：

1）识别与评估新岗位设置的合理性的风险；

2）识别与评估新岗位的职责与权限是否明确的风险；

3）识别与评估新岗位人员配备充分性的风险；

4）识别与评估新岗位的工作规范的完备性风险。

（9）“新人员”风险识别方法

“新人员”风险识别应在型号研制的方案设计、初样研制、正样研制、定型阶段开展。重点从以下方面开展风险识别：

1）识别与评估关键岗位的新人员及其职责不明确带来的风险；

2）识别与评估新人员素质、责任意识不够的风险；

3）识别与评估新人员上岗培训不足的风险；

4）识别与评估新人员在专业技术、岗位技能方面不足的风险。

13.7.3.2　“九新”风险分析

“九新”风险分析是在对风险识别结果的基础上，对识别出来的风险事件采用定性分析方法，逐项估计其发生的可能性（判定方法见表 13-27）、后果的严重程度（判定方法见表 13-28），然后把风险估计的结果对照风险指数矩阵（方法见表 13-29）、风险接受准则（方法见表 13-30）确定每个风险的风险指数，并按照型号风险接受准则，确定是否为可接受风险，对识别出的不可接受风险进行优先级排序。风险分析的目的是对各种风险数据进行分析，使之转化为支撑型号决策的信息，包括风险估计和风险评价。

表 13－27　风险发生可能性等级

程度	等级	风险可能性程度表述
频繁	A	评分 5:接近肯定发生
很可能	B	评分 4:极有可能发生
有时	C	评分 3:很可能发生
极少	D	评分 2:不大可能发生
不可能	E	评分 1:极小可能发生

表 13－28　风险严重性等级分类

程度	等级	风险严重性程度描述		
		技术性能	进度	费用
灾难的	Ⅰ	不能接受	不能实现关键节点或产品研制重要里程碑的进度	变化大于 10%
严重的	Ⅱ	影响可以接受,但已没有任何缓解余地	对重要里程碑或受影响的关键路径有重大偏离	变化 7%～10%
轻度的	Ⅲ	采取重大缓解措施,影响可以接受	对关键里程碑有轻微偏离,不能满足要求的进度	变化 5%～7%
轻微的	Ⅳ	采取一般缓解措施,影响可以接受	需要另增资源,可以满足要求的进度	变化小于 5%
极小的	Ⅴ	影响极小或无影响	影响极小或无影响	影响极小或无影响(无变化)

表 13－29　风险指数矩阵

风险可能性等级	风险严重性等级				
	Ⅰ	Ⅱ	Ⅲ	Ⅳ	Ⅴ
A	25	20	15	10	5
B	20	16	12	8	4
C	15	12	9	6	3
D	10	8	6	4	2
E	5	4	3	2	1

注:表中数字代表风险指数 R。

表 13－30　风险接受准则

风险指数	风险等级	接受准则
$R \geqslant 20$	最大风险	不可接受
$15 \leqslant R < 20$	高风险	不可接受
$10 \leqslant R < 15$	中等风险	不可接受
$4 < R < 10$	低风险	可接受
$R \leqslant 4$	最小风险	不经评审即可接受

13.7.3.3　注意事项

实施“九新”风险分析方法应注意下列事项：

(1)“九新”风险分析应与型号整体技术风险分析结合开展

在航天型号研制项目中，各级产品在项目立项开始就进行技术风险分析和管理工作。由于各个阶段面临的风险类型也各不相同，所以在识别项目全寿命周期风险时，应针对各个阶段的特点和面临的风险特点，选用合适的、综合的风险识别方法。因此，“九新”分析应在项目整体风险识别的基础上，针对九大关键风险要素，深入细节地进行风险识别、分析，进一步提升航天型号风险管控能力。

(2) 型号各级产品应独立开展“九新”分析工作

单机、分系统、系统应独立开展“九新”分析工作，型号产品方案设计阶段和转阶段前需分别进行“九新”分析和确认。其中，在方案设计阶段应通过该项工作的开展，有效识别产品的设计风险，明确改进措施，并将该分析内容纳入方案设计报告，在方案设计评审过程中进行审查。在转阶段前要通过该项工作对产品研制过程中的技术隐患进行系统梳理和复查，必要时应组织对“九新”分析工作进行专题评审确认。

(3)“九新”风险分析确认工作职责、各级产品接口关系要明确

型号两总系统负责组织实施和监督本型号的“九新”分析、确认工作，负责审定分析结果，协调和解决分析过程中发现的问题，提供必要的资源保障条件，并对分析确认工作的完整性和正确性负责。各承制单位应对照“九新”分析确认项目和内容进行详细复查和确认，各分系统主任设计师全程跟踪并参与各单位的分析确认工作，对分析确认工作中发现的问题和隐患要进行深入研究分析，提出解决措施，并给出明确分析结论。对于外协配套产品的分析确认工作，按照“谁外协，谁负责”的原则，由外协委托方负责组织落实。

13.7.4　典型案例

选取处于研制阶段的某设备级产品，在转入飞行试验阶段前，对研制过程中采用的新技术、新材料、新工艺、新状态、新环境、新设备、新单位、新岗位、新人员利用“九新”分析方法逐项进行风险识别。主要实施步骤如下：

（1）步骤一：“九新”风险识别

按照 13.7.3.1 节中的“九新”风险识别方法，对照风险条目识别可能存在的风险项目，识别出的风险列入“九新”风险情况汇总表，见表 13－26。经过复查，识别出风险项目 5 项，具体见表 13－31～表 13－35。

（2）步骤二：风险分析

按照 13.7.3.2 节中的风险分析方法对识别出的风险项目逐项进行风险分析和评估，确定每个风险发生的可能性、风险指数和可接受情况。

表 13－31　新技术风险情况汇总表

新技术名称	应用于何种产品或系统	产品是否为关重件（关重特性、关重工序）	新技术类别	风险分析	采取的对策	验证项目	批准人	备注
抗单粒子翻转设计技术	××	是	A类	风险可能性等级 A； 风险严重性等级Ⅱ； 风险不可接受	1）采用软件三模冗余与配置信息部分重加载技术，提高 FPGA 抗单粒子翻转能力；采用抗辐射加固型 DSP，并对程序与数据进行 EDAC 防护，提高 DSP 抗辐照能力； 2）严格执行设计、生产、测试过程控制和质量管理，采用软件故障注入的方法验证产品抗单粒子翻转能力	××项目飞行试验		

表 13－32　新状态风险情况汇总表

新状态名称	产品或系统名称	产品是否为关重件（关重特性、关重工序）	风险分析	采取的措施	验证情况及有效性	备注
软件升级	××	是	风险可能性等级 B； 风险严重性等级Ⅲ； 风险不可接受	通过实验室、微波暗室试验，随分系统、系统进行联合测试试验，充分验证可靠性和电气性能满足技术指标要求	通过风险分析和采取控制措施，不影响飞行试验	

表 13-33　新环境风险情况汇总表

新环境名称	应用于何种产品或系统	产品是否为关重件(关重特性、关重工序)	新环境类别	风险分析	采取的措施	验证情况及有效性	备注
办公楼搬迁后测试环境变化	××	否	B类	风险可能性等级B； 风险严重性等级Ⅱ； 风险不可接受	对供电、温湿度、防静电等环境要素进行全方位检测； 利用试验件进行测试	通过风险分析和采取控制措施，不影响飞行试验	

表 13-34　新设备风险情况汇总表

新设备名称	所属单位	以前采用的设备	增加新设备的原因	新设备类别	风险分析	采取的措施	验证情况及有效性	批准人	备注
模拟器	××	××	新研测试设备	B类	风险可能性等级B； 风险严重性等级Ⅱ； 风险不可接受	严格执行设计、生产、测试过程控制和质量管理； 对产品进行全面的功能和性能测试、试验验证	通过风险分析和采取控制措施，不影响飞行试验	—	

表 13-35　新人员风险情况汇总表

新人员名称	所属单位	增加新人员的原因	新人员类别	风险分析	培训措施	验证情况及有效性	备注
项目组新成员	××	××	B类	风险可能性等级D； 风险严重性等级Ⅲ； 风险可接受	1)加强对新上岗人员的质量教育培训和责任意识培训； 2)对航天产品过程控制和质量管理要求进行培训； 3)设置双岗，采用老带新方式，提升新人的专业技术和岗位技能等方面的能力	通过风险分析和采取控制措施，不影响飞行试验	

13.8 不可检不可测项目识别与控制方法

在产品研制过程中，检验、测试对保证产品质量及确保型号任务成功发挥了至关重要的作用，产品不可检不可测项目已成为影响型号任务成功的重要质量隐患之一。为确保型号安全、可靠，需开展不可检不可测项目识别与控制工作。

13.8.1 概念和适用范围

不可检不可测项目识别与控制是指在型号产品研制、生产、验收或交付使用过程中，不能或不宜通过直接检验或测试进行符合性评价的功能、性能要求，如火工品点火性能、一次性热电池供电能力等。

为提高不可检不可测项目质量控制的针对性，在具体实践中结合上下层级的覆盖性分析将不可检不可测项目进一步细分为 3 类：在本层级不可检不可测，而在上层级产品中可检测的项目（如在单机层级不可检不可测，而在分系统、系统层级可检测的项目）定义为 A 类不可检不可测项目；在本层级不可检不可测，而在下层级产品中可检测的项目（如在系统层级不可检不可测，而在分系统、单机层级可检测的项目）定义为 B 类不可检不可测项目；在本层级不可检不可测，在其上下层级产品中也不可检不可测的项目定义为 C 类不可检不可测项目。

根据不可检不可测项目的严酷度，可以分为：Ⅰ类——造成工作人员或公众的伤亡；Ⅱ类——造成其他设备或设备本身的损坏；Ⅲ类——由于无输出或丧失功能造成经济损失；Ⅳ类——由于设备不能完成其主要功能造成的任务失效。

根据型号产品所处阶段，不可检不可测项目可分为工序不可检不可测项目和最终不可检不可测项目。零部组件生产、单机装调、分系统装配、全系统总装等生产工序中的不可检不可测项目属于工序不可检不可测项目，而单机验收试验、分系统匹配测试、系统测试等生产活动中的不可检不可测项目属于最终状态不可检不可测项目。工序不可检不可测项目多为检测手段不具备、不便于检测或出于效率权衡不进行检测的项目，最终状态不可检不可测项目多为火工品、发动机等一次性工作产品的工作性能检测项目，或者检测工作可能引起产品损伤的项目。

不可检不可测项目的识别与控制方法适用于型号产品方案阶段及初样、试样、设计定型和生产定型阶段。

13.8.2 基本原理

不可检不可测项目识别与控制工作践行风险管理思想，在测试覆盖性分析工作的基础上，从产品的功能、性能出发，围绕合同、技术要求、任务书、设计图样等技术输入，分阶段（方案阶段、初样阶段、试样阶段、定型阶段）、分层级（单机级、设备级、分系统级、系统级）开展故障模式影响及危害性分析，确定不可检不可测项目，研究制定适宜的风险控制措施，尽可能保证产品过程可控或结果可验证，并系统性跟踪管理各层级控制措施闭环情况，确保产品功能、性能满足技术输入要求，产品质量有保证，从而消除不可检不可测项目导致的产品潜在风险，保证产品的安全、可靠。

本方法输入包括：研制总要求、各分系统技术要求、各设备技术要求/研制任务书等。

本方法输出包括：

1）方案阶段，各单机、分系统、型号产品总体设计单位识别出单机、分系统、系统产品不可检不可测项目，形成型号产品不可检不可测项目汇总表。

2）初样阶段，完成各级不可检不可测项目控制要求，填写不可检不可测项目控制情况汇总表。

3）试样及以后阶段，单机、分系统、系统逐级上报各级不可检不可测项目控制落实情况，上级单位应结合产品验收等环节对落实情况进行检查。

13.8.3　实施步骤

不可检不可测项目识别与控制实施步骤如图 13－15 所示。

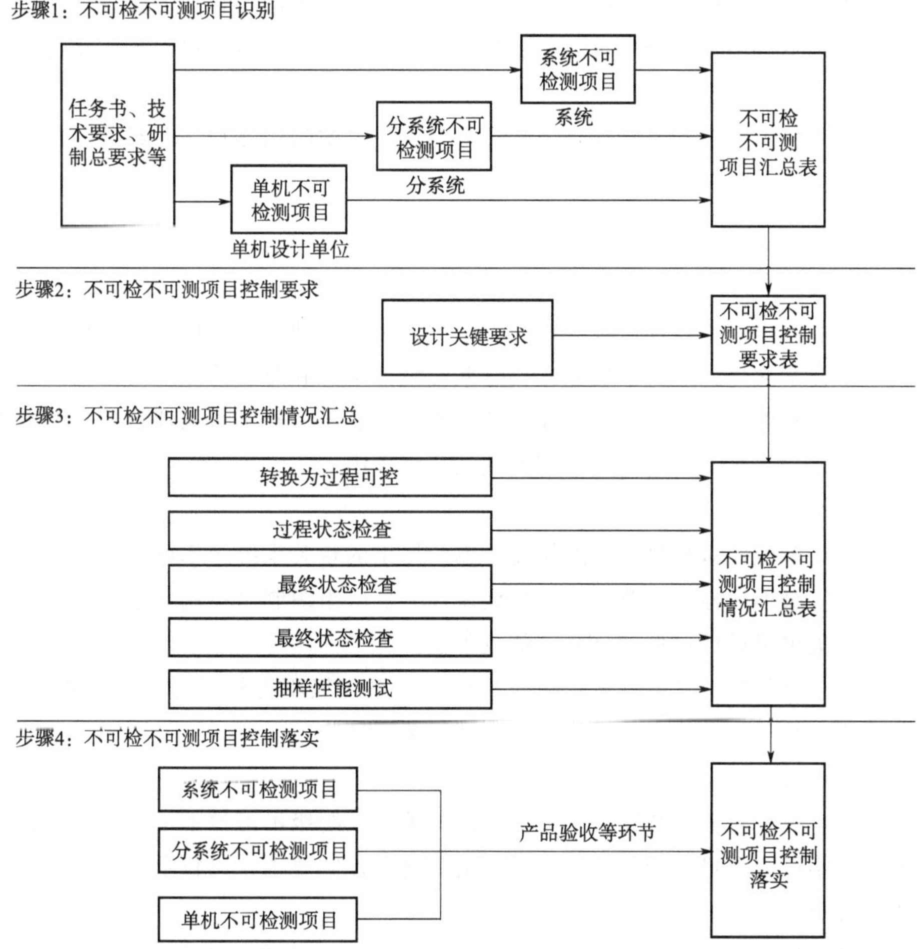

图 13－15　不可检不可测项目识别与控制方法步骤

13.8.3.1 不可检不可测项目识别

型号产品研制初样阶段，以产品故障模式影响及危害性分析等工作输出的严酷度Ⅰ、Ⅱ类故障模式清单作为识别和确定不可检不可测项目的依据，并随型号产品研制和分析进程逐步改进。

各单机、分系统、型号总体设计单位根据设计任务书、技术要求、研制总要求等技术文件中规定的功能和性能指标，结合产品研制、试验、出厂过程中开展的检验和测试，判断各项性能指标在产品各级测试中是否可检测，识别出单机、分系统、系统产品中不可检不可测项目，并逐级上报，型号总体设计单位汇总形成型号产品不可检不可测项目汇总表，具体格式见表 13-36。

表 13-36 ××系统（设备）不可检不可测项目汇总表

序号	涉及产品名称	不可检不可测项目	不可检不可测级别	不可检不可测原因	备注
1					
2					

不可检不可测项目的识别及控制工作一般按照设计与生产结合的方式开展，设计单位组织清理、识别不可检不可测项目并组织制定控制措施，生产单位组织落实相关控制措施并反馈。

系统级产品的不可检不可测项目识别应覆盖各分系统间的接口，分系统级产品不可检不可测项目的识别应覆盖分系统内各单机间的接口。

13.8.3.2 不可检不可测项目控制要求

（1）系统级产品

型号产品总体设计单位针对系统级产品不可检不可测项目，开展设计分析，组织制定控制要求，以技术文件的形式下发到相关分系统设计单位和总装单位。

型号产品总装单位针对设计单位提出的系统级产品不可检不可测项目的控制要求，开展工艺分析，转化为具体工艺措施，落实到工艺文件中。

（2）分系统级产品

分系统设计单位针对型号产品总体设计单位提出的相关系统级不可检不可测项目的控制要求和分系统级不可检不可测项目，开展设计分析，组织制定控制要求，以技术文件的形式下发到相关单机设计单位和分系统集成单位。

分系统集成单位针对分系统设计单位提出的分系统级不可检不可测项目的控制要求，开展工艺分析，转化为具体工艺措施，落实到工艺文件中。

（3）单机产品

单机设计单位针对分系统设计单位提出的相关分系统级不可检不可测项目的控制要求和单机不可检不可测项目，开展设计分析，组织制定控制要求，以技术文件的形式下发到相关单机设计单位。

单机生产单位针对单机设计单位提出的单机不可检不可测项目的控制要求，开展工艺分析，转化为具体工艺措施，落实到工艺文件中。

对在本级产品中不可检不可测项目，经上级单位确认可在上级产品中实现检测的，应将上级的可检测方法作为该不可检不可测项目的控制措施，本级单位应与上级单位商定检测要求，并将检测结果纳入产品数据包。

型号产品研制初样阶段，完成各级不可检不可测项目控制要求，格式见表 13－37。

表 13－37　不可检不可测项目控制要求

序号	涉及产品名称	不可检不可测项目	设计关键要求	备注
1				
2				

（4）控制方法

不可检不可测项目的控制思路是将上层级产品在最终状态下不可检不可测项目转换为实现过程中可检测项目，即转化为本层级产品生产过程中或下层级产品生产过程中的可检测项目，或通过本层级产品的旁证措施进行旁证。

不可检不可测项目控制方法主要包括：转换为过程可控方法、过程状态检查方法、最终状态检查方法、抽样性能测试方法、仿真分析方法等。

①转化为过程可控方法

1）开展设计分析，将本级产品不可检不可测项目可靠实现的要求，分解转化为下级产品的相关设计参数和技术要求等控制要素，并设置为可检测的设计要求。

2）开展工艺分析，将上述设计要求转化为工艺和过程控制要求。

②过程状态检查方法

结合故障模式分析等，设计单位在产品制造、装配、总装过程中，根据产品实现特点与产品承制单位确定检测项目与实施时机，将最终状态下不可检不可测项目转换为实现过程中可检测，从而确保产品质量符合设计要求。

③最终状态检查方法

在完成装配、调试和交付准备工作后，可进行最终状态检查。检查方法包括分解检查和无损检测：

1）分解检查是指在同批次产品中抽取一定子样，进行非破坏性、可恢复原装配状态的分解，以确认产品在完成装配、调试和试验后的状态满足设计要求。必要时可采用破坏性分解检查方法。

2）无损检测法是指采用射线透照等无损检测技术手段对批次产品逐一进行不分解的内部状态检查，以确认产品在完成装配、调试和试验后的状态满足设计要求。

④抽样性能测试方法

对实现过程不可逆、产品损伤等因素引起的功能、性能不可检不可测项目可开展抽样性能测试。抽样产品的数量，产品的原材料、产品生产全过程（包括零部组件生产、装配、调试）等应具有代表性。具体要求如下：

1）零部组件的批次代表性主要包括工艺相同，同批下料，同批投产，同批转序；零部组件的最终质量状态特别是设计、工艺和过程控制关键特性的满足性等方面具有代表性。

2）产品装配、调试试验过程的代表性主要包括工艺相同，设备状态相同，操作、检验人员无变动，产品装配的最终质量状态特别是设计、工艺和过程控制关键性的满足性等方面应具有代表性。

3）对于涉及不可检不可测项目的最小单元，建议随机抽取部分样品留存，用于产品性能的监测。

⑤仿真分析方法

对结构产品的力学性能、机构动作时间等不可检不可测项目，可进行仿真分析。仿真分析的要求如下：

1）仿真分析模型的正确性及其边界条件的合理性应经试验验证。

2）仿真分析参数的选取应能反映产品的实际状态。

13.8.3.3　不可检不可测项目控制情况汇总

各级不可检不可测项目控制要求的落实情况应形成质量记录，纳入产品数据包，由生产单位填写不可检不可测项目控制情况汇总表，格式见表 13－38。

表 13－38　不可检不可测项目控制情况汇总表

序号	涉及产品名称	不可检不可测项目	设计关键要求	关键工艺和过程控制措施	最终状态检查	抽样性能测试	仿真分析	备注
1								
2								

13.8.3.4　不可检不可测项目控制落实

试样及以后阶段由单机、分系统、系统逐级上报各级不可检不可测项目控制落实情况，上级单位应结合产品验收等环节对落实情况进行检查。

13.8.3.5　注意事项

1）不可检不可测项目的识别及控制工作一般按照设计与生产结合的方式开展，设计单位组织清理、识别不可检不可测项目并组织制定控制措施，生产单位落实相关措施并反馈。

2）各型号产品应按 GJB 2547A — 2012《装备测试性工作通用要求》，开展测试性设计与量化控制，研究测试、检验手段，提高系统、分系统、单机的测试性。

3）产品检验、测试的依据为合同、技术要求、任务书、设计图样等技术文件，设计单位、生产单位对其产品的检测依据的量化和准确性负责。

4）不可检不可测项目的识别与控制工作应按照产品级别分级实施，即由系统、分系统、单机分别开展，分级负责。

5）各级设计单位和生产单位要组织梳理并提出不可检不可测项目，检查关键特性和过程环节控制是否量化、是否可用数据表征等，制定过程控制要求，并作为产品验收的依据。

6）不可检不可测项目应采用控制方法将不可检不可测项目转化为过程可控或结果可验证。

13.8.4　典型案例

按照型号研制策划，为确保飞行验证试验安全、可靠，针对某飞行器不可检、不可测项目进行梳理，开展不可检不可测项目识别与控制分析工作。

13.8.4.1　依据文件

《××研制总要求》；各分系统技术要求；各设备技术要求/研制任务书。

13.8.4.2　不可检不可测项目识别

在产品方案设计阶段，对飞行器不可检不可测项目开展识别分析。下面以电气系统为例，对不可检不可测识别情况开展详细分析。

电气系统由主电池组 1、主电池组 2 及弹上电缆网组成，按照各设备技术要求或任务书，对产品的功能、性能要求不可检不可测项目进行识别分析。电池的功能性能要求主要包括：激活过程、输出过程、重量要求、尺寸要求等，由于电池为一次性产品，因此激活过程以及输出电压均为不可检不可测项目；电池组尺寸、重量要求在单机测试中均可检测。弹上电缆网主要功能性能要求为：线路导通、线缆长度及重量要求，均为可检测项。

经分析，电气系统辨识出 4 项不可检不可测项目，见表 13－39。

表 13－39 电气系统不可检不可测项目汇总表

序号	设备名称	功能性能要求项目	技术指标	全弹测试	分系统测试	单机测试	不可检不可测原因
1	电池组 1	激活过程	≤××s	不可检不可测	不可检不可测	不可检不可测	电池组为一次性使用产品，产品交付前和交付后仅能对其静态参数进行测试，无法对其激活和输出过程进行测试，存在激活不成功或供电不输出风险
		输出过程	工作时间≥××s，工作电压××V～××V，工作电流××A	不可检不可测	不可检不可测	不可检不可测	
		重量	总重不大于××kg	不可检不可测	可检测	可检测	
		尺寸	尺寸包络为××××××××，接口符合装配图纸要求	不可检不可测	可检测	可检测	
		…					

经过系统级、分系统级和单机级三个层次，对型号产品进行了不可检不可测项目识别分析，飞行器系统共有 12 项功能性能指标为不可检不可测项目。不可检不可测项目汇总

见表 13－40。

表 13－40　飞行器不可检不可测项目汇总表

序号	涉及产品名称	不可检不可测项目	不可检不可测级别	不可检不可测原因	备注(严酷度)
一、飞行器总体					
1	飞行器	飞行器各状态重量特性	系统级	总装后因安全性问题转动惯量无法检测	Ⅱ级
二、动力系统					
…					

13.8.4.3　不可检不可测项目控制要求

针对严酷度Ⅰ级和Ⅱ级的 12 个不可检不可测项目，制定设计关键要求，详见表 13－41。

表 13－41　飞行器不可检不可测项目控制要求

序号	涉及产品名称	不可检不可测项目	设计关键要求	备注
一、飞行器总体				
1	飞行器	全弹各状态重量特性	1)总装过程中对舱段和设备进行单独称重并记录； 2)飞行器总装后进行空载、满载称重	
二、动力系统				
…				

13.8.4.4　不可检不可测项目控制情况汇总

在型号试样阶段，统计针对各不可检不可测项目设计关键要求的控制情况，详见表 13－42。

表 13－42　飞行器不可检不可测项目控制情况汇总

序号	产品名称	不可检不可测项目	设计关键要求	关键工艺和过程控制措施	最终状态检查	抽样性能测试	仿真分析	备注
一、飞行器总体								
1	飞行器	飞行器各阶段重量特性	1)总装过程中对舱段和设备进行单独称重并记录； 2)飞行器总装后进行空载、满载称重	总装过程中记录各设备、各舱段重量；记录空载发动机和满载发动机重量特性	首次总装后进行二级空载、满载称重	—	—	—
二、动力系统								
…								

13.8.4.5　不可检不可测项目控制落实

结合产品验收、大型试验等环节，对各级不可检不可测项目落实情况进行了检查。

13.8.4.6　结论

经分析，飞行器系统包含不可检不可测项目共 12 项，对不可检不可测项目通过设计关键要求，采取转化为过程可控、最终状态检查、抽样性能测试、仿真分析等方法进行了有效控制，满足功能性能要求。

经不可检不可测项目识别与控制，梳理了飞行器不可检不可测项目，对不可检不可测项目在生产研制、验收、试验过程中采取了控制措施，有效降低了飞行器的风险。

第14章　设计分析与过程控制方法

14.1　“五量”分析方法

“五量”分析是通过对航天产品研制工程实践的总结提炼，探索出的一种量化分析方法。该方法是航天型号精细量化质量管理的方法创新，通过对“事前设定目标，事中精准衡量和控制，事后分析、评价和改进”进行精准计量，实现“预防在先”并保证“一次做对”。其成功应用有效支撑了某型号系列试验任务连续取得圆满成功，实现航天产品质量管理的又一创新飞跃。

14.1.1　概念和适用范围

14.1.1.1　概念

“五量”分析是根据产品的用途和特点，从涉及产品功能和性能的设计、生产、试验、使用、环境条件等多方面，重点提取余量、随机量、变化量、差异量和累积量等“五量”关键定量要素进行逐级分解，对产品实际状态与设计要求进行精确定量检查分析和改进，是释放产品技术风险、保障产品“零缺陷”、飞行试验“一次成功”的精量化质量方法。

在此，余量是指产品设计结果、实现情况等相对于设计指标或使用需求的裕度；随机量是指在试验和使用中可能发生随机变化的不确定性因素及其影响量值；变化量是指产品的技术状态、工作环境、工作状态等相对于基线状态的变化项及量值；差异量是指产品参数的测试/测量结果与设计基准值的差异情况，或产品同一参数多次测试/测量结果的差异情况；累积量是指产品在贮存、测试、试验、维修、使用等环节因存放时间、使用次数累积等，可能对产品功能、性能产生影响的因素及量值。

“五量”分析中，余量分析主要对产品设计裕度进行量化分析；随机量分析主要对产品与环境匹配性进行量化分析；变化量分析主要对产品技术状态变化引起的影响进行量化分析；差异量分析主要对产品工作稳定性进行量化分析；累积量分析主要对产品的履历及其影响进行量化分析。

14.1.1.2　适用范围

“五量”分析适用于航天产品的系统、分系统及设备的不同研制阶段，也适用于航空、船舶、兵器等领域的产品。在适用的时间阶段上，“五量”中的余量分析适用于从论证到工程研制的全阶段，随机量、变化量分析适用于方案设计到工程研制阶段，差异量和累积量分析主要适用于产品的工程研制阶段，如图 14 - 1 所示。

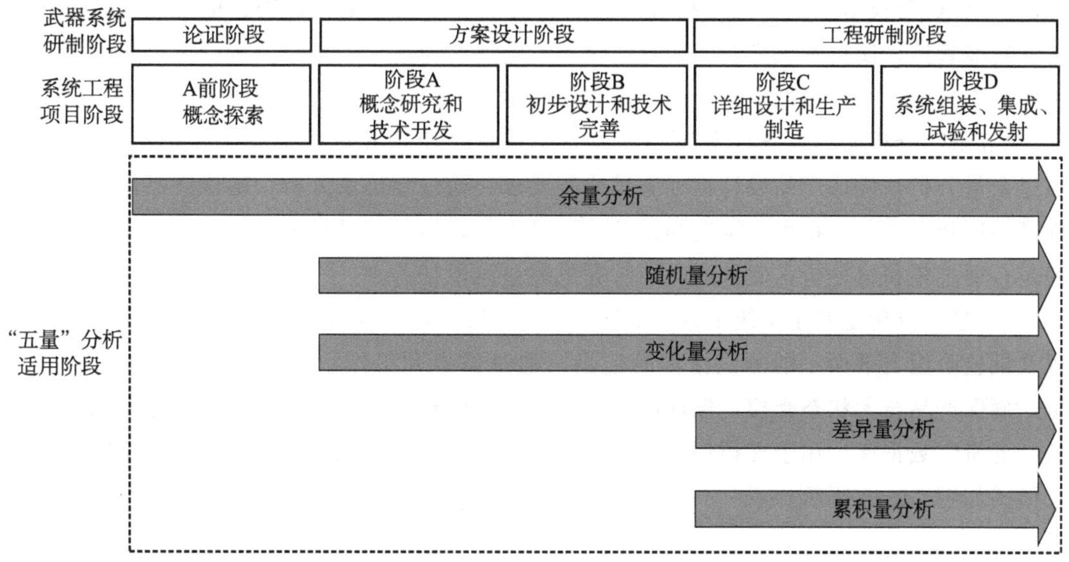

图 14－1　"五量"分析适用阶段

14.1.2　基本原理

14.1.2.1　基本属性

"五量"具有覆盖性、独立性和关联性，如图 14－2 所示。覆盖性方面，"五量"能全面、充分反映产品的固有特性（余量、随机量）、时空变化特性（变化量、差异量、累积量）。独立性方面，各量从不同维度反映产品特性：余量通过设计结果与需求的比较反映产品健壮度，随机量从对不确定性因素的适应能力反映产品内外容差匹配度，变化量反映产品技术状态变化对需求的符合度，差异量反映产品工作状态的稳定度，累计量反映产品经历使用保管过程后的状态老炼度。关联性方面，"五量"之间是一个有机整体，最终都体现在产品的实际特性与需求之间的符合程度上。

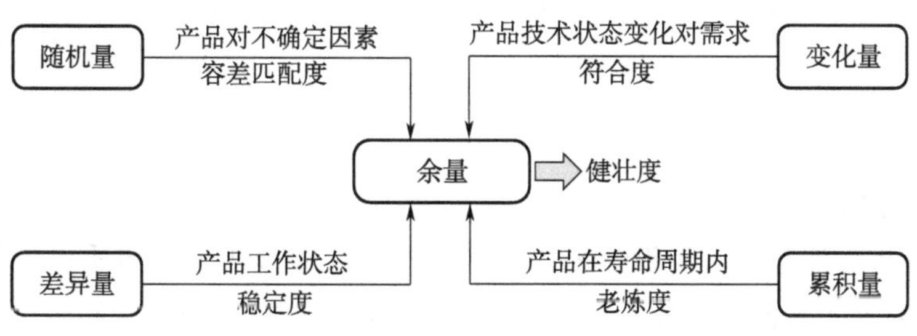

图 14－2　产品"五量"特性

14.1.2.2　特点和运行机理

"五量"分析的量化分析特点，使其能充分融入基于模型的系统工程，高效植入数字化流程，有利于实现产品在不同系统层级相互关联作用下优化和改进，提升产品质量。

"五量"分析与技术风险管控相结合，可以实现技术风险的量化识别、量化分析、量化评价和精准管控，使技术风险管控从定性深入到定量。通过"五量"分析，可清晰展现产品可靠工作特性，有针对性提升产品质量和可靠性。

"五量"分析融入系统工程开发、生产、验证、使用等过程中。在设计开发过程中，通过余量分析，确认产品设计指标满足研制要求；通过随机量分析，确认产品能够适应内外部环境随机变化。在生产制造和试验验证过程中，通过差异量分析，确认产品实际状态稳定；通过累积量分析，确认产品能够完成剩余阶段任务。

"五量"分析是基于系统工程"V"字模型，对设计开发阶段的自上而下的指标分解，以及试验阶段自下而上的测试指标的汇聚，通过技术和工作状态等变化量循环分析和改进，确保产品技术状态受控，保证产品全流程工作闭环、质量受控，并能建立面向该产品的"五量"数据库，用于支撑后续产品优化升级，进一步提升产品质量。"五量"分析方法模式如图 14－3 所示。

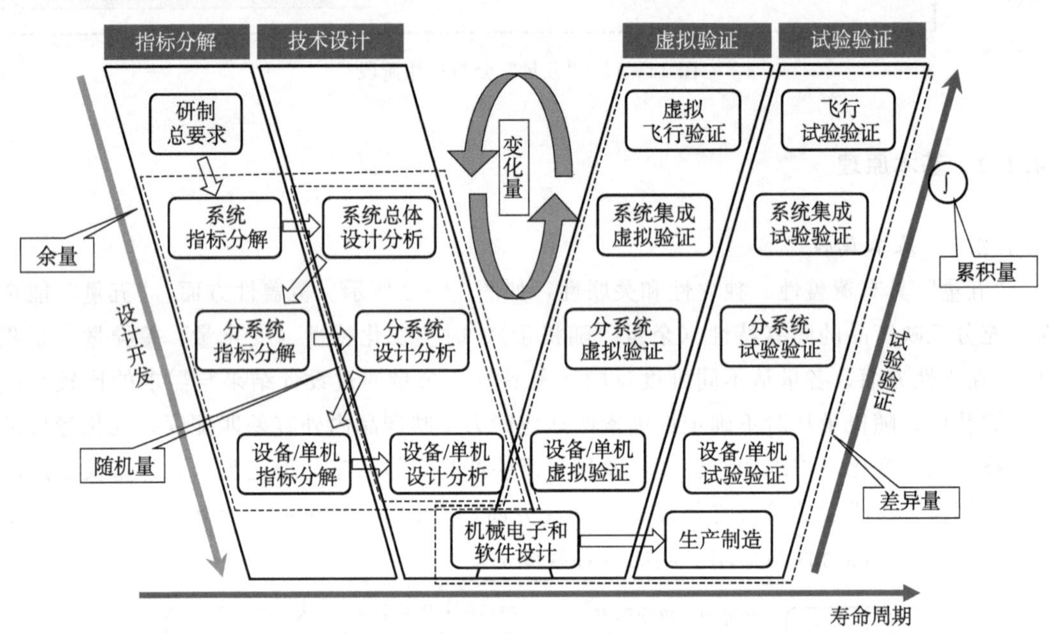

图 14－3　"五量"分析方法模式图

14.1.2.3　运行流程

"五量"分析方法充分利用设计复核复算、技术风险分析、通用质量特性控制、技术状态管理、试验真实性覆盖性分析等手段和结果，从"五量"的角度和相关要素，分别按照"五量"中各个量的概念内涵，逐一梳理出可能影响使用、造成故障的各量对应关键项，对各关键项通过理论推导、仿真计算、试验测量等手段，运用定量法、结构法、因果法、比较法、分类法等分析方法进行量化分析，将其与要求值或正确值进行比较，判断关键要素项的量值是否合理，对产品进行量化分析确认，视情采取管控或优化措施。"五量"分析方法流程如图 14－4 所示。

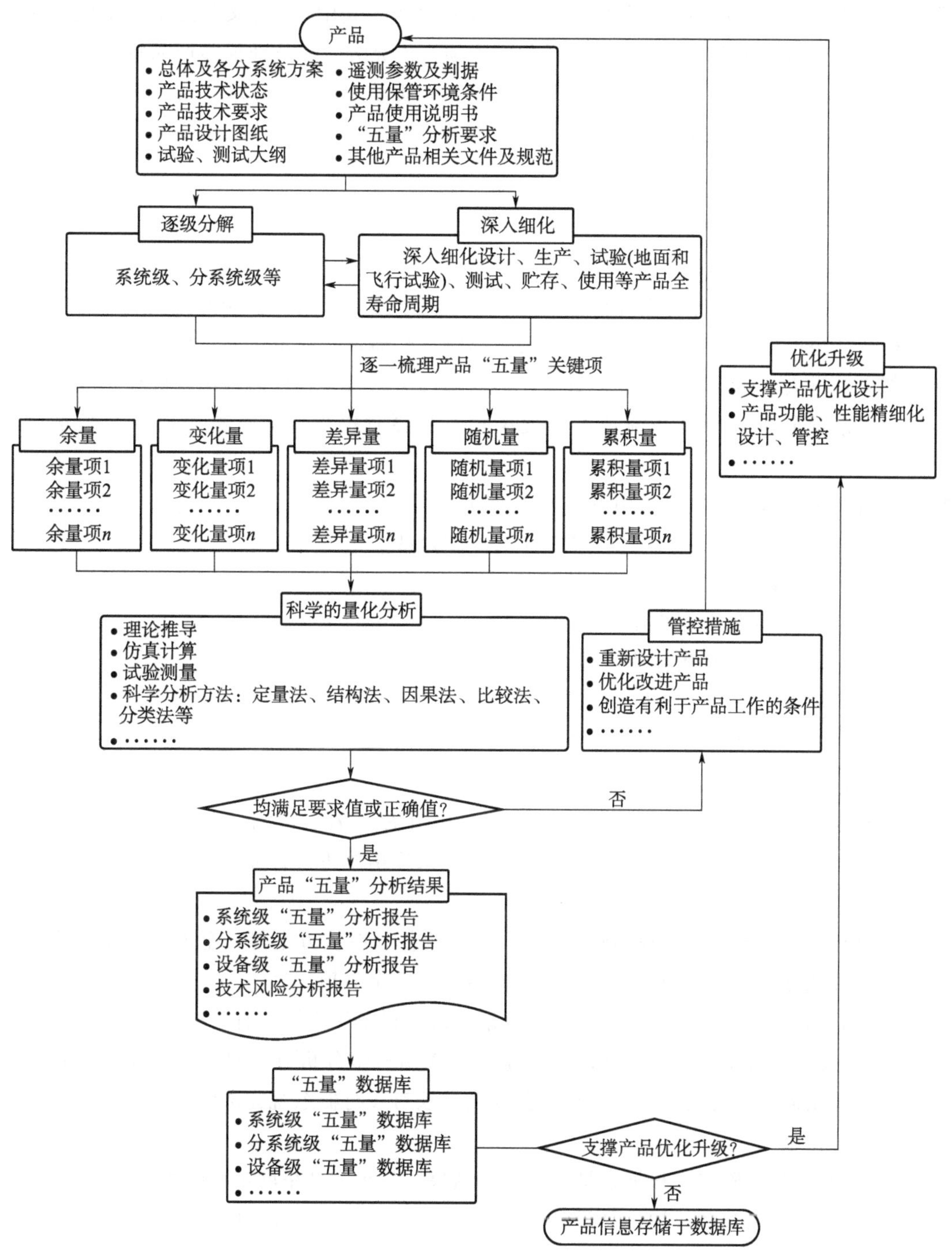

图 14-4　“五量”分析分法流程图

14.1.3　实施步骤

“五量”分析的实施步骤基于六西格玛质量管理中的 DMAIC 方法开展，包括定义、测量、分析、改进、控制五个阶段，而不仅仅是分析。其中，“定义”是整个实施工作的开端和基础，需要确定合理、全面的量化要素项，能充分、完整地描述产品特性；“测量”和“分析”是整个实施工作的核心环节，确定产品质量是否满足需求；“改进”和“控制”是在量化分析基础上，持续提升质量，追求卓越。“五量”的实施步骤按照上述五个阶段进行。

14.1.3.1 余量分析步骤

（1）余量分析方法

将产品实际实现指标与设计指标或实际使用需求指标相比，从功能、性能、时序等方面分析产品裕度值。余量分析的关键是要把影响飞行器系统稳定可靠工作的相关要素或指标全部囊括进去，充分利用仿真和试验，对其裕度进行科学合理的量化分析和评价。

通过余量分析识别出系统余量相关风险，必要时提出针对性措施，确保余量风险可控。

针对余量分析，通常可采用下列公式进行表示

$$R=(V_f-V_d)/V_d \tag{14-1}$$

式中 R——余量；

V_f——产品设计结果值；

V_d——产品设计指标值。

也可采用下列公式进行表示

$$R=(V_f-V_r)/V_r \tag{14-2}$$

式中 V_r——产品使用需求值。

根据式（14-1）或式（14-2）计算的余量值 R，若 R 大于0%，说明产品存在余量；若 R 小于0%，说明产品存在余量风险，需采取措施进行管控。

（2）余量分析流程

1）梳理系统余量项。依据技术要求、总体及各分系统方案等，全面、系统梳理表征飞行器系统总体指标可实现性、分系统工作裕度等的余量项。

2）编制余量项清单。按照系统级、分系统级、设备级等层级有序编制余量项清单。

3）开展余量分析。针对梳理出的余量项，使用科学分析方法对其设计结果与设计指标要求或使用需求进行逐一比对分析，获取余量项对飞行器系统完成预定功能、性能等影响的量化分析结果。

4）查找余量风险点。根据余量项的分析结果，找出产品裕度过小或过大环节。

5）管控余量风险和改进产品设计。针对采取管控措施的余量项，深入分析余量不足原因，以及对产品完成既定任务的影响，提出改进产品设计的措施，并确保措施得到有效落实。

6）形成余量分析结果及报告。根据余量分析情况，及时形成余量分析结果及报告。

余量分析流程如图14-5所示。

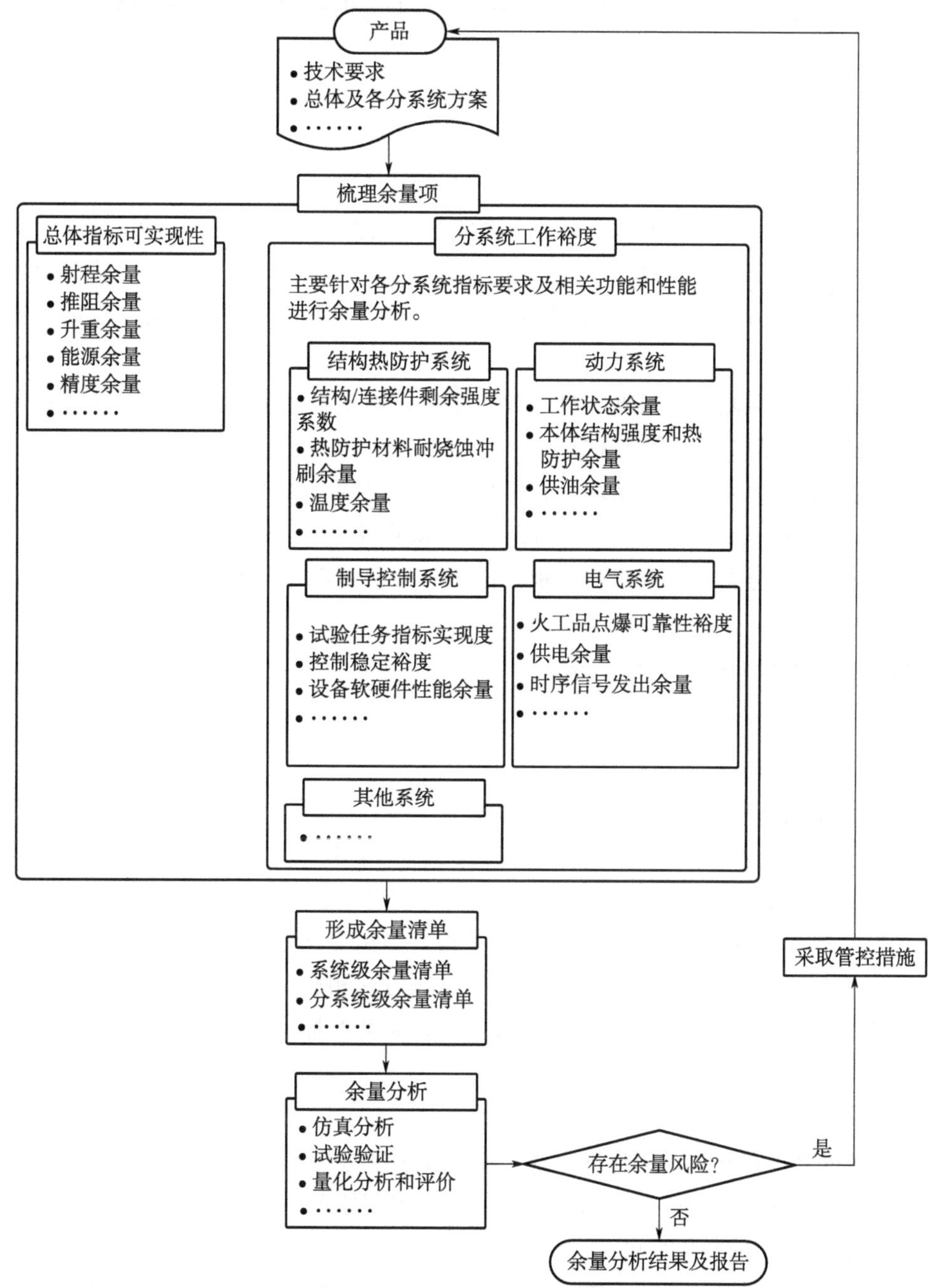

图 14－5　余量分析流程

14.1.3.2　随机量分析步骤

（1）随机量分析方法

梳理产品内部和外部可能出现的不确定因素，量化分析在不确定因素影响下产品的正常工作范围，评估对完成任务的影响，提出相应保障措施。

通过随机量分析识别出系统随机量相关风险，必要时提出管控措施，确保随机量风险可控。

（2）随机量分析流程

1）梳理系统随机量。依据技术要求、总体及各分系统方案等，全面、系统梳理产品内部和外部可能出现的不确定因素，获取随机量项。

2）编制随机量清单。按照系统级、分系统级、设备级等层级有序编制随机量清单。

3）开展随机量分析。针对梳理出的随机量项，使用科学分析方法对产品在受随机量影响下的工作适应性进行分析，获取随机量项对飞行器系统完成预定功能、性能等影响的量化分析结果。

4）查找随机量风险点。根据随机量分析结果，确定产品正常工作范围以及对完成任务的影响，必要时提出相应管控措施。

5）管控随机量风险。针对采取管控措施的随机量项，深入分析其带来的影响，提出改进产品设计措施并确保有效落实，保证产品在试验过程中可正常工作。

6）形成随机量分析结果及报告。根据随机量分析情况，及时形成随机量分析结果及报告。

随机量分析流程如图 14-6 所示。

14.1.3.3 变化量分析步骤

（1）变化量分析方法

对飞行器系统各层级涉及的所有产品从设计、生产、试验等环节相对于技术状态基线发生的变化开展量化分析。同时，还开展“九新”（新技术、新材料、新工艺、新状态、新环境、新单位、新岗位、新人员、新设备）、产品实现环节（“人、机、料、法、环、测、软件”）变化量的分析，从不同维度和视角，确保变化量分析全面、准确，产品技术状态正确、受控。变化量分析方法与技术状态控制方法相比，更强调量化分析和控制。

通过变化量分析识别出系统变化量相关风险，必要时提出管控措施，确保变化量风险可控。

（2）变化量分析流程

1）明确技术状态基线。明确飞行器系统的技术状态基线。

2）梳理产品变化量。依据技术状态基线、技术要求等，全面、系统梳理各层级产品相对于技术状态基线的变化量项。

3）编制变化量清单。按照系统级、分系统级、设备级等层级有序形成变化量项清单。

4）开展变化量分析。针对梳理出的变化量项，从设计、生产、试验、措施落实等环节对飞行器各系统层级开展变化量影响分析，获取变化量项对飞行器系统完成预定任务影响的量化分析结果。

5）查找变化量风险点。根据变化量项的影响分析结果，明确产品技术状态是否正确、受控，必要时采取管控措施。

6）管控变化量风险。针对采取管控措施的变化量项，深入分析状态变化影响原因，

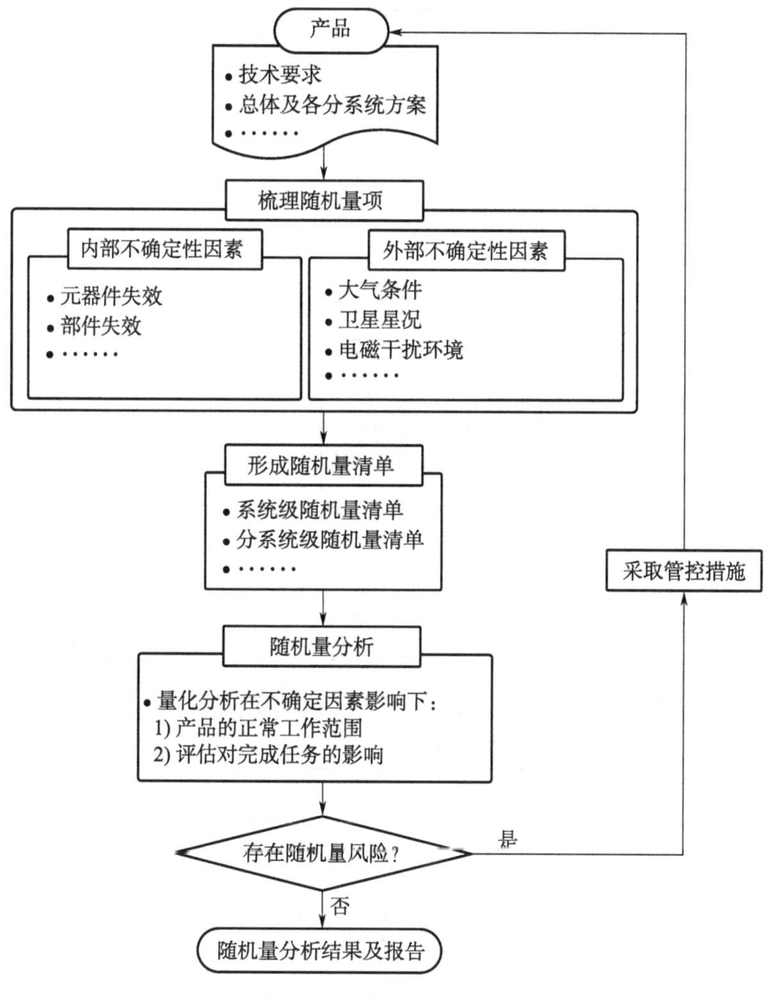

图 14－6　随机量分析流程

提出改进产品设计的措施，并确保措施得到有效落实。

7）形成变化量分析结果及报告。根据变化量分析情况，及时形成变化量分析结果及报告。

变化量分析流程如图 14－7 所示。

14.1.3.4　*差异量分析步骤*

（1）差异量分析方法

将产品的测试/测量结果与基准结果或设计要求进行比较，分析其符合程度或偏离程度及趋势。分析数据包括产品的几何构型数据、性能数据、发出指令和执行动作的时序、时间数据等，分析范围覆盖产品纵向（同产品个体不同时间）、横向（同型号不同产品个体）、其他型号同类型产品。

通过差异量分析，针对超出设计要求的差异量，或者虽未超出规定范围但存在不合理趋势（如某几次数据连续接近最大值，而某几次数据又连续接近最小值）的差异量，深入

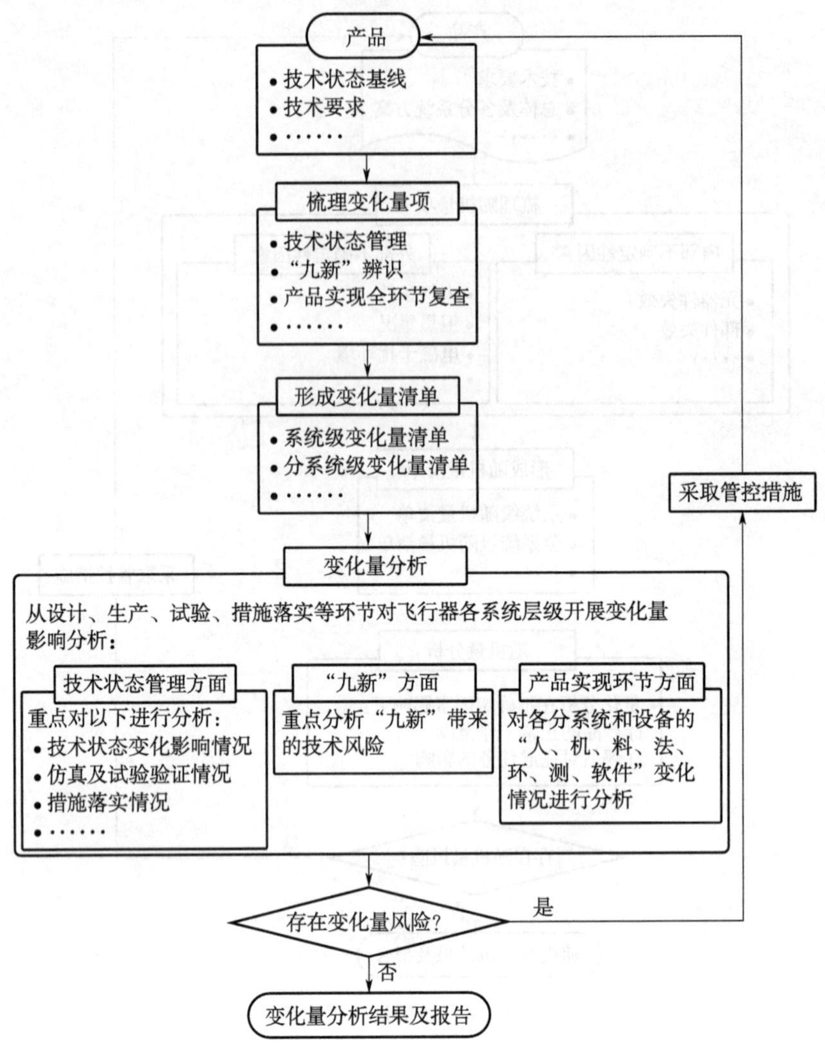

图 14-7　变化量分析流程

开展原因分析，必要时提出管控措施，确保差异量风险可控。

图 14-8 为产品差异量分析中测试/测量结果正常的分布区域。

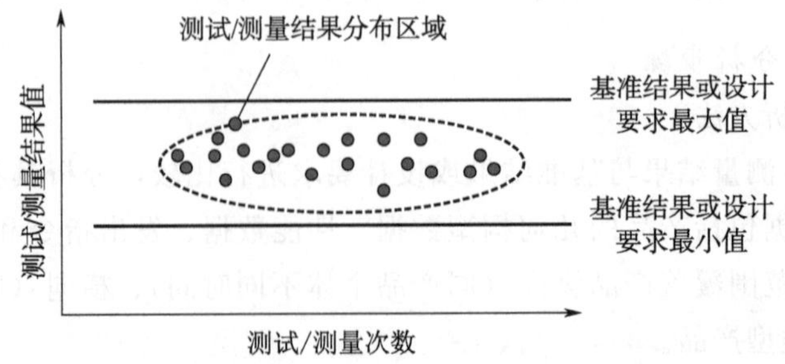

图 14-8　产品差异量分析中测试/测量结果正常的分布区域

（2）差异量分析流程

1）梳理产品差异量项。依据技术要求、总体及各分系统方案、遥测参数及判据等，系统、全面梳理产品需要开展测试/测量的参数，获取差异量项。

2）编制差异量项清单。按照系统级、分系统级、设备级等层级有序编制差异量清单。

3）开展差异量分析。针对梳理出的差异量项，使用科学分析方法将其测试/测量结果与基准（测试/测量）结果或设计要求进行比对分析，找到差异量项若干次测试/测量结果的符合程度或偏离程度及趋势，获取产品的差异量情况。

4）查找差异量风险点。根据差异量分析结果，明确产品状态是否正确、稳定、可靠，必要时采取管控措施。

5）管控差异量风险。针对采取管控措施的差异量项，深入分析差异量不满足原因，提出改进产品设计的措施，并确保措施得到有效落实。

6）形成差异量分析结果及报告。根据差异量分析情况，及时形成差异量分析结果及报告。

差异量分析流程如图 14－9 所示。

14.1.3.5　累积量步骤

（1）累积量分析方法

根据产品的组成和特点，全面开展对时间、次数累积敏感的产品梳理，重点包括橡胶制品、粘接剂等易老化产品的寿命，设备、火工品、固体药剂、电池等寿命，设备等的通电时间、使用次数等。对寿命周期较短和快到期限的产品，确认其状态能否满足后续使用的需求。

通过累积量分析识别出系统累积量相关风险，必要时提出管控措施，确保累积量风险可控。

（2）累积量分析流程

1）梳理系统累积量。依据技术要求、总体及各分系统方案等，全面、系统梳理对时间、次数累积敏感的产品，获取涉及老化寿命、贮存寿命、使用时间等的累积量项。

2）编制累积量清单。按照系统级、分系统级、设备级等层级有序编制随机量清单。

3）开展累积量分析。针对梳理出的累积量项，使用科学分析方法对累积量项涉及的老化寿命、贮存寿命、使用时间等开展累积量分析，获取产品的累积量情况。

4）查找累积量风险点。根据累积量分析结果，查找快到寿命期限的产品，必要时提出相应管控措施。

5）管控累积量风险。针对采取管控措施的累积量项，深入分析累积量不满足原因，提出改进产品设计的措施，并确保措施得到有效落实，最终确保产品处于有效使用期内。

6）形成累积量分析结果及报告。根据累积量分析情况，及时形成累积量分析结果及报告。

累积量分析流程如图 14－10 所示。

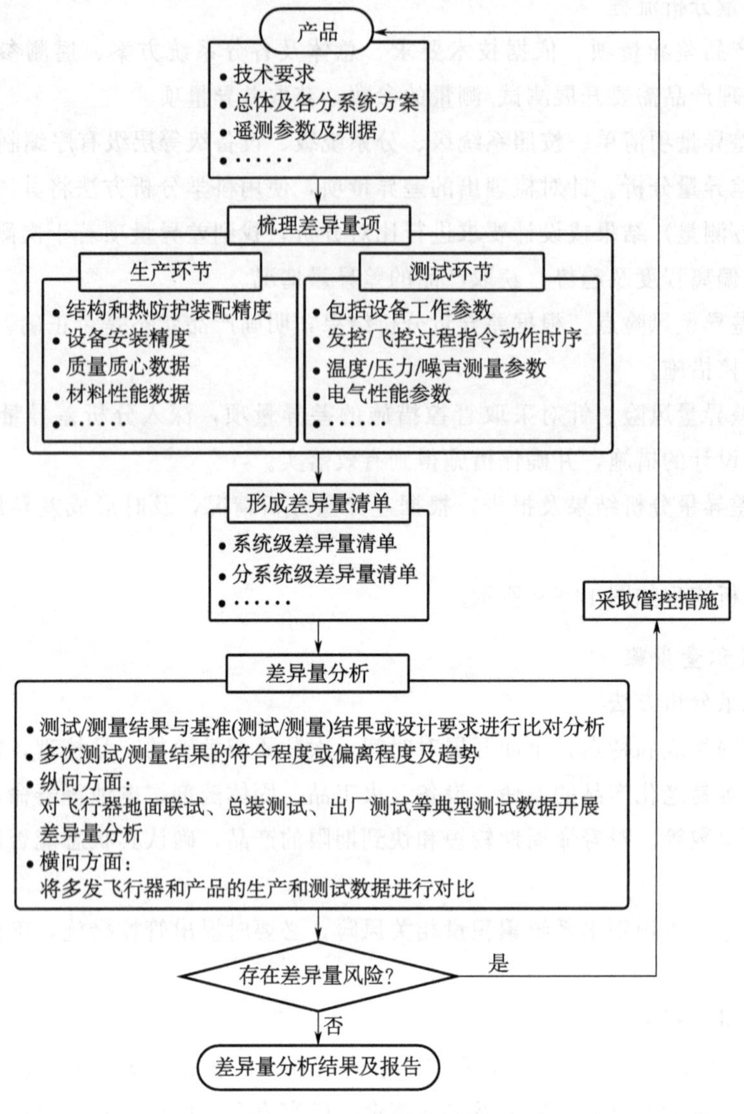

图 14-9 差异量分析流程

14.1.3.6 注意事项

在实施“五量”分析时应注意以下原则和要求：

(1) 实施原则

“五量”分析时应遵循以下基本原则：

1) 精量化原则。选择能够量化表达的指标，来分析产品功能和性能的满足程度。

2) 针对性原则。在覆盖型号产品的系统、分系统层级中，有针对性梳理影响产品功能和性能的关键“五量”。

3) 实效性原则。针对航天产品的特点，在“五量”分析过程中针对不同的分析对象注重实效性，适当精简分析形式和流程。

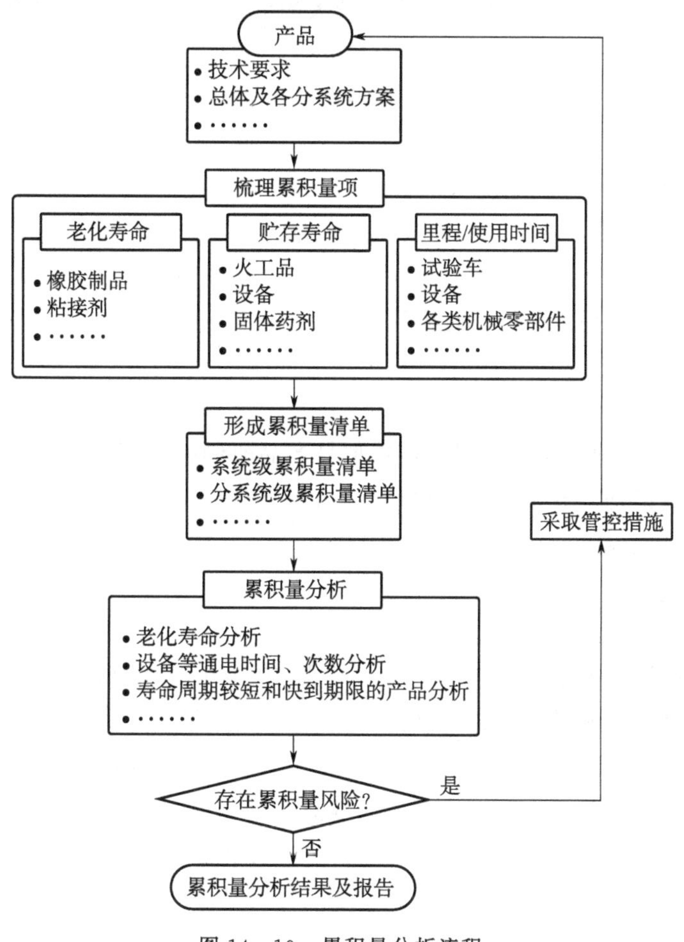

图 14-10 累积量分析流程

4）迭代性原则。获得产品“五量”实际设计结果与理论设计结果之间的映射关系，并通过多次迭代设计获得最佳的产品性能。

5）提升性原则。确保产品的“五量”分析结果清晰呈现，能直观反映出对产品质量的管控或改进情况。

6）指导性原则。确保“五量”分析结果真实、有效反映产品的工作特性，能为该产品后续性能提升提供量化指导依据。

（2）分析要求

“五量”分析时应做到分析架构合理、层次分明、系统全面、科学严谨、认识深刻、措施落实、疑虑消除，清晰呈现产品“五量”分析情况。具体讲，“五量”各量分析要求如下：

1）变化量分析要求：针对状态变化的所有产品进行全面、系统的梳理，按照系统层级有序列出所有的变化量项目；相对前序状态有变化的产品，均需要开展变化辨识、分析，变化量影响应描述详尽，分析结论要量化。

2）余量分析要求：针对余量不足的产品，应给出产品的改进措施和建议，并立即落实到位；针对余量较大的产品，应给出余量较大的详细原因，后续针对产品进行优化和改进设计。

3）差异量分析要求：针对方法或环境改变带来的测试或测量结果差异量情况，均应开展差异量分析。

4）随机量分析要求：应确保产品内部和外部环境可能出现的不确定因素梳理全面。

5）累积量分析要求：新研制产品或对累积量不敏感产品可以适当运用，对累积量敏感或者快到有效期限的产品，应重点开展累积量分析；对火工品类产品，应重点开展药物性能、起爆元器件等累积量分析；对橡胶类产品，应重点开展氧化老化、湿热老化等累积量分析。

（3）工作要求

“五量”分析由总师亲自指导把关，在型号产品研制初期开展工作策划，分阶段、分产品、分层级有效识别“五量”，在两总统一组织下开展“五量”分析工作，并注重在型号研制过程中与其他风险识别控制方法相结合。

14.1.4　典型案例

在某型号飞行器“五量”分析中，对飞行器 10 余个分系统的“五量”项进行梳理，梳理出余量 284 项、随机量 36 项、变化量 105 项、差异量 19 大项（约 2 100 小项）和累积量 35 项，并开展“五量”分析，形成分析报告 69 份，识别出重点风险点 4 项（随机量风险点 2 项，差异量风险点 1 项，累积量风险点 1 项），并通过采取相应措施，有效释放了该 4 项风险点，确保了型号试验取得圆满成功，效果明显。

以某型号飞行器产品“五量”的各个量在实际分析中的具体实施过程为例进行说明，以便于快速掌握和理解“五量”分析的概念、基本原理和实施步骤。

14.1.4.1　余量分析案例

余量分析主要从总体指标可实现性和各分系统工作裕度两个层面开展工作。总体指标可实现性主要对射程余量、推阻余量、升重余量、能源余量、精度余量等进行研究。各分系统工作裕度主要针对各分系统指标要求及相关功能和性能进行余量分析。其中，结构热防护系统主要包含结构/连接件剩余强度系数、热防护材料耐烧蚀冲刷余量、温度余量等；动力系统主要包含工作状态余量、本体结构强度和热防护余量、供油余量等；制导控制系统主要包含试验任务指标实现度、控制稳定裕度、设备软硬件性能余量等；电气系统包含火工品点爆可靠性裕度、供电余量等。

现给出某飞行器制导控制系统余量项分析报告部分内容。制导控制系统余量分析见表 14－1。

表 14-1　制导控制系统余量分析表

序号	所属分系统	余量项	设计指标要求	实际实现指标	余量	管控措施/优化改进
1	制导控制系统	射程	××	1)基准弹道条件下,实际射程为××; 2)合理拉偏条件下,最小射程为××	1)基准弹道条件下,等效余量为××; 2)合理拉偏条件下,最小等效余量为××	无
2	…	…	…	…	…	…

其中，对射程余量分析发现，某飞行器比前序飞行器的射程增加××，实现该航程的技术风险较大，为此开展射程余量分析，并采取针对性措施。根据某飞行器的飞行特点和射程影响机理，梳理出影响航程的飞行器气动性能、发动机性能等××项要素。计算获得实现射程××时各要素允许的极限拉偏范围，通过深入研究前序飞行试验天地一致性、提高地面试验和仿真精度等措施，显著减小了气动、发动机等要素不确定范围。在上述工作基础上，通过量化分析：1）基准弹道条件下，射程为××，等效余量为××；2）合理拉偏条件下，射程为××，等效余量为××。经过射程余量分析，某飞行器射程风险可控。

14.1.4.2　随机量分析案例

随机量分析主要对影响飞行器完成试验任务的内部和外部不确定因素进行影响分析，外部不确定因素主要为大气条件、卫星星况、电磁干扰环境等，内部不确定因素主要为可能发生的元器件、部件失效等。

现给出某飞行器动力系统典型随机量项分析报告部分内容。某动力系统随机量分析见表 14-2。

表 14-2　动力系统随机量分析表

序号	所属分系统	随机量项	影响分析	解决措施	落实情况
1	动力系统	大气参数	大气参数(静压、静温、密度等)的随机分布对发动机推力性能和热防护特性影响较大	1)收集飞行区域大气参数历史数据,获得其散布范围的量值,对弹道进行优化; 2)在飞行器过程中根据部分实测大气数据,对弹道进行在线调整	产品及控制策略按需求设计,均已落实到位
2	…	…	…	…	…

其中，对大气参数的随机量项分析。大气参数（静压、静温、密度等）的随机分布对发动机推力性能和热防护特性影响较大。经量化分析，在静压偏差××、静温偏差××、密度偏差××时，发动机推力和冷却油量与实际需求相比存在较大偏差，会导致推力无法满足要求和结构热防护超温的风险。

为此，收集飞行区域大气参数历史数据，采用概率统计方法对不同月份、不同经纬度的大气参数随机变化和关联特性进行分析，构建了基于相关函数场的高可信度大气参数模型，准确获取大气参数散布范围的量值，对弹道进行优化，在飞行过程中根据部分实测大气数据，对弹道控制进行在线调整，确保可以适应大气参数的随机变化。

经过对大气参数随机量的分析和采取的措施，保证了试验任务过程中即使存在大气参数随机分布的影响，发动机推力和冷却油量仍可满足发动机使用要求。

14.1.4.3 变化量分析案例

变化量分析时，在各发飞行器研制过程中均以前序飞行器系统技术状态为基线，全面、系统梳理出涉及的变化量项，并开展全面的变化量分析工作。

以技术状态管理、“九新”辨识、产品实现全环节复查等为基础，突出“五量”分析的定量化特点，对涉及的变化量项开展量化影响分析。技术状态管理方面，重点对技术状态变化影响情况、仿真及试验验证情况、措施落实情况等进行分析。“九新”方面，重点分析“九新”带来的技术风险。产品实现环节方面，对各分系统和设备的“人、机、料、法、环、测、软件”变化情况进行分析。

现给出某飞行器燃料系统典型变化量项分析报告部分内容。燃料系统变化量分析见表14-3。

表14-3 燃料系统变化量分析表

序号	所属分系统	变化量项	基线状态	变化后	影响分析	变化项落实情况
	燃料系统	碳氢燃料	燃料A	燃料B	燃料B与燃料A的主要区别在于流动特性发生变化。 影响说明：使飞行器向发动机供油受到影响。 分析结果：采用燃料B使系统流阻增加了约××，但泵入口压力仍可保持在××范围，大于××的工作要求	符合技术状态管理要求，所有的更改均已落实到实物中，技术状态受控
	…	…	…	…	…	…

其中，对碳氢燃料的变化量分析。考虑试验任务首次采用燃料B，相对于前序飞行器使用的燃料A发生了变化，对燃料开展变化量分析。燃料B与燃料A的主要区别在于流动特性发生变化，会使飞行器向发动机供油受到影响。为此，针对燃料B的流动特性变化开展了量化分析。通过燃料系统流阻计算和试验验证，燃料B黏度提高使系统流阻增加了约××，但泵入口压力仍可保持在××，大于××的工作要求，新燃料不会带来供油中断风险。经过变化量影响分析，燃料B技术状态正确、受控，满足使用要求。

14.1.4.4 差异量分析案例

差异量分析主要结合生产和测试两个方面开展工作。其中，生产环节差异量主要包括结构和热防护装配精度、设备安装精度、质量质心数据、材料性能数据等；测试环节差异量主要包括设备工作参数、发控/飞控过程指令动作时序、温度/压力/噪声测量参数、电气性能参数等。

差异量分析工作主要是对上述参数进行纵向和横向两方面对比：纵向方面，对飞行器地面联试、总装测试、出厂测试等典型测试数据开展差异量分析；横向方面，将几发飞行器和产品的生产和测试数据进行对比。

现给出某飞行器动力系统典型差异量项分析报告部分内容。动力系统差异量分析见表 14－4。

表 14－4　动力系统差异量分析表

序号	所属分系统	差异量项	指标基准值/范围	实际测试或测量结果	差异量及影响分析
1	动力系统	工作性能测试数据	1)燃速:××; 2)工作时间:××; 3)工作压力:××; 4)比冲:××; 5)推力:××	1)燃速:××; 2)工作时间:××; 3)工作压力:××; 4)比冲:××; 5)推力:××	测试数据趋势稳定,均在指标规定的范围内变化
2	…	…	…	…	…

为确保某动力系统测试数据趋势稳定，并在指标规定的范围内变化，对其工作性能测试的 5 类典型数据的测试出数据开展差异量分析。经分析，某动力系统的燃速在某范围内波动，工作时间在某范围内波动，工作压力在某范围内波动，比冲在某范围内波动，推力在某范围内波动，所有测试数据均在指标规定的范围内变化。通过动力系统差异量分析，准确掌握了其工作性能测试数据在指标规定范围内的波动情况或趋势，确保了产品状态正确、工作状态稳定、工作协调匹配。

14.1.4.5　累积量分析案例

累积量分析主要从产品的老化寿命、贮存寿命、里程/使用时间三个方面开展分析，涉及老化寿命的产品主要是橡胶制品、粘接剂等，涉及贮存寿命的产品主要是火工品、设备、固体药剂等，涉及里程/使用时间的产品主要是试验车、设备和各类机械零部件等。

现给出某飞行器使用的某设备典型累积量项分析报告部分内容。该设备通电时间和通电次数的累积量分析见表 14－5。

表 14－5　某设备累积量分析表

序号	所属分系统	累积量项	使用寿命要求	实际情况	影响分析
1	制导控制系统	某设备通电时间	累积通电时间不小于××小时	出厂至今累积通电时间(含出厂测试)为××小时,远小于指标规定值	无
2		某设备通电次数	累积通电次数不小于××次	出厂至今累积通电次数为××次,远小于指标规定值	无
3	…	…	…	…	…

某设备从出厂至今，参与出厂测试中通电若干次，Ⅰ类测试中通电若干次，Ⅱ类测试中通电若干次，其中参与出厂测试时每次测试时间均不超过××小时，参与Ⅰ类测试时每次测试时间均不超过××小时，参与Ⅱ类测试时每次测试时间均不超过××小时，远小于该设备累积通电次数指标，总计工作时间××小时，远小于该设备累积通电时间指标。经

过对某设备通电次数、通电时间的累积量开展分析，确保了本次试验使用的某设备均在有效通电次数、有效通电时间内。

14.2 “三过程”要素识别与控制

为落实设计总体负责制，充分发挥设计师系统在型号研制过程中的技术抓总和技术状态管控作用，航天企业根据固体火箭发动机研制实践，总结形成了固体火箭发动机的“三过程”要素识别与控制方法。

14.2.1 概念和适用范围

固体火箭发动机的“三过程”是指产品研制有关的设计过程、工艺过程、检验过程，要素是指设计、工艺、检验规定的产品具体的性能、尺寸、工艺参数、检验要求等技术要求。“三过程”要素识别与控制是指由设计师系统牵头根据设计输入、方案论证报告或设计报告、设计规范和故障模式、影响分析结果（包括单位或专业的典型故障模式库）对产品指标和控制要求进行识别，明确并提出全面的设计要求，工艺师系统、检验师系统根据设计要素识别工艺参数、检验要求并在工艺文件、检验文件中落实。设计师系统跟产时对工艺文件、检验文件具体落实情况进行再确认，形成识别确认表，确保设计要素精准落实到位。同时可以在出厂评审时或利用信息化手段在需要时对产品质量进行准确确认。

本方法适用于硬件产品方案、试制、性能鉴定等阶段的质量控制工作，同时作为具体产品技术状态落实情况确认手段，可从下发方案阶段正式文件时开始实施，并不断完善。状态鉴定、批生产阶段可参照执行。生产过程通用的工艺纪律及检验人员、设备、环境等要素不在本办法识别与控制范围内。

14.2.2 基本原理

根据设计源头决定产品质量和预防为主的思路，以设计要素识别为主线，识别设计风险，提出基本控制要求。以工艺和检验落实为抓手，对工艺和检验过程进行要素补充，研究形成了“三过程”要素识别与控制方法。

“三过程”要素识别与控制的输入主要包括：设计规范、工艺规范、方案论证或设计报告、故障模式影响分析结果、工艺方法及工艺量化要求、工艺和检验可实现性等。

“三过程”要素识别与控制的输出有：产品设计、工艺、检验要素控制识别表（见表 14-6），产品关键（重要）要素实现情况确认表（见表 14-7）。

表 14－6　产品设计、工艺、检验要素控制识别表

<table>
<tr><td colspan="6">控制要素表编号</td><td colspan="6">X－DE－X</td></tr>
<tr><td colspan="2">型号代号</td><td colspan="2">…</td><td>所属装配图</td><td>…</td><td colspan="2">要素总数</td><td colspan="4">…</td></tr>
<tr><td colspan="2">部组件名称</td><td colspan="2">…</td><td>图样代号</td><td>X</td><td>G 数量</td><td>…</td><td>Z 数量</td><td>…</td><td>Y 数量</td><td>…</td></tr>
<tr><td rowspan="2">控制要素序号</td><td rowspan="2">控制类别</td><td rowspan="2">大类</td><td rowspan="2">要素名称</td><td colspan="2">设计要素</td><td colspan="2">工艺要素</td><td colspan="4">检验要素</td></tr>
<tr><td>设计要求</td><td>设计文件</td><td>工艺要求</td><td>工艺文件</td><td colspan="2">检验要求</td><td colspan="2">检验文件</td></tr>
<tr><td>X－D（M）X</td><td>G</td><td rowspan="2">性能类</td><td>性能 1</td><td>具体性能指标范围</td><td>文件代号</td><td>工艺方法、参数等</td><td>文件代号</td><td colspan="2">检验时机、数量、合格判据等</td><td colspan="2">文件代号</td></tr>
<tr><td>…</td><td>…</td><td>…</td><td>…</td><td></td><td></td><td></td><td colspan="2"></td><td colspan="2"></td></tr>
<tr><td>…</td><td>Z</td><td rowspan="2">尺寸类</td><td>尺寸 1</td><td>…</td><td></td><td></td><td></td><td colspan="2"></td><td colspan="2"></td></tr>
<tr><td>…</td><td>…</td><td>…</td><td>…</td><td></td><td></td><td></td><td colspan="2"></td><td colspan="2"></td></tr>
<tr><td>…</td><td>Y</td><td rowspan="2">其他</td><td>…</td><td>…</td><td></td><td></td><td></td><td colspan="2"></td><td colspan="2"></td></tr>
<tr><td>…</td><td>…</td><td>…</td><td>…</td><td></td><td></td><td></td><td colspan="2"></td><td colspan="2"></td></tr>
<tr><td colspan="3">编制：（主管设计师）</td><td colspan="2">校对：（设计师）</td><td colspan="3">审核：（部门负责人或指定专业主任师）</td><td colspan="4">批准：（主任设计师或技术负责人）</td></tr>
<tr><td colspan="3"></td><td colspan="2"></td><td colspan="3"></td><td colspan="4"></td></tr>
<tr><td colspan="3">工艺文件落实确认</td><td colspan="2"></td><td colspan="3">检验文件落实确认</td><td colspan="4"></td></tr>
</table>

注：1. 控制要素表编号为 X－DE－X，第一位 X 为产品图样代号，DE 为控制要素，第二位 X 为顺序号，一般情况顺序号为两位，可以根据实际情况增加位数，按零件-部件-组件-整机的顺序编制。

2. 控制要素序号为 X－D(M)X，第一位 X 为产品图样代号，D 为设计控制要素，M 为制造控制要求，DM 为设计制造双控制要素，第二位 X 为顺序号，一般情况顺序号为两位，可以根据实际情况增加位数。

3. G 表示为关键控制要素，Z 表示为重要控制要素，Y 表示为一般性控制要素。

表 14－7　产品关键（重要）要素实现情况确认表

<table>
<tr><td colspan="5">控制要素表编号</td><td colspan="4">X－DE－X</td></tr>
<tr><td colspan="3">型号代号</td><td colspan="2">××</td><td>部组件名称</td><td>××</td><td>图样代号</td><td>××</td></tr>
<tr><td>控制要素序号</td><td>控制类别</td><td>大类</td><td>要素名称</td><td>设计要求</td><td>工艺要求</td><td>检验要求</td><td>工艺实际参数</td><td>检验实测值</td></tr>
<tr><td>X－DM02</td><td>G</td><td rowspan="3">性能类</td><td>性能 1</td><td>硬度（××～××），100％测试</td><td>热处理温度××，时间××</td><td>100％测试，硬度（××～××）</td><td>热处理温度××，时间××</td><td>硬度（××～××）</td></tr>
<tr><td>X－DM03</td><td>G</td><td>性能 2</td><td></td><td></td><td></td><td></td><td></td></tr>
<tr><td>…</td><td>G</td><td>…</td><td></td><td></td><td></td><td></td><td></td></tr>
<tr><td>…</td><td>Z</td><td rowspan="3">尺寸类</td><td>尺寸 1</td><td></td><td></td><td></td><td></td><td></td></tr>
<tr><td>…</td><td>Z</td><td>尺寸 2</td><td></td><td></td><td></td><td></td><td></td></tr>
<tr><td>…</td><td>Z</td><td>…</td><td></td><td></td><td></td><td></td><td></td></tr>
<tr><td>…</td><td>Z</td><td>其他</td><td>…</td><td></td><td></td><td></td><td></td><td></td></tr>
<tr><td>…</td><td>…</td><td>…</td><td>…</td><td></td><td></td><td></td><td></td><td></td></tr>
<tr><td colspan="3">工艺确认</td><td colspan="2"></td><td colspan="2">设计确认</td><td colspan="2"></td></tr>
</table>

14.2.3　实施步骤

14.2.3.1　工作流程

“三过程”要素识别与控制工作流程如下：

1）设计师系统在完成方案论证和详细设计后，根据“三过程”要素识别与控制输入，编制设计、工艺、检验要素控制识别表中设计部分内容。下发设计文件时，设计师系统将“三过程”要素控制识别表传递给工艺师系统。

2）工艺师系统组织检验师系统，根据“三过程”工艺、检验要素识别与控制输入，编制工艺文件、检验文件以及要素控制识别表中工艺、检验要求及文件落实情况内容。

3）在首件或变更后（包括转阶段、过程更改等）首次产品生产时，设计、工艺、检验师系统对关键、重要要素相关过程进行跟产，对要素识别和控制情况进行确认，迭代更新要素控制识别表。

4）产品出厂时，对关键、重要要素控制情况进行确认。

上述工作可结合设计评审、工艺评审、首件鉴定、产品质量评审进行确认。

14.2.3.2　相关人员工作职责

“三过程”要素识别与控制主要由型号技术系统负责，包括设计师系统、工艺师系统、检验师系统，具体职责如下：

1）各单位型号技术负责人负责领导型号设计师系统、工艺师系统、检验师系统开展要素识别和确认工作，对其全面性、正确性、充分性、有效性进行审查，并组织实施。

2）各单位专业技术部门负责对本专业产品识别的要素的全面性、正确性、充分性、有效性进行专业把关。

3）主（副）管设计师负责具体识别设计要素，结合首发产品或状态变化后首次生产产品跟产对设计要求落实情况开展确认工作，包括确认工艺文件与设计文件的相符合性，确认生产过程中设置的检验点、检验项目是否合理等。

4）工艺师系统、检验师系统对所负责设计要素在工艺、检验过程中落实确认工作负责，具体由主管工艺、检验人员负责。

14.2.3.3　注意事项

“三过程”要素识别与控制一般情况下在方案阶段开展，在产品设计时识别设计要素，在工艺文件和检验文件编制时进行落实确认，结合技术人员试制、生产过程跟产，以及随着产品研制迭代，不断进行完善；也可根据型号研制需要安排在过程中进行。应用时应遵循以下原则：

1）设计抓总原则——充分发挥设计技术抓总作用，牵头开展“三过程”要素识别与控制工作。

2）系统全面原则——为有效控制风险，在确定要素时按照全面、系统，涵盖零部组件，对每个零部件及配合部位进行全面分析，能全则全、能细则细，对要素进行全面识别。

3）区别对待原则——为保证控制重点，兼顾生产经济性，对识别的要素按照关键、重要、一般原则进行区分对待和控制。关键要素影响成败和总体技战术指标，重要要素影响性能，一般要素不影响使用。

4）层级侧重原则——对于系统、分系统、整机、部组件按层级有侧重分析，部组件应下分到零件，零件着重分析原材料性能要素、尺寸要素、内外部质量（包括表面处理要求）要素等，整机及以上主要分析功能要素、接口要素等。

5）逐级确认原则——控制要素可以在试制、生产过程和出厂时确认，重点对关键、重要控制要素进行确认，确认时应遵循逐级把关原则，避免整机以上产品确认内容过多。如固体火箭发动机燃烧室壳体有关要素，应在燃烧室壳体试制、生产过程中和出厂时确认，而不是在燃烧室生产后确认。

14.2.4 典型案例

某型号固体火箭发动机，在研制过程中出现了技术要求不明确、技术要求落实不到位等原因造成的质量问题。如何保证产品质量，减少质量问题发生，确保飞行成功，成为急需解决的问题。在型号两总的领导下，设计单位牵头，组织参研单位和型号系统人员经多轮研讨，详细策划，形成了《××发动机要素识别工作要求》，对识别表格进行了详细设计。利用两个月时间，结合技术人员跟产，由发动机各部组件主管设计师牵头，各单位工艺师、检验师配合，完成了发动机要素识别工作。

针对该型号固体火箭发动机，首先按照燃烧室、点火装置、喷管、直属件进行一级工作结构分解，对燃烧室按照成形和任务分工再细分为装药及绝热结构、燃烧室壳体、外防热二级工作结构分解。最终按照发动机整机及直属件、装药及绝热结构、燃烧室壳体、外防热、点火装置、喷管系统开展要素识别，某固体火箭发动机结构分解如图 14-11 所示。

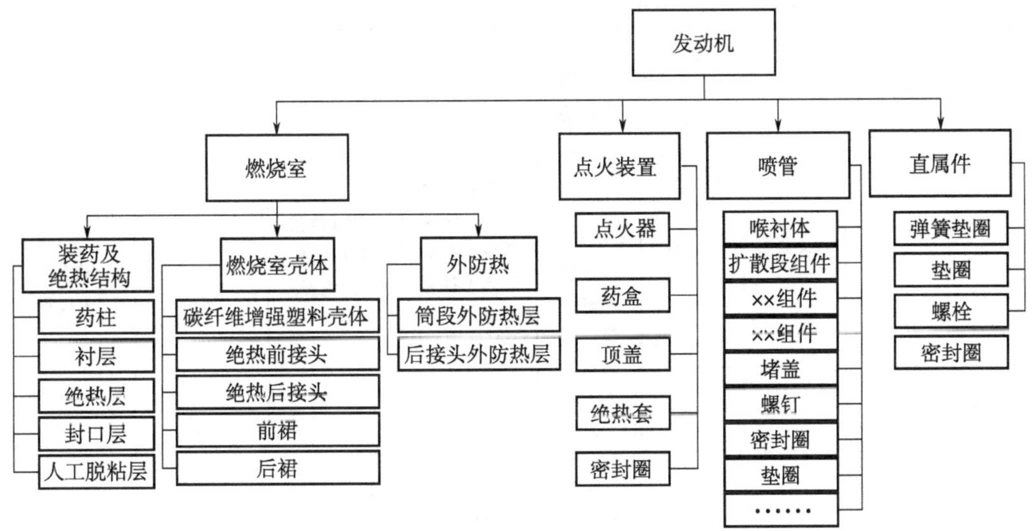

图 14-11 某固体火箭发动机结构分解图

在固体火箭发动机整机及直属件、装药及绝热结构、燃烧室壳体、外防热、点火装置、喷管基础上，继续进行分解直到零部件。如燃烧室壳体级识别了120余项要素，对其前裙、后裙、绝热前接头、绝热后接头零部件识别了300余项要素。××11—10燃烧室壳体绝热前接头控制要素见表14-8。

表14-8　××11—10燃烧室壳体绝热前接头控制要素表

控制要素表编号					×××11—10—DE—01				
型号代号		××—××		所属装配图	××11—0	要素总数		45	
部组件名称		绝热前接头		图样代号	××11—10	G数量	0	Z数量 25	Y数量 20
控制要素序号	控制类别	大类	工艺要素	设计要素		工艺要素		检验要素	
				设计要求	设计文件	工艺要求	工艺文件	检验要求	检验文件
××11—10—DM 01	Z	材料性能类	××—3密度	≤××g/cm³	《××—××燃烧室绝热层产品规范（××11—0JT2)》	按配比称量、混炼（具体省略）	《××—3绝热材料工艺规程》	原材料按批次测试密度，结果满足要求	Q/Gn 15《××—3绝热材料规范》
×××11—10—DM 02	Z		××—3抗拉强度	≥×MPa		按模压温度-压力-时间曲线控制（具体省略）	《×××11—0绝热接头模压工艺规程》	按批次原材料制作试样进行测试，结果满足要求	
…	Z		…	…					
…	…		…	…		…	…	…	
××11—10—DM11	Z		底层绝热层厚度	×±0.6mm		按工艺厚度铺片（具体省略），并用模具保证		对模具进行鉴定，每次测量片材厚度	…
…	Z		…	…					
…	…		…	…		…		…	
…	Z	其他	…	…	《××—××燃烧室绝热前接头（××11—10)》《××—××燃烧室绝热层产品规范（××11—0JT2)》	…	《×××11—0绝热接头模压工艺规程》	…	《×××11—0绝热接头模压工艺规程》
…	Z			…		控制粘接工艺、片材厚度、硫化工艺（具体省略）		…	
××11—10—DM 43	Z		外观质量	绝热层应质地致密均匀，无气泡、疏松、穿透性气孔等缺陷					
…	…		…	…					
…	…		…	…		…		…	

编制	校对	审核	批准
×× 2019.05.18	×× 2019.05.18	×× 2019.05.19	×× 2019.05.19
工艺文件落实确认	×× 2019.07.12	检验文件落实确认	×× 2019.07.12

设计师系统完成该型号固体火箭发动机设计要素识别后，将表格提供相关生产单位工艺管理部门，各生产单位组织工艺师系统和检验师系统对工艺、检验需补充控制要素进行了识别，对设计控制要素、工艺和检验补充控制要素工艺文件落实、检验文件落实情况进行了确认。同时组织设计、工艺、检验有关人员进行了两个月的跟产活动，迭代完善要素识别表，最终形成了本型号固体火箭发动机要素 2 300 余项，并落实到设计、工艺和检验文件中，将关键、重要要素作为产品质量确认重点。

通过该项工作，该型固体火箭发动机产品质量大幅提升，参加全系统状态鉴定飞行试验取得 10 发 10 成功的优异成绩，实现 2 个批次产品零超差，获得了顾客的好评。

14.3　基于云架构产品数据管理平台的型号技术状态协同管理

航天型号产品研制是一项复杂的系统工程，由多个设计单位和生产制造单位共同承担，形成了总体设计与分系统设计协同、总体设计与总装制造协同的研发模式。为提升数字化条件下型号技术状态管理水平，提出了基于云架构产品数据管理（CPDM）平台的型号技术状态协同管理。

14.3.1　概念和适用范围

CPDM 是航天研制单位根据型号研制业务，自主研发的基于云架构的产品数据管理大型工业软件，其中 CPDM 的 C 是 Cloud（云架构），P 为 Product（产品），D 为 Data（数据），M 为 Management（管理）。CPDM 具备文档管理、EBOM 管理、三维模型管理、流程管理、更改管理、基线管理、基础资源管理、跨单位协同管理、需求数据管理、在线评审管理、通用质量特性数据管理、验收交付管理、研制成本管理、CAD/EDA 工具集成、上下游系统集成、安全保密管理等功能。

基于 CPDM 的型号技术状态协同管理方法是指基于 CPDM 平台开展型号产品技术状态线上协同，对设计与设计协同、设计与工艺制造协同业务实施管理。该方法融合了航天复杂装备产品系统工程和技术状态管理、型号产品设计方法、质量管控流程等最佳实践，落实国军标、行业相关标准管理要求，结合集团公司、研究院、工厂或研究所的企业群协同研制模式，形成了数据规范、资源共享、高效协同的大型工业软件平台，有效支撑产品和质量管理水平跨越式提升。

基于 CPDM 的型号技术状态协同管理适用于航空、航天、船舶、兵器、电子等行业领域的复杂装备、分系统、关键整机跨单位协同研制等过程，支持复杂产品数据和需求数据管理。

14.3.2　基本原理

14.3.2.1　构建基于 CPDM 的型号技术状态协同管理架构

开展基于 CPDM 的型号技术状态协同管理需统一协同一体化集成环境、统一协同研制业务、统一基础资源模型和数据共享。基于 CPDM 的型号技术状态协同管理架构图如图 14－12 所示。

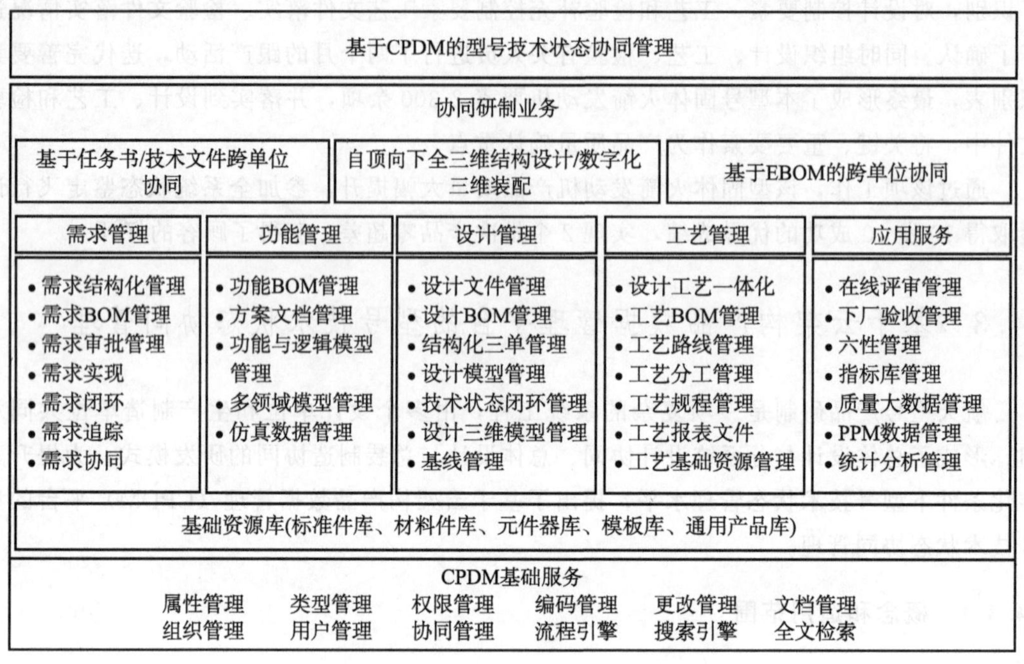

图 14－12 基于 CPDM 的型号技术状态协同管理

14.3.2.2 统一协同一体化集成环境

以 CPDM 平台作为统一跨单位协同的基础支撑环境。CPDM 平台具有企业级复杂产品设计文件、三维模型和产品结构的关联可视化管理功能，支持符合相关标准要求的文档管理、BOM 管理、流程管理、变更管理、基线管理等严格的技术状态流程；能实现企业群的协同设计、基础资源共享和管理要求共享。研制生产单位 CPDM 采用云架构、微服务、多租户等新一代技术，支持企业群协同体系架构，实现产业链的跨单位快速协同。以 CPDM 平台作为统一跨单位协同的基础支撑环境，开展了统一型号协同研制管理方法工作，提升跨单位协同研制效率。

14.3.2.3 统一协同研制业务

（1）协同业务

跨单位协同设计业务过程中，从任务书、技术文件、三维骨架、三维设计、三维装配、EBOM 管理各方面实施精细化管理，提升协同效率。

（2）基于研制任务书的跨单位协同设计

总体与分系统基于 CPDM 平台在线开展研制任务书签审，总体设计师根据研制要求在 PDM 系统编写各类任务书，完成相应的任务书编写后，直接在线提交给分系统任务承制方进行会签，由总体与分系统并行批准生效。

(3) 基于技术文件的跨单位协同设计

基于技术文件的跨单位协同设计主要分为技术文件跨单位会签及技术文件跨单位发放。总体与分系统单位存在大量的技术文件协同，基于 CPDM 平台，各类技术文件的会签直接在线开展，通过会签环节将意见直接返回给发起单位设计师，达成一致意见后完成技术文件发布，通过发放流程实现正式发放工作。

(4) 基于骨架技术要求的跨单位传递

在结构设计技术要求协调方面，总体和分系统采用自顶向下的协同设计方法。基于 CPDM 平台开展三维协同设计，总体针对某个分系统创建三维骨架，形成结构技术要求，并将三维骨架通过业务会签的模式要求分系统进行确认。分系统通过 CPDM 平台接收到三维骨架技术要求后，按照其约束进行分系统产品设计。

(5) 自顶向下全三维结构设计

总体设计采用自顶向下的设计方法开展航天产品的全三维结构设计。型号总体设计以型号三维骨架为要求。仪器设备设计接收总体发布骨架发布的设计条件并完成仪器、支架的设计，完成电缆的敷设，实现仪器设备设计条件的发布。壳体设计接收总体及仪器设备发布的控制骨架设计信息完成壳体结构设计、强度校核、结构优化等工作，最终形成可直接用于制造的全三维结构样机。

(6) 开展数字化三维装配

分系统配套单位接收到总体设计下发的骨架后，开展分系统产品三维模型设计，并根据骨架要求开展详细模型和简化模型的技术状态管理，并将最终设计的分系统设计模型通过 CPDM 平台交付给总体，总体将其所有分系统模型简化后与重要直属件装配，形成面向总装应用的全三维模型，并基于装配关系形成产品 EBOM。

(7) 基于 EBOM 的跨单位协同研制

基于 EBOM 和三维模型，进一步将产品制造信息与设计信息定义到产品 EBOM 及三维模型中，工艺以会签的形式提出工艺相关意见，完成 EBOM 和三维模型确认，并提前开展工艺和生产准备工作。待正式批准后，设计将 EBOM 直接发放给工艺部门，进一步开展工艺设计与生产工作。

14.3.2.4　统一基础资源模型和数据共享

在总体、分系统、单机产品开展协同设计时，同一型号线上，选用标准件应统一要求，模型内容保持一致，确保正确性和唯一性。

基础数据都能识别，才能避免因模型不一致或信息丢失带来的质量问题。基于 CPDM 构建集团级基础资源库，包括标准件模型库、材料资源库，实现在全集团范围内的基础资源共享。

14.3.3　实施步骤

应用基于 CPDM 的型号技术状态协同管理方法，需在以四下个步骤三个方面开展实施。

步骤一：构建统一数据管理平台 CPDM

在研究院内或者研制单位内部实现产品数据管理，构建以 CPDM 平台作为统一跨单位协同的基础支撑环境，通过 CPDM 作为连接各研究院、部分工厂和研究所 PDM 的中间桥梁。

步骤二：统一数据标准及研制业务

跨单位协同设计业务过程中，数据、流程、接口制定统一标准。同时从任务书、技术文件、三维骨架、三维设计、三维装配、EBOM 管理统一业务流程，提升协同效率。

步骤三：统一基础资源库

应用基于 CPDM 的型号技术状态协同管理方法，需统一资源共享库，包括元器件、标准件及材料件。

步骤四：构建型号数据及数据协同

(1) 型号数据构建

总体单位基于 CPDM 平台按照数据格式要求创建型号产品结构、各类任务书、技术文件（包括大纲、技术要求、更改单、三维模型）等型号数据。型号数据需要经过多个业务人员签审，确保数据的准确性并通过流程进行有效的技术状态控制。

(2) 型号数据跨单位会签

型号数据从编写到发布需要总体与分系统、单机等单位多次沟通确认。基于 CPDM 平台，型号数据的会签业务直接线上开展，当流程到了会签环节，对方单位 PDM 系统自动接收会签任务，会签完成后，将意见直接返回给 CPDM 平台。

(3) 型号数据跨单位发放

总体单位基于 CPDM 平台创建数据发送单，将已发布的任务书、技术要求、三维模型、二维图纸等文件添加到数据发送单中，通过跨单位发放业务直接下发型号数据。分系统配套单位将最终产品设计结果发放给总体单位 CPDM 平台，总体单位通过接收业务流程线上接收分系统配套单位最终产品设计结果。

14.3.4 典型案例

14.3.4.1 基于产品结构树的型号技术状态管理

2018 年航天科工某院部署了一套 CPDM 平台，主要用于该院型号产品数据技术状态管理，实现了该院设计与制造一体化应用。该院在与各协作单位跨单位设计中，定制了统一数据、流程、接口，同时从任务书、技术文件、三维骨架、三维设计、三维装配、EBOM 管理统一业务流程，提升协同效率。在 CPDM 平台实施过程中，该院建立了基础资源库，实现了基础资源库的统一管理和规范应用，满足了该院基于型号的跨单位协同设计需要。

该院总体设计单位基于 CPDM 平台按照数据格式要求创建型号产品结构、各类任务书、技术文件（包括大纲、技术要求、更改单、三维模型）等型号数据。型号数据在 CPDM 系统上经过多个业务人员签审，会签业务直接线上开展，当流程到了会签环节，对方单位 PDM 系统自动接收会签任务，会签完成后，将意见直接返回给 CPDM 平台。总体单位基于 CPDM 平台创建数据发送单，将已发布的任务书、技术要求、三维模型、二维图纸等文件添加到数据发送单中，通过跨单位发放业务直接下发型号数据。分系统配套单位将最终产品设计结果发放给总体单位 CPDM 平台，总体单位通过接收业务流程线上接收分系统配套单位最终产品设计结果。

14.3.4.2 应用效果

航天科工某院以 CPDM 平台作为连接院与外界的中央枢纽通道，能够与多个院所开展型号协同设计，实现了型号数据的互联互通，提升了型号技术状态管理水平，大幅降低了协同的管理成本，改变了过去人工机要传递技术文件的方式，数据到达时间由过去两三周缩短为 30 分钟，节省了出差成本，协同效率得到了极大的提高。

14.4 面向制造和仿真的数字化构造样机创建技术方法

航天产品数字化构造样机技术的不断发展和深入应用对于支撑航天产品大批量、低成本、高效和高质量研制具有重要的意义。本部分从概念、原理、实施方法等方面对面向制造和仿真的数字化构造样机创建技术方法进行介绍。

14.4.1 概念和适用范围

14.4.1.1 概念

数字化样机是指在计算机上表达的机械产品整机或子系统的数字化模型。数字化构造样机是数字化样机的重要组成，其以面向物理样机生产制造和仿真为特征，描述产品全部三维实体模型和装配形态特性。

面向制造和仿真的数字化构造样机创建是指基于模型的定义方法，充分考虑制造和仿真的需求，创建产品三维数字化模型的过程。三维数字化模型不仅包含产品几何特征，也包含表达产品的尺寸与公差、原材料属性、制造工艺和精度要求、装配关系等技术要求信息，用于支撑零部件制造工艺过程仿真和装配工艺仿真；同时结合模型表达的材料属性信息如热处理后的力学性能等，用于支撑力热强度分析、颤振特性分析、动力学分析等仿真工作。

14.4.1.2 适用范围

面向制造和仿真的数字化样机构造技术方法主要应用于航天产品设计和制造阶段，用于产品三维构造样机的建立以及基于三维构造样机的仿真（结构强度仿真、制造工艺过程仿真）等工作，支撑产品高效高质量研制。该技术方法适用于航天产品的系统及分系统、设备、分专业等不同层级。对航空、船舶、兵器等领域的产品，也具有推广应用价值。

14.4.2 基本原理

面向制造和仿真的数字化构造样机创建技术一般根据产品设计输入和要求，制定总体和分系统结构方案，根据产品结构外形图和产品结构方案完成三维零部件结构模型和装配模型创建；模型创建完成后，基于产品的力、热等载荷开展结构强度分析；基于三维结构模型、设备三维模型和综合电气接线关系，深入开展机电协同设计，完成机电全系统三维模型的创建；模型创建过程中及创建后，对模型进行规范性检查，提升模型的工艺性水平和标准化水平；模型用于指导实物生产之前，开展基于模型的工艺过程仿真，确保模型具有较好的可制造性。典型航天产品三维数字化构造样机创建工作内容如图 14 - 13 所示。

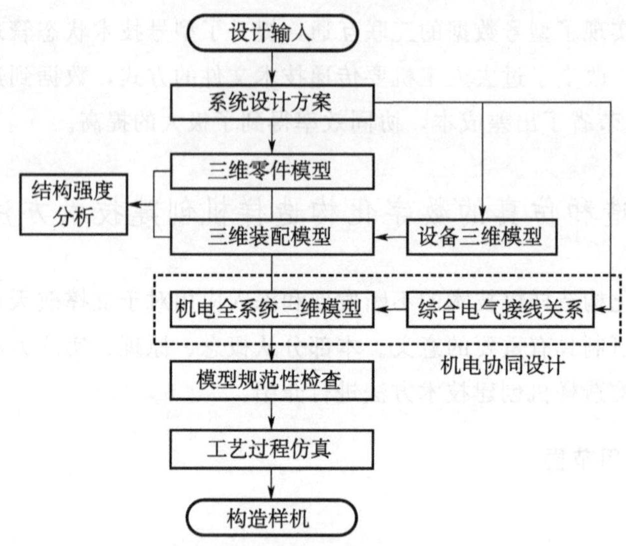

图 14 - 13　典型航天产品三维数字化构造样机创建工作内容

为了提高产品研制效率，航天产品数字化构造样机研制一般采用设计制造一体化模式(典型的设计制造一体化模式如图 14 - 14 所示)，以全寿命周期数据管理系统、各类资源库、工具软件、标准规范为支撑，通过在产品方案论证、设计、制造等环节深入开展设计工艺协同，有效提升数字化构造样机设计质量，支撑产品高效、高质量研制。

数字化构造样机的设计输入是用于产品结构方案论证和结构设计的相关要求，包括但不限于以下内容：1）产品理论外形；2）产品结构技术要求；3）产品全寿命周期内承受的力、热等载荷条件；4）产品使用保管环境条件等。

数字化构造样机的设计输出主要是产品的以结构设计模型为代表的构造样机数据集，主要包含产品几何特征、装配关系、三维尺寸及公差、产品代号、名称、阶段标记、材料规格、技术要求等属性信息的三维零件/装配模型。

14.4.3　实施步骤

14.4.3.1　数字化构造样机创建方法

航天产品构造样机的创建一般采用自顶向下的设计方法。结构总体设计人员根据产品理论外形创建产品结构外形图，在此基础上创建结构设计包络；根据结构总体方案，将结构设计包络切分得到不同的舱段外形图；将每个舱段外形图和建模基准向下分发至对应的

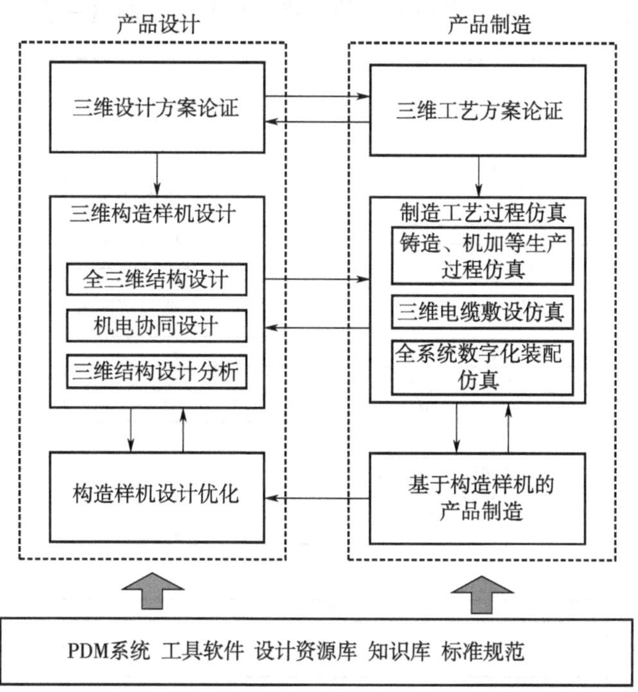

图 14－14　基于模型的设计制造一体化模式

三维模型空文件。舱段主管设计在舱段外形图的基础上切分出热防护、舱体、口盖等结构，得到部件外形图，然后将这些部件外形图再向下逐一分发至对应的部件三维模型。设计人员基于部件外形图开展详细的结构设计，基于详细结构设计完成模型装配。详细设计过程中，各分系统设备构造一般由承研单位根据产品技术要求和外形协调图进行设计，设计完成后提供给结构总体设计人员用于进行产品构造样机装配集成。典型的自顶向下的结构与热防护系统三维结构模型创建流程如图 14－15 所示。

产品构造样机初步创建后，需要基于构造样机开展结构强度分析以确保构造样机能够适应全寿命周期内的载荷条件，因此数字化构造样机需要包括仿真分析所需的关键信息要素，主要以几何特征和材料名称、代号、所执行标准等信息，以便相关信息能够通过构造样机传递至仿真环节，用于支撑产品结构强度校核及优化设计。如图 14－16 所示，以结构三维模型和其他输入为基础，基于仿真分析工具软件和数据管理系统，开展系统级和部件级的力热强度分析、颤振特性分析、动力学性能评估、结构寿命评估等工作，基于计算结果进行结构改进及优化设计，经过多轮次设计和仿真迭代后，完成设计模型的确认。

面向制造的数字化构造样机创建一般与制造工艺过程仿真相结合，制造工艺过程仿真是保证产品实物生产一次成功的重要手段。通过数字化工艺仿真实现在可视化的虚拟环境下实现产品的生产制造和装配，对产品制造过程和装配过程进行预测和评价。基于模型的制造工艺仿真一般包括零部件生产工艺过程仿真和装配工艺仿真两个方面。

零部件制造工艺过程仿真包括铸造、机加、热处理、钣金等过程仿真，如图 14－17 所示，通过仿真可以有效地发现零部件制造过程中的关键控制环节，进一步优化设计或提前优化生产过程工艺参数，减少实物生产的迭代，提高实物制造一次合格率。

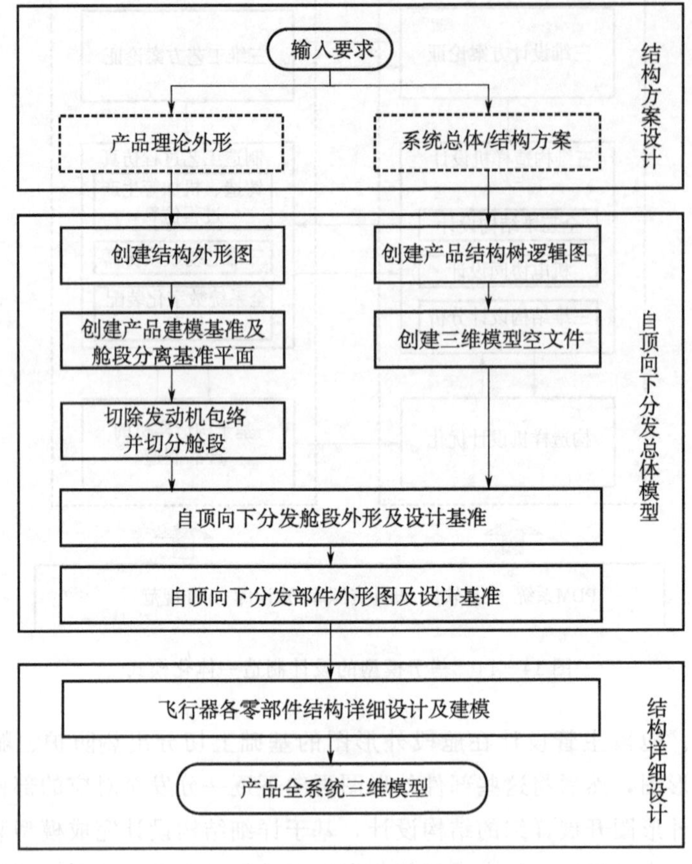

图 14－15　自顶向下的系统三维模型创建流程

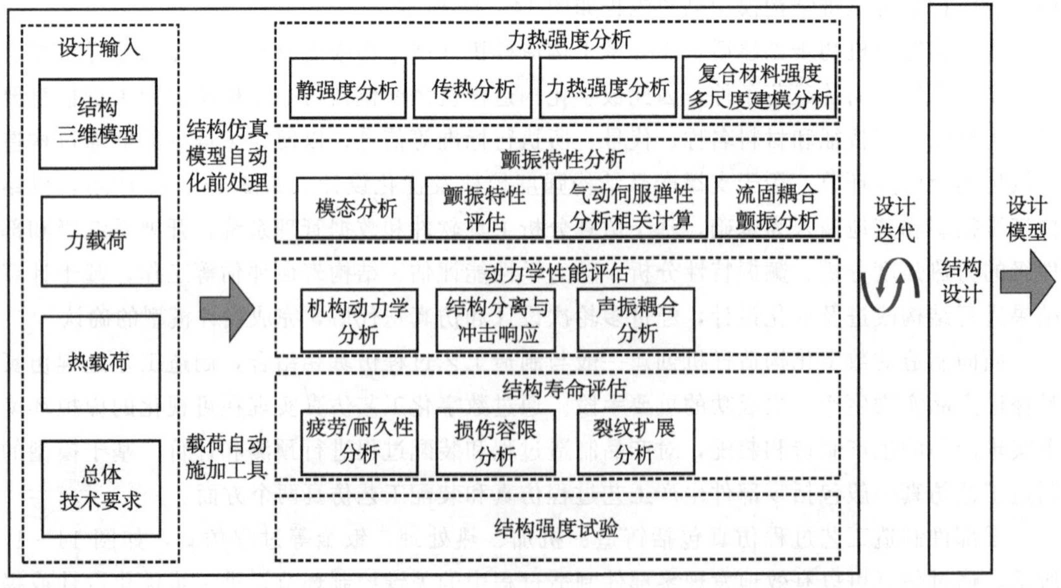

图 14－16　典型基于模型的结构强度分析

(a) 铸造仿真　(b) 机加仿真　(c) 热处理仿真

图 14-17　制造工艺过程仿真

装配工艺仿真技术是在计算机虚拟环境下，利用三维模型对产品和装配资源的装配工艺过程进行仿真、模拟，在数字空间完成对装配、分解过程的检查和分析，得出合理可行、优化的装配工艺方案。提前解决实际装配过程中可能存在的问题，避免因装配工艺设计不周而造成产品、周期、人力和费用等方面的损失。装配工作仿真一般包括装配顺序规划、装配路径规划、碰撞干涉检查、电缆敷设仿真和人机工程仿真等方面。

14.4.3.2　注意事项

(1) 充分开展模型规范性检查和优化

三维模型规范性检查 80%的工程缺陷是在设计阶段引入的，在设计初期就对产品的可制造性进行研究和分析是保证产品整体研制质量的关键方法，这就要求产品在设计过程中充分考虑并提高模型的工艺性和标准化水平，三维模型的工艺性和标准化检查及优化是提升产品可制造性的重要手段。传统的模型工艺性和标准化审查主要以人工为主，随着数字化技术的进步，目前已逐步发展了模型规范性自动检查工具，可以将检查规则嵌入建模工具中，在模型设计过程中高效开展模型规范性的自动化检查。

在模型工艺性检查方面，在三维模型设计软件中集成工艺性检查工具，将产品制造过程中机加、钣金、焊接、铸造、装配等的工艺性要求转化为检查规则，在模型设计过程中设计人员可以基于检查工具实现自动化检查，根据检查结果进行优化可以有效提高结构产品的设计工艺性水平。典型的工艺性检查工具如图 14-18 所示。

在模型标准化检查方面，基于数字化构造样机创建相关的国家标准、行业标准、企业标准，将标准内容提炼转化为计算机能识别的语言，形成标准化检查工具并与三维设计软件集成，支撑设计人员通过工进行自动化的标准化检查和优化，以保证三维设计模型的信息完整性、规范性、正确性，提高数字化构造样机设计质量。典型的三维模型标准化检查工具如图 14-19 所示。

(2) 利用设计资源库设计质量和效率

航天产品数字化构造样机设计过程中会涉及大量通用的零部件和材料等，为提升产品设计的效率，同时提高数字化构造样机的规范性和统一性，设计过程中一般需要设计资源库的支撑。设计资源库一般包括紧固件数据库、电气资源库、材料数据库和技术注释数据库等。基于设计资源库，设计人员可以快速地进行通用化设计资源的选用，避免重复性的设计工作，在提升设计工作效率的同时更有利于设计质量的保证。

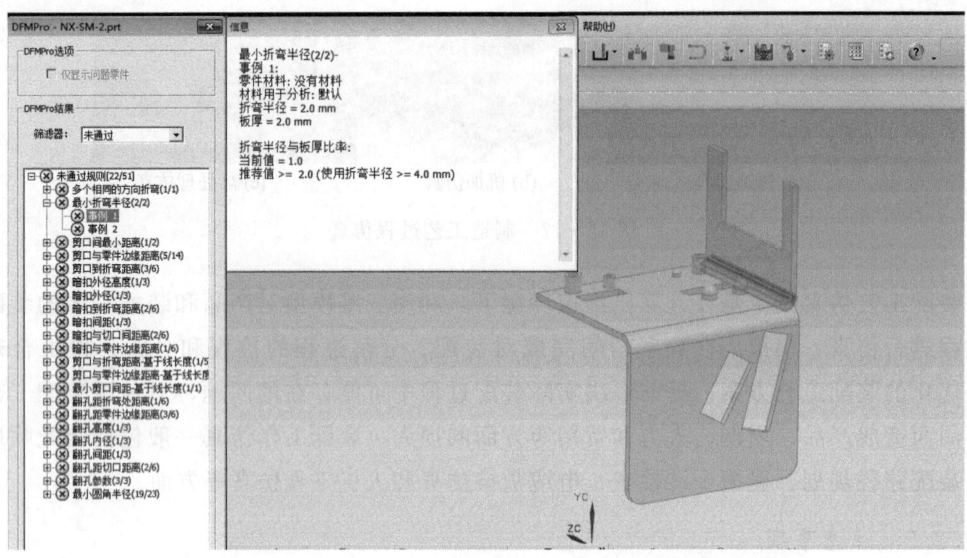

图 14-18　三维模型工艺性检查工具

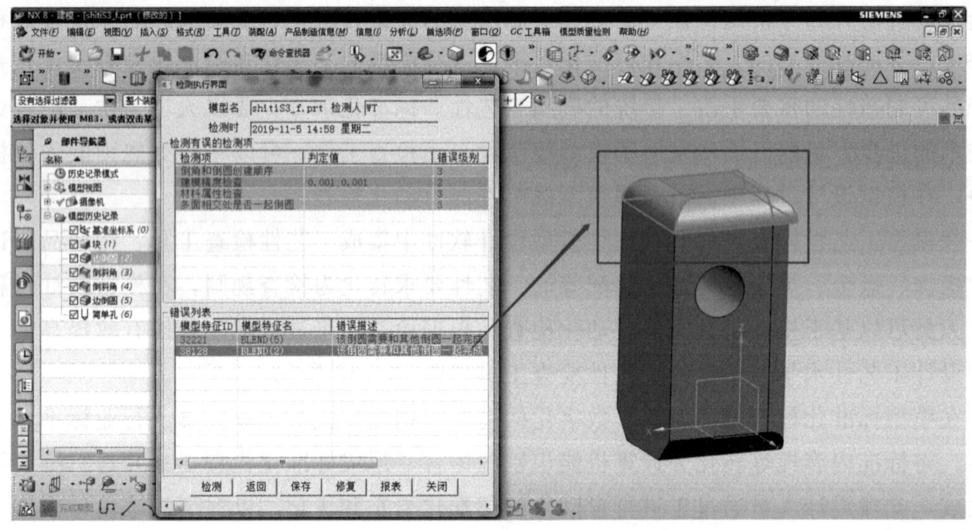

图 14-19　三维模型标准化检查工具

14.4.4　典型案例

针对某航天产品，采用面向制造和仿真的构造样机技术，应用基于三维模型的设计制造一体化研发模式，开展了全系统数字化构造样机创建；通过基于三维模型的强度仿真分析和工艺过程仿真，迭代优化了结构三维模型；进一步对全系统三维模型开展了三维模型的规范性检查，提升了构造样机的质量；结合基于模型的装配仿真，减少了产品试装、错装次数，缩短了产品装配周期，提升了产品装配质量，有效支撑了产品高效研制。

14.4.4.1　三维构造样机创建

采用自顶向下的方式，完成了全系统三维模型的创建，包括三维零件模型、舱体模型、设备安装模型、电缆敷设模型、全系统装配模型等，共生成设计三维模型 6 000 余个，实现了三维构造样机模型直接用于设计仿真、工艺仿真和产品生产制造。模型分发和创建如图 14－20 所示。

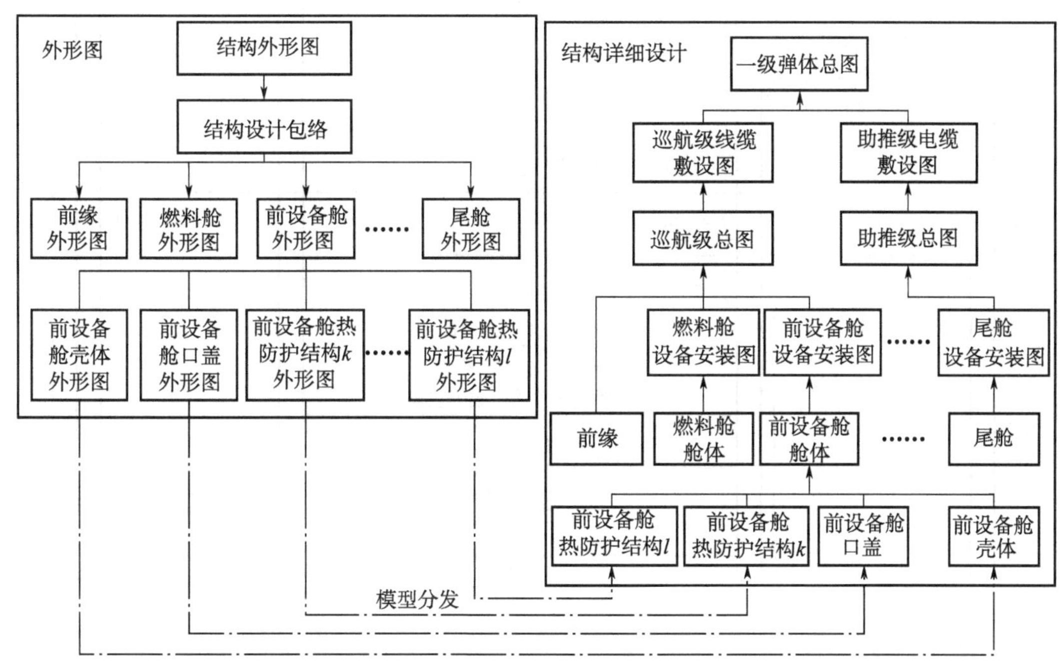

图 14－20　全系统模型分发及创建示意图

14.4.4.2　机电协同设计

基于电缆协同设计典型业务流程，结合资源库的建设和设计工具的开发，实现了结构和电气跨专业在线数据交互。在电气设计端采用 E3 软件进行接线图、电缆的设计，以 TC 为平台将 NX 与 E3 的数据互通，完成电气与结构的数据交换，结构专业通过电气提供的图纸进行电缆敷设图的绘制，通过 E3 所传输的数据进行电连接器相关信息的加载、电缆路径敷设等工作。敷设设计完成后，由 NX 传输回 E3，由电气专业进行电缆的设计。电缆设计工艺协同流程如图 14－21 所示。

在电缆工艺设计方面，由于电缆敷设的特殊性，利用文字和二维示意图难以清晰表达电缆敷设的方案和细节要求。基于三维模型，在工艺文件上增加模型附图，使得电缆敷设的立体形状、方向和细节一目了然，便于操作者更清晰地了解敷设要求，保证敷设效果的一致性和可靠性。

以三维模型为基础，采用 ICIDO 软件实现了电缆敷设三维仿真，对飞行器舱段内实际安装敷设情况预先进行仿真，对电缆束直径、长度、分叉等情况进行准确模拟，实现了电缆网模型的优化，有效确保了实物生产质量。产品电缆敷设设计周期缩短 50%。

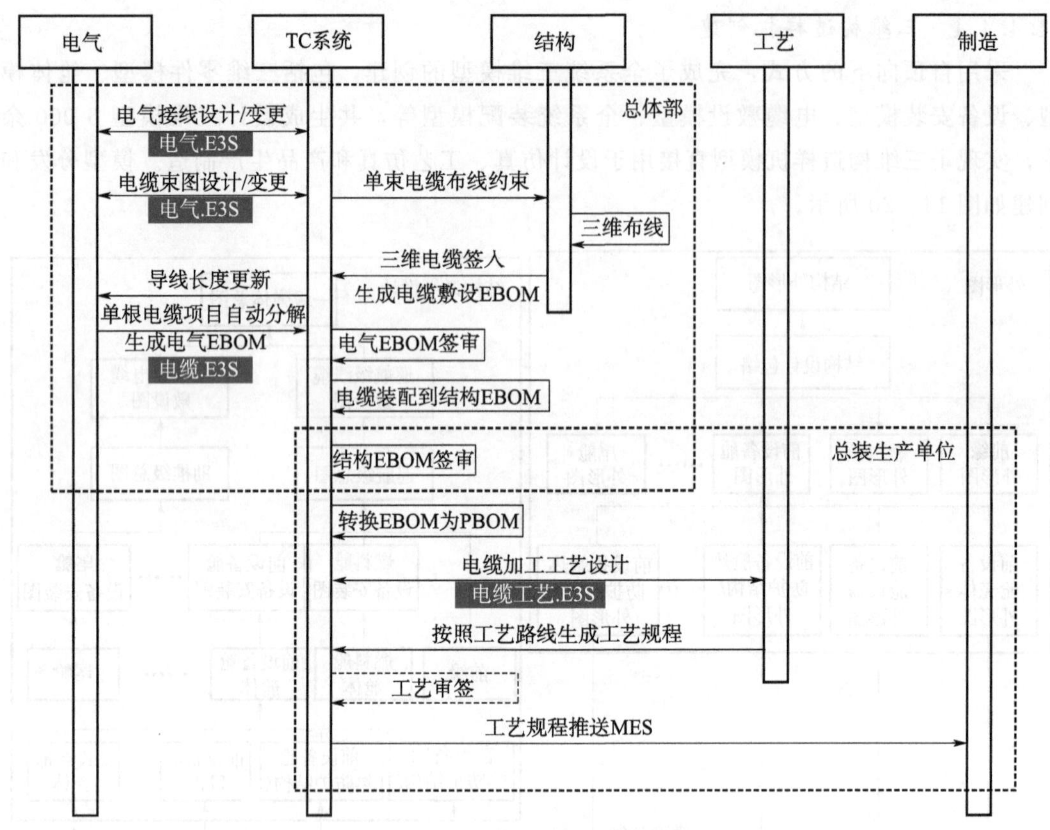

图 14－21　电缆设计工艺协同流程

14.4.4.3　结构强度分析

针对产品结构强度，主要进行了结构静力学仿真、动力学仿真和热力学仿真等分析，共形成计算输出文件 42 套。

结构静力学仿真方面，研究了结构在静载或准静载条件下的力学行为，完成了结构的静强度、刚度和稳定性分析，如图 14－22 所示。具体内容有：计算结构的变形（位移）及其分布，进行结构刚度分析与验证；计算结构的内应力及其分布，进行结构强度分析与验证；计算结构失稳临界载荷和失稳模态，进行结构稳定性分析与验证。

结构动力学仿真方面，研究了产品结构动力固有特性和在动载荷作用下结构的动力学行为，完成了结构的振动固有特性分析、动态响应分析和气动弹性分析等工作。

结构热力学仿真方面的分析主要包含热变形、热弹性冲击、热振动和热颤振等，如图 14－23 所示。

14.4.4.4　装配工艺仿真

在虚拟环境下，基于三维模型对产品装配过程进行了全流程仿真，如图 14－24 所示，涵盖装配顺序、装配路径、人机工程等仿真内容。基于仿真分析结果，识别重点控制环节和解决措施共 39 项。同时，利用仿真结果完成了三维装配工艺编制，并通过电子作业指

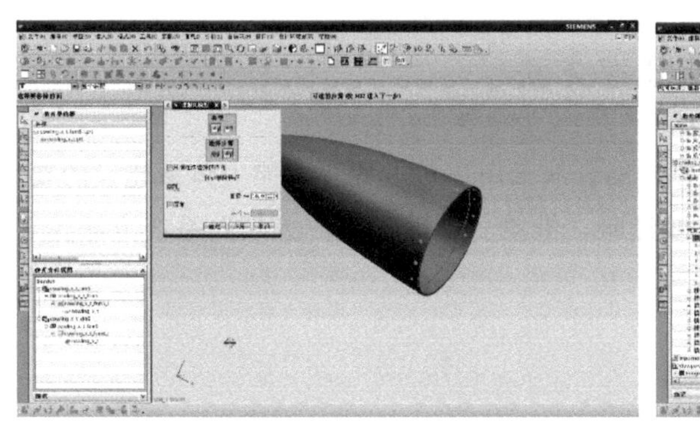
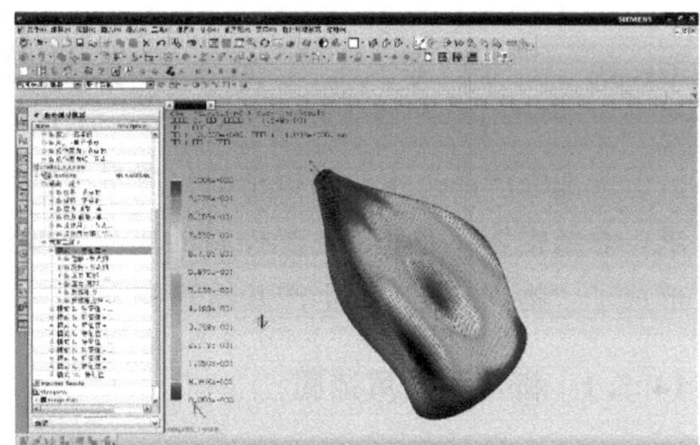

图 14 - 22　某天线罩稳定性分析

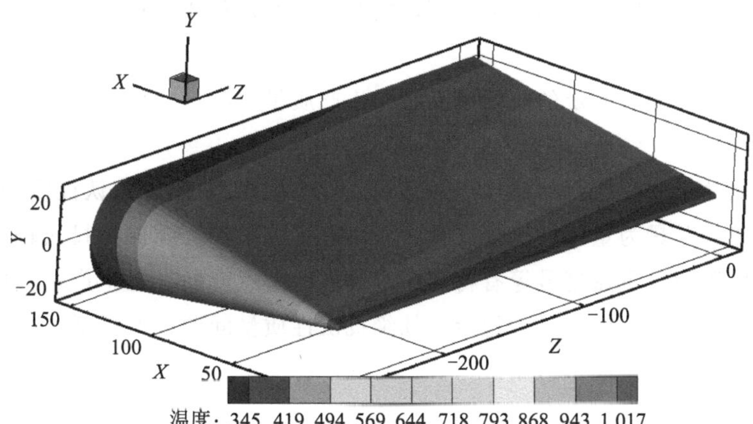

图 14 - 23　某前缘热强度分析

导书系统直接下发生产现场，有效提升了产品总装生产质量和效率。全系统首次总装实现一次成功，装配周期由传统产品的 30 天左右压缩至 10 天。

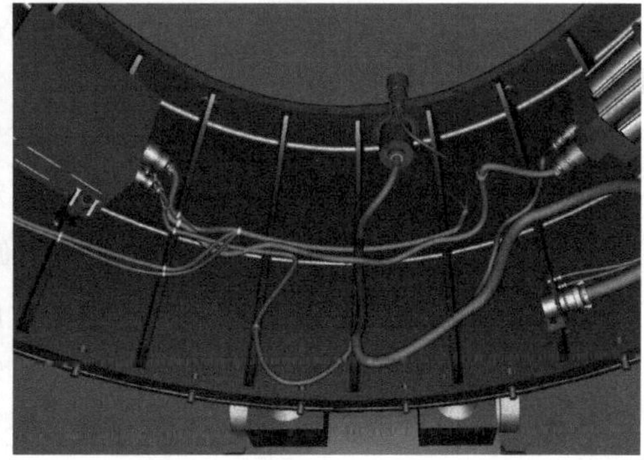

图 14 - 24　三维装配仿真示意图

14.5 “物-事-人”批生产基线管控方法

为加强产品批生产过程精细化质量控制，结合航天用户对过程控制能力体系建设的要求，总结提炼元器件批生产控制的成功实践经验，借鉴“物理-事理-人理”系统方法论，形成了“物-事-人”批生产基线管控方法。

14.5.1 概念和适用范围

“物-事-人”批生产基线管控方法是指以基线管控为主要手段，面向产品批生产过程，通过“建立基线文件（物）、偏离基线风险管控（事）、用户/研制方双认证质量工程师监督（人）”三个要素相互关联和相互作用，提升批生产过程质量控制能力，实现产品质量长期稳定。

本方法适用于已通过鉴定的航天产品批量生产质量控制。其他定型后稳定批量生产的产品可参照执行。

由于面向具体产品，执行“建立产品基线文件、用户/研制方双认证质量工程师监督、偏离基线风险管控”最为重要的三个要素，所以管理成本和资源保障投入较大。故本方法更加适用于重大工程、重点型号等有特殊质量要求的重点产品批量生产过程质量管控，以达到产品技术状态受控、生产过程稳定、杜绝批次性质量问题、严控低层次质量问题的目标。单件或小批量工程产品不适用。

14.5.2 基本原理

结合“懂物理、明事理、通人理”的系统实践原则，仔细分析了系统工程实践中物理、事理、人理因素，并借鉴西方系统方法论形成的经验，形成了“物理-事理-人理”系统方法论构思。其中“物理”指涉及物质运动的机理，回答“物”是什么；“事理”指做事的道理，回答“怎样去做”的问题；“人理”指做人的道理，回答“应当怎样做”和“最好怎样做”的问题。

“物-事-人”批生产基线管控方法是以“物理-事理-人理系统方法论”为启发，面向产品生产过程，建立从原材料到出厂的全流程精准基线（物）。由用户/研制方双认证质量工程师监督过程执行（人），以及重点关注偏离基线风险管控（事）。本方法是“人、事、物”有机组合，是贯彻落实航天产品精细化质量管理要求，关注过程质量控制的实践。

在“物”的方面：面向具体产品、材料和设备，结合质量保证大纲、技术状态管理等标准中基线文件思维，建立产品全过程、全要素基线文件。“物”的基线文件约定产品是什么，如何组成，使用的硬件手段工具是什么等，不仅明确产品要求，而且明确设备能力、材料复验项目、材料及产品数据等方面的要求。

在“事”的方面：主要是从“如何做”的角度，通过建立批生产的组织基线、控制基线、质保基线等，以不一致为抓手（包括产品质量、管理要素、技术状态等的不一致），依据质量管理体系标准等，突出基于风险的思维，建立基线执行中全过程的风险管控。在事前，建立薄弱环节分析与改进机制，对产品实现全过程进行薄弱环节梳理，识别存在的风险并制定针对性措施，形成产品风险要素表和对应措施清单；在事中，建立偏离基线不一致反馈及评审程序，当马上或已经出现偏离基线的情况，由当事人发起不一致控制流程；在事后，形成已闭环质量问题反向复查机制，识别采取措施后仍然存在的控制风险点。

在“人”的方面，主要是从“具有什么资格、条件或能力人来做”的角度，建立批生产人员基线的管理要求，如：资质、职责、考核、能力、质量档案等，促使人员具备相应能力，依据规定来处理物和事。尤其是创新性地建立使用方与承制方共同培训认证的质量工程师队伍，使其既了解使用方质量管理要求又熟悉承制方产品实现过程。

“物-事-人”批生产基线管控方法是面向批生产产品及生产线、相关人员，建立或固化批生产的基线文件，建立产品技术基准、生产过程控制基准和相关人员能力基准，关注批生产全过程及其影响因素各方面的细节，约定按此基准执行。必要时，基线文件通过使用方审查认定。如，当使用方有需求时，通过使用方与承制方共同培训认证的质量工程师人员监督基线文件执行与落实，识别基线执行和偏离基线的风险，评估并制定风险管控措施。

该方法是生产过程“物-事-人”的有机组合，如图 14 - 25 所示。

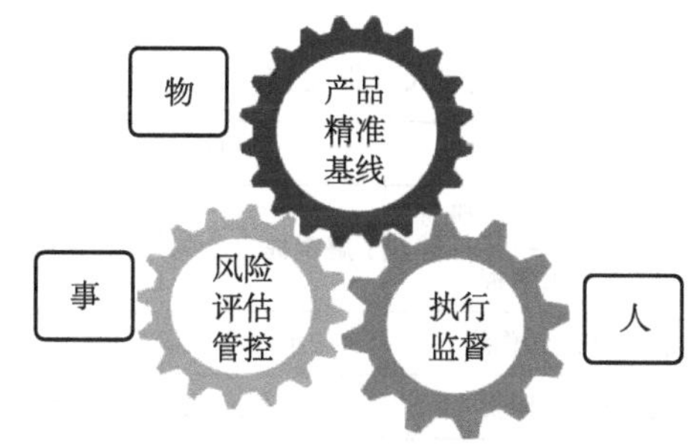

图 14 - 25　“物-事-人”批生产基线管控方法三要素内涵与作用

按照“固化状态、人机结合、协调管控”原则，在三要素共同作用下，实现产品精细化过程控制和持续成功。“物-事-人”批生产基线管控方法模型如图 14 - 26 所示。

通常建立生产基线是通过相关的技术和管理文件，把进行批生产阶段的产品状态和过程控制措施固化下来。“物-事-人”批生产基线管控方法最大的特点是运用“物理-事理-人理”系统方法论，从“物-事-人”三个方面，建立生产基线，尤其是对人员的资质、能力进行认证，确定基本概念并将“物”“事”“人”三者有机结合。其中，最为突出的是“建立产品基线文件、用户/研制方双认证质量工程师监督、偏离基线风险管控”三个要素。输入是用户需求及面向产品高质量等要求，输出是质量稳定且大批量的产品、过程受控且高效率的生产线和具有相应能力高素质的一线员工队伍。

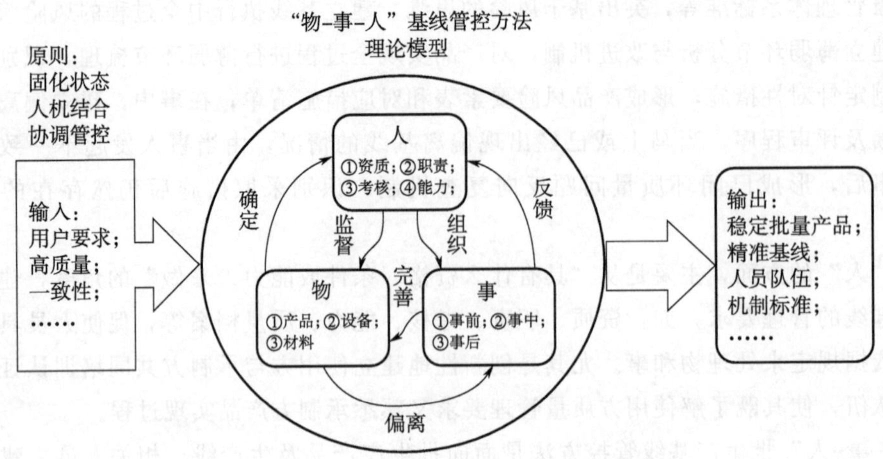

图 14－26　"物-事-人"批生产基线管控方法模型

14.5.3　实施步骤

14.5.3.1　"物-事-人"批生产基线管控的流程

"物-事-人"批生产基线管控方法一般分为策划、建设和运行 3 个阶段。各阶段的内容、目标及完成形式见表 14－9。

表 14－9　"物-事-人"批生产基线管控方法流程

阶段	工作项目	工作内容	目标	完成形式
策划阶段	学习和研讨	方法的宣贯、培训、研讨	了解掌握方法的知识与要求	培训记录、研讨记录
		重点要求掌握		
	建立推进组织机构	成立推进工作组	组织和资源保障	下发文件
		明确工作职责	分工明确	规章制度或发文
		建立工作机制	确保过程有效沟通	规章制度或发文
	发布工作策划	三个要素的分解	充分理解要求	要素分解表
		梳理现有文件及要求	清楚体系基础和现状	现有文件清单及要求梳理
		对标三个要素逐项梳理	查找与三个要素的差距	差距对照表
		明确建设的范围、目标等	为编制工作策划提供依据	待制定或修订文件清单
		形成工作策划	作为后续建设工作重要依据	工作策划

续表

阶段	工作项目	工作内容		目标	完成形式
建设阶段	要素建立	物	产品基线文件	为产品建立精确的基线	产品质量保证大纲或产品过程确认文件等
		人	用户/研制方质量工程师管理文件、工作手册	明确培、考核、工作职责和内容	1)用户/研制方质量工程师命名：质量监督代表或宇航质量工程师等； 2)员工管理：标准文件、工作手册及质量档案等
		事	风险分析和控制文件	落实风险管控要求	1)预防：风险分析及防控措施表； 2)评估：偏离基线（不一致）风险控制程序
	试运行	三个要素进行试运行		发现不足	试运行总结报告
	持续完善	整改落实		整改到位	有效的三个要素文件
运行阶段	运行及年度评价	“物-事-人”批生产基线管控方法年度评价		总结与改进	年度评价报告
	内审等管理要求	“物-事-人”批生产基线管控方法执行评价		监督执行	内审报告

14.5.3.2　基线文件的建立

基线文件是在产品鉴定批准或任务成功后，建立或固化的全过程基准文件。在技术状态管理相关标准所确定的技术状态基线（功能基线、分配基线、产品基线）上增加管理基准。基线文件作为产品采购、生产、质保、使用等全流程管理活动的参照基准以及技术状态改变判定基准的文件。

建立基线文件的目的是给已按照体系鉴定的产品或已批准的能力建立一个精确的基准。通过建立基线文件并有效执行，能使产品的生产过程控制随时处于有效监控中。基线文件是一个纽带，它将产品所有过程控制的内容有机的联系在一起。基线文件常见形式有：产品质量保证大纲、过程确认文件等。

基线包含人员基线、设备基线、组织基线、材料基线、方法基线（控制基线）、检验基线（质保基线）等过程控制及要求，如图 14－27 所示。除关注各个重要的过程外，更加关注过程各个细节。细节的要求就是对产品质量的固化，即质量始终能保持与鉴定合格时一致，做到“全过程用文件确认、细节充满全过程、细节细到不可再分、定量定到全部细节”。

基线文件 6 个要素的输入与输出，见表 14－10。

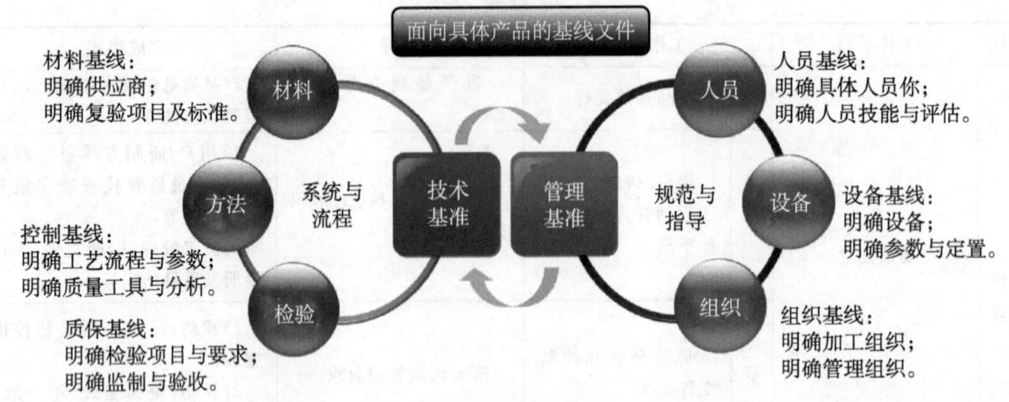

图 14－27　基线文件要素示意图

表 14－10　基线文件各要素的输入与输出

过程	输入	工作要求	输出
人员控制	质量管理体系对人员的要求＋产品对人员的特殊要求	明确与工序对应具体人员及要求，固化形成人员基线清单，持续提升技能水平	产品涉及岗位要求及人员管理办法
			产品涉及岗位名单（重点关键岗位）
			产品涉及岗位对应的人员清单
			培训计划
			培训记录要求
设备控制	质量管理体系对设备的要求＋产品生产、检验、试验和测量设备的特定控制要求	明确与工序对应具体设备及有关的控制要求，固化形成设备基线清单并与设备操作、检定规程形成链接，以便人员正确无误地操作。基于计量检定基础上，定期对设备重复性和再现性进行确认分析	产品相关工序对应的设备清单（含主要技术指标）
			产品涉及设备定置图
			产品涉及设备操作、检定规程清单
			设备测量系统分析要求与方法
组织控制	质量管理体系组织要求＋产品对组织的特殊要求	清晰的组织结构及流程； 产品从接收顾客采购订单至产品交付用户后服务的全过程要求； 固定产品全过程组织单元； 需要时，应给出产品外包过程控制程序和支撑性控制文件	质量体系运行基础要求
			生产组织单元清单及要求。（即明确全过程的组织承担者。含外包过程）
			采购订单处理流程及说明
			外包审查规定
			外包生产过程控制与检验方法
			全过程的组织单元区域定置管理图
			产品特殊的运行环境要求
材料控制	产品对原材料、元器件的合格供方、采购和检验管控	固化建立供方、材料、器件详细信息清单。明确采购过程和复验项目要求，针对主要性能和参数应开展数据分析，保证来料一致性	建立与产品需求对应的合格供方清单
			产品生产过程所用到的所有原材料、元器件清单（详细信息与标准等）
			原材料、元器件的复验项目及流程
			原材料、元器件的参数分析（如成功数据包络分析等）

续表

过程	输入	工作要求	输出
方法控制	质量管理体系和产品的过程方法	1)识别与产品生产过程相关的全部零部件、所有工序、组装、检验以及试验操作,应明确出所有的质量控制节点; 2)制定不合格品管理和失效分析程序,对生产过程中出现的不合格品的处理给出规定; 3)制定偏离基线不一致风险评估和处理程序; 4)适当的统计过程控制方法进行数据分析; 5)生产过程记录要求; 6)产品工作图样及特性; 7)产品关键工艺和特种工艺的详细说明; 8)给出产品生产过程各工序、试验或检验过程的详细的作业指导书; 9)文件控制	生产流程图(正确的顺序以及每一个操作步骤图解、附注) 不合格品控制和失效分析标准或文件(批次不合格时,应实施不一致性处理程序) 不一致控制标准或文件(产品质量、管理要素、技术状态) 关键工序或参数统计过程控制及参数±36控制标准与方法 涵盖所有工序的记录单和流程卡样本(含不一致记录) 给出产品的技术概要、零部件组成和详细结构图 固化工艺标准文件;定义产品及其结构、特性所必需的所有资料清单 关键工艺和特种工艺说明(含控制限等) 与工序和过程相对应的作业指导书清单(注意细化、量化要求) 产品文件的编审和版本控制等
检验(质保)控制	质量管理体系质量控制和产品质量一致性、验收交付等过程管控	产品质量一致性检验流程、项目、条件。通过质量控制持续改进、进行下一步生产的量化标准。全过程主要环节的监控。制定产品交付控制程序,对交付流程、资料、包装运输等给出规定	过程检测标准或文件 检验项目与指标 试验项目及条件 验收流程与要求 评审流程(如材料、零部件、关键工序、产品、交付等环节开展评审)及标准 交付资料数据包 参数一致性分析

14.5.3.3　用户/研制方双认证质量工程师监督

为监督和保障生产过程基线文件有效落实，在全员宣贯培训的基础上，需建立“用户/研制方”双认证质量工程师为核心的监督队伍。双认证质量工程师是由生产方（研制方）选拔人员，经使用方（用户）和生产方双方共同培养出来的专业质量管控人员，是使用方质量管理要求在生产单位的有效传递者。“用户/研制方”共同编制《质量工程师管理要求》和《工作手册》，指导双认证质量工程师开展工作，使其在管理制度和工作机制下对产品的生产过程进行监督。

双认证质量工程师既熟悉用户方订货需求及相关质量管理要求，又熟悉生产方产品实现过程质量管控要求，其工作职责覆盖产品生产、检验、试验全过程，如图 14 - 28 所示。

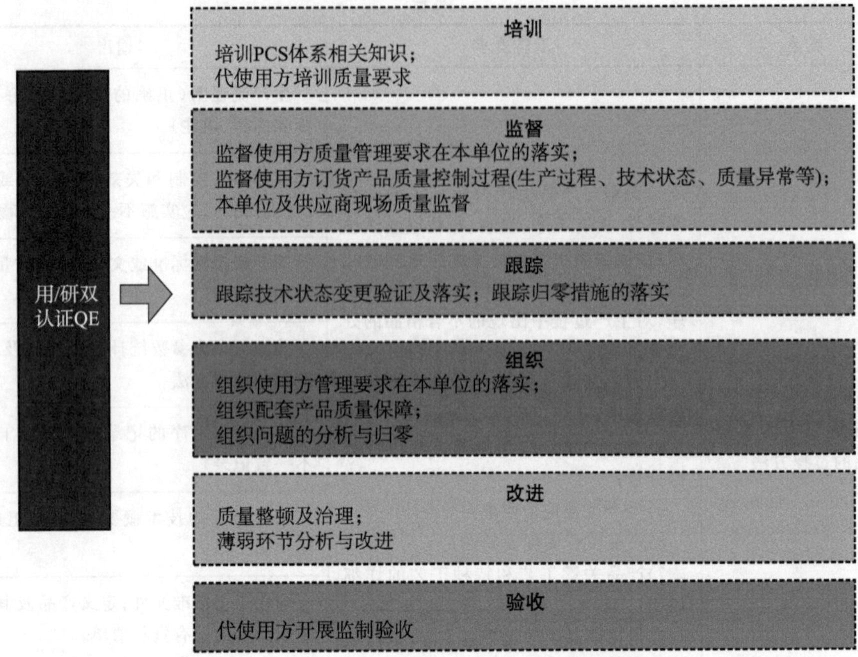

图 14-28　“用户/研制方”双认证质量工程师职责

14.5.3.4　偏离基线风险管控

对于偏离基线文件的情况，以不一致控制为抓手，开展风险的评估和控制工作，如图 14-29 所示。

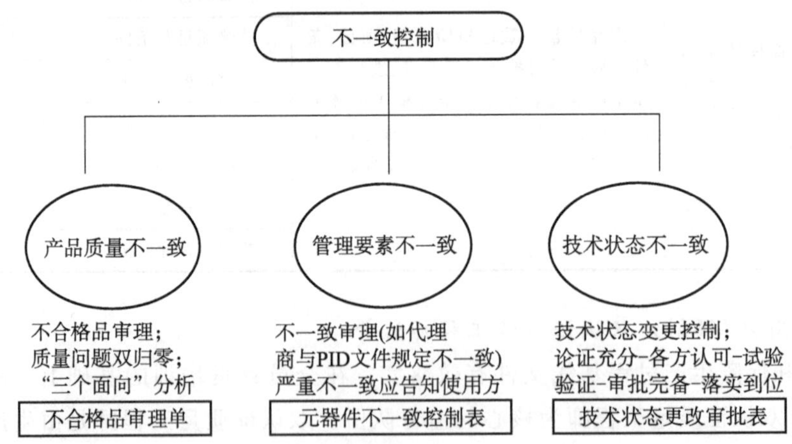

图 14-29　不一致控制风险评估和控制工作

建立风险分析机制和管理要求，明确职责分工及工作机制、细化工作流程。定期开展关键/重要环节（设计、工艺、人员、设备、原材料、外协等）风险分析，识别产品质量风险点，制定风险防控预案。

建立不一致控制程序，针对产品与基线文件不一致情况，明确单位、部门、使用方三级不一致情况界定及处理措施。对各类不一致情况充分分析验证，按不一致级别采取相应处理措施并通报使用方。定期对不一致情况进行统计分析，对不一致情况处理措施进行验证，从修订制度要求等方面建立长效机制，逐步减少并杜绝不一致情况。

14.5.4 典型案例

某单位为加强元器件批生产过程质量控制，应用面向产品的“物-事-人”批生产基线管控方法。为此，成立推进工作领导小组和办公室，明确实施的范围及产品、相关性人员职责、工作目标、主要工作内容及要求，制定建设推进实施方案，并开展培训宣贯。

14.5.4.1 建立基线文件

与质量管理体系和产品技术状态文件进行有机结合，制定基线文件建设指南和模板。基线文件除关注各个重要的过程外，更加关注过程各个细节，细节的要求就是对产品质量的固化，即质量始终能保持与鉴定合格时一致。在人员要素方面，明确相关人员管理要求，制定全过程及工序对应的具体人员清单、人员质量档案。在设备方面，确定设备清单及参数、实施设备定置管理，开展设备测量系统分析等。在产品及生产组织方面，建立并固化具体产品的基线文件，共编制 32 份产品基线文件，固化生产组织单元及要求等。在材料方面，固化供应商/代理商，制定关键材料清单及相关标准，确定复验项目及流程，开展材料数据的参数分析等。在方法方面，固化工艺标准文件，梳理工艺流程与特性，应用统计过程控制等。在检验方面，确定检验项目与指标，落实试验项目及条件，明确验收流程与要求等。

14.5.4.2 开展用户/研制方双认证质量工程师监督

编制双认证质量工程师管理制度和手册，明确质量工程师监督的职责与权限、工作项目、要求、依据、形式、输出、协调部门及工作周期等，以此指导质量工程师更全面的组织开展基线制定、监督落实及风险评估管控等工作。选拔并聘任质量工程师，按照岗位职责开展监督工作。对在原材料入库、零部件入库、产品入库、产品出厂交付四个阶段设置评审，开展内部现场监督检查和供应商现场监督检查等。另外，通过双认证质量工程师建立起使用方和承制方沟通桥梁，使双方均有效掌握产品状态。

14.5.4.3 实施偏离基线的风险管控

从“问题导向”和“目标导向”出发，识别产品控制风险点。形成产品风险因素和改进措施表。制定风险管控和评估制度与不一致审理流程，针对偏离基线的情况，开展风险评估。以人员基线偏离管控示例：建立产品人员基线，将员工的相关情况纳入文件加以固化，对照人员能力要求（工作年限、质量档案、绩效考核等）择优推荐；发起不一致流程审批并开展培训，经考核合格后，完善产品人员基线。需要时，不一致流程还需征求使用方审批意见或在交付用户资料中说明员工变更情况。

自 2019 年建设“物-事-人”批生产基线管控方法以来，至 2021 年底，实现航天产品交付能力、生产过程能力和产品质量保障能力的稳步提升。

14.6 批次产品“证据链”质量记录管控方法

航天产品以其特殊使用目的和质量要求，坚持按照合同订单和生产批次实施质量追溯，随着产品使用环境和复杂程度不断提升，质量问题的分析和定位难度日益提高，准确判别问题究竟发生在设计环节还是制造环节，需要开展大量的分析、验证和查验等工作。设计环节可以通过复核复算、仿真试验等方法进行验证，而制造环节通常只能提供批次质量检验记录，有准确数据记录的过程容易取信于人，对某些不易量化和不易验证的过程容易引发质疑。如何就生产制造过程质量“自证清白”，除留下传统的客观证据（质量检验记录），还必须对薄弱环节或者过程进行客观真实的记录或证明，固定相关证据，为型号生产提供必要的追溯依据。

14.6.1 概念和适用范围

14.6.1.1 概念

质量记录是质量管理体系中一种特殊的文件，可为证实、追溯以及采用预防和纠正措施提供证据，具有可检查性、可追溯性、可见证性和系统性的特点。质量记录要素贯穿于产品质量形成的全过程，是对产品质量形成过程状态和结果的记载，可以保证产品实现过程按照规定的方式进行，实现产品的可追溯性，落实质量责任。

为确保产品质量合格，必须在产品的生产过程中形成产品质量记录。产品质量记录主要包括产品标识记录、机器设备和人员的鉴定记录、进货检验和试验记录、加工和检验过程记录、试验过程记录、不合格品记录等。这些记录是对产品质量形成过程状态和结果的记载，内容应真实，书写明晰、数据可靠、填写及时、签署完整，易于识别和检索。质量记录可以形成书面文件，也可以使用其他数据载体进行记载。它可以是下列任何一种媒体形式：纸质、光盘、硬盘、照片、实物的样品等等。应按档案管理的要求对质量记录进行标识、收集、编目、查阅、归档、贮存、保管和处理。充分提供质量记录的贮存场所和保管设施，并对贮存的环境条件予以控制，以防丢失、变质或损坏。

批次产品“证据链”质量记录管控方法是针对航天产品的特殊性，通过将批次质量检验记录和“证据链”进行有效结合，进而开展过程质量记录控制的一种方法。

其中，批次质量检验记录是指为了保证产品质量的可追踪性，以产品订货合同或订单为源头，依据产品结构层次，按照“系统—分系统—设备（装置）—单元体（组合体）—部（组）件—零件（元器件）—原材料”的层级，通过产品编号、配套关系、生产批次和生产数量，对产品和零件做识别标志，借以辨认其制造时间、投料的初始状态、操作者及工程结构特征等，以此实现产品的可追溯性。

“证据链”质量管控是指为了保证产品质量的可信性，通过对产品特性的分析、以往经验和质量问题的分析，对本批次产品制造过程可能潜在的故障模式进行确定，评价故障对用户的潜在影响，根据风险程度，针对失效原因采取预防措施，并通过技术手段、生产现场精细化管控以及开展关键点影像记录等方式，证实过程及其结果满足要求的方法。

按照过程管理的原则，以技术状态基线为基准，针对不同批次的产品进行分析，确定过程中的质量控制监测点，并对每个控制点的检验方式和管理规范进行具体规定，进而设计出每个控制点的控制方法、应该形成的质量记录的要求和格式。当产品实现过程中发现质量问题时，关键过程都留有记录，有案可查，相关信息能够及时反馈，对质量问题能够做到预防、控制和改进，对影响质量的过程也可以追溯，并且改进和纠正措施的制定可以及时地纠正错误，有效地防止此类问题的再发生。

14.6.1.2　适用范围

本方法适用于预研、研制、批生产型号/项目/产品的制造、检验、交付过程质量记录管控，尤其适用于航天产品整机及零部件制造、检验、交付过程质量记录管控。对于航空、兵器等不同行业的整机及零部件制造过程质量记录管控亦有借鉴、参考价值。

14.6.2　基本原理

14.6.2.1　基本原则

批次产品“证据链”质量记录管控方法的基本原则是“系统策划、统筹实施、细节管控、客观真实”，围绕基本原则开展质量记录管控方法的策划及实施工作。

“系统策划”是通过系统思维评估每一个合同订单的要求和履约方式，通过内外部资源的平衡确定生产组批方式、产品技术要求和质量追溯要求等，进而明确产品生产批次、产品工艺层级、可追溯要求，在全面分析质量特性及其过程要素的基础上，系统全面策划质量记录以及采取的质量保证措施、管控制度和方法等。

“统筹实施”是基于策划开展的各项控制措施及记录要求，在工艺文件指导基础上，统筹生产过程各环节，匹配相应资源实施有效控制，进而确保批次产品过程质量控制及追溯性。

“细节管控”是在系统策划基础上，在实施过程中注重细节，严格落实工艺文件要求和控制措施，以生产现场对人和物的精细化管理和要求，做好各环节质量控制及过程管控记录，以有效证实过程和产品质量。

“客观真实”是对过程质量管控和记录的要求，要求客观真实反映现场和产品的实际情况，真实记录，准确回溯。

14.6.2.2　基本模型

批次产品“证据链”质量记录管控方法，是运用集成管理的思路和方法把质量管理理论、质量技术工具方法、生产现场精细化管理与项目本身所具有的系统化特点相结合而产生，如图 14 - 30 所示，其核心原理体现在三个方面。

在系统维，基于统一的技术状态基线，按照产品结构层级，建立产品结构树（单套），与订货合同或订单（数量）关联，按照“系统—分系统—设备（装置）—单元体（组合体）—部（组）件—零件（元器件）—原材料”层级，构成批次制造过程（过程维）质量

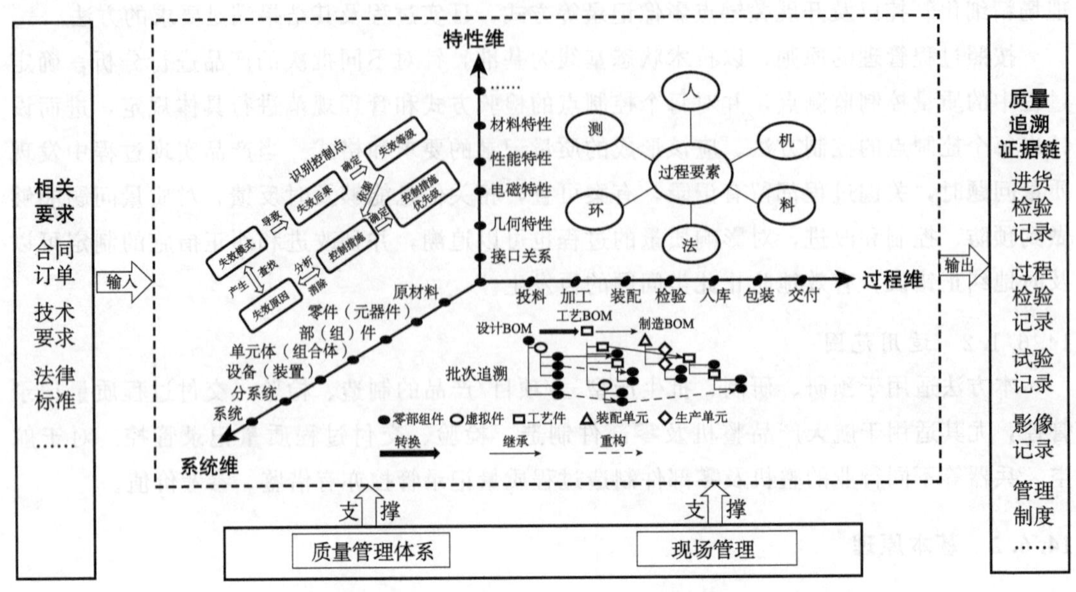

图 14-30　批次产品“证据链”质量记录管控模型图

追溯的基础（生产批次和数量），便于对产品和零件做识别标志，作为辨认其制造时间、投料初始状态、操作者及工程结构特征等的源头。

在特性维，基于产品功能和使用性能的技术分析，设计工艺实现过程，结合特性的形成（过程维）和过程要素（包括人、机、料、法、环、测）识别可能的失效原因，制定控制措施、要求和检验方法，设计质量记录要求，作为过程控制的指导和依据。控制措施包括：本质防差错、预警提示防差错、管控措施等。通过预先识别风险，采用标记、防差错装置或分时、分工位加工、顺序控制等措施起到防错作用，从源头控制风险。

在过程维，以实现各层级产品（系统维）生产制造过程“五清”，即产品批次清、质量状况清、原始记录清、数量清、炉（批号）清为基础，通过对产品生产过程各阶段进行批次标识，在生产过程中严格按照“六分批”进行质量控制，即分批投料、分批加工、分批转工、分批入库、分批装配以及分批出厂，确保同批产品的可追溯性；同时通过对批次产品可能的“失效”模式和后果（特性维）进行分析，应用过程流程图、结构树，基于产品或制造过程步骤以及要实现的产品特性，分析影响过程步骤质量的主要潜在原因的类别，分别制定针对性质量管控措施，通过质量技术手段预防、质量控制点设置、质量检验方法、质量记录设计、制造现场管理和控制及影像记录等方式，对产品质量形成过程状态和结果进行记载，形成质量“证据链”，最终实现产品的追溯“零缺陷”。

基于订货合同或者订单的“生产批次”作为连接纽带，将产品质量检验记录与“证据链”质量管控进行有机链接。通过批次号向上追溯到产品原料，向下追溯到交付/使用地；也可通过交付/使用地向上追溯到订单，并查看该订单详细的生产信息以及生产过程中的质量检验记录，做到产品全寿命周期的可追溯。当出现质量问题时，可以通过质量记录和过程质量控制方法、制度以及执行情况的“证据链”，有效追溯、回溯生产实际。

14.6.3　实施步骤

批次产品“证据链”质量记录管控工作的实施程序一般包括以下六个步骤：确定产品技术状态基线、结合生产实际进行批次管理、开展产品实现工艺路线设计、开展产品实现工艺特性分析、形成控制要求及预防措施、开展证据链管理并收集质量记录。在应用该方法时，可根据产品实际情况对上述步骤的工作项目进行裁剪或增补，对应的工作流程如图 14－31 所示。

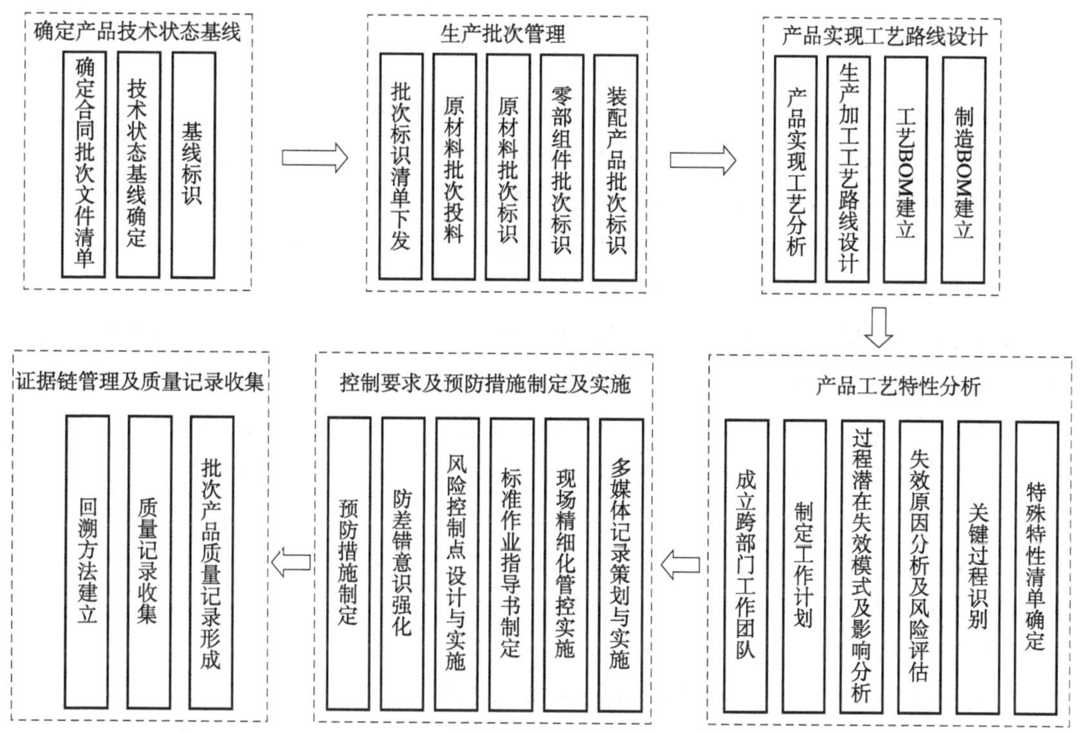

图 14－31　批次产品“证据链”质量记录管控工作流程

(1) 确定产品技术状态基线

签订订货合同后，根据订货合同、顾客要求等信息，确定合同批次所使用的文件清单，在清单中明确文件的代号、名称、密级、阶段标识以及版本等信息，对清单中文件进行逐项确认，清单中所有文件均被正式确认后，即完成对相应技术状态基线的确定。经确认的技术状态文件应进行相应的基线标识，可以直接在技术状态文件上进行标识或间接通过文件清单等方式确定。

(2) 结合生产实际进行批次管理

根据产品规范、合同要求、加工工艺以及生产数量等信息，综合考虑生产任务、生产能力以及管理费用等因素，在达到经济与生产能力最佳合理的情况下进行批次管理，产品批次标识通过批次标识清单下发。每一合同批产品可以根据实际情况分批生产加工，批次标识记录应清晰、完整，易追溯，在产品生产各环节中，批次标识与产品同步流转。在信息化条件满足质量控制和追溯性要求时，可以采用信息化管理的方式进行批次标识和可追溯性管理。

在投料过程中，按原材料批次进行投料，每批加工的产品应采用同批次原材料，在过程质量记录中明确记录原材料批次，易于产品质量追溯。在加工过程中，按批组织生产加工，根据产品的重要程度和价值大小，采取不同的追踪类别。关键、重要、高价值、特殊零组件和大型锻、铸件，对每个产品或零件进行编号，对可以在产品或零件上直接进行标识的，在标识要求中规定标识部位、标识方式，并在质量记录中详细记录；不能直接在产品或零件上进行标识的，应采用适当的方式或载体制作标志，并随产品进行流转，同时在质量记录中详细记录。对于不需要对每件产品或零件进行标识的，可通过原材料批次等进行批次标识控制，并在过程质量记录中明确标注原材料批次，便于质量追溯。在装配过程中，应按批投入装配，每一装配批应采用同一批的零部件；若装配用产品中有多个批次零件、部件、组件时，需要在装配文件或组批文件中进行明确规定。在装配过程中使用“配套卡片”等记录参加装配产品的批次标识，以确保可以进行质量追溯。

（3）开展产品实现工艺路线设计

基于BOM开展产品实现工艺路线设计工作，工艺部门对产品进行产品实现工艺分析，结合工艺分析结果和本单位技术能力情况，完成产品生产加工工艺路线的设计。根据工艺路线设计结果，在设计BOM的基础上添加工艺件、虚拟件等信息，每个节点关联相应工艺文件等信息，同时过滤设计BOM中零、部、组（整）件的部分属性信息，并根据需要修改设计BOM中零、部、组（整）件的装配顺序，即在工艺BOM中反映出各制造单元之间的传递关系。按产品装配顺序，在工艺BOM上挂接相应工艺文件，在生产过程中按产品结构层次及工艺路线开展过程质量控制和记录，实现产品质量追溯。

（4）开展产品实现工艺特性分析

以项目为牵引，以专业为支撑，成立跨部门工作团队，制定工作计划，按照策划准备、结构分析、功能分析、失效分析、风险分析、改进优化六步法，开展过程潜在失效模式及影响分析（PFMEA）。工艺总体部门应用宏观过程流程图将整个工艺过程进行分解，以工艺路线表的形式下发，各专业生产单位依据工艺路线表将所负责的工艺过程以微观过程流程图或者结构树的形式分解为工序和过程作业要素。PFMEA工作团队以工序为分析对象，识别其上、下层级的功能和要求，针对每道工序可能的失效模式分别从人、机、料、法、环、测等作业要素逐一分析其可能的失效原因，采用风险矩阵对风险等级进行评估，根据严重度等情况识别出关键过程（一般为关键工序和特殊过程），并结合实际情况将最终确定为关键工序和特殊过程的项目列入特殊特性清单。根据资源配置情况，确定需要降低风险的措施的优先次序，并指定责任人，对所制定措施实施的有效性进行确认，并且对采取措施后的风险进行再评估，最终实现预防控制。

（5）形成控制要求及预防措施

通过开展产品实现工艺特性分析，有效识别生产过程中存在的风险，对识别出的风险采取针对性预防措施。首先将防差错思维融入意识中，定期开展定点拍照、质量案例学习等培训，强化防差错意识。在管理流程设计上设置生产准备状态检查、零部件质量复查、产品装前评审、产品出厂质量评审等监控和审查点，及时开展确认和审查工作，确保产品实现过程受控。在工艺设计环节，提前识别风险，制定防错措施，如增加导向、标识、安全措施等，从工艺上制定防错措施，增加工艺控制手段，从源头上确保产品实现过程受控。

针对人员技能水平存在差异，为确保产品质量稳定可靠，降低技能水平差异化带来的质量风险，将操作内容进行标准化整理，形成标准作业指导书，用于在生产现场指导操作，以降低失效原因的发生频度，提高检测失效原因和失效模式的能力。

对关键重要场所（例如部装现场、总装现场）多余物控制的风险，开展现场精细化管控，根据产品特性和工艺特性开展全过程的多余物分析，识别产品制造过程产生多余物的主要环节，制定专项改进措施，通过实施单发齐套、产品和工具的行迹化管理、工具定置、物品定置等措施，规范现场操作，规范物品管理，减少现场多余物产生的可能，从源头预防多余物，确保过程质量受控。

为确保过程质量记录的完整性和产品质量可追溯，使质量回想变成回放，降低质量问题分析的难度，以装配为重点，结合型号产品特点和生产过程，针对生产过程涉及的重点装配工序、总装工序、关键工序等过程中无法量化检测、完成后无法检验、无法直观描述现象和返修后状态、易发生质量问题的部位（或过程）等提出多媒体记录要求。在产品工艺策划阶段开展生产过程的多媒体记录策划，确定多媒体记录项目清单和要求。在工艺文件相应工序中明确多媒体记录方法、记录内容和操作要求等，针对不易用文字或工艺简图表述清楚的工艺内容，可将经各方确认合格的多媒体记录结果纳入工艺文件，作为拍摄位置角度的参考，也可以单独编制多媒体记录标准样册指导实际拍摄。多媒体记录结果应建立表格化台账管理，表格中应包含多媒体记录的产品代号、产品名称、批次、产品编号、记录部位（或过程）名称、记录编号、记录人、记录时间等，并对多媒体记录进行编号存档，确保记录准确定位，可追溯。

（6）开展证据链管理并收集质量记录

根据上述分析结果，一方面对生产作业要素（人、机、料、法、环、测）的管控制定有效的控制方法和措施，形成可以回溯的方法、记录等证实性材料，另一方面按照批次管理和工艺文件要求，按过程质量控制要素在生产各环节形成质量记录。质量记录按照产品实现过程进行收集，按批次进行整理，按 BOM 的层级进行质量追溯。

14.6.4　典型案例

（1）确定产品技术状态基线

某总装厂在签订生产订货合同后，根据订货合同中对产品的要求，工艺部门组织完成合同所使用文件清单的梳理工作，清单中明确文件的代号、名称、密级、阶段标识以及版本等信息。组织召开评审会对清单中文件的技术状态是否满足合同要求进行确认，对经确认的技术状态文件通过文件清单的方式进行基线标识，形成《批次技术状态基线文件清单》。

(2) 结合生产实际进行批次管理

生产管理人员综合考虑生产任务、生产能力以及管理费用等因素，对产品进行批次管理。根据不同产品的特点和要求，进行产品批次标识的设计。在投料过程中按原材料批次进行投料，在《零件生产质量跟踪卡》中如实记录原材料批号，用于零件的质量追溯。对剪切销、转轴等关重件，舱体、导轨等大型铸件的每件产品进行编号，在转轴等可以在产品上标识的产品，采用在规定部位直接标识的方式，对剪切销等无法在产品上标识的情况，采用装袋并在包装上制作批次标识的方式。将批次标识情况在《零件生产质量跟踪卡》中进行详细记录，并随产品进行流转。根据批次管理特点，形成《产品标识清单》。

(3) 开展产品实现工艺路线设计

基于 BOM 开展产品实现工艺路线设计工作，工艺部门对产品进行产品实现工艺分析，结合工艺分析结果和本单位技术能力情况完成工艺路线设计，根据工艺路线设计结果，在 PDM 系统设计 BOM 的基础上添加工艺件、虚拟件等信息，每个节点关联相应工艺文件等信息，同时过滤设计 BOM 中零、部、组（整）件的部分属性信息，并根据需要修改设计 BOM 中零、部、组（整）件的装配顺序，完成产品实现过程工艺路线分析，形成《工艺路线表》《外协件明细表》。

(4) 开展产品实现工艺特性分析

在项目启动前，成立跨部门工作团队，制定 PFMEA 工作计划，进行失效原因、失效模式和失效影响分析，制定并实施改进措施。以总装流程为例进行过程展开，首先通过关系矩阵分析舱段特性与过程步骤的关联关系，根据关系矩阵输出结果开展分析。分析了 5 个装配过程共计 15 个装配工序，共识别出 101 项风险，措施优先度（AP）为 L 的有 89 项，措施优先度为 M 的有 12 项。

(5) 形成控制要求及预防措施

在按照质量管理体系要求进行记录的情况下，结合 PFMEA 分析识别的风险和薄弱环节，针对措施优先度为 M 的 12 项潜在风险增加专项控制点，并记录实际控制结果。首先制定班前会、班后会制度，班前会上开展质量案例培训及作业过程重点项目说明，班后会对当日情况进行总结，强化人员防差错意识。按生产流程开展生产准备状态检查、零部件质量复查、产品装前评审、产品出厂质量评审等工作，在各关键环节对产品进行确认。在工艺设计环节，提前识别风险，增加工艺控制手段，制定防错措施，从源头上确保产品实现过程受控。

采取了编制标准作业指导书（SOP）规范动作，降低由技能水平差异化带来的质量风险；实施单发齐套、产品和工具的行迹化管理、工具定置、物品定置等措施，从源头预防多余物；在工艺文件中明确多媒体记录的部位和要求，制作标准样册进行具体指导，在生产过程中按照多媒体记录的环节和要求进行拍摄（照），通过样片比对使质量回想变成回放，降低质量问题分析的难度，确保质量记录完整性和制造过程质量的可追溯性。

(6) 开展证据链管理并收集质量记录

一方面通过质量管理体系要求中规定的质量记录要求，按照批次管理和工艺文件要求，对产品实现过程各环节形成的质量记录、多媒体记录进行收集，依据订货合同或者订单，以生产批次为基础，按照“分系统（单独每一个产品编号）—设备（装置）（单独每一个产品编号）—单元体（组合体）（单独每一个产品编号）—部（组）件（单独每一个产品编号/批次号）—零件（元器件）（单独每一个产品编号/批次号）—原材料（炉批号/批次号）”层级进行收集整理，形成装配阶段单发记录、批次单发＋批次追溯的质量检验记录集。按照生产批次收集、确认质量管理体系要求的过程质量控制记录，如人员分级上岗的资格确认记录，设备、工量具等的确认和完好记录，以及生产准备状态检查记录，首件鉴定记录，工艺、质量评审记录等。基于潜在故障风险控制措施落实情况的质量“证据链”回溯和检查，如单发齐套配送制度和执行情况，工具、产品行迹化管理制度和执行情况，“班前”质量提示和“班后”总结分析制度和落实情况，定点拍照等要求和落实情况等，以确认产品和过程质量满足要求。

第 15 章　试验验证与检查确认方法

15.1　测试覆盖性分析

在长期的型号研制飞行试验中，由于测试覆盖性低造成飞行试验失利的情况屡见不鲜。通过不断摸索、修正，提出了测试覆盖性分析方法。

15.1.1　概念和适用范围

测试覆盖性是指产品的测试项目及实施要素覆盖产品设计任务书和相关技术文件规定的功能、性能指标以及实际飞行工作状态的程度，即针对产品功能、性能指标、接口关系、工作模式以及工作环境等特性指标所开展的测试项目的覆盖程度。

测试覆盖性分析是通过对装备研制各阶段测试及装备特性的覆盖程度的分析，评价装备的测试覆盖程度，分析确认不可测故障，及时发现并纠正测试性设计的薄弱环节。具体来说，是指通过对产品的测试检查项目及要素覆盖产品设计任务书、设计要求或者相关技术文件规定的功能、性能以及实际飞行状态的程度进行分析，保证产品质量验证和确认正确性、全面性和有效性。测试覆盖性分析通常要从测试方法、测试状态、测试环境、测试设备、测试指标、测试持续时间等基本要素（测试覆盖性分析“六要素”）开展分析，既涉及产品的固有测试性，也涉及产品研制过程测试能力和保障资源。

测试覆盖性分析适用于装备各研制阶段技术设计工作基本完成后开展，涵盖装备设备级、分系统级、系统级测试项目的测试内容。

15.1.2　基本原理

开展型号产品测试覆盖性分析工作应贯穿型号研制全过程，针对型号研制的不同阶段、不同层次产品进行有针对性工作。

15.1.2.1　不同层次产品测试性分析

(1) 测试项目分解分析要求

在型号研制的方案阶段，以飞行任务或其他既定约束为顶层约束，结合各型号测试性大纲的要求，将技术指标要求对应的测试项目进行自顶向下的逐层分解，从系统到分系统，再到单机，确定测试覆盖性的分析对象及项目。主要测试项目设置要遵循“单机覆盖分系统，分系统覆盖系统，出厂覆盖靶场，地面覆盖飞行”的原则，主要包括：

1) 任务书、技术要求或规范中需要测试和检查的项目；

2) 在单机或分系统设计中确定了设计要求且需要测试和检查的项目，影响单机或分系统性能指标的设计参数或必须检查的项目；

3）在型号设计规范中规定需要测试和检查的项目。

（2）单机分析要求

单机产品的出厂检查、测试要全面覆盖单机任务书和技术条件所规定的内容，包括在任务书、技术条件规定的功能和性能指标的测试情况及单机内冗余设计的测试情况，按性能要求、功能要求、接口设计、冗余设计等内容对单机覆盖性进行分析和确认。

单机在单元测试及产品出厂后不能覆盖的项目，要在产品验收、检验、工艺及人员保障各环节采取措施，并形成记录，证明产品在各种状态下都可以满足设计要求，并在产品图纸下场前进行“四不到四到”分析，即：产品测试不到要验收到、验收不到要工序检验到、工序检验不到要工艺保证到、工艺保证不到要人员保障到。确保能够保证产品功能和性能。单机在检查中发现测试不到的项目要追溯到分系统，要明确分系统可在哪个环节测试到相应项目。

（3）分系统级分析要求

分系统测试覆盖性分析工作主要结合各分系统的综合试验、专项仿真试验、半实物仿真试验等测试工作开展。要求分系统测试要全面覆盖分系统任务书和技术条件所规定的内容，包括任务书、技术条件所规定的功能和性能指标的测试情况，分系统级异常情况下的处理功能、冗余设计等，并针对如外部接口、理论设计方法和算法等测试边界不够真实的情况，提出上一级测试或经过仿真分析和试验验证的项目，并对分系统测试覆盖性进行分析和确认。此外，针对单机提出的在单元测试中不能覆盖的项目，在分系统分析中要给出是否能通过分系统测试覆盖的结论。

通过梳理，总结出分系统测试未覆盖相关指标要求或接口要求的项目。

（4）系统级分析要求

系统测试覆盖性分析工作主要结合型号系统出厂测试等工作开展，要求系统测试要全面覆盖靶场及任务状态的各项功能要求，以及分系统间的接口及分系统级冗余设计均能得到验证，并针对系统外接口、理论设计方案和算法等测试边界不够真实的情况，提出靶场测试或经过仿真分析和试验验证的项目，并对系统测试覆盖性进行分析和确认。此外，针对分系统测试中不能覆盖的项目，在系统分析中要给出是否通过系统测试覆盖性的结论。

对系统测试不能覆盖的指标要求及靶场测试项目的情况，要详细列出不能覆盖的项目清单。要针对此类项目提出保障措施，并有明确的结论。

15.1.2.2　不同阶段测试性分析工作

（1）方案阶段

方案阶段开展测试性分析工作，充分考虑产品的测试性、地面试验项目设置的合理性、试验内容的充分性，使得产品能够通过测试全面反映产品性能在此基础上以总体方案或飞行任务等为顶层约束，重点针对系统、分系统、单机设计单位对测试项目设置的全面性、合理性进行检查确认，并确定测试覆盖性分析对象及项目。

（2）初样阶段

初样阶段开展系统、分系统、单机的测试覆盖性分析工作，重点针对分析出的测试不覆盖项目制定有效的控制手段，确保技术指标要求得到测试或利用其他手段有效验证。结合这一阶段开展的单机、分系统及系统级试验和测试项目，以及后续试样产品的测试项目设置情况进行测试覆盖性初步分析，编写系统、分系统、单机测试覆盖性分析报告。

（3）试样阶段

试样阶段重点根据系统、分系统、单机产品实际开展的测试项目进行测试覆盖性的检查回归确认工作，结合型号需求，采取必要手段减少测试未覆盖项目，并对未覆盖项目的控制手段进行回归检查，形成测试覆盖性分析报告，并将测试项目设置结果固化在单机、分系统及系统的测试大纲和测试细则等文件中。

（4）定型阶段

定型阶段重点针对系统、分系统、单机产品技术状态发生变化的项目进行测试覆盖性分析及检查确认工作。对由于状态的固化、质量的稳定，产品可以不在重复测试的项目进行分析、总结，从而优化或减少、调整测试项目。

在产品转阶段时，在上一阶段测试覆盖性分析结果的基础上，结合测试覆盖性检查结果及当前阶段产品的具体情况，完成本阶段产品的测试覆盖性分析工作，并形成测试覆盖性分析结论。在产品验收、出厂、转阶段时，单机、分系统、系统应依次进行测试覆盖性检查并形成结论。

15.1.2.3 测试性分析方法

测试覆盖性分析通常采取技术指标要求自顶向下分解、测试覆盖性自底向上和自顶向下相结合的分析方法。

（1）基于自底向上面向产品的测试覆盖性分析

1）单机测试覆盖性分析单机产品的出厂检查、测试要求覆盖单机任务书和技术条件所规定的项目，单机不能覆盖项目时应提出分系统测试项目。积累单机测试的“六要素”（测试方法、测试状态、测试环境、测试设备、测试指标、测试持续时间）数据，对单机测试覆盖性进行分析和确认。

2）分系统测试覆盖性分析系统测试全面覆盖分系统任务书和技术条件所规定的内容，并针对外部接口、理论设计方法和算法等测试边界不够真实的情况，提出系统测试项目。积累分系统测试的“六要素”数据，与单机的“六要素”测试数据进行比对分析，对分系统测试覆盖性进行分析和确认，对单机在单元测试中不能覆盖的项目，在分系统分析中给出是否通过系统测试覆盖的结论。

3）系统测试覆盖性分析全系统测试全面覆盖靶场及飞行状态的各项功能要求，确保系统间的接口和系统级冗余设计均能得到验证，并针对工程外系统接口、理论设计方案和算法等测试边界不够真实的情况，提出靶场测试项目。积累系统测试的“六要素”数据，与分系统的“六要素”测试数据进行比对分析，对分系统测试覆盖性进行分析和确认，对分系统测试中不能覆盖的项目，在总体分析中给出是否通过系统测试覆盖的结论。针对系统测试不能覆盖的项目，设计师系统提出保证措施并在后续靶场工作中落实，在飞行试验前的质量评审中给出明确结论。

(2) 基于自顶向下面向对象的测试覆盖性分析

为解决进入应用阶段的产品可测试性不好的问题，以及满足优化靶场流程的需求，需要面向飞行及靶场测试逆向开展测试覆盖性分析，以完善产品设计、优化或简化测试项目等。

1) 提取基于自底向上面向产品的测试覆盖性分析积累的单机、分系统和系统出厂测试“六要素”数据，以覆盖靶场测试为目标，按照单机测试、分系统测试、系统测试、靶场测试不同时间阶段的测试“六要素”进行全面比对，给出覆盖级别和覆盖性分析结论。

2) 在覆盖级别确定后，按照覆盖级别分类逐一分析每一项测试项目，查找出不覆盖的要素，提出保证措施和后续改进措施，将具有时间性的覆盖级别降低或者尽量保证出厂前的测试均能覆盖靶场测试。

15.1.2.4　输入与输出

测试覆盖性分析输入主要包括：1) 研制总要求或研制任务书等；2) 本级方案设计报告及相关标准等；3) 环境试验要求类文件，环境条件、电磁兼容性要求等；4) 接口要求或接口控制文件；5) 各分系统/设备技术要求（或分系统规范）；6) 各阶段测试、试验大纲、细则；7) 阶段测试、试验总结；8) 下一级测试覆盖性分析报告。测试覆盖性分析的输出是分析报告，包括测试覆盖性分析报告和风险分析报告等。

15.1.3　实施步骤

型号产品的测试覆盖性分析包括测试项目分解、单机测试覆盖性分析、分系统测试覆盖性分析、系统测试覆盖性分析几个阶段，分析流程如图 15-1 所示。

针对单机/分系统/系统的测试覆盖性分析工作，一般分别按照以下步骤开展。各级测试覆盖性工作流程如图 15-2 所示。

1) 产品设计之初，在明确产品特征和上级文件中提出的规定内容（技术指标、工作流程、工作环境、运输要求、安全性、可靠性指标或措施等）的基础上，充分考虑、优化产品的测试覆盖能力，开展本系统或产品的设计工作（包括为下级单位编写任务书、技术要求和技术条件等)。对产品任务书中规定的各项要求，产品研制方与任务书提出方进行充分、有效的沟通。

2) 根据测试覆盖性分析依据中规定的内容，逐项进行分析，确定本级产品需要验证的项目，并对各级产品的测试覆盖性进行分析和确认。

3) 按照测试覆盖性分类要求，分析、确定本级产品可测试项目及其测试时机、测试条件、测试方法。

4) 按照测试覆盖性分类要求，分析、确定不可测试项目及其过程控制措施。对确认的不可测试项目，说明不可测试原因。能够通过分析计算、仿真予以验证的不可测试项目，在分析计算或仿真完成后，编写相应的分析计算或仿真验证报告。对于不能通过分析计算或仿真验证的不可测试项目，制定过程控制措施，并形成文件作为实施过程控制的依据。

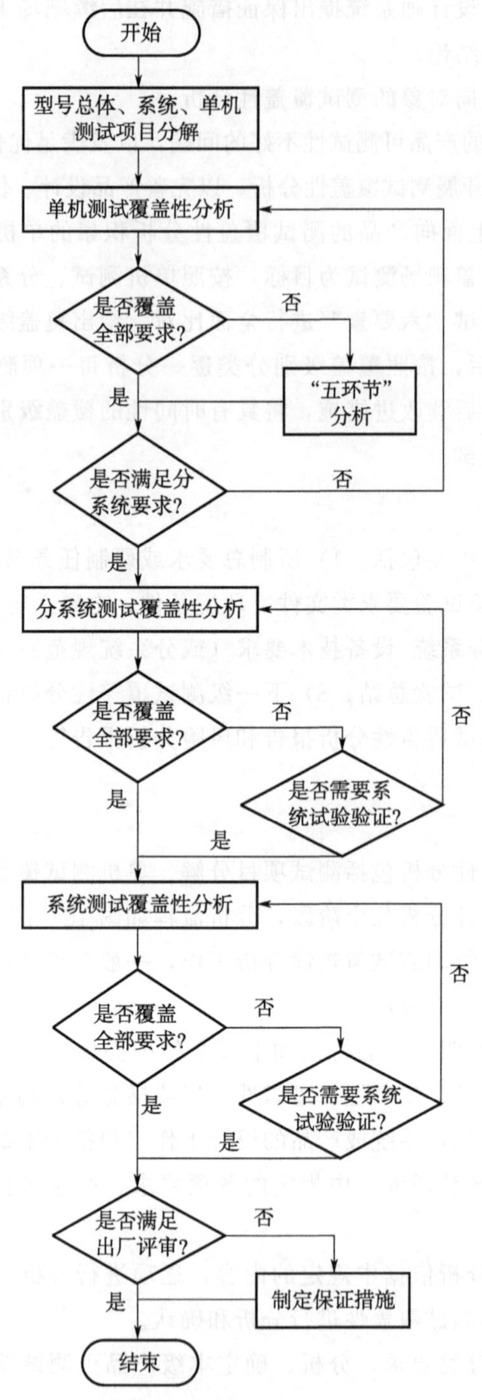

图 15－1　测试覆盖性工作流程

5）根据上述分析结果，完成本级测试覆盖性分析结果。

6）根据本级测试覆盖性分析结果，完成测试覆盖性检查，根据检查结果，编写本级系统测试覆盖性检查报告。转阶段及出厂前，系统/分系统总体根据本级系统测试覆盖性分析报告的内容进行逐项检查，并按要求确认完成了本级系统测试和试验大纲规定的所有测试和试验，确认所有不可测试项目均经过计算、仿真验证或采取了相应的质量控制措施，并提交相应的正式报告。所有可测试项目和Ⅱ、Ⅲ类不可测试项目均已在相应的测试时机完成了测试，测试和试验结果有效、充分。

7）根据当前研制阶段的产品状态，在上一阶段测试覆盖性分析与检查结果的基础上，完善产品测试覆盖性分析和测试覆盖性检查内容，优化产品测试覆盖性能力和测试覆盖性检验方法。

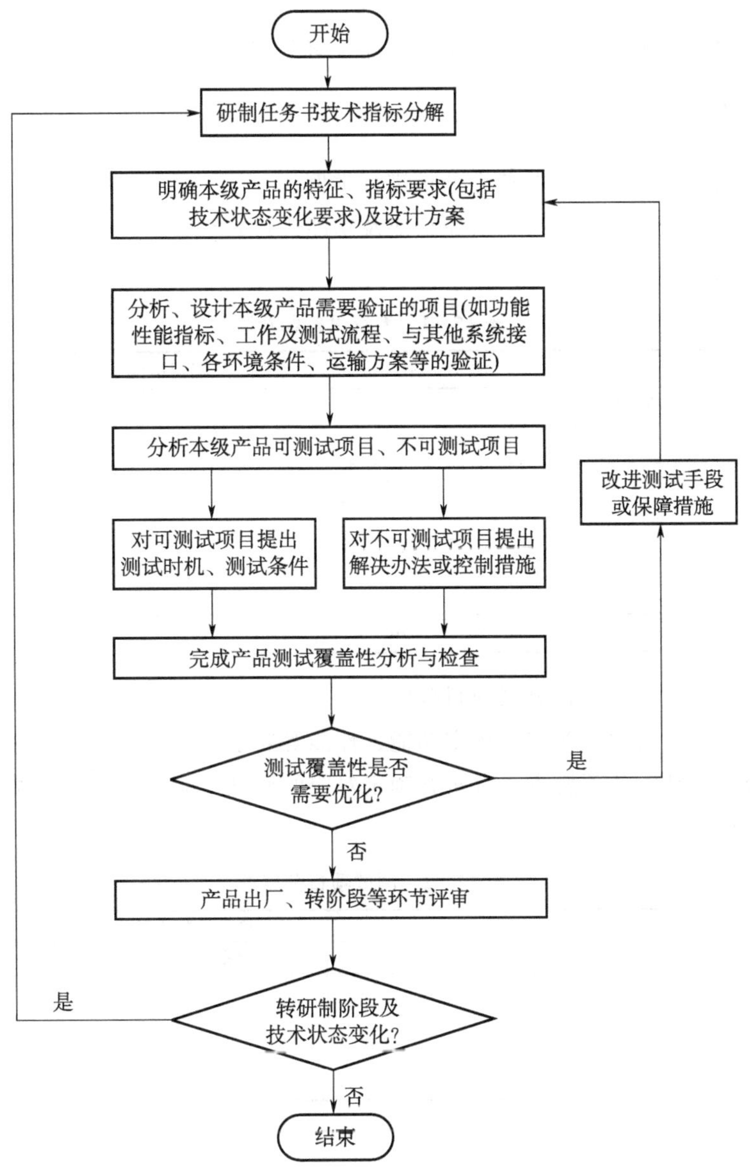

图 15－2　本级测试覆盖性工作流程

测试项目分类如下：

1）系统级可测试项目指对于任务书、研制合同或技术要求明确规定的技术性能指标以及产品设计确定需测试的参数，在本级测试中能够直接获取数据的项目。

2）Ⅰ类不可测试项目指对于任务书、研制合同或技术要求明确规定的技术性能指标以及产品设计确定需测试的参数，在产品各级产品测试（包括单机装配或调试过程）中均不能通过测试方法直接获取数据的项目。

3）Ⅱ类不可测试项目指对于任务书、研制合同或技术要求明确规定的技术性能指标以及产品设计确定需测试的参数，在本级产品不可测试，在下级产品可测试的项目。

4）Ⅲ类不可测试项目指对于任务书、研制合同或技术要求明确规定的技术性能指标以及产品设计确定需测试的参数，在本级产品不可测试、在上级产品可测试的项目。

15.1.4 典型案例

本节针对某装备系统测试覆盖性分析进行举例。

（1）列举系统配套表，对分析对象组成及功能进行列举

系统设备配套表见表 15－1。

表 15－1 系统设备配套表

序号	名称	代号	配套单位	备注
1	动力系统	××	××	…
2	结构系统	××	××	…
3	制导控制系统	××	××	
4	电气系统	××	××	
5	遥测系统	××	××	
6	助推级	××	××	
…	…	…	…	…

（2）列举输入文件，进行测试项目分解

对研制总要求、研制任务书所规定功能、性能等要求，以及产品设计中确定的技术指标要求进行分析。针对各项要求，分析并确定对应的测试、验证项目，并填入表 15－2 中的“项目”一栏。

表 15－2 测试项目分解表

序号	项目	验证层次及方法		
		单机	分系统	系统
1	…	…	…	…
2	…	…	…	…
…	…	…	…	…

（3）可测项目分析

对第（2）条列出的系统需要验证的项目进行分析，确定其中系统级/分系统/单机可测试项目，及其在各测试、试验阶段的具体测试时机，并将分析结果填入表 15－3 中，同时填写表 15－2“验证层次及方法”相关栏目。

表 15－3　系统级/分系统级/单机级可测项目分析表

序号	测试项目	测试时机		
		××1 测试	××2 测试	…
1	…	…	…	…
…	…	…	…	…

注：1."测试时机"中的各项系统级测试及试验阶段名称与内容依据各型号实际情况可以有所不同；

2."测试项目"栏填写需测试的项目、工作模式。

（4）不可测项目分析

对Ⅰ类不可测试项目进行分析，明确Ⅰ类不可测试项目的质量控制措施和验证方式，将分析结果填入表 15－4 中，同时填写表 15－2"验证层次及方法"相关栏目。

表 15－4　系统级/分系统级/单机级Ⅰ类不可测项目分析表

序号	Ⅰ类不可测试项目	验证方式			控制要求
		计算	仿真	过程控制	
1	…	…	…	…	…
…	…	…	…	…	…

注：1."验证方式"应简要填写什么时机进行计算、仿真或过程控制；

2."控制要求"应简要说明对计算、仿真的控制要求，简要说明过程控制的措施。

对系统级Ⅱ类不可测试项目进行分析，明确系统级Ⅱ类不可测试项目的测试时机和有关过程控制措施，将分析结果填入表 15－5 中，同时填写表 15－2"验证层次及方法"相关栏目。

表 15－5　系统级/分系统级/单机级Ⅱ类不可测项目分析表

序号	Ⅱ类不可测试项目	测试时机和控制措施	
		测试时机	控制措施
1	…	…	…
…	…	…	…

注：1."测试时机"指在哪一级或哪个过程获取数据；

2."控制措施"指分系统/单机测试过程(或单机装配或调试过程)的控制措施。

对系统级Ⅲ类不可测试项目进行分析，明确系统级Ⅲ类不可测试项目的测试时机，将分析结果填入表 15－6 中，同时填写表 15－2"验证层次及方法"相关栏目。

表 15－6　系统级/分系统级/单机级Ⅲ类不可测项目分析表

序号	Ⅲ类不可测试项目	在上级系统测试时机	
		测试时机	相关工程系统名称
1	…	…	…
…	…	…	…

注：1."测试时机"指在哪个测试过程参加测试、获取数据；

2."相关工程系统名称"填写与本级产品存在接口关系的工程系统名称。

（5）给出测试覆盖性分析结论

应明确系统级测试覆盖性分析项目已经覆盖了研制合同、研制总要求明确规定的技术性能指标及产品设计确定需测试的所有项目。对系统级可测试项目和Ⅱ类、Ⅲ类不可测试项目，已明确测试时机；对Ⅰ类不可测试项目，已制定了过程控制措施。

根据表 15-2 到 15-6 填写情况，给出系统测试覆盖性分析表。表 15-7 为某舵系统测试覆盖性分析表部分内容举例。

15.2　产品质量正向确认

针对航天系统在产品验收前、出厂前多次开展质量复查工作，依靠“翻箱倒柜”来保证“不留死角”。这种做法虽然取得了一定实效，但存在对发现的问题处理不及时、质量复查工作不规范、产品质量难以保证等问题。为实施质量控制前移，变被动为主动，变事后质量复查为事中质量控制，提出并有效运用了产品质量正向确认方法。

15.2.1　概念和适用范围

产品质量正向确认是排查、识别风险源的一种有效的质量方法，区别于反向质量复查，是指在产品研制生产过程中，随着研制生产工作的进展同步开展的、能够提供客观证据，以证实规定要求已得到落实并确保其合格所进行的系统的、有计划的一系列活动。

该方法强调在产品研制生产初期就策划产品研制生产全过程中的各项产品质量正向确认工作，将工作的重心放在事先预防上，采用边研制（生产）、边确认的方式，分阶段安排产品质量正向确认工作，收集汇总研制生产中各阶段的质量信息，将事后的质量复查转变为产品研制全过程中有计划、分阶段、全方位的产品质量正向确认，帮助技术、管理和操作人员在产品形成的全过程中一次就把工作做好，一次就把工作做到位。

产品质量正向确认适用于研制和批生产的产品，尤其是复杂产品的研制生产工作。

15.2.2　基本原理

15.2.2.1　基本原则

产品质量正向确认贯彻“从源头抓起、分阶段进行、全过程控制、质量控制重心前移”的原则，将“事后算总账式”的质量复查转为全过程、分阶段的产品质量正向确认，强调全过程质量控制和控制重心前移。该方法主要通过以下四个要点推动产品质量正向确认工作实施：

1）系统预防。强调预防为主，即从产品研制初期便将产品质量正向确认工作安排在设计、生产计划之中，策划产品质量正向确认工作计划和要求，在各阶段关键质量控制节点，安排相应的产品质量正向确认工作。

表 15－7　某舵系统测试覆盖性分析表

序号	关键技术指标		设备级测试			系统级测试			覆盖性结论	本级不能覆盖的原因分析	对飞行试验的影响	备注
			测试名称	测试结果	是否覆盖	测试名称	测试结果	是否覆盖				
1. 性能要求												
1.1	额定转矩	≥× N·m	额定转矩测试	合格	是	/	/	否	Ⅱ级	全系统测试时，由于无法模拟气动力，因此，无法进行额定转矩测试	舵系统额定转矩性能出厂验收时进行检验，检验合格后交付总装厂装弹，其额定转矩性能不会随运输、拆装等过程发生变化。 分析结论：不影响	
1.2	额定转速	≥×(°)/s	动态特性测试	合格	是	/	/	否	Ⅱ级	全系统测试时，不进行单独的动态性能检测试验	舵系统动态性能出厂验收时进行检验，检验合格后交付总装厂装弹，其动态性能不会随运输、拆装等过程发生变化。 分析结论：不影响	
1.3	工作行程	±×°	工作行程测试	合格	是	全系统测试	合格	是	Ⅰ级			
1.4	转角误差	转角误差：≤|×°|	转角误差测试	合格	是	/	/	否	Ⅱ级	全系统测试时，由于无法模拟气动力，因此，无法进行带载转角误差测试	舵系统转角误差出厂验收时进行检验，检验合格后交付总装厂。其转角误差性能不会随运输、拆装等过程发生变化。 分析结论：不影响	
1.5	电气零位误差	≤|×°|	零位误差测试	合格	是	地面全系统测试零位测试	合格	是	Ⅰ级			

续表

序号	关键技术指标		设备级测试			系统级测试			覆盖性结论	本级不能覆盖的原因分析	对飞行试验的影响	备注
			测试名称	测试结果	是否覆盖	测试名称	测试结果	是否覆盖				
1.6	舵机间隙	≤×°	间隙测试	合格	是	/	/	否	Ⅱ级	全系统测试时，不进行单独的舵机间隙检测试验	舵系统间隙出厂验收时进行检验，检验合格后交付总装厂装弹 分析结论：不影响	
1.7	频率特性	详见技术要求	频率特性测试	合格	是	/	/	否	Ⅱ级	全系统测试时，不进行单独的频率特性检测试验	舵系统频率特性出厂验收时进行检验，检验合格后交付总装厂装弹。 分析结论：不影响	
2.机械接口要求												
2.1	安装要求	详见外形协调图	/	/	否	总装测试	合格	是	Ⅰ级	舵系统单机各项测试和试验时为单独放置或通过专用工装实现安装	舵系统的安装均与弹上匹配。 分析结论：不影响	
3.电气性能及接口要求												
3.1	电流要求	…	单机功耗检查	合格	是	全系统测试	合格	是	Ⅰ级			
3.2	绝缘要求	…	单机绝缘检查	合格	是	全系统绝缘测试	合格	是	Ⅰ级			
3.3	电气接口	…	…	合格	是	全系统测试	合格	是	Ⅰ级			
3.4	通信接口	…	…	合格	是	全系统测试	合格	是	Ⅰ级			
4.其他要求												

续表

序号	关键技术指标		设备级测试			系统级测试			覆盖性结论	本级不能覆盖的原因分析	对飞行试验的影响	备注
			测试名称	测试结果	是否覆盖	测试名称	测试结果	是否覆盖				
4.1	质量	≯× kg	单机验收	合格	是	/	/	否	Ⅱ级	装配时不再对舵系统质量进行检验	舵系统质量出厂验收时进行检验，检验合格后交付总装厂装弹，其质量不会随运输、拆装等过程发生变化。 分析结论：不影响	

2）重心前移。质量复查通常安排在产品质量验收前、出厂前，将质量控制的重心放在了产品研制生产流程的后端。经这种方式发现的质量问题往往已经错过了最佳处理时机，对产品能否按期完成质量验收、出厂带来较大影响。而产品质量正向确认通过在产品研制生产流程开始前就策划全过程的产品质量正向确认工作，在各阶段开展相应的质量正向确认工作，将产品质量控制的重心向前移动，能够及时发现问题并采取行之有效的应对措施。

3）融入流程。即将产品质量正向确认工作融入产品研制生产全过程中。通过将其与产品研制生产流程的关键质量控制点相结合，形成了质量控制的有效抓手，能够及时有效地实现产品研制生产全过程的质量监视和控制。

4）表格化管理。表格化文件是产品研制生产工作中重要的过程记录文件，对产品研制生产各阶段流程的数据进行记录是产品质量正向工作的重要内容。产品质量正向确认要求相关人员如实对各阶段的产品质量正向确认情况进行记录，确保数据完整、有效、可追溯。通过表格化管理，产品质量正向确认杜绝了因工作程序漏项或操作的随意性所造成的差错，有效地提高了工作的质量。

15.2.2.2　输入与输出

产品质量正向确认需依据产品设计、生产等过程中的质量记录文件、质量要求文件、法律法规等，确认产品的质量要求是否满足。这些文件和法律法规就是产品质量正向确认的输入，经确认后形成的一系列表格及文件就是产品质量正向确认的输出。

产品质量正向确认的输入与输出分别见表 15－8 与表 15－9。表 15－9 中的 1～4 项汇总表见表 15－10 至表 15－13。由于不同产品的技术流程不同，各类产品可视情况对产品设计、工艺、生产、交付的质量正向确认汇总表进行裁剪、补充使用。

表 15－8　产品质量正向确认的输入

序号	产品质量正向确认的输入
1	研制(设计)任务书、外协委托任务书及相关设计技术要求
2	研制合同、订货(采购)合同
3	设计文件、工艺文件、试验文件
4	评审结论
5	研制技术流程
6	产品保证系列大纲、型号标准化大纲、元器件保证大纲、可靠性与安全性大纲及相关的型号管理文件
7	型号质量检查确认要求及相关质量管理文件
8	相关的法律、法规和标准、规范

表 15-9　产品质量正向确认的输出

序号	产品质量正向确认的输出
1	产品设计质量正向确认汇总表
2	产品工艺质量正向确认汇总表
3	产品生产质量正向确认汇总表
4	产品交付质量正向确认汇总表
5	产品各阶段质量正向确认报告
6	产品各阶段质量问题整改报告

表 15-10　产品设计质量正向确认汇总表

序号	型号名称	产品名称	确认内容	确认文件	确认文件编号
1			上一阶段研制过程中的遗留问题、设计评审和技术设计评审的遗留问题是否解决		
2			设计指标是否满足任务书的要求		
3			设计输入输出文件是否完整、有效且符合型号标准要求		
4			所采用的新技术是否经过验证		
5			是否进行了测试覆盖性与验证充分性分析并满足相关标准要求		
6			是否进行了可靠性工程设计，设计指标是否满足任务书要求		
7			元器件的选用是否满足型号要求		
8			研制、生产阶段发生的质量问题是否归零		
9			技术状态更改的是否得到有效控制		
10			关键件、重要件是否确定，并在设计文件中落实		
11			新品元器件是否完成鉴定和验证		
12			新工艺和新材料是否完成鉴定和使用验证		
13			与其他产品(系统)间的机械接口、电器接口、软件接口、计算接口设计的协调性		
14			其他需要质量正向确认的内容		

表 15－11　产品工艺质量正向确认汇总表

序号	型号名称	产品名称	确认内容	确认文件	确认文件编号
1			上一阶段生产过程、本阶段工艺评审以及生产过程中的遗留问题是否解决		
2			关键件、重要件工艺文件编制是否完整、可行		
3			是否严格执行《航天产品禁(限)用工艺目录》和《国家淘汰工艺、工艺设备及产品目录》,所采用的限用工艺是否有相应的质量保证措施		
4			关键工序是否进行了分析和确认,相应的质量控制措施是否落实		
5			特殊过程是否进行了确认		
6			工艺更改和偏离是否实施了有效控制		
7			其他需要质量正向确认的内容		

表 15－12　产品生产质量正向确认汇总表

序号	型号名称	产品名称	确认内容	确认文件	确认文件编号
1			生产操作人员是否符合要求		
2			特殊生产环境是否符合要求		
3			产品技术指标是否达标,产品有无指标超差		
4			产品是否完成了测试覆盖性和验证充分性分析和检查		
5			产品是否实施了可靠性系统工程试验,遗留问题是否得到解决		
6			装机元器件/原材料/标准件是否按照要求进行了复验筛选、DPA、超期使用是否得到确认		
7			元器件/原材料/标准件失效是否进行了分析并完成了归零		
8			发生的质量问题是否完成了归零		
9			生产所需专用工装设备和测试设备是否完成了检定和使用鉴定		
10			紧急和例行放行,是否办理了相应的审批手续		
11			技术通知单、更改单和其他临时文件是否在产品上得到落实		
12			是否办理不合格品审理,措施是否落实		
13			关键、重要外协件的质量控制措施是否落实		
14			产品配套软件是否实施了软件工程化管理		
15			生产厂家转、扩点是否得到有效控制		
16			产品是否按照要求开展了首件鉴定,结果是否满足要求		
17			其他需要质量正向确认的内容		

表 15－13　产品交付质量正向确认汇总表

序号	型号名称				产品名称			承制单位		
1	产品验收确认	验收结果			验收遗留问题及处理情况			确认人	确认文件	确认文件编号
2	技术状态更改控制	设计更改数量	技术偏离数量	工艺更改数量	工艺偏离数量	代料数量	更改和偏离验证结论	确认人	确认文件	确认文件编号
3	测试覆盖性	未覆盖技术指标项目数量		设计产品数量	影响分析	过程控制落实情况		确认人	确认文件	确认文件编号
4	工艺控制情况	禁用工艺数量	限用工艺数量		关键工序数量	特殊过程数量		确认人	确认文件	确认文件编号
5	不合格品审理情况	返修数量		超差回用数量		超差对产品影响分析结论		确认人	确认文件	确认文件编号
6	软件第三方测评情况	关键问题数量	重要问题数量		未修改问题数量		未修改问题风险分析结果	确认人	确认文件	确认文件编号
7	元器件质量	新品种类	目录外种类	不能测试种类	超期数量	失效分析数量	复验筛选/DPA不合格数量	确认人	确认文件	确认文件编号
8	紧急/例行放行情况	紧急放行项目数量	紧急放行处理结论		例行放行项目数量	例行放行处理结论		确认人	确认文件	确认文件编号
9	质量问题归零	质量问题归零数量	归零措施落实情况		未归零质量问题数量	风险分析及放行措施实施落实情况		确认人	确认文件	确认文件编号

15.2.3 实施步骤

产品质量正向确认的实施分为策划阶段和实施阶段。策划阶段主要负责确定产品质量正向确认范围、确认内容以及制定产品质量正向确认计划；实施阶段主要根据制定的产品质量正向确认计划，分阶段进行产品质量正向确认工作。产品质量正向确认的实施流程如图 15-3 所示。

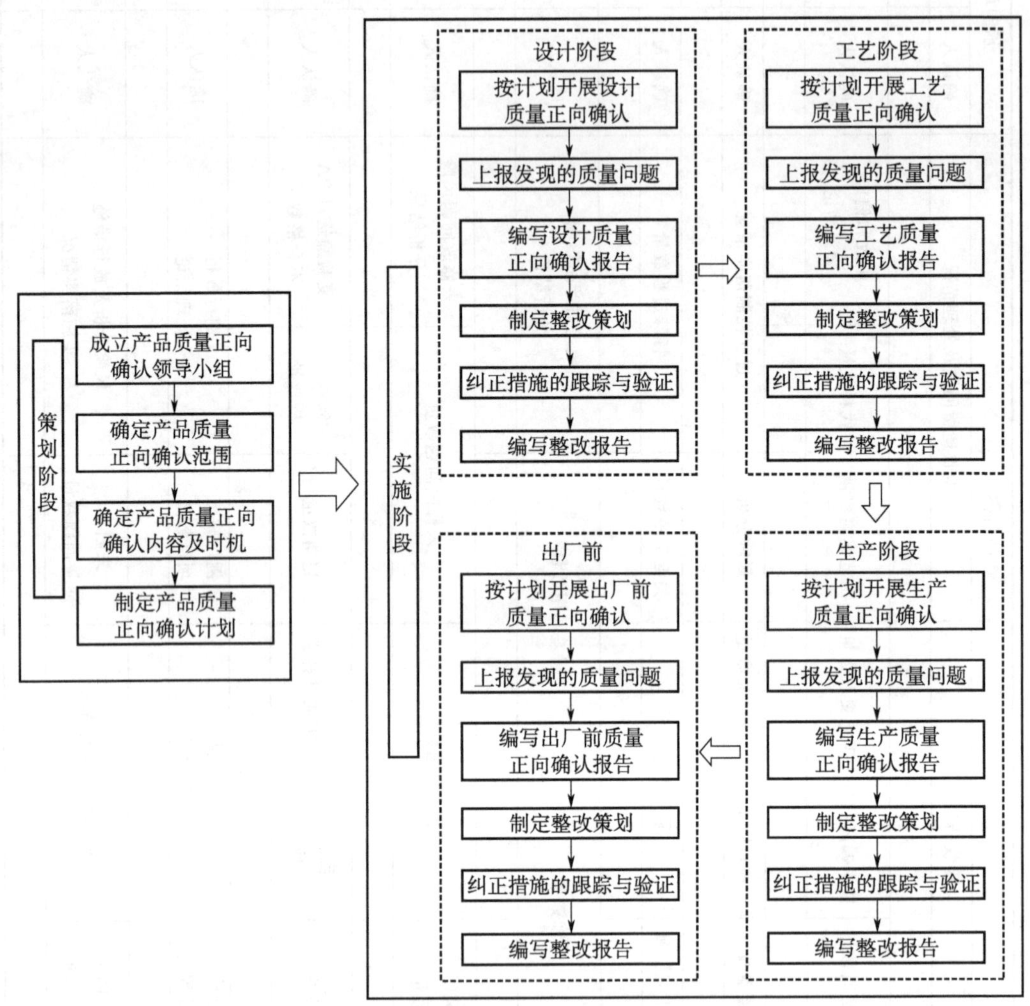

图 15-3　产品质量正向确认的实施流程

（1）策划阶段

该阶段主要工作：

1）成立产品质量正向确认领导小组。领导小组通常由型号总指挥、总设计师（以下简称“型号两总”）系统组成，负责组织和指导各阶段产品质量正向确认工作的实施。

2）确定产品质量正向确认范围。主要确定产品质量正向确认各项工作的责任范围，确定所涉及的产品研制生产所覆盖的对象与过程。

3）确定产品质量正向确认内容及确认时机。在设计方面，主要确认设计输入文件的完整性、有效性，产品设计输出文件的完整性符合相关标准情况，技术设计指标满足任务书要求的情况等内容；在工艺方面主要确定关键件、重要件工艺文件编制是否完整、可行，关键工序是否进行了分析和确认，相应的质量控制措施是否落实等内容；在生产方面主要确认产品技术指标达标情况，产品测试覆盖性和验证充分性分析审查情况，元器件、原材料和标准件的复验筛选情况等内容；在交付方面主要确认产品设计、工艺、生产阶段质量正向确认的实施和审查情况等内容。产品质量正向确认的确认时机需要根据不同产品的研制生产特点，在研制生产的流程中确定。

4）制定产品质量正向确认计划。型号两总根据工作项目、总体要求等制定产品质量正向确认工作计划，明确产品关键质量控制点和质量正向确认时机，确保产品质量正向确认工作覆盖该技术流程规定的质量控制点和全部工作内容。

（2）实施阶段

完成策划阶段的各项工作后，进入实施阶段。实施阶段分为设计、工艺、生产、交付四个阶段，按照产品质量正向确认计划，在确定的确认节点，对相关内容进行确认。这四个阶段的确认工作流程一致，主要分为以下几个步骤：

1）按计划开展相应阶段的产品质量正向确认工作；

2）上报确认后发现的质量问题；

3）根据确认情况，编写相应阶段的产品质量正向确认报告；

4）根据质量正向确认报告，制定相应的质量问题整改策划；

5）对发现的质量问题的纠正措施进行跟踪与验证；

6）整改结束后，编写相应阶段的质量问题整改报告。

15.2.4　典型案例

为强化某航天产品质量管理，严格过程控制，实现“第一次就把事情做对，在该产研制过程中实施产品质量正向确认，并制定了该航天产品质量正向确认实施计划。确认时机为：文件发出（图纸下厂）前完成产品设计质量正向确认；产品生产前完成产品工艺质量正向确认；产品质量评审前完成产品生产质量正向确认；产品出厂交付前完成产品交付质量正向确认。根据该航天产品的研制生产特点，共策划了 52 项确认工作项目，见表 15 - 14。

按照制定的产品质量正向确认实施计划，工作人员有效地完成了该航天产品的质量正向确认工作。确认结果显示，该航天产品各项功能正常，各方面指标均满足要求。

通过与以往类似产品的质量复查工作对比，产品质量正向确认取得的主要效果为：

1）产品生产研制过程中的出错率降低。通过事先工作策划，分阶段开展产品质量正向确认，产品的质量得到有效控制，质量要求得到满足，产品的出错率大幅降低。

2）过程质量控制及时性和有效性获得提高。分阶段开展产品质量正向确认，使质量控制的重心前移，确保了过程和结果质量控制的及时性和有效性。

3）员工的质量意识获得提高。实施产品质量正向确认，培养了员工一次就把工作干好的观念和习惯，使得操作人员和管理人员将工作精力放在过程中预防而不是事后复查上，员工的质量意识获得了有效提高。

表 15－14　某航天产品质量正向确认工作项目

序号	确认时机	确认工作项目	依据文件
1	文件发出（图纸下厂）前	设计输入输出情况	产品任务书； 设计文件； 设计评审结论； …
2		借用产品分析	借用产品与本产品有关环境、要求的适应性分析
3		“六性”设计情况	产品保证系列大纲； 型号标准化大纲； 可靠性大纲； …
4		元器件、原材料、外购外协件选用情况	元器件保证大纲； 元器件超范围选用审批表； 新品元器件鉴定报告； …
5		…	…
6	产品生产前	工艺的科学性、可行性	相关选用工艺的分析报告
7		关键工序评审	关键工序评审报告
8		新工艺及工艺攻关成果鉴定情况	新工艺及工艺攻关成果鉴定报告
9		禁（限）用工艺的执行情况	《航天产品禁（限）用工艺目录》； 《国家淘汰工艺、工艺设备及产品目录》； 限用工艺选用分析报告
10		…	…
11	产品质量评审前	产品质量满足设计要求情况	产品单机理性试验报告； 产品环境试验报告； 产品可靠性试验报告； …
12		元器件、原材料、外购外协件采购及使用情况	元器件新品选用情况统计表； 装机元器件明细表； 装机元器件 DPA 情况统计表； …
13		原材料、标准件代料情况	原材料、标准件代料情况统计表
14		…	…

续表

序号	确认时机	确认工作项目	依据文件
15	产品出厂交付前	设计过程产品质量正向确认情况	产品设计质量正向确认报告； 产品设计阶段质量问题整改报告； …
16		工艺过程产品质量正向确认情况	产品工艺质量正向确认报告； 产品工艺阶段质量问题整改报告； …
17		生产过程产品质量正向确认情况	产品生产质量正向确认报告； 产品生产阶段质量问题整改报告； …

15.3 试验真实性覆盖性分析

试验真实性、覆盖性分析是识别飞行器飞行试验风险、保证飞行试验成功的重要方法，也是实现天地一致性的重要保证。本分析方法描述了飞行器在预研、研制、定型等阶段进行飞行试验前试验的真实性、覆盖性分析工作的内容和分析要求等。

15.3.1 概念和适用范围

试验真实性分析是以飞行试验为基准，开展的飞行试验前试验的产品状态、试验环境和条件等与真实飞行试验接近程度的分析活动。

试验覆盖性分析是以飞行试验为基准，开展的飞行试验前试验的验证内容是否覆盖飞行试验所有产品、主要产品属性和全流程的分析活动。

适用于以下范围：

1）在试验项目策划期间，对设备、分系统、系统和飞行器系统试验真实性、覆盖性进行分析。

2）在飞行试验进场前，对设备、分系统、系统和飞行器系统试验真实性、覆盖性进行分析。

3）若飞行试验出现问题，应对飞行前真实性、覆盖性分析工作进行“回头看”，查找分析不到位的原因，及时纠正。

15.3.2 基本原理

15.3.2.1 总体思路

通过对飞行器开展试验真实性、覆盖性分析，重点回顾、复查前期试验的结果是否存在疏漏或未发现的隐患，核查出设计仿真的不正确、试验不真实不覆盖等问题或项目，梳理形成影响后续技术准备和飞行试验的技术风险，作为飞行试验前补充开展工作的依据。

试验真实性、覆盖性分析的关键在于识别出试验不真实和不覆盖的项目，尤其应重点关注分系统间的试验真实性和覆盖性分析。在真实性、覆盖性分析的基础上，针对不真实、不覆盖的试验重点分析其有效性，有效性分析结果作为风险分析并采取针对性降风险措施的依据，分析思路如图 15-4 所示。

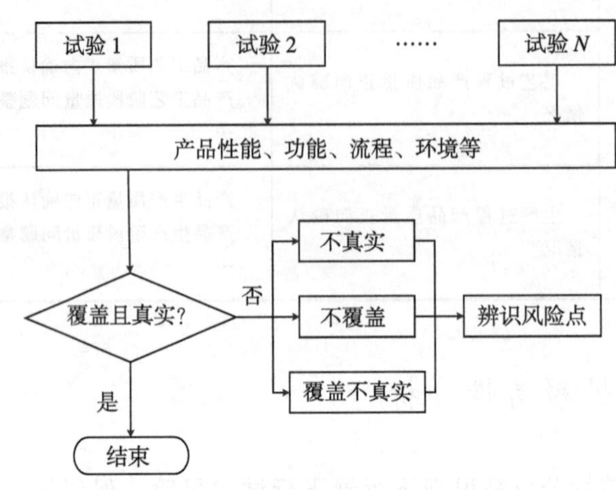

图 15-4　试验真实性覆盖性分析思路

15.3.2.2　输入与输出

(1) 分析输入

真实性分析的输入数据包括：飞行剖面、保管环境条件、气动力、热环境、载荷等，分析前各负责单位应核查仿真计算、地面试验和飞行试验相关数据，确认条件制定的合理性和正确性。

为了能够支撑分系统、设备级开展关联试验的真实性覆盖性分析，上一级系统须提前做好试验大纲和试验总结等相关文件的准备和技术咨询工作。具体包括：(分) 系统所有试验项目、试验大纲、试验总结报告。其中：(分) 系统所有试验项目由各上层责任系统进行梳理，形成列表，并将列表、相关试验大纲和试验总结提供给其分系统或设备。

(2) 分析输出

各专业对负责或参与的试验进行真实性覆盖性分析，按照模板输出试验真实性覆盖性分析及评价表，针对真实性覆盖性分析工作中梳理出来的不真实不覆盖的项目，从系统角度分析其有效性，并给出有效性评价等级，按照模板格式填写。试验真实性覆盖性分析模板见表 15-15、表 15-16，针对试验不真实不覆盖项目分析模板见表 15-17。

表 15-15　××试验真实性分析表

序号	天地差异评价要素	试验情况	真实飞行情况 (任务书、技术条件、技术要求、技术状态规定的)	分析结果
1	要素1			
2	要素2			

续表

序号	天地差异评价要素	试验情况	真实飞行情况 （任务书、技术条件、技术要求、技术状态规定的）	分析结果
3	要素 3			
4	……			
5				
6				
7				
8				

填表人：　　　　　　　　　　校　对：　　　　　　　　　　审　核：

表 15 - 16　××设备（分系统、系统）试验覆盖性分析

序号	试验项目 评价要素		试验 1	试验 2	试验 3	……	分析结果 （准则 2）	采取的措施
	功能	功能 1	/	/	/	/		
		功能 2	/	/	/	/		
		……	/	/	/	/		
	性能	性能 1	/	/	/	/		
		性能 2	/	/	/	/		
		……	/	/	/	/		
	基本工作条件	条件 1	/	/	/	/		
		条件 2		/	/	/		
		……		/	/	/		
	……							

填表人：　　　　　　　　　　校　对：　　　　　　　　　　审　核：

表 15 - 17　试验不真实不覆盖项目的有效性分析（示例）

编号	覆盖性评价		对应的试验	试验真实性分析及评价		有效性分析及评价	
	要素	结论		不真实项目	分析结论 （真实/不真实）	有效性分析	分析结论 （Ⅰ级、Ⅱ级、Ⅲ级）
1	低气压环境	覆盖	飞行器低气压试验	（1）产品状态不真实：原高压气瓶等为模拟件和工艺件，不真实； （2）环境条件不真实：未模拟真实飞行过程中飞行器气压降低的过程。 （3）……	不真实	1. 对于产品状态不真实： （1）结构件对低气压环境条件不敏感，无影响； （2）……； 结论：产品状态不真实的敏感度为Ⅲ级，无影响。 2. …… 结论：敏感度为Ⅱ级，影响较大	Ⅱ级
2	……						

填表人：　　　　　　　　　　校　对：　　　　　　　　　　审　核：

15.3.3　实施步骤

15.3.3.1　分析总流程

型号试验真实性、覆盖性分析工作的步骤如下：

1）梳理出本专业负责的所有试验，形成列表，同时整理相关试验大纲、试验总结报告，一并下发至参与试验的相关方。

2）梳理出产品或系统的详细工作过程和任务剖面，比如产品需经历的全寿命周期过程：运输、起吊、带飞或起竖、飞行过程等。

3）按表格模板并结合试验特点，对本专业负责和参与的测量、测试和试验项目进行真实性分析，梳理出不真实项目。

4）总体、各分系统及设备责任专业对所有不真实项目的影响进行分析和评价，并由提出方牵头，与责任专业完成一轮沟通，给出影响程度评价，填写试验真实性分析及评价表。

5）系统层面组织对不真实不覆盖项目的影响分析和评价结果进行专题讨论，对试验不真实不覆盖项目形成技术风险点。

6）对技术风险点进行分析。

15.3.3.2　真实性分析流程

针对单项飞行试验前试验，对系统/分系统/设备经历的所有试验按照评价要素进行真实性分析。

（1）分析对象

真实性分析的对象是某一特定的试验。

（2）产品技术状态

分析飞行试验产品与飞行试验产品技术状态的一致性，主要包括以下内容：

1）功能特性：指产品的性能指标、设计约束指标和使用保障条件，如使用范围、速度、精度等性能指标以及可靠性、维修性和安全性等要求。

2）物理特性：产品的形体特性、对外接口和安装特性，如组成、尺寸、表面状态、形状、配合、公差、质量、安装方式等。

（3）试验环境

飞行试验的环境范围通常在产品任务书、型号使用保管环境条件等文件中规定。分析飞行试验前试验采用的环境条件与文件规定的一致性，分析主要包括以下内容：

1）自然环境：包括气压、温度、湿热、太阳辐射、霉菌、盐雾、沙尘、淋雨等。

2）力热环境：包括加速度、振动、冲击、压力、噪声、倾斜和摇摆、气动热等。

3）电磁环境：主要指电磁兼容。

根据飞行试验需求，还应对战场环境（包括电磁干扰、干扰对抗环境、目标环境等）进行真实性分析。

（4）试验条件

试验条件包括发射条件、飞行条件、靶标条件、工作流程等。发射条件、飞行条件在本阶段飞行试验大纲中规定，分析飞行试验前试验是否涵盖所有的发射条件和飞行条件。靶标条件主要分析飞行试验前试验采用的靶标条件是否与飞行试验一致。工作流程在发射控制协调要求、飞行器飞行时序、各设备间通信协议、以及各软件开发文档等中体现，分析飞行试验前试验验证的工作流程是否与飞行试验一致。分析主要包括下列内容：

1）发射条件：发射平台高度、速度、姿态、姿态角约束，以及发射区域风速、雨量、海况等。

2）飞行条件：飞行器射程、速度、高度、姿态等弹道约束。

3）靶标条件：雷达辐射特性、红外辐射特性等。

4）工作流程：发射控制、飞行控制、目标识别和攻击全过程中飞行器上各设备间、飞行器与地面设备间指令和信息的交互流程。

（5）评价要素

真实性分析的评价要素见表 15－18。

表 15－18　真实性评价要素（示例）

编号	要素	备注
A1	产品真实性	技术状态的符合性，包括产品的硬件和软件
A2	电气接口	与外围的接口
A3	……	
A4		
A5		
A6		
A7		

（6）评价准则

试验真实性分析结果分两种情况，分别为真实和不真实。

15.3.3.3　*覆盖性分析流程*

在系统、分系统、设备各项试验真实性分析的基础上，进行试验的覆盖性分析。针对系统、分系统、设备的特点，先梳理出系统、分系统、设备试验在任务剖面不同阶段的评价要素，各评价要素应独立正交，然后按每一评价要素对产品经历的所有试验进行覆盖性分析。

（1）分析对象

所有飞行试验前试验。

（2）参试产品

以导弹武器系统为例，飞行试验参试产品主要包括导弹、武器控制系统、发射系统、技术支援系统、地面捕控系统等，分析飞行试验前试验的验证范围能否涵盖所有参试产品。

（3）产品重要特性

产品的重要特性指影响飞行试验任务成败的特性，例如产品的功能、性能、接口、环境适应性、可靠性、与其他产品的协调性等。综合设备、分系统出厂试验和系统、飞行器武器系统级试验情况，分析产品重要特性验证的全面性。

（4）飞行试验全流程

以导弹武器系统为例，飞行试验全流程主要包括导弹技术准备、向平台或发射装置装填、发射控制、飞行和命中目标等。通过开展综合仿真、半实物仿真、地面联调、总装测试、发控对接、机弹对接、带飞合练等试验，分析工作流程验证的全面性。

（5）评价要素

由于飞行器系统及各个产品的关注点不同，评价要素也不同，因此，在开始覆盖性评价之前需要根据不同产品的关注点详细梳理评价要素，确保做到不漏项。以导弹为例，总体专业根据靶场技术准备、机载带飞、机弹分离后飞行三个过程梳理了系统层面关注的评价要素，详见表 15－19。

表 15－19　覆盖性评价要素（示例）

序号	评价要素
一、技术准备环节	
1	铁路运输
2	机弹对接
	……
二、机载带飞	
1	发控流程
2	发射条件
	……
三、……	
……	

（6）评价准则

试验真实性分析结果分三种情况，分别为覆盖真实、覆盖不真实、不覆盖三种结论。

针对试验真实性分析或覆盖性分析中梳理出来的不真实、不覆盖或覆盖不真实的项目，从系统角度分析其对飞行试验或靶场技术准备的影响程度。重点针对不真实不覆盖的项目进行有效性评价，评价的依据是不真实不覆盖的项目是否影响飞行试验和靶场技术准备。有效性分析结果分三种结论，具体包括：Ⅰ级——敏感（影响极大）；Ⅱ级——比较敏感（影响较大）；Ⅲ级——不敏感（无影响）。

15.3.3.4　注意事项

1）针对试验真实性覆盖性的评价，仅存在覆盖真实、覆盖不真实、不覆盖三种结论，对于不覆盖的评价要素，不需要分析其真实性。

2）有效性分析要有详细的分析过程和具体的数据支撑。

3）填写试验真实性覆盖性分析模板的注意事项：

a）“真实飞行情况”是飞行试验情况，需考虑使用保管环境和飞行试验中设备局部环境的条件要求，并进行针对性分析。

b）真实性、覆盖性分析中“分析结果”一项，需给出真实或不真实（覆盖、部分覆盖或不覆盖）结论，并给出完整的结果描述，提供分析依据，对结论进行支撑。

c）针对试验不真实、不覆盖部分，在“采取的措施”中描述采取措施。

d）“试验结果”部分，完整描述试验考核或验证的指标、项目，例如，静力试验中的变形、结构完整性、密封情况等。

e）“有效性分析”中，根据若干项不真实特性，进行分类，给出分析过程。

4）在不真实不覆盖项目有效性分析工作开展的过程中，可同步开展测试覆盖性分析、不可检不可测项目分析、操作风险分析等风险分析工作。试验覆盖性与测试覆盖性的关系在于：测试覆盖性关注的是飞行器功能、性能、技术指标全覆盖，在飞行器技术设计工作基本完成后、飞行器总装出厂前、飞行器飞行试验前开展，分析对象为飞行器；试验覆盖性重点在于验证天地一致性，在飞行试验前开展，分析对象为所有飞行试验前试验。

15.3.4　典型案例

针对设计和试验因素，采用正交方法进行全局搜索式分析，基于产品分解结构，各专业按照设备、分系统、系统和导弹武器系统层级分析本专业负责的试验。以某飞行器为例，产品分解及分工示例详见表 15－20。部分系统可根据系统特殊性，细分到部件级以下。试验真实性、覆盖性分析工作涉及的专业有总体、动力（包括动力总体、发动机、助推器、燃料系统）、结构、控制、电气、测控、火控、技术支援等专业。

表 15－20　飞行器产品分级表（示例）

序号	名称	责任单位	备注
一、飞行器			
1	动力系统		
2	结构与热防护系统		
3	……		
二、……			

通过对飞行器开展试验真实性、覆盖性分析，重点回顾、复查前期试验的结果是否存在疏漏或未发现的隐患，核查出设计仿真的不正确、试验不真实不覆盖等问题或项目，梳理形成影响后续飞行试验的技术风险，作为补充开展工作的依据。

15.3.4.1　系统级试验分析

（1）试验真实性分析

以某空射飞行器全弹试验为例，第 1 步：梳理出本专业负责的所有试验，形成列表，同时整理相关试验大纲、试验总结报告，一并下发至参与试验的相关方。第 2 步：梳理出产品或系统的详细工作过程和任务剖面，比如产品需经历的全寿命周期过程：运输、起吊、带飞或起竖、飞行过程等；第3步：按表格模板并结合试验特点，对本专业负责和参与的测量、测试和试验项目进行真实性分析，梳理出不真实项目，以功能振动试验为例，系统级试验真实性分析详见表15-21。

表15-21 功能振动试验真实性分析表（示例）

序号	天地差异 评价要素	试验情况	真实飞行情况 (任务书、技术条件、技术要求、技术状态规定的)	分析结果	采取措施
1	产品真实性 (技术状态的符合性)	采用假药助推器,其上火工品均采用工艺件……	真实飞行器为××,相对于××工作飞行器技术状态共涉及××项硬件更改和××项软件更改	1. 真实性分析 (1)原试验火工品等为模拟件和工艺件,不真实; (2)…… 结论:部分真实 2. 有效性分析 (1)原试验未覆盖飞行器更改项,影响较大,需补充验证 (2)…… 结论:敏感度为Ⅰ级,影响极大	—
2	电气接口	飞行器通过××线缆与测试设备连接,飞行器壳体连接地线……	在自主飞行状态下,飞行器对外无电气接口……	1. 真实性分析 测试插头到火工品通路未在振动环境下验证,不真实。 结论:不真实 2. 有效性分析 结论:有效性敏感度为Ⅲ级,无影响。	—
3	……				—

填表人：　　　　　　　　校　对：　　　　　　　　审　核：

（2）试验覆盖性分析

总体、各分系统及设备责任专业对所有不真实项目的影响进行分析和评价，并由提出方牵头，与责任专业完成一轮沟通，给出影响程度评价，填写试验真实性分析及评价表。以靶场技术准备部分系统级试验覆盖性分析为例，形成覆盖性分析表见表15-22。

表15-22 覆盖性分析表（示例）

序号	试验项目	功能振动试验	公路运输试验	……	分析结果	采取的措施
1	测试	覆盖,不真实	覆盖,不真实		覆盖,不真实	测试中安排带相同状态的真实火工品进行测试
2	气密检查	部分覆盖,不真实	部分覆盖,不真实		覆盖,真实	—
3	……					

填表人：　　　　　　　　校　对：　　　　　　　　审　核：

（3）不真实不覆盖项目及影响分析

以靶场技术准备为例，进行不真实不覆盖项目及影响分析。沿××使用剖面，针对靶场技术准备过程中涉及的铁路运输、机弹对接、机载带飞、公路运输、测试（带部分火工品）、测试（带全部火工品）、密钥注入、战斗码装定、发控对接、火工品检查、气密检查（前体、燃料系统、发动机）、燃油加注放泄、穿/脱弹衣、飞行器恒温等××个环节。梳理出不覆盖不真实项目××项，提出××余项后续需要开展的分析和试验验证工作，确保不覆盖不真实项目形成闭环。真实性覆盖性分析结果及解决措施见表 15－23。

表 15－23　系统级试验不真实不覆盖项目及解决措施（示例）

序号	评价要素	分析结果	采取的措施	责任专业	完成时间
1	铁路运输	不覆盖。 ××飞行器进场已验证。无影响	—	—	—
2	机弹对接	覆盖，不真实。 结构加工过程偏差导致产品存在差异，接口不一致	开展机械对接产品公差分析，根据分析结果确定是否安排对接工作	结构	20××.××.××
3	公路运输	覆盖，不真实。 飞行器状态有变化，公路运输试验路况与技术准备过程中的路况不一致	—	—	—
4	……				

15.3.4.2　分系统级试验分析

以发控系统为例，发控系统完成了系统级试验××项，设备级试验××项，梳理出不真实项××项，分析结论见表 15－24，解决措施见表 15－25。

表 15－24　试验项目及真实性覆盖性分析结论（示例）

序号	试验项目	真实性覆盖性分析结论
1	系统级试验	
1.1	发控对接试验	部分真实，覆盖
1.2	挂机对接及投放试验	部分真实，覆盖
1.3	……	
2	发控设备试验	
2.1	低温工作试验	部分真实，覆盖
2.2	高温工作试验	部分真实，覆盖
2.3	……	
3	……	

表 15-25　不真实不覆盖项目及后续解决措施（示例）

编号	不真实不覆盖项目	解决措施	责任专业	完成时间
1	发控对接试验中温度、气压、湿度等环境条件为试验场地自然环境，与飞行环境不一致	通过带飞试验来进一步验证	发控系统	结合飞行器试验任务进行
2	挂机对接及投放试验中飞机停放位置地面条件与飞行环境不一致	通过带飞试验来进一步验证	发控系统	结合飞行器试验任务进行
3	……			

15.4　基于产品数据管理系统的技术文件质量量化评价

15.4.1　概念和适用范围

基于产品数据管理（PDM）系统的技术文件质量量化评价方法是一种以技术文件的审签流程为对象，通过 PDM 系统实现审签流程及要素的数字化，评价技术文件满足研制输入输出、标准化、质量、工艺等要求的一种方法。

这一方法适用于航天产品在预先研究、研制、批生产以及交付阶段的设计类、软件类、研究试验类、工艺类以及用户手册等技术文件的质量量化评价，其他类文档如计算模型、虚拟样机等也可参照实施。

15.4.2　基本原理

15.4.2.1　评价准则

基于 PDM 系统的技术文件质量量化评价方法是一种能够有效地针对技术文件编制质量开展正向确认的方法。采用边设计、边确认的方式，在设计阶段就策划质量确认的关键控制点，明确其参与者，把工作的重心放在事先预防而非事后复查上。

这一方法主要采用加权评分法和主次指标排队分类法，按技术文件管理制度、审签的维度和重要度确定加权系数，通过 PDM 系统收集到技术文件各审签人员给出的评分值，最后通过综合计算得到技术文件的总评分值。

技术文件评价是审签人员从技术文件的指标合理性、质量一致性、工艺可实现性以及标准化等维度进行客观评价，具体评价准则如下：

1）技术文件评价标准结合企业对技术文件的质量具体要求进行规定；

2）技术文件各维度的量化评价范围为［0，1］；

3）技术文件无任何修改时，各审签人员对文件评价为“1”；

4）审签人员若发现技术文件的内容存在错误，可提出修改意见并经编制人员确认后审签通过，同时根据修改情况进行评价；

5）技术文件的内容错误较多，审签人员无法进行修改或评价结果在“0.6”以下时，审签人员可对技术文件做退回处理并给出评价结果；

6）审签人员可对前序审签环节内未识别的问题进行修改；

7）设计师完成技术文件的编制，按规定的审签流程和审签对象，发起审签流程；

8）审签工作主要从文件的正确性、协调性以及严谨性三个方面进行，技术审签类如审核、批准等重点对正确性进行审核，标准化审签重点对严谨性进行审核；

9）审核主要依据设计评审和技术文件编写要求等标准以及企业对审核的要求，对技术文件进行评价，具体的评价准则见表 15－26。

表 15－26　审核评价准则

评价类别	评价要素	分值比例	评价标准 （每一处扣分值）
正确性	设计输入是否正确、完整	60	2
	设计输出是否正确、完整		退回
	技术实现途径是否合理可行		退回
	技术状态更改控制情况		2
	关键技术攻关情况		2
	通用质量特性满足情况		2
	试验方法是否合理可行		退回
	试验风险分析是否准确		2
	试验判据是否正确		2
协调性	与其他分系统的接口、数据等是否协调	30	2
	是否落实了协调纪要或会议纪要的内容		2
	陪试设备的技术状态是否满足要求		2
	试验验证项目是否完整		2
严谨性	引用上级标准正确	10	2
	企业标准执行情况		1

10）技术会签主要依据设计评审标准以及企业对技术会签的要求，对技术文件进行评价，具体的评价准则见表 15－27。

表 15-27 技术会签评价准则

评价类别	评价要素	分值比例	评价标准（每一处扣分值）
正确性	设计输入是否正确、完整	60	2
	设计输出是否正确、完整		退回
	技术状态更改控制情况		2
	试验方法是否合理可行		退回
协调性	与其他分系统的接口、数据等是否协调	30	2
	是否落实了协调纪要或会议纪要的内容		2
	陪试设备的技术状态是否满足要求		2
	试验验证项目是否完整		2
严谨性	企业标准执行情况	10	1

11）质量会签主要依据通用质量特性和产品质量评审的标准以及企业对质量会签的要求，对技术文件进行评价，具体的评价准则见表 15-28。

表 15-28 质量会签评价准则

评价类别	评价要素	分值比例	评价标准（每一处扣分值）
正确性	通用质量特性的落实情况	60	1
	技术状态更改控制情况		2
	偏离、超差控制情况		2
	关键过程、特殊过程的控制情况		2
	性能的一致性情况		2
	试验项目的设置是否满足要求		1
	试验/检验方法的可操作性和合理性		1
	受试设备、参试设备及其技术状态是否明确		1
	缺陷、故障的分析情况		1
	问题故障复现的支撑情况		2
协调性	举一反三工作的开展情况	30	2
	需增添的主要设备、专用工艺装备以及非标准仪器、仪表、设备等是否明确		1
	生产用配套设备、工艺装备、非标仪器等要求是否明确、检查内容是否可操作		1
	外协项目的质量控制要求是否明确		1
	软件双向追踪情况		1
	软件“三库”管理情况		1

续表

评价类别	评价要素	分值比例	评价标准（每一处扣分值）
严谨性	引用上级标准正确	10	2
	企业标准执行情况		1

12）工艺会签主要依据工艺评审的标准以及企业对工艺会签的要求，对技术文件进行评价，具体的评价准则见表 15－29。

表 15－29　工艺会签评价准则

评价类别	评价要素	分值比例	评价标准（每一处扣分值）
正确性	产品组成、特点、结果、特性要求是否明确	60	2
	新材料、新工艺、新技术的识别是否充分		1
	测试用工装是否描述正确		1
	测试流程是否明确		1
	技术状态是否明确		3
	试验项目中采用的工装是否明确		1
	是否明确了需要增加的工装		1
协调性	产品配套是否完整	30	1
	产品配套是否正确		1
	元器件物料编码是否填写完整		1
	元器件规格、标准、厂家信息是否完整、正确		1
	生产能力以及生产批量是否合理		1
	工艺外协是否明确		1
严谨性	引用上级标准正确	10	2
	企业标准执行情况		1

13）标准化审查主要依据标准化评审的标准以及企业对标准化审查的要求，对技术文件进行评价，具体的评价准则见表 15－30。

表 15－30　标准化审查评价准则

评价类别	评价要素	分值比例	评价标准（每一处扣分值）
正确性	标准化大纲/综合要求是否落实	30	1
	技术状态的控制是否正确		1
	技术状态标识是否正确		1
	产品名称标识是否正确		1
	“三化”设计是否满足要求		1

续表

评价类别	评价要素	分值比例	评价标准（每一处扣分值）
协调性	产品组成是否与产品结构树一致	10	1
严谨性	是否遵循企业的相关标准开展设计	60	1
	技术文件模版引用是否正确		退回
	标准化要素是否满足要求		1
	上级标准的引用是否正确		1

14）主要从设计方案的合理性、指标的闭环性、验证的充分性、风险的识别与控制等方面进行评价，具体的评价准则见表 15-31。

表 15-31　批准评价准则

评价类别	评价要素	分值比例	评价标准（每一处扣分值）
正确性	相关技术指标及功能、性能要求是否正确，是否满足设计输入要求	60	1
	试验(验证)方法是否合理、可行		1
	通用质量特性设计是否合理		1
	技术状态更改控制情况		1
	新工艺、新材料、新技术的项目，其技术途径是否合理、可行		1
	产品关键件、重要件定位是否准确		1
	不满足要求的指标的处理方式是否合理		1
	风险分析是否到位，风险措施是否合理、可行		1
协调性	与承制单位的外部接口、数据等是否协调	30	1
	试验过程中出现的质量问题是否得到有效处理		1
严谨性	引用上级标准正确	10	1

15.4.2.2　评价方法

1）按技术文件审签流程进行评价，审签流程覆盖了审核、技术会签、质量会签、工艺会签、标准化审查以及批准六个工作项，根据每个工作项的参与情况，技术文件的审签流程大致可分为六类。

2）每个工作项审签的评价权重值是固定的，当审签工作在审签流程中有缺失时，其评价权重值增加至批准，各审签流程对应的审签角色百分制权重占比详见表 15-32。

表 15-32　技术文件审签和批准各角色百分制权重占比值明细表

审签类型 / 审签角色	Ⅰ类	Ⅱ类	Ⅲ类	Ⅳ类	Ⅴ类	Ⅵ类
审核	10%	10%	10%	10%	10%	10%

续表

审签类型 审签角色	Ⅰ类	Ⅱ类	Ⅲ类	Ⅳ类	Ⅴ类	Ⅵ类
技术会签	15%	15%	15%	/	/	/
质量会签	15%	/	15%	15%	15%	/
工艺会签	10%	/	/	10%	/	/
标准化审查	10%	10%	10%	10%	10%	10%
批准	40%	65%	50%	55%	65%	80%

3）技术会签由多个角色共同完成时，其评价为所有会签角色评价结果的算术平均值。

4）技术文件签署过程中发生退回时，各审签角色的评价结果将做累计积计算。

5）技术文件的综合评价为各审签环节的加权算法的累计和计算。

6）技术文件签署过程中发生退回时，其综合评价结果需乘上技术文件退回系数，退回系数设置为 0.8。

7）技术文件签署过程中发生多次退回时，其综合评价结果需累计相乘文件退回系数。

15.4.2.3　评价数据管理

PDM 系统是协助设计师进行产品设计过程的数据管理，使企业通过标准程序管理提高整体的研发效率，并使作业程序电子化及标准化，PDM 系统在本方法中的作用主要如下：

1）数据仓库——数据仓库的作用是储存产品设计、开发和实现过程中的所有信息，可以通过系统中的数据管理模块进行深度管理；

2）数据管理——从物理存储的角度管理和控制数据仓库的数据信息。本方法中通过建立数据调用接口可以对存储的数据进行访问、调用、维护，以及跟踪对数据所进行的所有操作过程；

3）基础体系结构——产品数据管理系统是一个网络化的计算环境，为企业用户和应用程序方便地访问数据仓库提供了物质条件；

4）工作流定义——通过管理过程结构，可以将企业技术文件管理制度中要求的技术文件签署流程和要求在工作流中进行定义，从而可以收集伴随上述活动的各种信息；

5）数据分析——通过用户定义数据分析模型，可以从多个维度（如：产品类型、产品型号以及产品状态等）进行数据的分析，从而为决策者提供有力的支撑。

15.4.3　实施步骤

基于 PDM 系统的技术文件质量量化评价的实施过程如下：

1）在表 15－14 至表 15－19 的基础上，结合自身具体情况制定评价准则；

2）在表 15－20 的基础上，结合自身具体情况制定技术文件管理制度；

3）选择合适的产品数据管理系统，将评价准则和技术文件管理制度进行融合实施；

4）设计师完成技术文件的编制，根据文件类型确认技术文件的签署流程，并在 PDM 系统中发起签署活动；

5）各签署人员在接收到技术文件的签署活动通知后，对技术文件进行签署，并根据评价准则对技术文件是否通过做出判定，对技术文件质量进行评价；

6）各签署人员完成技术文件的评分后，PDM 系统依据技术文件评价方法和各签署人员给予的评价结果进行综合评价；

7）质量管理人员根据企业的具体情况按周期对技术文件的综合评价结果通过 PDM 系统导出，根据部门以及型号进行统计分析；

8）质量管理人员针对统计分析结果依据对技术文件的质量奖惩方式实施对应的奖励或惩罚。

15.4.4 典型案例

15.4.4.1 审签流程一次通过应用案例

一份Ⅰ类流程审签的技术文件在审签过程中发现的具体问题以及扣分情况详见表 15-33。按照评价方法计算，这份文件的综合评价为 98.25 分，计算情况详见表 15-34。

表 15-33 Ⅰ类流程审签文件评价明细

序号	审签环节	问题描述	评价明细	合计
1	审核	引用上级标准不是最新版本	−2	−5
2		试验风险识别不充分	−2	
3		企业标准执行不到位	−1	
4	技术会签	设计输入不完整	−2	−2
5	质量会签	参试设备技术状态描述不完整	−1	−2
6		试验项目有缺失	−1	
7	批准	与承制单位的接口描述不完整	−4	−10
8		通用质量特性设计目标值不合理	−3	
9		新材料识别不充分	−2	
10		新工艺识别不充分	−1	

表 15-34 该Ⅰ类流程审签技术文件一次通过评价计算示例表

	评价结果	分值占比
审核	95	10%
技术会签 1	100	10%
技术会签 2	98	
质量会签	98	15%
工艺会签	100	15%
标准化审查	100	15%

续表

	评价结果	分值占比
批准	90	45%
技术会签 综合评价	99	
综合评价	98.25	

15.4.4.2　审签流程非一次通过应用案例

一份Ⅱ类流程审签的技术文件在技术会签和标准化审查环节被退回 2 次。审核过程中，发现了通用质量特性不满足设计输入等问题，三次评价结果分别为 96、98 和 100；技术会签过程中发现了设计输出不完整等问题，三次评价结果分别为 90、98 和 100；标准化审签过程中发现了未遵循企业标准开展相关设计工作，两次评价结果分别为 90 和 100；批准过程中发现了风险分析不到位等问题，评价为 95。该文件在审签过程中发现的具体问题以及扣分情况详见表 15－35。按照评价方法计算，该文件的综合评价为 59.8 分，计算情况详见表 15－36。

表 15－35　Ⅱ类流程审签的该文件各审签环节评价明细

序号	审签环节	问题描述	评价明细	合计
1	第一次审核	设计输入不完整	−4	−4
2	第二次审核	通用质量特性不满足设计输入	−2	−2
3	第一次 技术会签	设计输出不完整	退回	−10
4		调纪要要求落实不完整	−10	
5	第二次 技术会签	陪试设备的技术状态不准确	−2	−2
6	第一次 标准化审查	未遵循企业标准开展设计	退回	−10
7		产品名称标识错误	−7	
8		“三化”设计不满足要求	−3	
9	批准	风险分析及控制措施不到位	−5	−5

表 15－36　Ⅱ类流程审签的该文件非一次通过程评价计算示例表

	评价结果			分值占比
	第一次	第二次	第三次	
审核	96	98	100	10%
技术会签	90	98	100	15%
标准化审查	/	90	100	10%
批准	95			65%
退回次数	2			
综合评价	59.8			

15.4.4.3 应用效果

某企业将本方法评价的结果与设计师的年度绩效进行挂钩，通过在某重点型号进行为期一年的试点应用后，取得了以下几方面的效果：

该重点型号年度内共产生设计文件 300 余份，设计文件的综合评价结果由应用后第一个月的平均分 75 分上升至最后一个月的 81 分，且在最后一个月时已无 60 分以下文件；设计文件的功能性能描述逐步准确，指标定义趋于规范，标准化程度进一步提升，再无收到承制厂反馈的指标设计不闭环等情况。设计文件的平均签署周期从原来的 10 个工作日降低到 6 个工作日。通过对 PDM 系统中问题的统计，制定了有针对性的设计能力提升措施。

15.5 试验数据智能化判读与分析

航天装备在其全寿命周期内中会产生大量的试验数据，主要包括单机产品的单测数据、系统试验中的总检查数据和飞行试验数据。试验数据是产品性能指标评定、技术改进或故障分析的重要参考依据，因此对试验数据的判读是对装备质量进行把关的关键环节，正确、合理以及高效的数据判读和对比分析是保障装备质量可靠的必要条件。

随着航天装备的技术发展和任务需求变化，传统的以人为主的数据判读及数据管理方式成已成为测试的瓶颈，一方面，判读时间长、判读效率较低；另一方面，判读标准因判读人员的主观差异无法做到完全统一，容易发生错判或漏判以及无法发现异常隐患等质量问题。

15.5.1 概念和适用范围

试验数据智能化判读与分析是指实现从试验数据采集与存储、数据解析和显示、参数判据生成、数据判读与分析、试验报告自动生成、数据结构化归档等全流程自动化的过程。

智能判读的核心是智能判据生成，即针对不同类型参数，提前选取合适的算法运用机器学习对历史试验数据进行训练，学习生成该类型参数判据或规则的过程，是试验数据判读与分析工作实现智能化的关键环节。

智能分析是将生成的有效、精准的智能判据与被测数据进行对比分析，对两者之间的差异或潜在异常进行提示或预警，并得出分析结果的过程。

智能化判读与分析方法可用于各层级产品、各类试验的数据判读和分析，可用于试验中实时判读和试验后数据分析，适用于测试数据量大、参数类型多且有一定历史数据量的试验，尤其适应于参数判据比较复杂、理论模型难以精准描述和计算的情况。

15.5.2 基本原理

智能判读与分析的基本原理是将采集与存储的试验数据按参数格式解析生成参数文件

后，将该参数文件与预先设定的判据对比分析，检查特征差异情况，从而得出试验数据判读和分析结果。

在预先设定的判据中，智能判据生成是关键环节，也是智能判读与分析基本原理的核心所在。智能判据生成的原理如图 15－5 所示，以航天装备积累的大量历史试验数据作为源数据，通过对数据进行预处理和特征提取后，按照不同特征选择对应的算法生成对应规则，并建立规则库；针对时序逻辑规则，需要分析各信号之间的逻辑关系，利用相关性分析和拐点检测，结合实际经验，找到相关变量相关关系发生的时间量化关系，生成时序逻辑规则；根据提取出的时域特征和频域特征，选择相应的算法生成对应规则，针对频域特征，利用短时傅里叶变换、快速傅里叶变换等得到对应的频率值、频域最大幅值及发生的时刻，针对时域信号，首先对信号进行重构，利用统计方法、构造深度学习损失函数算法和模型融合算法生成动态阈值，并针对一些比较关注的关键特征，建立对应的模型得到关键特征规则。

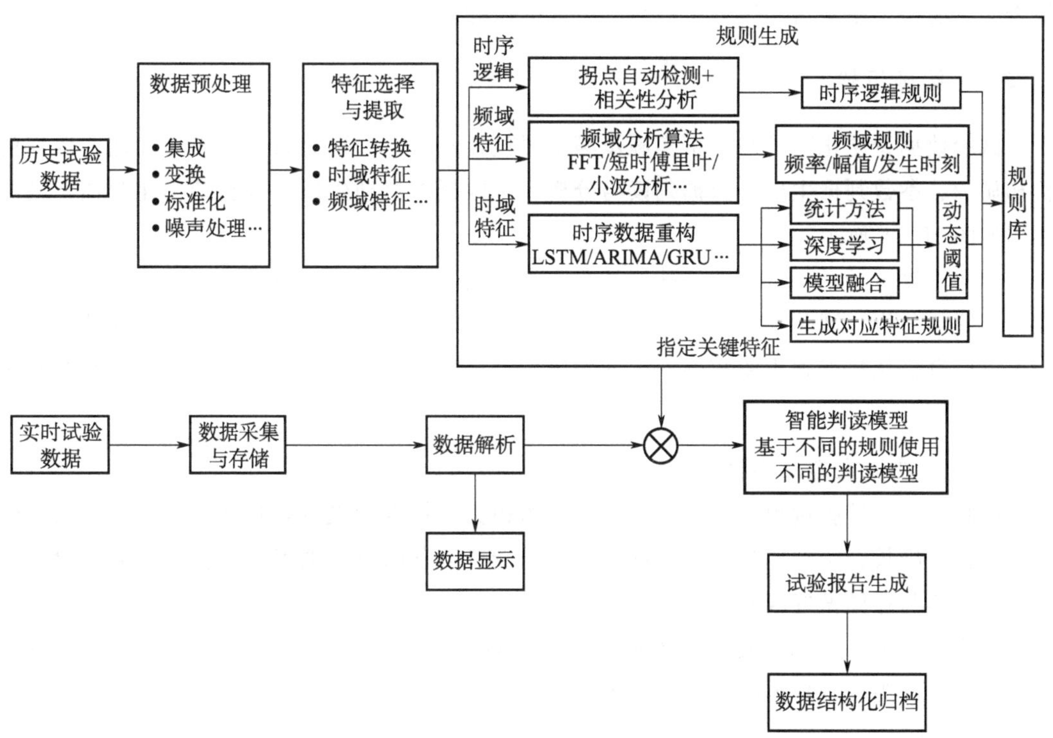

图 15－5　智能判据生成原理图

试验过程中，基于判读模型对比实时采集的数据特征和生成的判读规则，检查特征之间的差异情况，从而给出系统的异常情况预警和健康状态评估。

本方法的输入包括以下三个类型：

（1）数据

数据输入为试验中接收的原始数据或将原始数据处理、解析后的符合标准数据格式的参数文件；在进行判读之前，需将原始数据解析处理成符合标准数据格式的参数文件；符合标准数据格式的参数文件可以直接进行判读。

（2）文件

文件输入为试验数据相关的文件和资料等，规定了数据格式、参数定义、参数类型、参数单位、处理方式等。主要包括：试验大纲或测试说明、试验数据文件格式或相关处理要求、相关产品证明书中的校准数据、各系统参数说明文件、其他相关接口数据文件、相关产品技术说明书或产品规范、产品测试状态下的理论值或典型测试结果。

（3）模板

模板输入包括参数判据模板和生成的试验报告模板，其中参数判据模板主要为判读参数的判据，包括需要判读参数的名称、代号、判读方式、单位等；生成的试验报告模板为生成试验判读报告的框架内容，具体详见第15.5.3.5节。

本方法的输出包括两种类型，一种为数据文件输出，主要为采集与存储后的原始数据、经过数据解析生成的参数文件、通过机器学习算法训练生成输出的判据等；另一种为报告文件输出，主要为判读分析后自动生成的试验结果分析报告。

15.5.3　实施步骤

试验数据智能化判读与分析实施步骤主要包括六步，分别为数据采集与存储、数据解析和显示、参数判据生成、数据判读与分析、试验报告自动生成、数据结构化归档，其流程图如图15－6所示。

在实时测试场景下可按顺序执行数据采集与存储、数据解析和显示、参数判据生成、数据判读与分析、试验报告自动生成和数据结构化归档全自动化流程；在事后处理应用场景下可以直接从数据解析或数据判读开始执行。在实际应用中，可以结合需求，对实时步骤进行裁剪。

15.5.3.1　数据采集与存储

试验前，对试验过程中数据采集和存储的相关参数进行设置，包括：码速率、输入码型、字长、帧长、子帧同步码、全帧同步码、端口信息以及数据保存路径等，为试验过程中数据采集与存储做好准备。

试验过程中，按试验流程对试验数据进行采集，并按照各型号规定的格式存储为相应文件，该文件为后续数据解析的原始数据文件。

15.5.3.2　数据解析和显示

数据解析根据工作模式可以分为实时解析和事后解析。实时解析是在实时采集数据的同时按照预先设定的参数解析配置对原码数据分解成文本文件的过程。事后解析是待试验结束后，对存储的原始数据文件按预先设定的参数解析配置分解成文本文件的过程。

参数解析配置需提前完成，对不同类型的参数，配置内容如下。

1）模拟电量和非电量参数解析配置。包括：参数代号、在全帧中的位置、参数名称、参数类型、物理量还原系数、波道号、校准系数、物理量范围和单位等。

2）指令/开关量参数解析配置。包括：参数代号、在遥测全帧中的位置、参数名称、

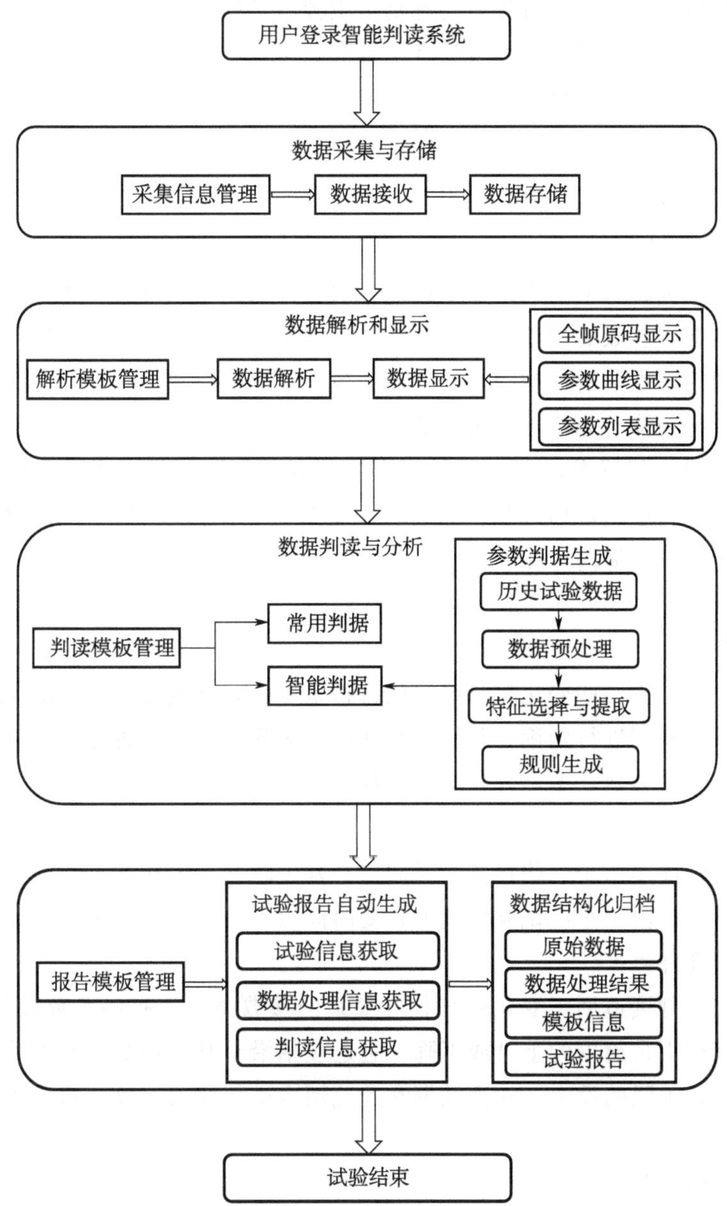

图 15－6　试验数据智能化判读与分析实施流程图

位控/编码格式以及跳变模式或其特定的编码/方式。

3）RS422 协议飞控、卫导数字量等固定格式数字量参数解析配置。包括：参数代号、在遥测全帧中的位置、帧头、参数类型、字节数、段名、单位、还原系数、高低位。

4）1553B 总线数字量参数解析配置。包括：在遥测全帧中的位置、消息命令码、消息定义（字号、字名称、字标号、位号、解析方式、数据类型、指令名称、还原系数、高低位等）。

5）其他参数依据参数特点进行特殊配置。

实时解析和事后解析时，首先需要判别出主帧、子帧同步码、全帧同步码，然后根据参数所在帧的路序，再进行相应参数处理。各参数文件应为包括时间点和各时间点对应的物理量值或数字量值的标准格式文件，并具有直接可读性。

数据显示主要包括原始文件全帧原码显示、参数零位打印、参数值曲线显示、参数列表显示等。

15.5.3.3 参数判据生成

参数判据一般包含以下三类：数学函数类判据，试验参数的理论模型可用数学函数表达；可描述类判据，参数的理论模型较难用数学函数准确表达，但可以准确描述的参数；智能判据，参数的理论模型很难计算，并且用数学语言难以精准描述，其中智能判据生成是试验数据智能化判读与分析的关键环节。

根据参数类型及其特点，可以选择相应的判据。前两种类型中，如缓变的模拟量参数、时序参数等可以选用常用判据；第三种类型参数判据比较复杂，可以采用智能判据。常用判据和智能判据具体内容如下：

（1）常用判据

①泳道式判据

泳道判读式适用于一些变化较为缓慢的模拟量参数，通过 $y = ax \pm b$（其中 b 为允许的阈值范围）的条件规则进行判读，判断参数在泳道区间范围内，即视为参数正常。适用参数如电压等模拟电量参数，温度等非电量参数。

②分段式泳道判据

分段式泳道判读适用于一些在某个时间点会发生跳变，但跳变前后其数值保持稳定的参数，如电压参数。由于每次试验参数的跳变时间点不固定，可以设置判读时域。

③基于标准文件判据

基于标准文件判读适用于变化趋势相对复杂的参数类型，有些参数按某种规律变化，但是这种变化规律不是简单的上升或下降，它还包括沿着某种函数曲线变化，在标准文件的基础上进行上、下限的设定，实测数据在此范围内进行比对，该标准文件也可以是理论仿真曲线。

④基于包络曲线判据

基于极值和聚类包络曲线判读是对多次历史测试数据提取形成包络上限、下限，对比实测数据是否在包络范围内。

⑤表格判据

表格判读方法是指通过表格显示判读参数名称、参数代号、参数实测值、标准判读以及结果，比较适合判断某时间序列的发生时刻是否合理，如指令、时序类参数。

⑥数据统计判据

对参数数据的统计信息，如平均值、均方差、最大值、最小值等进行判读。

（2）智能判据生成

通过对历史数据进行数据挖掘和数据处理，生成数据模型并以此模型进行数据判读。

需要进行多个关联参数联合判读时也适合采用该方法。

①数据增强

当试验数据的数据量和多样性相对有限时，尤其负样本数据或故障数据存在数据量小和数据单一的情况时，会导致后续训练出来的模型出现过拟合、规则生成模型产生的判读规则泛化能力差，为了提升判读规则和对特征预测的精度和泛化性，非常有必要对数据量和数据的多样性进行扩展，即进行数据增强。

可以利用数据增强技术基于少量样本构造出更多正负样本以扩充数据，再把增强后的数据集送入整个机器学习流程的后续部分进行数据分析，不同于传统数据增强更多聚焦在对图片数据集的扩展，由于导弹试验数据多为时间序列数据，更多是基于时序数据的数据增强技术。

时序数据增强技术主要分为两类，一类更多地依赖统计方法，从时间域、频域和时频域维度去分析。在时间域上可以进行的数据增强方法包括几何变换、噪声注入、标签扩展、卷积扩展、漂移扩展、池化扩展以及综合生成等；在频域上主要从幅频和相频两个方面处理，包括幅值和相位增强方法（APP 方法）和替代数据法（如振幅傅里叶变换 AAFT 和迭代 AAFT 等）；为了反映信号局部区域的信息和频率的时域信息，也经常在时频域上对数据进行扩展，如常用的短时傅里叶变换 STFT 方法。另一类则更多地依赖数据本身，利用机器学习和深度学习等算法，如动态时间扭曲重心平均法 DBA、基于 GAN 的时间序列增强技术 TimeGAN，基于变分自编码器 VAE 实现数据增强。

②判读规则生成

为了评估武器系统的性能，判读其是否出现异常，能够满足设计要求，需要依赖系统的判读规则，判读规则的制定是否合理直接影响着系统性能的评估。但武器系统信号种类繁多，不同种类信号的特征也可能不同，对应的判读规则和相应的算法就会不同，因此需要根据具体的信号选择对应的生成规则，但时序信号也有共同的通用特征，即时序数据都比较关注信号的时序性和动态性，根据这两个通用性，研究对应的规则生成算法。可以通过拐点检测、动态阈值等方法进行。

③预测判读

时序数据预测算法在整个智能判读过程中起着重要的作用，数据增强、判读规则的生成、异常诊断都基于或者直接依赖时序数据预测算法，预测结果的精度也决定了增强后数据、判读规则的可用性以及异常诊断的精度，用于时序信号预测的算法包括差分整合移动平均自回归（ARIMA，Autoregressive Integrated Moving Average）模型，循环神经网络（RNN，Recurrent Neural Network），长短时记忆网络（LSTM，Long Short Term Memory Network）等。

15.5.3.4　*数据判读与分析*

在进行数据判读之前，需要分析各类参数特点和判读方法，生成和建立参数判据（具体可参考 15.5.3.3 中所示方法），配置判据模板，形成判读规则库，并对判据进行管理。

在完成各项配置和选择判读参数文件后，通过软件系统执行判读，数据判读要求如下：

1）判读结果表现方式应直观、清晰；

2）应以明显的方式对异常数据进行提示；

3）应完整、正确地输出自动判读结果和自动判读过程产生的中间信息。

数据分析通过将提前设置的判据（包括常用判据和智能判据）与被测数据进行对比与统计分析，如对各类参数的曲线绘图显示、数据之间的关联性分析、历史试验数据横向、纵向比对等，对两者之间的差异或潜在异常进行提示或预警，并得出分析结果。

15.5.3.5 试验报告自动生成

通过提前配置试验报告模板，待数据解析判读完成后，实现试验报告自动生成。

试验报告模板为最后输出报告的框架，主要包括概述、参数信息、判读结果（含试验曲线、判读结果等）的预留位置信息、试验总结等。

试验报告中一般包括：试验名称、时间、地点和内容；试验基本情况；试验数据概况（对试验起始时间、数据质量进行分析）；试验结果分析（对解析和判读参数进行曲线显示、对判读结果进行说明，对超出判据范围的参数进行提示）；总结（对判读参数的名称、个数、判读结论和值域变化进行汇总）。

可根据测试项目需求和型号要求，对提供的结果形式和要求进行商定。

15.5.3.6 数据结构化归档

试验结束并完成相应解析、分析和判读后，应将本次试验结果归档至试验数据管理系统，进行统一管理。试验结果形式一般包括试验报告、试验曲线和数据，数据包括原始试验数据和处理生成的参数文件数据。归档资料包括试验数据、配置文件（含解析和判读配置文件）、试验结果文件（处理生成的参数文件）、试验报告的电子文档。

15.5.3.7 注意事项

1）提升系统或产品的测试性设计。在系统或产品设计时应通过分析整机及各部件可能的工作模式及功能精度要求，把机内测试（BIT，Built - In Test）技术渗透到每个部分中去，基于覆盖性指标要求分解并提出 BIT 的试验任务要求与指标能力要求，使得系统或产品的试验数据能最大限度地表征其性能，提升系统或产品的可测试性。

2）注重数据积累和数据库管理。准确而有效的判读规则库是试验数据智能判读分析技术的重点，判读算法的进一步发展需要大量的历史数据作为支撑，大量的历史数据是数据挖掘的基础，随着试验数据的不断增加，试验数据存储越多，因此应建立试验数据库，定期导入数据库进行存放和管理，对数据库进行有效管理是历史数据挖掘的技术基础。

3）选择合适的技术和算法。国内外对于智能判读技术发展至今已经涌现出多种技术和算法，但是并不是每种技术都适合航天武器装备中的试验数据，此处所列出的智能判读方法只是众多算法中的一部分，在实际应用中需要有针对地挑选可操作性强（易于操作、易于实现），准确率高，同时还兼顾到可扩展性和实时性的技术作为智能判读技术的实施方法。

4）基于信息化系统平台开展。要实现试验数据智能化判读与分析功能，需要搭建系统平台，以需求分析为基础，首先确定系统的输入、输出内容、工作模式和运行状态，如实时模式、事后模式、回放状态、对比复查状态等，再确定系统软、硬件架构，最后完成功能的实现。

15.5.4　典型案例

试验数据智能化判读与分析系统已成功用于多个型号大型地面试验和外场试验，实现了数据解析、数据判读、包络分析、报告生成、数据归档全流程自动化，判读时间相比人工判读缩短 50%以上，数据归档结构化，取得了较好的应用效果，为导弹大数据工程开展数据挖掘与应用奠定了坚实基础，为构建云端试验保障新模式提供了新思路。

在此主要对判读方法（常用判读和智能判读方法）进行示例说明。

15.5.4.1　常用判读方法示例

（1）表格判读方法示例

表格判读方法适合判读指令、时序类参数，表格判读结果见表 15－37，应用时可以根据实际情况调整表格内项目和内容。

表 15－37　表格判读结果示例

参数代号	参数名称	实测时间	标准判据	结论	备注
t1	参数 1	0.0000	0±0.5	合格	
t2	参数 2	0.0050	0±0.5	合格	
t3	参数 3	2.0024	2±0.06	合格	
t4	参数 4	4.0067	4±0.05	合格	

（2）包络判读方法示例

包络判读方法示例如图 15－7 所示。图中横轴 X 轴为时间轴，纵轴 Y 轴为数值轴，蓝色为上包络曲线，红色为下包络曲线，黑色为实测值曲线。

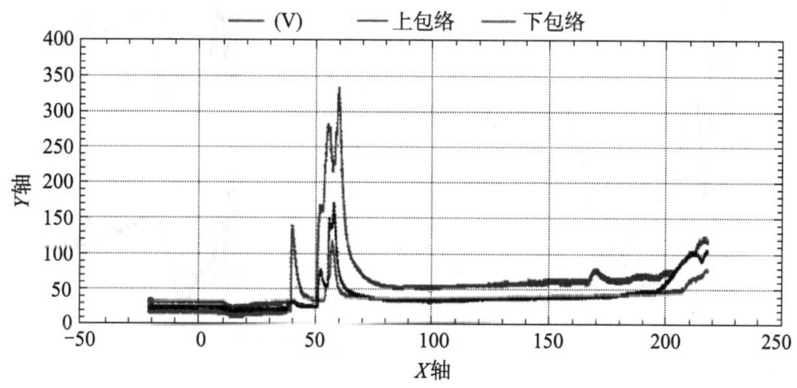

图 15－7　包络判读方法示例图（见彩插）

(3) 聚类和极值判读方法示例

如图 15-8 所示，为通过极值、聚类等算法实现了智能判据的生成。

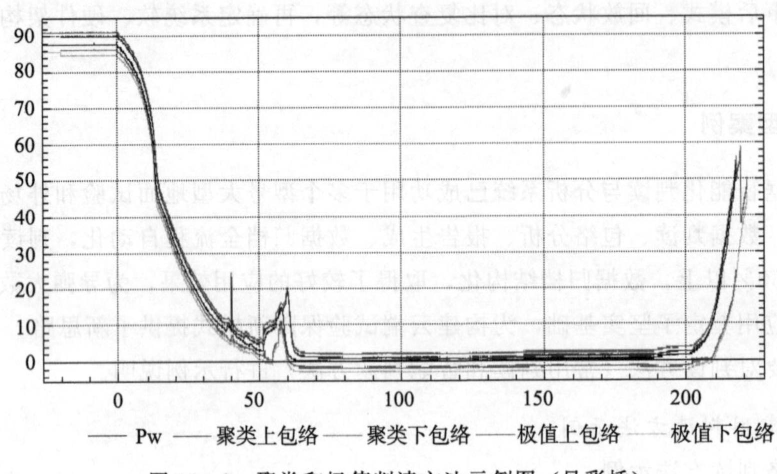

图 15-8　聚类和极值判读方法示例图（见彩插）

15.5.4.2　智能判读方法示例

(1) 数据增强方法

区别于传统数据增强更多聚焦在图片数据集的扩展，武器系统试验数据多为时间序列数据。时序数据增强技术主要分为两类，一类主要依赖统计方法，从时间域、频域和时域维度去分析，另一类主要依赖数据本身，利用机器学习和深度学习等算法，在此利用实测数据在时间阈上通过几何变换（窗口规整）的方法对数据增强方法进行示例说明。

窗口规整类似于动态时间规整方法，在原始时间序列上随机选择一定长度切片，然后对切片进行加速或减速，最后使用窗口规整以保证所有得到的时间序列都有相同的长度，如图 15-9 所示。

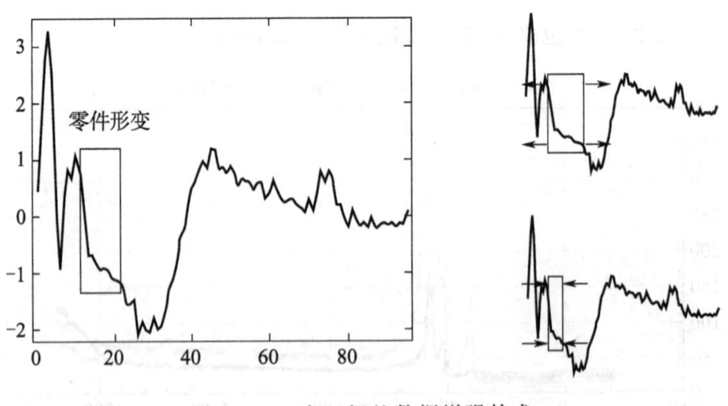

图 15-9　窗口规整数据增强技术

利用窗口规整的方法可以改变如图 15-10 所示曲线的上升时间，产生新的样本，通过设定窗口规整的相关参数，速比、规整窗口数量和重复次数等，得到对应的扩展数据，如图 15 - 11 所示是对该曲线数据（速比、窗口数量和重复次数都设为 10）进行规整后的结果，其中蓝色为原始试验数据，可以看出规整后得到数据的上升和下降时间都有明显的区分，尤其是绿色曲线的上升时间和红色曲线的下降时间与原始试验数据有较大的差异，可以作为该曲线数据的负样本。

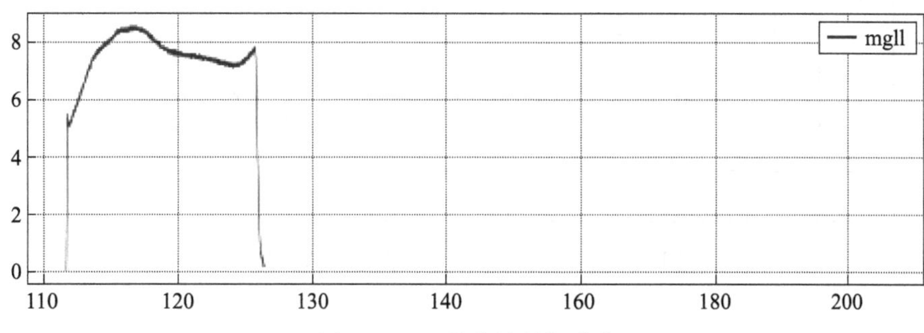

图 15 - 10　某信号数据曲线

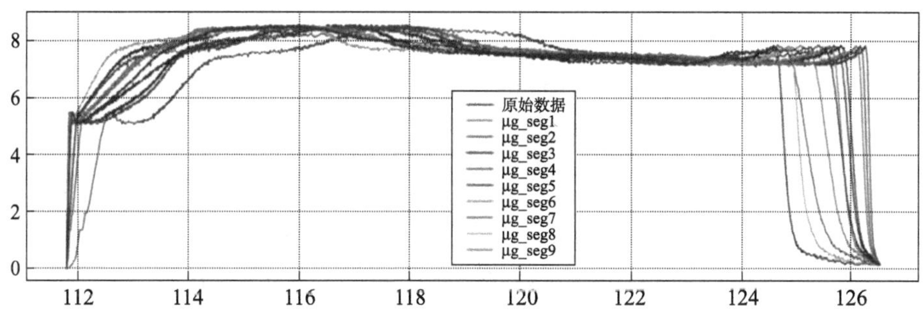

图 15 - 11　某信号数据规整后曲线（见彩插）

（2）时序判读规则

为了评估试验系统性能是否正常，需要依赖系统中各参数的判读规则。不同种类信号特征各有特点，对应的判读规则和相应算法会有不同，因此需要根据具体的信号选择对应的生成规则。武器系统试验数据通用特点就是其时序动态性，可以根据信号特点自适应生成对应的动态阈值，从而实现对系统异常的精确判读。

动态阈值的生成主要依赖机器学习和深度学习算法，可以通过融合统计理论和残差生成阈值；还可以通过对残差进行有效转化使其作为损失函数，利用优化算法找到对应的阈值区间。在此以图 15 - 11 中信号数据曲线的处理过程为例对 Bootstrap（自助法）集成模型方法的应用进行说明。

Bootstrap 集成模型方法的架构如图 15 - 12 所示，集成模型可以选择常用的用于时序数据预测的深度学习方法，如神经网络（NN，Neural Networks）、RNN、LSTM 等。

在此设定训练的模型数量为 20，采用 Bootstrap 方法进行训练样本的抽取，利用梯度下降优化算法，计算置信度为 0.95 的预测区间，得到结果如图 15 - 13 所示。

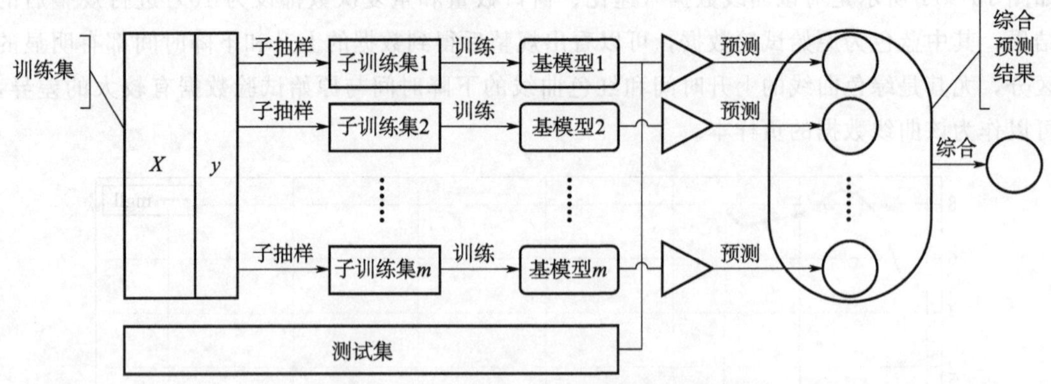

图 15-12　Bootstrap 集成模型方法架构

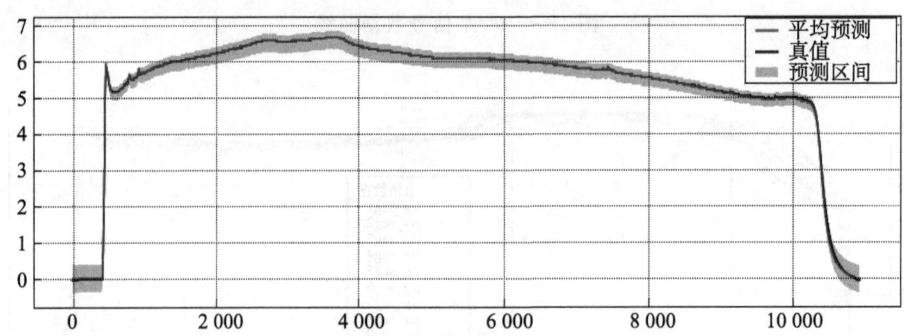

图 15-13　基于 NN 的集成模型分析和生成动态阈值

第 16 章　产品保证方法

16.1　故障模式、影响与危害性分析

故障模式、影响与危害性分析（FMECA，Failure Modes，Effect and Criticality Analysis）的目的是通过系统地分析，确定产品在设计和制造过程中所有可能的故障模式，以及每一个故障模式的原因及影响，以便找出潜在的薄弱环节，并提出改进措施。

FMECA 是可靠性分析的重要内容之一，也是开展维修性、安全性、测试性和保障性分析的基础。

16.1.1　概念和适用范围

FMECA 包括故障模式及影响分析（FMEA）和危害性分析（CA）。FMEA 是一种预防性方法，即在产品设计过程中，分析产品各个组成单元潜在的各种故障模式，以及可能对产品造成的影响，提出可以采取的预防改进措施，以提高产品可靠性。CA 是在 FMEA 的基础上，对各种可能发生的故障模型的严重程度以及发生概率进行综合分析，以便全面客观评价可能发生的故障模式对产品造成的影响。FMECA 综合了 FMEA 和 CA，即分析产品中每一种可能的故障模式并确定其对该产品及上层产品所产生的影响，找出单点故障，并把每一个故障模式按其故障发生概率与故障危害程度予以分类的一种分析技术。

FMECA 适用于系统、分系统、整机、组合等各级产品的装备论证、方案、工程研制、生产、使用全过程。

16.1.2　基本原理

FMECA 技术是从工程实践中总结出来的一项可靠性分析技术，按照规定的规则记录产品设计中所有可能的故障模式，分析每种故障模式对系统的工作及状态的影响，将每种故障模式按其影响的严酷度及发生概率排序，从而发现设计中潜在的薄弱环节，提出可能采取的预防改进措施，以消除或减少故障发生的可能性，保证产品的可靠性，降低维修成本。

航天装备研制中采用的 FMECA 方法主要有功能 FMECA、硬件 FMECA、软件 FMECA、工艺 FMECA、损坏模式及影响分析（DMEA，Damage Mode and Effects Analysis）五种。在寿命周期各阶段，采用 FMECA 的方法及目的略有不同，见表 16 - 1。

表 16-1　寿命周期各阶段的 FMECA 方法

阶段	方法	目的
论证阶段和方案阶段	功能 FMECA	分析研究产品功能设计的缺陷与薄弱环节，为产品功能设计的改进和方案的权衡提供依据
工程研制阶段和定型阶段	功能 FMECA； 硬件 FMECA； 软件 FMECA； 工艺 FMECA； 损坏模式及影响分析 DMEA	分析研究产品硬件、软件、生产工艺和生存性与易损性设计的缺陷与薄弱环节，为产品的硬件、软件、生产工艺和生存性与易损性设计的改进提供依据
生产阶段	工艺 FMECA	分析研究产品的生产工艺的缺陷和薄弱环节，为产品生产工艺的改进提供依据
使用阶段	硬件 FMECA； 软件 FMECA； 工艺 FMECA； 损坏模式及影响分析 DMEA	分析研究产品使用过程中可能或实际发生的故障，为提高产品使用可靠性等提供依据

实施 FMECA 时首先需要明确分析对象，即明确约定层次的定义，包括初始约定层次、约定层次、最低约定层次。

FMECA 工作通过填写 FMECA 表格的形式开展，不同的 FMECA 方法需要填写的表格不同，详见表 16-2 至表 16-4。航天装备组成复杂，一般需要由下至上逐级开展 FMECA，直至系统级 FMECA，下一级产品的故障模式可作为上一级产品故障模式的原因。

表 16-2　功能/硬件 FMEA 表

初始约定层次产品：　　任务：　　审核：　　第　页，共　页

约定层次产品：　　分析人员：　　批准：　　填表日期

代码	产品或功能标志	功能	故障模式	故障原因	任务阶段与工作方式	故障影响			严酷度类别	故障检测方法	设计改进措施	使用补偿措施	备注
						局部影响	高一层次影响	最终影响					

表 16-3　CA 工作表

初始约定层次产品：　　任务：　　审核：　　第　页，共　页

约定层次产品：　　分析人员：　　批准：　　填表日期

代码	产品或功能标志	功能	故障模式	故障原因	任务阶段与工作方式	严酷度类别	故障概率等级或故障源数据	故障率 λ_p	故障模式频数比 α	故障影响概率 β	工作时间 t	故障模式危害度 $C_m(j)$	产品危害度 $C_r(j)$	备注

表 16－4　工艺 FMECA 表

产品名称(标识)：　　　　生产工艺：　　　　审核：　　　　第　页,共　页

所属装备/型号：　　　　分析人员：　　　　批准：　　　　填表日期

工序名称	工序功能要求	工艺故障模式	工艺故障原因	工艺故障影响			改进前的风险优先数(RPN,Risk Priority Number)				改进措施	责任部门	改进措施执行情况	改进措施执行后的风险优先数(RPN)				备注
				下道工序影响	组件影响	装备影响	严酷度(S,Severity)	发生概率(O,Occurrence)	探测度(D,Detection)	RPN				严酷度S	发生概率O	探测度D	RPN	

FMECA 的输入主要包括：GJB/Z 1391－2006《故障模式、影响及危害性分析指南》、GJB/Z 299C－2006《电子设备可靠性预计手册》；产品技术设计报告、技术规范、设计图样、软件需求说明等下一层次产品的 FMECA 报告；过去的经验、相似产品的信息等。

FMECA 的输出为故障模式、影响及危害性分析报告。

16.1.3　实施步骤

16.1.3.1　功能及硬件 FMECA 的实施步骤

功能及硬件 FMECA 的实施步骤如图 16－1 所示。

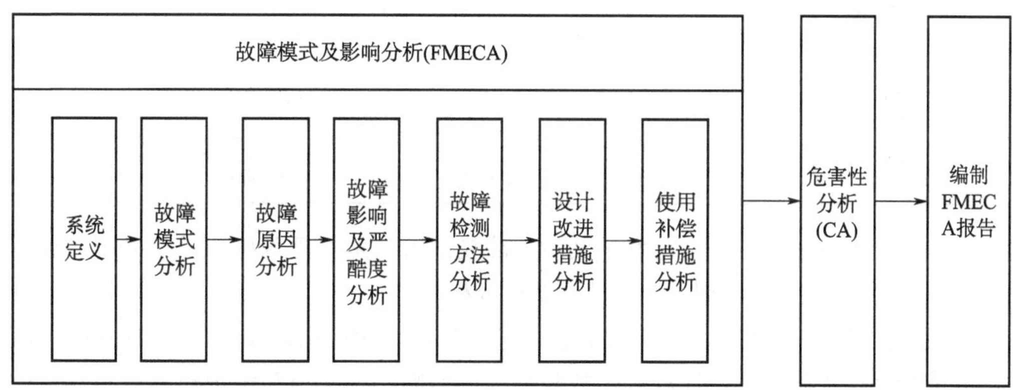

图 16－1　功能及硬件 FMECA 的实施步骤

1）系统定义：主要包括产品功能分析、绘制功能框图和任务可靠性框图。

2）故障模式分析：在进行 FMEA 时，一般可以通过统计、试验、分析、预测等方法获取产品的故障模式。对采用现有的产品，可以该产品在过去的使用中所发生的故障模式为基础，再根据该产品使用环境的异同进行分析修正得到，也可从表 16－5 中选取故障模式或在表 16－5 中给出的故障模式基础上进行细化。

3）故障原因分析：故障原因分析方法一是从导致产品发生功能故障模式或潜在故障

模式的物理、化学或生物变化过程等方面找故障模式发生的直接原因；二是从外部因素（如其他产品的故障、使用、环境或人为因素等）方面找产品发生故障模式的间接原因。

表 16-5　常见故障模式

序号	故障模式	序号	故障模式	序号	故障模式	序号	故障模式
1	结构故障(破损)	12	超出允差(下限)	23	滞后运行	34	折断
2	框架卡死	13	意外运行	24	输入过大	35	动作不到位
3	共振	14	间歇性工作	25	输入过小	36	动作过位
4	不能保持正常位置	15	漂移性工作	26	输出过大	37	不匹配
5	打不开	16	错误指示	27	输出过小	38	晃动
6	关不上	17	流动不畅	28	无输入	39	松动
7	误开	18	错误动作	29	无输出	40	脱落
8	误关	19	不能关机	30	短路	41	弯曲变形
9	内部泄漏	20	不能开机	31	开路	42	扭转变形
10	外部泄漏	21	不能切换	32	参数漂移	43	拉伸变形
11	超出允差(上限)	22	提前运行	33	裂纹	44	压缩变形

4）故障影响及严酷度分析：找出产品的每个可能的故障模式所产生的影响，并对其严重程度进行分析。每个故障模式的影响一般分为三级：局部影响、高一层次影响和最终影响。严酷度等级的评分准则见表 16-6。

表 16-6　故障影响严酷度等级的评分准则

等级	严酷度等级	故障影响的严重程度
Ⅰ	灾难的	导致人员死亡、装备彻底报废
Ⅱ	致命的	导致人员严重伤害、装备需要返厂维修、作战任务失败
Ⅲ	中等的	导致人员中等程度伤害、装备丧失部分功能、任务延误或降级
Ⅳ	轻度的	不影响作战任务的完成，但会导致非计划性维护或修理

5）故障检测方法分析：确定发生某种故障模式时，是否具备检测手段并明确检测方法。故障检测方法分析主要用于产品的测试性分析。

6）设计改进措施分析：针对每个故障模式的影响，明确在设计上拟采取的改进措施。

7）使用补偿措施分析：针对每个故障模式的影响，在使用和维护规程中拟规定的使用维护措施分析。

8）危害性分析：一般采取定性危害性矩阵分析方法进行危害性分析。根据每个故障模式出现概率大小分为五个不同的等级，其定义见表 16-7。根据严酷度等级和发生概率等级绘制危害性矩阵图，危害性矩阵图如图 16-2 所示。

表 16-7　故障模式发生概率的等级划分

等级		故障模式发生概率的特征	
A	经常发生	高概率	某个故障模式发生概率大于产品总故障概率的 20%

续表

等级		故障模式发生概率的特征	
B	有时发生	中等概率	某个故障模式发生概率大于产品总故障概率的 10%，小于 20%
C	偶然发生	不常发生	某个故障模式发生概率大于产品总故障概率的 1%，小于 10%
D	很少发生	不大可能发生	某个故障模式发生概率大于产品总故障概率的 0.1%，小于 1%
E	极少发生	近乎为零	某个故障模式发生概率小于产品总故障概率的 0.1%

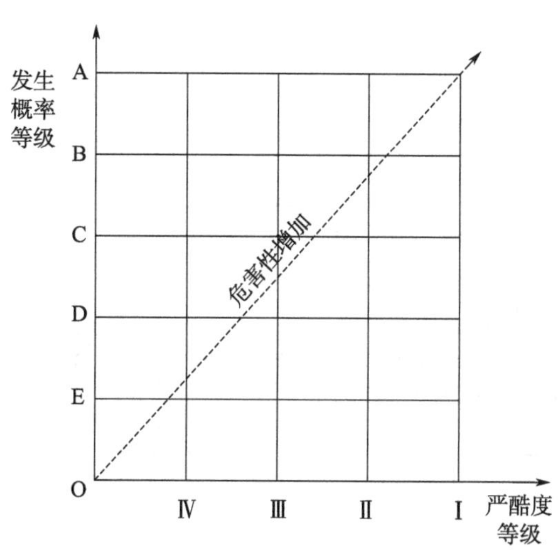

图 16－2　危害性矩阵图

9）形成 FMECA 报告：按照要求编制 FMECA 报告。

功能及硬件故障模式、影响及危害性分析报告编写内容包括：

a）产品概述：包含产品、所处的研制阶段等；

b）产品定义：组成、主要功能（含功能框图）、工作环境、寿命剖面、任务剖面、可靠性框图、故障判据；

c）FMECA 说明：采用的方法、故障模式影响严酷度、发生概率的定义、故障率数据来源、约定层次的规定等；

d）FMECA：FMEA 表、CA 表；

e）分析结果：严酷度为Ⅰ、Ⅱ类危害度的产品清单，Ⅰ、Ⅱ类危害度的单点故障模式清单，可靠性关键件重要件清单，当 FMECA 结果表明不可检测的故障模式会引起Ⅰ、Ⅱ类严酷度时，应列出不可检测的故障模式清单，清单格式见表 16－8 至表 16－10；

f）结论与建议。

表 16 8　严酷度为Ⅰ、Ⅱ类单点故障模式清单

序号	产品名称	故障模式	最终故障影响	严酷度等级	设计改进措施	使用补偿措施	故障模式未被消除原因	备注

表 16-9 可靠性关键重要产品清单

序号	产品名称	关键故障模式	最终故障影响	严酷度等级	设计改进措施	使用补偿措施	备注

表 16-10 不可检测的故障模式清单

代码	产品名称	关键故障模式	最终故障影响	严酷度等级	设计改进措施	使用补偿措施	不可检测的原因	备注

16.1.3.2 工艺 FMECA 实施步骤

工艺 FMECA 的实施步骤如图 16-3 所示。

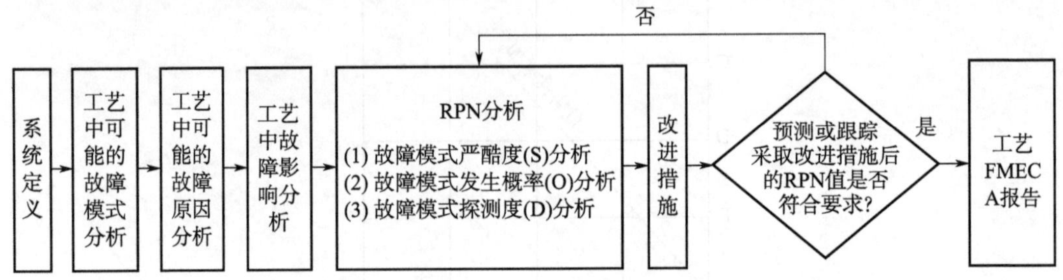

图 16-3 工艺 FMECA 的实施步骤

1）系统定义：包括功能分析、绘制“工艺流程表”及“零部件-工艺关系矩阵”，见表 16-11、表 16-12。

表 16-11 工艺流程表

零部件名称： 生产工艺：
零部件号： 部门名称： 审核： 第 页，共 页
型号名称： 分析人员： 批准： 填表日期

工艺流程	输入	输出结果
工序 1		
工序 2		

表 16-12 零部件-工艺关系矩阵

零部件名称： 生产工艺：
零部件号： 部门名称： 审核： 第 页，共 页
型号名称： 分析人员： 批准： 填表日期

零部件特性	工艺操作		
	工序 1	工序 2	工序 3
特性 1			
特性 2			

2）工艺故障模式分析：找出不能满足产品加工、装配过程要求和/或设计意图的工艺缺陷，典型的工艺故障模式见表 16-13。

表 16-13　典型的工艺故障模式示例

序号	故障模式	序号	故障模式	序号	故障模式
1	弯曲	7	尺寸超差	13	光滑度超差
2	变形	8	位置超差	14	未贴标签
3	裂纹	9	形状超差	15	错贴标签
4	断裂	10	(电路)开路	16	搬运损坏
5	毛刺	11	(电路)短路	17	表面污染
6	漏孔	12	粗糙度超差	18	遗留多余物

3）工艺故障原因分析：分析与工艺故障模式相对应的工艺缺陷发生原因，典型的工艺故障原因示例见表 16-14。

表 16-14　典型的工艺故障原因示例

序号	故障原因	序号	故障原因
1	扭矩过大、过小	11	工具磨损
2	焊接电路、电压、时间不正确	12	零件漏装
3	虚焊	13	零件错装
4	铸造浇口/通气口不正确	14	安装不当
5	粘接不牢	15	定位器磨损
6	热处理时间、温度、介质不正确	16	定位器上有碎屑
7	量具不精确	17	破孔
8	润滑不当	18	机器设置不正确
9	工件内应力过大	19	程序设计不正确
10	无润滑	20	工装或夹具不正确

4）工艺故障影响分析：分析该故障模式对下道工序/后续的工序和/或最终产品的影响。故障影响可分为对下道工序、组件和装备的影响，典型的工艺故障影响示例见表 16-15、表 16-16。

表 16-15　典型的工艺故障影响示例（对下道工序）

序号	故障影响	序号	故障影响
1	无法取出	6	无法配合
2	无法钻孔/攻丝	7	无法加工表面
3	不匹配	8	导致工具工艺磨损
4	无法安装	9	损坏设备
5	无法连接	10	危害操作者

表 16-16　典型的工艺故障影响示例（对组件和装备）

序号	故障影响	序号	故障影响
1	噪声过大	9	工作性能不稳定

续表

序号	故障影响	序号	故障影响
2	振动过大	10	损耗过大
3	阻力过大	11	漏水
4	操作费力	12	漏油
5	散发异常气味	13	表面缺陷
6	作业不正常	14	尺寸、位置、形状超差
7	间歇性作业	15	非计划维修
8	不工作	16	废弃

5）风险优先数（RPN）分析：RPN 是工艺故障模式的严酷度等级（S）、发生概率等级（O）和探测度（D）的乘积。各部分的评分准则参见 GJB/Z 1391 — 2006《故障模式、影响及危害性分析指南》。

6）改进措施：当某个工艺故障模式的后果可能对制造/组装人员产生危害时，应采取预防/改进措施，以排除、减轻、控制或避免该工艺故障模式的发生。

7）RPN 值的预测或跟踪：采取改进措施后，对 RPN 值的变化情况进行分析，当 RPN 值不满足需要时应进一步改进，直到 RPN 值满足最低可接受水平。

8）形成工艺 FMECA 报告：按要求编制工艺 FMECA 报告。工艺 FMECA 报告内容包括：概述、工艺过程描述、系统定义、工艺 FMECA 表格的填写、结论及建议。

16.1.3.3 软件 FMECA 实施步骤

软件 FMECA 步骤与“功能及硬件 FMECA”步骤相似，如图 16-4 所示。

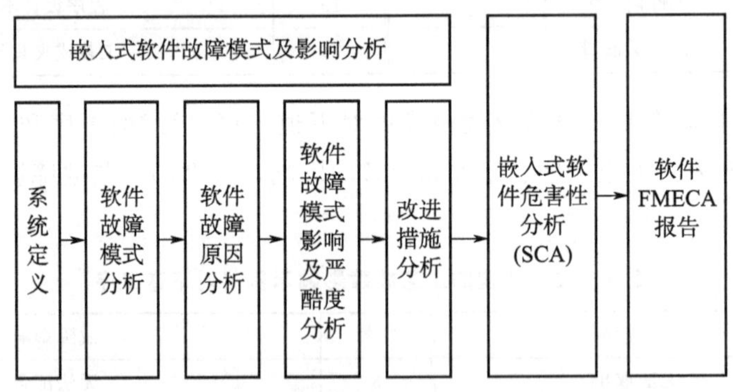

图 16-4 软件 FMECA 的步骤

1）系统定义：主要包括绘制软件功能流程图和定义软件约定层次结构。流程图中给出软/硬件综合系统中每个软件部件或软件单元之间的功能逻辑关系。定义软件约定层次结构包括：“初始约定层次”定为装备级、“最低约定层次”可定为软件单元、“约定层次”可定为软件部件直至软件/硬件综合系统。

2）软件故障模式分析：软件故障模式是软件故障的表现形式。软件故障模式分析的目的是针对每个被分析的软件单元，找出其所有可能的故障模式，见表 16-17。

表 16－17　软件故障模式分类及典型示例（不局限于）

序号	类别	软件故障模式示例			
1	软件的通用故障模式	运行时不符合要求			
		输入不符合要求			
		输出不符合要求			
2	软件的详细故障模式	输入故障	未收到输入	输出故障	输出结果错误(如输出项缺损或多余等)
			收到错误输入		输出数据精度轻微超差
			收到数据轻微超差		输出数据精度中度超差
			收到数据中度超差		输出数据精度严重超差
			收到数据严重超差		输出参数不完全或遗漏
			收到参数不完全或遗漏		输出格式错误
			其他		输出打印字符不符合要求
		程序故障	程序无法启动		输出拼写错误/语法错误
			程序运行中非正常中断		其他
			程序运行不能终止		
			程序不能退出	未满足功能及性能要求故障	未达到功能/性能的要求
			程序运行陷入死循环		不能满足用户对运行时间的要求
			程序运行对其他单元或环境产生有害影响		不能满足用户对数据处理的要求
			程序运行时轻微超时		多用户系统不能满足用户的需求
			程序运行时明显超时		其他
			程序运行时严重超时		
			其他		

3）软件故障原因分析：针对每个软件的故障模式分析其所有可能的原因，按其缺陷分类及典型示例见表 16－18。

表 16－18　软件故障原因按其缺陷分类及典型示例（不局限于）

序号	软件缺陷类型	详细的软件缺陷	备注
1	需求缺陷	a)软件需求制定不合理或不正确；b)需求不完全；c)有逻辑错误；d)需求分析文档有误	
2	功能和性能缺陷	a)功能和性能规定有误，或遗漏功能，或有冗余功能；b)为用户提供信息有错或不确切；c)对异常情况处理有误	属最普遍、最值得重视的缺陷
3	软件结构缺陷	a)程序控制或控制顺序有误；b)处理过程有误	同第 2 项
4	数据缺陷	a)数据定义或数据结构有误；b)数据存取或操作有误；c)变量缩放比率或单位不正确；d)数据范围不争取；e)数据错误或丢失	同第 2 项
5	软件实现和编码缺陷	a)编码或按键有误；b)违背编码风格要求或标准；c)语法错；d)数据名错；e)局部变量与全局变量混淆	

续表

序号	软件缺陷类型	详细的软件缺陷	备注
6	软/硬件接口缺陷	a)软件内部接口、外部接口有误；b)软件各相关部分在时间配合或数据吞吐等方面不协调；c)I/O 时序错误导致数据丢失	

4）软件故障影响及严酷度分析：主要包括软件故障影响和软件故障影响的严酷度，见表 16－19。根据每个软件故障模式影响的严重程度划分其严酷度等级。软件严酷度等级评分准则可参见 GJB/Z 1391－2006《故障模式、影响及危害性分析指南》。

5）改进措施分析：根据每个软件故障模式的原因、影响及严酷度等级，综合提出有针对性的改进措施。

6）嵌入式软件危害性分析：推荐采用风险优先数（RPN）方法进行软件的危害性分析（SCA，Software Criticality Analysis），见表 16－19。

7）形成软件 FMECA 报告：按照要求编制软件 FMECA 报告。

软件 FMECA 的实施与“功能及硬件 FMECA”一样，其主要工作是填写软件 FMECA 表，见表 16－19。

表 16－19　嵌入式软件 FMECA 表

初始约定层次产品：　　任务：　　审核：　　第　页，共　页

约定层次产品：　　分析人员：　　批准：　　填表日期

代码	单元	功能	故障模式	故障原因	故障影响			严酷度类别	危害性分析				改进措施	备注
					局部影响	高一层次影响	最终影响		软件严酷度等级	软件发生概率等级	软件被检测难度等级	软件风险优先数		
1	2	3	4	5	6			7	8			9	10	11

16.1.3.4　注意事项

在 FMECA 开展过程中，应关注以下几点注意事项：

1）FMECA 应全面考虑寿命剖面和任务剖面内故障模式，分析不同故障模式在不同任务阶段，对安全性、战备状态完好性、任务成功性以及对维修和保障资源要求的影响。

2）FMECA 工作应在产品设计、工艺设计以及使用阶段进行，并随着设计阶段的深入与使用阶段实际发生的故障、原因及其他影响，不断迭代完善 FMECA，指导产品研制、生产与使用的全过程。

3）应关注关键产品故障模式库的建设和积累，产品使用过程中实际发生的故障模式，应及时整理纳入 FMECA 分析表。

4）针对每个故障模式的影响（重点关注单点故障），明确在设计上拟采取的改进措施。

16.1.4　典型案例

16.1.4.1　产品定义

（1）产品组成及功能

某弹上电池由一个单元热电池、安装紧固支架、接线板、盖板、电缆和插座等组成，用途是为某设备提供电能。

（2）功能框图

电池功能框图如图 16-5 所示。

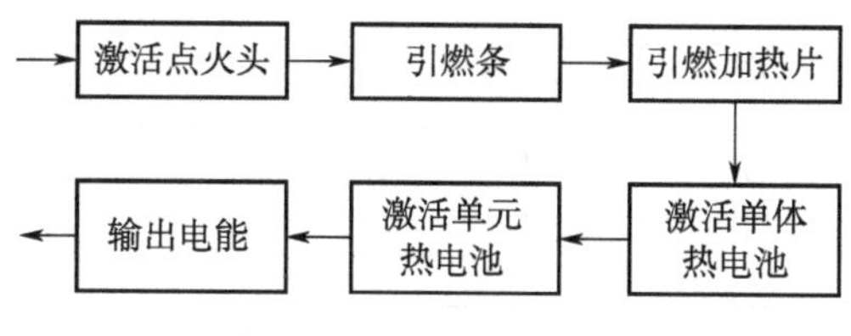

图 16-5　电池功能框图

（3）可靠性框图

根据功能描述，电池各组件的功能是不能互相替代的，也没有替代的工作模式，在完成任务的过程中，如果任何一个组成部分出现故障，将导致整个电池不能正常工作，因此，电池的可靠性模型为串联模型，如图 16-6 所示。

图 16-6　电池可靠性框图

（4）故障判据

电池无法输出规定电压、电流的电能。

16.1.4.2　分析假设

每次分析假定只有一个产品（或部件）故障，一种故障模式，而其他产品（或部件）均正常。

16.1.4.3　分析方法

（1）故障模式严酷度类别、发生概率等级的约定

产品严酷度等级定义见表 16-20，故障模式发生概率等级定义见表 16-21。

表 16-20　故障模式严酷度等级

种类	级别	说明
灾难性的	Ⅰ	引起人员伤亡或整个电池系统毁坏
致命的	Ⅱ	导致电池丧失工作能力

续表

种类	级别	说明
临界的	Ⅲ	电池工作不正常或工作能力下降
轻度的	Ⅳ	不影响电池正常工作

表 16-21 故障模式发生概率等级

序号	等级	出现的可能性
1	A	很高
2	B	中等程度
3	C	偶有发生
4	D	很少
5	E	几乎不可能

(2) 确定初始约定层次、约定层次和最低约定层次

产品层次约定见表 16-22。

表 16-22 产品层次约定

约定层次	说明
初始约定层次	电气分系统
约定层次	电池
最低约定层次	电池组件

(3) 分析方法

采用功能法进行 FMEA 分析。

16.1.4.4 FMEA 分析

FMEA 分析表见表 16-23。

16.1.4.5 分析结论

电池在整个研制过程中均进行了可靠性分析，主要分析有故障模式影响分析(FMEA)。通过对电池组的分析，确定元器件、零部件、设备在设计工程中可能存在的故障模式，以及每一故障模式的原因及影响，找出了产品的潜在薄弱环节，并提出改进措施。

Ⅰ、Ⅱ类故障模式清单见表 16-24。

表 16－23　某弹上电池 FMEA 分析表

初始约定层次：弹上电气分系统　　第 1 页 共 5 页

约定层次：电池最低约定层次：　　电池组件分析人员：×××　　填表日期：××××－××

代码	产品名称（代号）	功能	任务阶段	故障模式	故障原因	故障影响			故障检测方法	补偿措施	严酷度	发生可能性	备注
						局部	高一层次影响	最终影响					
004	电池堆	输出电压、电流	飞行	短路	单体电池正、负极装配相反	电池鼓胀	电池输出不满足要求	供电不满足	1)目测 2)采用多用表测量极性	1)自检，互检和专检相结合 2)测量极性满足条件要求	Ⅱ	E	
005			飞行	电压过高	单体电池数量过多	超电压上限	电池输出不满足要求	供电不满足	目测	1)定量供片 2)自检，互检和专检	Ⅲ	E	
007	电发火头	点燃引燃片	发射	电池无输出	1)桥丝断开 2)火药失效	电池不工作	电池输出不满足要求	供电不满足	1)目测 2)采用多用表检测桥丝是否断开 3)对电发火头采用抽样激活的验收措施	1)采取多发并联的冗余措施 2)使用前检测回路电阻是否满足要求	Ⅲ	E	
016	单元热电池	输出电压电流	飞行	工作时间不够	单元热电池壳体漏气致使活性物质吸水	性能降低	电池输出不满足要求	供电不满足	气密性检测	保证单元热电池漏率符合要求	Ⅲ	E	

表 16-24　Ⅰ、Ⅱ类故障模式清单

故障代码	故障模式	严酷度	发生可能性
004	单体错装导致短路	Ⅱ	E
012	加热片热量偏高导致短路	Ⅱ	E
019	电路导线错接致使短路	Ⅱ	E

16.2　故障树分析

故障树分析（FTA，Fault Tree Analysis）是航天装备常用的可靠性分析方法之一，其目的是寻找导致某种故障事件（顶事件）的各种可能原因，直到找到最基本的原因，并通过逻辑关系的分析确定潜在的硬件、软件的设计缺陷，以便采取改进措施。

在航天装备研制中，FTA 常用于故障发生后，进行故障归零时对故障进行定位，也用于帮助判断潜在的故障模式和灾难性危险因素，发现可靠性、安全性薄弱环节，以便设计改进。

16.2.1　概念和适用范围

故障树是一种特殊的倒立树状逻辑因果关系图，构图的元素是事件和逻辑门。逻辑门的输入事件是输出事件的“因”，逻辑门的输出事件是输入事件的“果”。事件用来描述系统和单元故障状态，逻辑门把事件联系起来，表示事件之间的逻辑关系。

FTA 定义为：通过对可能造成产品故障的硬件、软件、环境、人为因素等进行分析，画出故障树，从而确定产品故障原因的各种可能组合方式和（或）其发生概率的一种分析技术，包含定性分析和定量分析。

FTA 适用于系统、分系统、整机、组合等各级产品，主要用于产品研制、生产、使用阶段。

16.2.2　基本原理

FTA 以故障事件（即顶事件）作为分析目标，通过自上而下地按层次的故障因果逻辑分析，采用演绎推理的方法，逐层找出故障事件的必要而充分的直接原因，最终找出导致顶事件发生的所有原因和原因组合，然后通过设计改进和实施有效的故障检测、维修等措施，设法减少其发生的可能，给出产品的改进建议。在 FTA 定量分析中，还需计算各原因或原因组合发生的概率。

航天装备 FTA 常用事件及符号见表 16-25，GJB/Z 768A—1998《故障树分析指南》中推荐的常用逻辑门及符号见表 16-26。

表 16－25　FTA 常用事件及符号

功能	符号	说明
顶事件		FTA 中的最后结果事件，是逻辑门的输出事件而不是输入事件
中间事件	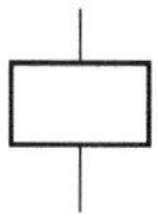	FTA 中除顶事件和底事件之外的所有事件，它既是某个逻辑门的输出事件，又是其他逻辑门的输入事件
底事件		元部件在设计的运行条件下所发生的随机故障事件，一般来说它的故障分布是已知的，只能作为逻辑门的输入事件而不能作为输出事件
开关事件（房形事件）	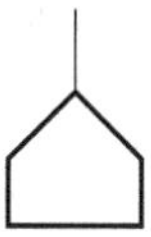	已经发生或将要发生的特殊事件，是在正常工作条件下必然发生或必然不发生的特殊事件
条件事件		逻辑门起作用的具体限制的特殊事件
转入符号	 A	表示树的 A 部分分支在其他地方
转出符号	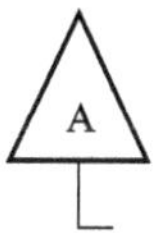 A	表示树的 A 部分分支是在其他地方绘制的故障树的子树

表 16－26　FTA 常用逻辑门及符号

逻辑门	符号	说明
与门		全部输入事件发生时输出事件才发生
或门		至少一个输入事件发生时输出事件就发生
异或门		当且仅当一个输入事件发生时输出事件才发生
非门		输出事件是输入事件的逆事件

续表

逻辑门	符号	说明
禁门	(六边形符号)	仅当禁门打开条件事件发生时，输入事件的发生方导致输出事件发生
表决门	m/n	n 个输入事件中至少有 m 个发生时，输出事件才发生

"割集"是故障树中一些底事件的集合，当这些底事件同时发生时，顶事件必然发生。"最小割集"是底事件的数目不能再减少的割集，即在该最小割集中任意去掉一个底事件后，剩下的底事件集合就不是割集。一个最小割集代表系统的一种故障模式，寻找故障树的全部最小割集是故障树定性分析的任务。

FTA 的输入信息主要包括：GB/T 4888—2009《故障树名词术语和符号》、GJB/Z 768A—1998《故障树分析指南》、技术设计报告、FMECA 报告。

FTA 的输出为《FTA 报告》，报告内容一般应包括以下几项。

(1) 产品概述

1) 系统原理、结构、功能、边界、接口以及使用环境等；

2) 影响系统主要性能、可靠性和安全性的主要故障；

3) 系统故障和单元故障的关系；

4) 人为因素和软件对系统的影响。

(2) 故障定义和顶事件

对各级故障进行严格定义，描述确定顶事件的选择原因。

(3) 边界条件

确定所分析的系统和其他部分的边界，给出故障树分析的假设条件。

(4) 故障树建造

1) 分析顶事件；

2) 由上而下建立故障树；

3) 故障树规范化和简化；

4) 符号说明。

(5) 定性分析

1) 求最小割集；

2) 确定产品薄弱环节。

(6) 结论与建议

1) 对顶事件进行评价；

2) 薄弱环节清单；

3) 改进建议。

16.2.3　实施步骤

16.2.3.1　航天装备 FTA 的实施步骤

航天装备的 FTA 一般参照 GJB/Z 768A — 1998《故障树分析指南》进行，采用人工演绎法，由上而下逐级进行。FTA 一般实施步骤如图 16 - 7 所示。

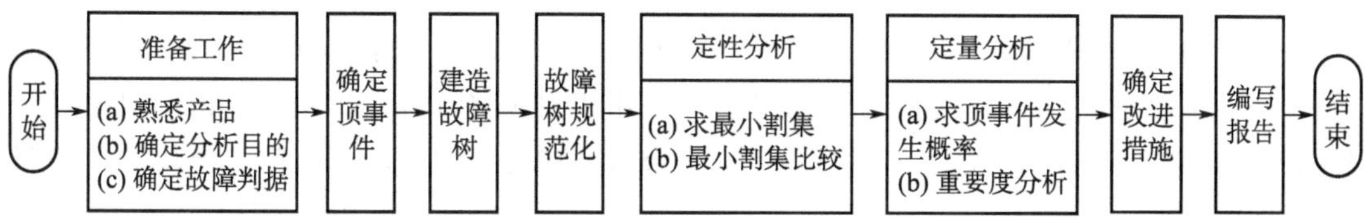

图 16 - 7　FTA 实施步骤

(1) 准备工作

熟悉产品技术设计，透彻掌握产品设计意图、结构、功能、边界和环境情况。辨明人的因素和软件对产品的影响；根据产品功能和性能要求确定故障判据。

(2) 确定顶事件

航天装备一般选择 FMECA 分析中的Ⅰ、Ⅱ类故障模式作为顶事件，不同的顶事件应分别建立故障树分析。若发生重大故障，可将该故障作为顶事件进行 FTA，通过分析为故障归零提供依据。

(3) 建造故障树

通过建树透彻了解系统的故障逻辑关系，找出导致顶事件的所有基本故障原因事件或基本故障原因事件组合，从而辨识出系统在可靠性设计上的薄弱环节以便改善设计。

采用人工演绎法建造故障树应遵循以下基本原则：

1) 明确建树边界条件，确定简化系统图，从简化系统图出发进行建树；

2) 故障事件应严格定义，准确描述；

3) 首先寻找的是直接原因事件而不是基本原因事件，从直接原因事件逐步演绎为基本原因事件；

4) 应从上向下逐级建树；

5) 建树时不允许逻辑门与逻辑门直接相连；

6) 妥善处理共因事件。若某个故障事件是共因事件，则在故障树的不同分支中出现的该事件必须使用同一事件标号；若该共因事件不是底事件，必须使用相同转移符号简化表示。

(4) 故障树规范化

为了能用标准的程序对各种不同的故障树作统一的描述和分析，必须将建好的故障树变为规范化故障树。故障树规范化包括特殊事件的处理和特殊门的等效变换。

特殊事件的处理原则包括：

1) 重要的未探明事件当作基本事件对待，不重要的未探明事件删掉；

2）开关事件当基本事件对待。

特殊门的等效变换遵循以下基本原则：

1）顺序与门变换为与门；

2）表决门变换为或门和与门的组合；

3）异或门变换为或门、与门和非门组合；

4）禁门变换为与门。

应尽可能对故障树进行简化和模块化，以便减少分析的工作量。故障树的简化和模块分解并非必需环节。简化一般有两种方法：一是用相同转移符号表示相同子树，用相似转移符号表示相似子树；二是去掉明显的逻辑多余事件和明显的逻辑多余门。模块分解按照以下步骤进行：

1）按模块和最大模块的定义，找出故障树中尽可能大的模块；

2）每个模块构成一个模块子树，单独进行定性分析和定量分析；

3）对每个模块子树用一个等效的虚设底事件来代替，减小故障树规模。

（5）定性分析

定性分析方法包括下行法和上行法。下行法从顶事件开始，逐级向下寻查，找出割集。上行法从底事件开始，自下而上逐步地进行事件集合运算，将顶事件表示成底事件积之和的最简式，提取出最小割集。

（6）定量分析

故障树顶事件发生概率为各个最小割集发生概率的和，最小割集发生的概率为割集中各事件发生概率之积。详细 FTA 方法具体参见 GJB/Z 768A — 1998《故障树分析指南》。

（7）确定改进措施

根据定性分析和定量分析结果，确定哪些底事件或最小割集为产品薄弱环节，并针对这些薄弱环节提出相应的改进措施。

（8）编写报告

完成报告编写。

16.2.3.2　注意事项

在实施 FTA 的过程中，应注意以下四点：

1）FTA 工作应由设计人员完成，FTA 前应熟悉产品技术设计原理、运行规程、维修规程等有关资料。可靠性专业人员协助设计人员完成分析工作，提供技术支持。

2）故障树的底事件应包括可能的硬件故障、软件故障、人为失误、环境影响等各种故障因素。

3）应用 FTA 进行评价时，应对底事件的发生概率给出定量评估，应用 FTA 进行故障归零时，可只进行定性分析。

4）FTA 应在产品详细设计阶段进行，在灾难性和致命性故障事件可能发生前完成，应根据 FTA 结果对产品进行评价并制定后续设计改进或使用补偿措施。

16.2.4　典型案例

16.2.4.1　系统概述

某型捷联惯导系统由两个二自由度陀螺、三个加速度计、电源、相关的电子线路等组成，能够得到四路陀螺通道信号和三路加速度通道信号，其信号连接关系如图 16－8 所示。

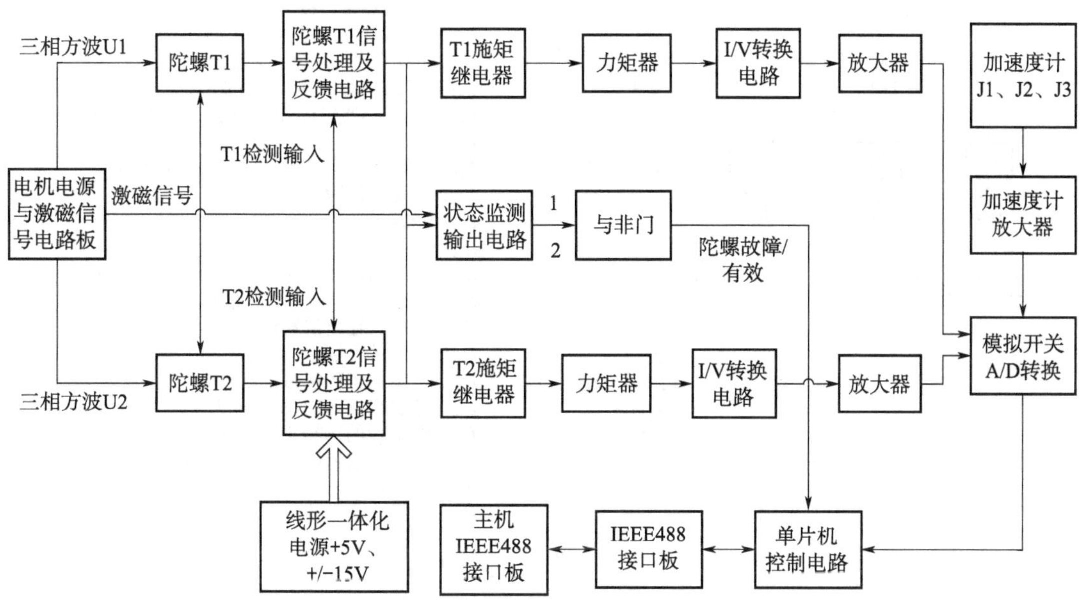

图 16－8　某型捷联惯导系统的组成及信号连接图

系统加电后，电机电源模块产生三相方波电源，驱动陀螺工作；陀螺的输出信号在信号处理及力反馈电路中与激磁信号合成，生成检测信号和角速度感应信号；检测信号通过检测电路处理后输出陀螺故障/有效信号，用于主机判断陀螺的工作状态；当陀螺故障时检测电路输出的继电器控制信号将断开角速度感应信号；当陀螺正常时，角速度感应信号通过力矩器和变换放大电路及 A/D 转换，由单片机通过 IEEE488 接口将其送到主机进行处理。三路加速度信号同时也经过 A/D 转换后送到主机进行处理。

16.2.4.2　建立故障树

为保证捷联惯导系统加电后，主机能判定数据同步，需要先确定假设条件：不考虑认为操作失误引起的故障；各接插件联接牢固、可靠、故障率低，建树时不考虑；印制电路板质量有保证，焊点不存在虚焊；各器件之间的连线不存在断路现象；故障树中的底事件之间是相互独立的；每个底事件和顶事件只考虑发生不发生两种状态；寿命分布都为指数分布。

由于 X_9 和 X_{14} 描述的内容相同，在定性和定量分析时作为一个事件处理。E_9、E_{10}、E_{15} 由于发生概率非常低，所以在定性和定量分析中忽略。

最终建立的故障树如图 16－9 所示。

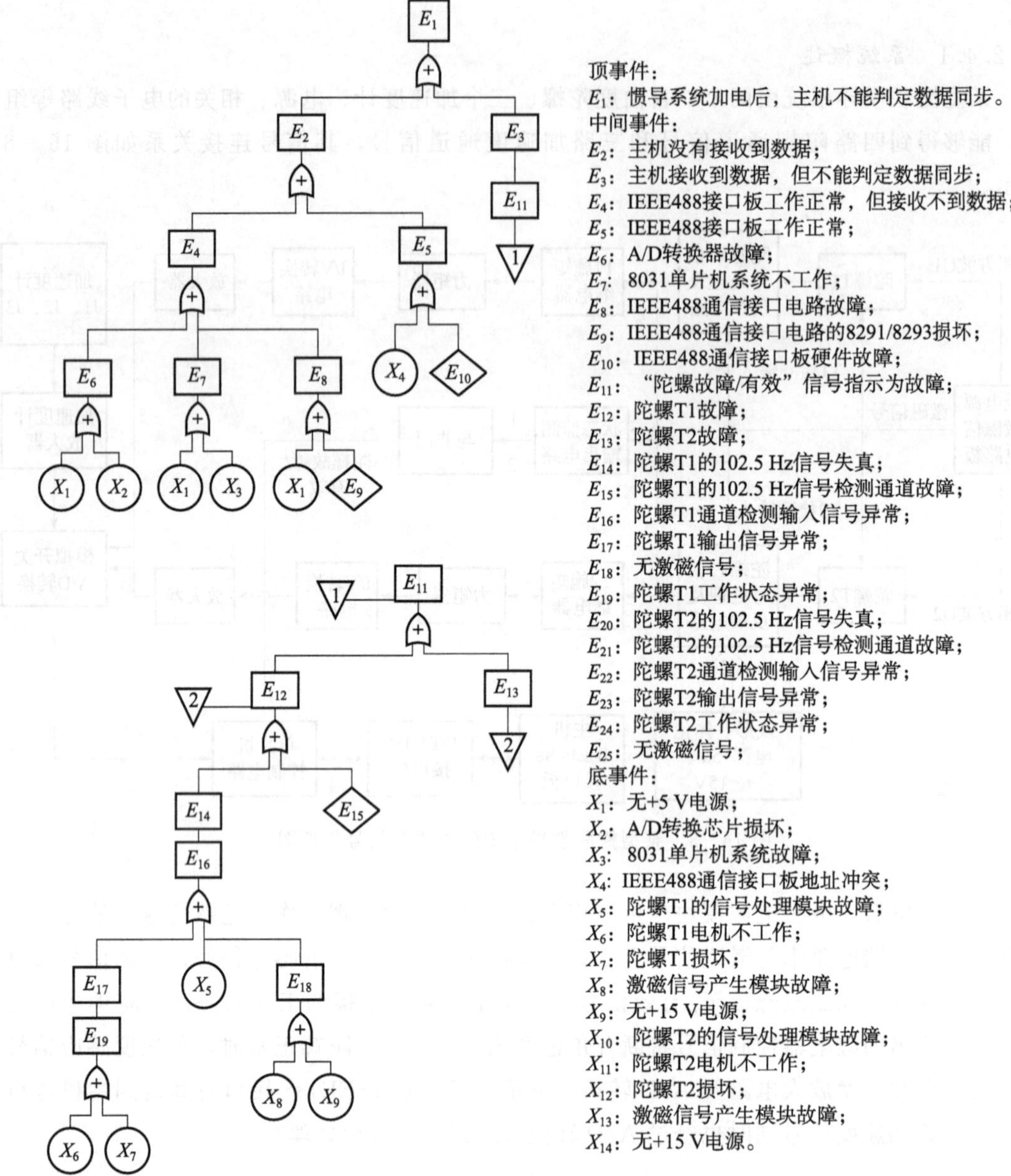

图 16－9　某捷联惯导系统故障树

16.2.4.3　定性分析

根据给出的故障树，采用下行法求出系统的最小割集过程见表 16－27。最后得出 13 个最小割集为：$\{X_1\}$，$\{X_2\}$，$\{X_3\}$，$\{X_4\}$，$\{X_5\}$，$\{X_6\}$，$\{X_7\}$，$\{X_8\}$，$\{X_9\}$，$\{X_{10}\}$，$\{X_{11}\}$，$\{X_{12}\}$，$\{X_{13}\}$。任何一个最小割集发生，顶事件就会发生。

表 16－27　用下行法求得捷联惯导系统故障树的最小割集

步骤	1	2	3	4	5	6	7	最小割集
过程	E_2	E_4	E_6	X_1	X_1	X_1	X_1	X_1
	E_3	E_5	E_7	X_2	X_2	X_2	X_2	X_2
		E_{11}	E_8	X_3	X_3	X_3	X_3	X_3
			X_4	X_4	X_4	X_4	X_4	X_4
			E_{12}	E_{14}	E_{16}	E_{17}	E_{19}	X_6
			E_{13}	E_{20}	E_{22}	X_5	X_5	X_5
						E_{18}	X_8	X_7
						E_{23}	X_9	X_8
						X_{10}	E_{24}	X_9
						E_{24}	X_{10}	X_{11}
							X_{13}	X_{12}
							$X_{14}\{X_9\}$	X_{10}
								X_{13}

16.2.4.4　定量计算

根据经验数据可知，该捷联惯导系统故障树的底事件发生概率为：$X_1=2.3\times10^{-4}$，$X_2=1.6\times10^{-4}$，$X_3=6.7\times10^{-4}$，$X_4=2.0\times10^{-4}$，$X_5=4.75\times10^{-4}$，$X_6=3.4\times10^{-4}$，$X_7=9.8\times10^{-4}$，$X_8=5.9\times10^{-4}$，$X_9=2.2\times10^{-4}$，$X_{10}=4.75\times10^{-4}$，$X_{11}=3.4\times10^{-4}$，$X_{12}=9.8\times10^{-4}$，$X_{13}=5.9\times10^{-4}$。

采用一阶近似算法，得到顶事件发生概率为

$$P(T)=\sum_{i=1}^{13}P(X_i)=6.47\times10^{-3}$$

16.2.4.5　分析结论和建议

由定性分析可知，所有最小割集都为一阶最小割集，因此任何一个底事件发生，顶事件都会发生，这是由于系统中没有采用冗余设计，任何一个部分故障，都会导致系统故障。

根据定量计算结果，可以确定底事件 X_7（陀螺 T1 损坏），X_{12}（陀螺 T2 损坏）是对顶事件发生最重要的因素，应优先采取设计改进措施。当顶事件发生后，可根据底事件发生概率由高到低的顺序依次进行排查和故障定位。

16.3　潜在通路分析

潜在通路分析（SCA，Sneak Circuit Analysis）最早由美国波音公司提出。20 世纪 80 年代中后期，潜在电路分析技术开始应用于中国航天工业领域，1988 年制定颁布的关于可靠性的顶层标准 GJB 450《装备研制与生产的可靠性通用大纲》中就已明确规定该工作项目。经过近 20 年的技术探索、攻关、实践和积累，国内第一部潜在电路分析行业标准于 2005 年发布，标志着国内军工领域的潜在电路分析工作进入了专业化、规范化阶段。

潜在通路分析是航天产品电子、电气系统、机电系统常用的可靠性设计与分析方法之一，其目的是全面地分析大型复杂系统的可靠性设计缺陷和潜在问题，把事故隐患消除在产品设计阶段，从根本上提高大型复杂系统的可靠性和安全性。在航天产品研制中，SCA 常用于预先发现系统中存在的不期望的通路，分析其危害性，确认其激发条件，采取针对性措施，避免故障的发生。

16.3.1 概念和适用范围

潜在通路是在电子、电气系统中，以电能信号（模拟、数字或开关信号）传播为表征信息的所有潜在状态的总称。潜在状态是系统设计（或修改设计）时无意中引入的一种潜伏状态，在特定的条件下能导致系统产生非期望的功能或抑制所期望的功能，是一种与元器件失效无关的系统级故障模式，可导致重大故障的发生，如火箭发射失败、导弹误发射和自毁爆炸等。对于国防军工产品，尤其是航天、武器系统等，由于其任务特殊性，产生的危害尤为严重。

航天产品潜在通路分析是指电子、电气和机电系统中，通过采用系统性的梳理、划分、重构、建模和遍历方法，结合相关技术领域的专家知识和分析准则，对系统中存在的可在一定条件下激发非期望功能或抑制期望功能的潜在路径、时序、指示或标志进行分析和筛查的一种工程技术方法。

潜在电路分析技术是一项广泛应用于航空、航天、核能、船舶等军事工业领域的可靠性安全性分析技术。该技术主要面向复杂系统级电子、电气和机电产品。

16.3.2 基本原理

SCA 以潜在通路、设计缺陷等作为分析的目标，假定系统所有组成部分均正常工作，利用复杂系统划分原理，通过将一个复杂无序的庞大系统进行适当的划分以及结构上的简化，转化为由节点和分支组成的简单电路模式及其组合，通过具有遍历性的路径推导和追踪，生成体现系统连通性的网络树，结合线索表对网络树进行分析，根据结构功能相似原理，分析确认系统所有可能的电流行为，从而识别出系统中存在的能够引起非期望的功能或抑制所期望的功能的潜在状态、设计缺陷、设计错误和设计资料差误，然后根据其危害程度通过设计改进和实施有效的针对性更改措施，保证系统具有足够高的安全性与可靠性。

网络树是对系统进行划分和简化后获得的树状网络示意图。该图简明地表达了相互连通的元件、部件之间的连接关系。

线索表是由一系列线索组成并按一定的规则进行组织的线索清单，常用于网络树分析。

SCA 适用于完整的系统，也适用于重点选择的分系统、关键功能或关键设备。任务关键系统、安全性关键系统应作为 SCA 分析的重点。SCA 一般在型号初样设计阶段开展，在转正（试）样之前完成。

航天产品 SCA 常用的组成网络树的 5 种基本拓扑模式见表 16-28。

表 16-28　SCA 常用拓扑模式

名称	拓扑模式	对应线索
直线型（I 型）	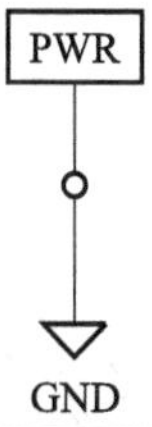 PWR GND	SCA 中 I 型拓扑图是最简单的模式，很少出现潜通路问题
接地拱形（倒 Y 型）	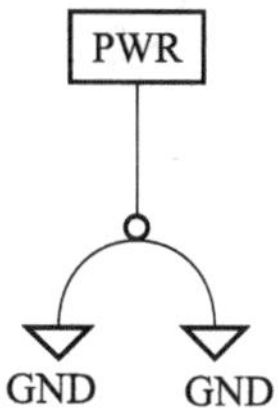 PWR GND GND	接地拱形主要考虑如下潜在分析线索：当有非必要负载时开关是否关闭；开关路径激活负载是否≥1；开关位置改变时是否有短时电流路径；开关顺序错误是否会导致不希望的结果；测试电路加信号是否会激活其他电路；地是否存在不同电势；标识是否反映真正功能；有无多余元件和电路
电源拱形（Y 型）	 PWR PWR GND	电源拱形主要考虑接地拱形线索以及如下 4 个线索：失去地是否允许一个电源供给其他电源，若阻抗很小是否导致大电流；多个电源是否可以给一个负载供电（失去一个电源是否会失去负载功能）；失去一个电源电路是否会形成不必要的路径；瞬间失去接地是否会造成瞬时现象
组合拱形（X 型）	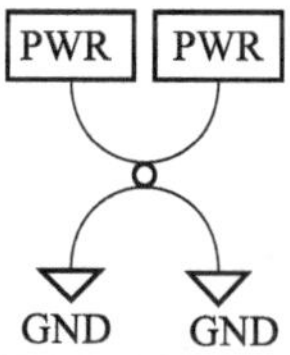 PWR PWR GND GND	组合拱形需考虑接地拱形和电源拱形的所有线索组合
反向电流拱形（H 型）	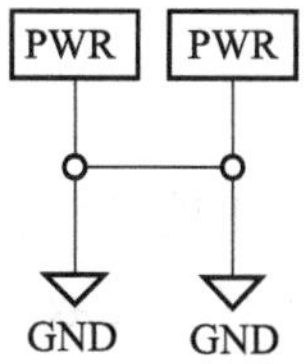 PWR PWR GND GND	反向电流拱形需要考虑接地拱形、电源拱形和组合拱形的所有线索组合，以及如下 2 种线索：横梁上是否存在反向电流；是否所有的接地分支点依次通过不同路径和电源相连接

SCA 的输入信息主要包括：系统设计任务书；系统结构、功能框图、电原理图、总布置图、电缆束的结构数据和技术说明文件；各组成单机或部件的详细电原理图、内部接线表、元器件清单及相关信息、电连接器清单及相关信息、装配图；系统“黑盒子”接口电路或等效电路数据等。

SCA 的输出为《潜在通路分析报告》，报告内容一般应包括：分析过程；分析结论；改正建议；与设计方交流和确认情况等。

16.3.3 实施步骤

航天产品的 SCA 一般分析步骤如图 16－10 所示。

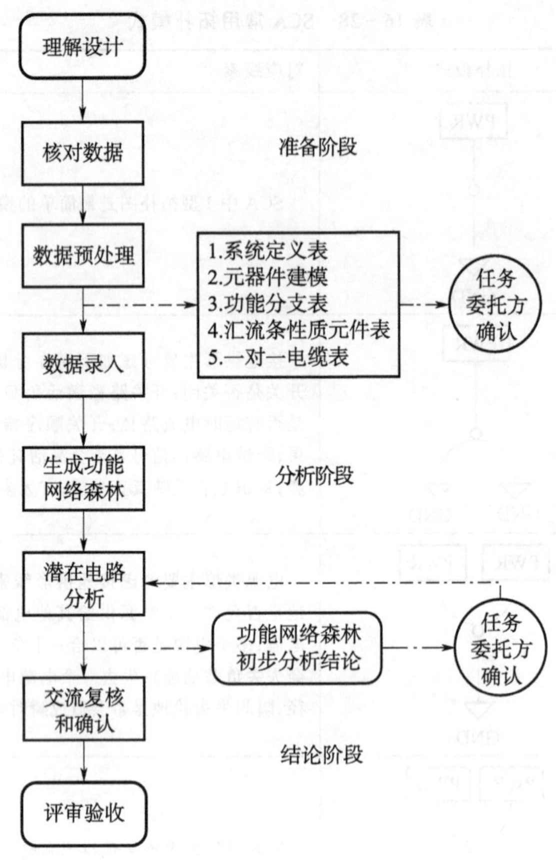

图 16－10 SCA 的实施步骤

16.3.3.1 准备阶段

(1) 理解设计

潜通路分析的第一项工作是准确理解系统设计。为正确理解任务要求和总体设计意图，需要尽可能多地收集与待分析系统相关的资料，认真研究收集到的各种系统设计资料，期间分析方需要与委托方有关设计人员进行充分交流。资料收集的一般内容同前面 SCA 的输入信息部分所述。这些资料应准确、全面、有效。

(2) 核对数据

在理解电路及系统的过程中，核对设计意图与任务要求的一致性，核对物理实现中各元器件之间的连接关系是否与原理设计一致，复核上下级的技术任务书、接口和软件等有关文件相互之间的一致性。全面系统地整理和消化原始资料，据此掌握系统所有期望的运行模式、状态和功能，步骤如下：1）从任务要求和系统原理框图入手，对照功能描述文件，理解并标注系统功能；2）必要时，根据理解重画系统原理框图；3）检查详细电路设计，识别主要的功能部件；4）检查多张图纸通过连接器的电气连接；5）确定电源点、接地点以及重要的功能信号点；6）追踪并标注主要的功能信号从输入到输出的传播路径；7）根据功能信号的传播路径，重画系统功能信号流图；8）标注可能的从输出到输入的反馈信号传播路径；9）标注电源供电和接地的网络；10）检查可能的绘图错误。

（3）数据预处理

数据预处理是一项在消化理解分析系统基础上的人工处理工作，所产生的数据是潜通路分析软件系统正确运行的必要条件。其主要工作项目包括：为保证系统完整性而进行的系统补充定义、虚拟器件定义、连通性数据修补、系统划分、系统简化、确定分布参数等；编写系统定义表，建立系统元器件模型表，拟制系统源、地、信号源划分边界表，编写功能分支表，具有汇流条性质的元件表和一对一电缆表。

16.3.3.2　分析阶段

（1）数据录入

将收集到的数据输入到分析系统潜通路分析软件中，数据输入主要有两种方式，印制板网表转换和人工录入。

（2）生成功能网络森林

①生成网络树

网络树生成一般需借助计算机辅助分析软件工具进行。在电路规模较小时，也可以由人工生成网络树。系统电路应用潜通路分析软件系统以“网络树”的形式重画时，其基本规则是按照电流从页面的上方流向页面的下方，信号流从左边输入，向右边输出的规则重画电路图，并结合确定的系统功能分支，确定有关功能电路。其生成程序是：1）从一个功能信号基准点出发，按连通图进行路径追踪，直到遇到划分的系统边界点为止，追踪的过程中假定所有遇到的开关性器件，如开关、继电器触点、分离插头等的状态为“闭合”；2）对完成的追踪路径进行绘图、布图调整和标注，完成一个拓扑网络树图的生成；3）重复上述过程，直至完成从所有功能信号点出发的追踪，完成全部拓扑网络树的生成；4）对网络树进行编号、分类和组织。通常，一个功能电路会由许多网络树组成，因此，结果是形成功能网络森林。

②拓扑模式识别

拓扑模式识别程序如下：1）从第一棵网络树开始分析；2）对每棵树，从系统的第一种运行模式开始分析；3）对每种运行模式（含不可忽视的过渡状态），首先由非断分支组成状态网络树，接着识别出网络树中所有可能的基本拓扑模式。

（3）潜在电路分析

在完成以上工作的基础上，分析方对每个功能森林的每棵网络树应用提示线索按每种实际使用的操作运行状态进行潜通路分析和设计缺陷分析，测试状态以及相应的操作规程应由委托方提供。分析程序如下：1）对每棵树、每种运行模式中的各基本拓扑模式，结合开关状态表，回答线索表中的每个问题，借以发现潜在状态；2）重复上一步骤，直至完成所有的运行模式和网络树分析。

16.3.3.3　结论阶段

(1) 交流复核和确认

结论阶段的程序如下：1) 记录分析结论，按潜在路径、潜在时序、潜在指示、潜在标志对问题进行分类汇总；2) 记录分析过程中发现的可能的设计缺陷及资料错误；3) 整理得到的结论，对发现的潜在问题进行分析，提出改正建议；4) 对于发现的潜在问题，分析方会同委托方相关设计师，进行交流复核确认工作。

(2) 评审验收

根据复核结果，形成最终潜在分析报告，进行项目评审验收工作。潜在分析报告的内容一般包括分析过程、分析结论、改正建议及与设计方交流和确认情况等。

16.3.4　典型案例

以某型号运载火箭 A 系统二级截断电路为例进行分析。

16.3.4.1　收集数据

根据实际需求，当二级截断信号闭合时，需要断开转电继电器 J1、J2，且当二级截断信号断开时，继电器 J1、J2 保持断开状态。二级截断电路图如图 16－11 所示。

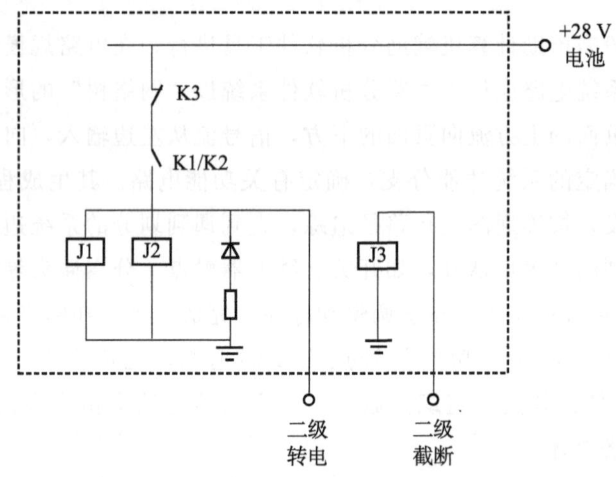

图 16－11　二级截断电路图

在总检查测试中，二级转电信号是其他系统给出的连续信号，从而使转电继电器 J1 吸合，对应的 K1 开关由常开状态转为闭合状态，从而错误地造成箭上二级设备的转电功能。二级截断是该系统本身给出的脉冲信号，使 J2 继电器吸合，对应的常闭开关 K2 断开，从而实现箭上二级设备的截断功能。在总检查中，当二级飞行结束后，该系统正常发出二级断电信号给箭上二级仪器断电。

16.3.4.2　构造网络树图

按照拓扑图形的绘制方法，构造网络树形图如图 16－12 所示，可以看出该网络树形图由一个“Y 型”和一个“I 型”基本拓扑图形构成。

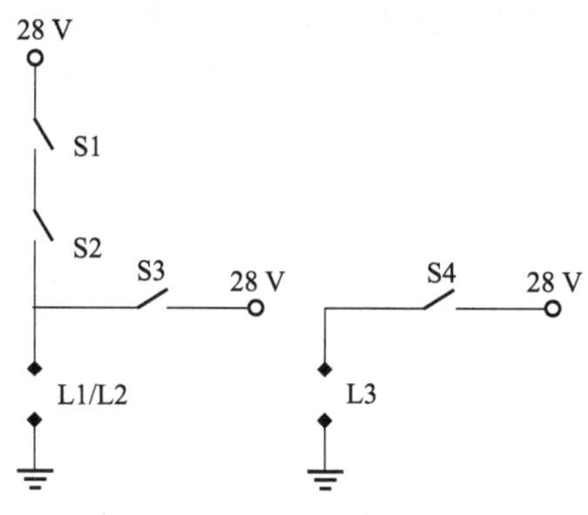

图 16－12　网络树形图

16.3.4.3　潜在通路分析

如图 16－12 所示，根据设计要求，接入负载 L3 时，负载 L1/L2 需要断开，随后撤销负载 L3 需要 L1/L2 保持断开状态，而这一断开状态的实现，需要开关 S3、S1 或 S2 保持断开状态。而对实际情况进行分析发现，S3 处于错误的闭合状态，即 S3 不能保持断开，这样导致负载 L1/L2 不能断开，与设计矛盾。

16.3.4.4　处理措施

在某任务总检查中发现二级截断不能使箭上供电转为地面供电，后经多天的故障分析排查，发现是设计带来的问题，解决方法是取消统一转电，只利用该系统转电，从而解决了图 16－12 中 S3 闭合状态错误问题，实现了二级截断功能。

16.4　单点故障模式识别与控制

为了保证或提高产品可靠性，通常采用冗余设计方案，但航天产品受限于体积、质量、成本控制等要求，多数冗余设计方案通常不能被接受。在未提供冗余设计方案的情况下，一旦存在单点故障模式，可能出现故障时造成的危害是巨大的，因此需要对单点故障模式进行分析确认，并采取措施加以控制，以保证产品可靠性水平，保证任务成功。

16.4.1　概念和适用范围

单点故障是指引起产品故障且没有冗余或替代的工作程序作为补救的故障。单点故障模式识别与控制方法是将 FME（C）A 与 FTA 相结合，以产品的功能、组成及工作任务为剖面，在 FME（C）A 已识别单点故障模式基础上，选取严酷度等级为Ⅰ类（灾难的）、Ⅱ类（严重的）的两类故障进一步开展 FTA，按照从总体、分系统、单机直至零部件的系统工作程序，找出一阶最小割集，识别单点故障模式，最终汇总形成单点故障模式清单。根据单点故障模式清单，对其所涉及的关键产品设计、工艺、过程三类关键特性进行自上而下的逐级量化分解和自下而上的逐级量化闭环确认，分析各种故障可能发生的原因，识别设计中的技术风险，制定应对措施并实施改进，以提升产品可靠性水平。

单点故障模式识别与控制工作面向产品的结构层次划分为系统（弹、箭、卫星、地面设备等）、分系统、单机（组件）、元器件/零部件四级，适用于航天型号的各研制阶段，并随研制工作进展及技术状态变化不断完善。

16.4.2 基本原理

单点故障模式识别与控制贯穿于产品的各研制阶段，是建立在产品体积重量、成本控制基础上，为提升产品可靠性水平，以 FME（C）A 和 FTA 方法为手段，通过从产品层面自上而下逐级分解，从型号队伍层面自下而上逐级量化闭环确认的方式找出单点故障模式，并从产品的设计、工艺和（或）过程等方面采取控制措施，消除或降低单点故障模式发生概率的一种方法。

单点故障模式识别与控制原理如图 16－13 所示。

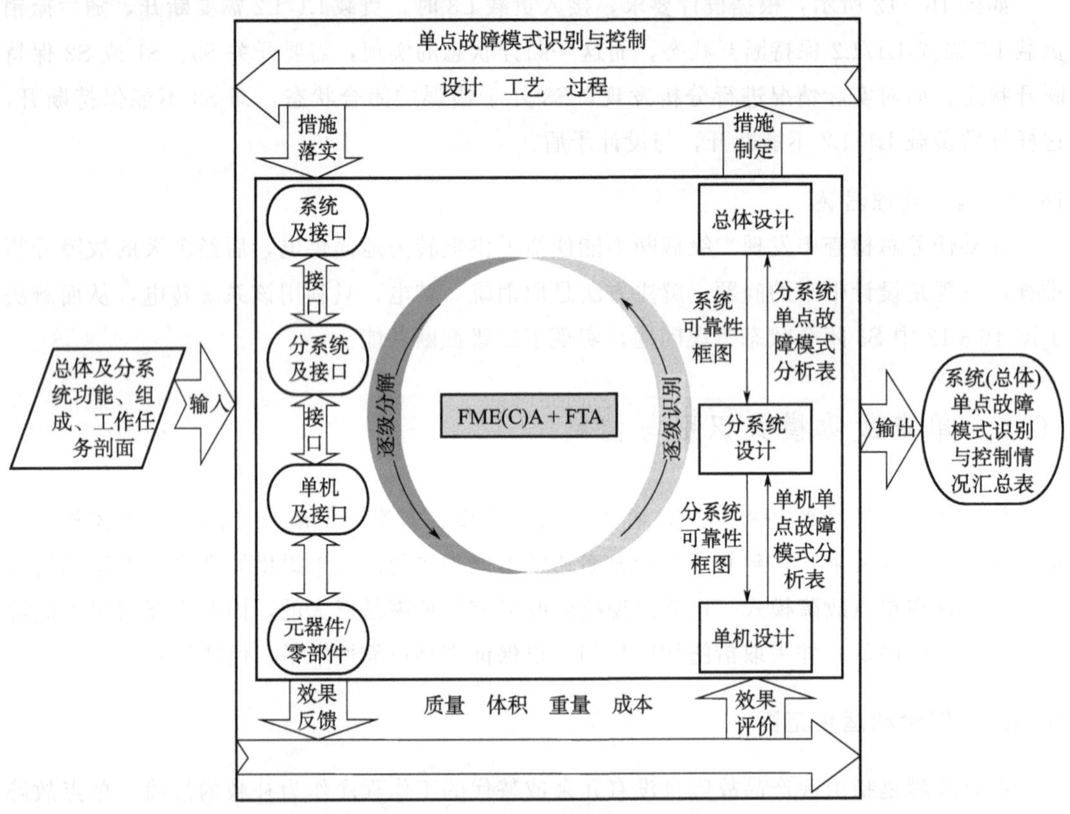

图 16－13 单点故障模式识别与控制原理

(1) 单点故障模式的识别

具有单点故障模式的产品，其可靠性框图表现为串联形式，一旦中间某个环节出现问题，将直接导致功能丧失；而单点产品一旦失效将引起系统故障，甚至导致飞行试验失败。

国际上通用的 FME（C）A 是识别单点故障的有效手段。依据 GJB/Z 1391 — 2006《故障模式、影响及危害性分析指南》、QJ 3050A — 2011《航天产品故障模式、影响及危害性分析指南》等标准或型号分析要求，在开展 FME（C）A 时，应做好产品功能、组成、原理、任务剖面等工程分析，并分析产品的故障模式是否会导致系统故障，产品内部是否有冗余或替代的操作程序作为补救措施，从而识别产品中的单点故障模式。

进行 FME（C）A 时，按单机、分系统、系统逐级识别单点故障模式，同时，分系统应对所属单机、系统应对所属分系统的单点故障模式开展确认、补充、删除等集成工作。系统在 FME（C）A 基础上，应按 GJB/Z 768A — 1998《故障树分析指南》针对任务中严酷度为Ⅰ、Ⅱ类的不期望事件进一步开展 FTA，找出一阶最小割集，识别单点故障模式。

单机、分系统和系统在上述识别工作的基础上，应当进一步梳理形成Ⅰ类和重点控制的Ⅱ类单点故障模式清单。重点控制的Ⅱ类单点故障模式应当根据故障模式的发生可能性大小（考虑技术、产品、管理及研制、测试队伍成熟度等因素）加以确定。

（2）单点故障模式的控制

在全面、准确识别单点故障模式的基础上，型号队伍应针对确定的Ⅰ、Ⅱ类单点故障模式实施质量控制，原则是从设计、工艺和（或）过程上尽量采取措施消除单点故障模式，不能消除的单点故障模式要采取措施降低其故障发生的后果或发生的可能性，从而降低单点故障模式的风险。主要包括：

1）采取冗余改进措施消除单点，主要有系统冗余改进、单机冗余改进、流程冗余改进等，适用于产品研制过程初期；

2）采取控制措施提高产品质量与可靠性，降低单点故障模式发生的概率，主要有三类关键特性控制、强制检验点控制，不可检和不可测产品控制等措施，适用于产品研制过程各阶段。

（3）单点故障模式识别与控制的输入与输出

开展单点故障模式识别与控制工作时，应全面而广泛地收集、分析、整理有关被分析对象的相关资料，以作为进行 FME（C）A 和 FTA 的信息输入，主要信息来源见表 16 - 29。

表 16 - 29　开展单点故障模式分析时所需的主要信息来源

序号	信息来源	从信息来源中可获取的主要信息
1	技术规范与研制方案	1）从设计技术规范和研制方案中获取：产品的性能任务及任务阶段、环境条件、工作原理、结构组成、试验和适用要求等 2）从生产工艺技术中获取，生产过程流程、工序目的和要求等
2	设计图样及有关资料	1）从设计图样可获取初始约定层次产品直至最低约定层次产品的结构、接口关系等信息 2）从生产工艺设计资料获得生产过程流程说明、过程特性矩阵以及相关工艺设计、工艺规程等信息

续表

序号	信息来源	从信息来源中可获取的主要信息
3	可靠性设计分析及试验	1)从产品可靠性设计分析及试验资料中获取故障信息或数据;当无试验数据时,可从某些标准、手册、资料中(如 GJB/Z 299C — 2006《电子设备可靠性预计手册》)和软件测试中获取故障信息或数据 2)从生产工艺,可获包括生产过程中的故障模式、影响及风险结果
4	过去的经验、相似产品的信息	1)从产品在使用维修中获取:检测周期、预防维修工作要求、可能出现的硬件、软件故障模式(含损坏模式)、设计改进或使用补偿措施等 2)从相似产品中获取有关信息

将单点故障模式识别分析过程与结论进行总结。按不同产品的层次结构，下一级产品单点故障模式识别分析报告可为上一级产品单点故障模式识别分析提供输入和依据。单点故障模式识别分析报告内容一般包括：产品定义、基本规则与假设、功能框图和可靠性框图、分析结果及要求的工作表（至少应包括：单点故障模式识别分析表、Ⅰ类及重点控制的Ⅱ类单点故障模式清单)、结论与建议。

针对确定的单点故障模式，在产品实现过程中组织各承研承制单位从设计、工艺和(或）过程等方面，严格按照既定措施消除单点故障模式或降低单点故障模式发生的概率及其影响，强化检验测试环节，并将控制措施的验证结果纳入Ⅰ类和重点控制的Ⅱ类单点故障模式清单管理，并将相关分析和控制结果纳入风险分析报告，结合技术评审、产品验收、出厂评审等加以确认；当综合采取了各种控制措施仍不能将单点故障模式的风险降低到可接受水平时，应作为不可接受的残余风险制定应急预案。如果型号还要执行后续任务，应针对后续任务制定明确的持续改进措施。

16.4.3　实施步骤

单点故障模式的识别与控制工作实施流程如图 16 - 14 所示。

16.4.3.1　明确分析对象

航天产品单点故障模式分析的结构层次划分为总体、分系统、单机（组件)、元器件/零部件四级，影响任务完成的Ⅰ、Ⅱ类单点故障模式要分析到元器件/零部件级。要特别注意接口，分系统内部的接口由分系统负责，分系统间的接口及其他接口由总体负责。

应对被分析的对象进行定义，包括分析对象的特点、所处阶段、使用环境、约束条件、功能、故障判据、任务时间、产品组成等，对产品的上述情况进行约定和确认，并建立所分析对象的功能框图、可靠性框图。

16.4.3.2　确定基本规则和假设条件

开展单点故障模式识别时，需要根据产品的特点、使用情况等，对开展单点故障模式识别的基本规则和假设进行约定，一般包括以下几项。

1）分析方法（如功能分析法、硬件分析法或功能分析与硬件分析混合法，定性或定量危害性分析）；

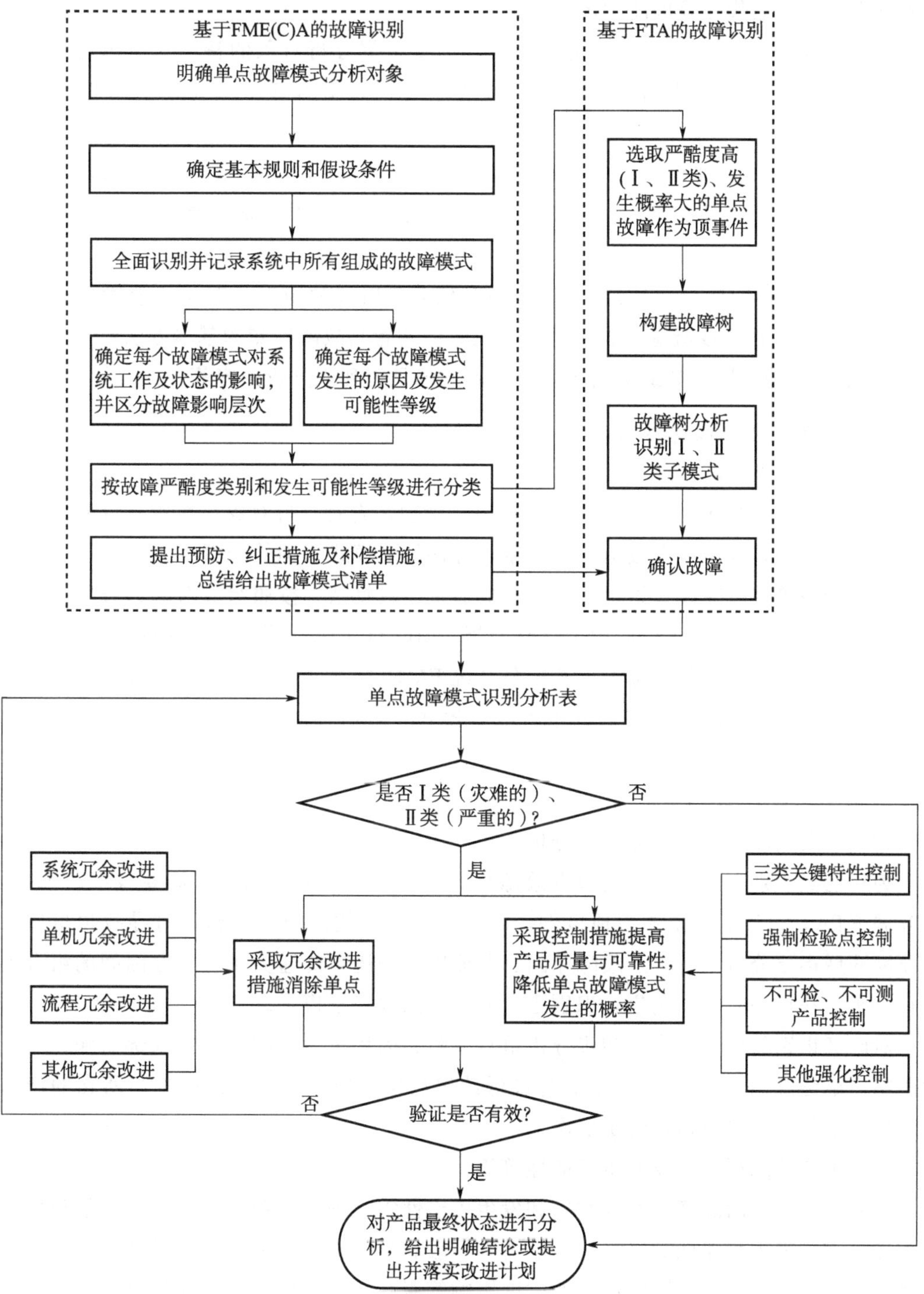

图 16－14　单点故障模式识别与控制工作实施流程

2）分析的约定层次（包括初始约定层次、约定层次、最低约定层次）；

3）编码体系确定：单点故障模式编码是按照故障模式进行的，需要根据产品种类、所属分系统、产品代号等提前约定；

4）严酷度类别及发生可能性等级定义：需要根据分析对象的特点、使用情况、故障影响后果等，对故障模式的严酷度类别及发生可能性等级统一约定，给出相应的判别规则；

5）故障模式数据来源（如供货商的数据，或分析人员的工程试验及判断），需要时应提供元器件故障率数据来源（如 GJB/Z 299C — 2006《电子设备可靠性预计手册》的数据）；

6）故障检测方法：故障检测方法是指在任务各阶段故障发生时检测故障的方法，机内测试（BIT）、视觉或听觉警告装置和自动感应装置是故障检测的基本方法；

7）由于其他原因（如遥测指令）引起的故障是否列入分析内容等。

16.4.3.3　确定单点故障模式

（1）开展单点故障模式识别

按照 FME（C）A 方法进行单点故障模式识别，先对分析对象存在所有可能的潜在故障模式进行识别，辨识单点故障模式，重点确保故障模式识别的全面性。

由于开展单点故障模式识别的对象组成通常比较复杂，按照组成对象的分系统、单机（组件）、元器件/零部件等自底向上逐级开展 FME（C）A 工作，当全部单机（组件）故障模式识别完毕后，在此基础上，开展分系统 FME（C）A 工作。如果在分系统层面有冗余或备份功能，则剔除单机层面的单点故障模式。最后开展系统层面的 FME（C）A 工作，重点考虑各分系统间接口、工作任务等系统级故障模式，确保各层次的识别分析结果准确可靠。

（2）开展故障原因及故障影响分析

为对已经识别出的Ⅰ、Ⅱ类单点故障模式给出准确的防控措施，需要找准故障原因，应开展 FTA，以该故障模式为顶事件，自顶向下进行故障原因分析，对导致顶事件的发生原因开展逐层分析，对单点故障原因、各原因间的逻辑传递关系、各原因间的组合关系进行分析，找出一阶最小割集，识别Ⅰ、Ⅱ类单点故障子模式。

对已经识别的故障模式，初步分析单点故障原因和故障影响（包括局部影响、高一层次影响、最终影响）。通常局部影响与最低约定层次对应，高一层次影响与所在的产品层次对应，最终影响对应初始约定层次。

（3）确定故障严酷度及发生可能性等级

按照已经约定的故障严酷度类别和发生可能性等级进行判断，确定每一项故障模式的严酷度类别和发生可能性等级，严酷度类别一般和最终影响相关。如果最终影响大，严酷度类别会较高；如果最终影响小，严酷度影响等级会较低。发生可能性等级一般按照历史统计数据进行比对分析，最终确定Ⅰ、Ⅱ类单点故障模式。

（4）建立单点故障模式表单

给出单点故障模式识别分析的各种表单，是在对产品故障开展识别分析的基础上，对识别分析过程和主要结果进行汇总，针对不同约定层次建立单点故障模式识别与控制情况汇总表（见表 16－30），并对识别分析表中的严酷度类别为Ⅰ、Ⅱ类的单点故障进行统计，建立Ⅰ类及重点控制的Ⅱ类单点故障模式清单（见表 16－31）及不可检、不可测的单点故障模式项目清单（见表 16－32）。

表 16－30　单点故障模式识别与控制情况汇总表

序号	产品或功能标志	故障模式	任务阶段	严酷度	发生可能性	控制措施	说明

表 16－31　Ⅰ类及重点控制的Ⅱ类单点故障模式清单

序号	产品或功能标志	故障模式	任务阶段	严酷度	发生可能性	控制措施	验证结果*	说明

* 在控制措施落实后填写。

表 16－32　不可检、不可测的单点故障模式项目清单

序号	产品或功能标志	故障模式	故障发生任务阶段或工作模式	控制措施

（5）完成分析报告

将单点故障模式识别分析过程与结论进行总结。按不同产品的层次结构，下一级产品单点故障模式识别分析报告可为上一级产品单点故障模式识别分析提供输入和依据。

单点故障模式识别分析报告内容一般包括：

1）产品定义；

2）功能框图和可靠性框图；

3）基本规则与假设；

4）分析结果及要求的工作表，至少应包括单点故障模式识别与控制情况汇总表、Ⅰ类及重点控制的Ⅱ类单点故障模式清单；

5）结论与建议。

16.4.3.4　单点故障模式的控制

目前，在飞型号Ⅰ、Ⅱ类单点故障模式质量控制，主要结合在飞型号的飞行任务开展与实施，在研型号主要结合研制阶段开展与实施，由于在研型号研制进展不一，控制过程实施深度也有所区别。主要遵循以下步骤：

1）各设计单位应根据Ⅰ、Ⅱ类单点故障模式分析结果，确定单机（组件）的关键特件及关注的依据（原因），填写形成“Ⅰ、Ⅱ类单点故障模式后续改进内容及计划汇总表”，并将结果传递给相关单机（组件）的生产单位；

2）各生产单位按照设计人员确定的单机（组件）关键特性，制定工艺及过程关键特性量化控制措施，并将措施填写到设计师系统传递的“Ⅰ、Ⅱ类单点故障模式后续改进内容及计划汇总表”中，提交设计单位；

3）单机（组件）设计人员汇总设计、工艺及过程关键特性量化控制措施，确定强制检验点的设置及强制检验的内容，形成最终的单机（组件）“Ⅰ、Ⅱ类单点故障模式后续改进内容及计划汇总表”；

4）分系统设计人员根据系统所属产品（单机、组件）的单点故障模式，综合分析原理、组成、冗余、发生概率等因素，对单机（组件）产品接口间涉及Ⅰ、Ⅱ类单点故障模式的关键特性进行识别并制定措施，形成分系统的“Ⅰ、Ⅱ类单点故障模式后续改进内容及计划汇总表”，上报总体；

5）总体设计人员根据各分系统单点故障模式，从总体的角度综合分析系统原理、构成、冗余、任务剖面等因素，对系统（跨系统）接口间涉及Ⅰ、Ⅱ类单点故障模式的关键特性进行识别并制定措施，形成总体的“Ⅰ、Ⅱ类单点故障模式后续改进内容及计划汇总表”；

6）针对确定的单点故障模式，在产品实现过程中组织各承研承制单位从设计、工艺和（或）过程等方面，严格按照既定措施消除单点故障模式或降低单点故障模式发生的概率及强化检验测试环节，可以采用多媒体记录等方式进行留存，便于后续复查、追溯；

7）当产品无法采取控制措施，或虽能采取控制措施但代价很高，或虽能采取控制措施但有效性验证不充分时，应向上一级系统报告并提出改进建议，上一级应进行系统分析并将结果及时反馈给下一级；

8）在上述工作完成后，完善形成“系统（总体）单点故障模式识别与控制情况汇总表”及系统（总体）单点故障模式分析报告；

9）在产品转阶段或出厂评审前，组织对单点故障模式分析报告进行评审并形成结论，作为产品转阶段或出厂放行的必要条件。

16.4.3.5 注意事项

1）在航天型号设计、生产、试验、测试、使用等全过程均应针对单点故障模式采取控制措施，实现闭环管理。

2）航天型号单点故障模式识别与控制工作应按“分阶段迭代、分层次集成、全过程控制”的原则开展，并纳入型号研制管理。

3）航天型号研制各阶段均应开展单点故障模式识别与控制工作，并随研制工作进展及技术状态变化不断完善。

4）航天型号应按单机、分系统、系统的产品层次逐级开展单点故障模式识别工作，并分级采取控制措施。

16.4.4 典型案例

以某型指令接收应答机单点故障模式识别与控制工作为例进行分析。

16.4.4.1　产品定义

（1）产品的组成及功能

指令接收应答机由指令天线、射频收发组合、二次电源、信号处理器四个部分组成，其中指令天线结构独立，其他三个组合组成指令接收应答机本体。其硬件及软件配置见表 16－33。

表 16－33　指令接收应答机软硬件配置

组合名称	配套数量	软件代号	软件级别	备注
指令天线	5	无	无	组合
射频收发组合	1	无	无	组合
二次电源	1	无	无	组合
信号处理器	1	R/XXXX/00	B	组合

指令接收应答机主要功能如下。

1）自检与参数装定：读出弹上信息处理器发出的自检命令并回送自检状态信息，根据弹上信息处理器指令装定导弹地址码、装定初始选择天线序号；

2）询问应答：接收制导雷达询问信号，进行译码和地址码匹配，发送应答信号；

3）上下行线指令通信：将弹上信息处理器送来的弹上飞行状态信息与下行指令发送给制导雷达；接收制导雷达上行指令，译码和进行指令合理性判断，并送给弹上信息处理器；

4）指令天线切换：接收弹上信息处理器送来的指令接收应答机天线选择指令，执行指令天线切换动作；

5）转发一次指令：接收制导雷达一次指令信号，进行译码、判决，向弹上信息处理器回送一次指令状态信息；

6）测试信号输出：输出发射与接收通道的中频信号以及电源电压量，输出发射机工作状态、接收中频信号幅度数字量。

指令接收应答机功能框图如图 16－15 所示。

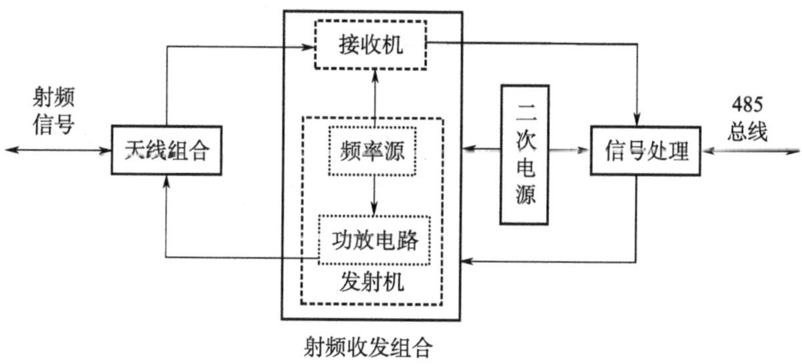

图 16－15　指令接收应答机功能框图

(2) 可靠性框图

由于指令接收应答机没有考虑冗余设计，根据其功能描述，各组合的功能也是不能互相替代的，在完成任务的过程中，如果任何一个组合出现故障，将导致整个应答机不能正常工作，因此，应答机的可靠性模型为串联模型，可靠性框图如图 16－16 所示。

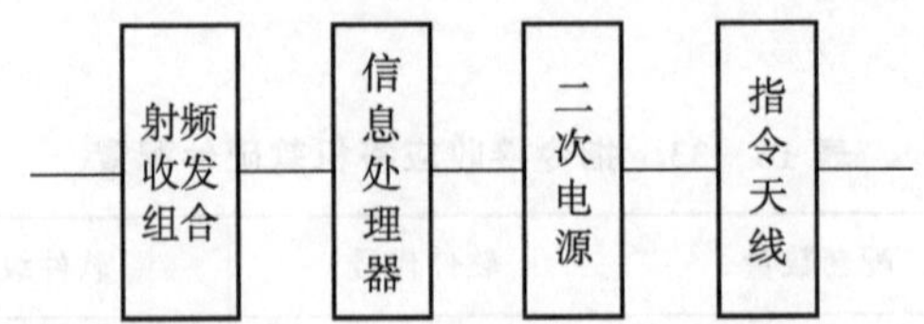

图 16－16　指令接收应答机可靠性框图

16.4.4.2　基本规则与假设

明确分析的基本规则和假设，包括以下几项。

(1) 分析方法

指令接收应答机整机 FMECA 采用功能法进行分析，各组合 FMECA 采用硬件法进行分析，指令接收应答机整机和指令天线组合采用定性危害性矩阵法进行分析，射频收发组合、信号处理器组合及二次电源组合采用定量危害性矩阵法进行分析。

(2) 分析的约定层次

指令接收应答机由指令天线组合、射频收发组合、信号处理器、二次电源共四个组合构成。指令接收应答机和各组合 FMECA 以武器系统为初始约定层次，分析故障模式对武器系统任务功能的影响。

指令接收应答机的约定层次划分见表 16－34。

表 16－34　指令接收应答机约定层次划分

产品级别	约定层次划分		
	初始约定层次	约定层次	最低约定层次
指令接收应答机	武器系统	指令接收应答机	各组合元器件
应答机各组合	武器系统	各组合功能模块	各组合元器件

(3) 编码体系

根据指令接收应答机的功能和产品层次结构，依照应答机和各组合的产品代号，确定编码体系，由“组合代号”“各组合功能模块编号”和“故障模式编号”组成，进行组合 FMECA 时再增加“器件编号”“（YY）”和“XX”分别代表“器件编号”和“故障模式编号”，见表 16－35。

表 16-35　指令接收应答机及各组合编码体系

整机	组合	产品或功能标志	编码
指令接收应答机	二次电源组合	输入滤波模块	01—3.01.(YY).XX
		DC/DC 模块	01—3.02.(YY).XX
		输出滤波模块	01—3.03.(YY).XX
	指令天线组合	天线本体	02—3.01.(YY).XX
		天线窗	02—3.02.(YY).XX
		微波电缆	02—3.03.(YY).XX
	射频收发组合	发射机	03—3.01.(YY).XX
		接收机	03—3.02.(YY).XX
		频率源	03—3.03.(YY).XX
		天线转换开关	03—3.04.(YY).XX
	信号处理器	通信模块	04—3.01.(YY).XX
		数据采集模块	04—3.02.(YY).XX
		信号处理模块	04—3.03.(YY).XX
		控制模块	04—3.04.(YY).XX
	应答机电缆	应答机电缆	00—3.01.(YY).XX

(4) 故障模式及参数数据来源

指令接收应答机为电子产品，各组合元器件故障模式和故障率来源为 GJB/Z 299C—2006《电子设备可靠性预计手册》，并结合设计师经验以及产品前期实际出现的故障模式进行补充；指令接收应答机整机故障模式和故障率来源为各组合 FMECA 结果，并结合设计师经验以及产品前期实际出现的故障模式进行补充。

(5) 故障判据

根据指令接收应答机的任务书要求，产品功能及技术指标的满足情况确定故障判据。

16.4.4.3　*确定单点故障*

(1) 全面识别单点故障模式

按照 FMECA 方法进行单点故障模式识别，先对分析对象存在所有可能的潜在故障模式进行识别，辨识单点故障模式，重点确保故障模式识别的全面性。单点故障模式识别分析见表 16-36。

表 16-36　单点故障模式识别分析表

序号	产品或功能标志	故障模式	任务阶段	严酷度	发生可能性	控制措施	说明
1	射频收发组合	天线转换开关损坏	发射飞行阶段	Ⅱ	E	选用高可靠承受功率更高的开关组件；开展热设计，进行Ⅰ级降额；信处软件设计优化开关切换逻辑，避免开关热切换带来的损伤	

续表

序号	产品或功能标志	故障模式	任务阶段	严酷度	发生可能性	控制措施	说明
2	信号处理器	FPGA 不能工作	发射飞行阶段	Ⅱ	D	合理设计电路方案，保证指标留有裕量；加强热设计和降额设计，避免芯片工作温度过高	
3	信号处理器	AD 不能接收采样信号	发射飞行阶段	Ⅱ	E	合理设计电路方案保证指标留有裕量；组合设计充分考虑电磁兼容性能，避免电磁兼容损伤	
4	二次电源组合	导弹无法通过应答机通信	发射飞行阶段	Ⅱ	D	选用高可靠性元器件；开展热设计，进行Ⅰ级降额，避免高温失效	
5	指令天线组合	天线驻波异常	发射飞行阶段	Ⅲ	E	—	
6	指令天线组合	影响天线馈电	发射飞行阶段	Ⅲ	E	制定严格的焊接工艺	
7	指令天线组合	天线窗破损	发射飞行阶段	Ⅲ	E	天线本体及天线窗采用高硬度耐高温复合陶瓷材料，窗体外部采用防热涂层	

（2）开展故障原因及影响因素分析

对已经识别出的Ⅰ、Ⅱ类单点故障模式开展 FTA，以该故障模式为顶事件，自顶向下进行故障原因分析，对导致顶事件的发生原因开展逐层分析，找出一阶最小割集，识别单点故障模式，并按照约定的故障严酷度类别和发生可能性等级进行判断，确定每一项故障模式的严酷度类别和发生可能性等级，建立Ⅰ类及重点控制的Ⅱ类单点故障模式清单（见表 16-37）。

表 16-37　Ⅰ类及重点控制的Ⅱ类单点故障模式清单

序号	组合名称	故障模式	最终故障影响	严酷度等级	发生可能性	设计改进措施	使用补偿措施
1	射频收发组合	天线转换开关损坏	导弹不能通过应答机正常接收或发射	Ⅱ	E	选用高可靠承受功率更高的开关组件；开展热设计，进行Ⅰ级降额；信处软件设计优化开关切换逻辑，避免开关热切换带来的损伤	元器件进行筛选和批次性考核试验，产品进行环境应力筛选和老炼试验
2	信号处理器	FPGA 不能工作	导弹无法通过应答机通信	Ⅱ	D	合理设计电路方案，保证指标留有裕量；加强热设计和降额设计，避免芯片工作温度过高	产品进行环境应力筛选和老炼试验

续表

序号	组合名称	故障模式	最终故障影响	严酷度等级	发生可能性	设计改进措施	使用补偿措施
3	信号处理器	AD 不能接收采样信号	导弹无法通过应答机接收信号	Ⅱ	E	合理设计电路方案保证指标留有裕量；组合设计充分考虑电磁兼容性能，避免电磁兼容损伤	产品进行环境应力筛选和老炼试验，依据国军标和有关文件开展电磁兼容性试验验证
4	二次电源组合	DC/DC 模块无输出	导弹无法通过应答机通信	Ⅱ	D	选用高可靠性元器件；开展热设计，进行Ⅰ级降额，避免高温失效	产品进行环境应力筛选和老炼试验

16.4.4.4　单点故障模式控制

在全面、准确识别单点故障模式的基础上，针对确定的Ⅰ、Ⅱ类单点故障模式实施质量控制，形成单点故障模式识别与控制情况汇总表，见表 16－38。

表 16－38　单点故障模式识别与控制情况汇总表

序号	组合名称	故障模式	最终故障影响	严酷度等级	设计改进措施	使用补偿措施	故障模式未被消除原因	备注
1	射频收发组合	天线转换开关损坏	导弹不能通过应答机正常接收或发射	Ⅱ	选用高可靠承受功率更高的开关组件；开展热设计，进行Ⅰ级降额；信处软件设计优化开关切换逻辑，避免开关热切换带来的损伤	元器件进行筛选和批次性考核试验；产品进行环境应力筛选和老炼试验	由于体积、质量限制，无法开展冗余设计	可通过大功率开关耐功率试验和天线切换功能检测
2	信号处理器	FPGA 不能工作	导弹无法通过应答机通信	Ⅱ	合理设计电路方案保证指标留有裕量；加强热设计和降额设计，避免芯片工作温度过高	产品进行环境应力筛选和老炼试验	由于体积、质量和功耗限制，无法开展冗余设计	可通过加电测试和射前自检检测
3	信号处理器	AD 不能接收采样信号	导弹无法通过应答机接收信号	Ⅱ	合理设计电路方案保证指标留有裕量；组合设计充分考虑电磁兼容性能，避免电磁兼容损伤	产品进行环境应力筛选和老炼试验；依据国军标和有关文件开展电磁兼容性试验验证	由于体积、质量限制，无法开展冗余设计	可通过接收机灵敏度测试检测

续表

序号	组合名称	故障模式	最终故障影响	严酷度等级	设计改进措施	使用补偿措施	故障模式未被消除原因	备注
4	二次电源组合	DC/DC模块无输出	导弹无法通过应答机通信	Ⅱ	选用高可靠性元器件；开展热设计，进行Ⅰ级降额，避免高温失效	产品进行环境应力筛选和老炼试验	由于体积、质量和功耗限制，无法开展冗余设计	可通过元器件复验筛选、加电测试和射前自检检测

16.5　基于数据驱动的装备健康管理方法

装备健康管理起源于军事领域，通过评价设备的健康状态并根据评估结果，获取零部件的损坏情况，以便及时进行检查维修。在航天装备质量管理过程中，引入数据驱动的装备健康管理先进技术理念，通过数据采集处理、状态监测、故障诊断、健康预测、分析决策等工作，可有效减少航天装备执行任务过程中的各种意外风险，影响或改进装备设计，为装备的状态预知、缺陷规避和解决提供支撑，为实现航天装备的产品质量保证提供重要的技术基础。装备健康管理方法类型主要包括基于数据驱动的方法、基于模型的方法以及基于数据模型混合驱动的方法等。

16.5.1　概念和适用范围

基于数据驱动的装备健康管理方法，是一种基于测试或传感器数据进行健康管理的方法，通过对装备采集、传输、处理和应用的相关数据，采用专用的数据分析处理工具和技术（如人工神经网络、模糊系统和其他计算智能方法）对其进行处理，从而获得分析、预测和健康管理结果。

基于数据驱动的装备健康管理方法的内涵，是综合利用现代信息技术、人工智能技术的最新研究成果而提出的一种全新的管理健康状态的解决方案，对复杂装备用户和维修人员来说，该方法可以通过装备关键性能指标的改进，减少甚至消除停机事件发生，以此来提高复杂装备的质量。该方法还有助于将“出现问题—逻辑分析—找出原因”的事后补救模式转换到“收集数据—预测问题—解决问题”的主动预警模式。

基于数据驱动的装备健康管理方法的适用范围，主要是针对无法从很多不同的信号引发的历史故障数据或者统计数据集确认 PHM 模型的情况，以及无法建立和获得复杂部件或系统的数学模型的情况。由于较为符合装备测试保障等实际工程需要，与基于模型的装备健康管理等方法相比，基于数据驱动的装备健康管理方法已经逐渐成为发展主流。该方法在装备产品的设计、研制、生产、试验、使用以及售后等各个阶段可以为设计人员、试验人员和保障人员等提供基于数据分析的辅助决策支撑服务，从而实现装备产品全寿命周期质量集成应用场景智能化水平的提升。

16.5.2　基本原理

参照基于状态维修的开放式系统架、IEEE 1856 — 2017《IEEE 电子系统故障预测与健康管理标准框架》等业内 PHM 标准规范，装备健康管理（PHM）系统需要实现如图 16－17 所示的基本功能，包括数据采集传输、数据处理、状态监测、故障诊断、健康评估、健康预测、决策生成、接口等。

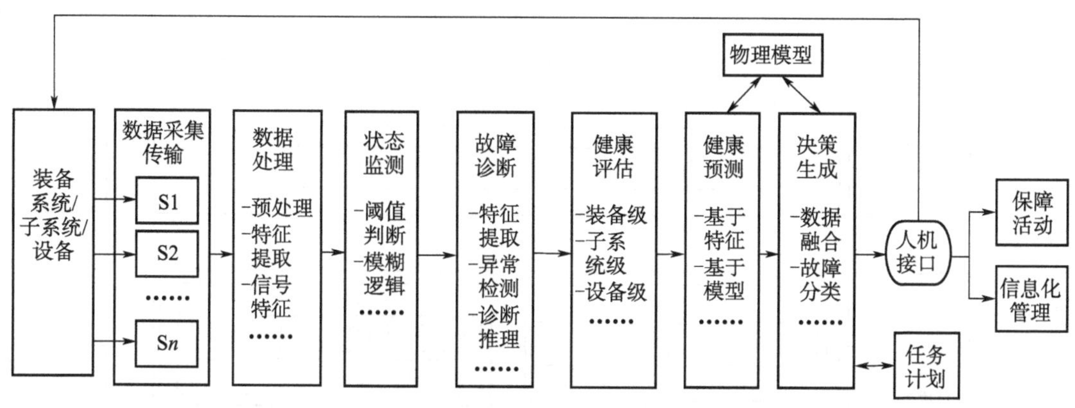

图 16－17　PHM 系统的基本功能

针对航天装备结构复杂、质量问题多发多样的现状，应用数据驱动的装备健康管理方法，以探明现场装备质量问题的整体状况。该方法的基本工作原理是：大部分复杂装备或者其相关部件会表现出退化特性，即随着使用时间的增加，会出现健康衰减、性能下降，而在早期出现故障到真正发生故障之间都会有一定的时间区间，这个时间区间即为剩余使用寿命，如图 16－18 所示，通过剩余使用寿命的预测，装备产品用户可以在设备发生故障前根据预计时间段，确定最佳的维修时机和方案；此外，故障真正发生之前也会有一定

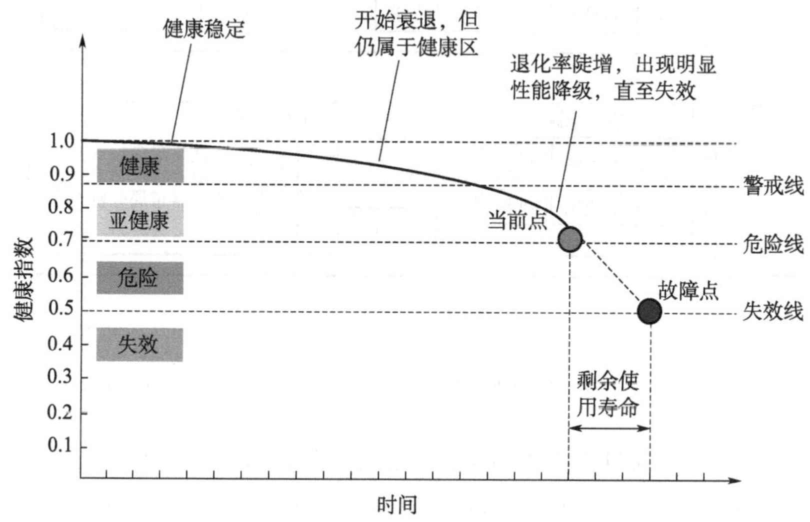

图 16－18　某产品健康状态衰退曲线及健康等级示意图

的征兆，并且故障征兆、故障原因、故障部位之间存在着某种线性或非线性的映射关系，找到这种映射关系，就能在故障发生前，对发生故障的原因和部位进行预测，并在此基础上实现对装备产品的维修策略优化和任务规划优化等操作与管理。

基于数据驱动的装备健康管理方法应用原理框架如图 16－19 所示，自底向上主要包括以下几项：

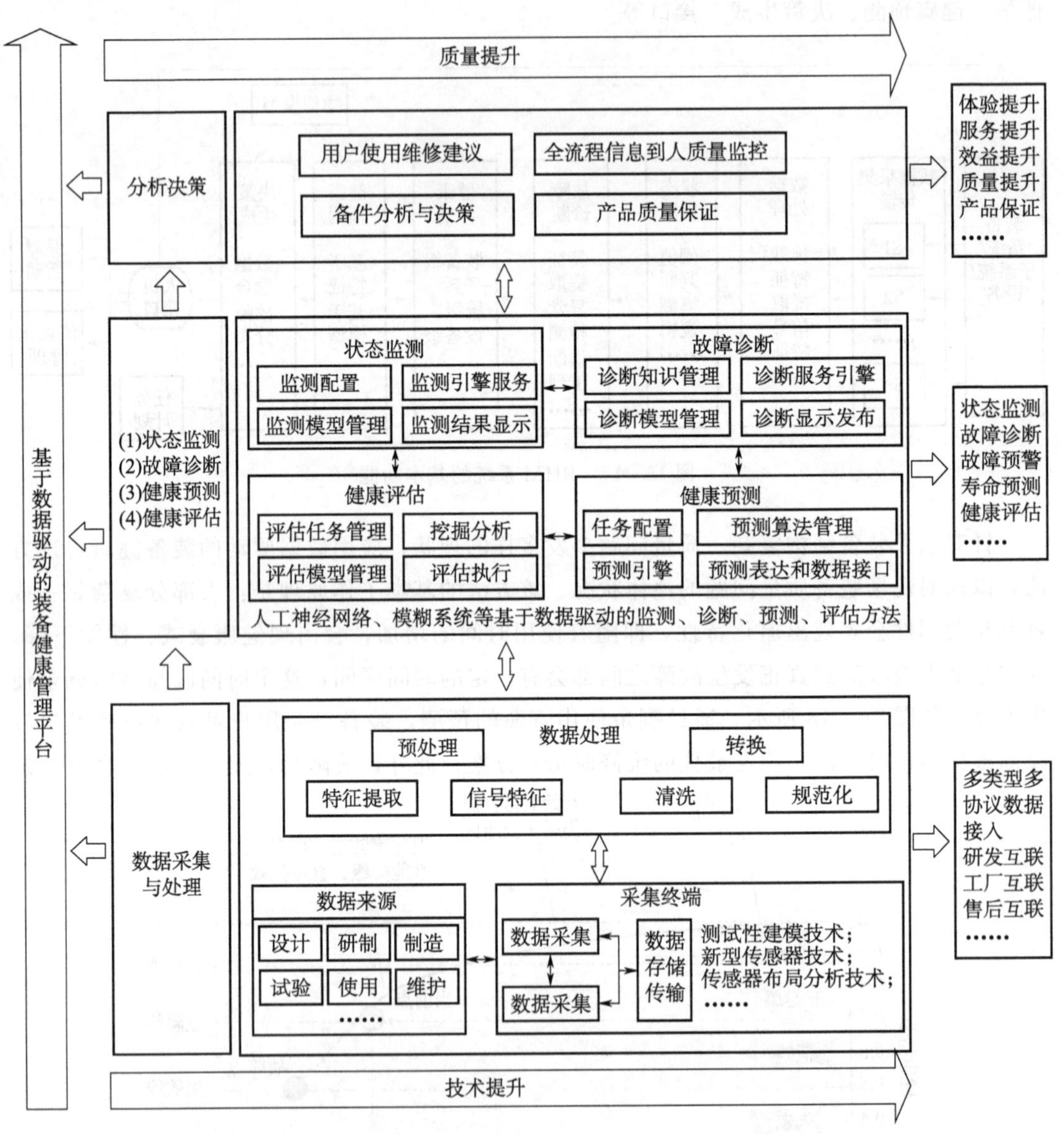

图 16－19　基于数据驱动的装备健康管理方法应用原理框架图

1）数据采集处理：通过传统传感器、智能传感器以及数据总线进行通信等方式实现数据的采集；获取并处理采集的输入数据，包括专用的功能状态、正常与否的指示，以及依照设定的特征空间提取数据的内容特征，通常进行诸如滤波、平均、统计分析、谱分析等方面的处理。

2）状态监测：了解和掌握装备的运行状态，包括采用各种检测、测量、监视、分析和判别方法，结合装备的历史和现状，考虑环境因素，对运行状态进行分析，判断其处于正常或非正常状态，并对状态进行显示和记录，对异常状态报警，以便运行人员及时加以处理，并为故障分析、性能评估、合理使用和安全工作提供信息和准备基础数据。

3）故障诊断：根据状态监测所获得的信息，结合已知的装备特性和参数以及环境条件，结合系统的运行历史（包括运行记录和曾发生过的故障及维修记录等），对已经发生的故障进行分析、判断，确定故障的性质、类别、程度、原因、部位，指出故障发生和发展的趋势及其后果。

4）健康预测：预计诊断部件或系统完成其功能的结果，预计部件的性能下降或临近故障情况，包括确定部件的剩余使用寿命或保持正常工作的时间长度，便于维修人员根据其实际状况来更换部件。基于数据的预测不需要对象系统的先验知识（数学模型和专家经验），以采集的数据为基础，通过各种数据分析处理方法挖掘其中的隐含信息进行预测操作。

5）健康评估：设备在使用过程中一般可分为 4 个状态：正常状态、性能退化状态、维护状态和故障（失效）状态。在性能退化状态，设备的性能会逐渐下降，健康状态逐渐恶化。从设备性能开始下降到设备完全失效通常要经过一系列不同的性能退化状态。健康评估对当前设备处于其健康退化过程中的哪一种健康状态进行评估，确定是正常状态、性能下降状态或者功能失效状态，当设备处于性能下降状态时，评估当前的状态偏离正常状态的程度的大小，评估设备性能退化的程度，掌握设备的健康状态信息。

6）分析决策：触发一些运行支持和保障系统，例如任务/操作性能评估和规划、维修推理机以及维修资源管理，为使用维修建议、备件分析与决策等提供支持，为装备产品质量保证以及质量监控等提供支撑。

基于数据驱动的装备健康管理方法的输入主要包括以下几项。

1）数据：包括装备结构化主数据（如装备设备/部件等来自传感器、总线等的实时和来自数据库等的历史测试试验运行数据）以及非结构化/半结构化数据；

2）文件：故障模式分析报告、测试性分析和故障仿真等模型，装备故障诊断与维护的专家知识和过去的经验，装备现场系统的维护日志记录以及事件信息，装备保障的任务计划，其他必要的文件；

3）模板：包括状态监测诊断、预测评估、分析决策等模板以及生成的试验报告模板。

输出主要包括以下内容。

1）数据：装备数据的采集、处理、分析与管理结果，装备不同级别的故障自动检测、隔离和处理服务和结果（含故障分析结果），装备关键部件的性能健康预测服务及结果，不同级别的健康状态评估和保障决策分析服务及结果，通过机器学习算法训练生成的 PHM 诊断预测评估判据和知识，可触发自主保障的维修保障工作指令等；

2）文件：包括状态监测诊断、预测评估、分析决策后的自动生成的试验分析报告及其他必要的文件。

16.5.3　实施步骤

基于数据驱动的装备健康管理方法的实施步骤如图 16－20 所示。

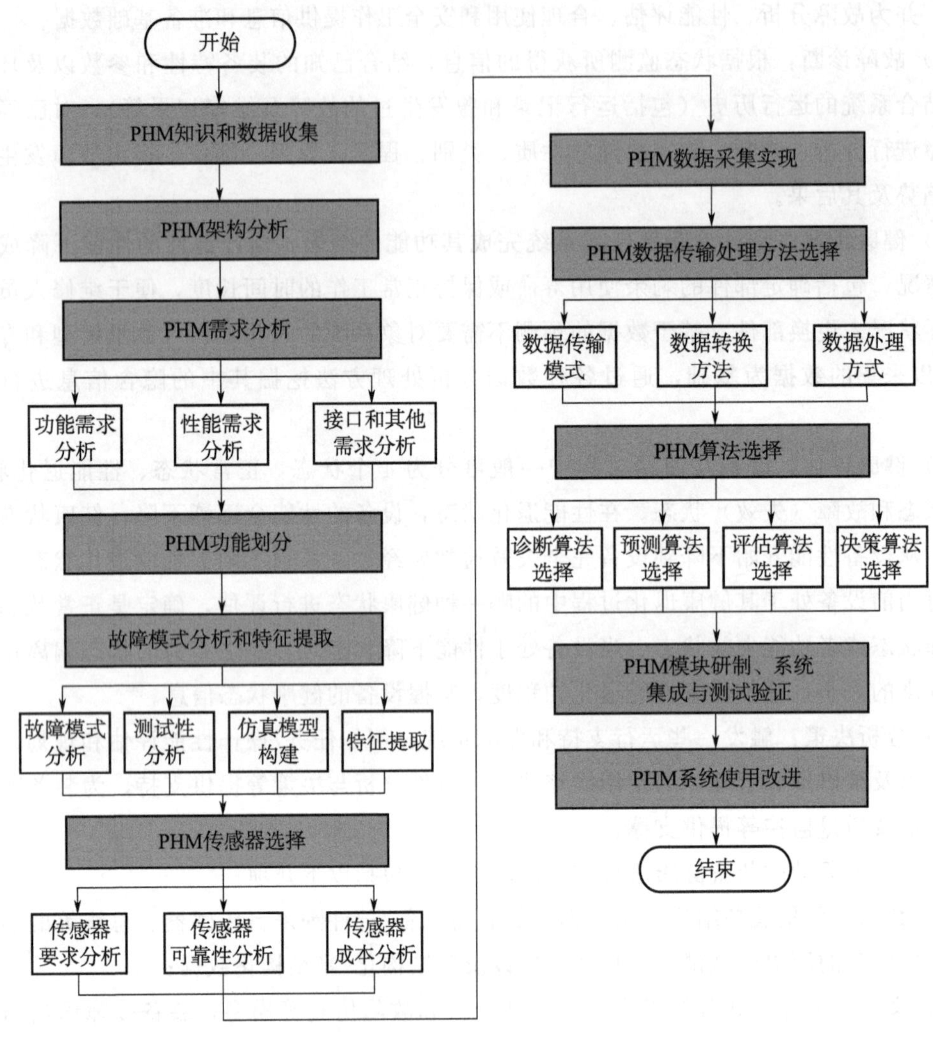

图 16－20　基于数据驱动的装备健康管理方法实施步骤示意图

16.5.3.1　PHM 知识和数据收集

收集专家知识和以往经验数据，包括装备故障诊断与维护的专家知识和过去的经验，或从类似装备系统获得相应的知识和经验信息，并收集维护记录和装备履历信息，将获得的信息用于后续的需求分析和系统构建。

16.5.3.2　PHM 架构分析

针对特定航天装备的设备、子系统以及装备系统的特点，选取相应的 PHM 架构形式，用于指导后续的系统实施。常用的架构形式包括集中式架构、分布式架构、分层融合式架构等。

16.5.3.3　PHM 需求分析

1）开展 PHM 系统的功能需求分析，根据系统需求和特点，确定是否包括数据采集传输、数据处理、状态监测、故障诊断、健康评估、健康预测、决策生成、接口等基本功能。

2）开展 PHM 系统的性能需求分析，包括系统准确性、时效性、有效性、安全性、可用性等方面的性能指标分析。

3）开展系统接口需求分析，包括人机接口、数据接口、内外部系统接口等方面的需求分析。

4）开展其他必要的需求分析，如运行环境、开放性、扩展性、自主可控等方面的需求分析。

16.5.3.4　PHM 功能划分

在 PHM 系统架构和需求分析的基础上，对 PHM 系统的功能进行划分，包括确定系统、子系统、设备等不同层级 PHM 模块的功能，从而为后续 PHM 系统设计和构建提供基础。

16.5.3.5　故障模式分析和特征提取

1）故障模式分析：在装备系统的产品特征描述基础上，根据特征描述确定关键的失效模式；利用 FMEA/FMECA/扩展 FMECA 等建立起装备系统之间的功能联系、故障关联、故障监测参数的关联及相互影响，确定用于 PHM 的关键重要部件设备。

2）测试性分析：利用测试性设计分析建模工具与多信号模型等方法，实现装备的可测试性建模，用于后续的故障诊断建模与系统构建。

3）仿真模型构建：在装备 FMEA 等工作基础上，构建失效模式的仿真模型。

4）特征提取：对失效模式的仿真模型进行特征提取，确定后续待监测参数，从而确定所需传感器的类型。

16.5.3.6　PHM 传感器选择

针对特定装备系统特点基于要求、可靠性和成本分析等进行传感器的选择。

1）基于要求分析的传感器选择方法，包括：性能特征，如监控的参数类型、测量范围、灵敏度、精度、分辨率、采样率、响应时间和稳定时间等；物理特性，如尺寸、质量和形状等；功率要求，如预期的功耗和电源类型以及其他要考虑的属性。

2）基于可靠性分析的传感器选择方法，包括：传感器环境和工作范围，传感器验证，用于评估传感器系统的完整性并可对其进行调整或纠正；等等。

3）基于成本分析的传感器选择方法，包括：传感器成本分析应进行总体拥有成本分析，含传感器系统的购买、维护和更换成本等等。

16.5.3.7 PHM数据采集实现

利用选择的传感器，在确定传感器类型、规模、安装方式等具体实施细节之后，提出采样率、分析频宽、通道数、存储等技术指标要求，设计适用性强的数据采集设备通信与控制方式，开发相应的内部和外部数据采集与测试设备并完成数据采集，为后续PHM算法选择提供数据基础。

16.5.3.8 PHM数据传输处理方法选择

针对特定装备设备、子系统以及系统的特点，选取相应的数据传输和处理方法。

1）选择数据传输模式：包括有源（连续）或被动（根据请求）传输，需要考虑传输范围、协议、传输速率和安全策略等因素，对于给定的应用程序进行必要的折中。

2）选择数据转换方法：在捕获原始数据之后，对数据进行处理以将其转换为适当的形式以用于诊断和预测算法。

3）选择数据处理方式：根据需要，选择某一种或多种数据处理方法应用于装备原始数据处理，包括数据清理、数据集成、数据转换、数据约简、数据离散、数据去噪、特征提取等。

16.5.3.9 PHM算法选择

针对特定装备的设备、子系统以及系统的特点，选取相应的数据驱动的故障诊断、健康评估、健康预测、决策生成算法来实现状态监测、故障隔离、故障定位等故障诊断以及健康评估、健康预测和决策分析等工作。

1）基于数据驱动的故障诊断算法选择：主要包括机器学习、多元统计分析、信号处理、信息融合等方法，适用于装备不需要精确的解析模型，完全从系统的历史数据出发进行诊断。

2）基于数据驱动的健康评估算法选择：主要包括经典评估方法（如层次分析法、模糊理论法、灰色理论法）、基于机器学习与多源信息融合的健康评估（如贝叶斯方法、证据理论推理、人工神经网络）、其他评估方法（如云模型法、马尔可夫模型法）等。

3）基于数据驱动的健康预测算法选择：主要包括自回归滑动平均模型、人工神经网络模型、卡尔曼滤波模型等，适用于装备难以完全建立其物理模型，需要传感器等数据，利用依赖于可用的过去和现在观察到的传感器数据的情况。

4）决策生成方法选择：主要包括定量分析方法（如粗糙集、多准则决策、贝叶斯网络）、定性推理分析方法（如规则推理、案例推理、模拟决策方法）、定量定性分析结合（如层次分析法等）。

16.5.3.10 PHM模块研制、系统集成与测试验证

1）模块研制：完成PHM系统软硬件各功能模块的研制。

2）系统集成与测试：将各功能模块组装并集成到所需要的系统中，完成对系统的联调与测试，评估PHM系统的整体性能，确保系统能正常工作。

3）系统验证：对PHM系统进行验证，检验研制的PHM系统产品是否满足规定的要

求，发现 PHM 系统设计中存在的缺陷，为 PHM 系统设计提供支持，以便采取改进措施。PHM 系统验证方法主要包括仿真验证、试验验证、评估验证等方法。

16.5.3.11　PHM 系统使用改进

配合装备使用方的 PHM 系统使用，掌握整个 PHM 系统的运行情况，持续对 PHM 系统进行数据收集，并不断通过对 PHM 系统的方法模型、功能模块等进行反馈和修改，使得 PHM 方法和系统日益改进成熟。

16.5.3.12　注意事项

1）只有本身十分重要、价值昂贵的复杂装备系统或是对系统安全起关键作用的部件/设备，才会优先选择该方法，如卫星、空间站、导弹武器系统、飞机、舰船等。

2）应用的装备应具备来自传感器/BIT/总线等的系统运行历史数据和实时监测等数据条件。

3）应用该方法会产生一定的时间和经济成本，需要开展成本分析，在效益与成本之间进行必要的权衡。

4）该方法在各领域应用过程中还需要同步开展相关的标准规范和设计指导文件的制定工作（例如系统设计、数据接入等）以提供必要的指导。

16.5.4　典型案例

以下给出了针对某典型装备基于 PHM 开发平台实现的数据驱动健康管理方法应用的案例，通过建模开发、数据接入处理、状态监测、故障诊断、健康预测、健康评估与分析决策等功能实现，为某装备产品的质量保证提供技术支持，如图 16－21 所示。

16.5.4.1　建模开发

通过加载装备设计数据、历史样本数据等，实现装备 PHM 工程的开发、验证及发布的配置。

1）PHM 工程开发：对装备健康管理工程进行创建及管理，并支持历史相似型号工程的复用。

2）PHM 建模：对装备工程进行定性建模，对装备构型、参数、故障模式、任务等进行配置管理。

3）数据接入配置：对装备的数据采集接入格式和通信协议等进行配置。

4）诊断预测配置：对装备的状态监测、故障诊断、健康预测、健康评估、分析决策等业务进行配置。

5）PHM 工程验证：对装备的 PHM 工程进行验证，通过历史数据回放、仿真等方式，对数据采集处理、诊断预测分析等功能进行验证。

6）PHM 工程发布：通过文件打包等形式对 PHM 系统开发配置结果进行工程发布。

16.5.4.2　数据接入处理

通过数据服务架构，对装备 PHM 系统进行数据采集、存储与处理，提供健康管理功

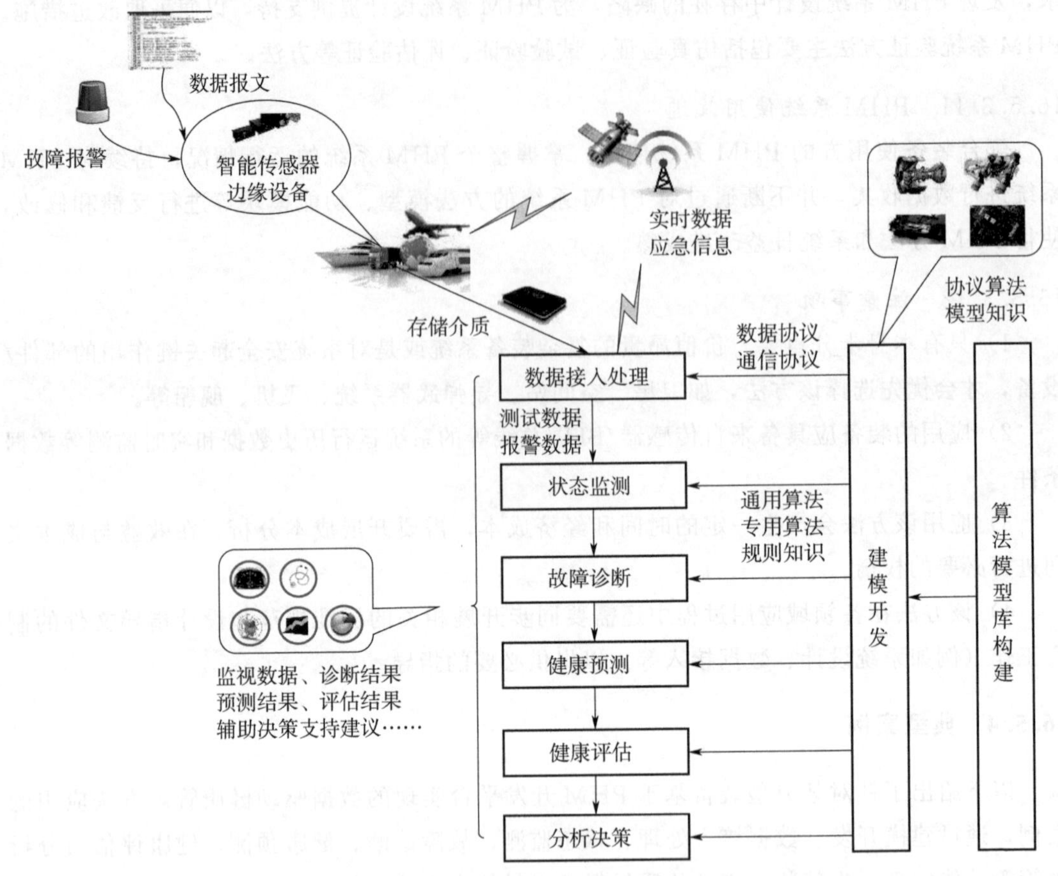

图 16－21　基于数据驱动的典型装备健康管理方法应用案例示意图

能运行所需的实时数据、历史数据及样本数据，用于诊断预测推理计算分析和模型训练验证，其中数据接入与数据预处理过程如图 16－22 所示。

1）实时数据采集：采用主流数据通信协议，实现基于装备测试接口、传感器等地面测试、运行数据的实时高速接收。

2）数据文件导入：将装备典型多格式离线数据文件批量导入平台，包括二进制文件和工程值文件、报表报告、媒体文件等。

3）数据解析：针对装备实时采集数据、导入数据文件，采用开放式协议格式配置文件解析方式，实现数据帧解析、文件格式等的解析。

4）数据存储：对装备实时数据、离线文件等结构化、非结构化数据进行存储，并支持健康管理在线、离线应用。

5）数据处理：对采集或导入的装备数据进行预处理、转换、清洗和规范化等操作，并进行特征值计算等通用预处理，用于后续的状态监测及诊断预测推理计算。

6）数据挖掘分析：对装备数据进行可视化查询及分析挖掘，包括相关性分析、主成分分析等方法，以辅助数据进行异常分析等操作。

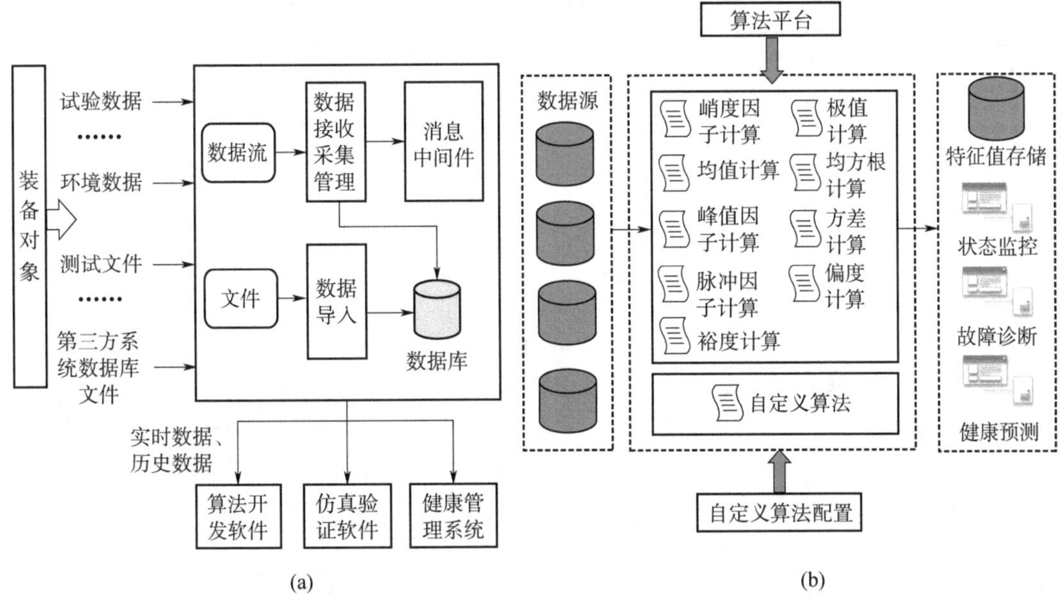

图 16－22　数据接入与数据预处理过程示意图

16.5.4.3　状态监测

利用“建模开发”得到的装备状态监测配置信息，对状态监测模块进行初始化，将数据接入处理模块输出的测试数据和算法模型加载至推理计算引擎，在此基础上运行健康管理系统的状态监测模块，输出状态监测结果。

通过数据订阅或历史数据查询等方式，对不同型号/编号的多装备的实时状态和离线历史状态进行监测；利用智能规则推理引擎等技术，给出典型任务剖面下的运行状态监视判读、参数判读等结果，并将故障报警代码等进行输出。某装备状态监测结果如图 16－23 所示。

16.5.4.4　故障诊断

以状态监测输出的故障报警信息为条件，综合利用通用算法和专用模型，结合故障树推理、规则推理、信号提取与处理、机器学习模式识别等方法，对装备系统级、设备级等多级故障进行诊断，输出可能故障部位、故障原因、故障时间等检测隔离结果。故障诊断的实施主要采用正向推理与反向推理引擎。

16.5.4.5　健康预测

通过读取可表征装备性能异常、故障状态的相关的实时测试数据、历史测试数据，调用预测算法模型，进行预测数据特征提取、数据降噪、平滑等处理、预测计算，完成装备测试数据短时预警和长期趋势预测，最终输出短期预警和长期趋势的故障预测结果，包括潜在故障、可能故障时间、故障风险影响等分析结果。某装备健康预测结果如图 16－24 所示。

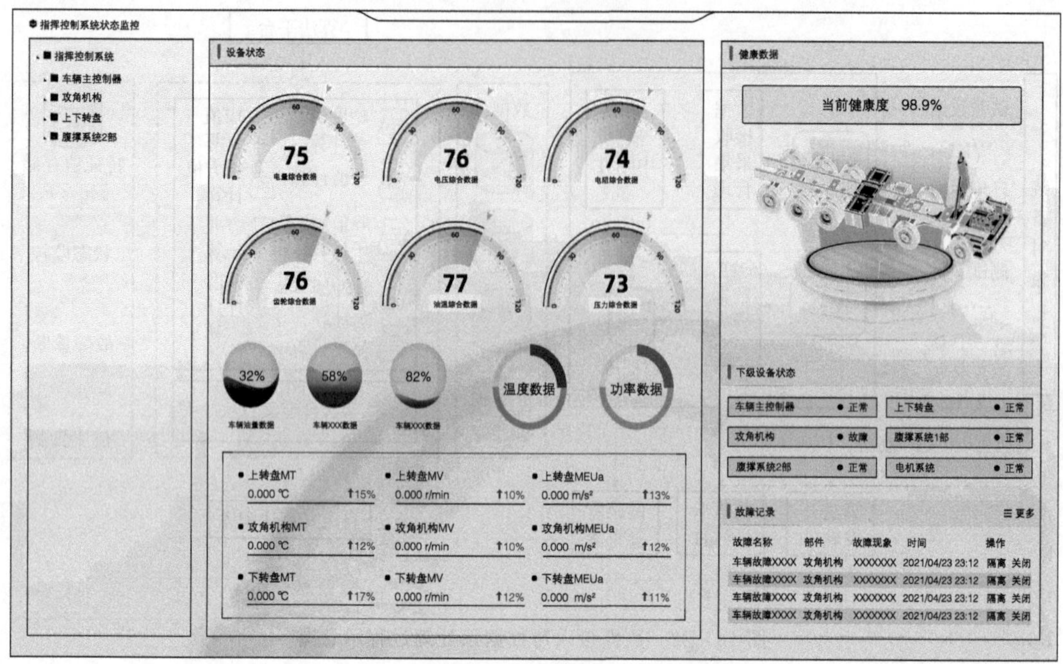

图 16－23　某装备状态监测示意图

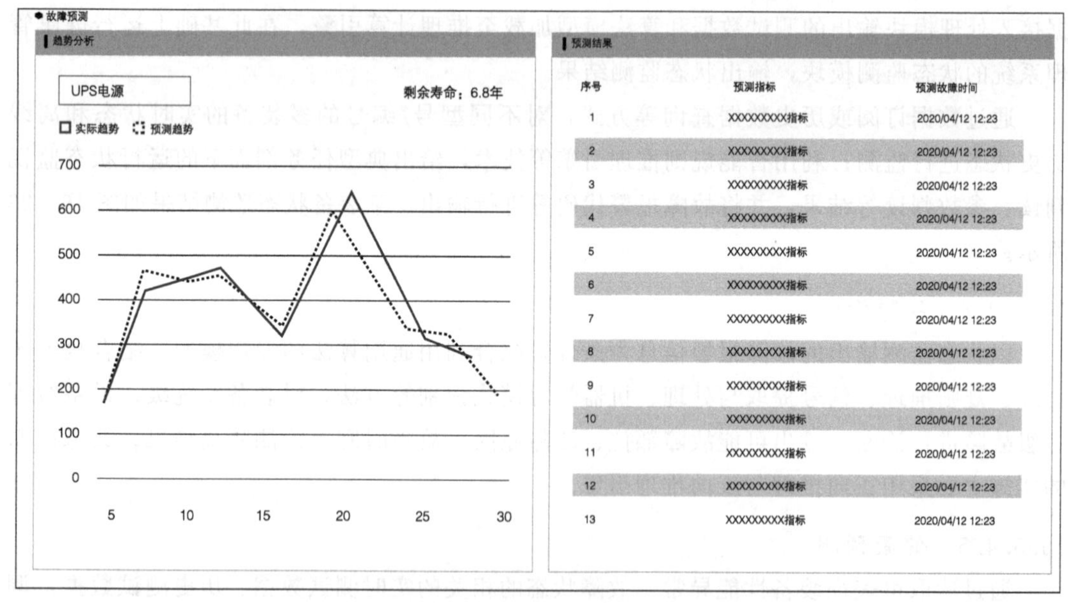

图 16－24　某装备健康预测示意图

16.5.4.6　健康评估

对装备系统的健康状态进行分析评估、给出相应健康等级。以历史测试数据、故障模拟仿真数据、判读数据、故障诊断结果、预测结果为输入，分析不同数据特点，利用层次建模、统计评估、机器学习模型等评估方法，生成系统不同层次对象的健康评估结果，输出评估对象的健康等级，为装备运维和产品质量保障等提供更加准确的决策建议依据。某装备健康评估结果如图 16－25 所示，包括分系统级及其下属设备的健康评估结果。

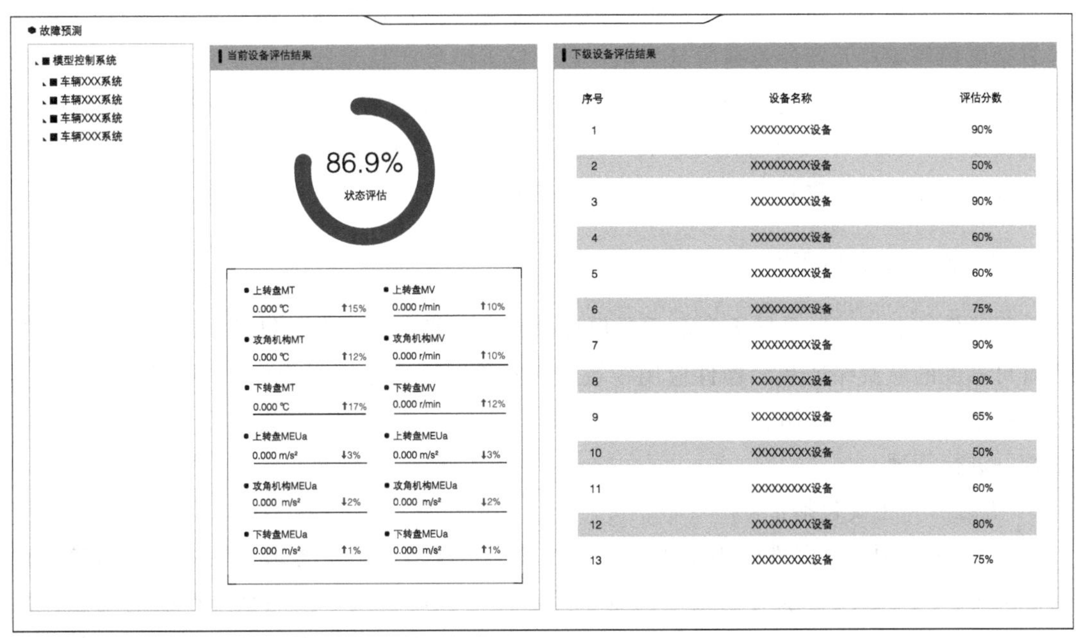

图 16－25　某装备健康评估示意图

16.5.4.7　分析决策

通过配置好的决策知识模型和装备健康管理知识库，提供备件更换等维修辅助决策分析结果，并关联案例、预案、历史数据、模型等信息供用户查询。

16.5.4.8　装备模型库构建

利用第三方算法，可以在线编写函数接口描述文件和算法界面配置，实现主流机器学习算法与引擎集成；依据算法模型接口规范，将算法包封装集成至平台；对自定义模型进行集成，根据接口规范自行编制诊断分析算法文件，将基于不同编程语言编制的算法模型上传，在完成算法模型创建后，利用业务配置的参数信息及后台执行容器对服务进行调用执行，并实现验证过程可视化，通过查看服务功能、输出结果等方式验证算法模型的精度和其他指标，判断业务的有效性等。同时，可以进行通用/专用算法管理。

利用基于数据驱动的装备健康管理方法，通过采集某典型装备各个设备/子系统健康管理数据，实现了装备子系统、设备等各个层级的工作状态监控、健康等级评估以及故障诊断等功能，采用后台执行引擎与前台应用显示分离的技术，充分保证了监控数据的实时性。该方法为某典型装备的可靠运行提供了保障，为其视情维修提供了决策依据与手段，提高了装备作战能力和产品保证水平，降低了维护维修成本，有效地提高了某典型装备质量管理水平。

16.6　元器件“五统一”

针对航天型号产品长寿命、全地域、高可靠等高技术要求和沙漠、海洋、极地、空间等复杂应用环境对元器件的高质量要求，以及航天型号产品元器件品种多、数量大、批量小导致元器件管理体系复杂的问题。为避免在元器件质量管控中存在失控或“各自为政”的现象发生，1997年《型号用元器件“五统一”管理办法》提出元器件“五统一”管理模式，并于此后逐步将其推广至各航天型号任务中。

16.6.1　概念和适用范围

元器件“五统一”是航天产品质量保证的重要环节之一，主要包括生产过程中元器件固有可靠性的质量保证和元器件应用领域的元器件应用可靠性质量保证，“五统一”的主要内涵是对元器件的选用、采购、监制和验收、复验和筛选以及失效分析五个质量保证环节统一进行管理。

“五统一”主要包括：

1）统一选用。元器件选用是指对元器件种类、规格、质量等级、供应商等的确定和合理应用。统一选用要求对型号编制电子元器件的选用目录，按照型号产品的功能、性能、使用环境、寿命及可靠性等要求，正确选择元器件的品种规格、工作环境温度及其质量保证等级，并在设计中贯彻落实降额设计、热设计等可靠性设计准则，以保证所选电子元器件在航天产品上可靠应用。对选用情况要进行评审。同时高度关注元器件供应链安全性，加强风险管控，建立进口元器件停产、淘汰、禁限运信息定期发布机制，开展战略储备及国产化替代工作。

2）统一采购。元器件采购一般应贯彻“保证质量，控制进度，节省经费，尽量集中”的原则，由采购主管部门统一协调组织采购工作。订购单位应编制采购文件，并按规定的程序履行审批手续，根据采购文件签订订购合同。结合统一采购工作，持续开展供应商管理体系建设，开展供应商评估管理与供应商动态量化评价，持续推进供方压缩，建立分级分类供方管理机制，供应商管理逐步由内部体系建设向供应链生态环境建设迈进。

3）统一监制和验收。元器件监制是指检测机构到承制单位检查其生产、质量保证措施和外购件质量控制等是否满足合同质量条款要求的检验活动，元器件验收指检测机构到承制单位按合同规定要求进行交收试验、进行有关文件审查及对质量控制进行检查的检验活动。应组织制定监制和验收的标准，并组织专业技术人员按合同规定的标准到承制单位进行监制和验收。

4）统一复验和筛选。验收合格的元器件到货后，应按统一的规定进行入库复验。有补充筛选项目要求的应进行补充筛选。承担入库复验、补充筛选的单位，对筛选、复验合格的电子元器件应按规定开具合格证，随合格的元器件一起提供给委托单位，无合格证的元器件不得装机使用。

5）统一失效分析。元器件失效分析的主要任务是对失效的元器件进行必要的电、物理、化学的检测，并结合元器件失效前后的具体情况及有关技术文件进行分析，以确定元器件的失效模式、失效机理和造成失效的原因。统一失效分析首先要求失效分析工作由有资格的元器件失效分析中心负责。通过失效分析可以发现失效元器件的固有质量问题，也有可能发现元器件因不按规定条件使用而失效的使用质量问题，通过向有关方面反馈，促使责任方采取纠正措施，提高元器件的固有质量或使用质量。

从企业现代管理模式上来看，“五统一”管理已逐渐从传统采购的战术性管理转变为以“五统一”为基础的现代供应链的战略性管理。从竞争角度来看，21 世纪现代企业间的竞争已经转变为供应链与供应链之间的竞争，供应链的整合能力和效率已经成为企业经济的核心竞争力。

16.6.2　基本原理

元器件“五统一”管理模式是为确保航天工程或型号各项工作能够有机协调和配合开展的综合性和全局性的项目管理工作和过程，是运用管理集成思想把现代管理理论中的系统论、控制论和信息化论与项目本身所具有的系统化特点相结合而产生的。“五统一”管理模式可以保证航天工程/型号的进度、成本费用、质量、资源等要素之间的相互协调，并考虑到项目内部和外部的环境因素，最大限度地满足或超过项目利益相关方的需求和期望，是从航天工程或型号的全局观点出发，以航天工程或型号零缺陷为目标进行的管理活动，基本模型如图 16 - 26 所示。

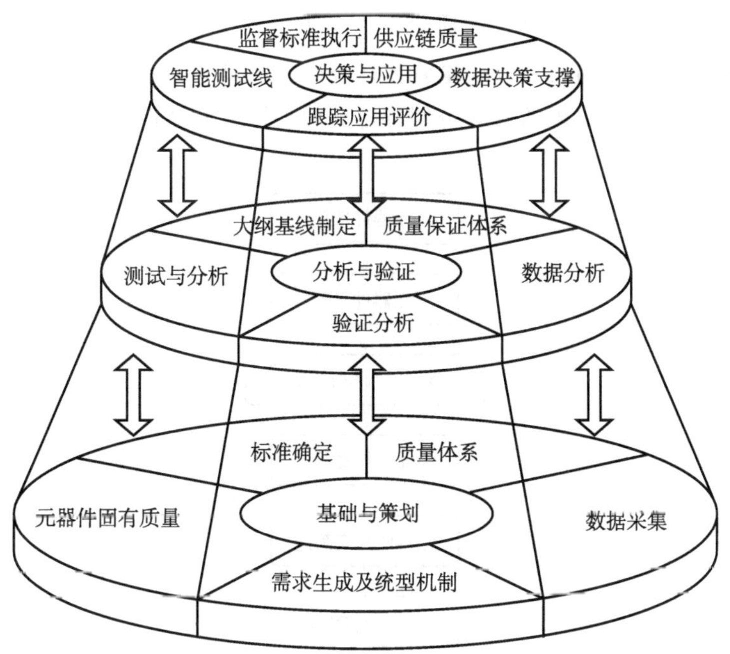

图 16 - 26　元器件“五统一”管理模型实施模型

针对航天装备研制特点，在初样阶段的元器件基础与选用策划、正样阶段的元器件分析与验证、定型阶段的元器件决策与应用等三个层面上，分别从元器件智能化测试分析评价技术、基于应用可靠性的元器件验证评价技术、运用大数据技术的元器件质量保障、开放融合型的元器件保证链构建、支撑型号全流程的元器件保证标准文件体系等五个维度实施元器件质量保证，形成了多维度、多层级矩阵式质量保证要求。

在“元器件智能化测试分析评价技术”维度，“基础与策划”层双向分析元器件固有质量；“分析与验证”层设计“基于测试分析＋验证评价技术的双轮模型”；“决策与应用”层智能试验流程线控制监督一体化管理。“基于应用可靠性的元器件验证评价技术”维度，三个层级分别是：元器件需求生成及统型机制、多维度验证分析、验证评价与持续跟踪；“运用大数据技术的元器件质量保障”维度，三个层级分别为：装备元器件多源质量数据采集、装备元器件多源质量数据分析、数据决策支撑；“开放融合型的元器件保证链构建”维度，三个层级执行了：专用实验室质量体系、卓越产品保证体系、供应链质量控制；“支撑型号全流程的元器件保证标准文件体系”维度，三个层级构建了：元器件保证标准体系、型号元器件保证大纲、研究院工程应用监督标准。

对于航天产品这种任务复杂大系统工程，将元器件统一管理，有利于系统的发展。统一的管理模式，必然要求统一的资源配置，包括人力资源、设备资源及财力资源的配置，统一管理要求集中、有力的技术支撑为基础。

16.6.3 实施步骤

航天技术不断发展，对元器件的质量管理需求也备受关注，“五统一”是元器件全面质量管理的良好开端，当前元器件质量管控任务必须强调“五统一”为主，但随着质量要求的不断提升，质量保证管理的层级也划分得更加具体。元器件“五统一”管理模式实施的流程如图 16－27 所示。

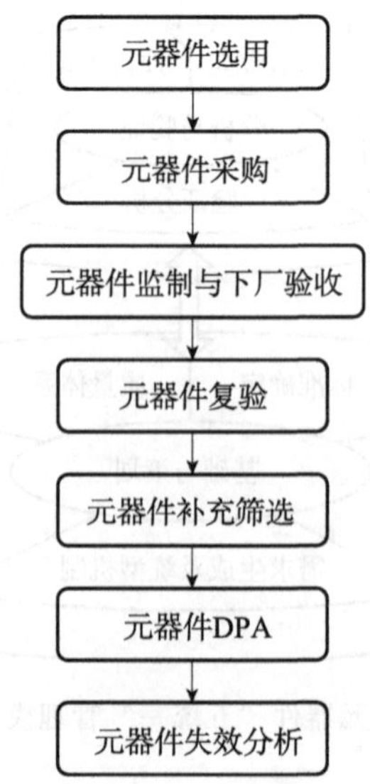

图 16－27 元器件“五统一”管理模式实施的流程

16.6.3.1　元器件选用

元器件的选用是装备任务保证正常运行的首要环节。元器件的选用优先选用在元器件优选目录、选用目录中选择，若选用超目录元器件，应按照有关规定填写超目录申请表并办理审批手续，超目录的元器件审批应在元器件选用评审后实施，获得评审认可的元器件方可提出超目录申请。

选用完成后，要组织专家进行评审，给每一种元器件给出结论，并编制《元器件选用报告》。《元器件选用报告》报告中应包含超目录元器件选用、进口元器件的选用，新品元器件的选用等情况。

16.6.3.2　元器件采购

航天产品用元器件采购必须严格按评审通过的采购文件采购。因此，元器件的采购需要制定符合任务要求的采购文件，采购文件包括采购标准、采购清单、采购合同等。相关部门应对元器件供方进行审查，确保元器件的技术标准满足要求，并将合格的元器件供方添加进任务配套元器件合格供应方名录范围内，后续的元器件采购在合格供应方名录内选用。

16.6.3.3　元器件监制与下厂验收

元器件统一下厂监制验收是航天企业对元器件质量管理的技术控制手段，为型号用元器件的质量把关起到了重要的作用，有效剔除了元器件装机前的失效情况，确保了型号用元器件在装配前质量可控。

元器件下厂监制验收，是由元器件合同甲方委托用户代表（即下厂监制验收人员），根据采购合同规定的品种及技术条件，对交付的元器件进行质量检验，通过后予以接收的工作。下厂监制验收人员在下厂监制验收过程中需了解承制方的质量保证体系、质量控制水平、生产工艺水平、产品交付能力等信息，并在监制验收工作中检查产品交付是否符合该产品的技术规范及标准，同时确保产品的验收试验合格后才能接收与订货合同相符的元器件。

航天企业的各型号院（基地）需要根据自身产品的技术要求制定下厂监制验收的标准依据，下厂验收范围主要包括元器件使用方和合同甲方选择关键件、重要件和曾经出现严重质量问题，不具备复验、筛选条件的国产元器件以及其他需要下厂验收的元器件。

16.6.3.4　元器件复验

（1）入院复验

元器件到货后，必须按照要求进行入院复验。复验包括符合性检查，主要包括数量、外观、包装、质量文件等，并按照元器件详细规范及相应技术标准 100%进行常温电参数测试，有要求时需要进行低温和高温电参数测试。

（2）超期复验

贮存期超过有效贮存期的元器件，在装机前需要一系列的检验，完成复验，复验通过的元器件，才能作为合格品用于装备任务上，元器件的超期复验按照超过有效贮存期时间的长短进行分类。按照 QJ 2227A — 2005《航天元器件有效贮存期和超期复验要求》的规定，有两次超期复验分类，元器件第一次超期复验分类分为 A1、B1、C1 三类，元器件第二次超期复验按超过继续有效期时间的长短分为 A2、B2、C2 三类。

A 类超期复验时元器件贮存期超过有效贮存期的时间不长，重点检查对元器件的外观、电性能以及密封情况。A 类超期复验检查项目及要求见表 16 - 39。

表 16 - 39　A 类超期复验检查项目及要求

序号	检验项目	抽样方案	方法
1	外观检查	全部样品	用 3～10 倍放大镜或显微镜进行外观检查
2	电性能测试	全部样品	对入库已经电特性测试的元器件，按照入库测试的方法进行相同参数的测试。 对入库未进行电特性测试的元器件，按照元器件相应的详细规范或数据手册测量功能和主要参数
3	密封性检查	全部样品	半导体分立器件按 GJB 128A — 1997《半导体分立器件试验方法》的方法 1071，半导体集成电路按 GJB 548B — 2005《微电子器件试验方法和程序》的方法 1014.2，元件按照 GJB 360B — 2009《电子及电气元件试验方法》的方法 112 进行密封性检查；除另有规定，对于液体钽电容器，可用 pH 试纸进行检查，不要求进行真空检漏

进行 B 类或 C 类的超期复验，除按 A 类超期复验的要求进行复验外，还需要检查元器件的引出端可焊性以及引出端强度，对于某些类别的元器件还要抽样进行破坏性分析检测。

16.6.3.5　元器件补充筛选

在生产厂家筛选完成或者后元器件生产厂已经完成的筛选试验不能满足使用单位对元器件的要求，由使用单位或其委托单位再一次进行的筛选，剔除有缺陷或可能引起早期失效的或选择具有一定特性的元器件产品，淘汰有缺陷的产品或根据使用要求筛去不符合要求的产品。

元器件补充筛选的试验方案主要包括两个方面内容：一是根据所需要的可靠性等级确认筛选项目，并确定每个筛选项目的筛选条件，二是把所有筛选项目按照一定先后次序排列起来，成为一个完整的试验方案。

在补充筛选程序中，通常采用两类拒收判据，包括不合格判据和参数漂移极限判据。对于筛选合格的元器件，应在元器件上标记便于辨认的标识；对筛选不合格的元器件或批次应严格隔离，并按不合格品处理。筛选过程中发现致命失效的元器件应做失效分析，失效结果应向有关部门反映，若分析结果为批次性失效的元器件，则整批不得用于军用产品的正样或定型产品上。

16.6.3.6　元器件 DPA

DPA 是为验证元器件的设计、结构、材料和制造质量是否满足预定用途或有关规范的要求，对元器件样品进行非破坏性和破坏性的检验和分析，获取元器件设计、构成材料和工艺的批质量信息。其中非破坏性检查主要是指外部目检、PIND、密封、X 射线检查、声学扫描显微镜检查等，破坏性方法主要是指用开封、剥层、剖面和内引线键合强度和芯片粘接焊接剪切等方法对元器件实施破坏性检验。

DPA 试验主要依据 GJB 4027A — 2006《军用电子元器件破坏性物理分析方法》开展，规定了包括半导体分立器件、集成电路、光电器件、电阻、电容、继电器、连接器、传感器等在内的 16 大类、49 小类电子元器件 DPA 方法的试验程序、试验方法和失效判据。

16.6.3.7　元器件失效分析

失效分析的基本内容包括：失效背景调查、失效模式鉴别、失效特征分析及描述、假设及验证失效机理、提出纠正或改进措施等。分析着重于分清失效模式、追查出失效机理及探讨改进方法，有时辅以相关的模拟验证及失效再现，并对改进措施的实施效果进行跟进。在航天型号质量问题归零中，失效分析已经显示了特别重要的意义和作用，为多个航天型号的发射成功做出巨大的贡献。

16.6.3.8　注意事项

1）在元器件统一选用评审之前应编制型号元器件保证大纲的补充要求，明确元器件的质量等级要求，确定元器件选用和控制的原则。

2）进行统一元器件选用评审时应结合可靠性预计、可靠性设计（降额等）等工作。

3）试样阶段应做转阶段元器件评审（初样评审问题的落实）、风险评价、失效元器件的归零及初样阶段问题的解决工作。

4）高度重视元器件下厂验收、复验、补充筛选、DPA、失效分析等关键技术把关工作。

5）在元器件统一采购前超目录选用的元器件应办理审批手续。

6）全过程正确处理不合格的元器件。在元器件监制、验收中被拒收的产品，在元器件补充筛选、贮存和传递过程中发生致命失效或参数严重超差以及在装联、测试和使用过程中发生的所有元器件失效，均应进行失效分析，必要时进行归零工作。

7）“高质量、高效益、低成本、可持续发展”是新时期航天产品对于元器件的总体要求，航天产品对低成本模式下的元器件质量控制模式也提出了新的需求，如何在短周期、低质保成本的形势下保障装备一次成功是新的元器件质量保证面临的新挑战，这需要元器件“五统一”的管理模式与时俱进，新时期元器件“五统一”的内涵也需要外延到统一需求规划、统一评价认定、统一选用管理、统一组织采购以及统一质量保证上来。

16.6.4　典型案例

以航天 A 工程院为例，某型号在方案阶段制定了元器件保证大纲，初样阶段对各产品及组合进行了元器件专项评审，型号转阶段进行了元器件评审，形成元器件选用清单后，生成了采购清单；通过采购评审后，编制了采购文件签订采购合同；采购完成后，对元器件进行质量保证，元器件采取下厂验收、复验、补充筛选、DPA 等质量控制措施确保装机元器件质量，对失效元器件进行了失效分析。各研制阶段主要工作内容如图 16 - 28 所示。

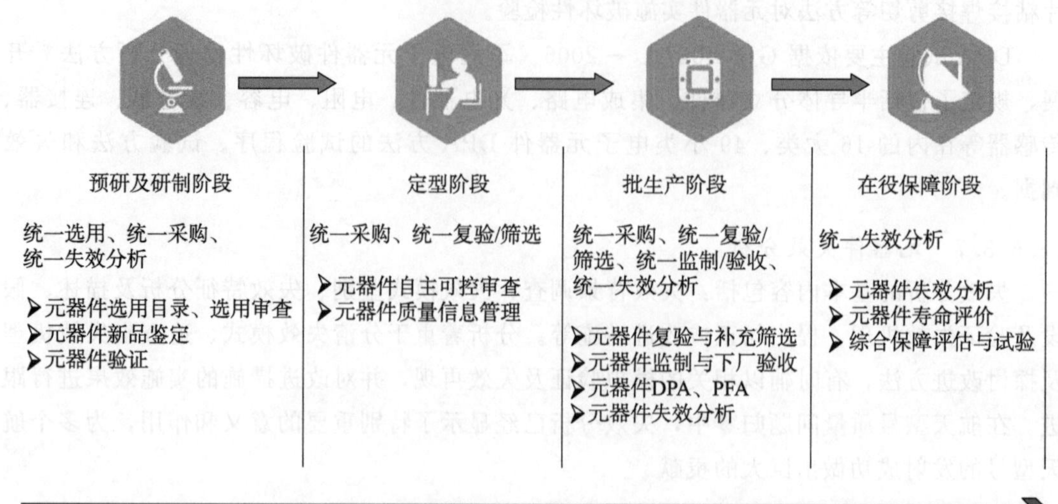

图 16－28　“五统一”管理模式在航天型号产品研制各阶段的工作内容

16.6.4.1　建立元器件统一选用目录

A单位建立并组织发布了《型号元器件选用目录》（以下简称《选用目录》）。《选用目录》收纳型号已选用并上机应用的院合格供方配套的全部元器件，分国产元器件分目录及进口元器件分目录开展建设，非上机应用元器件不纳入目录范围，并通过了专家评审。A单位对《选用目录》采取数字化动态管控模式，实时更新发布在基础数据资源管理系统中。同时，院属有关单位建设了院属单位级选用目录，并与院级目录开展动态协同。

16.6.4.2　元器件采购

A单位根据采购标准等相关要求以及型号实际情况，制定了符合任务要求的技术文件，包括采购清单、采购合同等。采购清单是在通过评审的“元器件选用清单”的基础上，经过采购部门与设计部门共同制定，主要包括：元器件生产厂家、元器件名称、元器件型号规格、数量、采用标准、质量等级、要求进度、指标要求等内容。采购合同由采购部门按照通过评审的“采购清单”签订，合同内容主要包括：元器件名称、型号规格、数量、技术规范、质量等级、验收要求和日期、包装、静电防护、运输要求、委托生产单位进行筛选的项目和要求、验收方式、验收标准、产品质量证明文件及其他特殊要求。

16.6.4.3　元器件监制与下厂验收

A单位元器件质量保证部门制定了《下厂监制验收要求》，派遣下厂监制验收人员前往元器件承制单位，对质量保证体系、质量控制水平、生产工艺水平进行了考察，并根据技术规范及标准在监制验收工作中对产品进行了检查。经检查，承制单位质量保证体系、质量控制水平、生产工艺水平、产品交付能力等情况符合要求，满足交付验收要求。

16.6.4.4　元器件复验

元器件到货后，A 单位委托所属单位元器件可靠性中心，对元器件的数量、外观、包装、质量文件等进行了再次检查，并按照元器件详细规范及相应技术标准对元器件全部进行常温电参数测试，并对部分元器件进行了低温和高温电参数测试。经检查，该批产品全部满足要求。

16.6.4.5　元器件补充筛选

A 单位委托所属单位元器件可靠性中心，根据元器件所需要的可靠性等级，确定了筛选项目，为各类元器件制定了补充筛选条件，并对元器件进行了补充筛选。

16.6.4.6　元器件 DPA

A 单位委托所属单位元器件可靠性中心，随机抽取一组指定生产批的成品元器件样本，对样本的内、外部各部分的形貌和物理特性进行有系统、有逻辑的详细检查与分析，并通过开封、剥层、剖面和内引线键合强度和芯片粘接焊接剪切等方法对元器件实施破坏性检验。元器件 DPA 典型缺陷案例如图 16-29 所示。

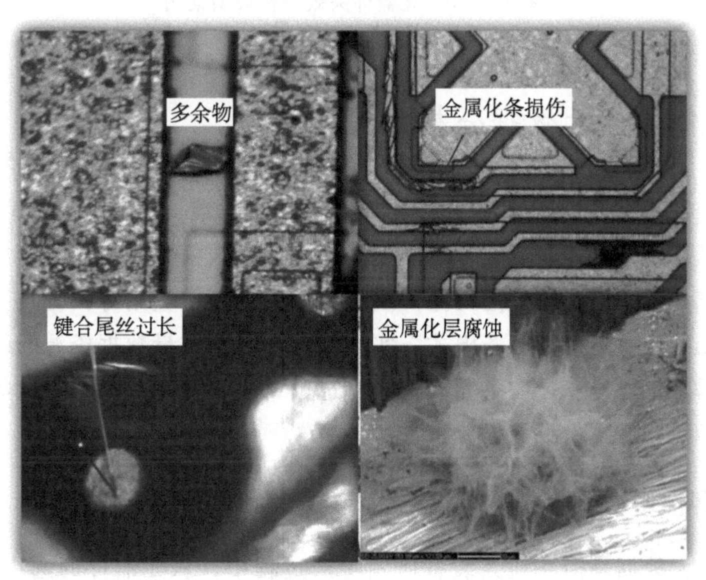

图 16-29　元器件 DPA 典型缺陷案例

16.6.4.7　元器件失效分析

A 单位委托所属单位元器件可靠性中心，对已失效的元器件进行了物理、化学、金相试验以及各种测试，确定了元器件失效的模式，并对造成元器件失效的原因进行了分析，制定了《××批次元器件失效分析》。元器件失效分析典型案例如图 16-30 所示。

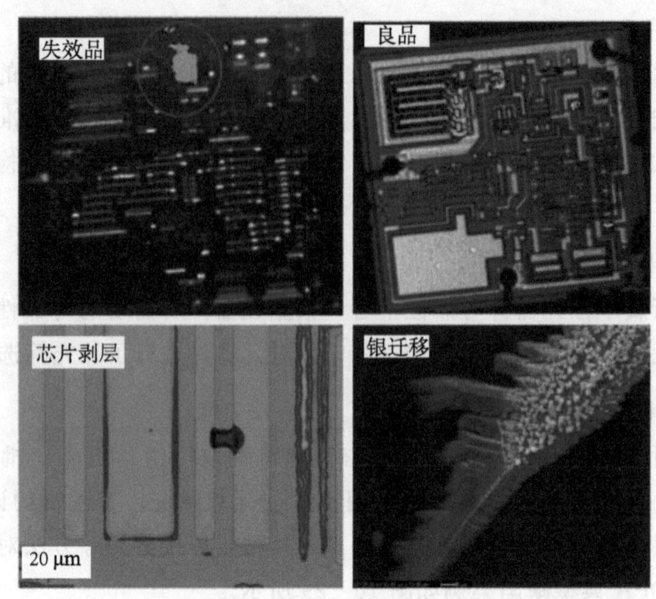

图 16-30　元器件失效分析典型案例

16.7　元器件质量大数据分析方法

为了解决元器件质量数据分散、数据交互及融合困难、质量预测及可追溯性差等问题，需要科学统筹航天装备研制全寿命周期元器件质量数据采集与应用，突破元器件多源质量数据融合与分析、基于模型的元器件质量保证关键领域应用等关键技术，形成基于数据驱动的装备元器件质量保证服务模式，实现元器件多源质量数据资源的统一管理、协同共享与综合应用，全方位满足装备元器件设计选用、质量管理、科学决策等智慧化服务需求，为此提出了元器件质量大数据分析方法。

16.7.1　概念和适用范围

元器件质量大数据是指在航天装备研制生产过程中，从元器件的选用、采购、生产、质量保证、电装、板级/组合级/整机级产品生产调试过程、产品交付使用过程中产生的大量质量数据信息。

运用大数据技术的元器件质量保证，是以数据驱动的方式为装备元器件质量保证提供质量数据资源融合、数字化管理手段以及可视化决策支持的新型质量保证模式。

本方法适用于航天“五统一”元器件质量保证模式的数字化升级，以及各类装备总体单位及研制单位、装备主管部门的元器件质量数据的集中管理和科学决策。

16.7.2　基本原理

利用大数据分析技术，通过对数据的全面采集、分析和应用，为元器件质量保证提供数据决策支撑。针对提升航天装备研制阶段及规模化批生产阶段元器件质量可靠性保障能力需求，需要从数据采集、数据分析、数据决策支撑三个维度构建元器件质量大数据分析技术架构体系。在数据采集层，通过对航天装备元器件全寿命周期多源质量数据的采集，为上层的数据分析提供数据基础；在数据分析层，通过对多源质量数据的分析，为数据决策支撑层提供决策依据，同时引导数据采集层优化数据采集治理方法；在数据决策支撑层，依据数据分析形成的模型为元器件质量保证提供决策支持，同时监控各类质量数据指标和模型的准确性，指导数据分析层的优化和改良模型。元器件质量大数据分析方法的基本原理如图 16 - 31 所示。

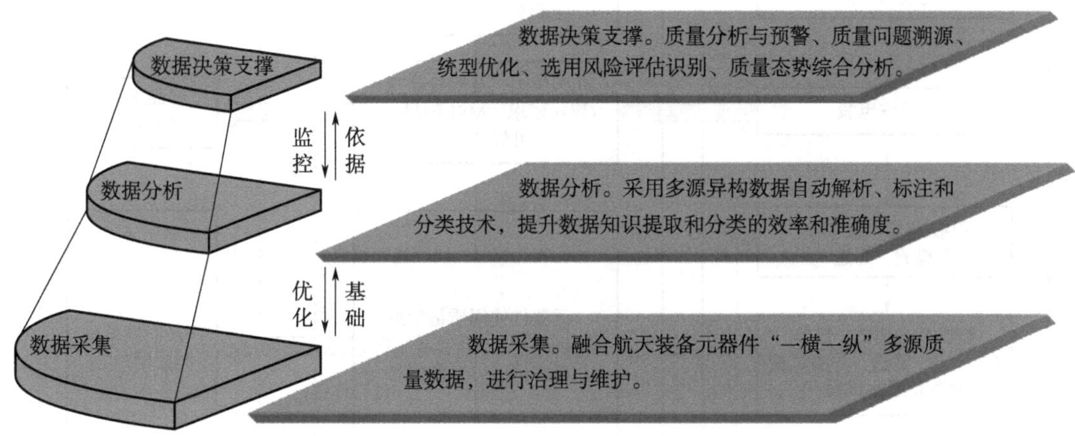

图 16 - 31　元器件质量大数据分析技术架构体系图

元器件质量大数据分析方法的输入包括装备元器件选用、采购、生产、质量保证、电装、板级/组合级/整机级产品生产调试过程、产品交付使用过程中各类质量数据。

元器件质量大数据分析方法的输出是各类元器件数据服务应用的质量分析与预警结果、质量问题溯源结果、统型优化结果、选用风险评估指标、质量态势综合分析指标。

16.7.3　实施步骤

元器件质量大数据分析方法主要包括装备元器件多源质量数据采集、分析和质量保证关键领域应用等流程，详细实施步骤如下。

(1) 装备元器件多源质量数据采集

融合航天产品元器件全寿命周期所沉淀的元器件生产、设计选用、采购、质量保证、电装、产品交付等“横向”数据源与型号设计、制造、保障等“纵向”数据源，对元器件“一横一纵”多源质量数据进行汇聚治理与维护，如图 16 - 32 所示，形成元器件知识库，沉淀专家经验与场景性知识，支撑元器件智慧选型、专家审查、型号选用自查等业务需求。

(2) 装备元器件多源质量数据分析

针对航天装备元器件全寿命周期质量数据种类多样、数据组织混乱、知识提取手段缺

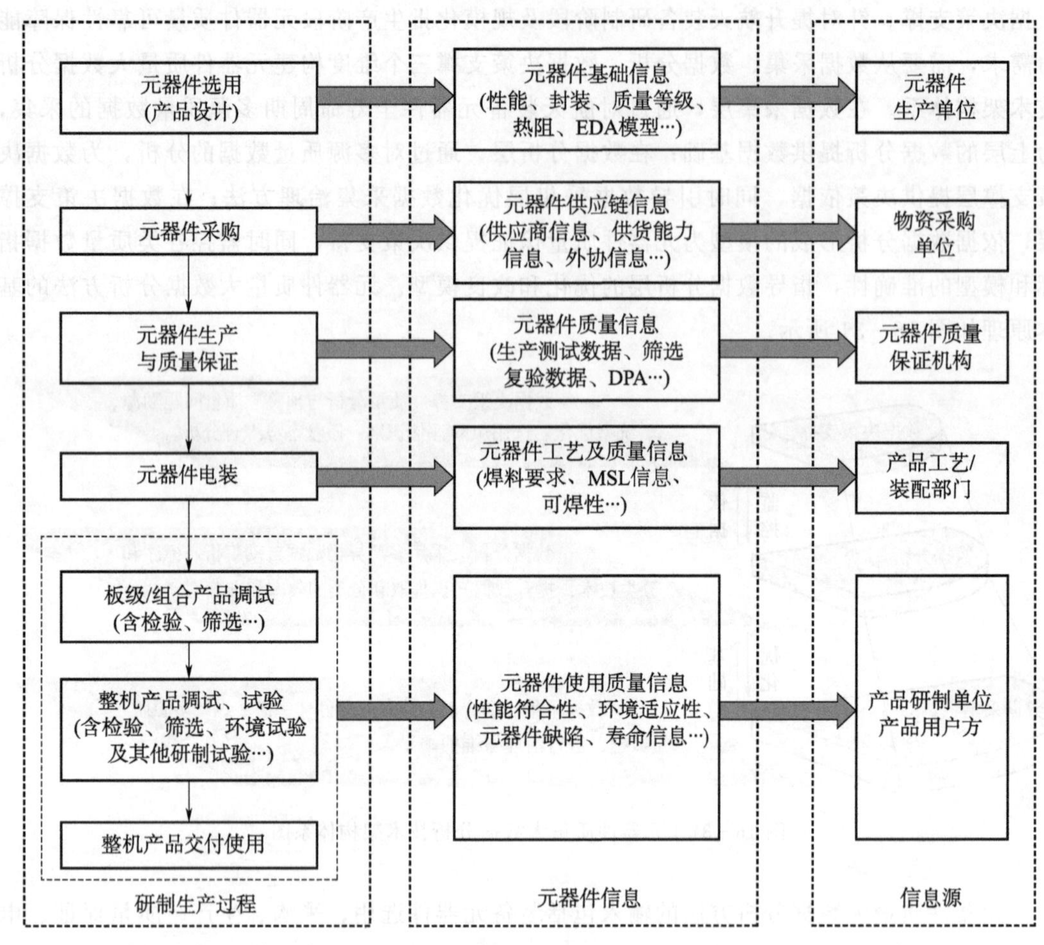

图 16-32　航天产品元器件质量数据源

乏、知识提取准确度不高等问题，采用多源异构数据自动解析、标注和分类技术，提升数据知识提取和分类的效率和准确度。表 16-40 为元器件全寿命周期质量数据。

表 16-40　元器件全寿命周期质量数据

序号	部门	元器件数据类型	数据来源
1	元器件研制生产阶段	元器件基础信息 元器件生产厂家信息 批次生产检验信息 质量一致性检验信息 进口元器件安全等级颜色信息 元器件国产替代信息 ……	物资部门 设计研发部门
2	元器件装机前检验阶段	元器件入所检验信息 元器件二次筛选试验信息 元器件 DPA 试验信息 元器件超期复验信息 ……	检测部门

续表

序号	部门	元器件数据类型	数据来源
3	元器件装机使用阶段	装备元器件选用清单信息 元器件失效信息 …	设计研发部门 检测部门

①合深度学习技术的多源异构数据自动解析

元器件全寿命周期质量数据格式多样，而多格式数据的解析是后续信息处理的前提。针对常见的数据格式，如 doc、docx、txt、PDF、图像、rar 等，需要多格式数据解析引擎。

数据解析技术是原始数据的信息化过程，通过提取原始数据的元数据、结构信息等关键信息，实现对原始数据的全面描述，为数据知识提取提供输入。多源异构数据解析技术根据不同数据类型，提供相应的数据解析程序，解析出可读取、可理解的数据元数据信息。

②基于机器学习技术的多源数据自动分类

针对元器件领域数据种类繁多、分类工作量大、分类效率低等问题，首先，从业务、管理、技术三个维度设计数据分类体系；其次，使用数据分类目录管理功能，固化和维护数据分类目录数据；最后，根据该分类目录，采用机器学习朴素贝叶斯、随机森林等算法实现数据自动化分类，形成全局数据地图，为上层应用和用户按图检索数据提供支持，如图 16 - 33 所示。

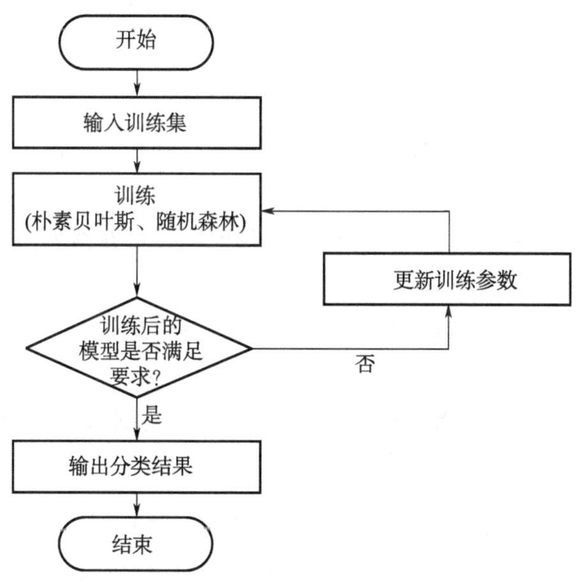

图 16　33　数据自动化分类过程

数据分类的目的是方便数据资源使用和管理，使数据资源系统更富有层次性，分类的标准从业务、管理、技术全方位描述，满足不同人员需求，使得业务人员、管理人员、技术人员更易于理解和采纳标注。

数据分类目录的维护，包括目录增加、目录修改、目录删除等功能。数据目录对象信息包括目录代码、目录名称、目录类型以及目录描述。支持多级数据分类目录。

（3）装备元器件质量保证关键领域数据应用

针对航天装备系统自主可控发展及规模化批生产阶段用元器件质量保证业务过程中的痛点问题，开展基于数据驱动的元器件质量保证应用模型分析，重点针对设计选用推荐、质量问题追溯、统型分析等业务场景进行数据建模，通过洞察业务特征、提出理论模型、实施算法验证，形成一系列解决具体痛点的应用模型，支撑完整的基于数据驱动的元器件质量保证业务解决方案，以满足装备立项论证、研制生产和维修保障过程元器件质量管理及数字化应用需求。

16.7.4 典型案例

航天科工集团元器件可靠性技术中心面向航天装备元器件质量保证的关键领域，建设了元器件质量数据大数据智慧服务系统，基于全集团的元器件质量数据，为各级质量管理部门提供质量分析预警、质量问题溯源、质量态势综合分析等服务，同时也为装备研制部门提供元器件统型优化、元器件选用风险评估等服务，初步实现了元器件质量数据的集中治理和综合利用。

16.7.4.1 质量分析及预警

通过有效整合采集的质量数据，以专业知识为指导，构建质量问题分级指标和风险评测指标体系，建立航天装备质量问题预警机制，主要服务于航天装备系统各级质量管理人员、选用管理和设计人员。

1）通过识别挖掘关键质量问题信息，研究建立质量状态监测机制和实时的质量问题预测预警机制。

2）对于全寿命周期各业务过程中发现的质量问题，可在线发布给选用管理和设计人员，从设计选用源头预警质量风险。

3）对于批次性质量问题，可在线发布给各级质量管理人员，预警和预测武器系统的同类质量问题。

4）定期将质量分析报告推送至相应用户端，从而实现质量问题早发现、早治理。

16.7.4.2 质量问题溯源

通过溯源技术获取该元器件所有的相关质量数据，并基于这些数据支撑做出该元器件质量问题的决策。在质量监督人员针对质量问题进行决策之后，本系统可对决策变量和路径进行记录并导入数据库，进一步跟踪该决策实施效果。在决策周期结束后，本系统可针对决策进行评价并生成质量问题处理报告，备查的同时可以闭环支撑后续相似元器件质量问题解决方案，辅助优化决策路径，用以闭环支撑后续发生相似元器件质量问题时，做出更优化的处理决策。

16.7.4.3　元器件统型优化

元器件统型分析主要提供全面的统型决策支持支撑，实现压缩元器件品类、降低检验成本、提高整体可靠性的目标。通过建立元器件统型分析模型，对设计选用清单开展统型分析，反馈元器件统型建议。同时，根据用户实际统型方案迭代优化模型，提升统型模型精准度。

元器件统型分析模型将建立在相似度聚类分析模型输出的元器件聚类结果基础上，旨在利用灰度聚类理论和专家经验，对同类元器件提供统型建议。

16.7.4.4　元器件选用风险评估识别

为满足设计师选用元器件风险评估识别需求，可提供主要包括质量可靠性风险评估、可控风险评估、国产替代风险评估、禁限运风险评估等功能，识别结果如图 16 - 34 所示。

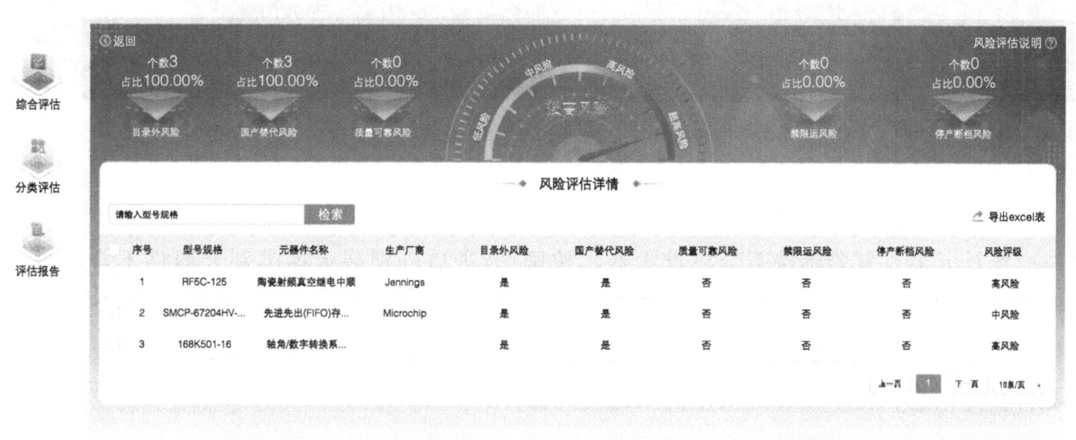

图 16 - 34　元器件选用风险评估识别结果

16.7.4.5　元器件质量态势综合分析

元器件质量态势驾驶舱对型号质量重点数据和宏观指标进行仪表盘化、个性化监控。元器件质量态势综合分析界面如图 16 - 35 所示。

(1) 元器件复验筛选数据信息应用

统计型号复验筛选元器件类别，展示各型号元器件所用不同器件类别的比例；复验筛选元器件质量等级分布情况，展示各型号元器件质量等级的占比情况；统计国产/进口复验筛选不合格器件的分布情况，展示不合格元器件中国产/进口器件所占比例；统计复验筛选不合格器件类别，展示不合格器件中各器件类别所占比例；复验筛选不合格按器件类型及国产/进口分布情况，展示不合格器件中各器件类型所占比例，及同一类型器件的国产进口比例。

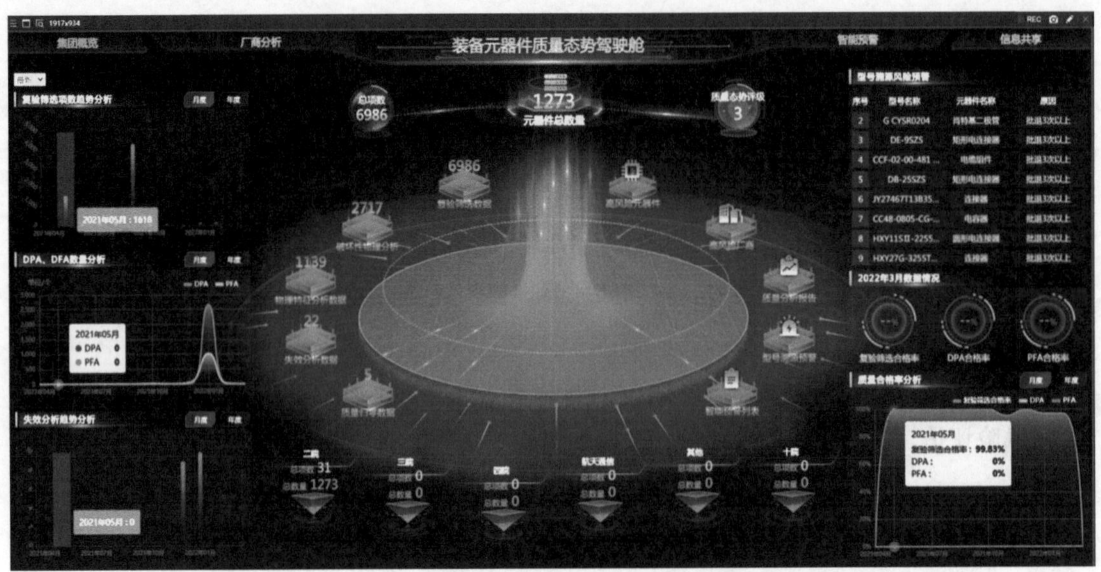

图 16－35　元器件质量态势综合分析界面

（2）元器件质量检测信息预警应用

统计元器件复验筛选不合格批次数，按国产/进口分别展示各类别元器件不合格批次数最高的三个厂家。统计元器件复验筛选不合格数量，按国产/进口分别展示各类别元器件不合格数量占比最高的三个厂家。同时展示近一年出现三次及三次以上不合格情况的元器件具体信息，提示设计师慎重选用这些元器件。

16.8　工艺“三化一防”方法

在借鉴长期积累的航天工艺知识基础上，利用数字化手段，为从源上杜绝工艺质量问题，全面提升产品质量和可靠性，进一步提升航天产品制造能力，提出了工艺“三化一防”方法。该方法来源于航天型号产品工艺设计经验总结。

16.8.1　概念和适用范围

工艺“三化一防”（以下简称“三化一防”）是指航天产品工艺设计全过程中工艺精细化、工艺可视化、工艺智能化和工艺防差错，是在传统工艺技术基础上，结合航天工艺工作经验和现代计算机、网络、自动化技术，总结出的提升型号工艺保证能力的有益经验和方法。

工艺精细化是建立数字化的基础，是指产品实现过程及其质量控制的具体化、标准化，是将过程控制分解到规定的程度或使其数字化表达的过程。

工艺可视化是利用现代计算机和网络技术形成可视化工艺，把信息转换为图形或视频，给予操作者直观的感受，减少信息传递过程中的丢失。

工艺智能化主要是构建智能制造工艺体系，通过信息流、产品流和资金流的运行模式，面向产品全寿命周期，在感知条件下的信息化制造，基于 MBD 的智能化工艺设计过程、生产制造过程和智能化装备的互联互通，实现工艺规程、数控程序、仿真加工的智能化并行操作。通过结构化工艺设计平台将工艺要素用层级的方式数据化呈现，使用成组技术构建智能生产系统，保证智能制造过程中工艺执行的一致性。

工艺防差错是指在错误发生之前通过优化工艺设计、工装设计等，加以防止错误的产生。通过持续不断地改进、提高预防缺陷的能力，从根本上达到“不制造缺陷、不传递缺陷、不接受缺陷”的效果。

本方法适用于航天型号产品的工艺设计，其他产品可参照执行。

16.8.2 基本原理

“三化一防”体现预防为主的质量理念，依靠先进的数字化设计及仿真手段，重点关注产品实现关键环节，基于风险思维运用 PDCA 循环的工作方式，以不同专业的工艺要素为切入口，全过程、全方位地开展“三化一防”。工艺精细化、工艺防差错是工艺设计的基本要求，工艺可视化是工艺设计工作的进一步推进，工艺智能化是在贯彻数字航天的要求下通过持续发展达到的最终目标。“三化一防”基本原理架构如图 16－36 所示。

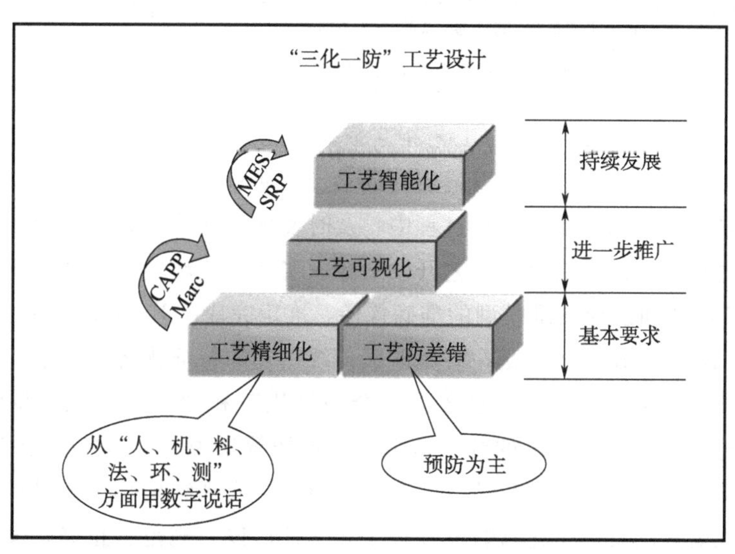

图 16－36 “三化一防”基本原理架构图

注：CAPP—计算机辅助工艺过程设计；Marc—高级非线性有限元分析软件；MES—制造执行系统；ERP—企业资源计划

“三化一防”基本原则如下。

1）预防为主。由于各种因素的影响，在航天产品设计、生产制造过程各个环节不可避免地会发生各类差错。根据航天产品型号特点，产品质量应遵循“预防为主、一次成功”的原则，从源头抓起，全过程运用系统科学的理论和系统工程的方法，开展一系列相关的工艺预防技术活动。强调各项工艺设计工作都要做好事前控制、预先识别工艺风险，应用不同的工艺预防原理，确保工艺风险可控。具体工艺预防原理及策略见表 16－41。

表 16-41 工艺预防原理及策略示例

序号	工艺预防原理	名词解释	示例
1	断根原理	将会造成错误的原因从根本上排除掉，使错误决不发生	照相机不打开镜头，无法按下快门，就不能拍照
2	保险原理	借用两个以上的动作必须共同或依序才能完成工作	冲压机必须两只手同时按按钮，设备才能工作
3	自动原理	以各种光学、电学、力学等原理来限制某些动作的执行或不执行以避免错误的发生	自动测试设备
4	相符原理	借用检验是否相符合的动作，来防止错误的发生	不同开关，采取不同的结构，做出不同的动作
5	顺序原理	避免工作之顺序或流程倒置，可依据编号顺序排列	不同的动作，进行工步编号
6	隔离原理	借分隔不同区域的方式来保护某些地区，使其不能造成错误	相似、相近产品分区域隔离
7	复制原理	同一件工作，如需做两次以上，采用“复制”方式	使用复写纸
8	层别原理	为避免不同的工作做错，而设法将其区分出来	登机时地勤人员在不同关卡沿虚线撕下登机牌的不同位置
9	警示原理	如有不正常的现象发生，能以声光或其他方式显示出“警告”的信号，以避免错误的发生	报警灯
10	缓和原理	用各种方法来减少错误发生后所造成的伤害	保护膜

2）设计工艺协同。产品设计与工艺相互依赖，互为反馈。工艺设计要实现产品设计确定的产品功能，也要确保产品能以适当的成本、交期和质量生产出来。设计工艺协同设计能让工艺更早地参与到产品的设计过程中，及时发现设计缺陷，提高设计方案的可行性和可靠性。通过建立一体化的设计工艺开发平台，实现工艺环境和设计环境统一，实现数据集成、设计 BOM 和设计三维模型的准确传递，准确完成工艺 BOM 的转换。

3）数字说话。“三化一防”是在继承航天传统工艺的特征优势基础上，与先进的数字化设计和制造技术相结合，遵循“参数设计合理最优”和“工作标准协调统一”两项原则。对各个工艺要素坚持用准确的数字模型、数据链等来说话。数字化定义物料、设备、工艺装备等信息，针对产品确定工艺方法和工艺参数，实现结构化工艺设计及各类结构化工艺规程。工艺要素的具体工艺参数既保证工艺文件严谨、规范、正确，又保证工艺文件简明、不烦琐。对于量化参数的裕度设计要适度、合理，并充分把握现有的实际生产条件，既不过分加严控制要求，增加生产操作和产品实现难度，也不随意调整放宽参数量值范围，失去工艺规程应有的依据和指导作用。

4）面向关键。对于结构复杂、集成度高、精度高等特点的航天产品，由于其制造过程工序多、工艺流程长，所有工艺环节“三防一化”展开容易变得过于庞大，工艺过程质量控制容易失去重点，增加不必要的成本。针对生产过程关键环节重点开展“三化一防”，如：加强关键件、重要件、新采用的特种工艺技术参数的控制，设置强制检验点、加强多媒体记录等。

5）持续改进。“三化一防”就是要在型号全寿命周期，开展“面向组织、面向流程、面向产品”全方位连续不断、渐进的工艺设计改良创新。持续改进应该是主动的、有目的的、有计划的、循序渐进且永无止境。

“三化一防”的主要输入包括：国家及行业、上级组织和本组织工艺管理的法规、规章制度；工艺标准、禁（限）用工艺目录、顾客代表和总体要求、质量保证大纲要求、全套设计文件、设计三维模型及可视化和智能化要求、工艺总方案、设计特性分析报告、关键工序要求、特殊过程控制要求等。

“三化一防”的主要输出包括：工艺规范（含关键工序作业指导书、特殊过程操作规程等）、全套工艺文件、工艺标准模板或模块、结构化工艺 BOM、三维工艺模型、数控程序模型、标准工艺流程、可视化工艺文件、软件（调试及测试软件、各类智能化设备加工程序软件等）、专用工艺装备、工艺研究报告、工艺数据库、智能化生产线等。

16.8.3　实施步骤

“三化一防”的实施，需要在具体工艺设计过程中要根据不同的产品特点、生产要素、工艺方法等，有侧重地开展工艺设计。其流程步骤如图 16 - 37 所示。

16.8.3.1　加强工艺顶层策划，建立结构化工艺技术体系

以型号产品为对象、产品数据为基础，加强工艺顶层策划，根据产品特点通过交互式的设计手段，建立结构化的工艺设计业务架构图（如图 16 - 38 所示），对产品进行全面分解，各层级产品生产过程所涵盖的不同工艺专业、技术方向、生产工序（尤其是关键工序、特殊过程等）各方面对型号产品工艺现状开展梳理，形成表达各专业工艺体系项目组之间的工作流程图，将每一个分解的最终环节作为“三化一防”的对象，查找存在的问题或不足。

16.8.3.2　分析工艺控制要素，制定“三化一防”工艺控制要求

（1）工艺精细化实施方法

依据相关标准，结合型号产品特点识别各工序环节精细化的控制要素，梳理出产品生产中工艺控制的关键环节。按照“需求量化、流程量化、工作要求量化、工作过程标准化、过程记录及数据管理量化”的精细化控制原则，重点突出对工艺参数、人员、设备、原材料、环境的量化控制，分析、提炼出相应的控制要素，相应细化制定其量化控制要求。具体要求包括以下内容。

1）通用工艺要求方面，主要从生产环境要求、多余物控制要求、产品防护要求、检验点设置及检验方法、关键质量控制点要求等方面开展；

2）机械加工工艺方面，主要从设备及刀具的合理选用、工艺加工余量及公差的明确、特殊材料及难加工零件相关要求等方面开展；

3）关键工序方面，主要从人员资质、设备、工装、环境要求、多余物控制要求、关键质量控制点、检验点设置及检验方法、工艺参数等方面开展；

4）电装工艺方面，主要从明确焊接、压接、线束成型等工艺参数，量化下料的工艺余量、明确设备及工艺装备等方面开展；

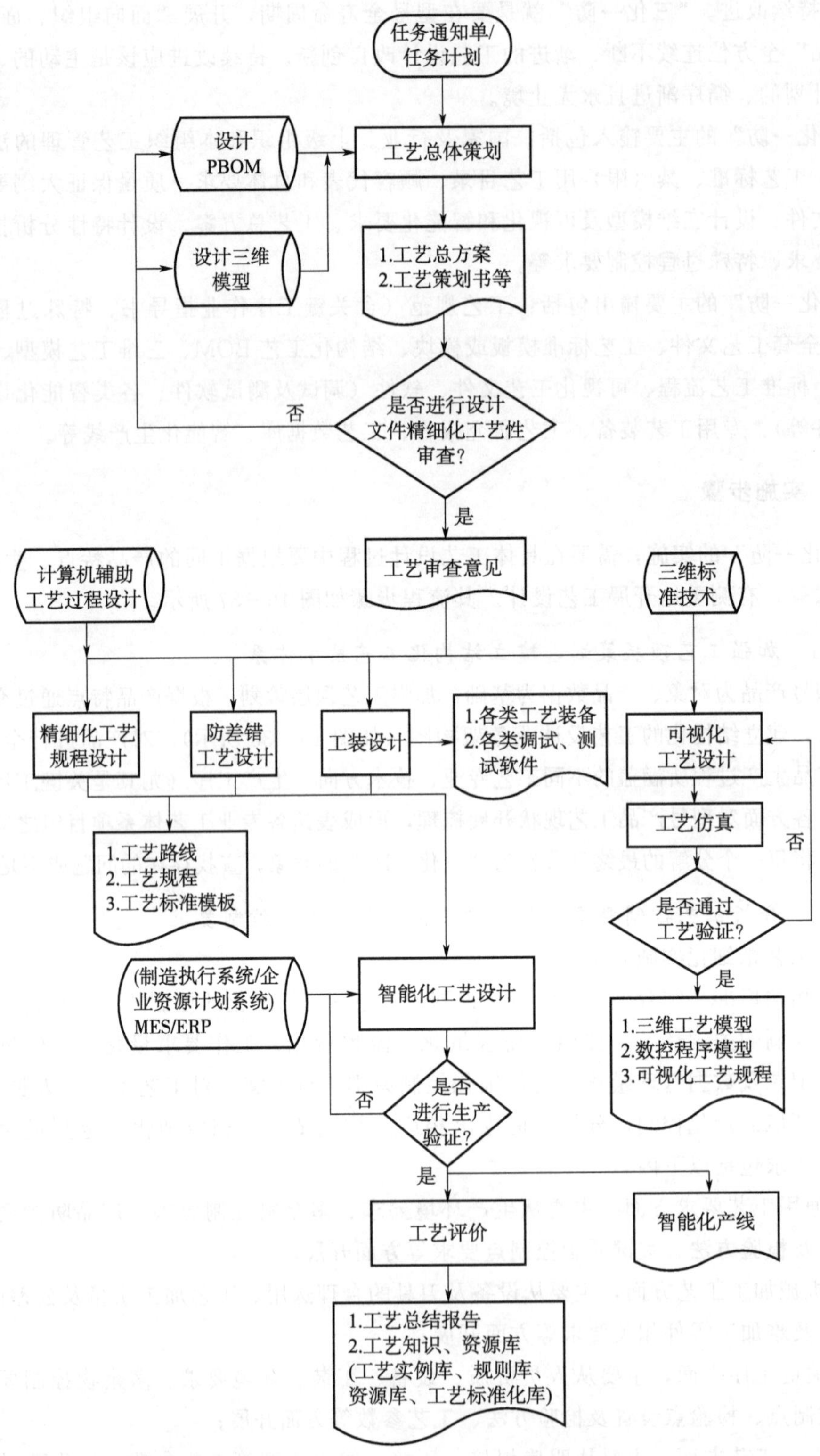

图 16-37　“三化一防”工作流程图

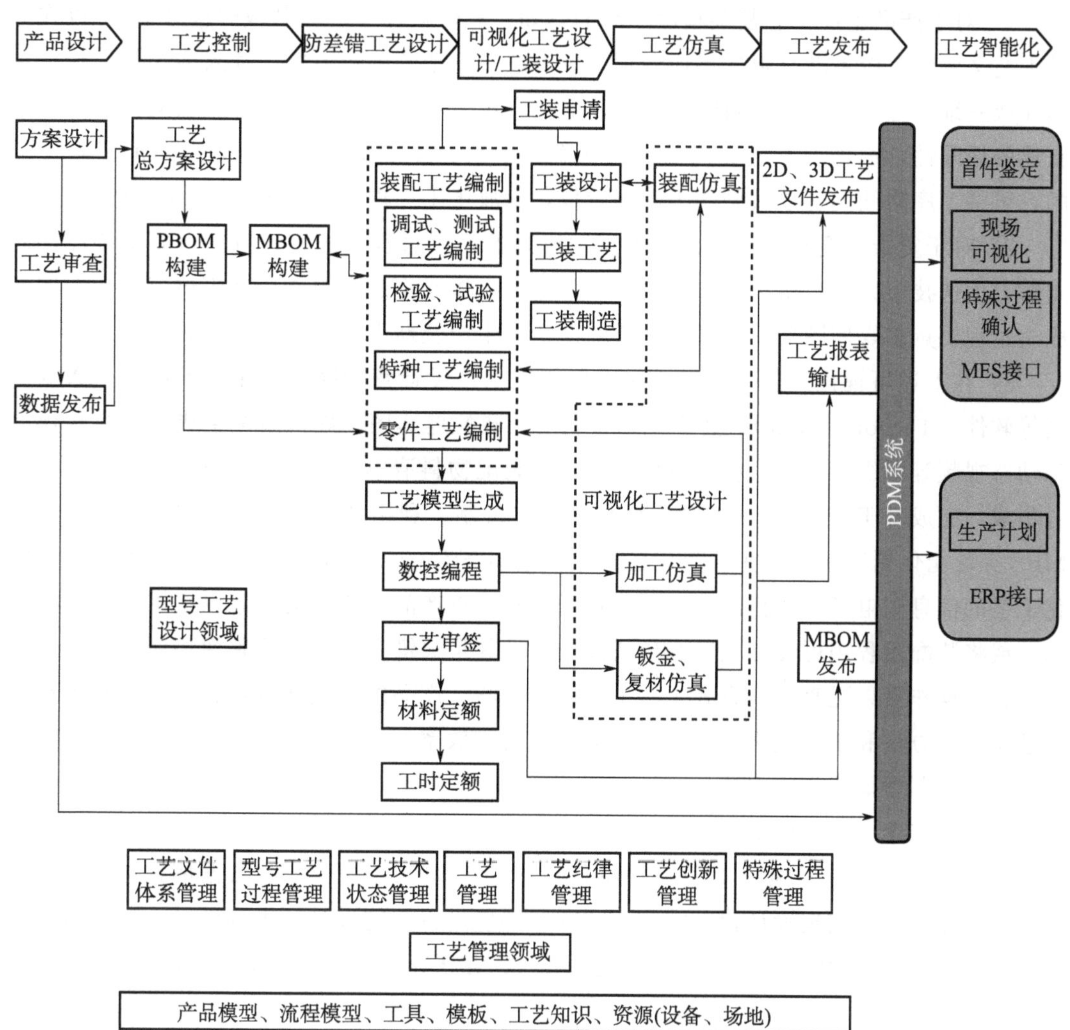

图 16 - 38　结构化工艺设计业务架构图

5）装配工艺方面，主要从螺纹连接拧紧力矩要求、管路的清洁要求、弹上仪器安装的方向及精度、火工品防静电要求、舱内电缆及导管走向等方面开展；

6）调试测试工艺方面，主要从调试参数覆盖性、参数测试上下限与设计一致性、调试测试接线方式及方法、调试测试工艺装备操作等方面开展；

7）检验试验工艺方面，主要从检验试验参数要求的覆盖性、检验方法的可操作性、合理选择检验试验设备、关键控制点的记录的完整性要求等方面开展；

8）特殊过程工艺方面，主要从限制使用“适量”“少量”等模糊字眼、禁止违反规定采用航天禁限用工艺、明确多余物的控制、合理量化设置参数等方面开展。

（2）工艺可视化实施方法

“工艺可视化”简单说就是通过形象生动、易于理解的表达方式，动态的展示产品生产过程。具体实施方法如下：

1）对于产品生产工艺复杂程度不高的（如：零件粗加工、印制板焊接等），可以在二维工艺文件中对应不能直观描述或者用文字表述不清楚的工步内容，插入多媒体记录彩色图片或三维模型截图等工艺附图，以图片形式直观展示工艺内容，弥补工艺文件中纯文字叙述的局限性，避免对工艺文件的误读误解。对于由于版面限制工艺附图不能清晰可见的，可将工序附图内容放大制作为辅助看板，摆放于生产现场，与工艺文件配套使用。

2）对于复杂程度较高的工艺内容识别出来的生产过程的难点、盲点、关重特性控制点等，优选技能人员严格按工艺规定操作示范件，将操作过程制作为多媒体记录，编制形成全过程要点多媒体图册或视频，用于辅助指导生产及新人员操作技能培训。

3）在上述可视化工艺手段仍不能很好体现工艺设计意图时，利用三维设计、数据仿真等软件（Tecnomatix 等），建立三维布线图、装配爆炸图、虚拟装配生成三维装配模型和动态视频等可视化工艺。将三维仿真结果、装配物料清单、装配工艺技术要求等进行综合集成，完成基于 Teamcenter 的三维装配工艺编制。利用现代计算机和网络技术，通过 MES 等智能化制造平台，在生产现场建立信息可视化的人机交互系统，把三维立体数字化工艺的信息以电子工作指令书的方式现场展示，将产品和资源的信息以三维立体数模展示，或将装配过程用可交互式动画形式播放，尤其是关键工序的关重特性控制点，要突出显示，让操作者以更直观的方式了解工艺设计意图、产品的装配属性，更全面的理解产品的装配工艺方法和工艺流程，提高工作的准确度和效率。

（3）工艺智能化实施方法

工艺智能化实施方法如下：

1）完整继承设计数据。建立三维结构设计的 EBOM，统一产品数据信息源，规范工艺设计工作流程，实现设计模型共享，在三维环境进行工艺设计，做到设计、工艺数字化协同。在 EBOM 的基础上，应用数字化工具（CAPP 等），编制 PBOM、MBOM，保证数据同源。

2）进行数字化工艺设计及仿真。利用专业的仿真软件（如：Marc、Ansys、Tecnomatix 等），根据设定的工艺参数，构建产品工艺仿真环境，对产品的工艺加工全过程，重点针对关键工序的关重特性控制点，通过工艺仿真软件（含加工设备、工艺装备、动作、工件状态、产品周转、工作节拍等）进行数字化仿真。通过机理-数据模型融合支撑数字孪生制造单元的多维、多尺度、高保真仿真分析、高置信预测优化等功能，形成对零件装夹方式、加工刀路轨迹、装配动画、加工变形等方面虚实同步、智能化管控机制。

3）工艺结果的智能化管理。数字化制造充分利用 MES 系统根据数字化工艺的要求，选用相应的设备资源、物料、工艺装备、工器具等信息，分解任务至具体生产相关人员及工位的可视化终端。识别出重用性高的工序、工步，组合用相近的设备，配置局部物流，最大限度适应多品种产品的智能制造。

4）智能制造能力提升。通过工艺仿真，将工艺设备有序重组，形成产品专业化、智能化制造能力，落实智能化制造外协能力。淘汰质量与效率低下的老旧工艺设备或生产线，利用传感器、仪器仪表、工业控制等技术，利用工艺仿真、工艺参数计算、计算机辅助工艺等技术，实现自动排产、运行状态、工艺参数、产品质量等数据实时采集与分析。对于工艺成熟度高的规模化产品制造，集成企业 ERP、MES、智能物流系统等业务管理数据，通过智慧工厂实现智能设计、智能决策、智能执行。

（4）工艺防差错实施方法

开展工艺防差错工作是在作业过程中采用自动作用、报警、标识、分类等手段使操作人员不用特别注意也不会造成错误，从而实现第一次就把事情做对。具体实施方法如下：

型号产品各阶段的设计工艺性审查过程中，同步开展产品防差错设计的审查，一是加强通用性设计，二是放大零件的差异性，三是增加零件醒目标识。

工艺设计中结合实际生产情况，从安装方向、产品标识、组分配比、工装反正、装配方式的不可互换、可能漏工序、可能漏操作等方面，全面查找、梳理易混淆易出错的节点（重点关注关键工序、特殊过程）。在此基础上，按照防差错思路及策略制定适合产品特点的工艺防差错措施。

16.8.3.3　归纳提炼控制要求，形成“三化一防”成果

对型号产品“三化一防”工作适时进行归纳与自我评价，总结型号生产中“三化一防”控制要求，对有成效的“三化一防”措施进行统计与提炼，形成覆盖型号产品系统、各分系统、单机、部组件生产中各工艺专业的控制要求，统一“三化一防”控制要求。建立工艺方案库、典型工艺文件库、样板工艺规程库、工艺参数库、工艺装备资源库等工艺数据资源库，实现工艺资源数字化。建立各类工艺方法的仿真系统与实际生产过程的偏差统计和仿真修正数据库，建立、完善统一的工艺仿真资源库。

16.8.3.4　注意事项

实施“三防一化”应用软件工具包括：设计、工艺协同平台 Teamcenter 系统；DFM Pro、NX、模型干涉检查工具；仿真软件 Marc、Ansys、Abaqus、Tecnomatix、ICIDO、Pro/E、CREO 等；数字化平台 MES、CAPP、ERP 等；智能监控 SCADA，WMSS 等。

实施“三化一防”，对于产品的各个研制、生产阶段应有不同的侧重点：

1）在模样、初样阶段应重点关注产品的设计工艺性。

2）在试样阶段就要充分全面考虑“三化一防”工作，开展工艺细化量化，重点关注关键过程、特殊过程的可视化、防差错要求的同时，展开智能化生产工艺设计工作，为定型及批产阶段数字化、智能化生产做准备。

3）定型、批产阶段在进行生产前状态检查时，策划持续开展工艺精细化、可视化、防差错工作的同时，全力推进实施工艺及生产智能化。

16.8.4　典型案例

某型号产品初样阶段生产过程中，出现了部分印制电路板在手工焊接过程中分立元器件通孔过锡率低、整机线束走线一致性较差、调试过程中出现过供电电缆正负极接反等问题。为了从源头上杜绝工艺质量问题，进一步提升产品质量和可靠性，开展针对性的“三化一防”。

（1）分析工艺控制要素

分别针对不同的工艺质量问题，从具体工艺要素展开分析。针对分立元器件通孔过锡率低问题，采取不同封装插装元器件的具体焊盘对应的焊接工艺参数及工艺方法，有效解决一次焊接透锡率不良的问题。针对供电电缆接错问题，采用防差错工艺设计。针对整机接线一致性较差问题，采取可视化工艺、制定工艺样板等方式解决。

（2）归纳提炼具体工艺要求

1）工艺人员通过核对印制板电路板大面积覆铜层情况，提前辨识出印制板内部大面积覆铜层接地点的焊点位置，在工艺文件中精细化插装器件有特殊要求焊点的具体位号及相应的焊接工艺参数，同时选择具有快速温度补偿功能的温控烙铁等手段，有效解决了一次焊接透锡率不良的问题。

2）针对整机接线一致性较差问题，开展惯组整机内部线缆建模工艺研究，利用三维绘图软件在产品三维图上充分考虑产品的电气逻辑、装配约束等因素，进行三维线束布局，并将固化后三维布线通过MES系统发布至操作者终端电脑。操作者可以细致地观察产品内部走线布局，从而实现产品整机布线一致性。

3）将供电电缆正负极约束为不同形状的接线端子，并将正极端线束外套红色套管，负极端线束外套黑色套管，醒目提醒电缆的正负极。同时，在供电电缆正负极之间增加一套防反接模块，以杜绝产品受到电应力。

通过对该产品开展“三化一防”，实施细化量化工艺文件、将平面工艺附图转化为可视化的立体模型图、开展测试电缆防差错设计等措施，在S阶段对工艺进行了固化。经S阶段试生产验证，产品工艺质量、生产效率大幅提升。

第 17 章　质量问题归零与质量改进方法

17.1　质量问题“双五条”归零

20 世纪 90 年代，针对当时一系列重大质量问题和质量事故，航天人总结航天质量管理工作经验，提炼出质量问题技术归零和管理归零各五条要求和做法，在扭转被动的质量局面和不断提升航天产品质量方面，发挥了重要作用。此后，航天人对质量问题“双五条”归零方法不断加以完善，不仅制定了专题的航天行业标准、国家标准，而且成为中国制定的第一个质量专题的国际标准 ISO 18238—2015《航天系统——质量问题归零管理》。质量问题归零的方法，在国防科技工业领域得到广泛应用，并在全国和国际上推行。2016 年集团公司将《型号质量问题技术归零办法（暂行）》及《型号质量问题管理归零方法（暂行）》进行了合并修订，印发了《中国航天科工集团公司型号质量问题归零管理办法》。

17.1.1　概念和适用范围

质量问题归零是指对型号（任务）在预研、研制、生产、试验、使用过程中出现的质量问题，从技术上分析产生的原因、机理，从管理上分析引发问题的原因、责任，并采取技术改进、管理纠正和预防措施，以避免问题重复发生的活动。质量问题归零包括技术归零和管理归零，技术归零按照“定位准确、机理清楚、问题复现、措施有效、举一反三”标准实施，质量问题管理归零按照“过程清楚、责任明确、措施落实、严肃处理、完善规章”标准实施。

17.1.2　基本原理

归零工作的实施要做到及时、有效，不得将问题带入后续工作。归零工作应制定具体的工作实施计划（包括归零措施的落实），并纳入科研生产计划中组织实施、考核。质量问题发生后，责任单位须按照公司质量信息通报制度要求及时报告质量问题信息。质量问题管理归零工作与技术归零要同时布置、同步开展。质量问题“双五条”归零的模型如图 17 - 1 所示。

质量问题技术归零中，型号两总和责任单位须严格把关问题定位、机理分析工作。质量问题故障树的底事件须分解到最小层级，质量问题故障树需评审确定。慎言“小概率”“偶发”“个性”事件。对定位为“小概率”“偶发”“个性”以及拟采取综合治理措施的质量问题，责任单位、型号两总及上一级单位需组织专题审查，对归零彻底情况要给出明确

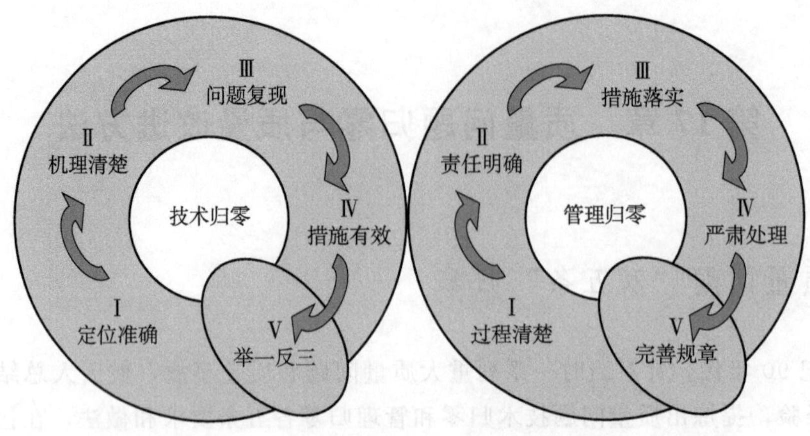

图 17-1　质量问题“双五条”归零模型图

意见。必要时集团公司组织专题审查。随着归零工作的深入开展，型号两总应进一步明确归零责任单位，有关单位要服从型号两总指挥，密切配合，不得影响归零工作开展。

对于一时难以分清责任单位的质量问题，由型号两总组织确定并按下列原则开展归零工作：

1）难以分清设计责任还是生产责任时，先由设计单位负责牵头组织问题归零。

2）难以分清总体或分系统责任时，先由总体单位负责牵头组织问题归零。

3）难以分清总体分系统间责任时，先由总体单位负责牵头组织问题归零。

4）难以分清系统（分系统）或单机责任时，先由系统（分系统）单位负责牵头组织问题归零。

5）难以分清单机间责任时，先由分系统单位负责牵头组织问题归零。

质量问题管理归零均须评审，重大质量问题和低层次、重复性、人为责任等三类质量问题必须单独进行管理归零评审，其他质量问题的管理归零视情集中组织评审。管理归零情况要纳入年度质量体系管理评审活动。

型号外协外购产品的质量问题，由任务提出单位或采购单位负责组织责任单位进行归零，同时查找本单位薄弱环节和存在的问题。

大型外场试验出现的质量问题，应按照“双五条”标准开展归零工作，相关要求如下：

1）试验队长（或型号总指挥）全面负责大型外场试验质量问题归零工作。

2）在试验现场无法按技术归零五条标准完成技术归零时，需按照未完成技术归零质量问题的处理程序开展相关工作。

3）在试验现场无法按管理归零五条标准完成管理归零时，责任单位在转场、发射等关键节点前须按照“过程清楚、责任明确、措施落实”标准完成阶段管理归零工作。

4）质量问题管理归零报告由责任单位负责编写，若问题涉及多个单位，由试验队长（或型号总指挥）确定编写归零报告的单位，其他单位会签。

5）试验任务结束后一个月内，责任单位完成管理归零。

型号各层次、各阶段设计评审和产品质量评审中，须对质量问题归零情况进行专题审查。评审意见中要包含对质量问题归零情况的评价结论。型号研制生产关键节点须开展质量问题归零情况全面检查和必要的复查。各级单位要定期汇总分析质量问题及归零情况，跟踪检查归零措施闭环管理，上一级质量管理部门负责对质量问题及归零汇总分析工作进行监督、检查。各单位应结合本单位实际情况，制定对质量问题归零工作的考核机制与处罚措施。

17.1.2.1　技术归零的主要内容

质量问题技术归零的主要内容有五个方面，也称五条要求、五个步骤，即：

1）定位准确是指准确确定在型号研制生产中出现的所有质量问题的故障或缺陷部位。

2）机理清楚是指质量问题定位后，通过试验和理论分析等各种手段，分析确定问题发生的根本原因。

3）问题复现是指通过各种试验方法复现问题现象，验证定位的准确性和机理分析的正确性。

4）措施有效是指在定位准确和机理清楚的基础上，制订和实施针对性、可行性的有效措施和计划。

5）举一反三是指清查本型号、本单位其他产品、其他单位、其他系统、其他型号是否会发生同类故障或缺陷，防止同类质量问题的重复发生。

质量问题技术归零五条要求中，“定位准确”是前提，“机理清楚”是关键，“问题复现”是方法，“措施有效”是核心，“举一反三”是延伸。这五条是统一的有机整体，这五步是一环扣一环，不仅对已发生的问题实施“闭环”，而且对同类的问题或隐患实施“闭环”。也就是讲，既要彻底解决已发生的质量问题，又要防止质量问题的重复发生，通过工作过程和工作质量的持续改进，从而实现航天产品质量改进和可靠性增长。

17.1.2.2　管理归零的主要内容

1）过程清楚是指查明质量问题发生、发展的全过程，分析问题产生的原因，查找管理上的薄弱环节或漏洞。

2）责任明确是指在过程清楚的基础上，按照质量职责厘清造成质量问题的责任单位和责任人应承担的责任，并从主观和客观、直接和间接方面区分责任的主次、大小。

3）措施落实是指针对管理问题，制定并落实有效的纠正和预防措施。

4）严肃处理是指由管理原因造成的质量问题须严肃对待，从中吸取教训，达到教育人员和改进管理工作的目的。

5）完善规章是指针对管理上的薄弱环节或漏洞，完善质量管理体系和各项规章制度并落实，从制度上防止质量问题重复发生。

质量问题管理归零五条要求中“过程清楚”是基础，“责任明确”是重点，“措施落实”是结果，“严肃处理”是手段，“完善规章”是目的，通过逐条落实以实现闭环管理。

质量问题“双五条”归零中的管理归零是技术归零的延续和深挖，是技术归零后在管理层面上查找质量问题发生的根源。管理归零这五条也是统一的有机整体，不仅对已发生的问题从管理上实施“闭环”，而且对同类的问题或隐患产生的管理根源实施“闭环”，从产生质量问题的管理薄弱环节上，通过完善管理规章、完善质量管理体系来从根本上解决问题，提高质量保证能力和质量管理水平。

17.1.3　实施步骤

质量问题“双五条”归零的实施步骤包括技术归零步骤和管理归零步骤。

17.1.3.1　技术归零的实施步骤

（1）现场记录、确认和报告

质量问题发生后，立即采取措施防止质量问题扩散，在不影响产品、设备和人员安全的情况下，保护好现场，并做好记录。

质量问题发生后，责任单位须按照质量信息通报制度要求及时报告质量问题信息。

型号质量问题技术归零工作由型号两总组织实施，确定归零责任单位，明确工作要求。责任单位负责组织技术归零具体工作，确定归零工作机构，其他有关单位参加归零。

型号重大质量问题的技术归零，由院（公司）组织实施，明确归零工作组织机构、工作内容及工作要求、工作计划，并报集团公司。

（2）进行故障定位和机理分析

责任单位应组织专业技术人员确认质量问题现象和部位，分析、判断问题发生的原因，必要时应由认定机构提供鉴定结构作为证明。

难以排查的质量问题需制定分步排查分析工作方案，排查分析过程中须适时组织召开专家咨询会审查把关。

在进行故障定位时，有些质量问题的现象和部位比较直观，可以很容易确定问题部位，如断线、短路等。有些质量问题产生的原因和部位不能直观看出来，如系统工作不稳定等，就需要用故障树分析和试验验证等，提出产生质量问题的原因，即对问题现象、数据分析结果进行系统分析，确定问题的顶事件，通过故障树分析质量问题产生的原因，确定问题的底事件。问题定位分析要从上到下层层分解，逐步定位到单机、部件，直到零件、元器件、原材料或软件的某一运行状态或某一特定接口等，问题定位应结合机理分析进行。必要时，需要专业结构进行鉴定，对有些复杂产品，通过做试验来进行分析。

在质量问题定位之后，组织有关方面的技术人员进行机理分析，即通过理论分析、计算、试验等方式，弄清故障发生的基本国策，搞清楚故障的模式，从彻底查明质量问题产生的原因机理。机理分析可采用以下方法：

1）工程分析，利用FMECA、FTA方法来帮助查明产品故障模式和原因之间的关系。

2）失效机理分析，对于元器件、零部件和材料等硬件，利用观察、测试、理论分析、解剖、X光检查、显微镜观测等方法，分析物质结构、工艺过程导致不合格或缺陷的机理。

3）统计分析，通过故障产品累计工作时间、次数和故障次数，对故障模式在类似产品出现的次数进行系统的整理，以估计出故障模式的性质和出现的概率。

（3）进行故障复现试验

质量问题归零故障复现试验要事先编写试验方案并组织审查确认；试验需做好试验记录，编写试验结果分析报告。

故障复现试验是为进一步验证故障定位和故障原因的正确性和准确性。为此，故障复现试验原则上应在与故障发生时相同或类似环境、条件下进行。

无法完全再现故障环境或（和）难以完全复现故障时，需开展故障模拟试验、仿真试验和（或）理论计算分析，试验及分析结果对归零工作的支撑性需经评审确认。

只有通过复现确认机理已经分析清楚，方能进入下一步制定具体的措施进行问题的纠正和预防。假设复现试验不能复现出发生的故障，则认为故障未能定位清楚，机理分析可能不正确，需要重新进行故障的定位和机理的分析。

除了大型破坏性试验可以用理论分析和数字模拟外，一般均要求进行实物仿真试验，以保证以前各个环境的正确性。

（4）制定和落实解决措施

质量问题解决措施由责任单位负责组织制定，包括实施方案和验证方法，明确需更改的设计文件和工艺文件及已制品和在制品的处理意见。措施要全面、完整，须经分析、计算和验证试验证明有效，并通过专家评审确认。质量问题解决措施应落实到技术文件、规范，工艺流程、规范，检验规范和型号工作计划中。

（5）开展举一反三工作

责任单位应组织本单位各型号的举一反三工作，型号两总在本型号范围内提出举一反三要求。各级质量管理部门将质量问题归零信息上报上一级质量管理部门。上一级质量管理部门明确举一反三的要求，并以通报的形式反馈到相关单位和相关型号。各单位、各型号根据通报内容组织本单位、本型号的举一反三工作。本型号范围内开展举一反三，即根据本型号的情况，在本型号范围内提出并落实有针对性的举一反三要求。同时，检查本批次产品范围内是否存在类似的质量隐患，如果存在，都要进行改进。对本单位和其他单位同原理设计生产的其他产品也要进行检查和改进，以防同类问题在其他产品上再次发生。

（6）完成技术归零工作报告和评审

在完成上述归零工作的基础上，完成技术归零报告编写和签署。按照归零标准完成技术归零工作，责任单位负责编写技术归零报告。技术归零报告按照技术文件签署规定签署完整。

外包单位归零报告应经订货和任务书提出单位会签审查。技术归零报告一般应包括以下方面的内容：问题概述，问题定位，机理分析，问题复现，措施及验证情况，举一反三情况，结论，证明资料等。

质量问题技术归零要进行审查确认。重大质量问题、总装总调、靶场和用户试验期间出现的质量问题的技术归零要进行会议评审。

技术归零评审由归零责任单位负责组织，并确定评审组长单位和评审组长。评审要邀请专业同行、其他型号专家参加。一般由责任单位质量部门负责组织，组长由上级设计师或同行业专家担任，一定比例型号外专家及相关专业的专家担任评委。必要时，应当邀请用户代表参加。评审组应充分、客观了解相关技术工作和归零情况，须按照技术归零五条标准逐条予以审查确认，并给出评审结论。

型号转阶段、飞行试验进场、飞行试验前，归零责任单位在采取了所有可能的分析和试验手段后，由于客观原因，暂时不能按技术归零五条标准完成质量问题归零的，经认真的分析、试验论证，在采取有效措施，开展风险分析，有不影响下一阶段工作和飞行试验成功的明确结论后，可以确保该问题不影响型号试验或后续研制工作时，可作为遗留问题处理。

(7) 归零措施和举一反三的跟踪验证和确认

质量问题责任单位质量部门对质量问题解决措施落实到设计和工艺文件中的情况和举一反三措施落实情况进行跟踪检查，填写质量问题归零措施跟踪表。

17.1.3.2 管理归零的实施步骤

(1) 查明发生过程和责任

1) 型号总指挥负责确定管理归零的责任单位（技术归零责任单位及相关单位），明确归零工作要求，并做好相关组织协调工作。

2) 质量问题院（基地、公司）管理归零由最高管理者提出管理归零要求，责任部门组织实施。

3) 对由多家单位共同完成的产品，管理归零工作由提供最终产品的单位负责组织，并分解到有关单位共同做好归零工作。

责任单位应沿着问题事件产生的管理链路，及时组织有关人员查明质量问题产生的过程，排查各管理环节存在的问题，分析造成质量问题的管理原因，找出在管理上存在的薄弱环节或漏洞、问题，梳理并核定明确相关人员应承担的责任。

(2) 制定改进措施，完善规章制度

查出的管理薄弱环节、漏洞、问题，责任单位负责组织制定纠正和预防措施。若查出的问题属于质量管理体系要求或规章制度不健全问题，责任单位负责明确完成规章制度制（修）订时间和具体内容要求，及时制定和完善管理规章制度，对质量管理体系文件进行补充、完善，通过完善规章制度、标准质量管理体系文件等形式固化管理归零的成果。

(3) 对责任单位和责任人进行处理

责任单位要严肃对待造成质量问题的管理原因，总结经验教训，强化相关人员的质量意识，加强组织对有关标准、法规和技术文件的宣贯和培训。对低层次、重复性和有章不循、违章操作等人为责任造成质量问题的责任单位和责任人，按照情节和后果，给予行政和（或）经济处罚。给予经济处罚或（和）行政处分。

对归零工作过程中出现弄虚作假，瞒报不报、延报质量问题信息，推诿扯皮延误归零进度，审查评审走过场，归零措施落实不到位等情况的集体和个人予以处罚。

对预先发现规章制度或流程不完善、不健全等管理薄弱环节，能够主动归零并提出可操作、可落实、可检查措施的责任单位和责任人，根据情况给予奖励。

(4) 完成管理归零工作报告和评审

在完成上述归零工作的基础上，管理归零报告由责任单位组织编写，同级质量管理部门和其他相关部门签署意见，由本单位最高管理者批准。

管理归零报告的主要内容包括：描述质量问题发生、发展的全过程；按管理环节和职责，分析各管理环节存在的问题及问题产生原因，理清造成质量问题的责任单位和责任人应承担的责任，采取的措施和落实情况说明对责任部门和责任人处理方法结果及依据；通过管理原因分析，明确哪些规章制度需要进一步完善或建立；结论；管理归零的证明资料清单。

对于一般性的同一类管理问题，可编写一份管理归零报告各自问题分别阐述，提炼共性问题并明确归零措施。

按质量问题归零五条标准完成管理归零工作，需通过管理归零评审验收。管理归零评审由责任单位负责组织和管理，由责任单位质量管理部门归口管理和组织，有关部门参加。评审组组长由责任单位最高管理者担任。评审组应包括相关管理专业、相关部门的负责人或专家。单位有关领导、相关部门负责人应参加评审会。质量问题管理归零评审须按照管理归零五条标准对质量问题管理归零工作逐条予以审查、确认，并做出审查结论。

质量问题管理归零评审须通知上一级有关部门。院（公司）级管理归零评审须通知集团公司主管部门。

外协外购产品质量问题管理归零由外协外购产品承研承制单位负责组织实施，任务提出单位或采购单位需提出管理归零工作要求，必要时派人参加归零工作，对归零工作的有效性进行监督、检查，归零情况报上一级管理部门。

(5) 归零措施的跟踪验证和确认

责任单位质量管理部门对归零措施落实情况进行跟踪检查，填写质量问题归零措施落实表。

17.1.4 典型案例

某装备底盘液压管漏油质量问题，现对其进行双归零分析。

故障现象：某装备交付用户后，装备底盘生产单位对某装备开展售后保障维护检查中发现：装备底盘右一桥后油气悬架液压系统一根液压钢管管壁连接处渗漏油。问题的出现直接影响了战斗力，引起了武器系统总体单位和底盘承制单位的高度重视，底盘承制单位严格按照质量问题“双五条”归零标准扎实开展了归零工作。

17.1.4.1 技术归零工作过程

(1) 现场记录、确认和报告

售后保障人员在现场发现漏油情况后，及时协调用户将故障产品进行了隔离，保持了故障现场，并对漏油部位进行了拍照记录。由于受工作场地和通信条件的限制，第一时间采取了口头方式向单位生产和质量部门进行了报告。单位翔实了解并记录了问题发生时间、地点，以及装备的工作状态、出现的故障情况等，同步填写了质量问题报告单，向武器系统总体单位做了报告。

(2) 进行故障定位和机理分析

获悉问题后，型号总体单位立即组织产品承制单位开展了技术归零工作，对油气悬架液压系统结构设计进行了复核复算，对液压管制造、装配过程的质量复查以及相关地面试验情况进行了检查，并运用如图 17-2 所示的故障树排查方法进行了分析，指导现场人员将渗漏油部位管接头拆卸进行检查，发现管接头上 O 形密封圈已断裂，故障定位于 O 形密封圈断裂，如图 17-3 所示。

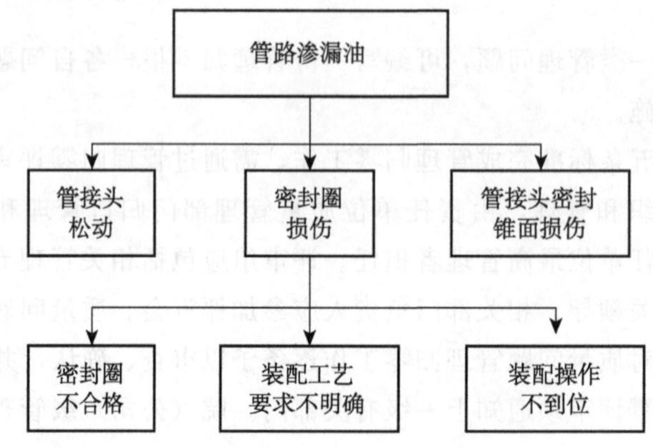

图 17-2　管路渗漏油故障树

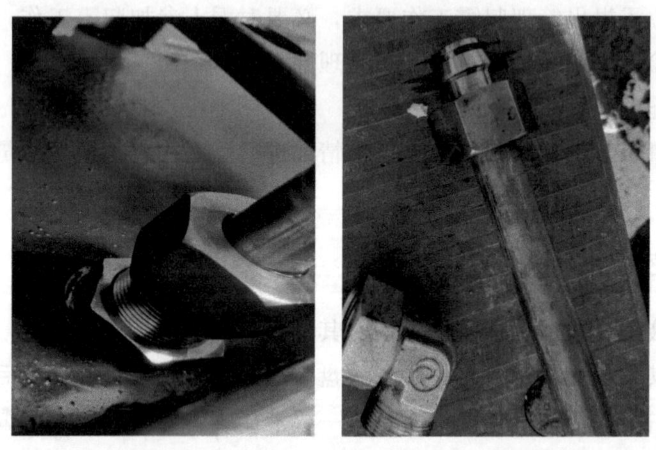

图 17-3　漏油及密封圈损坏部位示意图

之后，进一步对管路装配工艺和装配过程进行了复查，通过验证试验排除了拧紧操作力矩大造成密封圈挤伤的可能性，确定密封圈断裂的原因是管路装配链接过程操作不当，拧紧时，未按照工艺规程拧螺母，而是螺母未转动，但管接头转动，从而带动密封圈转动，使密封圈受旋转挤压力产生损伤。由于管接头的锥面密封结构本身可实现一定的密封功能，在车辆底盘生产检验及试验过程中，该位置未出现渗漏现象，但在后期工作过程中，随着各种振动应力叠加影响，密封圈完全失效断裂，断裂部位形成缺口，导致出现明显渗漏现象。

在质量问题定位后，设计师对油气悬架液压系统的设计进行了再分析、再复核，利用FMECA方法，进一步分析清楚了故障机理：该管路部位采取的锥面密封结构，主要通过锥面压紧密封圈实现可靠密封，在密封圈失效形成缺口的情况下，该部位出现漏油。

（3）进行故障复现试验

为了验证故障定位和故障原因的正确性和准确性，在车间使用同规格密封圈装配拧紧过程中，操作螺母不转动而使管接头转动，使之拧紧。拆下后检查密封圈表面出现挤压损伤现象。用故障密封圈装入同规格管接头并连接装配后进行压力试验，出现渗漏现象。

（4）制定和落实纠正措施

在问题分析的基础上，为有效消除故障，彻底排除故障原因，制定了两方面的措施，并进行了试验验证，表面措施有效。具体措施为：

1）完善管路装配工艺规程，明确拧紧时应按照《装配紧固作业指导书》实施，禁止转动管接头，并对应完善工艺编制指导文件。

2）各批次生产前扎实做好工艺交底，对操作人进行液压管路安装技术培训，提升操作规范性。

3）严格按照工艺规程要求，对现场的故障密封圈经检验合格的产品进行更换，通过压力试验。确保装备恢复完好。

（5）开展举一反三

1）上级单位质量管理部门在相应范围内通报该质量问题并提出了举一反三要求。各有关单位按照要求清查本型号、本单位其他产品、其他单位、其他系统、其他型号是否会发生同类故障或缺陷，防止同类质量问题的重复发生。

2）底盘承制单位质量部门在本单位范围内对该问题进行了通报，并组织各生产单位对在生产和已交付装备完成复查确认，确认均无渗漏现象。同时，组织各分公司对类似操作工艺方法进行了再培训，明确同类工艺规程应写明相关要求。

（6）完成技术归零工作和评审

该问题完成归零工作后，责任单位编制了完整的技术归零工作报告，成立了由用户代表、任务提出单位以及结构、工艺专家组成的评审组实施了归零评审把关。评审组同意通过技术归零评审。

（7）归零措施和举一反三的跟踪验证和确认

在完成质量问题技术归零评审后，单位质量部门对用户进行了回访，确认了装备恢复后的使用性能；检查管路装配工艺规程修改情况；检查了车间技术培训和技术交底记录，并对操作人员操作技能的掌握情况进行了抽查。

17.1.4.2　管理归零工作过程

在技术归零对问题分析和闭环处置的基础上，责任单位从管理改进提升的角度扎实开展了管理归零工作。管理归零工作开展如下：

(1) 查明发生过程和责任

经过对油气悬架液压系统设计控制过程、外购件协作过程、操作人员管理过程等各管理环节进行了全面梳理，查明了导致该问题发生的管理过程为：分公司对操作人员的技能培训不到位，该问题为典型的操作不到位问题，对接头安装工艺掌握不够熟练，存在操作不规范、不到位的问题。

在问题发生过程的基础上，明确了相关责任；分公司经理对该问题负直接领导责任；分公司党支部书记和主管副经理负领导责任；分公司操作者对该问题负直接责任；段长、工位长、相关技师负间接责任。

(2) 制定改进措施、完善规章制度

在管理改进提升方面修订了公司《技能人员岗位培训作业文件》，明确了操作人员岗前技术培训的有关要求；组织公司负责管路装配的全体员工学习《装配紧固作业指导书》，分公司全体员工学习公司《质量管理考核奖惩办法》《质量信息管理程序》《质量问题归零管理程序》《分公司质量管理自主管理考核实施细则》。

(3) 对责任单位和责任人进行处罚

按照公司《质量管理考核奖惩办法》对各级相关领导以及操作人员明确了责任，并进行了经济和行政处罚。

(4) 完成管理归零工作报告和评审

该问题完成管理归零工作后，责任单位编制了完整的管理归零工作报告，组织召开了由单位最高管理者担任组长，由工艺和生产管理专家为成员的评审组实施了管理归零评审把关。生产管理部门、分公司责任人参加了管理归零评审。最终，评审组同意通过管理归零评审。

(5) 归零措施跟踪验证的确认

在完成质量问题管理归零评审后，单位质量管理部门对作业文件修订情况和相关管理要求的培训学习记录进行了检查确认，并对工艺、操作人员和管理人员就相关管理要求及程序的掌握情况进行了抽查，均合格。

17.2　以问题为导向的产品质量分析

为提升产品成熟度和质量预防控制水平，航天系统提出了以问题为导向的产品质量分析方法。经过多年的不断实践，以问题为导向的产品质量分析方法逐步完善，在各级航天企业中广泛应用，已经成为改进产品质量、确保型号成功和持续完善质量管理体系的有效手段。

17.2.1　概念和适用范围

以问题为导向的产品质量分析是指质量问题发生后或对一定时期内某类产品发生的质量问题，通过对产品及其结构、使用和技术条件、产品研制过程等进行系统地研究，以确定问题原因、识别薄弱环节、明确纠正措施和实施质量改进的过程。

本方法适用于承担航天型号研制生产任务的各级单位，在产品全寿命周期开展以问题为导向的质量分析工作。

17.2.2　基本原理

以问题为导向的产品质量分析是“自下而上、逐级开展”的质量问题分析例会制度为组织形式，以“由小到大、解剖麻雀”的数据分析方法为手段，通过对质量问题的采集分析、聚焦放大，各级组织层层挖掘、小题大做、持续改进，实现制度化、规范化、精细化的产品质量分析。以问题为导向的产品质量分析模型如图 17－4 所示。

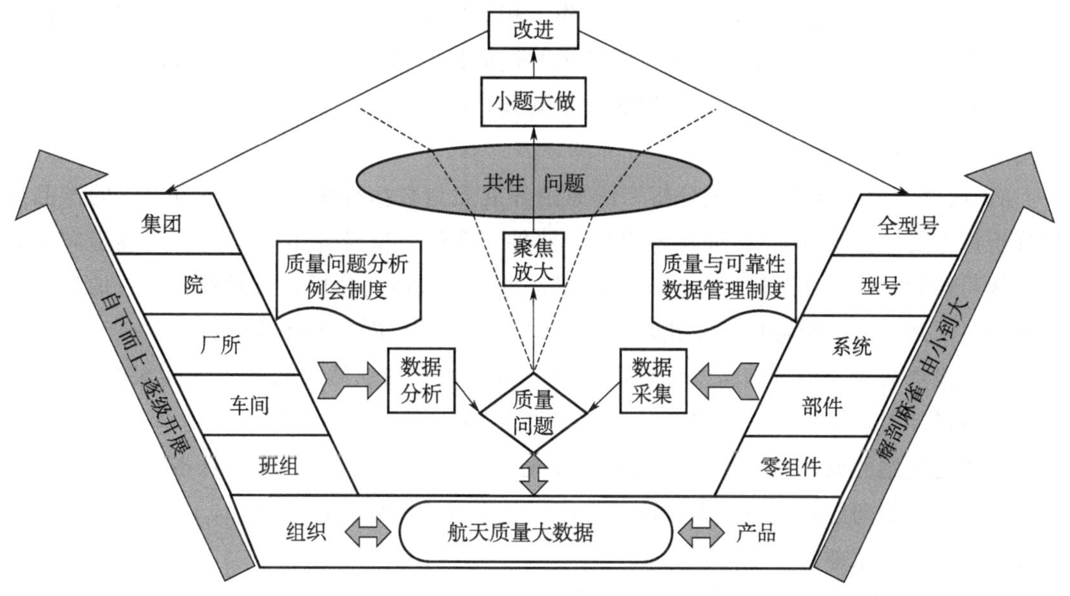

图 17－4　以问题为导向的产品质量分析模型

以问题为导向的产品质量分析一般按照班组、研究室/车间、研究所/工厂、研究院和集团公司自下而上逐级开展，并特别强化研究所和工厂中的班组、研究室或车间，注重发挥基层班组、研究室/车间等科研生产一线人员的作用。各级组织建立质量问题分析例会制度，围绕本层级产品进行全面梳理，采集质量相关信息；对质量问题进行归类和深入分析，从设计、工艺、设备、器材、软件、操作和管理等方面“解剖麻雀”，将关注点聚焦到共性、重复性、批次性质量问题以及问题多发、关键和通用产品上。聚焦之后再放大，对造成质量问题的深层次原因和薄弱环节，要“小题大做”，拿“放大镜”去看。最终总结提炼出质量管理体系运行中存在的共性问题和深层次原因，并提出改进措施，从而提高产品成熟度，推进质量管理体系的持续改进。

以问题为导向的产品质量分析方法应遵循以下原则：

1）按照“系统组织、群众参与”原则建立自下而上的多级质量问题分析例会制度。各级组织将质量问题分析例会制度纳入质量管理制度文件中，明确对班组、研究室/车间、研究所/工厂、研究院和集团公司的要求，以实现以问题为导向的产品质量分析工作的制度化和规范化。定期组织开展质量问题综合分析，按周/月/季度召开质量问题分析例会。各研究院的质量问题分析例会建立在研究所/工厂和型号质量分析例会的基础上，研究所/工厂的质量问题分析例会建立在班组、研究室/车间质量问题分析例会的基础上。

2）按照“分级分类、统筹施策”的原则开展共性问题识别和治理。一是要分级识别和确定共性质量问题。厂（所）级共性质量问题的识别工作主要由厂（所）、研究院级工作执行小组负责，研究院级共性质量问题的识别工作主要由研究院级、集团级工作执行小组负责，集团级共性质量问题由集团级工作执行小组组织相关专家来确定，各级组织要形成共性质量问题的确定原则。二是要统筹解决和分级管理共性质量问题。各级单位根据问题的性质，立即组织相关人员开展治理工作。相对容易解决的技术类共性质量问题，由型号（产品）主管部门牵头组织治理。管理类共性质量问题，由各级质量主管部门牵头组织治理。涉及技术、管理等多方面原因的质量问题，由所在单位领导直接组织或由科技委牵头组织治理工作。

3）按照“由小到大、系统分析”的原则开展质量数据分析。以问题为导向的产品质量分析首先要“由小到大”，即从零组件、部件、系统、型号等不同层次产品逐步向上开展，从局部到整体、从基层到中层再到高层，进行系统性的分析，及时发现存在的质量问题和隐患，并进行系统梳理，在此基础上识别共性问题和进行统计分析。

4）“聚焦放大、解剖麻雀”的原则。这一条原则是确保质量问题分析的深度。“聚焦放大”是指针对表面上的“小问题”，抓住不放，深入分析其背后深层的技术和管理原因，真正搞清楚问题的原因及规律，从而可能发现大的问题或隐患。“解剖麻雀”是指通过深入研究具体典型问题，以小见大、以点带面，从中找出事物的内在规律，从个别问题中看出普遍性或共性原理。

5）“运用工具、数据说话”的原则。质量数据分析应充分利用各种成熟质量工具和数据技术。即要熟练使用新老七种工具、统计过程控制、多元统计分析、方差分析、假设检验分析等常用的质量技术方法，也要充分利用机器学习、数据挖掘、数据可视化分析等技术。

以问题为导向的产品质量分析从不同层次和维度开展定量统计分析和定性综合分析，其输入为产品全寿命周期的质量相关信息，以及分析所涉及的产品功能设计和物理特性相关信息。

1）产品功能和物理特性信息，包括功能和结构设计、材料选用、工艺设计、通用质量特性设计、关键重要特性等数据。

2）产品过程质量信息，包括设计更改、技术状态控制、FMECA 分析、FTA 分析、FRACAS 运行、关键工序控制、不合格品审理、返工返修、超差代料、检验检测等数据。

3）专业质量信息，包括元器件复验筛选、DPA、失效分析等数据，软件测试及质量问题数据，环境与可靠性试验数据，标准件、紧固件、管泵阀、新材料、压力元件等检测数据。

4）产品质量问题信息，包括质量问题名称、装备型号、产品名称、产品型/图号、产品分类、问题概述、问题原因、原因分类、责任单位、故障模式、所处阶段等。

5）产品质量指标信息，包括设计更改数、一次交检合格品率、合格品率、超差品率、废品率、交付产品返修率等指标。

6）质量问题归零信息，包括质量问题技术归零和管理归零报告、事故调查审查报告、故障分析报告等。

以问题为导向的产品质量分析的输出是质量问题特点规律、薄弱环节、深层次原因、改进措施等分析结论，以及手册、规范、标准、制度等文件。

1）质量综合分析报告。通过开展质量问题统计和多维度对比分析，剖析典型质量问题，挖掘共性特点规律，分析产品研制生产流程和质量管理体系运行中的共性问题，形成质量综合分析报告。报告重点阐述本单位质量工作开展情况，存在的共性问题和薄弱环节，下阶段质量工作重点和采取的措施。

2）产品质量专题分析报告。各单位根据自身产品特点，从"型号""单机产品""三件"等层次开展质量专题分析，其中"三件"是指标准件（紧固件）、元器件和软件。各单位也可针对用户关注问题和重大严重问题，以及共性、重复性、批次性、低层次等问题开展专题分析。报告重点分析产品质量问题规律特点、薄弱环节和深层次原因，提出针对性的改进措施，并在同类产品或相似产品中举一反三。

3）制度及标准规范。通过各级组织持续开展以问题为导向的产品质量分析工作，对采取的措施进行固化，并完善与产品研制配套的第三层作业文件、标准与规范、手段与工具等。

17.2.3　实施步骤

以问题为导向的产品质量分析工作一般分为 3 个阶段、12 个基本步骤，如图 17－5 所示。

17.2.3.1　分析准备阶段

（1）明确分析对象

在确定开展以问题为导向的产品质量分析工作后，要首先明确被分析的产品即分析对象。通常，分析对象应是问题多发产品、关键和通用产品。分析对象可以是上级组织或本级组织领导以行政指令的形式明确的，也可以是组织自主通过使用相应的方法或工具而确定的。

充分利用现有的质量信息快报系统和相关的质量信息系统，以及过程中办理的各种单据，利用分层法按照产品类别定期统计这些产品研制生产过程和交付后发生的问题信息；然后以产品类别为横轴，以问题数量为纵轴，绘制相应的排列图，聚焦问题多发产品，从而确定为以问题为导向的产品质量分析的第一对象。也可以通过上级产品 FMEA 或关键特性分析等其他方法确定本级组织产品质量分析的对象。

（2）分解分析对象

为了确保以问题为导向的产品质量分析工作的覆盖性、全面性和有效性，需要对分析

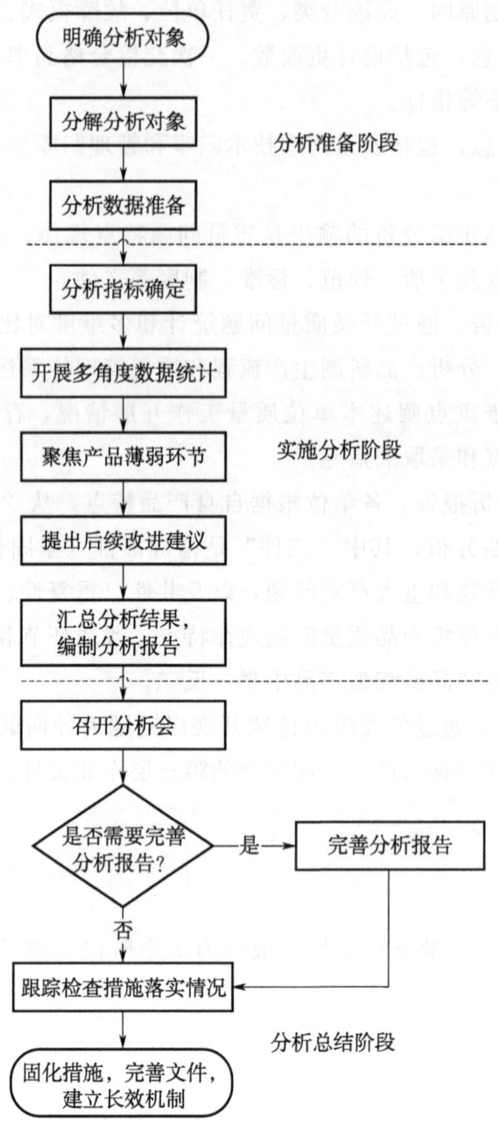

图 17－5　以问题为导向的产品质量分析实施步骤

对象进行解剖，即将确定进行分析的产品按照某个原则分解，以便能聚焦到问题的症结，以及制定针对性更强的控制措施。分解分析对象可以通过对产品结构逐层分解来实现，或按照产品研制流程进行分解。通常，可使用系统图和流程图完成该步骤的工作。

（3）分析数据准备

1）识别分析需求。结合分析对象的现状和产品结构分解情况，以及开展质量分析工作的目的，首先要识别本次工作的具体分析需求。一般来讲，需求首先是共性的、重复性的问题。如将某型号推进系统明确为分析对象后，迫切要解决的是焊接质量不合格的问题或多余物控制的问题。

2）数据收集通知。根据需要的数据类型发布相应的通知收集数据，如质量信息季度采集卡、质量问题归零汇总表、设计/工艺更改汇总、偏离/超差申请表、一次交验合格率等。

3）收集数据。根据之前发布的通知要求，完成相应的数据收集整理工作。

17.2.3.2 实施分析阶段

（1）分析指标确定

全面收集和产品有关的质量信息（包括产品承研数量、交付数量、合格率、过程中办理的单据、不合格、超差、偏离等信息），尤其是对发生的质量问题要认真做好记录，包括文字、照片、录像等客观证据，然后确定分析指标。分析的指标可包括问题技术和管理原因，问题发生的部位，问题所处的研制阶段等。

（2）开展多角度数据统计

为真实地反映质量问题的实质性原因和变化的规律，可以采用分层法对收集到的质量信息按照分析指标确定的多个维度进行统计。在应用分层法对质量信息进行分层时，须选择适当的分层标志，一般按照问题原因、产品类别、责任部门等分析指标作为分层标志。

（3）聚焦产品薄弱环节

对收集到的质量信息按照发生阶段、问题原因等多个纬度进行统计后，选择合适的质量分析方法如排列图、因果图、关联图等进行分析。通过分析工作，将关注点聚焦到共性、重复性、批次性问题上，归纳提炼出产品存在的薄弱环节，为后续措施的制定奠定基础。

（4）提出后续改进建议

针对识别出的薄弱环节，提出有效的解决措施，并明确责任部门、完成时间等。为了便于改进建议的追踪和落实，一般将改进建议以表格的形式集中列出。

（5）编制分析报告

产品质量分析报告要明确所分析的对象、分析表格等，并提供分析出的薄弱环节和建议措施，此外，还包括上次分析会议的待办事项及完成情况、质量问题汇总表、设计/工艺更改汇总表等。综上所述，产品质量分析报告一般包括：

1）概述，包括产品的主要功能、研制历程等；

2）产品结构分解；

3）质量问题信息统计；

4）薄弱环节分析；

5）改进建议；

6）上次产品质量分析会议确定的待办事项和措施落实情况；

7）后续工作计划安排。

17.2.3.3 分析总结阶段

（1）召开分析会

产品负责人负责组织产品研制队伍及措施落实责任部门召开分析会，结合报告内容进一步分析讨论，重点审查薄弱环节的准确性、措施的有效性和措施的落实部门等。在召开分析会期间，要做好会议记录，并形成会议纪要，确定待办事项，明确落实部门和完成时间。

（2）完善分析报告

综合考虑分析会上的讨论情况，对有效的观点要予以接受并完善到产品质量分析报告中。同时，将最终确定的措施落实计划纳入科研生产进化进行管理，确保措施有效落实。

（3）跟踪检查措施落实情况

分级对措施落实情况进行跟踪闭环。将措施分为三类：仅涉及单一班组的纠正措施为Ⅰ级；涉及部门内多个班组但不涉及其他部门的纠正措施为Ⅱ级；涉及单位内多个部门的纠正措施为Ⅲ级。

通过措施分级管理，可以充分调动各级人员的积极性，使以问题为导向的产品质量分析工作能真正落到实处。

（4）固化措施，完善文件，建立长效机制

通过一段时期的运行后，对行之有效的措施进行固化，并完善到与产品研制配套的第三层次作业文件、标准与规范、手段与工具、设施设备与生产线中。不断提升产品实现队伍、班组成员的能力和水平，不断提高产品的竞争力及组织的竞争力，建立长效机制。

17.2.3.4 注意事项

以问题为导向的产品质量分析工作要做到“主题明确，分析透彻，措施到位，记录完整”，相关要求如下：

1）以产品为质量分析的对象，贯穿产品全寿命周期。分析的对象是典型通用航天产品，以产品为牵引开展相应的分析工作。

2）以研制队伍为质量分析的主体，推动全员参与。产品负责人负责组织产品队伍对发生问题的产品采用不同的质量分析方法，开展相应的分析工作。

3）以问题信息为质量分析的重点，识别薄弱环节。分析的重点是产品研制过程中和交付后发生的质量问题、不合格、产品超差以及质量监督过程中发现的问题信息等。

4）以明确措施为质量分析的落脚点，提高产品成熟度。通过以问题为导向的产品质量分析，识别造成质量问题的深层次原因和薄弱环节，制定针对性的纠正和预防措施并加以落实，逐步提高产品成熟度。

17.2.4 典型案例

航天某研究院建立了院级、厂所级、车间级质量分析例会制度，定期梳理和分析质量问题数据，每周召开车间级质量分析例会，每月召开厂级质量分析例会，应用以问题为导向的产品质量分析方法，按照质量信息采集分析、聚焦放大的总体思路，实现了基于数据的持续改进。下面以该单位某型液体火箭发动机故障高发问题为例，介绍方法的实施过程。

（1）分析准备

某型运载火箭接连发射失利，故障模式表现为坠毁、未入轨、爆炸、未点火、烧坏等，通过初步分析故障模式分布规律，坠毁和未入轨占比较大，问题主要集中在主发动机，占比 44.1%。该问题影响较大，因此研究院组织相关厂所、车间和研究室开展以问题为导向的产品质量分析工作。

根据确定的主发动机分析对象，采集相关质量问题数据，制定科学的质量问题数据规范，包括时间、产品、阶段、原因、故障模式等数据项，以及设计生产技术资料、过程质量控制文件、故障分析报告、归零报告等文件。针对采集的质量问题原始数据，进行数据处理和清洗，形成可用于数据分析的数据集。

(2) 实施分析

由设计人员、工艺人员、设备管理人员、质量管理人员共同参与，按产生原因分类分析，挖掘该产品在设计、工艺等方面存在的薄弱环节。通过数据分析发现，主要故障模式为主发动机提前关机，占 26.7%，主要故障产品为涡轮泵与贮箱，分别占问题总数的17.6%与 8.8%。

针对“发动机关机”这一典型问题进行“聚焦”和“放大”，采用头脑风暴法、鱼刺图、排列图、故障树、故障事件链分析等方法深入剖析，构建发动机故障图谱，最终确定液体火箭发动机由于多余物、润滑不良、导管故障等原因导致燃料贮箱、涡轮泵等发生故障，进而造成发动机性能下降、推力不足等问题发生。分析团队进一步挖掘共性问题，在相似型号上举一反三。

根据分析结果，分析团队形成了专题分析报告，制定了液体火箭发动机管路、齿轮等部组件的设计与生产方面的改进措施，加强产品关键特性识别，严格控制关键过程和特殊过程的生产管理，严控多余物、润滑不良等源头隐患。

(3) 分析总结

在定期召开的车间质量分析例会上，由技术和管理人员共同参加确认了分析结果，制定计划、明确责任人，落实改进措施。在院级和厂所级质量分析例会上，重点针对关键产品、关键过程和共性问题，开展质量风险分析，提出控制措施，加强发动机产品的生产质量控制。

依据质量分析例会纪要和以问题为导向的产品质量分析程序文件，设计研究室制定了多余物预防、管路设计等标准规范，生产车间制定了多余物控制、导管安装等操作手册，并组织相关技术人员学习，同时将手册纳入新入职操作人员培训教材。通过对后续一年的发动机质量问题统计分析，发动机关机等问题大幅减少。

17.3　质量问题知识图谱

航天装备在研制生产过程中产生大量的质量数据信息，但由于现阶段各类质量信息以电子或纸质文档方式散落于各单位各部门的业务系统中，相关的统计和分析业务缺乏有效的信息化支撑，无法充分挖掘数据的价值，造成了数据资源的浪费，同时严重影响了研制进度。装备设计、生产、试验等过程中出现的质量问题存在千丝万缕的关系，其本质就是一张互联互通的图。然而传统数据库或大数据平台的底层存储是二维表结构，面对大规模数据，无法快速追踪实体的多重关系，很难发现多个质量问题之间的潜在关系和共性原因，不能对质量风险分析提供更有效的指导。质量问题知识图谱可以将分散在各业务系统中的数据汇聚，挖掘、分析质量知识要素及其数据之间的关联关系，实现质量问题向知识转化，实现质量知识的快速融合，支撑知识自生长、问题自挖掘、决策智能化，从而帮助设计人员、质量管理人员快速有效地查询质量问题间的相关性、相似性，辅助其开展设计、质量问题归零等工作。

17.3.1　概念和适用范围

航天质量问题知识图谱是面向产品全寿命周期的质量管理领域，基于知识图谱前沿技术形成的一套辅助质量管理决策的应用系统，是一款理念先进、技术领先、拥有强大的人机交互，针对质量问题分析与决策的行业知识图谱应用系统。

航天质量问题知识图谱主要实现的是航天装备全寿命周期中质量数据的图谱化和知识化，将质量数据按照统一体系、模型语言及建模方法和规范重新组织与管理，支持超大数据量的关联、检索、比对、建模和挖掘，通过知识图谱的多维计算和关联分析能力，为决策和职能管理人员提供质量形势分析、预测服务；为型号两总提供型号质量分析、预测、质量问题归零路径诊断与系统优化服务；为设计人员提供产品与组件设计的质量辅助分析与优化服务以及器件优选服务；为试验人员提供型号试验、归零数据资源协同共享与分析应用服务；为型号保障人员提供装备型号保障质量数据分析与预测服务。

质量问题知识图谱的优势在于多维数据多维计算和关联分析能力，因此适用于系统复杂、综合性强、生产周期长、协作单位多、生产过程环节多等特点的装备产品质量数据管理。质量问题知识图谱的适用范围包括质量问题智能分析、元器件优选推荐、供应商优选推荐、软件质量综合分析等领域。质量问题知识图谱可实现故障动态推演以及自动定位，查找与分析引发质量问题的原因和阶段。

17.3.2　基本原理

知识图谱是一种基于图论和概率图的模型，其本质侧重于构建面向图模型的结构化知识，即构建三元组，实现对实体、关系、属性的建模，因此，知识图谱侧重于构建面向图模型的结构化知识，可以处理全量数据中复杂多样的关联分析，满足各种角色和逻辑关系的分析和管理需要，包含因果关系、主次关系、包含关系、并列关系等，从全局的角度不断沉淀知识逻辑和模型，可将单个质量问题进行知识融合，从而实现质量问题特性间的关联分析，从全局的角度发现引发质量问题的原因，挖掘出隐含的新知识，推导出当前质量数据中没有明确给出的知识，且具备可解释性，非常适合应用于航天装备质量管理领域。

质量问题知识图谱的原理是依据知识图谱技术重新组织和管理质量问题数据。首先采集、汇聚质量报告文本、质量数据等多种数据作为数据源，通过知识抽取、标注以及知识融合等技术手段实现质量知识的提取，并按照图存储的架构完成对质量知识的存储，利用知识图谱的关联计算、最短路径查询、多维分析等技术实现质量知识的查询、关联分析、智能问答等应用。质量问题知识图谱功能原理如图 17－6 所示，分为数据源层、数据管理层、计算引擎层和应用服务层。

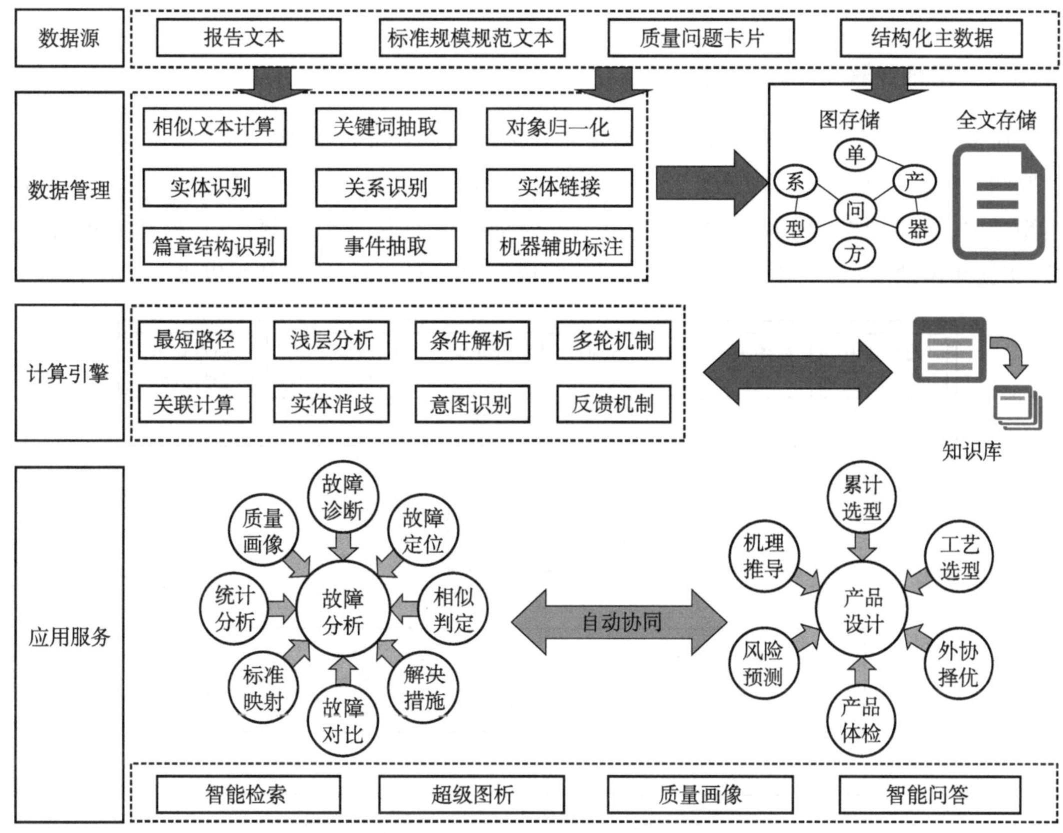

图 17－6　质量问题知识图谱功能原理图

质量问题知识图谱的输入一般包括：

1）质量技术归零报告数据；

2）质量问题卡片，质量问题信息卡；

3）质量问题故障诊断的专家知识和过去的经验，从类似质量问题获得相应的知识和经验信息，从先前质量问题分析与技术归零中获得的知识和经验；

4）型号、系统、产品结构，BOM 结构图；

5）产品设计、研制、生产、试验以及使用等各个阶段的标准规范；

6）来自其他信息系统的集成接口的数据输入，如标准云平台、元器件筛选数据、优选目录等。

质量问题知识图谱的输出一般包括：

1）质量问题数据采集、存储与处理结果；

2）型号装备设计、工艺、软件、操作等多维度质量问题分析结果；

3）型号装备质量问题趋势分析、故障预测结果；

4）型号装备历史故障问题的查找、检索与对比分析；

5）型号装备质量问题的故障定位关联分析；

6）型号、系统、产品等多维度质量问题画像结果；

7）常见质量问题知识的自动问答。

17.3.3　实施步骤

质量知识图谱搭建的核心是充分对质量管理体系业务进行梳理，利用知识建模、知识抽取和知识加工等技术，构建复杂装备质量领域知识图谱，开展基于质量问题知识图谱的典型应用。如图 17－7 所示，在质量知识图谱的实施包含 5 个步骤：1）构建知识模型；2）实施知识抽取；3）进行知识加工；4）完成知识存储；5）实现知识应用。

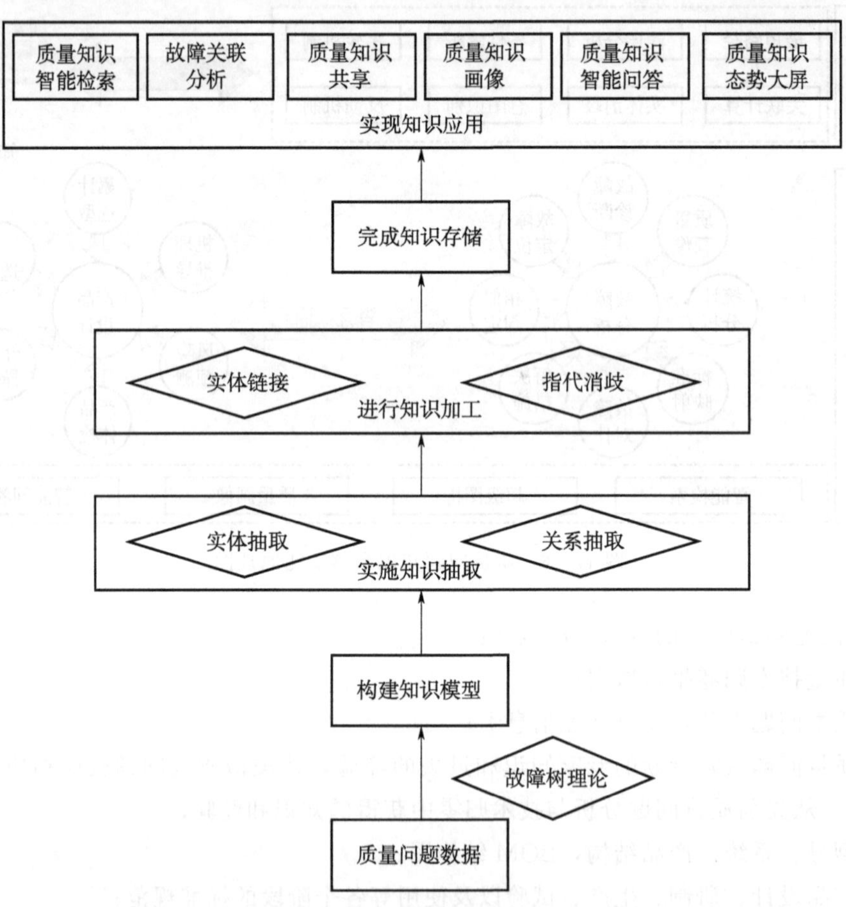

图 17－7　质量问题知识图谱实施流程图

17.3.3.1　构建知识模型

故障树的建立和知识图谱建模的思路具有一致性，将故障树演绎方法的理论与知识图谱建模思想相结合，将知识图谱引入质量管理领域，提出一种面向质量问题挖掘的知识模型，如图 17－8 所示的面向质量问题挖掘的知识模型。

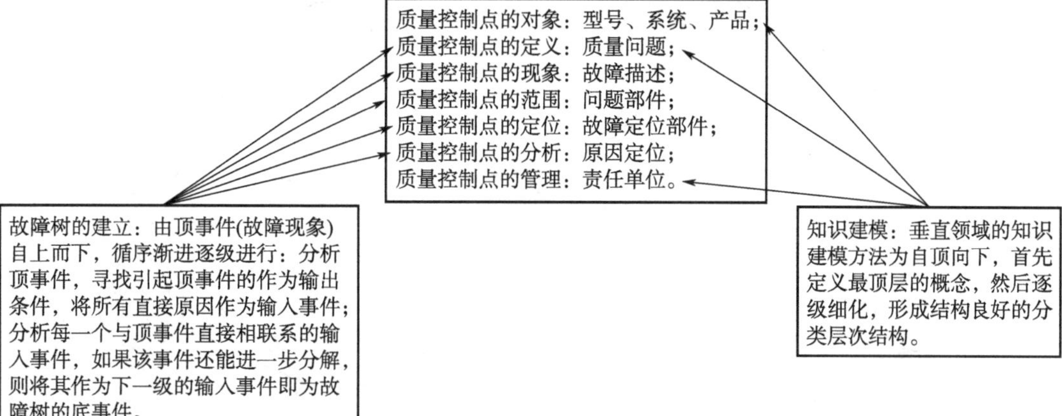

图 17－8　面向质量问题挖掘的知识模型

质量问题知识图谱搭建的难点在于质量知识体系建模。质量知识体系建模属于本体层的建模，借助经典故障树演绎中顶事件分解的思路，依据特定领域的特性，实现领域知识本体模型的定义，聚焦故障间的关联分析。知识模型构建工程需要知识图谱工程师和领域专家共同完成，一般需要多次迭代进行，构建过程通常包含以下内容。

1）确定本体的领域和范围：需要明确一些基本问题，如本体针对的领域、用途，描述什么信息，回答哪一类问题，由谁使用和维护本体等；

2）考虑重用现有本体：精炼、扩充、修改现有的本体，或从中得到启发和帮助；

3）列出本体中的重要术语：主要是列出建模过程中所必需的实体、属性、关系，使得创建的本体不要偏离领域。

针对质量管理的行业特点和业务逻辑，结合面向质量问题挖掘的知识模型，最终分别以质量问题和产品为主线，建立型号、系统、产品、质量问题、原因定位等实体，并通过关系的建立表示产品结构组成及质量问题的定位逻辑，构建可扩展的质量知识图谱模型，如图 17－9 所示的航天领域质量问题知识模型。

17.3.3.2　实施知识抽取

质量问题数据主要来源于质量问题技术归零报告、质量问题管理归零报告以及质量信息卡等，均为非结构化的文本信息。因此，首先需要依据质量问题知识模型对质量问题数据进行知识抽取，将非结构化化文本信息转化为结构化信息。质量知识抽取具体分为两个部分：质量知识的实体抽取、质量知识之间的关系抽取。其中，质量知识的实体抽取是指从质量问题数据中获取构建质量知识图谱所需要的质量问题、产品、问题现象、问题部件等要素；关系抽取则是依据质量问题知识模型，在实体抽取的基础上，从质量问题数据中识别出质量要素间的关联关系，如质量问题与问题部件的定位关系、质量问题与产品的发生关系。例如通过质量知识抽取技术，从“A01 飞行失败质量问题定位于发动机的主电池组出现故障”中，可识别出质量问题为“A01 飞行失败质量问题”，发生质量问题的产品是“发动机”，问题部件为“主电池组”，进一步依据质量问题知识模型提炼出质量问题

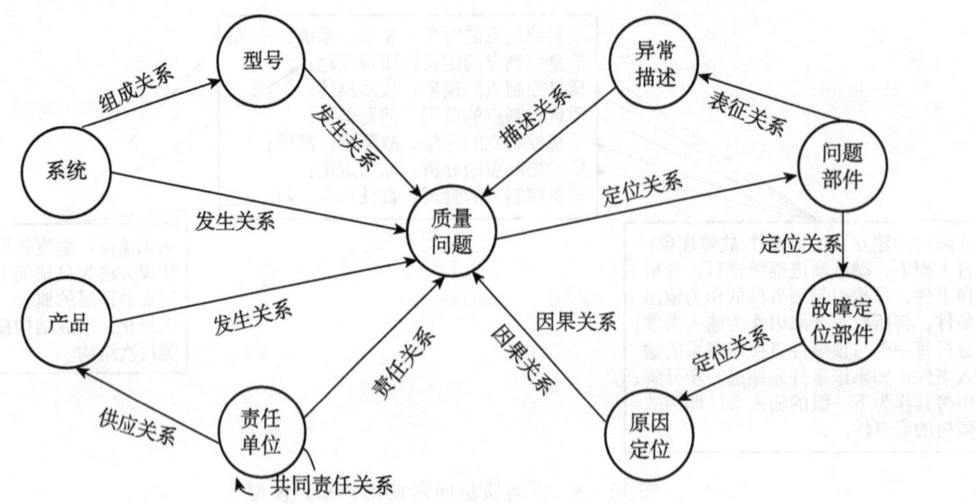

图 17-9　航天领域质量问题知识模型

“飞行失败质量问题”与产品“发动机”之间的发生关系，质量问题“飞行失败质量问题”与问题部件“主电池组”的定位关系。

在开展知识抽取工作之前，首先需要建立质量要素数据集。

(1) 质量要素数据集

质量要素数据集结合航天装备制造领域的质量文本的内容，通常是对该领域质量问题的报告，构建的质量领域专业语料数据集。对报告进行如下预处理，得到实验数据集。

1) 构建词典：将获得的文件，根据实体类别，生成对应的质量词典，其中共有 16 个实体类别。

2) 构建语料库：从质量文本中摘取问题分析及采取措施部分的章节，构成语料库。将文本中的语句根据语句分割符对语料库中的语句进行分句，清洗无意义句子，生成质量要素数据集。

3) 构建关系：根据词典，识别数据集中每个句子中的实体，计算两两实体之间可能存在的关系。根据组合输出的结果，按照少数服从多数的原则，最终获得实体间的关系。通过以上预处理，得到发生关系、供应关系、责任关系、共同责任关系、因果关系、定位关系等 6 种关系的质量关系数据集。

(2) 实体抽取

实体抽取采用命名实体识别技术从专业文本中提取出与知识体系建模中的对应实体，并标注位置和类型（质量问题、故障定位等）。质量知识实体抽取采用命名实体识别技术从相关的质量报告中提取出与知识体系建模中的对应实体，由于实体对应中文语句中的名词，因此其提取相对简单，采用常用的双向长短时记忆网络（Bi-LSTM，Bi-directional Long Short-Term Memory）的命名实体识别方法。依据上文构建的数据集，训练出最优的命名实体识别模型，并通过测试集对模型进行验证。由于实体识别大多是中文中的名词类，识别准确率满足需求，因此，直接引用经典模型实现。

(3) 关系抽取

关系抽取采用经典的深度学习分段卷积神经网络（PCNN，Piece Convolutional Neural Networks）模型和句法依存分析集成的方式，综合利用语义特征和位置特征，通过语义理解，提取出文本想要表达的词组关系。

步骤一：为了增加词与实体之间的位置结构信息，对句子进行位置嵌入。在判断句子中两个目标实体的关系时，不同距离的词起到的作用是不一样的，一般认为距离实体近的单词通常是关键的信息。位置嵌入的准则是依次以两个实体词为基准实体，令其位置为 0，分别计算其他词相对于基准实体的位置。

步骤二：嵌入层将词嵌入向量和两个位置嵌入向量拼接起来。

步骤三：对拼接得到的向量进行卷积，最终卷积层输出一个特征矩阵。

步骤四：分段最大池化，将句子的特征矩阵由头实体和尾实体切分为三段，针对每一段用池化操作提取深层语义特征。

步骤五：利用分类器对抽取的深层语义特征分类，用于做句子中质量关系的预测。

结合 PCNN 实现关系抽取的算法特性，本技术在现有方法的基础上在两方面对关系抽取模型进行优化处理。

1) PCNN 在网络训练时会随机掩盖掉句子中的文字，然后通过上下文输入进行预测。因此考虑到该方式在数据处理中会将词语分割，从而导致语义缺失，影响后续关系抽取的精度。针对该类问题，在分词的基础上，拓展建立质量知识词典，改进算法处理模式，使算法以词为粒度随机掩盖，从而减少语义缺失，提高对中文语料特征的抽取效果。以词为粒度随机掩盖，在网络训练时会随机掩盖掉句子中的文字，通过上下文输入进行预测，从而提高对中文语料特征的抽取效果。示例如下。

原始语料：A01 的动力系统的发动机转速下降的原因可能是电源信号异常。

应用本文方法后的结果为：A01，动力系统，发动机转速下降，电源信号异常，不会损失有效信息。

2) 对于样本不充足的关系类别，在样本集中增加权重因子，依据抽取结果，对于漏检和误检的关系类别，加大权重因子的值，以扩充模型训练时该类关系在样本集中的占比，修正样本集分布，解决样本不均衡的问题，提高样本不充足的关系类别抽取的准确率，降低样本不均衡的类别之间关系抽取准确率的差距，保证每类关系都能被准确抽取。

实现关系抽取的详细步骤如下。

第一步，算法接收到输入的语句后，依据实体抽取的结果，识别句子中的实体内容，并将其与对应的实体类别进行对应。示例如下：

a) 原始文本信息：A01 的动力系统的发动机转速下降的原因可能是电源信号异常。

b) 实体识别结果：(A01，型号)、(动力系统，系统)、(发动机，产品)、(转速下降，质量问题)、(电源信号异常，原因)。

第二步，算法根据句中的两个实体将句子分成三段，进行词向量化和位置向量化后，将向量结果与样本集中词组关系的向量进行对比，计算对输入句子中两个实体可能存在的关系的概率，若存在关系，则进行标记，实体间的关系概率示意图如图 17－10 所示。

	A01	动力系统	发动机	转速下降	电源信号异常
电源信号异常				1	
转速下降	1	1	1		1
发动机		1		1	
动力系统	1		1	1	
A01		1		1	

图 17－10　实体间的关系概率示意图

第三步，计算两个实体之间的关系类别概率，概率最大为两个实体之间的关系类别，实体间关系类别概率示意图如图 17－11 所示。

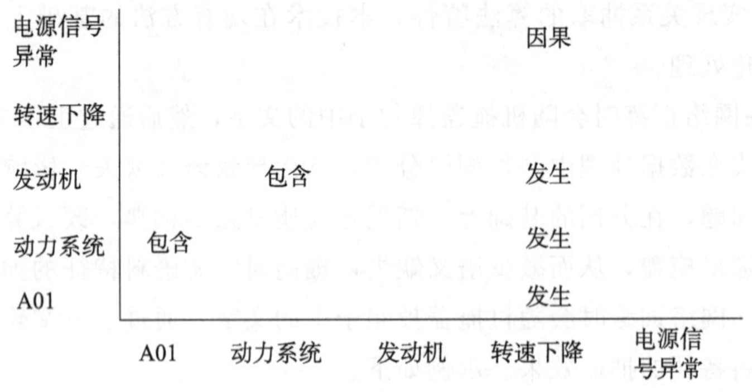

图 17－11　实体间关系类别概率示意图

最后利用测试集验证关系抽取的精度，若关系抽取的精度低于 90％，则按照混淆矩阵的情况，获取精度较低关系类别，计算漏检误检的样本个数，该情况下需要重新梳理该关系类别的样本集，并依据权重因子公式计算，得到更新后的样本集权重计算，保证样本集中该类关系的定义与选择覆盖所有情况，重新进行模型训练和关系抽取，直到关系抽取的准确率满足需要。

17.3.3.3　进行知识加工

通过知识建模和知识抽取，实现了从异构、非结构化数据中提取出实体、关系、属性、事件的目标，但这些知识并不足以构建高质量的知识库。自然语言的复杂性使同样的词语在不同的语境下有可能指代不同的概念，语境中不同的代词也可能指代相同的语义范围，要想增加每一条知识的精确度，还需要进一步的知识加工，也称之为知识融合。知识加工通常包括实体链接和指代消歧两部分内容。

1）实体链接：指对于从文本中抽取到的实体对象，将其链接到知识库对应的正确实体对象的操作。比如对于文本“产品长江采用 CAB－333 系统提高定位准确度”就应当将字符串“产品长江”“CAB-333 系统”分别映射到对应的实体上。在很多时候，存在同名异实体或者同实体异名的现象，因此这个映射过程需要进行消歧，比如对于文本“我正在学习定位系统”，其中的“定位系统”应指的是图书这一实体，而不是定位系统这一模块实体。当前的实体链接一般已经识别出实体名称的范围，需要做的工作主要是实体的消歧。也有一些工作同时做实体识别和实体消歧，变成了一个端到端的任务。给定一个富含一系列实体的知识库与已经标注好范围的语料，实体链接任务的目标是将每一个范围匹配到知识库中它所对应的实体上面，如果知识库中没有某一范围对应的实体项，则认为该范围不可链接到当前知识库。

2）指代消歧：指在文本数据处理时遇见一些代词，根据上下文去判断指代的实体范围。在质量问题知识图谱中，通常采用基于知识的算法，依赖从词典中获取的词义信息，例如质量知识词库，在词库的基础上，训练不同的表示模型，将词语在语义空间生成一定维度的表示，使用词语的向量表示计算相似度，从而判断是否能够合并词语。

17.3.3.4　完成知识存储

依据本体模型、知识抽取和知识加工的结果，将数据转化为“实体-属性”对应关系和“实体-关系-实体”三元组，依据模型将三元组存入图数据库中，构建装备质量知识图谱。图数据库实现了图结构中的节点、边以及属性来进行图数据的存储。这种做法的优点是数据库本身提供完善的图查询语言、支持各种图挖掘算法。相对于关系数据库来说，图数据库善于处理大量复杂、互连接、低结构化的数据，这些数据变化迅速，需要频繁的查询——在关系数据库中，这些查询会导致大量的表连接，因此会产生性能上的问题。图数据库重点解决了拥有大量连接的传统关系数据库管理系统在查询时出现的性能衰退问题，目前常用的图数据库有 Neo4j、JanusGraph、Nebula Graph 等。

17.3.3.5　实现知识应用

质量问题知识图谱构建完成后，通过知识图谱的多维计算与关联分析能力，实现产品、故障的关联关系挖掘，从而形成面向装备的质量管理辅助决策的知识应用。主要包括以下几个方面。

（1）质量知识智能检索

质量问题知识图谱可以融合所有产品层次的质量问题数据，并且将质量问题知识按照图拓扑结构存储，因此应用质量问题知识图谱进行检索时，可以获得与其相关联的所有质量知识，为用户提供快速、全面的知识检索服务。

（2）故障关联分析

质量问题知识图谱依据质量知识图谱的故障动态推演以及自动定位能力，查找与分析引发质量问题的原因，提供故障关联分析的服务。

（3）质量知识共享

质量问题知识图谱可将型号、系统、产品等发生的质量故障问题分析的数据保存成快照，并分享给其他人员，支撑质量问题的故障定位分析。

(4) 质量知识画像

质量问题知识图谱从型号、系统、产品等多个维度分析科研设计过程中出现的历史质量问题原因，挖掘历史质量问题中不同产品、故障的关联关系，多维多角度探寻质量问题的核心要素，直观地获得质量问题的宏观统计数据，形成质量画像。

(5) 质量知识智能问答

质量问题知识图谱基于构建的质量问题知识库，可将积累、沉淀质量问题知识以问答的形式提供服务，形成面向质量问题的智能问答机器人。

(6) 质量知识态势大屏

质量问题知识图谱可以统计复杂装备质量问题的故障部件、发生频次等，并按照时间、研制阶段的维度统计其发生频次，同时计算不同类型的质量问题所占比重，形成质量问题形势专题大屏，以全局的角度分析所有历史质量问题的共性问题，获得整体质量问题的分布，并依据时间维度分析整体质量问题原因的变化，基于数据驱动实现质量问题数据追溯、趋势数据分析等。

17.3.4 典型案例

17.3.4.1 构建质量问题知识图谱

目前航天某单位以近 20 年装备发生的质量问题数据为对象，构建了质量问题知识图谱。航天装备的质量问题数据属于专业领域知识，采取自顶向下的方式，根据专家经验确定实体和关系类别。实体包含型号、系统、产品、质量问题、问题部件、异常描述、原因定位、故障定位部件和责任单位。实体之间的关系类别主要包括以下几种。

1) 包含关系：型号-系统，系统-产品；

2) 发生关系：型号-质量问题，系统-质量问题，产品-质量问题；

3) 定位关系：质量问题-异常描述，质量问题-问题部件，问题部件-故障定位部件；

4) 因果关系：质量问题-原因定位；

5) 责任关系：责任单位-质量问题；

6) 供应关系：产品-责任单位。

按照实施步骤，依据质量问题知识挖掘模型，利用知识抽取算法自动抽取质量问题知识的实体和关系，并对其中抽取不准确的实体和关系进行人工校正。从业务角度梳理出航天质量问题知识中同名异实体或者同实体异名的现象，常见的代词指代的实体范围，从而形成实体链接和指代消歧的映射，保证所有实体都匹配到知识库中它所对应的实体。然后采用 Neo4j 图数据库来存储软件问题知识。Neo4j 是一个开源的图数据库，提供了大规模可扩展性，支持在一台机器上可以处理数十亿节点/关系/属性的图，可以扩展到多台机器并行运行。

最后完成质量问题知识图谱的构建与应用，构建的质量问题知识图谱中包含 1.4 万个实体，31.6 万个关系，实体平均度为 23。该系统在线试运行 2 年，支撑 800 多名质量管理人员、型号科研生产一线人员开展质量管理工作。通过可视化界面，相关人员可直接获取所需质量知识，大大简化了质量管理的流程，加快了多个节点的工作效率，实现辅助质量归零、故障风险分析、辅助产品设计等目标，减少质量管理人员、型号科研生产一线人员等从海量数据中查阅相关知识的时间，提高质量管理工作的效率。

17.3.4.2　质量问题知识图谱应用

质量问题知识图谱应用涵盖了质量知识智能检索、故障关联分析、质量知识共享、质量知识画像、质量知识智能问答和质量知识态势大屏等从原始数据到机器智能感知服务的一体化应用，真正体现"数据活化"＋"多维关联"的智能化应用服务，将分散在各业务系统中的数据关联起来，实现了质量数据的充分挖掘，辅助相关人员开展质量管理工作，避免了由于相关人员缺乏工程经验，而在设计、质量管理过程中发生多共性、重复的问题，如图 17－12 系统功能图所示。

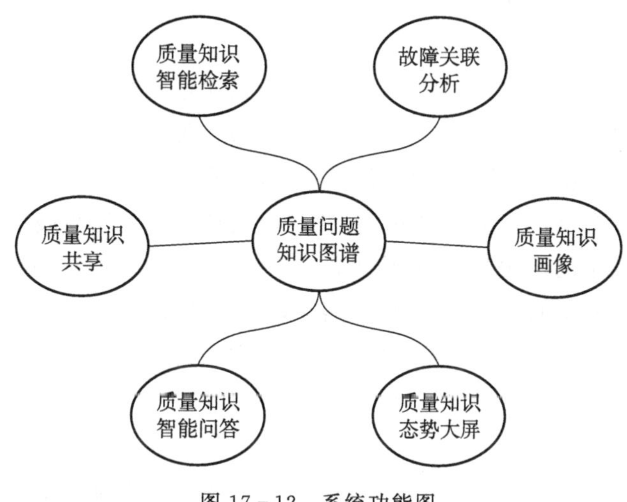

图 17－12　系统功能图

（1）质量知识智能检索

目前通过图谱对质量数据进行结构重塑，搭建检索系统，实现质量相关知识检索推送和型号质量信息检索推送。质量知识智能检索模块可以帮助技术、质量管理、型号保障等相关人员快速了解型号的质量信息，查看相似问题现象对应的质量问题的质量归零报告，进一步获悉过往质量问题的问题部件、解决措施等相关信息，为当前质量问题归零工作的开展提供参考，提高其工作效率。

1）质量相关知识检索：以搜索导引头软件为例，能够检索到以往导引头软件出现问题涉及的型号名称、阶段、研制单位、故障分类、归零报告、问题描述、时间等，可以点击某个问题标题，从而查看质量问题的详细情况。

2）型号质量信息检索：以型号的维度对质量信息进行检索，能够搜索到该型号曾经发生的所有质量问题、质量归零报告、问题部件等信息，快速了解质量问题的故障原因、解决措施等信息。

(2) 故障关联分析

航天质量问题知识图谱利用可视化的数据关联技术将实体和关系抽象成便于理解的点和线，通过高度抽象的数据表达方式最大限度地还原质量数据的内在关联。图谱平台提供的各种工具可以协助型号两总、技术人员等在数据分析的过程中从型号、产品与质量问题中快速查找，追踪故障定位线索，理清归零思路，找到质量问题背后的故障定位关系，为质量问题故障分析、预测、质量归零路径诊断提供故障关联分析服务。

(3) 质量知识共享

航天质量问题知识图谱给用户提供共享知识的平台，用户可将自己质量管理和问题排查分析的过程与结果以快照和文档图片的形式分享给团队成员，协助为技术人员提供型号试验、归零数据资源协同共享与分析应用服务，平台提供符合行业标准的权限管理机制，在数据共享的基础上保障数据安全。

(4) 质量知识画像

质量知识画像，是针对型号、产品、系统、质量问题等对象的一个多维信息全景画像展示。从产品结构树、故障模式类型、故障阶段分布等角度出发，进行知识深度挖掘、多维关联分析，做到质量特性一键全景画像展示，方便质量管理人员快速了解完整产品质量信息。以某导弹产品为例，质量画像中可根据产品的结构树分层级展示不同系统、不同产品、不同元器件等发生的历史质量问题数量，并对不同类型的质量问题原因进行分类统计，按照类别显示曾发生的历史质量问题的名称、时间以及故障部件，综合给出某导弹在模样、初样、试样、定型、批产以及试用阶段不同类型的质量问题的时序统计图，方便质量管理人员以及技术人员快速了解某导弹的质量形势。

(5) 质量知识智能问答

结合航天质量管理的行业知识，航天质量问题知识图谱内置多个语境意图模型，能够智能地理解航天质量专业领域的复杂查询表述，将非结构化的语义表述准确地转化为结构化的语义表述，通过多轮追问逐渐逼近用户意图，方便用户快速了解质量知识，提高了知识共享的自动化程度，主要包含四个场景：故障现象、器件组成、归零报告、统计查询，为设计人员提供产品与组件设计的质量辅助分析与优化服务以及器件优选服务，实现智能应用。

(6) 质量知识态势大屏

质量知识态势大屏统计、显示了质量问题知识图谱中的宏观统计数据，包括系统中型号、质量问题、归零报告等实体的数量统计，不同单位、型号、系统发生问题的数量统计，以及不同类型的质量问题在系统中所占比重的变化等，并进行分角色、多维度、多种形式的实时展示，为决策和职能管理人员提供质量形势分析的数据展示，以便于组织质量管理干预，辅助提升型号质量。

附录 A　质量管理常用术语

A.1　质量管理基本术语

（1）质量

客体的一组固有特性满足要求的程度。

注 1：术语质量可使用形容词，如好、差或优秀。

注 2："固有"对应的是"赋予"，是指存在于客体。

（2）质量管理

关于质量的管理，可包括制定质量方针和质量目标，以及通过质量策划、质量保证、质量控制和质量改进实现这些质量目标的过程。

（3）质量策划

质量管理的一部分，致力于制定质量目标并规定必要的运行过程和相关资源以实现质量目标。

（4）质量控制

质量管理的一部分，致力于满足质量要求。

（5）质量保证

质量管理的一部分，致力于提供质量要求会得到满足的信任。

（6）质量改进

质量管理的一部分，致力于增强满足质量要求的能力。质量要求可以是有关任何方面的，如有效性、效率或可追溯性。

（7）质量管理体系

组织建立质量方针和质量目标以及实现这些目标的过程中相互关联或相互作用的一组要素。通常采用以过程为基础的质量管理体系模式，运用"过程方法"，系统地识别组织所应用的过程和过程之间的联系、作用，通过 PDCA 循环有效地管理、控制过程的活动和资源，形成了"策划""支持""运行""绩效评价"和"改进"的以过程为基础的质量管理体系模式，基于 PDCA 模式的质量管理体系如图 A－1 所示。

（8）质量文化

组织在长期的质量实践中形成的全体成员普遍自觉的质量观念和行为方式状态，体现了组织独特的质量价值观念。质量文化的内涵分为三层，由内至外分别是精神层面、行为层面、物质层面。

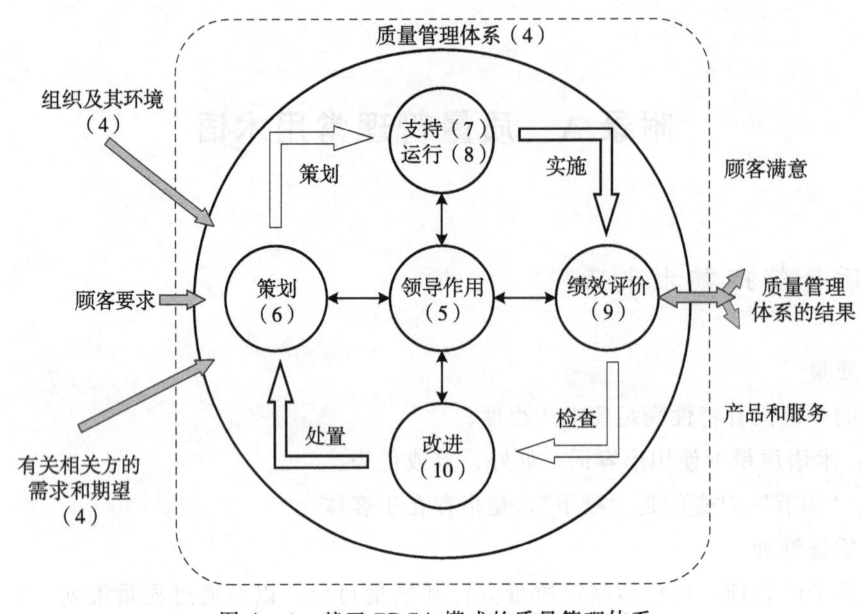

图 A-1　基于 PDCA 模式的质量管理体系

（9）通用质量特性

通用质量特性包括可靠性、维修性、安全性、测试性、保障性及环境适应性。

可靠性：产品在规定的条件下和规定的时间内，完成规定功能的能力。

维修性：产品在规定的条件下和规定的时间内，按规定的程序和方法进行维修时，保持或恢复到规定状态的能力。

安全性：不导致人员伤亡、装备损坏、财产损失或不危及人员健康和环境的能力。

测试性：对产品性能及时、准确地测量，确定其状态（可工作、不可工作或性能下降），并隔离其内部故障的能力。

保障性：系统的设计性能和计划的保障资源能满足平时战备及战时使用要求的能力。

环境适应性：产品在其寿命期预计可能遇到的各种环境的作用下能实现其所有预定功能、性能和（或）不被破坏的能力。

（10）质量责任制

用文件的形式规定组织机构和各类人员在质量活动中的职责和权限的制度。为了贯彻质量方针和实现质量目标，组织通过建立健全对单位、部门、项目组织和岗位的责任管理体系或制度，形成并运用质量激励与制约机制，对质量职责和权限、质量考核与奖惩、产品质量责任的承担和追究等进行系统化管理，从而以工作质量保证产品质量的一种管理模式。其中，质量职责是指各单位、部门、项目组织和岗位人员所承担的质量活动事项及其承担方式；产品质量责任是指单位、部门、项目组织和岗位人员对产品质量问题和事故造成的损失应承担的责任。

（11）产品保证

为使人们确信产品达到规定的质量要求，在产品研制、生产全过程进行的一系列有计划、有组织的技术和管理活动。产品保证主要包括：产品保证管理，质量保证，可靠性保证，维修性保证，安全性保证，环境适应性保证，元器件保证，机械零件、材料和工艺保证，软件产品保证等。

(12) 质量监督

为了确保满足规定的要求，对组织、过程和产品的状况进行监视、验证、分析和督促的活动。

注 1：可由顾客或以顾客名义实施质量监督。

注 2：质量监督可包括为防止过程或产品随时间推移而变质或降级所进行的观察和监视的控制。

(13) 软件质量

软件特性的总和，表示软件满足明确或隐含要求的能力。

注：在某种契约的环境或在某个受控的环境中，如核安全领域，要求是明确规定的，而在其他环境中，宜确定和定义隐含的要求。

(14) 软件外部质量

软件产品在特定条件下使用时，满足明确或隐含要求的程度。

注：隐含的要求：当实体在特定条件下使用时，尚未说明但又是实际需要的要求。隐含的要求是未形成文档的真实要求。

(15) 软件内部质量

软件产品属性的总和决定了软件产品在特定条件下使用时，满足明确和隐含要求的能力。

(16) 软件使用质量

特定用户使用的软件产品满足其要求，以在特定使用周境下达到有效性、生产率、安全性和满意度等特定目标的程度。

注：这种使用质量的定义类似于 ISO 9241 - 11：2018 中可用性的定义。

A.2 质量管理体系常用术语

(1) 体系

相互关联、相互作用的一组要素。

(2) 基础设施

组织运行所必需的设施、设备和服务的系统。

(3) 管理体系

组织建立方针和目标以及实现这些目标的过程的相互关联、相互作用的一组要素。

(4) 计量确认

为确保测量设备符合预期使用要求所需要的一组操作。

(5) 测量管理体系

实现计量确认和测量过程控制所必需的相互关联或相互作用的一组要素。

(6) 方针

由最高管理者正式发布的组织的宗旨和方向。

(7) 质量方针

由组织的最高管理者正式发布的该组织总的质量宗旨和方向。

注1：通常质量方针与组织的总方针相一致并为制定质量目标提供框架。

注2：质量管理原则可以作为制定质量方针的基础。

(8) 目标

要实现的结果。

注1：目标可以是战略的、战术的或操作层面的。

注2：目标可以涉及不同的领域，并可应用于不同的层次。

注3：可以采用其他的方式表述目标，例如：采用预期的结果、活动的目标或运行准则作为质量目标，或使用其他有类似含义的词。

注4：在质量管理体系环境中，组织制定的质量目标与质量方针保持一致，以实现特定的结果。

(9) 质量目标

关于质量的目标。

注1：质量目标通常依据组织的质量方针制定。

注2：在组织的相关职能、层级和过程分别制定质量目标。

在质量方面所追求的目的。

(10) 装备

实施和保障军事行动所配备的武器、武器系统及其配套军事技术器材等的统称。

注1：装备在研制、定型、生产阶段亦称军工产品。

注2：装备也是产品。

(11) 关键过程

对形成产品质量起决定作用的过程。

注：关键过程一般包括形成关键、重要特性的过程；加工难度大、质量不稳定、易造成重大经济损失的过程等。

(12) 首件鉴定

对试生产的第一件（批）零部（组）件进行全面的过程和成品检查，以确定生产条件能否保证生产出符合设计要求的产品。

(13) 外包

安排外部组织承担组织的部分职能或过程。

(14) 组织环境

为组织建立目标和实现目标的方法有影响的内部和外部因素的组合。

注 1：组织的目标可能涉及其产品和服务、投资和对其相关方的行为。

注 2：组织环境的概念，除了适用于营利性组织，同样能够适用于非营利或公共服务组织。

注 3：在英语汇总，这一概念被其他术语如："business environment""organizational environment"或"ecosystem of an organization"所表述。

注 4：了解基础设施对确定组织的环境会有帮助。

（15）相关方

能够影响决策或活动、受决策或活动影响、感觉自身受到决策或活动影响的个人或组织。

注：有时候叫作利益有关方或利益相关方。

（16）风险

不确定性的影响。

注 1：影响是偏离预期，可以是正面的或负面的。

注 2：不确定性是一种对某个事件，甚至是局部的结果或可能性缺乏理解或知识方面的信息的情形。

注 3：通常，风险是通过有关可能事件和后果或者两者的组合来描述其特性的。

注 4：通常，风险是以某个事件的后果及其发生的可能性的组合来描述的。

注 5："风险"一词有时仅在有负面结果的可能性时使用。

A.3 航天行业质量管理体系常用术语

（1）质量管理体系评估

依据有关管理要求和标准规范，结合工作实际，采取定性和定量相结合的方式，制定评估细则，实施质量管理体系评估，查找质量管理体系建设和运行过程中存在的薄弱环节进行改进提高，对最佳实践进行推广应用。

（2）群众性质量活动

QC 小组和质量信得过班组建设等促进全员质量参与意识和全员质量改进意识提升的活动。

（3）质量与可靠性信息

开展质量管理活动及反映产品质量的相关数据、报告与资料。主要包括：产品研制、生产、试验和使用全寿命周期各阶段的质量问题信息；配套物资质量信息；产品故障模式、故障机理和应对措施信息；产品可靠性和寿命相关试验和验证信息；产品可靠性管理、设计分析及试验验证信息；产品设计评审、出厂（所）评审报告；各级发布的故障和事故信息通报和质量动态信息、质量活动情况；质量与可靠性工作中积累的实践经验、研究成果及工具；各级单位、型号质量工作计划及执行情况。

（4）产品质量信息

从原材料，元器件，成品（整机），零、部、组件进入装配直至使用的全过程中，反映产品性能、寿命、安全性、经济性和可靠性的质量数据。

（5）工作质量信息

与总装、测试有关的质量的各项规章制度、管理标准及其组织实施情况。人、机、料、法、环组织协调的情况。

（6）质量成本

为获得顾客满意的质量而发生的费用以及没有达到顾客满意的质量而造成的损失。通常包括预防成本、鉴定成本、内部故障成本、外部故障成本。

（7）质量会签

质量保证组织对其他部门制定的技术和管理文件中有关质量的条款进行审查和签署。

（8）放行准则

参加飞行试验的型号出厂、进场、转场、加注、发射各工作阶段须遵循的质量控制要求，符合要求才可转入下一工作阶段。

（9）可追溯性

追溯所考虑对象的历史、应用情况或所处场所的能力。对于硬件产品，可追溯性涉及原材料和零部件的来源、加工过程的历史、产品交付后的分布和场所等。

（10）表格化管理

针对装配、测试、试验等工作，设计一整套内容全面、具体、可操作和可检查的表格，经审批后，逐项核实，实时填写，以确保型号研制生产全过程受控和信息可追溯的管理方式。

（11）质量跟踪卡

依据工艺规程（工艺卡片、作业指导书等）编制，并随产品流转，系统、完整、准确、有效地记录产品生产过程质量状况的一种工作单。

（12）拒收拒付

在明确规定产品制造各环节的交付程序、验收准则和质量责任的基础上，对没有全面完成阶段工作、技术状态不清楚、记录不完整、质量有问题的产品，上一阶段的组织或部门不应向下一阶段的组织或部门交付，下一阶段的组织或部门有权拒绝接收。

（13）质量数据

反映质量情况的数字、语言、文字、图形及符号等，简称为数据。

（14）航天产品质量问题

航天产品固有特性未满足要求，已经产生、潜在产生的影响或可能造成一定损失的事件。

（15）共性质量问题

本单位已发生过，或各级已通报过的其他型号（或单位）发生的，在本单位再次发生的质量问题。

（16）重复性质量问题

本型号、本单位已发生过的质量问题或上级已正式发文通报过的其他型号、其他单位发生的质量问题，在本型号、本单位再次发生。

（17）人为责任质量问题

由于有章不循、违章操作等人为因素造成的质量问题。

（18）质量问题归零

对在设计、生产、试验、服务中出现的质量问题，从技术上、管理上分析产生的原因、机理，并采取纠正措施、预防措施，以避免问题重复发生的活动。

注："质量问题"是指故障、事故、缺陷和不合格等。

（19）质量问题"双归零"

航天产品在研制、生产和使用全寿命周期内的质量问题严格按照"双五条"标准开展归零工作，从技术和管理上深刻分析产生的原因、机理，并采取纠正措施、预防措施。通过技术归零，促进吃透和完善产品技术设计和工艺设计，技术归零措施100%落实到"设计规范、工艺规范、试验规范"中；通过管理归零深挖单位管理存在的问题和薄弱环节并实施改进，管理归零措施100%纳入规章制度。

（20）技术归零

针对发生的质量问题，从技术上按"定位准确、机理清楚、问题复现、措施有效、举一反三"五条要求逐项落实，并形成技术归零报告或技术文件的活动。

定位准确：确定质量问题发生的准确部位。

机理清楚：通过理论分析或试验等手段，确定质量问题发生的根本原因。

问题复现：通过试验或其他验证方法，再现或确认质量问题发生的现象，验证定位的准确性和机理分析的正确性。

措施有效：针对发生的质量问题，采取纠正措施，经过验证，确保质量问题得到解决。

举一反三：把质量问题信息反馈给本型号、本单位并通报其他型号、其他单位，检查有无可能发生类似模式或机理的问题，并采取预防措施。

（21）管理归零

针对发生的质量问题，从管理上按"过程清楚、责任明确、措施落实、严肃处理、完善规章"五条要求逐项落实，并形成管理归零报告和相关文件的活动。

过程清楚：查明质量问题发生和发展的全过程，从中找出管理上的薄弱环节或漏洞。

责任明确：根据职责分清造成质量问题的责任单位和责任人，并分清责任的主次和大小。

措施落实：针对管理上的薄弱环节或漏洞，制定并落实有效的纠正措施和预防措施。

严肃处理：对由于管理原因造成的质量问题应严肃对待，从中吸取教训，达到教育人员和改进管理工作的目的。对重复性质量问题和人为责任质量问题的责任单位和责任人，根据情节和后果，按规定给予处罚。

完善规章：针对管理上的薄弱环节或漏洞，健全和完善规章制度，并加以落实，从规章制度上避免质量问题的发生。

（22）一体化质量监督

集团公司实行一体化的独立的质量监督管理。集团公司成立质量监督管理中心，在各院分别设立质量监督室，聘任专职的质量监督队伍，同时承担军贸产品质量监督验收职责。专职的质量监督队伍对型号（产品）研制、生产过程开展面向产品、面向流程、面向组织的独立的质量监督工作。坚持独立性、权威性、有效性、防范性、及时性的原则，坚持突出重点、依据规章、严格要求、实事求是，坚持“不负责处理质量监督中发现的问题，不替代型号指挥系统和设计师系统决策，不改变型号指挥系统和设计师系统的质量责任”的工作要求。

（23）三大规范

企业设计规范、工艺规范、试验规范三类标准的统称，是企业技术标准的核心组成部分。

（24）九新要素

新技术、新材料、新工艺、新状态、新环境、新设备、新单位、新岗位、新人员。

（25）技术状态更改“五条原则”

技术状态的更改要执行“论证充分、试验验证、各方认可、审批完备、落实到位”五条原则。

（26）型号线质量审核

以型号为主线，对各单位体系间的协调与衔接以及研制生产过程中落实体系要求的情况进行闭环的、跨单位的监督和检查。

（27）型号“五量”分析

对飞行时序和产品功能，从余量、变化量、累积量、差异量以及随机量等方面，深入开展量化分析，用系统工程方法保证产品可靠性。

（28）“一次成功”技术保障分析

以发射和飞行试验过程中关系飞行试验成败的关键工作项目为顶事件，进行层层分解，列出保证其工作正常的紧密相关的底事件，对每一底事件的设计、生产、地面试验、仿真、测试等过程进行全面分析，确保过程受控，确保产品性能和可靠性满足飞行试验要求。

（29）双想

对质量问题和质量隐患及其危害进行回想和预想，以采取有效的纠正和预防措施。

（30）工艺评审

对工艺总方案、生产工艺等指令性工艺文件，关键件、重要件、关键工序的工艺规程以及特种工艺文件进行评审。评审工艺是否符合设计要求，以便及时发现和消除工艺文件的缺陷，保证工艺文件的正确性、合理性、可生产性和可检查性。

(31) 专项评审

为降低技术风险，对产品质量、研制生产进度和经费有重大影响的专项工作进行评审，包括可靠性、维修性、测试性、保障性、电磁兼容性、安全性、环境适应性等评审，以及软件评审、专项试验方案和结果的评审，生产准备状态检查评审，试验准备状态检查评审等。

附录 B　质量管理基本原则

B.1　以顾客为关注焦点

质量管理的首要关注点是满足顾客要求并且努力超越顾客期望。

1）依据：组织只有赢得和保持顾客和其他有关相关方的信任才能获得持续成功。与顾客相互作用的每个方面，都提供了为顾客创造更多价值的机会。理解顾客和其他相关方当前和未来的需求，有助于组织的持续成功。

2）主要益处可能有：提升顾客价值；增强顾客满意度；增进顾客忠诚；增加重复性业务；提高组织声誉；扩展顾客群；增加收入和市场份额。

3）可开展的活动包括：识别从组织获得价值的直接顾客和间接顾客；理解顾客当前和未来的需求和期望；将组织的目标与顾客的需求和期望联系起来；在整个组织内沟通顾客的需求和期望；为满足顾客的需求和期望，对产品和服务进行策划、设计、开发、生产、交付和支持；测量和监视顾客满意度情况，并采取适当的措施；在有可能影响到顾客满意度的有关相关方的需求和适宜的期望方面，确定并采取措施；主动管理与顾客的关系，以实现持续成功。

B.2　领导作用

各级领导建立统一的宗旨和方向，并创造全员积极参与实现组织的质量目标的条件。

1）依据：统一的宗旨和方向的建立，以及全员的积极参与，能够使组织将战略、方针、过程和资源协调一致，以实现其目标。

2）主要益处可能有：提高实现组织质量目标的有效性和效率；组织的过程更加协调；改善组织各层级、各职能间的沟通；开发和提高组织及其人员的能力，以获得期望的结果。

3）可开展的活动包括：在整个组织内，就其使命、愿景、战略、方针和过程进行沟通；在组织的所有层级创建并保持共同的价值观，以及公平和道德的行为模式；培育诚信和正直的文化；鼓励在整个组织范围内履行对质量的承诺；确保各级领导者成为组织中的榜样；为员工提供履行职责所需的资源、培训和权限；激发、鼓励和表彰员工的贡献。

B.3　全员积极参与

整个组织各级胜任、经授权并积极参与的人员，是提高组织创造和提供价值能力的必要条件。

1）依据：为了有效和高效地管理组织，各级人员得到尊重并参与其中是极其重要的。通过表彰、授权和提高能力，促进在实现组织的质量目标过程中的全员积极参与。

2）主要益处可能有：组织内人员对质量目标有更深入的理解，以及更强的加以实现的动力；在改进活动中，提高人员的参与程度；促进个人发展、主动性和创造力；提高人员的满意程度；增强整个组织内的相互信任和协作；促进整个组织对共同价值观和文化的关注。

3）可开展的活动包括：与员工沟通，以增强他们对个人贡献的重要性的认识；促进整个组织内部的协作；提倡公开讨论，分享知识和经验；让员工确定影响执行力的制约因素，并且毫无顾虑地主动参与；赞赏和表彰员工的贡献、学识和进步；针对个人目标进行绩效的自我评价；进行调查以评估人员的满意程度，沟通结果并采取适当的措施。

B.4　过程方法

将活动作为相互关联、功能连贯的过程组成的体系来理解和管理时，可更加有效和高效地得到一致的、可预知的结果。

1）依据：质量管理体系由相互关联的过程所组成。理解体系是如何产生结果的，能够使组织尽可能地完善其体系并优化其绩效。

2）主要益处可能有：提高关注关键过程的结果和改进的机会的能力；通过由协调一致的过程所构成的体系，得到一致的、可预知的结果；通过过程的有效管理、资源的高效利用及跨职能壁垒的减少，尽可能提升其绩效；使组织能够向相关方提供关于其一致性、有效性和效率方面的信任。

3）可开展的活动包括：确定体系的目标和实现这些目标所需的过程；为管理过程确定职责、权限和义务；了解组织的能力，预先确定资源约束条件；确定过程相互依赖的关系，分析个别过程的变更对整个体系的影响；将过程及其相互关系作为一个体系进行管理，以有效和高效地实现组织的质量目标；确保获得必要的信息，以运行和改进过程并监视、分析和评价整个体系的绩效；管理可能影响过程输出和质量管理体系整体结果的风险。

B.5　改进

成功的组织持续关注改进。

1）依据：改进对于组织保持当前的绩效水平，对其内、外部条件的变化做出反应，并创造新的机会，都是非常必要的。

2）主要益处可能有：提高过程绩效、组织能力和顾客满意度；增强对调查和确定根本原因及后续的预防和纠正措施的关注；提高对内外部风险和机遇的预测和反应能力；增加对渐进性和突破性改进的考虑；更好地利用学习来改进；增强创新的动力。

3）可开展的活动包括：促进在组织的所有层级建立改进目标；对各层级人员进行教育和培训，使其懂得如何应用基本工具和方法实现改进目标；确保员工有能力成功地促进和完成改进项目；开发和展开过程，以在整个组织内实施改进项目；跟踪、评审和审核改进项目的策划、实施、完成和结果；将改进与新的或变更的产品、服务和过程的开发结合在一起予以考虑；赞赏和表彰改进。

B.6　循证决策

基于数据和信息的分析和评价的决策，更有可能产生期望的结果。

1）依据：决策是一个复杂过程，并且总是包含某些不确定性。它经常涉及多种类型和来源的输入及其理解，而这些理解可能是主观的。重要的是理解因果关系和潜在的非预期后果。对事实、证据和数据的分析可使决策更加客观、可信。

2）主要益处可能有：改进决策过程；改进对过程绩效和实现目标的能力的评估；改进运行的有效性和效率；提高评审、挑战和改变观点和决策的能力；提高证实以往决策有效性的能力。

3）可开展的活动包括：确定、测量和监视关键指标，以证实组织的绩效；使相关人员能够获得所需的全部数据；确保数据和信息足够准确、可靠和安全；使用适宜的方法对数据和信息进行分析和评价；确保人员有能力分析和评价所需的数据；权衡经验和直觉，基于证据进行决策并采取措施。

B.7　关系管理

为了持续成功，组织需要管理与有关相关方（如供方）的关系。

1）依据：有关相关方影响组织的绩效。当组织管理与所有相关方的关系，以尽可能有效地发挥其在组织绩效方面的作用时，持续成功更有可能实现。对供方及合作伙伴网络的关系管理是尤为重要的。

2）主要益处可能有：通过对每一个与相关方有关的机会和限制的响应，提高组织及其有关相关方的绩效；对目标和价值观，与相关方有共同的理解；通过共享资源和人员能力，以及管理与质量有关的风险，增强为相关方创造价值的能力；具有管理良好、可稳定提供产品和服务的供应链。

3）可开展的活动包括：确定有关相关方（如供方、合作伙伴、顾客、投资者、雇员或整个社会）及其与组织的关系；确定和排序需要管理的相关方的关系；建立平衡短期利益与长期考虑的关系；与有关相关方共同收集和共享信息、专业知识和资源；适当时，测量绩效并向相关方报告，以增加改进的主动性；与供方、合作伙伴及其他相关方合作开展开发和改进活动；鼓励和表彰供方及合作伙伴的改进和成绩。

附录C　质量管理常用方法

C.1　精益生产

精益生产（Lean Production），是源于日本丰田汽车公司的一种生产运作模式。

C.1.1　精益生产的核心思想

顾名思义，“精”即精准，不投入多余的生产要素，只在适当的时间生产必要数量的市场需要的产品；“益”即所有经营活动都要有效有益，具有经济效益。丰田公司认为最经济的生产方式是：只生产那些需要的；只按需要的量生产；只有在需要时才生产。

企业的业务活动并非都直接为顾客创造价值，它们可以分为增值活动和非增值活动两大类别。增值活动是那些直接为顾客创造价值，为顾客提供效用，顾客愿为其付费的活动。非增值活动也就是浪费，是指那些占用了资源、花费了时间，但没有为顾客创造价值的活动。精益生产以消除浪费为核心思想。为了达到以最经济的方式进行生产，就要识别流程中的非增值活动，消除浪费，在为顾客创造价值的同时，降低成本，赢取最高的边际利润。

C.1.2　精益生产的基本原则

James P. Womack 和 Daniel T. Jones 所著的《精益思想》一书中提出了精益生产的五个基本原则，它们是：

（1）正确地确定价值

精益生产中经常使用“价值”这一概念，价值是从顾客的角度定义的。正确地确定价值就是以顾客的视角而不是公司或部门的视角确定价值。以顾客的视角确定价值还必须将生产全过程的多余消耗减至最少，不将额外的成本转嫁给顾客。以这样的价值观来审视企业的产品设计、制造过程、服务项目，就会发现有太多的浪费存在。当然，消灭这些浪费的直接受益者既是顾客也是生产方。

（2）识别价值流

价值流是指从原材料转变为成品，并给它赋予价值的全部活动。这些活动包括：从概念设计到产品设计、工艺设计再到投产的技术过程，从订货到送货的信息过程，从原材料到产品的物质转换过程，以及产品全寿命周期的支持和服务过程。识别价值流的含义是在价值流中找到哪些是真正增值的活动，哪些是应该消除的不增值活动。识别价值流就是发现浪费和消灭浪费。

(3) 流动

如果正确地确定价值是精益思想的基本观点、识别价值流是精益思想的准备和入门的话，“流动”和“拉动”则是精益思想实现价值的中坚。精益思想要求创造价值的各个活动（步骤）流动起来，强调的是不间断地“流动”。“价值流”本身的含义就是“动”，但是由于根深蒂固的传统观念和做法，如部门间交接和转移时的等待、在制品积压等阻断了价值流的流动。如果价值不流动了，则停滞将为企业带来损失，即“淤（停滞）则痛（损失）”。价值不流动则产生浪费。

(4) 拉动

“拉动”就是按顾客的需求拉动生产，而不是把顾客不想要的产品强行推给顾客。拉动生产通过直接将生产和需求对应，消除了过早、过量的投入，减少了大量的库存和在制品，大量压缩了提前期，使顾客在他们需要的时间得到需要的产品和服务。

(5) 尽善尽美

精益生产的目标是：通过尽善尽美的价值创造过程为用户提供完美的价值。当组织能够正确地确定价值、识别出整个价值流，使各个步骤连续流动起来并实现从顾客端拉动时，上述四个原则：正确地确定价值流、识别价值流、流动和拉动在良性循环中相互作用，结果就是价值流动速度显著加快，并暴露出价值流中隐藏的浪费。越是使劲拉动，阻碍价值流动的障碍就越会显现出来，从而也就能将它们排除。不断地用价值流分析方法找出更隐藏的浪费并进一步改进，这样的良性循环使过程趋于尽善尽美。“尽善尽美”是一个目标，持续地对尽善尽美的追求，将造就一个永远充满活力、不断进步的企业。

C.1.3 精益工具及其分类

消除浪费的过程是一个持续改进的过程，需要综合运用现场管理、设施布局与优化、人因工程、作业研究、质量控制与保证、流程管理与控制、现代制造技术等一系列方法与工具，就精益生产来说，这些方法和工具组成了包含多种生产和管理技术的方法体系。这个体系以 5S、TPM、可视化管理、标准作业、均衡生产等作为基础，以准时化和自动化两大技术体系作为支柱。这些工具方法相互支撑，用以消除生产过程中的浪费，实现价值连续流动和拉动。这些工具方法不仅可以用于生产制造过程，其原理也可以用于其他非制造过程。表 C-1 列出了精益生产常用的工具、方法与技术及其分类。

表 C-1 精益生产常用的工具、方法与技术及其分类

分类	工具方法/支撑技术	分类	工具方法/支撑技术
基础管理	5S 全面生产维护 TPM 目视管理/可视化 标准作业 均衡生产	自动化	防错 安灯(安东) 问题快速反应

续表

分类	工具方法/支撑技术	分类	工具方法/支撑技术
准时化	连续流生产/单件流生产 看板/拉动式生产 超市 U型单元/单元化生产 多能工 快速换型 SMED 混型生产	改善方法	价值流分析 5个“为什么” PDCA 改善 A3报告 改善提案 自主管理

C.2　六西格玛管理

C.2.1　六西格玛的概念

六西格玛是一套系统的、集成的业务改进方法体系，是旨在持续改进组织业务流程，实现顾客满意的管理方法。它通过系统地、集成地采用业务改进流程，实现无缺陷的六西格玛设计（DFSS，Design for Six Sigma），并对现有过程进行过程界定（define）、测量（measure）、分析（analyze）、改进（improve）、控制（control）——简称DMAIC流程，消除过程缺陷和无价值作业，从而提高质量和服务、降低成本、缩短运转周期，达到顾客完全满意，增强组织竞争力。

C.2.1.1　六西格玛的统计含义

σ是一个希腊字母，读作“西格玛”，在数理统计中表示标准差，是用来表征任意一组数据或过程输出结果的离散程度的指标，是一种评估产品和生产过程特性波动大小的参数。

西格玛质量水平则是将过程输出的平均值、标准差与质量要求的目标值、规格限联系起来进行比较，是对过程满足质量要求能力的一种度量。西格玛水平越高，过程满足质量要求的能力就越强；反之，西格玛水平越低，过程满足质量要求的能力就越低。六西格玛质量水平意味着100万次出错机会中不超过3.4个缺陷。

C.2.1.2　六西格玛的管理含义

今天，六西格玛已经远远超出其统计含义，成为一种顾客驱动下的持续改进的管理模式。组织也不仅仅把六西格玛作为一种目标或指标。六西格玛还有更为深刻的多重管理含义，包括：

1）获取竞争优势的战略。战略管理的目的是获取竞争优势或核心竞争力。许多世界级组织的成功经验表明，通过管理创新可以获得竞争对手难以复制的核心竞争优势。组织的高层领导要认识到，六西格玛的本质是通过管理创新和技术创新构建组织的核心竞争力。首先，六西格玛的推进不能仅仅停留在方法层面，必须与组织的战略相结合，使得六西格玛能够支撑组织战略目标的达成，提升组织战略执行力，促进组织完成使命，实现其愿景和战略目标。其次，要从战略层面定位六西格玛，通过实施六西格玛实现管理和技术创新，打造组织的核心竞争力。因此，组织要从战略层面推进六西格玛管理，制定六西格玛管理战略实施规划。通过实施六西格玛管理，实现技术创新、管理创新、组织文化建设、人力资源开发和培养。

2）持续改进的活动。从过程方法角度来看，过程管理就是管控过程的输入要素和输出结果。六西格玛的本质是研究影响过程输出的关键因素，实现过程的输出趋于目标值或理想值并减少波动，追求零缺陷，追求完美。

实际上，实施六西格玛并不是一定要求达到六西格玛水平的质量，而在于对过程进行突破性的改进和创新。六西格玛的目标就是“又精又准”，使过程趋于目标值并减少波动，追求零缺陷，追求完美。

3）科学的问题解决方法体系。六西格玛在方法层面强调系统集成与创新，这里特别要指出，六西格玛绝非仅仅应用统计技术解决问题。它是一套系统的业务改进方法体系，其工具和方法包括现代质量管理技术、应用统计技术、工业工程和现代管理技术、信息技术等。

4）六西格玛管理文化。组织文化是一个组织拥有的核心理念和价值观，是组织发展的软环境。再好的工具和方法如果脱离了其赖以生存的环境和文化，也不可能产生任何效果。组织实施六西格玛管理，需要打造顾客导向、持续改进、勇于变革、用数据说话的六西格玛管理文化，并与组织的具体特点相结合，形成独特的组织文化。

C.2.2　六西格玛的核心理念

六西格玛的核心理念亦即六西格玛的价值观、哲学，是组织推进六西格玛管理的指导原则和行为准则。六西格玛管理评价准则建立在以下相互关联的核心理念基础之上。组织可运用这些核心理念引导实施六西格玛管理。

1）高层领导的作用。组织的高层领导应具有远见卓识，建立面向未来的愿景和价值观，并与员工沟通，营造组织持续改进文化，引领组织追求零缺陷、追求卓越。

2）顾客驱动与顾客满意。组织应深入了解顾客的需求，以此驱动持续改进，消除缺陷，减少浪费，满足或超越顾客需求，从而建立良好的顾客关系，不断增进顾客满意和忠诚。组织应从倾听顾客的声音开始，基于顾客需求选择项目、驱动持续改进并评价改进成果。

3）组织和员工的学习。实施六西格玛管理的组织应建立系统的、面向组织不同层次需求的培训体系，将系统的培训和六西格玛改进项目结合起来，将个人学习、绩效改进和组织学习有效融合，通过六西格玛项目将学习活动和成果植根于组织的业务过程改进与创新，通过六西格玛项目成果的共享平台促进六西格玛知识在组织内的传播和渗透，促进个人职业发展和组织绩效提升。

4）基于数据和事实的管理。组织的六西格玛管理应以数据和事实为基础，综合运用统计方法和（或）其他数据分析技术，确定影响关键绩效的显著因素，实现改进与创新。

5）无边界合作与突破性过程改进。组织应建立跨职能、跨层级乃至跨组织的六西格玛团队，营造无边界合作的文化，打破壁垒，对价值创造过程和关键支持过程进行设计或优化，实现突破性过程改进。

6）注重结果和价值创造。六西格玛管理通过产品、服务和流程的改进与创新为顾客及利益相关方创造价值。六西格玛管理的成果体现在顾客满意、财务、人力资源、业务过程指标改进、利益相关方绩效改进和组织文化与管理变革等方面，这些成果应是平衡和相互促进的。

C.2.3　六西格玛改进的DMAIC方法

六西格玛改进的DMAIC流程是一种系统化、结构化持续改进的方法，包括“界定（Define）——测量（Measure）——分析（Analyze）——改进（Improve）——控制（Control）”五个阶段。DMAIC建立于PDCA循环基础上，是一个逻辑严密的过程循环。DMAIC的逻辑本质和PDCA循环是一致的。但是DMAIC提供了实现持续改进的技术路线和支撑工具。DMAIC强调以顾客（外部和内部）为关注焦点，并将持续改进与顾客满意以及企业经营目标紧密地联系起来；它强调以数据的语言来描述产品或过程绩效，依据数据进行管理，并充分运用定量分析和统计思想；它追求的是打破旧有习惯，有真正变化的结果和带有创新的问题解决方案，以适应持续改进的需要；它强调面向过程，并通过减小过程的变异或缺陷实现降低风险、成本与缩短周期等目的。

C.2.3.1　DMAIC流程活动

DMAIC流程共分五个阶段实施，每个阶段的工作内容如下：

1）界定阶段：确认顾客的关键需求，并识别需要改进的产品或流程，组成项目团队，制定项目计划，决定要进行测量、分析、改进和控制的关键质量特性，确定项目所涉及的职能部门，将改进项目界定在合理的范围内。制定项目的目标，并估算达成目标后项目带来的预计收益。

2）测量阶段：通过对现有过程的测量和评估，基于顾客的关键需求、组织的战略目标或关键绩效指标，识别影响过程输出（y）的输入（x_S），并验证测量系统的有效性，分析过程的当前绩效水平。

3）分析阶段：通过数据分析确定影响输出 y 的关键 x_S，即确定过程的关键影响因素。

4）改进阶段：寻找最优改进方案，优化过程输出 y，并消除或减小关键 x_S 对 y 的波动，使过程的缺陷或变异降至最低。

5）控制阶段：验证改进成果，通过修订文件等方法使成功经验标准化，纳入现有的管理体系，通过有效的监控方法维持和巩固改进成果，并寻求进一步提高改进效果的持续改进。

C.2.3.2　DMAIC流程活动要点及其工具

各阶段活动要点及使用的工具和技术见表C-2。

表 C-2 DMAIC 过程活动要点常用工具和技术

阶段	活动要点	常用工具和技术	
D(界定阶段)	明确问题 确定 y	头脑风暴 亲和图 树图 流程图 SIPOC 图 平衡计分卡 水平对比法	力场图 质量功能展开(QFD) 不良质量成本 甘特图/网络图 控制图 排列图
M(测量阶段)	确定基准 测量 y, x_S	因果图 瀑布图 流程图 测量系统分析 过程能力分析 因果矩阵	故障树分析(FTA) 箱线图 直方图 趋势图 检查表 抽样
A(分析阶段)	确定要因 确定 $y = f(x)$	假设检验 水平对比法 方差分析 统计分布识别 时间序列分析 浪费分析* 价值流图* 流程程序分析*	失效模式与效应分析(FMFA) 多变异分析 回归分析 探索性数据分析(EDA) 作业时间分析* 价值工程* 全面生产维护* "5W1H"提问技术*
I(改进阶段)	消除要因 优化 $y = f(x)$	试验设计 调优运算(EVOP) 目视管理* 5S 管理* "ECRS"分析原则*	看板* 快速换型* 设备布局* 约束理论 TOC* 发明问题解决理论(TRIZ)
C(控制阶段)	保持成果 更新 $y = f(x)$	统计过程控制 防错* 定置管理	标准化作业及标准操作程序(SOP)* 控制计划

注:带 * 者为融入六西格玛改进各阶段的精益工具。

C.2.4 六西格玛设计方法论

DMAIC 流程具有局限性。以实物产品为例，其质量、成本和周期都是由设计决定的，实践表明，至少 80%的产品质量是在早期设计阶段决定的，若仅采用 DMAIC 流程来提高质量，其成效是有限的。若想真正实现六西格玛的质量水准，就必须考虑六西格玛管理战略实施的另外一种途径——六西格玛设计。

六西格玛设计是指采用严谨的流程和科学的方法，面向顾客或利益相关方的需求，在产品、服务和流程的开发源头进行消除缺陷和减少浪费的稳健性设计，实现高质量的产品和服务，简称 DFSS。它基于并行工程和 DFX（Design for X，即面向 X 的设计，包括面向制造、装配、成本、试验、可靠性和维修性、服务和环境等的设计）的思想，面向组织系统或产品的全寿命周期，采用系统的解决问题的方法，把关键顾客需求融入产品、过程设计中，从而确保产品的开发速度和质量，降低产品寿命周期成本，为企业解决产品和过程设计问题提供了有效的解决方法。

与六西格玛改进中的DMAIC流程一样，DFSS也有自己的流程，但目前还没有统一的模式，迄今已提出的DFSS流程有多种，典型的如：DMADV流程，即“界定（Define）——测量（Measure）——分析（Analyze）——设计（Design）——验证（Verify）”五个阶段；IDDOV，即“识别（Identify）——界定（Define）——设计（Design）——优化（Optimize）——验证（Verify）”五个阶段。此外还有其他的六西格玛设计流程，如DMADOV、DMCDOV、DCCDI、DMEDI、DOCV、DMADIC、RCI等，虽然这些流程的表述不同，但内容大同小异，这里就不逐一介绍了。

C.2.5　精益六西格玛管理

精益六西格玛是精益思想与六西格玛方法有机融合产生的一种先进管理理念和方法，它能够同时兼顾质量和速度两个因素，并且能够有效地降低成本，使流程变得又快又好，能够有效解决与波动、效率等都有关的“综合性”复杂问题。

C.2.5.1　精益六西格玛管理的融合模型

虽然精益管理和六西格玛管理在方法体系和思想上有互补性，同时两者又具有很强的相似性，使得两者能够有机结合，在消除流程浪费、减少流程波动的同时，加快流程速度，提高质量水平，从而真正实现利润最大化和顾客满意的双赢目的，提升组织的核心竞争力。但如何将两者融合应用到实际管理活动中，不同组织提出了不同的做法。下面介绍一套精益六西格玛管理的融合模型，该模型的核心价值是将组织愿景的实现和底层的改进有机地结合，让所有改进项目的选择紧紧围绕着企业的战略目标的实现展开，从而使高层领导认清推进精益六西格玛管理的价值和定位。

（1）战略分解

精益六西格玛管理必须持续地为组织创造价值才能在组织生存，但是精益六西格玛为组织创造什么样的价值需要组织自己来决定。因此“战略分解”这一部分是解决组织对精益六西格玛管理定位的问题。精益六西格玛管理必须为企业的战略服务，为实现企业的长期目标打造管理基础，这样才能构建推进精益六西格玛管理的动力。要做到这一点，企业的高层领导必须建立企业清晰的发展愿景，明确并量化的战略目标，并识别实现战略目标的核心流程。至于如何去设定组织的愿景，如何去制定战略目标已有很多成熟方法可以应用，比如：优势-劣势、机会-威胁（SWOT）分析、平衡计分卡等，模型在这一部分主要是要求企业的高层领导必须清晰地描述这些内容，明确组织的发展方向，同时明确精益六西格玛管理可以为之服务的平台，即持续地改进实现战略目标的核心流程。

（2）流程梳理

通过第一部分的工作，确定了精益六西格玛管理的服务对象。如何去改进关键流程的绩效，在第二部分“流程梳理”提供了具体的技术方法。让组织里的六西格玛黑带利用精益的价值流分析工具对核心流程的现状进行梳理，画出现状价值流程图，从现状价值流程图中识别存在的浪费，将浪费去除后得到一个理想价值流程图。接下来就是要将浪费产生的原因进行初步的分析，对分析出的初步原因制定从根本上解决的行动方案。行动方案中明确解决问题的工具（包括精益的方法、六西格玛的方法、群策群力的方法等）完成的时间和阶段目标。

（3）项目实施

项目实施是通过黑带带领若干个团队来完成的。项目按季度设立里程碑目标，每季度末要对开展的改进活动的结果进行评估，了解项目进展和存在的问题，以及是否需要领导提供资源等情况，持续地按季度进行改进活动。

（4）效果评估

经过一年的改进活动后，评估推进六西格玛管理给组织的战略指标带来的变化。比如：销售收入、利润、成本、顾客满意度等方面是否比同期有改进，这些改进有多少是因为精益六西格玛项目实施带来的。通过这种方式来评估推进六西格玛管理的有效性。如果效果不显著，要分析原因，重新思考推进的方法。

这样，就形成了一种自上而下的，紧紧抓住核心脉络的改进形式。精益六西格玛持续改进体系中，领航员、黑带大师、黑带、绿带及团队成员的层级体系，就是适应这种自上而下的改进模式的。也就是说，由领航员与黑带大师明确改进方向，黑带大师与黑带开展以采取流程梳理为主要形式的黑带项目，绿带团队承接黑带项目中分解出来的子项目进行改进。

优秀企业的持续改进体系应该既能抓住企业战略发展方向与核心业务，实现重点突破；又能建立持续改进文化氛围，发动全员参与改进，在全面改进的同时激发员工的积极性。

C.2.5.2 精益六西格玛管理项目实施

通过精益六西格玛黑带项目的实施，简要介绍精益六西格玛管理技术路径的几个大阶段，以便让大家有一个概念。

（1）项目定义阶段——承接战略，定义问题

精益六西格玛黑带项目应该是从企业长期发展战略为出发点的，同时始终从顾客根本利益出发，来找到企业内最为重要、最应该优先解决的问题或改进方向。

这一段的主要任务：从战略层面和顾客的声音两个维度确定项目的改进主题、范围、目标和团队。

（2）流程梳理阶段——描绘流程，梳理问题

在确定改进指标及其目标后，就需要对相关流程进行详细科学的梳理分析，从而找出具体的改进点，并且必须能够明确这些改进点对改进指标的贡献及因果逻辑，进而确定这些改进点的优先顺序，以便下一阶段进行具体的子项目的分解落实。

这一阶段的主要任务：从流程中识别出所有改进点后，制定出行动方案，整理工作思路，理顺改进的逻辑，明确每个改进点为目标实现可能带来的贡献率。根据现实情况给出

每个改进点的重要度和优先顺序。

(3) 系统改进阶段——改进流程，监控效果

通过流程梳理识别出各个改进点以及其重要度和优先顺序，在本阶段要细致地分解为相对独立的子项目，便于组建不同的子项目分别实施。黑带项目的实质是系统性地改进，必须应用工作分解结构（WBS）进行任务分解。

这一阶段的主要任务：依据项目管理的任务分解 WBS 的原则，根据识别出的改进点，进行子项目的分解和下达，监控子项目按进度开展。根据子项目实施的具体情况，协调资源，予以必要的支持。当子项目完成时，采用统一的标准进行子项目成果评审和关闭项目。

(4) 控制推广阶段——开展控制，关闭推广

改进成果是否能推广到其他的流程或项目中，是所有项目必须进行的工作，正如在每个项目开始之初，都应该去寻找是否有借鉴学习的项目一样。

当确认所有工作都已完成，改进结果达到目标，可进行制定控制计划，包括控制的关键因素，改善方法与实施时间，控制方法与实施时间等，并且能够确保得以持续。这样，可以准备关闭项目。项目关闭时，应该按要求完成项目总结报告。

成功完成的项目应该在企业内进行宣传推广，应该采用适当的形式进行，强化企业精益六西格玛改进文化氛围。

这一阶段的主要任务：对于改进后的流程，制定详细的控制计划，并确保改进效果可以持续。将整个黑带项目关闭，并做好总结。对成功完成的项目进行宣传推广。

C.3　质量功能展开

质量功能展开（QFD，Quality Function Deployment）是一种把顾客或市场的要求转化为设计要求、生产制造要求、试验检验要求、售后服务要求等的多层次质量演绎分析方法。

C.3.1　质量功能展开的原理及内容

质量功能展开的方法是利用矩阵将各项经济技术指标对产品质量的影响进行量化分析，从而把顾客或市场的要求转化为产品质量特性要求、零部件特性要求、工艺要求、生产要求的多层次演绎分析方法。不同于传统的设计流程集中于过程技术性能而较少关注顾客需求，QFD 以满足顾客需求为基础，关注产品形成的各个环节。它体现了以市场为导向，以顾客要求为产品开发唯一依据的指导思想。QFD 所说的顾客是广义的顾客，下道工序是上道工序的顾客，形成由工序到最终用户的顾客链。最终，顾客的需要可以逐层分解到产品系统、子系统、部件、零件和每一道工序。通过科学的加权评价方法，可以识别确定影响质量的关键因素，从而为质量设计提出目标和方向。

QFD 的主要内容包括：确定目标顾客；调查顾客要求，确定顾客各项要求的重要性；

根据顾客的要求，确定最终产品应具备的特性；分析产品的每一特性与满足顾客各项需求之间的关联程度；评估产品的市场竞争力，据此了解产品在市场的优势、劣势及需要改进的地方，并请顾客就本公司产品及竞争对手产品对其要求的满足程度做出评价，确定各产品特性的改进方向；选定需要改进的产品特性，并确定其目标值。

C.3.2　质量功能展开的四个阶段

日本学者赤尾洋二最初发表的质量展开表中，针对狭义的质量归纳了 17 步工作步骤，被美国引进后简化为四个阶段。四阶段模式（ASI，American Supplier Institute）提倡四阶段展开方法，它以顾客需求为起点，经过四个阶段即四步展开，用四个矩阵，得出产品的工艺和生产（质量）控制参数。四阶段模式如图 C-1 所示。

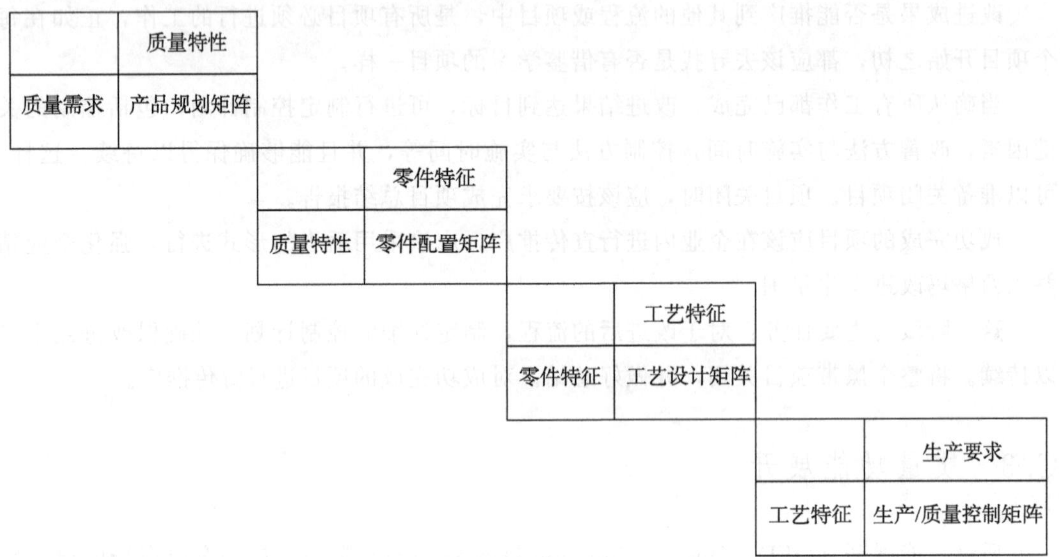

图 C-1　QFD 的四个阶段

C.3.2.1　产品规划阶段

通过产品规划矩阵（质量屋）将顾客需求转化为质量特性（产品特征或工程措施），并根据顾客竞争性评估（从顾客的角度对市场上同类商品进行的评估，以市场调查获得）和技术竞争性评估（从技术的角度对市场上同类产品的评估，以试验或其他方法获得）结果确定各个质量特性（产品特征或工程措施）的目标值。

C.3.2.2　零件配置阶段

利用前一阶段定义的质量特性（产品特征或工程措施），从多个设计方案中选择一个最佳的方案，并通过零件配置矩阵将其转换为关键的零件特征。

C.3.2.3　工艺设计阶段

通过工艺设计矩阵，确定要实现关键的质量特性（产品特征）和零件特征所必须保证的关键工艺参数。

C. 3. 2. 4　生产/质量控制阶段

通过生产控制矩阵将关键的零件特征和工艺参数转换为具体的生产（质量）控制方法或标准。

必须注意，并不是第一阶段展开的所有设计要求都必须被展开为零部件特性，只有那些重要度高的（高风险，新、难或非常重要的）设计要求才需要被进一步展开。不应把时间浪费在容易实现的设计要求上。另外，QFD 的四个阶段在时间上并不与硬件的设计生产阶段相对应。按照并行工程的原理，实际上 QFD 的四个阶段都是在产品设计阶段完成的，也就是优化的设计、工艺、制造方案是同步产生的，从而保证了产品研制全过程的协调和总体的优化。此外，随着产品研制过程的深入，质量功能展开所形成的质量屋（矩阵图表）的内容在不断更新、补充和完善，不是一成不变的。

C. 3. 3　质量屋结构

QFD 的基本原理就是用“质量屋”（Quality of House，QOH）的形式，量化分析顾客需求与工程措施间的相关度，经数据分析处理后找出对满足顾客需求贡献最大的过程措施，即关键措施，从而指导设计人员抓住主要矛盾，开展稳定性优化设计，开发出满足顾客需要的产品。质量屋将顾客需求转换成产品和零部件特征并配置到制造过程中，是 QFD 方法的工具。质量屋如图 C－2 所示。

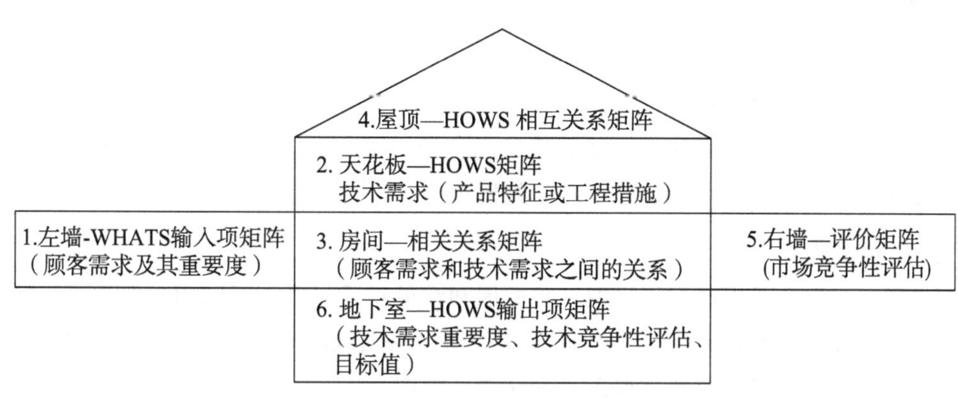

图 C－2　质量屋

其基本结构如下：

（1）左墙

WHATS 输入项矩阵。它表示需求是什么，包含顾客需求及其重要度（权重），是质量屋的“什么”。顾客需求指由顾客确定的产品或服务的特性。重要度（权重）值指顾客对其各项需求做出的定量评分，以表明各项需求对顾客的重要性。

（2）天花板

HOWS 矩阵。它表示针对需求应采取什么措施，是技术需求（产品特征或工程措施），是质量屋的“如何”。技术需求（产品特征或工程措施）指由顾客需求转换得到的可执行、独立的技术要求或方法。

(3) 房间

相关关系矩阵。它表示顾客需求和技术需求（产品特征或工程措施）之间的关系。

(4) 屋顶

HOWS 相互关系矩阵。它表示 HOWS（技术需求）矩阵内项目的关联关系。

(5) 右墙

评价矩阵。评价矩阵指竞争性、可竞争力或可行性分析比较，是顾客竞争性评估，从顾客的角度评估产品在市场上的竞争力。

(6) 地下室

HOWS 输出项矩阵。它表示 HOWS 项的技术成本评价等情况，包括技术需求重要度、目标值的确定和技术竞争性评估等，用来确定应优先配置的项目。通过定性和定量分析得到输出项 HOWS 项，即完成“需求什么”到“怎样去做”的转换。目标值指为了具有市场竞争力，企业需达到的技术需求（产品特征或工程措施）的最低标准。技术竞争性评估指企业内部人员对此项技术需求（产品特征或工程措施）的技术水平的先进程度所做的评价。

C.4 新老七种工具

C.4.1 QC 老七种工具

运用 QC 七种工具可以从经常变化的生产过程中，系统地收集与产品质量有关的各种数据，并用统计方法对数据进行整理、加工和分析，进而画出各种图表，计算某些数据指标，从中找出质量变化的规律，实现对质量的控制。QC 老七种工具包括：因果图、分层法、直方图、检查表、散点图、排列图、控制图。

C.4.1.1 因果图

因果图，又名鱼骨图或石川馨图，将原因和结果联系起来，可以用来组织头脑风暴的会议，并对观点进行有效分类。它是揭示过程输出缺陷或问题与其潜在原因关系的图表，也是表达和分析其因果关系的重要工具和文档，如图 C－3 所示。

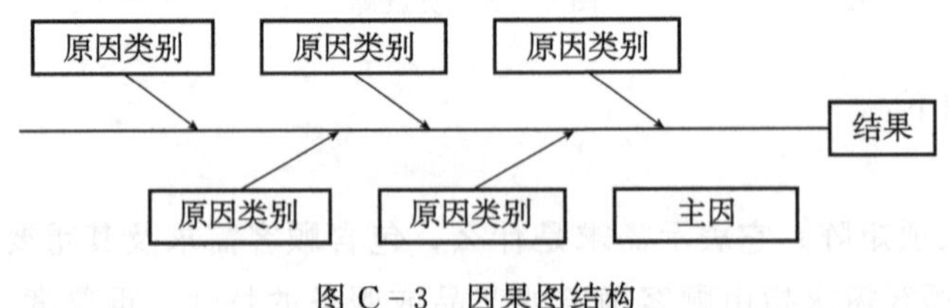

图 C－3 因果图结构

(1) 适用场合

1) 通常用于分析表达质量问题的因果关系，通过识别症状、分析原因、制定措施，促进质量问题的解决；

2) 当需要找出可能的原因时；

3）当组织的思维趋于定式时。

（2）实施步骤

1）简明扼要地阐明要解决的问题，并将其填入因果图右侧的方框——“鱼头”中；

2）确定其可能原因的主要类别，画出因果图的各个主枝；

3）采用头脑风暴法，将产生问题的所有可能原因，按其不同的分类填入各个主枝中，且根据需要，可在各个主枝上继续分枝，位于各个分枝上的是其下一层次的原因；

4）检查、整理因果图，调整阐述含糊的内容，合并重复的内容；

5）团队成员对可能的原因进行充分讨论，确定少数可能性较高的原因，作为下一步调查和收集数据的重点。

（3）注意事项

1）充分发扬民主，所有参加人员充分发表意见、畅所欲言；

2）最好采用能用数值表示的问题；

3）描述原因时文字要准确、精练，而且要用贬义词，不能用中性词和褒义词，并注意不要以对策代替原因；

4）原因分析要细到可以采取措施的程度；

5）一个问题用一张因果图，在一张因果图上同一原因只能出现一次；

6）综合运用，如排列图等；

7）对关键原因可进一步进行因果分析，并进行重点考察，制定解决措施；

8）复印几份加以保存，以便以后不断追加新内容。

C.4.1.2 分层法

分层法又称为分类法、分组法、层别法。它是按照一定的标志，把搜集到的大量有关某一特定主题的统计数据加以归类、整理和汇总的一种方法。表C-3给出了分层法示例。

表C-3 分层数据

不合格类型	个数		
	操作者		合计
	甲	乙	
粗糙度不合格	2	1	3
圆度超标	1	2	3
锥度超标	3	18	21
磕碰	17	1	18
总计	23	22	45

（1）适用场合

分层法用于归类、汇总和初步整理统计数据，既适用于数字资料，也适用于非数字资料。分层法常与其他统计方法结合起来应用，如分层直方图法、分层排列图法、分层控制图法、分层散布图法、分层因果图法。在生产现场，简单的分层常常帮助生产人员很快找到产生质量问题的原因。

（2）分层原则

分层的原则是使同一层次内的数据波动幅度尽可能小，而层与层之间的差别尽可能大。在应用中，由于分层的目的不同，所以分层的标志也不同，一般按下述标志分层：

1）人员，可按年龄、工级和性别等分层；

2）机器，可按设备类型、新旧程度、不同的生产线、工夹具类型分层；

3）材料，可按产地、批号、制造厂、规格、成分等分类；

4）方法，可按不同的工艺要求、操作参数、操作方法、生产速度分层；

5）测量，可按测量设备、测量方法、测量人员、测量取样方法、环境条件等分层；

6）时间，可按不同的班次、日期等分层；

7）环境，可按温度、湿度、清洁度、照明度、振动、噪声等分层；

8）其他，可按地区、使用条件、缺陷部位、缺陷内容等分层。

（3）实施步骤

1）收集数据；

2）根据目的不同选择分层标志；

3）根据不同分层标志对数据进行分层；

4）按层归类统计；

5）画分层归类图表或进行统计分析。

（4）注意事项

1）统计数据是多种多样的，所以分层标志也是多种多样的，在具体工作中不要受人、机、料、法、环、测、时间和其他分层标志的约束，而应根据自己的实际情况选择分层标志进行分层，灵活应用、不断创新；

2）分层后要对每层的数字进行检查，看是否有异常值，经过检验是异常值的数字应对它进行处理（剔除或修正后保留），并加以说明。

C.4.1.3　*直方图*

直方图又称质量分布图、柱状图，是一种几何形图表，由若干个矩形排列而成，矩形的宽度表示数据范围的间隔，高度表示在给定间隔内的数据的个数，即数字出现的频数，或落入一特定组的观测值个数。直方图可以直观地显示出统计数据的大致分布情况、分布范围、集中程度和每个区间出现的频数大小，主要用于观测过程的波动情况，以便从中获得质量控制信息和找到改进的机会。直方图分为两种：频率直方图和累计频率直方图。分析直方图，应从整体上观察分析直观图，看数据的分布规律，并做出判断和推测。在实际生产中直方图的形状是各种各样的，图 C-4 是常见典型直方图形状。

（1）适用场合

1）数据数值型时；

2）想弄清楚数据分布的形状；

3）确定一个过程的输出是否近乎符合正态分布；

4）分析一个过程是否满足顾客的要求；

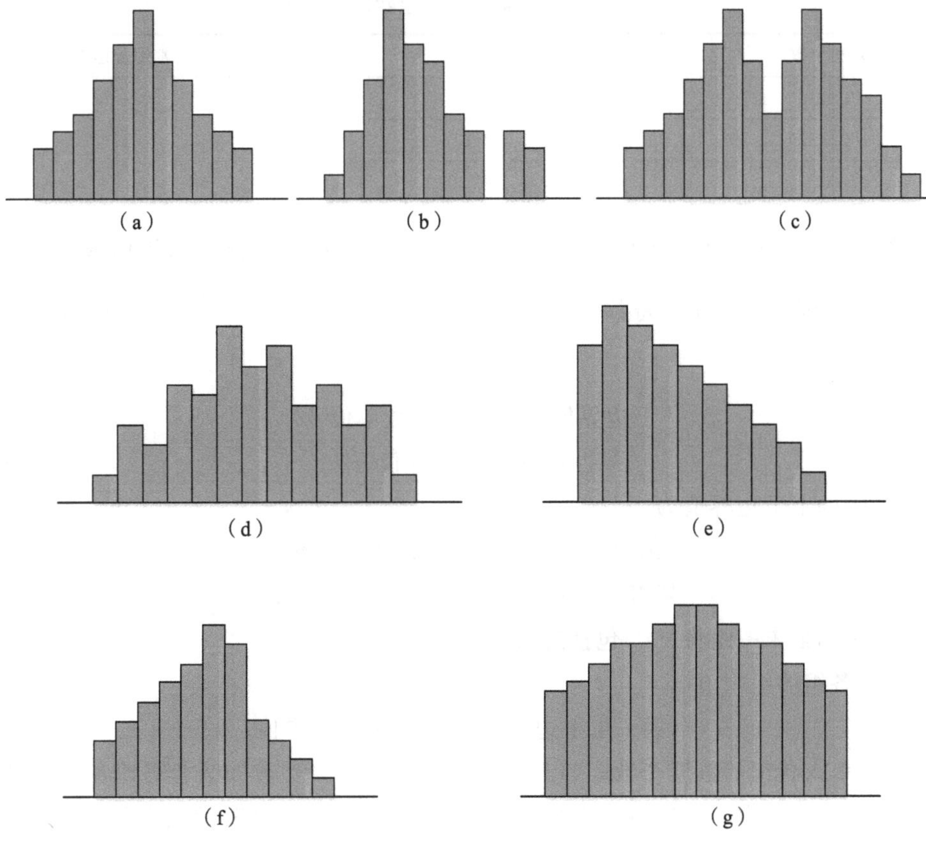

图 C-4　常见典型直方图形状

5）检查两个时间段内过程是否发生变化；

6）确定两个或多个过程输出是否不同；

7）将分布情况快速简单地表示出来。

(2) 实施步骤

1）收集记录数据，并找出数据中最大值 x_{max} 和最小值 x_{min}，计算极差 R。数据个数应≥50，并将数据排列成矩阵形式，$R = x_{max} - x_{min}$。

2）确定分组组数 k 和组距 h。实践证明分组太少会掩盖各组间数据的变动状况，组数太多又会影响分布规律的明显性，这样直方图不仅不美观，而且不便于观察数据的分布特征。组数的经验公式为

$$k = 1 + \lg n / \lg 2 \qquad (C-1)$$

在实际中，可根据数据中数字的多少，参考资料灵活确定组数 k 值，表 C-4 供参考。组距即每个小组的宽度，是组的上、下界之差，显然有

$$h = (x_{max} - x_{min}) / k = R / k \qquad (C-2)$$

为分组方便，常在 h 的计算值基础上将其修改为测量单位的整数倍，并做适当调整。

表 C-4　数据数量与分组数的对应表

数据个数	分组数 k	常用分组数
50～100	6～10	10
100～250	7～12	
250 以上	10～20	

3）确定各组的上、下边界值。为了不使数据漏掉，应尽可能使边界值最末一位为测量单位的 1/2。因此，当 h 为奇数时，第一组边界值应为 $x_{\min} \pm \frac{h}{2}$ 。当 h 为偶数时，第一组的边界值为

$$上边界值 = x_{\min} - 测量单位/2 \tag{C-3}$$

$$下边界值 = 上边界值 + h \tag{C-4}$$

其余各组的上下边界值为

$$某组上边界值 = 上一组下边界值 \tag{C-5}$$

$$某组下边界值 = 该组上边界值 + h \tag{C-6}$$

一直计算到最末一组将 $x_{\min}$ 包括进去为止。

4）计算各组的组中值 x_i

$$x_i = (第\ i\ 组上边界值 + 第\ i\ 组下边界值)/2 \tag{C-7}$$

5）统计落入各组的数据个数，整理成频数分布表。频数分布表把各个组下边界值和上边界值顺序填入表中，然后将整理后的记录数字用“/”符号表示填入相应的组内，统计各组频数 f_i ，填表时要遵守“不重不漏”原则。“不重”指一个数字只能分布在其中某一个组，不能在其他组内重复出现；“不漏”指不能漏掉任何一个数字，在全部组别中每个数字都能分在其中某一组。

6）作直方图，以横坐标表示质量特性，纵坐标为频数（频率），在横轴上标明各组组界，以组距为底，频数为高，画出一系列直方柱就得到直方图。

7）在直方图的空白区域，记上有关数据的资料，如收集数据的时间、数据个数、平均值、标准差、绘图人姓名和日期等。

8）分析直方图。应从整体上观察分析直观图，看数据的分布规律，并做出判断和推测。

（3）注意事项

1）在组距分组中，如果全部数据中的最大值和最小值与其他数字相差很大，为了避免出现空白组或个别极端值被漏掉，第 1 组和（或）最后 1 组可采取开口组，如“××以下”或“××以上”。

2）由于数据量很大，可以用 Excel 绘制直方图，大幅减少工作量。

C.4.1.4　检查表

检查表，又称为统计表、调查表、核查表。其以简单的数据，用容易理解的方式，制成图形或表格，必要时记上检查记号，并加以统计整理，供进一步分析或核对检查之用。

检查表的形式多种多样，但可以归纳为三类，包括数字资料检查表、非数字资料检查表和综合性检查表。使用检查表的首要任务是明确要研究的问题，根据问题使用相应的检查表。检查表没有统一和标准的格式，要根据收集的资料而定，由处理资料的责任者设计检查表，设计一张适用的检查表很重要。

检查表是为收集和分析数据提前准备的结构表格。它是可以用于多种目的的工具。因产品对象、工艺特点、调查目的和分析对象等的不同，其检查表的格式也有不同，常用的检查表有：不合格品项目检查表、不合格品原因检查表、废品分类检查表、产品故障检查表、工序质量检查表、产品缺陷检查表、操作检查表。表C-5给出了不合格品检查表示例。

表C-5　不合格品项目检查表

品名：　　　　时间：　　　　检验员：

班组：　　　　批号：

产品号	不合格原因					
	操作	设备	工具	工艺	材料	其他

（1）适用场合

1）由同一个人或在同一地点重复观察和收集数据时；

2）当收集有关事件、问题、缺陷部位、缺陷原因等情况的频数或特征的数据时；

3）收集生产过程的数据时。

（2）实施步骤

1）明确要研究的问题，使用检查表的首要任务是明确要研究的问题，根据问题使用相应的检查表；

2）明确收集的资料，必须明确收集资料的种类、数量和在什么地方去收集所需的资料；

3）明确对资料的处理方法及责任者，事先必须明确对收集到的资料整理、计算和分析所使用的统计技术方法，将这些方法列出来，并明确责任者；

4）设计检查表，由于检查表没有统一和标准的格式，要根据收集的资料而定，由处理资料的责任者设计检查表，设计一张适用的检查表很重要；

5）试用检查表，设计的检查表应经过一段时间试用，试用的方法是用检查表在小范围内进行模拟检查，填表，然后分析所收集的数据是否达到预先的要求，以考察该检查表的可行性和适用性；

6）定型检查表，经过试用，如果证明设计的检查表可行、适用，则定型该检查表。如果发现该检查表满足不了要求，应对检查表进行修改，修改后再试用、评审、定型。

（3）注意事项

1）应尽量取得分层的信息；

2）设计的检查表要便于以后数据的汇总、整理、计算和分析；

3）应立即与措施结合，应事先规定对什么样的数据发出警告，停止生产或向上级报告；

4）检查项目如果是很久以前制定现已不适用的，必须重新研究和修订；

5）通常情况下归类中不能出现“其他问题类”。

C.4.1.5 散点图

散点图，即两个随机变量的每一对观测值用平面直角坐标平面上的一点表示所成的图形，又称为散布图、相关图。散点图将所有的数据以点的形式具体表现在平面直角坐标系内，在该坐标系内，每个点的位置由一对数来确定，若干个点散布在坐标系内形成了点子云，点子云构成了散点图。对完成的散点图进行解释，即判定数据的相关关系。散点图的相关性分析判断方法一般有对照典型散点图例法、简单象限法和相关系数法三种。表 C-6 给出了典型散点图例。

（1）变量之间的相关模式

主要包括：

1）强相关（强正相关或强负相关）；

2）弱相关（弱正相关或弱负相关）；

3）不相关（指两个变量之间没有线性关系）。

表 C-6 典型散点图例

序号	图示	相关关系	说明
1	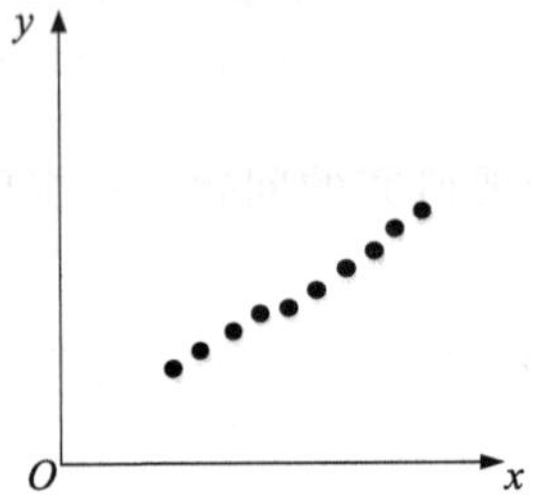 y, O, x	强正相关	X 增大，导致 Y 明显增大，说明 X 是影响 Y 增大的主要因素
2	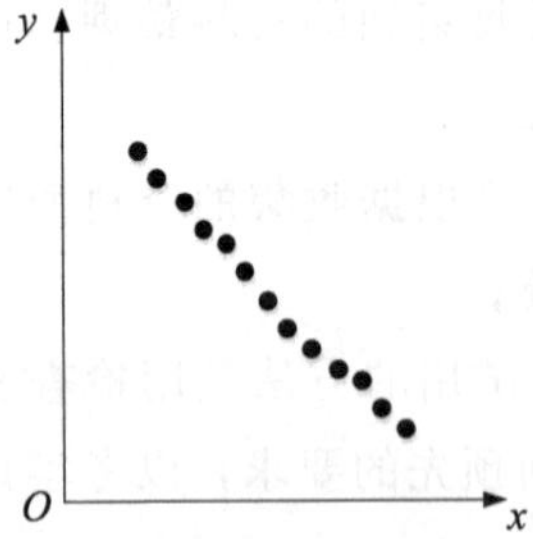 y, O, x	强负相关	X 增大，导致 Y 明显减小，说明 X 是影响 Y 减小的主要因素

续表

序号	图示	相关关系	说明
3	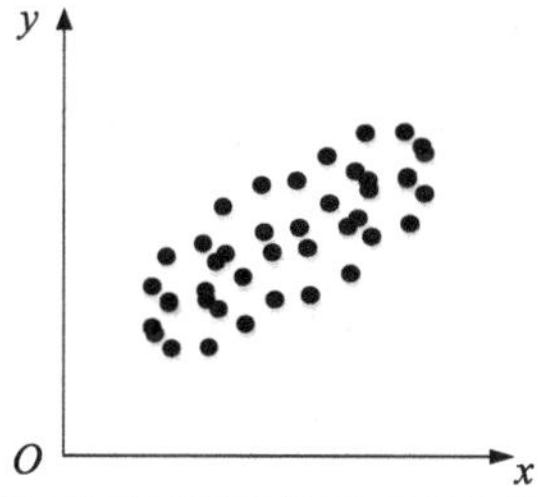 y O x	弱正相关	X 增大，导致 Y 增大，但不明显，说明 X 是影响 Y 的因素，但不是唯一的因素
4	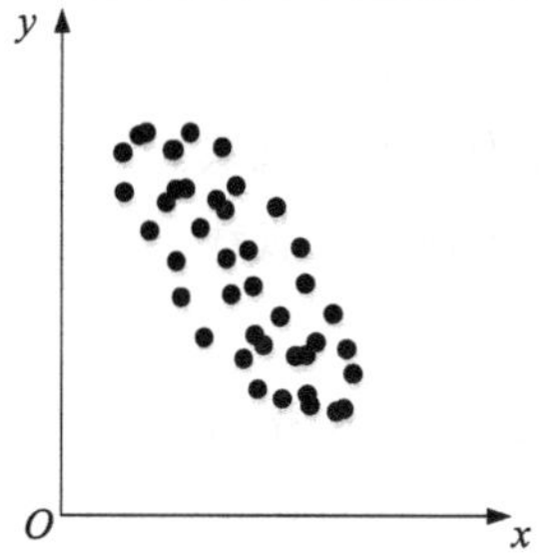 y O x	弱负相关	X 增大，导致 Y 减小，但不明显，说明 X 是影响 Y 的因素，但不是唯一的因素
5	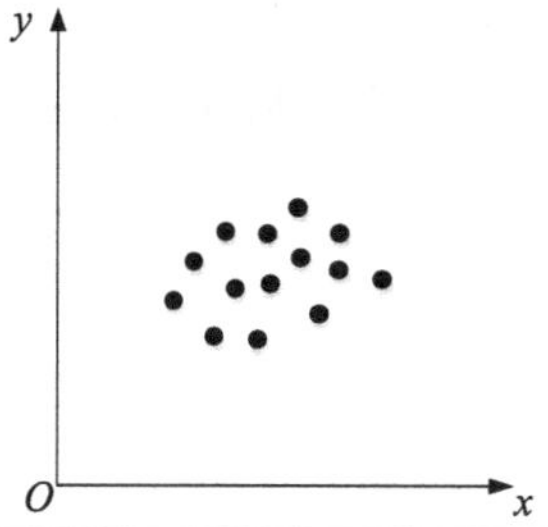 y O x	不相关	X 与 Y 之间不存在相关关系，说明 X 不是影响 Y 的因素
6	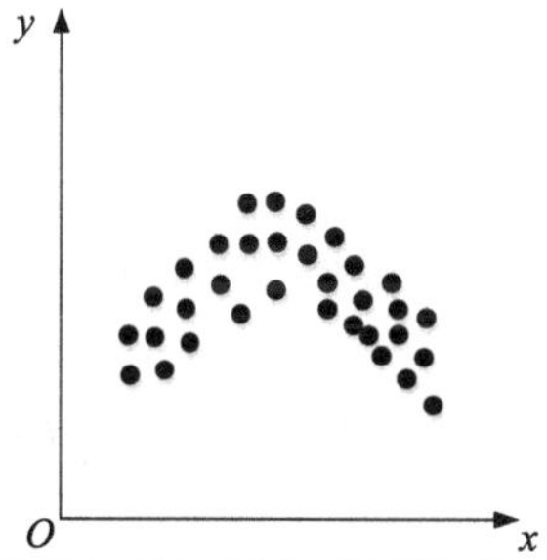 y O x	曲线相关	说明 X 是影响 Y 呈曲线变化的主要因素

（2）适用场合

1）当收集到一组成对数据时；

2）当因变量的值可能受多个自变量值的综合影响时；

3）当试图确定两个变量是否相关时，如：

a）鉴别问题潜在的根本原因；

b）采用头脑风暴法列出问题因果关系的鱼骨图后，客观地验证这种因果关系是否真的存在；

c）判断出现的两种相关结果是否都是由相同的原因引起的；

d）构建控制图之前对自相关性的检测。

（3）实施步骤

1）为可能存在关联的变量收集成对的数据。

2）画一张坐标图，将自变量标于横轴，因变量标于纵轴。在每一个数据对应的横坐标值和纵坐标值的相交处画点或记号。如果有两个点落在一起，就在此处画两个相连的点，确保都可以被看到。

3）通过点的分布特征，查看相关关系是否明显。如果数据点清晰地形成一条直线，便可以证明变量相关，就可使用回归分析或关联分析进行进一步的分析研究。否则，要继续完成步骤4）～7）的工作。

4）将图表中点分成4个象限，如果在图中有 X 个点，进行下一步。

5）从上到下，数出 $X/2$ 个点，在此位置画出一条垂直于纵轴的直线。

6）从左到右，数出 $X/2$ 个点，在此位置画出一条垂直于横轴的直线。

7）输出每一个象限内的点数，不包括落在直线上的点。

8）把对角象限内点的个数加起来，并找到其中的较小者以及算出所有象限内点的个数。

9）$A=\text{Ⅰ}+\text{Ⅲ}$，$B=\text{Ⅱ}+\text{Ⅳ}$，$Q=A$ 和 B 的较小者，$N=A+B$。

10）如果 Q 小于临界值，这两个变量相关；如果 Q 大于或等于临界值，表明分布是随机的。

（4）注意事项

1）可根据散点图对变量间的相关关系可进行直观的判断，有时还需要进行更深入的统计分析；

2）如果变量选择分层不够，会掩盖本来存在的相关关系；

3）有时散点图上显示出的显著相关，有可能是通过这两个变量与第三个变量相关而体现的；

4）散点图中出现个别偏离分布的点，应对它进行检验证明它是否是异常值，如是异常值，则查明原因后剔除；

5）相关系数的大小有时反映虚假现象，所以应先对它进行显著性检验后才能用。

C.4.1.6　排列图

排列图是分析和寻找影响产品质量的各种因素中主要因素的一种方法，可以用来确定质量改进的方向。其形式用双直角坐标图，左边纵坐标表示频数，右边纵坐标表示频率，分折线表示累积频率，横坐标表示影响质量的各项因素，按影响程度的大小（即出现频数多少）从左向右排列。通过对排列图的观察分析可抓住影响质量的主要因素。区分“关键的少数”和“次要的多数”，从而抓住关键因素，解决主要问题。

（1）适用场合

1）排列图通常用于产品研制、生产和使用过程中，需要对出现的质量问题进行分析，以找出不同因素对产品质量的影响程度并针对关键因素提出改进建议的场合；

2）分析过程中表示问题或者原因发生频率的数据时；

3）当想要关注众多问题或者原因中的一个时；

4）分析特定要素的主要原因时；

5）和其他人交流数据时。

（2）实施步骤

1）选择应进行分析的项目；

2）选择用于分析的度量单位；

3）选择用于分析数据的时间周期；

4）按度量单位量值递减顺序从左到右在横坐标上列出项目，含最小项目的类别可归到“其他”栏目，把此栏放在最右端；

5）在横坐标的两端画两个纵坐标，左边的纵坐标按度量单位标定，其高度必须等于所有项目的量值的总和，右边的纵坐标与此等高，并从0到100%标定；

6）在每一个项目上面画长方形，其高度表示该项目的量值；

7）自左至右累加每一项的量，画累计频数线；

8）利用排列图确定质量改进的关键项目。

（3）注意事项

1）问题不能太少也不能太多，一般问题个数5～7个为宜；

2）绘图时，两个纵坐标之间的比例、纵坐标与横坐标之间的比例要适当，两纵轴的刻度单位应按规定协调，最好测量值以各项目的总量为最大值，百分比以100%为最大值；

3）分类方法不同，得到的排列图也不同；

4）排列图基于帕累托原则，虽然百分比不一定总要求80/20，但是要遵循“关键的少数”原则来进行；

5）为了抓住“关键的少数”，在排列图上通常把累积频率在1%～80%间的因素定为A类因素，在80%～90%间的因素定为B类因素，在90%～100%间的因素定为C类因素。

C.4.1.7　控制图

控制图（Control Chart）是由测量出的实际过程性能曲线及理论控制界限所组成的示意图。用于显示过程变量的波动，并可判别特殊原因。

（1）适用场合

1）当希望控制当前过程，问题出现时能察觉并能对其采取补救措施时；

2）当希望对过程输出的变化范围进行预测时；

3）当判断一个过程是否稳定（处于统计受控状态）时；

4）当分析过程变异来源是随机性的还是非随机性的时；

5）当决定怎样完成一个质量改进项目时，为防止特殊问题的出现，或对过程进行基础性的改变。

（2）实施步骤

1）根据数据类型选择合适的控制图；

2）选定合适的抽样频率；

3）根据程序收集数据、构建控制图并进行数据分析；

4）寻找控制图中的失控信号；

5）在控制图上继续对新得到的数据进行描点，并检查是否存在新的失控信号；

6）当需要构建新控制图时，过程可能处于失控状态，如果这样，前 20 个样本数据计算出的控制限是暂时的。当过程稳定后，再依次抽取至少 20 个样本，重新计算控制限。

C. 4. 2　QC 新七种工具

C. 4. 2. 1　关联图

关联图也称关系图，是把几个问题与其主要因素之间的因果关系用箭头线连接起来表示逻辑关系，进而找出解决问题的适当措施的一种方法，如图 C－5 所示。

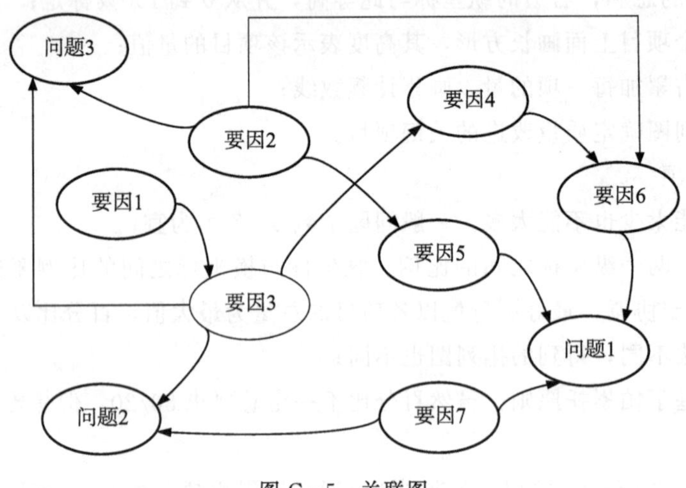

图 C－5　关联图

（1）适用场合

1）有效解决多目标问题；

2）确定质量方针；

3）拟定制造过程中预防不合格品的措施；

4）提出解决市场问题的措施；

5）改进日常管理活动。

（2）实施步骤

1）确认问题的存在；

2）小组成员自由地提出导致问题存在的有关因素；

3）用明确的语言标示出问题和因素的名称，用图形圈起来；

4）确定问题和各种因素间的因果关系，并用箭头线连起来；

5）根据图形进行分析讨论，检查有无不够确切或遗漏之处，复核和认可上述各种因素之间的逻辑关系；

6）将重要问题或重要因素用双线或粗线醒目地标示出来，并确定从何处入手解决问题。

C.4.2.2　亲和图

亲和图是针对某一问题，充分收集各种经验、知识、想法和意见等语言、文字资料，通过图表进行汇总，并按其相互间的亲和性归纳整理这些资料，使问题得以明确，求得同一认识和协调工作，以利于问题的解决，这种方法有利于开发项目组的创造力和直觉。

（1）适用场合

1）事实或观点处于混乱状态；

2）问题看起来太大、太复杂而无法掌握时；

3）小组必须达成一致意见时；

4）典型情境如在头脑风暴后、分析口头数据或者在绘制树图或情景挂板前。

（2）实施步骤

1）用记号笔在分开的卡片上记录每个观点（如果估计在头脑风暴后要使用亲和图的话，在头脑风暴时直接把观点写在卡片上），把这些便条随机地散开在桌子上、地板上或者墙上，使每个人都能看到。项目组聚集在卡片周围，参与下面的讨论。

2）寻找在某种意义上看起来相关的观点，把它们并排放在一起，反复如此，直到所有的卡片都被分组。可以有看起来不符合任何一组的“落单”卡片，也可以移动别人移动过的卡片。如果一张卡片看起来属于两组，就再做一张同样的卡片。这个步骤很重要的一点是不能有人说话。

3）现在可以讨论。参与者讨论亲和图的形状，任何特殊的形式都可以。尤其重要的是要讨论移动有争议的卡片的理由，可以再做一些变动。当所有的观点被分组后，为每组选择一个标题。在每组中寻找一个能涵盖这组意义的卡片，把它放在这组的上方。如果没有这样的卡片，就写一张。通常，使用不同的颜色书写或强调这张卡片。

4）在合适的情况下，把一些组结合成超级组合，如图C－6所示。

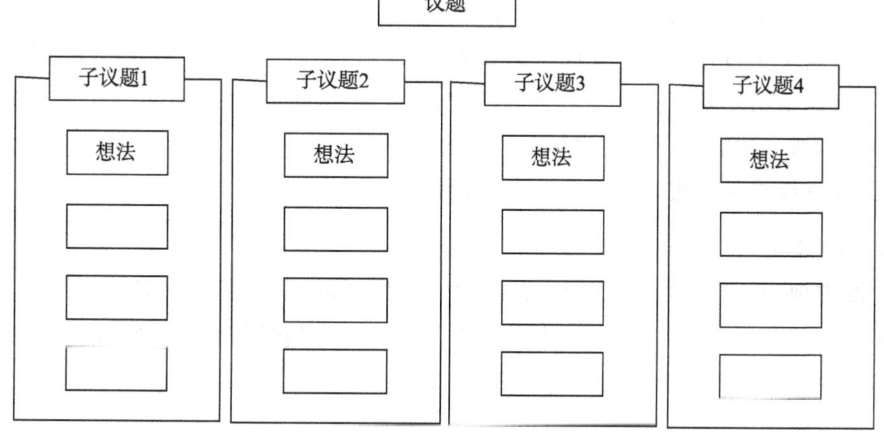

图C－6　亲和图

C.4.2.3　系统图

系统图又称树图或树形图，用于列出解决给定问题的步骤，如图C－7所示。树图通常是用来将主要的类别逐渐分解成许多越来越详细的层。绘制树图有助于思维从一般到具体的逐步转化，是研究多元目标问题的一般工具。

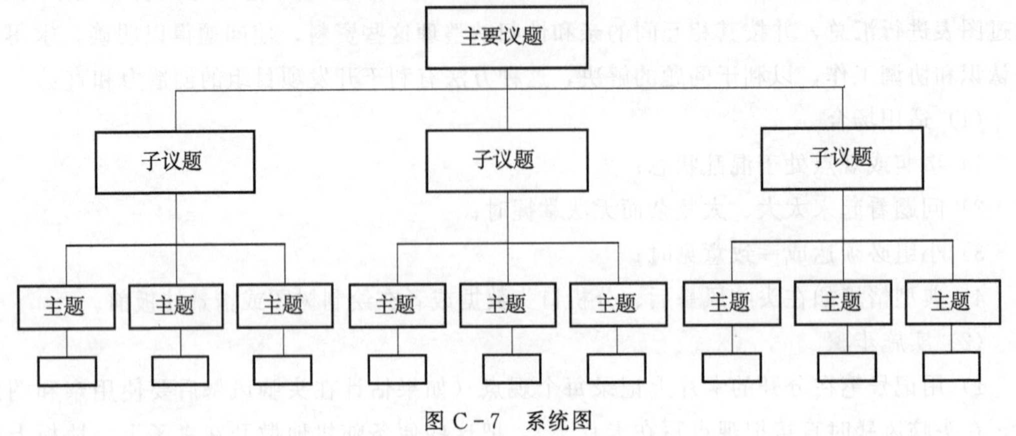

图 C-7　系统图

(1) 适用场合

1) 当主题已知且泛泛给出，需要将其转化为具体细节时；

2) 当寻求达成一个目标的合理步骤时；

3) 当策划实行一个方案或其他计划的具体行动时；

4) 当对过程进行详细分析时；

5) 当探究问题的根本原因时；

6) 当评估解决问题的几个可能方案时；

7) 当亲和图或关联图不能揭示关键问题时；

8) 当作为向其他人说明具体细节的交流工具时。

(2) 实施步骤

1) 集中亲和图的标题卡片，并从中选取最重要的议题；

2) 一旦确定了目标陈述，便问“需要采取哪些步骤来解决或达成这一主要目标”；

3) 一旦识别出主要任务，便可进入每个任务下一层面，并针对第二层面任务问“需要采取哪些步骤来达成这一主要目标”；

4) 由此继续推进下去，直到无法推进为止。

C.4.2.4　矩阵图

矩阵图表现为 2 组、3 组或 4 组信息间的关系，同时能提供相关性的更多信息。有 6 种不同形状的矩阵，包括 L 型、T 型、Y 型、X 型、C 型和屋顶型，形状的不同取决于比较组数的多少，下面给出 L 型矩阵图示例（如图 C-8 所示）。

(1) 适用场合

1) 理解不同组数间的关系时；

2) 表达不同组数间的关系时。

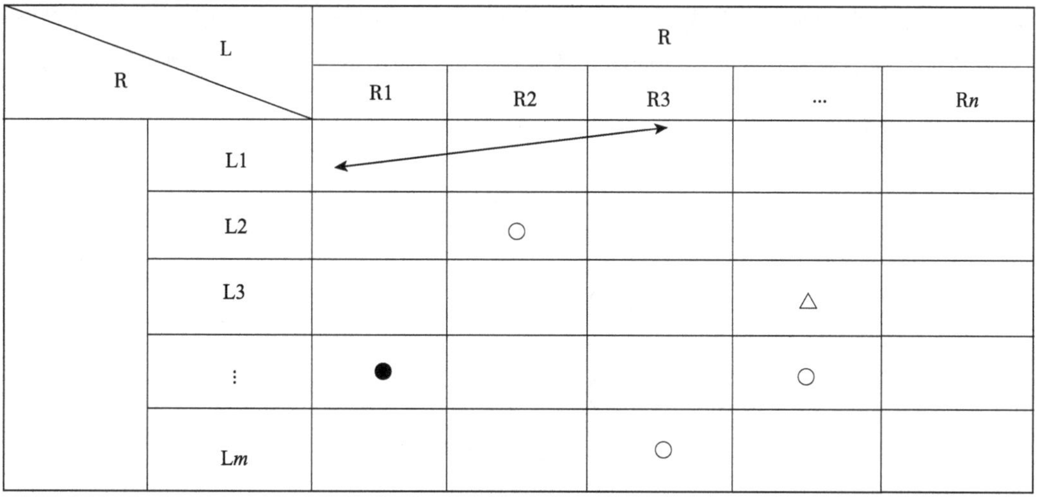

L \ R		R				
		R1	R2	R3	…	R*n*
	L1					
	L2		○			
	L3				△	
	⋮	●			○	
	L*m*			○		

图 C-8　矩阵图

L 为问题、用户需求和质量目标；R 为问题的原因、用户需求转化而来的质量目标或针对质量目标提出的质量措施；●、○和△分别表示关系的强弱。

（2）实施步骤

1）确定要比较的组；

2）选择合适的矩阵形式；

3）画构成矩阵的网格线；

4）沿矩阵各轴列出说明；

5）确定在矩阵中表达的信息符号；

6）组间逐项比较；

7）分析矩阵，用不同的格式或符号重复上述步骤以加深对相互关系的了解。

C.4.2.5　矩阵数据分析

矩阵图上各元素间的关系如果能用数据定量化表示，就能更准确地整理和分析结果。这种可以用数据表示的矩阵图法，称为矩阵数据分析法。其主要方法为主成分分析法，利用此法可以从原始数据中获得许多有益的信息。此方法适用场合为：

（1）适用场合

1）分析含有复杂因素的工序；

2）从大量数据中分析产生不合格品的原因；

3）从市场调查的数据中把握质量要求，进行产品市场的定位分析；

4）感官特性的分类系统化；

5）复杂的质量评价；

6）对应曲线的数据分析。

C.4.2.6　过程决策程序图

过程决策程序图（PDPC，Process Decision Program Chart）系统地确定在发展状态下一个项目会产生什么错误，以形成对策来预防或者消除这些问题。通过使用 PDPC，可以修订计划避免这些问题或做好准备，当问题真的发生时可以做出最合适的反应，如图 C－9 所示。

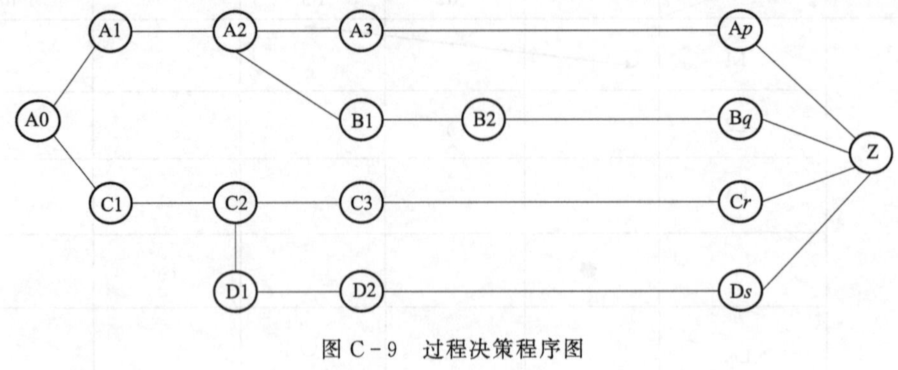

图 C－9　过程决策程序图

（1）适用场合

1）特别是执行计划之前；

2）当计划既庞大又复杂时；

3）当计划必须如期完成时；

4）当失败成本很高时。

（2）实施步骤

1）获得或者建立所提议计划的一个树形图。应该是一个高层图，首先给出目标，第一层次是主要活动，第三层次是完成主要活动的大部分作业。

2）对于第三层次的每个作业，用头脑风暴法得到将会出现的问题。

3）检查所有的潜在问题，并消除不可能的情况或者结果显著的情况。将问题展示在和作业相连接的第四层次上。

4）对于每个潜在问题，用头脑风暴法产生可能的对策。对策可能是为防止问题发生采取的措施或者计划的改变，或者对问题发生采取的补救措施。将对策展示在第五层次上，用虚线或者波浪线画上。

5）确定每个对策的实际可操作性。使用诸如成本、所需时间、执行的难度、有效性这些准则。不具可操作性的对策标上“×”，可操作的对策标上“○”。

C.4.2.7　网络图

网络图又称为计划评审技术（PERT，Program Evaluation and Review Technique）图或关键路径图即由始至终的最长路径，主要用于控制项目。网络图是用来计划和表示项目或流程中的工作所要求的顺序，整个项目的最优时间表和潜在的时间进度、资源配置问题及其解决方法。使用网络图可以计算项目的关键路线。网络图是项目关键步骤的过程图解，这些关键步骤的延迟将影响整个项目的时间进度，同时也可以通过增加资源加快项目的时间进度。

（1）适用场合

1）当计划和监控一个复杂的具有相关工作和资源的项目或过程时；

2）项目或过程的步骤以及这些步骤的顺序和它们所需时间已过时时；

3）若项目的时间进度十分重要，推迟完成项目会带来严重的后果或者提前完成项目会产生显著的优势时。

（2）实施步骤

绘制网络图的实施步骤如下：

1）列出项目或过程中所有必须做的工作。一个方便的办法是在一张卡片或商务贴上半部分写下各项工作。然后在卡片的中部，画一条水平指向右端的箭头线。

2）通过询问每项工作下面三个问题确定工作的正确顺序：

a）哪些工作在这项工作开始之前必须完成？

b）哪些工作可以和这些工作同时发生？

c）哪些工作应该在这些工作完成之后立即发生？

d）创建一个含有4列（紧前工作、当前工作、并行工作、紧后工作）的表非常有用。

3）画工作网络图。如果使用了便条或卡片，在一张大纸上按顺序排列这些卡片，并行工作应该垂直排列。时间从左到右流动，在卡片之间留好空间。

4）在两项工作之间画上圆圈代表事件。事件表示工作的开始或结束，因此，事件是把工序分开的节点。

5）找出三种普遍存在的问题状况，使用虚箭头线或额外的事件把它们重新画下来。其中，虚箭头线是一条用虚线画成的箭头线，用于分开在同一事件上开始和结束的工作，以显示其逻辑顺序。虚工作并不是实际中的具体工作。

6）网络图完成后，在圆圈中对所有的事件按顺序进行编号。并使用字母按顺序标上所有的工作。时间进度安排采用关键路径法（CPM，Critical Path Method）。

7）确定工作时间。工作时间是每项工作所需时间的最佳估计，要使用一致的度量单位（小时、天、周），把时间写在每项工作的箭头上。

8）确定关键路径。关键路径是项目从起点到终点的最长路线。使用粗的或带颜色的线标注关键路径。计算关键路径的长度，即路线上所有工作时间的总和。

9）根据紧前工作的所需时间，计算每项工作的最早开工时间（ES）和最早完工时间（EF）。从第一项工作开始，它的最早开始时间是0，然后向前计算。如图C-10所示，画一个被分成4份的方格。将最早开工时间填入表格的左上方，最早完工时间填入表格的右上方。最早开工时间是此工作的所有紧前工作的最早完工时间的最大值，最早完工时间是最早开工时间加此项工作的工作时间。

最早开工时间（ES）	最早完工时间（EF）
最迟开工时间（LS）	最迟完工时间（LF）

图C-10　时间安排表

10）在不改变项目进度的情况下，根据后续工作的所需时间，计算每项工作的最迟开工时间和最迟完工时间，从最后的工作，即项目期限的最迟完工时间倒着计算。将最迟开工时间填入表格的左下方，最迟完工时间填入表格的右下方。最迟完工时间是此工作的所有紧后工作最迟开工时间的最小值，最迟开工时间等于最迟完工时间减此项工作的工作时间。

11）计算每项工作和整个项目的松弛时间。在不影响整个项目进度的条件下，工作的总时差是工作最早可能开工时间可以推迟的时间，它表示工作安排上可以松动的时间

$$总时差(T_s)=LS-ES=LF-EF \quad (C-8)$$

12）确定项目在它的期限 TD 之前完成的概率（P），计算 3 个数。

C.5 田口方法

C.5.1 基本概念

田口方法（ Taguchi Method ）是确定产品或服务的最佳输入组合的标准化方法，它将传统的产品设计、工艺设计程序改为按系统设计、参数设计、容差设计三次定量优化的程序。在系统设计中，运用科学和工程知识进行功能性样机设计；在参数设计中，确定关键尺寸和关键特性，以便在降低成本的情况下，优化产品性能；在容差设计中，以成本损失与功能波动损失各自最小为前提，确定设计参数的合理容差。在系统设计、参数设计、容差设计三次设计中，以误差因素模拟造成产品质量波动的各种干扰，以信噪比作为衡量产品质量稳定性的指标，通过对试验数据的分析，找出性能最稳定、可靠且成本低廉的设计方案。

C.5.2 适用范围

田口方法可适用于实验室有限条件下设计的产品和开发的技术，也可适用于包括未知条件在内的大规模生产或与实验室有很大差别的各种市场条件。田口方法采用误差因素来模拟客观存在的噪声影响，通过对各试验数据的统计分析，找出抗干扰能力最强的、最稳健的可控因素水平组合。凡有明确的目标值，且能建立数学模型，不管数学模型多么复杂，应用田口方法，配合计算机运算，都可以快速地找到最佳设计参数组合，使设计最优化。

C.5.3 主要内容

田口方法的独特性包括田口的质量定义、质量损失函数和稳健设计概念。

（1）田口的质量定义

田口玄一博士认为，“所谓质量，是指产品给社会带来的损失的大小。”质量好的产品给社会带来的损失就小，质量差的产品，给社会带来的损失就大。

田口认为“以制造业为基础的质量就是符合规范的”这一定义有着内在的缺陷。例如，假设某质量特性的规范是 0.500±0.020。根据这一定义，这一质量特性的实际值可以落在 0.480～0.520 范围内的任意一点上。这种定义假定顾客，无论是消费者还是生产过程中的下一个部门，会接受 0.480～0.520 范围内的任意值，而会对公差限之外的值感到

不满。同时，它还假定，成本与质量特性的实际取值无关，只要它落在了规定的公差限内（如图 C－11 所示）。

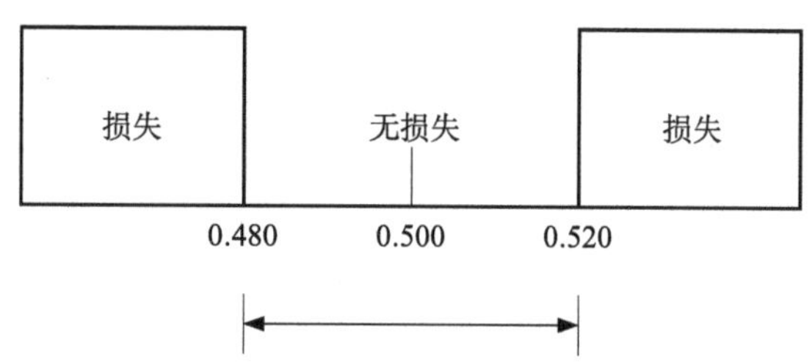

图 C－11　对符合规范的传统的经济学观点

但是，0.479 与 0.481 之间的真正差异何在？前者会被认为“超出了规范”，要么返工要么报废，而后者则是可接受的。事实上，这个数值对于产品性能特征的影响几乎是一样的。两个值都不接近 0.500 的公称值。公称值是对于关键质量特性而言最理想的目标值。田口的理论认为相对于公称值的变异越小，质量就越好，从而产品就具有更高的一致性，总成本就越低。

（2）质量损失函数

要评价产品质量的好坏，可以计算质量损失函数。用质量损失函数（ Loss Function ）来度量由于产品功能波动所导致的质量损失，并以此来评价产品的质量好坏。

田口认为损失近似于二次方函数，越是偏离目标值，损失越大。如果确定了实现最佳性能的具体目标值 T，当实际值偏离目标值两侧时，质量随之下降。损失函数可以表示为

$$L(x)=k(x-T)^2 \quad (C-9)$$

式中　x——质量特性的实际值；

k——常数。

因此，$(x-T)$ 表示实际值和目标值的偏差，损失以偏差的平方倍增加。图 C－12 说明了该函数。

（3）稳健性设计

①系统设计

系统设计是稳健性设计方法体系的重要组成部分。系统设计可区分为两个不同的过程：分析的过程和创造的过程。分析的过程将顾客对产品的要求加以分解，落实到产品的方案选择和产品（工艺）的实现上来，创造的过程是对原有的产品（工艺）进行脱胎换骨的革新，赋予产品新的强大的生命力。

②参数设计

参数设计就是在充分考虑产品外干扰、内干扰和产品间干扰的条件下，在选用价格便宜的产品零部件的前提下，确定高稳定性的产品参数组合。参数设计过程主要包括两部分内容：首先是产品试验设计，针对产品各因子对整体性能的影响，进行试验研究，利用正交试验技术确定各因子取值水平与质量性能之间的数量关系；其次是对试验结果的优选分析。根据试验数据，利用信噪比 S/N 衡量和确定各因子在不同的水平情况下的产品质量

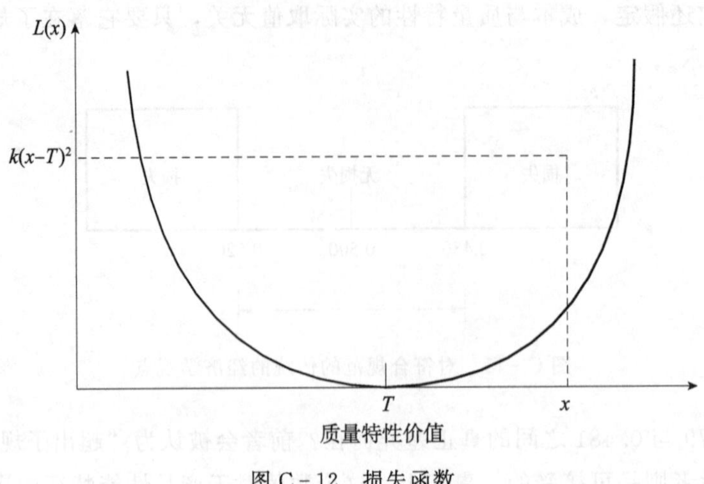

图 C-12　损失函数

水平，从而确定优选方案。

③容差设计

容差设计是三次设计的最后一个阶段，是在完成系统设计和参数设计的基础上通过质量损失函数分析控制产品成本，使产品的社会损失最小的设计过程。容差设计是根据参数的波动对产品质量特性贡献（影响）的大小，从经济性角度考虑有无必要对影响大的参数给予较小的容差，一方面可以进一步减小质量特性的波动，提高产品的抗干扰能力，另一方面通过增加少量成本来大幅度减少社会损失。

田口方法的基本理论思想是将传统的产品设计、工艺设计程序改为按系统设计、参数设计和容差设计（具体如图 C-13 所示）三次定量优化的程序，可以实现设计与技术开发的稳健性和再现性，在实际应用中可以根据具体情况进行必要的剪裁。在三次设计中利用正交表安排试验方案，以误差因素模拟造成产品质量波动的各种干扰，以信噪比作为评价产品质量稳健性的指标，通过对各种设计参数方案的统计分析，确定抗干扰能力强、调整性好、性能稳定可靠的设计方案，并以质量损失最小为原则，合理确定参数容差，达到成本最低、质量最优的技术经济效果。

田口所倡导的三次设计，不同于一般的优化设计，其基本思想和设计特点如下：

1）设计分三个阶段进行，即系统设计—参数设计—容差设计。

2）以信噪比（SNR）作为产品质量特性稳健性指标，进行稳健性设计。一般的优化设计直接分析质量特性，即进行所谓的响应曲面分析。而田口主张以 SNR 作为指标分析，寻求 SNR 最大的设计方案，即质量特性值稳健、抗干扰能力强的设计方案。

3）以误差因素模拟三种干扰，并且重点模拟内、外两种干扰。为了寻求抗干扰能力强的设计方案，田口主张以误差因素模拟三种干扰，并重点模拟内、外两种干扰。因为对于物品间的干扰还可以用制造阶段的质量工程学解决，这十分类似于可靠性中的劣化试验和环境试验，但是在试验方案的设计和数据分析方法上较可靠性试验更科学。

4）望目特性参数设计阶段的两阶段设计法。对于望目特性参效设计，一般的优化设

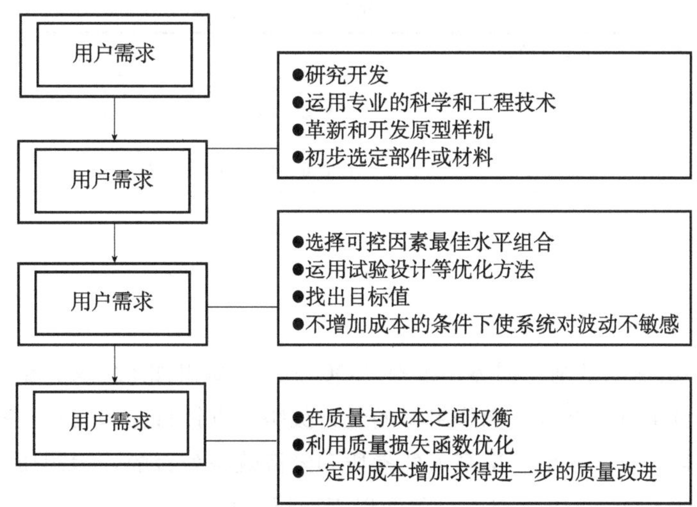

图C-13　田口方法程序框图

计方法是，首先，分析质量特性的均值使之符合目标值，由此确定诸参数，然后，通过严格要求各参数的容差（进行元器件筛选，规定较严的公差）来保证产品的质量。这种设计方法的效果常常会造成成本高、质量差。与之相反，田口则主张首先分析质量特性的SNR，使SNR达到最大的方案就是质量特性波动最小、最稳健的设计方案，然后再分析灵敏度。田口式的参数设计的优点是质优、价廉，甚至会出现用三等品的元部件设计出一等品的产品奇迹。

5）以正交表为工具，进行试验方案的设计和试验结果的统计分析。田口在参数设计和容差设计时均用正交表来进行试验方案设计和试验结果分析，但是，这种方法与一般的正交试验有本质的差别。表C-7说明了参数设计与正交试验设计的区别。

6）以质量损失函数评价产品质量，在社会总损失最小的前提下，追求质量与成本的最佳平衡。

表C-7　参数设计与正交试验设计对比

比较项目	正交试验设计	参数设计
因素分类	1)可控因素 2)误差项	1)可控因素 2)标示因素 3)误差因素 4)信号因素
指标	质量特性(响应)	1)SNR(稳健性指标) 2)灵敏度(平均性指标)
正交表	使用内侧正交表	1)内侧正交表(安排可控因素)和标示因素 2)外侧正交表(安排信号因素和误差因素) 3)常选用不完备正交表$L_{12}(2^{11})$,$L_{18}(2^1\times3^7)$,$L_{36}(3^{13})$
分析步骤	分析质量特性值	1)SNR分析 2)灵敏度分析

续表

比较项目	正交试验设计	参数设计
对交互作用的考虑	适当考虑个别影响大的交互作用	尽可能不安排可控因素之间的交互作用
数据分析	以方差分析为主	以直观分析为主,辅以方差分析

C.6 QC 小组

《质量管理小组活动准则》团体标准对“QC 小组”做出如下定义：由生产、服务及管理等工作岗位的员工自愿结合，围绕组织的经营战略、方针目标和现场存在的问题，以改进质量、降低消耗、改善环境、提高人的素质和经济效益为目的，运用质量管理理论和方法开展活动的团队。QC 小组的定义，包含以下四层意思：

1）参加 QC 小组活动的人员是企业的全体员工，来自生产、服务和管理岗位的各种类型的员工均可自愿参加；

2）QC 小组活动可围绕组织的经营战略、方针目标和现场存在的问题来选题，活动内容广泛；

3）活动的目的是提高员工素质，发挥人的积极性和创造性，提高产品和服务质量，降低消耗，提高经济和社会效益；

4）QC 小组活动强调应用全面质量管理的各种理论和方法，具有严密的科学性。

C.6.1 QC 小组活动的原则

作为一种科学严谨的质量管理方法，QC 小组活动遵循质量管理原则，并具有一定的程序步骤。QC 小组活动遵循的 5 个原则如下：

1）全员参与。QC 小组活动作为全面质量管理的群众基础和活力源泉，具有广泛的群众性。它是从尊重人的价值出发，在组织内部营造和谐愉悦的工作氛围，进行质量改善，达到所设定的小组活动目标。创建 QC 小组就是基于组织的每个员工都愿意将事情做好的理念，尊重人性，让员工自主参与。组织内的全体员工自愿参加，积极参与群众性质量管理活动，小组活动过程中应充分调动、发挥每一个成员的积极性和作用。

2）持续改进。持续改进是组织永恒的追求，为了提高员工和企业素质，提升组织管理水平，质量管理小组应持续、有效、不断地进行质量改进和创新。

3）遵循 PDCA 循环。为深入、持久、有效地开展 QC 小组活动并实现目标，QC 小组活动要遵循 PDCA 程序开展适宜的活动。通常所说的 QC 小组活动的“四阶段八步骤”中的四个阶段就是指 PDCA，P（计划）阶段包含 4 个步骤，即发现问题并分析产生问题的原因，确定主要原因，制定对策措施；D（执行）阶段为 1 个步骤，即实施制定的对策；C（确认）阶段为 1 个步骤，即效果检查；A（处置）阶段包含 2 个步骤，即制定巩固措施，防止问题再发生，提出遗留问题及下一步打算。

4）基于客观事实。QC小组活动中的每个步骤应基于数据、信息等客观事实进行调查、分析、评价与决策。QC小组活动过程中的选题、目标设定、原因分析及要因确认、对策制定及实施和效果验证等，都要求有客观证据来证实，因此QC小组成员要在活动过程中对观察、测量、记录等得到的数据进行整理和分析，做到以事实为依据，用数据说话。

5）应用统计方法。在QC小组活动中需要借助统计方法对搜集的数据进行整理分析，其中可应用的统计方法有很多，如QC小组活动中常用的新老七种工具和一些简易图表（包括柱状图、饼分图、折线图、雷达图等）。在应用统计方法时应特别注意选择适宜的工具，注重效果。此外，价值工程、正交试验设计法、水平对比等方法都可以选择使用。凡对分析和解决问题有作用的工具方法都可以在QC小组活动中进行应用。

C.6.2　QC小组活动的课题类型

QC小组活动的课题一般来自三个方面，一是上级下达的指令性课题；二是质量部门推荐的指导性课题；三是自主性课题。依据问题是否发生可将课题分为问题解决型课题和创新型课题。将QC小组活动课题进行分类，是为了突出小组活动的广泛性、多样性，便于分类发表交流、评价选优，但分类方法不能绝对化，以免束缚思维，不利于小组成员积极性、创造性的发挥。

C.6.2.1　问题解决型课题

QC小组针对已经发生的不合格或不满意的生产、服务或管理现场存在的问题进行质量改进，所选择的质量管理小组课题就是问题解决型课题。根据所选课题的特性、内容的不同，可将问题解决型课题分为以下四种类型：

1）现场型：通常以稳定生产工序质量，改进产品、服务、工作质量，降低消耗，改善现场等为选题范围的课题。一般该类型活动课题较小，难度不大，活动周期较短，比较容易出成果，但经济效益不一定大。

2）服务型：通常以推动服务工作标准化、程序化、科学化，提高服务质量和效益为选题范围的课题。此类型活动课题一般较小，活动时间不长，见效较快。这类课题不一定取得显著的经济效益，但社会效益往往比较明显。

3）攻关型：通常以解决技术关键问题为选题范围的课题。课题难度大，活动周期较长，需投入较多的资源，经济效益显著。

4）管理型：通常以提高工作质量、解决管理中存在的问题、提高管理水平为选题范围的课题。课题有大有小，如只涉及本部门具体业务工作的改进课题就小一些，而涉及多个部门协作的，课题就大一些，难度不尽相同，效果差别也较大。

C.6.2.2　创新型课题

创新型课题就是QC小组针对现有的技术、工艺、技能和方法等不能满足实际需求，运用新的思维研制新产品、服务、项目、方法，所选择的QC小组课题。由于创新型课题是以往不曾有过的，因此通常无现状可调查，为实现预定的目标可以提出多种方案，这些方案应由小组成员运用创新思维提出，并对所有整理后的各种方案进行分析、评价。值得注意的是，方案分解应逐层展开到可以实施的具体方案，评价应用事实和数据对整理的方案逐一分析和论证，方案的确定应包括现场测量、试验和调查分析，必要时进行模拟试验，最终选择确定最佳方案，并付诸实施。

C.6.3　QC 小组活动的程序

C.6.3.1　问题解决型课题活动程序

问题解决型课题活动程序要遵循 PDCA 程序循环，按照“四阶段十步骤”来实施，具体程序步骤如下。

（1）选择课题

大多数 QC 小组要自己去寻找、选择课题。自选课题时可以从三个方面来考虑。1）针对上级方针、目标在本部门落实的关键点来选题。2）从现场或小组本身存在的问题方面选题。3）从顾客（下工序也是顾客）不满意的问题中去选题。选题常用的方法有调查表、简易图表、排列图、亲和图、头脑风暴法、水平对比、流程图等。选题应注意：1）课题宜小不宜大；2）课题名称直接明确要解决什么问题，不可抽象。如“降低×××不合格品率”；3）选题理由应简明、扼要。只要把上级方针、部门要求、实现这个要求的症结、差距，用数据表达出来，说明只要把症结解决了，就可达到部门的要求，这样选题的目的及必要性就很充分了。

（2）现状调查

课题确定之后，就要了解问题严重程度，小组成员经过对现状深入调查，对所收集的数据和信息进行分类、整理、分析，把问题的症结所在找出来，确认小组能够改进的程度，然后就可以设定目标、分析原因，一步一步进行下去。现状调查做得好，会给解决课题打下一个扎实的基础。因此，现状调查这一步骤是一个很重要的环节，在整个 QC 小组活动程序中起到承上启下的作用。现状调查常用的方法有：调查表、简易图表、排列图、直方图、控制图、散布图、分层法等。

（3）设定目标

设定目标是确定小组活动要把问题解决到什么程度，也是为检查活动的效果提供依据。活动目标一般分为自选目标和指令性目标。自选目标是小组经过现状调查，掌握了问题的症结，明确了可改进程度而制定的目标。指令性目标则分为两种情况：一是上级以指令形式下达给小组的活动目标；二是小组直接选定的上级考核指标。设定目标应注意：1）目标要与问题相对应；2）目标要明确，要有用数据表达的目标值；3）制定目标要有依据，小组应在现状调查中陈述清楚制定目标的水平和理由。

（4）分析原因

问题明确了，目标也已设定，接下来就要分析是什么原因造成了这个问题。在分析原因时，应让 QC 小组成员充分开阔思路，从可以设想的所有角度收集可能产生问题的全部原因。在分析原因时要注意以下问题：1）要针对所存在的问题分析原因。2）分析原因要展示问题的全貌，可从“5M1E”即人（Man）、机器（Machine）、材料（Material）、方法（Method）、环境（Enviroment）、测量（Measure）几个角度展开分析。如果要分析的是管理问题，则常从影响它的各管理系统展开分析。3）分析原因要彻底，要展开分析到可直接采取对策的具体因素为止。分析原因常用的方法有因果图、系统图与关联图。

（5）确定主要原因

对诸多原因进行鉴别，找出主要原因，排除次要原因，为制定对策提供依据。确定主要原因可按三个步骤进行：1）收集因果图、系统图或关联图中的末端因素，末端因素是问题的根源，所以主要原因要在末端因素中选取；2）从末端因素中剔除不可抗拒因素；3）对末端因素逐条确认，找出真正影响问题的主要原因。确定主要原因常用的方法有调查表、简易图表、散布图、正交试验设计法等。

（6）制定对策

主要原因确定之后，就可分别针对所确定的每条主要原因制定对策。通常分三个步骤进行：1）提出对策。针对每一条主要原因，从各个角度提出改进的想法；2）研究、确定所采取的对策。从针对每一条主要原因所提出的若干个对策中分析研究，究竟选用什么样的对策和解决到什么程度；3）制定对策表。针对每一条主要原因用什么对策确定后，就可制定对策表。对策表要按“5W1H”原则制定。即 How（措施）、What（对策）、Why（目标）、Where（地点）、When（时间）、Who（负责人）。对策表的排序前后是有逻辑关系的，前四项的位置是不能变的。对策是相对宏观的，措施是具体的，目标应尽可能量化。制定对策常用的方法有：简易图表、矩阵图、PDPC 法、矢线图、优选法、正交试验设计法等。

（7）对策实施

对策制定完毕，小组成员就可以严格按照对策表列出的改进措施计划加以实施。在实施过程中应做好活动记录，把每条对策的具体实施时间、参加人员、活动地点与具体怎么做的，遇到什么困难，如何克服的，花了多少费用都加以记录，以便为最后整理成果报告提供依据。

（8）检查效果

对策表中所有对策全部实施完成后，所有要因都得到了解决或改进，就要按新的情况进行试生产（工作），并从试生产（工作）中收集数据，用以检查所取得的效果。1）把对策实施后的数据与对策实施前的现状以及小组制定的目标进行比较，达到了小组制定的目标，说明问题得到解决，就可进入下一步骤；未达到小组制定的目标，说明问题没有彻底解决，就要回到第4）步骤，重新从分析原因开始，再往下进行至达到目标。2）计算经济效益。解决了问题，取得了成果，就可以计算解决这个问题能为企业带来多少经济效益，要实事求是。一般计算时间不超过活动期（包括巩固期在内）。计算出的经济效益还应减去本课题活动中的耗费，才能得出 QC 小组本次活动课题所带来的直接经济效益。

（9）制定巩固措施

取得效果后，就要把效果维持下去，并防止问题的再发生。为此，要进行制定巩固措施。1）把对策表中通过实施已证明了的有效措施初步纳入有关标准或班组作业指导书或班组管理办法、制度，报有关主管部门批准；2）再到现场确认，是否按新的方法操作（工作）和执行了新的标准、办法、制度；3）在取得效果后的巩固期内要做好记录，进行统计，用数据表明成果的巩固状况。巩固期的长短应根据实际需要确定，只要有足够的时间说明在实际运行中效果是稳定的就可以。

（10）总结和下一步打算

课题完成后，小组成员要坐在一起围绕以下内容认真进行总结：1）通过此次活动，除了解决本课题外还解决了哪些相关问题，还需要抓住哪些没有解决的问题；2）检查在活动程序方面，在以事实为依据用数据说话方面，在方法的应用方面，明确哪些方面是成功的，用得好，哪些方面还不成功，尚有不足需要改进，还有哪些心得体会；3）认真总结通过此次活动所取得的无形效果。可从“四个意识（质量意识、问题意识、改进意识、参与意识）”的提高、个人能力的提高、QCC 知识的掌握、解决问题的信心、团队精神的增强等方面来总结，这些效果虽然不直接产生经济效益，但却是非常宝贵的精神财富。

问题解决型课题活动程序图如图 C-14 所示。

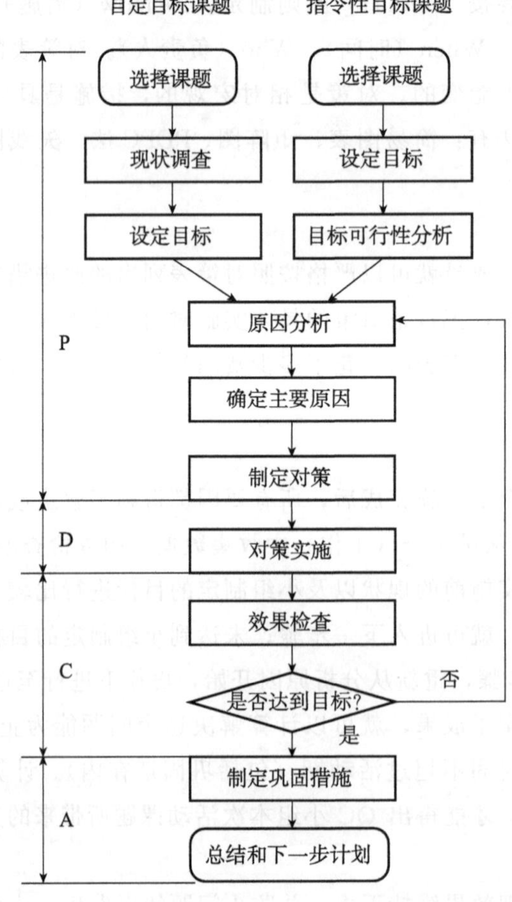

图 C-14　问题解决型 QC 小组课题活动程序步骤

C. 6. 3. 2　创新型课题活动程序

创新型课题与问题解决型课题活动步骤有所不同，主要按照“四阶段八步骤”来实施，活动程序图如图 C－15 所示。

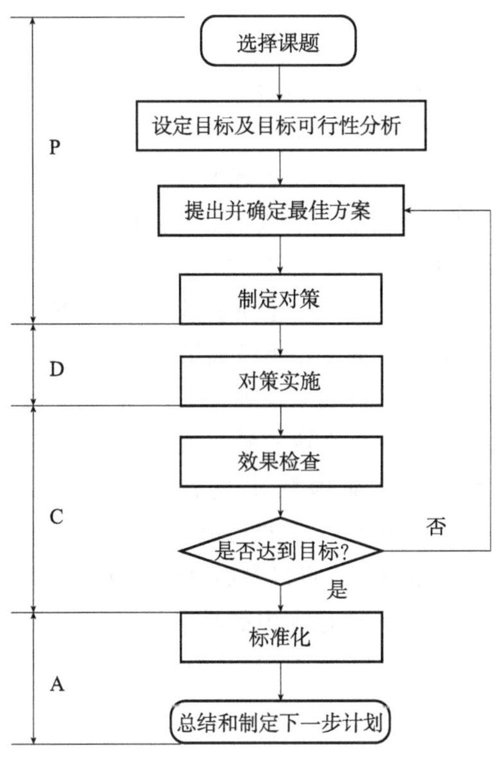

图 C－15　创新型 QC 小组课题活动程序

通过对比图 C－14 和图 C－15 可以看出两种类型的课题的差异。创新型课题在针对选题设定目标后，需要针对要达到的预定目标，提出各种方案。小组成员对方案逐个进行分析、论证和评价，包括从技术可行性、经济合理性、预期效果、实施难易程度、实现目标的概率、耗时多少、对其他工作以及对环境的影响等，必要时，需进行实际考察、模拟试验等，对得出的数据进行分析后再做决定，以确保评价的正确性。在实施过程中，创新型课题 QC 小组应针对所确定的最佳方案，将方案步骤具体细化、分解，逐一制定对策；实施对策中可能需要做大量试验。由于创新型课题 QC 小组的特点，使得实施对策过程中可能会出现按照对策措施实施后未达到预期目标的情况，需要小组成员提出补充措施，可能会穿插一些学习活动，以保证顺利实施，并实现目标。创新型课题 QC 小组的成果如果具有推广价值，就应该标准化。“创新型”课题运用更多的是以非数据分析工具为主，如头脑风暴法、亲和图、系统图、PDPC 法、正交试验等。

C. 6. 4　QC 小组活动的成果及成果发表

QC 小组活动通常会产生两个方面的成果，即有形成果和无形成果。其中，有形成果可以用物质或价值形式表现出来，通常能直接计算其经济效益。例如，提高产品质量，降低成本，减少设备故障的停机时间，提高劳动生产率，保证交货期等。无形成果是与有形成果相对而言的，通常是指难以用物质或价值形式表现出来，无法直接计算其经济效益的成果。例如，改善生产或服务现场的工作环境，增强团队成员彼此之间的沟通协作意识，提高发现问题、解决问题的能力等。

只要 QC 小组活动取得了成果，无论成果大小，均应该在适当的场合发表，进行成果发表是 QC 小组活动的一个特色，这有助于：1）交流经验，相互启发，共同提高；2）鼓舞士气，满足小组成员自我实现的需要；3）现身说法，吸引更多员工参与 QC 小组活动；4）使优秀 QC 小组和优秀成果的评选过程真实透明，提高公信度；5）提升 QC 小组成员运用科学方法，对活动的过程及结果进行归纳总结的能力。

QC 小组成果发表途径主要包括：1）参加企业举办的 QC 小组成果发表会；2）参加所在省、市各级质量管理协会召开的 QC 小组成果评比或行业 QC 小组成果比赛；3）参加中国质量协会举办的全国 QC 小组成果发表赛；4）对于中央企业 QC 小组，可通过集团推优参加中国质量协会举办的中央企业质量管理小组成果发表赛；5）优秀 QC 小组还可以通过中国质量协会推荐参加国际质量管理小组会议（ICQCC，International Convention on Quality Control Circles）并进行成果发表。

对于 QC 小组推进者、小组成员，可以参加中国质量协会举办的全国 QC 小组故事演讲比赛，讲述在推进和参与小组活动过程中的真实故事和心得感悟，比赛分初赛和总决赛，初赛设分赛区，由省区市质量协会中国质量协会主办。

参考文献

[1] 《中国航天事业的60年》编委会. 中国航天事业的60年 [M]. 北京：北京大学出版社，2016.

[2] 中国航天科工集团有限公司. 中国航天科工集团有限公司质量文化手册（2021版）[Z]. 2021.

[3] 中国航天科技集团有限公司. 新时代航天质量文化手册 [Z]. 2021.

[4] 中国航天科技集团有限公司. 航天质量管理基础 [M]. 北京：中国宇航出版社，2017.

[5] 中国航天科技集团有限公司. 航天质量管理方法与工具 [M]. 北京：中国宇航出版社，2017.

[6] 中国航天科技集团有限公司. 通用质量特性 [M]. 北京：中国宇航出版社，2017.

[7] 中央军委装备发展部合同监管局，国家国防科技工业局科技与质量司. 新时代装备建设质量管理实施指南（1.0版）[Z]. 2021.

[8] 国家质量监督检验检疫总局质量管理司. 质量专业基础知识与实务 [M]. 北京：中国人事出版社，2010.

[9] 中国质量协会. 全面质量管理 [M]. 4版. 北京：中国科学技术出版社，2018.

[10] 中国质量协会，卓越国际质量科学研究院. 卓越绩效评价准则实务 [M]. 2版. 北京：中国标准出版社，2012.

[11] 航空航天工业质量管理协会. 航空航天工业现代质量管理 [M]. 北京：航空航天工业质量管理协会，1991.

[12] 上海航空测控技术研究所. 航空故障诊断与健康管理技术 [M]. 北京：航空工业出版社，2013.

[13] 《刘纪原航天纪程实录》编委会. 刘纪原航天纪程实录 [M]. 北京：中国宇航出版社，2017.

[14] 许达哲. 树立航天可靠性工作理念 推进零缺陷系统工程管理 [J]. 质量与可靠性，2007（2）：7－9，26.

[15] 许达哲. 中国航天质量管理的实践与创新 [J]. 质量与可靠性，2006（5）：5－9，27.

[16] 袁洁. 深入推进航天型号精细化质量管理 [J]. 国防科技工业，2011（2）：26－27.

[17] 承文. 一次成功与系统预防——中国航天工业质量管理要略 [M]. 北京：中国宇航出版社，2019.

[18] 符志民. 航天型号质量 [M]. 北京：中国宇航出版社，2021.

[19] 师宏耕，贾成武，鲍智文. 航天精细化质量管理 [M]. 北京：中国宇航出版社，2020.

[20] 李跃生，贾纯锋，孙薇，等. 航天质量管理体系创新发展 [M]. 北京：国防工业出版社，2020.

[21] 刘宪忠. 航天质量监督发展历程及基本规律初探 [Z]. 江苏省科技装备业商会公众号，2021.

[22] 夏泓，余振醒. 航天型号元器件工程 [M]. 北京：中国宇航出版社. 2011.

[23] 高燕. 欧美航天材料保证的做法与探讨 [J]. 航天标准化，2009（4）：43－46.

[24] 邵文韬，阚奇. 装备材料标准的现状与思考 [J]. 中国标准化，新材料标准领航增刊，2020：86－89.

[25] 周正伐，顾长鸿，朱北园. 航天可靠性工程 [M]. 北京：中国宇航出版社，2007.

[26] 王冬. 武器装备安全性保证 [M]. 北京：中国宇航出版社，2016.

[27]　刘艳．武器装备环境适应性保证［M］．北京：中国宇航出版社，2020.

[28]　吕川．维修性设计分析与验证［M］．北京：国防工业出版社，2012.

[29]　石君友．测试性设计分析与验证［M］．北京：国防工业出版社，2011.

[30]　苏东林．系统级电磁兼容量化设计理论与方法［M］．北京：国防工业出版社，2015.

[31]　余后满．航天器产品保证［M］．北京：北京理工大学出版社，2017.

[32]　孙静，张公绪．质量工程师手册［M］．北京：企业管理出版社，2002.

[33]　陈俊芳．质量改进与质量管理［M］．北京：北京师范大学出版社，2007.

[34]　本刊编辑部．通用基础件行业及标准体系基本情况［J］．机械工业标准化与质量，2012（7）：7-10，1.

[35]　荆洪英．面向产品设计质量的设计过程及其控制的研究［D］．沈阳：东北大学，2012.

[36]　王辉，李护林，崔超海．发动机总装多余物控制方法［J］．航天制造技术，2003（5）：39-42.

[37]　朱宏忠，等．计量技术基础［M］．北京：原子能出版社，2002（6）：23-28.

[38]　顾力刚，于辉．基于供应链的质量管理模式研究［J］．世界标准化与质量管理，2007（4）：31-33.

[39]　韩少辉，王小静．浅谈航天型号大型地面试验质量管控［J］．质量与可靠性，2012 增刊．

[40]　杨廷梧．复杂武器系统试验理论与方法［M］．北京：国防工业出版社，2018.

[41]　宋太亮．装备保障性系统工程［M］．北京：国防工业出版社，2008.

[42]　宋太亮．装备综合保障实施指南［M］．北京：国防工业出版社，2004.

[43]　马邵民．综合保障工程［M］．北京：国防工业出版社，1995.

[44]　单志伟．装备综合保障工程［M］．北京：国防工业出版社，2007.

[45]　宋太亮，黄金娥，王岩磊．装备保障使能技术［M］．北京：国防工业出版社，2013.

[46]　宋太亮，王岩磊，方颖．装备大保障观总论［M］．北京：国防工业出版社，2014.

[47]　朱兴动．武器装备交互式电子技术手册-IETM［M］．北京：国防工业出版社，2009.

[48]　周林，赵杰，冯广飞，等．装备故障预测与健康管理技术［M］．北京：国防工业出版社，2015.

[49]　徐航，陈春良．装备精确保障概论［M］．北京：国防工业出版社，2012.

[50]　宋太亮，李军．装备建设大质量观［M］．2版．北京：国防工业出版社，2017.

[51]　INCOSE Technical Operations. 2007. Systems Engineering Vision 2020，version 2. 03. Seattle，WA：International Council on Systems Engineering，Seattle，WA，INCOSE-TP-2004-004-02.

[52]　Estefan J. 2008. A Survey of Model-Based Systems Engineering (MBSE) Methodologies，rev，B. Seattle，WA：International Council on Systems Engineering.

[53]　胡云，李跃生，等．航天装备技术成熟度评价理论与实践［M］．北京：中国宇航出版社，2016.

[54]　李洪．把成功作为信仰——航天工程质量管理［M］．北京：首都经济贸易大学出版社，2019.

[55]　李明华．基于时序动作分析和确认的技术风险管理［M］．北京：中国宇航出版社，2017.

[56]　徐克俊．航天发射质量控制［M］．北京：国防工业出版社，2012.

[57]　李向东，范玉青．PDM中的BOM面向对象模型及其应用［J］．计算机集成制造系统，2002（7）：505-510.

[58]　田承根，朱天文，刘新宇．全三维技术在飞机设计中的应用［J］．航空制造技术，2011（22）：57-59，97.

[59] 刘检华，孙连胜，张旭，等. 三维数字化设计制造技术内涵及关键问题 [J]. 计算机集成制造系统，2014，20（3）：494－504.

[60] 范玉青. 基于模型定义技术的发展及应用——智能制造的关键技术 [J]. 金属加工（冷加工），2015（17）：12－18.

[61] 范玉青. 基于模型定义技术及其实施 [J]. 航空制造技术，2012（6）：42－47.

[62] 卢健钊，方伟，王东. 基于模型定义的数字化设计系统的建设思路 [J]. 机械设计与制造，2018（10）：180－183.

[63] 朱金荣，胡秦赣，廖子祥. 基于模型的定义（MBD）设计资源库的建设与应用 [J]. 直升机技术，2013（1）：44－48.

[64] 顾基发，唐锡晋. 物理-事理-人理系统方法论：理论与应用 [M]. 上海：上海科技教育出版社，2006：1－185.

[65] 汪悦，张红旗，宁永成，等. 宇航元器件过程控制能力体系设计探讨 [J]. 宇航元器件工程，2019（2）：75－80.

[66] 张延伟，李强，张海明，等. 系统提升宇航元器件生产过程控制能力的思考与探索 [J]. 中国航天，2020（S1）：7－12.

[67] 何德华，肖鹏飞，蔡亚宁. MBD技术在航天器研制中的应用探讨 [J]. 航天器工程，2015，24（1）：126－132.

[68] 余继攀. 从质量复查到正向确认 [J]. 航天工业管理，2007（8）：29－31.

[69] 李昊，赵欣，张广宇，等. 航天器发射场质量确认制探索与实践 [J]. 航天器工程，2020，29（5）：119－125.

[70] 张广兴. 型号产品质量与可靠性信息的确认 [J]. 质量与可靠性，2010（1）：30－33.

[71] 唐应辉. 排队论——基础与分析技术 [M]. 北京：中国科学技术出版社，2006.

[72] 葛江华，吕民，王亚萍. 集成化产品数据管理技术 [M]. 上海：上海科学技术出版社，2012.

[73] 马永康，周涛，胡昌华. 控制系统设计与分析中的潜通路分析技术 [J]. 电光与控制，2006，13（4）：93－96.

[74] 朱良平，滕晓婷，首俊明，等. 潜通路分析技术在航天测试发射中的应用 [J]. 装备指挥技术学院学报，2008，19（5）：105－108.

[75] 任立明，严殿启，王汝龙. 潜在电路分析技术及在航天控制系统中的应用 [J]. 航天控制，1998，（1）：56－61.

[76] 张大庆，宋斌. 电子系统的潜通路分析技术 [J]. 光电技术应用，2006，21（2）：43－46.

[77] 伊恩 K 詹宁斯. 飞行器综合健康管理：技术细节 [M]. 尉询楷，马悦，等，译. 北京：国防工业出版社，2019.

[78] 陈雪峰，等. 智能运维与健康管理 [M]. 北京：机械工业出版社，2018.

[79] 吴明强，房红征，文博武，等. 飞行器故障预测与健康管理（PHM）集成工程环境研究 [J]. 计算机测量与控制，2011，19（1）：98－101.

[80] 毕利文，秦龙刚，杨红宇. 面向现场的装配工艺可视化设计 [J]. 航空制造技术，2009（2）：103－105.

[81] 张东，刘春立，张华，等. 易混易错典型产品防差错工作实践 [J]. 航天工业管理，2016（9）：

28 - 31.

[82] 刘高鹏. 面向制造质量的防错设计及其关键技术研究 [D]. 重庆：重庆大学，2008.

[83] 邱燕平，熊光利，吴兴杰，等. 航空制造企业工艺设计与管理平台研究与应用 [J]. 航空制造技术，2022，65 (6)：82 - 89.

[84] 马志伟，贾成武，吴桂玲. 对面向产品质量分析的理解与再认识 [J]. 质量与可靠性，2009 (5)：1 - 3.

[85] 刘继贤. 军事管理学 [M]. 北京：军事科学出版社，2009.

[86] 黄梅. 浅谈航天型号产品新承研单位的质量管理 [J]. 航天工业管理，2012 (7)：19 - 21.

后　记

质量是中国航天事业永恒的主题。航天重大工程的“发发成功”，背后凝结了无数航天人的心血和智慧。航天质量管理工作在航天事业伟大实践中不断发展和完善，形成了一系列具有航天特色、科学有效的质量管理思想、理论和模式、方法，成为中国航天事业取得不断胜利的制胜法宝和科学发展的坚实基础。

编写组系统整理了60多年来航天质量管理在组织、项目和方法三个层面形成的经典模式和经验方法，希望此书能为广大航天从业者以及参与航天事业的合作伙伴提供帮助，充分继承航天质量管理的理念和模式，学习成功经验和方法，为共筑航天强国梦打牢坚实基础。但因为时间有限，编写组在成书过程中，难免因水平所限，有些方面总结还是不够，后续还需要进一步深化与完善，希望广大读者给我们提出更多宝贵意见和建议。

党的二十大吹响了新时代踔厉奋发的号角，我们正从航天大国迈向航天强国，质量建设成为航天装备领域军事斗争准备的关键工作。在国家安全形势复杂多变、突发事件多、重大任务繁重的严峻形势下，我们也清醒地认识到当前航天工程质量形势依然严峻，面临前所未有的挑战。复杂产品实物质量要求不断提高，技术认知与试验验证能力成为影响质量的关键，供应链质量保证能力需要适应新任务、新需求、新变化，质量管理体系与科研生产流程要实现深度融合，质量管控数字化、网络化、智能化的技术、方法和工具需要进一步提升。

面对新形势、新任务、新要求，我们要清醒地认识到航天质量管理永远在路上。航天事业不断高速发展，其探索性、先进性、复杂性和高投入、高风险、高要求等显著特点更需要我们不断探索和创新。希望在不久的将来，我们能将新的探索、新的创新、新的方法、新的理念通过实践不断加以总结和提炼，不断充实并完善此书，把航天质量管理不断推向更高水平和高度，为伟大的航天事业贡献我们的智慧和力量。

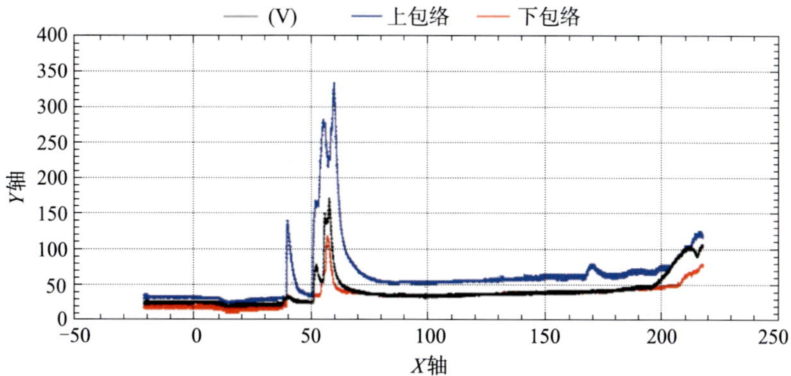

图 15－7　包络判读方法示例图（P907）

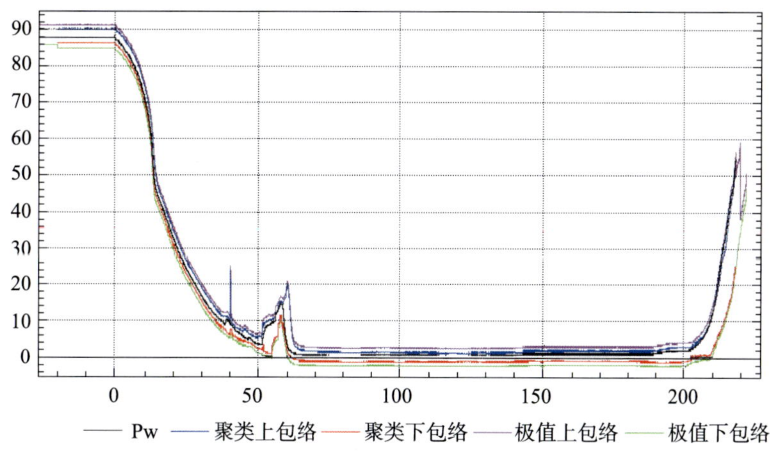

图 15－8　聚类和极值判读方法示例图（P908）

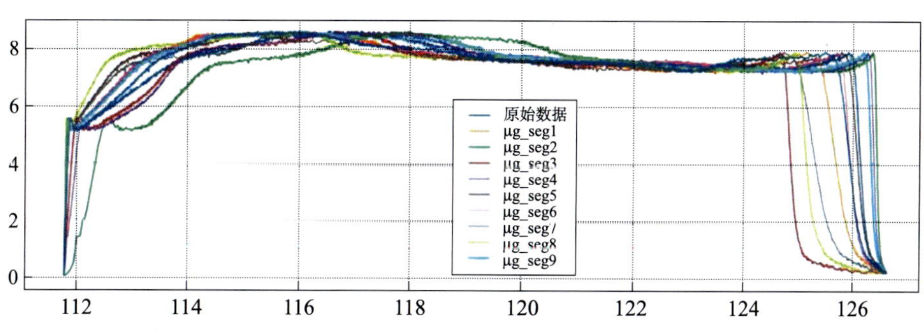

图 15－11　某信号数据规整后曲线（P909）